Kustantaja: BoD · Books on Demand, Mannerheimintie 12 B, 00100 Helsinki, bod@bod.fi
Kirjapaino: Libri Plureos GmbH, Friedensallee 273, 22763 Hampuri, Saksa
ISBN: 978-952-80-9629-0

SUOMI- ESPANJA

IDIOMISANAKIRJA

Diccionario fraseológico finés-español

Santiago de la Torre Moral

ALKUSANAT

Julkaistessani ensimmäisen suomi-espanja-suomi sanakirjan (Gummerus 1995), oli selvää, että yksi sen rajoituksista oli vähäinen idiomien ja paremioiden määrä. Ajatus oli korjata tämän puutteen lisäämällä niitä sanakirjan myöhempiin painoksiin. Kerääntyneiden esimerkkien valtava määrä osoittaa kuitenkin, että sanakirja nykyisessä muodossaan ei ole ihanteellinen paikka tälle uudelle tiedolle. Siksi onkin paikallaan tehdä erillinen julkaisu, joka sisältää pelkästään idiomeja ja paremioita.

Idiomeilla tarkoitan enemmän tai vähemmän kiinteitä sanayhdistelmiä, joilla on kieliopillinen funktio (substantiivi, adjektiivi, verbi jne.) ja kiinteä merkitys, joka ei kuitenkaan ole pääteltävissä osiensa merkitysten perusteella. Esimerkiksi *cantar[le] las cuarenta* {antaa kuulla kunniansa} idiomissa ei siis ole kyse "neljänkymmenen laulamisesta"[1].

Paremioilla tarkoitan kiinteitä sanayhdistelmiä, jotka ovat kokonaisia lausumia, minitekstejä, ja jotka eivät tarvitse yhteyttä toiseen lauseeseen[2]. Paremioiden suurin ryhmä ovat sananlaskut. Näitä ovat täydelliset ja itsenäiset lauseet, jotka sisältävät kansanviisauden ja ovat luonteeltaan opettavaisia kuten *A caballo regalado no le mires el diente* {Lahjahevosen suuhun ei katsota}.

Ensimmäiset esimerkit on koottu yllä mainitusta suomi-espanja-suomi -sanakirjasta. Sen jälkeen niitä koottu kirjoista, lehdistä, internetistä, radiosta, televisiosta sekä keskusteluista syntyperäisten puhujien kanssa. Jokainen esimerkki varustettiin alussa lähdetiedoilla ja aina kun mahdollista määriteltiin myös etymologia ja idiomin tai paremian alkuperä.

Tällaisesta aineistokokonaisuudesta alkoi syntyä ongelmia.

Etymologia ei aina selvinnyt, enkä aina ollut vakuuttunut löydetyn selityksen aitoudesta. Tämän vuoksi luovuin ajatuksesta ottaa ne mukaan[3].

Sivutilan säästämiseksi jätin esimerkit ilman lähdetietoja.

Työprosessin aikana tehty esimerkkien järjestelmällinen dokumentointi auttoi erottelemaan, mitkä idiomit ovat yleisessä käytössä ja mitkä esiintyvät vain tietyllä espanjankielisellä alueella. Jos yksittäiseltä alueelta saatujen esimerkkien määrä oli vähäinen, idiomia ei otettu mukaan[4].

---

[1] *Cantar[le] las cuarenta* on peräisin *tute* -korttipelistä, jossa lauletaan /sanotaan kovalla äänellä, että on saanut 40 pistettä, koska pelaajalla on kuningas ja kuningatar samaa maata.
[2] Tästä syystä en pidä paremioina vaan idiomeina rutiini-ilmauksia kuten: *ni que lo digas* {älä muuta sano}, sillä vaikka ne ovatkin kokonaisia lausumia, ne tarvitsevat yhteyden toiseen lauseeseen.
[3] Toinen myöhemmin esiin tullut syy oli se, että etymologian sisällyttäminen tähän sanakirjaan olisi vienyt muutenkin vähäistä tilaa tämäntyyppisissä julkaisuissa.
[4] Nämä tapaukset edustavat erittäin pientä osaa hakusanojen kokonaismäärästä ja toivon lukijalta ymmärrystä, jos jotkut pois rajaamani tapaukset ovat hänen mielestään laajemmassa käytössä.

Jäljelle jääneistä idiomeista ja paremioista valitsin ne, jotka parhaiten hyödyttäisivät sanakirjamme ensisijaiskäyttäjää, joka osaa espanjaa melko hyvin ja jolla on laaja sanavarasto, mutta vähäinen idiomi- ja paremiavarasto.

Paremia-aineistosta suurin osaa on sananlaskut: *Más vale pájaro en mano que ciento volando* {Parempi pyy pivossa kuin kymmenen oksalla}. Muita paremioita on karsittu pois, kuten lainaukset: *París bien vale una misa* {Onhan Pariisi toki yhden messun arvoinen} Henrik IV; aforismit: *La filosofía no es una doctrina, sino una actividad* {Filosofia ei ole oppi, vaan toimintaa} L. Wittgenstein; sanomukset: *Las uvas están verdes, dijo la zorra cuando no las pudo alcanzar* {Happamia sanoi kettu pihlajanmarjoista} ja lorut: *Pinto pinto, colorito ... Entten tentten teelika mentten ...*).

Pohdittuani sanakirjan käyttäjän kannalta paremioiden hyödyllisyyttä idiomeihin verrattuna, pidin idiomeja tärkeämpinä ja päätin rajoittaa paremioiden määrää. Paremioista onkin jätetty pois ne, joilla ei ole suoraa vastinetta suomen kielessä ja jotka olisivat vaatineet lisäselityksiä.

Idiomeista on karsittu lähes kokonaan kollokaatiot[5]: *carta bomba, plantear problemas*, jne., koska ne ovat puoli-idiomeja, ja koska niitä on jo tavallisissa sanakirjoissakin. Otin mukaan kuitenkin joitakin kuten *hacer pucheros* {vääntää itkua}, koska merkitys ei selviä osien merkityksistä. Jätin pois esimerkiksi kollokaation *dar asco* {inhottaa}, koska sen merkitys on selkeä. Karsin myös pois ne, joiden käyttö on vanhentunut.

Kaikki muut idiomityypit ovat edustettuina : substantiivit *el más allá* {tuonpuoleinen}, *el qué dirán* {toisten puheet}, *mosca muerta* {hiirulainen}, *música celestial* {musiikkia korville}; verbit *echar de menos* {kaivata}, *caérse[le] la cara de vergüenza* {hävetä silmät päästään}, *arreglárselas* {pärjätä, selviytyä, tulla toimeen}[6]; adjektiivit *corriente y moliente* {tuiki tavallinen}, *de pocos amigos* {juro}; adverbit *gota a gota* {tipoittain}, *a grito pelado/limpio* {kovaäänisesti, äänekkäästi}; pronominit *todo quisque* {joka ikinen}; prepositiot *a partir de* {lähtien}; konjunktiot *puesto que* {kun kerran}; interjektiot *¡Jesús, María y José!* {Voi jeesus!}; vertailut *más corto que el rabo de un conejo* {tyhmä kuin saapas} ja jotkut rutiini-ilmaukset *ni que lo digas* {älä muuta sano}, *y adiós muy buenas* {siinä kaikki}.

Idiomin tai paremian rajoittaminen maantieteellisesti on hyvin pulmallinen tehtävä, mutta tästä huolimatta olen ottanut mukaan joitakin esimerkkejä espanjan kielen idiomien runsaudesta.
[5] Vähintään kahdesta saneesta koostuva yhdistelmä, joissa sanoilla on lähinnä merkityksensä perusteella taipumus esiintyä yhdessä.
[6] Verbi-idiomeihin lasken kuuluviksi verbit, joiden yhteydessä on leksikalisoitunut pronomini, koska vaikka idiomaattinen rakenne ei näy infinitiivissä kuten rakenteessa *dormirla* {nukkua humalansa pois} tai *buscársela* {kaivaa verta nenästään}, se näkyy verbin taivutetun muodon yhteydessä *Te la estás buscando* {Kaivat verta nenästäsi!}.

SANAKIRJAN KÄYTTÄJÄLLE

RAKENNE

Sekä idiomit että paremiat on ryhmitelty hakusanan alle. Esimerkiksi suurikokoisena lihavoidun hakusanan **agua** alla on lihavoituna **agua de borrajas, agua pasada, bailar[le] el agua, cambiarle el agua al canario,** jne. aakkosjärjestyksessä alkaen aina omalta riviltään. Jokainen idiomi on käännetty tai selitetty suomeksi ja niiden jälkeen on yksi tai useampi esimerkki suomennoksineen. Homonyymit on numeroitu **vela¹, vela², vela³** ja laitettu kukin omaksi hakusanakseen. Idiomin polysemia -tapaukset on erotettu numeroilla, mutta niitä ei ole sijoitettu eri riveille: **de cabeza¹** (ir, andar) {olla kova kiire} **de cabeza²** (llevar, traer) {vaivata, askarruttaa mieltä}, **de cabeza³** {pää edellä}.

Joissakin artikkeleissa on merkki →, kuten kohdassa **pintura, no poder ver a alguien ni en pintura** → no querer ver [lo] ni **pintado** osoittamassa, että merkitys on sama kuin lihavoidun hakusanan kohdalla olevalla idiomilla.

Ne idiomit, jotka on selitetty toisen hakusanan kohdalla, on sijoitettu artikkelin loppuun (***ks. myös:***). *Como la* **copa** *de un pino* on sijoitettu hakusanan **pino** loppuun, ja se selitetään idiomin ensimmäisen substantiivin **copa** kohdalla. **Agua** -hakusanan lopussa ovat *a* ***flor*** *de agua, como* ***pez*** *en el agua* , *hacérse[le] la* ***boca*** *agua,* *llevarse el* ***gato*** *al agua*, ja idiomin selitys on lihavoidun hakusanan kohdalla.

HAKUSANOJEN JÄRJESTYSKRITEERIT

Mikäli idiomissa on substantiivi, se on substantiivihakusanan alla. *Calentarse la cabeza* {vaivata päätään} on *cabeza* -sanan kohdalla, vaikka tähän idiomiin on viittaus myös hakusanan *calentar* kohdalla. Viittausta verbiin ei ole, jos kyseessä on apuverbi tai hyvin tavallinen verbi, joten idiomi *hacer pucheros* {vääntää itkua} on substantiivin *puchero* mutta ei verbin *hacer* kohdalla. Idiomi *saber el pie que calza* {tietää mihin pystyy} on substantiivin *pie* kohdalla ja verbin *calzar* kohdalla on viittaus kyseiseen idiomiin. Apuverbin *saber* kohdalla viittausta ei kuitenkaan ole.

Jos idiomissa on enemmän kuin yksi substantiivi, se on järjestetty ensimmäisen substantiivin mukaan. *Llevarse el gato al agua* {vetää pisin korsi} on *gato* -sanan kohdalla. Tähän idiomiin on viittaus myös kohdassa *agua*.

Jos idiomissa ei ole substantiivia, hakusana määräytyy seuraavassa järjestyksessä: verbi, adjektiivi, adverbi, pronomini, prepositio ja konjunktio.

LYHENTEET

Kielialueet

am	espanjankielinen Amerikka
arg	Argentiina
chl	Chile
col	Kolumbia
cuba	Kuuba
mex	Meksiko
ven	Venezuela

Tyyliarvo

ark	arkikieli
alat	alatyyli

Kielioppilyhenteet

Hakasulkeisiin merkitään idiomin käyttöön tarvittavaa kieliopillista tietoa.

[adj.] adjektiivi
[int.] interrogatiivi
[adj./part.] adjektiivi/ paprtisiippi
[inf.] verbin infinitiivimuoto
[le] epäsuora objektipronomini: *me, te, le, nos, os, les*
[lo] suora objektipronomini: *me, te, lo, la, nos, os, los, las*
[num.] numeraali
[part.] partisiipi
[pos.] possessiivipronomini
[V] verbi
[V ind.] verbin indikatiivimuoto
[V pres.] verbin preesensmuoto
[V subj.] verbin subjunktiivimuoto

Persoonapronominien lyhenteet

jhk	johonkin
jkhun	johonkuhun
jklla	jollakulla
jklle	jollekulle
jkn	jonkun
jkta	jotakuta
jku	joku
jstk	jostakin
jtk	jotakin

KOMMENTIT JA EHDOTUKSET

Sanakirjaa koskevaa palautetta otan mielelläni astaan osoitteeseen santiago.torremor@gmail.com Kiitän etukäteen sanakirjan käyttöä ja sisältöä koskevista arvokkaista näkemyksistänne.

KIITOKSET

Kiitän kaikkia, jotka ovat minua tässä työssä auttaneet.

Tekijä, huhtikuu 2025

AAAAAA

● **abajo**
de [num.] **para abajo** korkeintaan *No creo que gane mucho, de dos mil para abajo.* En usko, että hän ansaitsee paljon, kaksi tuhatta korkeintaan.
ks. myös: **boca** abajo; de **arriba** abajo; desde abajo: **echar** abajo; **hacia** abajo; **venirse** abajo

● **abarcar**
Quien mucho abarca, poco aprieta. Joka kuuseen kurkottaa, se katajaan kapsahtaa.

● **abarrotado**
estar abarrotado täynnä kuin Turusen pyssy *El aparcamiento estaba abarrotado.* Parkkipaikka oli täynnä kuin Turusen pyssy.

● **abasto**
no dar abasto ei pystyä kaikkeen, ei selvitä kaikesta *Tienen que poner un ayudante porque yo solo no doy abasto; esta tienda tiene muchísimos clientes.* Täytyysaadaapulainen, koska en yksin pysty kaikkeen; tässä kaupassa käy hyvin paljon asiakkaita.

● **abrigo**
al abrigo de suojassa, suojaan, jnk turvin *La casa la habían construido al abrigo de una colina.* He olivat rakentaneet talon kukkulan suojaan. *Al abrigo de la oscuridad consiguieron aproximarse hasta la puerta sin ser vistos.* Pimeyden turvin he onnistuivat pääsemään ovelle huomaamatta.
de abrigo melkoinen *Mi compañero es una persona de abrigo.* Kaverini on melkoinen persoona.

● **absoluto**
en absoluto ei ollenkaan, ei lainkaan *No estoy en absoluto contento de cómo has hecho el trabajo.* En ole lainkaan tyytyväinen tekemääsi työhön. *¿Te molesto? – No, en absoluto.* Häiritsenkö sinua? – Et ollenkaan.

● **abstracto**
en abstracto periaatteessa *Sus consejos, en abstracto, pueden ser útiles, pero habría que verlos en la práctica.* Hänen neuvonsa voivat periaatteessa olla hyödyllisiä, mutta pitäisi nähdä ne käytännössä.

● **abuela**
cuéntaselo a tu abuela puhu pukille *Me ha tocado el gordo. – ¡Cuéntaselo a tu abuela!* Olen voittanut päävoiton. – Puhu pukille!
no necesitar abuela ei tarvita pönkittäjää *Deja de alabarme, que no necesito abuela.* Lakkaa kehumasta minua, en tarvitse pönkittäjää.
no tener abuela kehua itseään *Parece que no tienes abuela. Ya sabemos que juegas bien.* Sinun ei tarvitse kehua itseäsi. Tiedämme, että pelaat hyvin.
¡tu abuela! mitä vielä! *¿Qué te parece si me voy al cine mientras limpias la casa? – Sí, ¡tu abuela!* Tehdäänkö niin, että minä menen elokuviin, kun sinä siivoat. – Niin, ja mitä vielä!
Si mi abuela tuviera ruedas, sería bicicleta. Jos tädillä olisi munat niin täti olisi setä.

● **abundancia**
nadar en la abundancia kylpeä rahassa *Algún dinero podemos darte, pero no pienses que nosotros nadamos en la abundancia.* Voimme antaa sinulle hieman rahaa, mutta älä luule, että me kylvemme rahassa.

● **Abundio**
más tonto que Abundio tyhmä kuin saapas *Se lo he explicado mil veces y no me entiende. Es*

más tonto que Abundio. Olen selittänyt sen hänelle tuhat kertaa, eikä hän ymmärrä minua. Hän on tyhmä kuin saapas.

• **acá**

de acá para allá sinne tänne *Anduve dos días de acá para allá, sin rumbo fijo.* Kuljin kaksi päivää sinne tänne, ilman päämäärää.

desde para acá (ajallisesti) jstk lähtien, jnk jälkeen *Desde abril para acá no he vuelto a probar el vino.* Huhtikuun jälkeen en ole enää maistanut viiniä.

para acá tännepäin; jnk aikaa *Ven para acá.* Tule tännepäin. *Los dolores los he tenido de dos semanas para acá.* Minulla on ollut kipuja viimeisten kahden viikon ajan.

ks. myös: **por** acá

• **acabar**

¡Acabáramos! Ilmankos! *¡No has comido ni uno solo de estos deliciosos pasteles? – Es que estoy a dieta. –¡Acabáramos!* Etkö ole syönyt yhtään ainoaa näistä herkullisista leivoksista? – Minä satun olemaan laihdutuskuurilla. – Ilmankos.

acabar [ger.] lopulta tehdä jtk *Al principio no ponía un pie en la sauna, pero luego acabó gustándole.* Alussa hän ei astunut jalallaankaan saunaan, mutta sitten hän lopulta piti siitä.

acabar con tehdä loppu jstk, poistaa tai hävittää jk *Entre todos tenemos que acabar con la hambruna de algunos países.* Meidän kaikkien pitää yhdessä poistaa nälänhätä joistakin maista. *El dolor acabó con ella.* Tuska teki hänestä lopun.

acabar de 1 olla juuri tehnyt jtk *Mi marido acaba de llegar.* Mieheni saapui juuri. *2* saada loppuun, saada tehdyksi *Tengo que acabar de leer este libro hoy mismo.* Minun täytyi saada tämä kirja luetuksi loppuun vielä tänään.

acabar mal syttyä lopulta sota, johtaa sotaan *Si seguís discutiendo, vais a acabar mal, ya lo*

veréis. Jos jatkatte riitaa, siitä syttyy lopulta sota, saattepa nähdä.

acabar por lopulta tehdä jtk *No sabemos qué hacer, pero creo que acabaremos por ir al cine.* Emme tiedä mitä tekisimme, mutta luulen, että lopulta menemme elokuviin.

de nunca acabar loputon *Había corregido 60 exámenes y el montón sin corregir no parecía disminuir, era un trabajo de nunca acabar.* Olin korjannut 60 tenttiä, ja korjaamattomien kasa ei tuntunut pienenevän, se oli loputon työ.

no acabar de 1 ei tehdä jtk kunnolla, ei ottaa tehdäkseen jtk *No acaba de gustarme la sauna.* En oikein tykkää saunasta. *El taxi no acababa de llegar, así que llamamos a otro.* Taksi ei ottanut tullakseen, joten soitimme toisen. *2* ei olla saanut loppuun tai tehdyksi *No he acabado de leer el libro.* En ole saanut luetuksi kirjaa loppuun.

para acabarlo de arreglar kaiken kukkuraksi *Ayer se puso enferma la secretaria y para acabarlo de arreglar, la jefa se ha roto una pierna hoy.* Sihteeri sairastui eilen, ja kaiken kukkuraksi pomolta meni jalka poikki tänään.

Se acabó lo que se daba. Se siitä ja sen kestävyydestä.

• **acaso**

si acaso 1 siltä varalta *Si acaso ves a Pedro en la facultad, dile que quiero hablar con él.* Siltä varalta, että näet Pedron yliopistolla, sano hänelle, että haluan puhua hänen kanssaan. *2* ehkä, korkeintaan *Mucho dinero no puedo darte, si acaso algo para que comas hoy.* En voi antaa sinulle paljoa rahaa, korkeintaan sen verran, että saat syödäksesi tänään.

por si acaso kaiken varalta, varmuuden vuoksi *Aunque está recuperado de la operación, sigue haciendo reposo por si acaso.* Vaikka hän on toipunut leikkauksesta, hän lepää edelleen kaiken varalta. *Esta seta no la conozco, así que por si acaso no la cojo.* En tunne tätä sientä, joten varmuuden vuoksi en poimi sitä.

• **accidente**
ni por accidente ei millään *Sin la ayuda de sus padres, no habría podido comprarse la casa ni por accidente.* Ilman vanhempiensa apua hän ei olisi millään pystynyt ostamaan taloa.
por accidente sattumalta, vahingossa *Es cierto que te ha pisado, pero ha sido por accidente.* Hän kyllä tallasi varpaillesi, mutta vahingossa.

• **acción**
entrar en acción alkaa toimia, yhtyä/ käydä/ tarttua toimeen tai työhön *El volcán ha entrado en acción.* Tulivuori alkoi toimia. *Estoy deseando entrar en acción; las esperas me ponen nervioso.* Haluan käydä toimeen; odottaminen hermostuttaa minua. *Cuando tu generación entre en acción, habrá más puestos de trabajo.* Kun sinun sukupolvesi pääsee töihin, työpaikkoja on enemmän.
pasar a la acción ryhtyä sanoista tekoihin *Tendríamos que pasar a la acción.* Meidän itäisi ryhtyä sanoista tekoihin.
poner en acción panna toimeen *Tenemos que poner en acción nuestros planes.* Meidän täytyy panna suunnitelmamme toimeen.

• **acecho**
al acecho kyttäämässä *En una esquina del bar estaba Antonio, al acecho, esperando a que pasase la mujer de sus sueños.* Antonio oli baarin nurkassa kyttäämässä, toivoen unelmiensa naisen tulevan.

• **aceite**
perder aceite *alat* homostella *Está casado y con hijos, pero me parece que pierde aceite.* Hän on naimisissa ja hänellä on lapsia, mutta minusta tuntuu, että hän homostelee.
ks. myös: **balsa de aceite**

• **acelerador**
pisar a fondo el acelerador ajaa kaasu pohjassa *Me mandó que pisase a fondo el acelerador.* Hän käski ajaa kaasu pohjassa.

• **acento**
poner el acento en panna painoa jllk *El acento hay que ponerlo en la calidad de las investigaciones, no en la cantidad.* Täytyy panna painoa tutkimusten laadulle, ei määrälle.

• **acera**
de la acera de enfrente (*myös* de la otra acera) *alat* hintti *Le preguntó su vecina a Antonio si era de la acera de enfrente.* Naapuri kysyi Antoniolta oliko tämä hintti.
hacer la acera *alat* olla katutyttönä *Muchas mujeres asiáticas vienen a Europa con ilusiones y se ven obligadas a hacer la acera para poder vivir.* Monet aasialaiset naiset tulevat toiveikkaina Eurooppaan ja joutuvat olemaan katutyttöinä elääkseen.

• **acerca**
acerca de jstk aiheesta, asiasta *Hay muchas versiones acerca de lo que realmente ocurrió.* On monia versioita siitä mitä todella tapahtui.

• **acercarse**
No te acerques que me tiznas, le dijo la sartén al cazo. Pata kattilaa soimaa, musta kylki kummallakin.

• **acero**
de acero (hermoista, tahdosta) rautainen *Tenía una voluntad de acero; cuando se proponía una cosa, lo conseguía.* Hänellä oli rautainen tahto; kun hän tähtäsi johonkin, hän sai sen.

• **acertar**

acertar con osua jhkn, löytää jtak *No acertaba con lo que quería decir.* Hän ei löytänyt osuvia sanoja. *Como era de noche, no acertaba con la llave.* Koska oli pimeää, en osunut avaimenreikään.

• **achaque**
achaques de la edad vanhuksen vaivat *La dieta mejoraría los achaques de la edad.* Ruokavalio parantaisi vanhuksen vaivat.

• **achispado**
estar achispado olla ohranjyvä silmässä *El hombre contó que estaba achispado cuando había llegado a casa.* Mies kertoi tulleensa kotiin ohranjyvä silmässään.

• **acopio**
hacer acopio de valor kerätä rohkeuta *40 son muchos años para hacer acopio de valor y hablar con mi padre.* 40 vuotta on pitkä aika kerätä rohkeutta puhua isän kanssa.

• **acordarse**
si mal no me acuerdo (*myös* si mal no recuerdo) ellen väärin muista *Si mal no me acuerdo, fue un sábado cuando nos casamos ¿verdad, Luis?* Ellen väärin muista, se oli lauantai, kun menimme naimisiin, vai mitä, Luis?
ir a acordarse näyttää vielä jklle *Me ha jugado una mala pasada, pero se va a acordar.* Hän teki minulle katalan tempun, mutta minä vielä näytän hänelle.

• **acta**
¡Acta est fabula! Se siitä ja loput kirjeessä!

• **activa**
ni por activa ni por pasiva ei sitten millään *Por más que lo intento no lo consigo, ni por activa ni por pasiva.* Vaikka kuinka yritän, en onnistu, en sitten millään. *Escuchaba y escuchaba,* pero ni por activa ni por pasiva entendía nada. Kuuntelin ja kuuntelin mutta en sitten millään ymmärtänyt mitään.

• **actividad**
en actividad toimiva *En España no hay volcanes en actividad.* Espanjassa ei ole toimivia tulivuoria.

• **acto**
acto seguido heti perään, saman tien *El hombre se sentó y acto seguido empezó a explicar sus proyectos.* Mies istuutui ja saman tien alkoi selittää suunnitelmiaan.
en el acto heti, välittömästi *El conductor del coche accidentado murió en el acto.* Onnettomuusauton kuljettaja kuoli heti.
hacer acto de presencia näyttäytyä *Hizo acto de presencia en la reunión, pero no dijo nada.* Hän näyttäytyi kokouksessa mutta ei sanonut mitään.

• **actualidad**
en la actualidad nykyään *En la actualidad, el español es la lengua materna de más de 400 millones de personas.* Nykyään espanja on yli 400 miljoonan ihmisen äidinkieli.

• **acuerdo**
de acuerdo sovittu, selvä, OK *¿Nos vemos a las seis? – De acuerdo.* Nähdäänkö kuudelta? – OK.
de acuerdo con mukaan, mukaisesti *La calidad de vida de los españoles es excelente, de acuerdo, al menos, con los criterios de la UE.* Espanjalaisten elämänlaatu on erinomainen, ainakin EU:n kriteereiden mukaan. *La fiesta popular se celebró de acuerdo con las tradiciones locales.* Kansanjuhla vietettiin paikallisten perinteiden mukaisesti.

de común acuerdo (*myös* de mutuo acuerdo) yksissä tuumin *Lo hicieron de mutuo acuerdo.* He tekivät sen yksissä tuumin.

estar de acuerdo en/con olla samaa/yhtä mieltä *Estoy de acuerdo con todo lo que has dicho.* Olen samaa mieltä kaikesta mitä sanoit. *Estaban de acuerdo en reunirse una vez al mes.* He olivat yhtä mieltä kokoontumisesta kerran kuussa.

ponerse de acuerdo (*myös* llegar a un acuerdo) päästä yhteisymmärykseen jstak *Si no nos ponemos de acuerdo, cada cual hará lo que quiera.* Jos emme pääse yhteisymmärykseen, jokainen tekee mitä haluaa.

● **adán** (*myös* Adán)
en traje de Adán aataminpuvussa *Por la calle no puedes ir en traje de Adán.* Et voi kulkea kadulla aataminpuvussa.

estar/ir hecho un adán olla räjähtäneen näköinen *¡Cámbiate de ropa porque vas hecho un adán!* Vaihda vaatteet, koska olet räjähtäneen näköinen.

ser un adán olla resupekka *Eres un adán, no sabes arreglarte.* Olet resupekka, et osaa pukeutua kunnolla.

● **adelantado**
por adelantado etukäteen, ennakkoon *El arreglo del traje tiene usted que pagarlo por adelantado.* Teidän täytyy maksaa puvun korjaus etukäteen.

● **1 adelante**
de hoy en adelante tästä päivästä lähtien *De hoy en adelante puedes hacer lo que quieras.* Tästä päivästä lähtien voit tehdä mitä haluat.

en adelante tästä lähtien, tulevaisuudessa *En adelante, tú serás la que dirija la empresa.* Tästä lähtien sinä johdat yritystä.

llevar adelante viedä eteenpäin *A todos nos parece bien el proyecto si te encargas tú de* llevarlo adelante. *Meistä kaikista projekti on hyvä, jos sinä sinä otat tehtäväksesi viedä sitä eteenpäin.

más adelante myöhemmin *Si empiezas a fumar ahora, más adelante te arrepentirás.* Jos alat polttaa nyt, kadut myöhemmin.

● **2 ¡Adelante!**
1 eteenpäin *¡Adelante, soldados!* Eteenpäin, sotilaat! *2* sisään *¿Puedo entrar? – Sí, claro ¡Adelante!* Voinko tulla? – Kyllä, tietenkin. Käy sisään.
ks. myös: **sacar** adelante; **salir** adelante

● **ademán**
hacer ademán de aikoa, meinata *Hizo ademán de irse de la reunión, pero volvió a sentarse.* Hän meinasi lähteä kokouksesta, mutta istui takaisin paikalleen.

● **adentro**
para sus adentros itsekseen, mielessään *Mientras se acercaba a la tienda, pedía para sus adentros que no hubiesen vendido ya la bici.* Lähestyessään kauppaa hän rukoili itsekseen, ettei pyörää olisi vielä myyty.
ks. myös: **tierra** adentro

● **adiós**
y adiós muy buenas siinä kaikki *Pasaron juntos una noche y adiós muy buenas. Nunca más volvieron a verse.* He viettivät yön yhdessä ja siinä kaikki. He eivät enää koskaan tavanneet uudelleen.

● **adorno**
de adorno tyhjän panttina *A veces me parece que estoy de adorno en el trabajo porque nunca consultan conmigo cuando hay que hacer algo.* Joskus tuntuu, että olen töissä tyhjän panttina, koska minulta ei milloinkaan kysytä neuvoa, kun pitää tehdä jotakin.

• **afición**
por/de afición harrastuksena *Ella es mecánico de profesión y pintora de afición.* Hän on ammatiltaan mekaanikko ja harrastaa maalausta.

• **afortunado**
Afortunado en el juego, desgraciado en amores. Onnea pelissä, epäonnea rakkaudessa.

• **agalla**
tener agallas olla miestä jhk, olla kanttia jhk *Tenemos agallas para hacer eso y mucho más.* Meissä on miestä siihen ja paljon muuhunkin.

• **agenciárselas**
agenciárselas pärjätä, selvitä *No te preocupes por nosotros, ya nos las agenciaremos de alguna manera hasta que llegue el salario.* Älä ole meistä huolissasi, me kyllä pärjäämme jotenkin siihen asti, kun palkka tulee.

• **agosto**
hacer su/el agosto kääriä voittoja *Los días de lluvia hacen el agosto los vendedores de paraguas.* Sadepäivinä sateenvarjokauppiaat käärivät voittoja.

• **agotado**
estar agotado olla kuitti *Cuando termina la recepción, estoy agotado.* Kun vastaanotto on ohi, olen ihan kuitti.

• **agradecimiento**
No hay mejor agradecimiento que un buen emolumento. Ei kissa kiitoksella elää.

• **agua**
quedarse en agua de borrajas kuivua kokoon *Sus planes se quedaron en agua de borrajas.* Hänen suunnitelmansa kuivuivat kokoon.

agua pasada menneen talven lumia *Mi relación con Pepita es agua pasada.* Minun suhteeni Pepitan kanssa on menneen talven lumia.

bailar [le] el agua olla mielin kielin, olla mieliksi *Si es necesario les bailo el agua a tu madre y a toda tu familia, lo importante es tenerlos contentos.* Jos on välttämätöntä, niin minä olen mieliksi äidillesi ja koko perheellesi; tärkeää on pitää heidät tyytyväisinä.

cambiarle el agua al canario *Ark* käydä heittämässä vettä *¿Hay por aquí unos urinarios? Es que tengo que ir a cambiarle el agua al canario.* Onko täälläpäin pisuaaria? Minun täytyy nimittäin käydä heittämässä vettä.

claro como el agua (*myös* más claro que el agua) selvä kuin vesi *No te expliques más, todo está claro como el agua.* Älä selitä enempää, kaikki on selvää kuin vesi.

con el agua al cuello tukalassa tilanteessa, liemessä *Este mes estamos con el agua al cuello porque tenemos muchas facturas que pagar.* Tässä kuussa olemme tukalassa tilanteessa, koska meillä paljon maksettavia laskuja.

esperar como agua en mayo odottaa kuin kuuta nousevaa *Todo el mundo espera como agua en mayo que la situación se acabe.* Jokainen odottaa kuin kuuta nousevaa, että tilanne loppuisi.

estar entre dos aguas olla kahden vaiheilla *Está entre dos aguas porque no sabe si irse de vacaciones o ponerse a escribir la tesina.* Hän on kahden vaiheilla, koska ei tiedä lähteäkö lomalle vai ruvetako kirjoittamaan gradua.

haber corrido mucha agua paljon on ehtinyt (joessa) vettä virrata *No puedo contarte exactamente lo que pasó porque ha corrido mucha agua desde entonces.* En pysty kertomaan sinulle tarkasti mitä tapahtui, koska sen jälkeen paljon on ehtinyt (joessa) vettä virrata.

hacer aguas olla pahoissa vaikeuksissa, vuotaa *Este negocio está haciendo aguas.* Tämä yritys on pahoissa vaikeuksissa. *La barca estaba haciendo aguas y todos tuvieron que abandonarla antes de que se hundiese.* Vene vuoti, ja kaikkien piti lähteä siitä ennen kuin se uppoaisi.

hacer aguas menores/mayores käydä pissalla/kakalla *Tienes que tirar de la cadena también después de hacer aguas menores.* Sinun täytyy vetää vessa myös käytyäsi pissalla. *Voy al servicio porque tengo que hacer aguas mayores. ¿Sabes si hay papel higiénico?* Menen vessaan, koska minun täytyy käydä kakalla. Tiedätkö, onko vessapaperia?

nadar entre dos aguas istua kahdella tuolilla *No puedes nadar entre dos aguas; tienes que dejar el puesto de delegado sindical si quieres ser el director de la fábrica.* Et voi istua kahdella tuolilla; sinun täytyy luopua luottamusmiehen tehtävästä jos haluat olla tehtaan johtaja.

romper aguas tulla lapsivesi *María ha roto aguas esta mañana y la han llevado corriendo a la clínica de maternidad.* Marialta tuli lapsivesi tänä aamuna ja hänet vietiin kiireesti synnytyslaitokselle.

sin decir agua va tulla kuin salama kirkkaalta taivaalta *La orden nos llegó sin decir agua va.* Käsky tuli kuin salama kirkkaalta taivaalta.

venir [le] **como agua de/en mayo** tulla sopivasti, tulla oikeaan rakoon *La devolución de impuestos me viene como agua de mayo porque tengo algunas facturas acumuladas.* Veronpalautukset tulevat sopivasti, koska minulle on kertynyt joitakin laskuja maksettavaksi.

Agua corriente no mata a la gente. Vesi vanhin voitehista.

Nunca digas de esta agua no beberé. Vannomatta paras.

Son aguas pasadas. Se on ollutta ja mennyttä.

ks. myös: a **flor** de agua; como **pez** en el agua; hacérse [le] la **boca** agua; llevarse el **gato** al agua

● **aguantar**

que no se puede aguantar tavattoman, mielettömän *María tiene una belleza que no se puede aguantar.* Maria on tavattoman kaunis. *Me ha salido un pastel que no se puede aguantar.* Leivoin mielettömän hyvän kakun.

ks. myös: aguantar el **chaparrón**; aguantar la **mecha**

● **agüero**

de buen/mal agüero hyvä/huono enne tai merkki *Ver que nadie respondía me pareció de mal agüero. Luego supe que estaba ingresada en el hospital.* Minusta oli huono enne, kun kukaan ei vastannut. Sitten kuulin hänen joutuneen sairaalaan. *En China, el rojo es de buen agüero.* Kiinassa punainen väri on hyvä merkki.

● **aguja**

buscar una aguja en un pajar etsiä neulaa heinäsuovasta *Tenemos tantas fotos que encontrar la que tú quieres será como buscar una aguja en un pajar.* Meillä on niin paljon valokuvia, että haluamasi kuvan löytäminen on kuin etsisi neulaa heinäsuovasta.

● **agujero**

tener un agujero en cada mano olla reikä rahapussissa *Aunque gana mucho dinero, nunca tiene nada porque tiene un agujero en cada mano.* Vaikka hän ansaitsee paljon, niin hänellä ei ole koskaan mitään, koska hänellä on reikä rahapussissa.

ks. myös: En **tiempos** de guerra, cualquier agujero es trinchera.

• **ahí**

¡ahí es nada! uskomatonta *Le han aumentado el sueldo en un 100%, ¡ahí es nada!* Hänen palkkaansa nostettiin 100%, uskomatonta!

de ahí que minkä vuoksi *En esa calle ha habido muchos accidentes, de ahí que la hayan cortado al tráfico.* Tuolla kadulla on ollut paljon onnettomuuksia, minkä vuoksi sen on suljettu liikenteeltä.

ks. myös: **por** ahí; ahí donde [lo] **ver**; (hasta ahí/aquí podíamos/ podríamos **llegar**!; he **aquí**/ahí; he **aquí**/ahí que; he [le] **aquí**/ahí

• **ahínco**

con ahínco olan takaa *Trabajamos con ahínco para causar buena impresión ante los jefes.* Teemme töitä olan takaa tehdäkseen hyvän vaikutuksen pomoihin.

• **ahora**

ahora bien mutta *Puedes usar mi coche cuando quieras, ahora bien, tienes que avisarme antes de cogerlo.* Voit käyttää autoani milloin haluat, mutta sinun täytyy ilmoittaa minulle, ennen kuin otat sen.

ahora mismo nyt heti, juuri nyt *Me voy a la cama ahora mismo.* Menen sänkyyn nyt heti.

ahora que 1 nyt kun, tehtyään jtk *Ahora que te has jubilado, puedes dedicarte a la pintura.* Nyt kun olet jäänyt eläkkeelle, voit omistautua maalaamiselle. *¿Qué piensas del pastel, ahora que lo has probado?* Mitä mieltä olet kakusta maistettuasi sitä? **2** vaikkakin, mutta *La casa ciertamente es grande ahora que para mi gusto podría estar mejor distribuido el espacio.* Talo on varmasti suuri, mutta minun mielestäni tila voisi olla paremmin jaettu.

de ahora en adelante tästä lähtien, vastedes *De ahora en adelante viviremos juntos y nada nos separará.* Tästä lähtien elämme yhdessä, ja mikään ei erota meitä.

desde ahora tästä lähtien *Desde ahora yo soy el director del departamento.* Tästä lähtien minä olen laitoksen johtaja.

hasta ahora 1 tähän mennessä *Hasta ahora hemos recibido cincuenta cartas de gente que vendrá a la boda.* Tähän menessä olemme saaneet viisikymmentä kirjettä ihmisiltä, jotka tulevat häihin. **2** nähdään kohta *Yo ya me voy, pero vuelvo enseguida. ¡Hasta ahora!* Minä tästä lähden, mutta tulen heti takaisin. Nähdään kohta.

por ahora toistaiseksi *Los cambios no son necesarios por ahora.* Muutokset eivät ole tarpeellisia toistaiseksi.

• **aire**

al aire libre ulkoilmassa, ulkosalla, ulkona *Como hace un día muy bueno, daremos la clase al aire libre.* Koska on hyvin kaunis päivä, pidämme oppitunnin ulkona.

a su aire tyylillään, tavallaan *No hace falta que todos lo hagáis de la misma manera, podéis hacerlo cada cual a su aire.* Teidän kaikkien ei tarvitse tehdä sitä samalla tavalla, voitte tehdä sen kukin omalla tyylillänne.

cambiar de aires vaihtaa maisemaa *Después de diez años en el mismo trabajo necesitaba cambiar de aires.* Oltuani kymmenen vuotta samassa työssä minun oli tarve vaihtaa maisemaa.

dar aire rummuttaa jnk puolesta *La cocina francesa es famosa, pero si a la española le diésemos aire, también lo sería.* Ranskalainen keittiö on kuuluisa, mutta jos rummuttaisimme espanjalaisen keittiön puolesta, sekin olisi kuuluisa.

darse aires de esittää, olla olevinaan *Sabía que era un excelente jugador y no necesitaba darse aires de nada.* Hän tiesi olevansa erinomainen pelaaja eikä hänen tarvinnut esittää mitään.

dejar en el aire jättää jkn roikkumaan ilmaan *En vez de solucionar los problemas, prefiere dejarlos en el aire.* Ongelmien ratkaisemisen sijaan hän jättää ne roikkumaan ilmaan.

estar en el aire roikkua ilmassa, olla auki *Todavía no se ha tomado ninguna decisión. Todo está en el aire.* Mitään päätöstä ei ole vielä tehty. Kaikki roikkuu ilmassa. *La financiación de las asociaciones está todavía en el aire.* Järjestöjen rahoitus on vielä auki.

saltar por los aires lentää ilmaan, räjähtää *Explotó la bomba y la casa saltó por los aires.* Pommi räjähti ja talo lensi ilmaan. *Todo lo que hemos hecho hasta ahora puede saltar por los aires si no encontramos financiación.* Kaikki, mitä olemme tehneet tähän mennessä voi räjähtää käsiin ellemme saa rahoitusta.

tener un aire näyttää jklta, muistuttaa jkta *Ramón tenía un aire de su padre, pero era más robusto.* Ramón muistutti isäänsä mutta oli rotevampi.

tomar aire vetää henkeä *Paramos para que pudiese tomar aire.* Pysähdyimme jotta voisin vetää henkeä.

tomar el aire haukata raitista ilmaa *Me voy a tomar el aire porque hace calor aquí.* Menen haukkamaan raitista ilmaa, koska täällä on kuuma.

ks. myös: **castillos** en el aire; cortar un **pelo** en el aire

• **airoso**
salir airoso selviytyä kaikella kunnialla *Lo más interesante es que Aino salió airosa del tema.* Mielenkiintoisinta oli se, että Aino selviytyi siitä kaikella kunnialla.

• **ajo**
a ajo y agua yrittää kestää, kärvistellä *Han ascendido de trabajo a todos menos a mí, ¡qué se le va a hacer! ¡A ajo y agua!* Kaikki ovat saaneet töissä ylennyksen paitsi minä. Minkäs teet. Yritetään kestää. *Mi novia ha ido a trabajar a China y no volverá hasta el año que viene. – ¡A ajo y agua!* Tyttöystäväni lähti Kiinaan töihin ja palaa vasta ensi vuonna. – Siinähän kärvistelet.

estar en el ajo olla perillä asioista, olla vihkiytynyt asioihin *Tienes que estar en el ajo si quieres saber cuándo invertir.* Sinun täytyy olla perillä asioista, jos haluat tietää milloin sijoittaa.

repetirse más que el ajo jauhaa kuin rikkinäinen levy *Ese periodista se repite más que el ajo.* Tämä toimittaja jauhaa yhtä ja samaa kuin rikkinäinen levy.

Quien se pica, ajos come. Se koira älähtää, johon kalikka kalahtaa.

• **ala**
ahuecar el ala lähteä lätkimään, nostaa kytkintä *Cuando vio que nadie le daba conversación, ahuecó el ala.* Kun hän huomasi, että kukaan ei puhunut hänelle, hän lähti lätkimään.

cortar [le] las alas hillitä, jarrutella *Antes se pensaba que a los jóvenes había que cortarles las alas cuando querían independizarse.* Ennen ajateltiin, että nuoria piti jarrutella, kun he halusivat itsenäistyä.

dar [le] alas kannustaa, rohkaista *No puedes desanimar a tu hijo en sus proyectos, dale alas.* Et voi tyrmätä poikasi suunnitelmia, kannusta häntä.

quemarse las alas riskeerata *Aunque somos muy amigos, no quiero quemarme las alas para conseguir que te den a ti el trabajo.* aikka olemme hyviä ystäviä, en halua riskeerata, jotta sinä saisit sen työn.

tocado del ala 1 heikentynyt *Las manifestaciones racistas que hizo lo dejaron políticamente tocado del ala.* Hänen lausumansa rasistiset mielipiteet heikensivät hänen poliittista asemaansa. **2** päästään vialla *¡Tú estás tocado del ala! ¿Cómo puedes siquiera pensar que podría dejarte mi coche* *nuevo? Olet päästäsi vialla!* Kuinka voit edes ajatella, että voisin antaa sinulle uuden autoni?

• **alabanza**
Alabanzas propias, mierda segura. Oma kehu haisee.

• **alacrán**
Quien del alacrán está picado, de la sombra huye. Siperia opettaa.

• **alarde**
hacer alarde de kerskailla *Hacía alarde de su riqueza.* Hän kerskaili rikkaudellaan.

• **albis**
quedarse in albis/en blanco lyödä tyhjää *He escuchado con atención la conferencia, pero me he quedado in albis.* Kuuntelin tarkkaavaisesti luentoa, mutta minulla löi tyhjää.

• **albor**
en los albores de alkutaipaleella *Juha fue el mentor mental en los albores de la actividad empresarial.* Juha oli henkinen mentori yritystoiminnan alkutaipaleella.

• **alcance**
al alcance de (*myös* a [pos.] alcance) saavutettavissa tai ulottuvilla, mahdollista jllek *Eso no está a tu alcance, así que olvídalo.* Se ei ole sinun saavutettavissasi, joten unohda se.
dar [le] **alcance** tavoittaa, saada kiinni *Les di alcance en dos minutos porque se iban parando en todos los escaparates.* Tavoitin heidät parissa minuutissa, koska he pysähtyivät jokaisen näyteikkunan eteen.
fuera del alcance de (*myös* fuera de [pos.] alcance) jkn ulottumattomissa, mahdotonta jllek *Su nueva teoría está fuera del alcance de*

mi capacidad de comprensión. Hänen uusi teoriansa on ymmärrykseni ulottumattomissa.

• **Alcoyano**
tener más moral que el Alcoyano olla oikea sisupussi *La chica le ha dado mil veces calabazas, pero no desiste, tiene más moral que el Alcoyano.* Tyttö on antanut hänelle rukkaset tuhat kertaa, mutta hän ei luovuta, siinä on oikea sisupussi.

• **alegría**
Dicen que las alegrías cuando se comparten se agrandan. Jaettu ilo on kaksinkertainen ilo.

• **alero**
rozando el alero rima hipoen *Pasé el examen rozando el alero.* Suoriuduin kokeesta rimaa hipoen.

• **alfiler**
como un alfiler langanlaiha *Con ese régimen de comidas se ha quedado como un alfiler.* Tuolla ruokavaliolla hänestä on tullut langanlaiha.
no caber un alfiler olla kuin nuijalla lyöty *En la plaza del pueblo no cabía un alfiler; a la fiesta habían venido también las gentes de los pueblos vecinos.* Kylän aukio oli kuin nuijalla lyöty; myös naapurikylien ihmiset olivat tulleet juhliin.

• **alfombra**
barrer bajo la alfombra lakaista maton alle *No conviene barrer bajo la alfombra los temas difíciles.* Vaikeita asioita ei kannata lakaista maton alle.
levantar alfombras levitellä jtak *Todos tenemos nuestros secretos y a nadie le gusta levantar alfombras.* Meillä kaikilla on salaisuutemme, eikä kukaan halua levitellä niitä.

quitar [le] **la alfombra bajo los pies** vetää matto jnkn alta *El resultado electoral le quitó a Aki la alfombra bajo los pies.* Äänestystulos veti maton Akin jalkojen alta.

● **algo**
algo así como jotensakin, jotakuinkin *Muy ancha no es la calle, algo así como 3 metros.* Katu ei ole kovin leveä, jotakuinkin 3 metriä. *No estaba triste, sino algo así como preocupado.* Hän ei ollut surullinen, vaan jotensakin huolestunut.
algo es algo olla tyhjää parempi, olla sekin jotakin *Llegué tarde a la comida y sólo me sirvieron café. – Algo es algo.* Myöhästyin ruoalta ja minulle tarjottiin vain kahvia. – Olihan se tyhjää parempi.
dar [le] **algo** saada sydäri *¡Vámonos! Si escucho una tontería más me da algo.* Lähdetään pois. Jos kuulen vielä yhdenkin typeryyden, saan sydärin.
o algo parecido (*myös* o algo así) jotakin sinnepäin *Su vecina se llama Tara, o algo parecido.* Hänen naapurinsa nimi on Tara tai jotakin sinnepäin.
por algo syystä, olla syynsä *A mí me tienen que pagar más, por algo soy el jefe.* Minulle täytyy maksaa enemmän, syystä, että olen pomo. *Si no te ha dicho nada, por algo será.* Jos hän ei ole sanonut sinulle mitään, siihen on syynsä.
un algo sitä jotakin *Su sonrisa tenía un algo que fascinaba a todos.* Hänen hymyssään oli sitä jotakin, mikä hurmasi kaikki.
Algo es algo, dijo un calvo que se encontró un peine sin púas. Vähäkin on tyhjää parempi.
Más vale algo que nada. On vähäkin tyhjää parempi.

● **algodón**
nacer entre algodones syntyä kultalusikka suussa *Picazo nació entre algodones y no tuvo ningún problema para dedicarse al arte.*

Picazo syntyi kultalusikka suussa ja pystyi omistautumaan taiteelle ongelmitta.

● **alguien**
creerse alguien luulla olevansa joku *Se cree alguien y por eso trata a los demás como si fuesen subordinados.* Hän luulee olevansa joku ja siksi kohtelee muita alentuvasti.

● **alguno**
algún que otro [subst.] (*myös* algún [subst.] que otro) jokunen, muutama *Ha leído algún que otro libro.* Olen lukenut muutaman kirjan.

● **alicaído**
estar alicaído olla allapäin *Si está un poco alicaído, esto le hará sentirse mejor.* Jos hän on vähän allapäin, tämä saa hänet tuntemaan olonsa paremmaksi.

● **aliento**
sentir el aliento en el cogote hengittää niskaan *Sainz lidera el rally Dakar, pero ya siente en el cogote el aliento de su padre, Carlos.* Sainz johtaa Dakar-rallin, mutta isänsä, Carlos, hengittää jo niskaan.

● **alimón**
al alimón yhdessä, yhteistuumin *Ese trabajo convendría hacerlo al alimón.* Se työ pitäisi tehdä yhteistuumin.

● **alirón**
cantar el alirón juhlia voittoa, riemuita *Todavía no nos han dado el premio, así que no cantéis el alirón todavía.* Emme ole vielä saaneet palkintoa, joten älkää vielä juhliko voittoa.

● **allá**
allá [pron. pers. S] omapa on asiansa *Si quiere gastase el dinero en ropa, allá él.* Jos hän

haluaa tuhlata rahansa vaatteisiin, omapa on asiansa.

allá se las componga/arregle/ entienda hoitaa omat asiansa. *Los problemas de Marisa no te conciernen, allá se las componga ella.* Marisan ongelmat eivät kuulu sinulle, hoitakoon hän omat asiansa.

el más allá tuonpuoleinen *Soy demasiado joven para pensar en el más allá.* Olen liian nuori ajatellakseni tuonpuoleista.

irse al más allá *ark* potkaista tyhjää *Se fue al más allá al pie del trabajo.* Hän potkaisi tyhjää työnsä ääreen.

más allá de toisella puolella, tuolla puolen *Más allá del parque verás un supermercado.* Puiston toisella puolella näkyy supermarketti.

más para allá que para acá 1 olla enemmän kuollut kuin elävä, olla puolikuollut *Lleva ingresado en el hospital un mes y está más para allá que para acá.* Hän on ollut sairaalassa kuukauden ja on enemmän kuollut kuin elävä. **2** puolihullu *Antes pensaba que era un poco raro como persona, ahora creo que está más para allá que para acá.* Ennen pidin häntä hieman omituisena ihmisenä, nyt luulen, että hän on puolihullu.

para allá (*myös* pa'llá) ei olla kaikki kotona *No hagas caso de lo que dice, está un poco pa'llá.* Älä välitä hänen puheistaan, hänellä ei ole kaikki kotona.

• **alma**

caérse [le] **el alma a los pies** masentua, pettyä pahan kerran *Esperaba un buen resultado y se le cayó el alma a los pies cuando vio que había suspendido el examen.* Hän odotti hyvää tulosta ja masentui nähdessään, että oli reputtanut tentissä.

como alma en pena kuin haamu, kuin varjo *Desde que lo dejó la novia, va por la vida como alma en pena.* Hän on kuin haamu entisestään, tyttöystävän jätettyä hänet.

como alma que lleva el diablo tuli hännän alla *Tuvimos miedo y echamos a correr como almas que lleva el diablo.* Pelästyimme ja lähdimme juoksemaan tuli hännän alla.

con el alma en vilo (*myös* con el alma en un hilo) sydän kurkussa *Le daba miedo volar, así que hizo el viaje con el alma en vilo.* Hän pelkäsi lentämistä, joten hän matkusti sydän kurkussa.

doler [le] **en el alma** (*myös* lamentarlo/ sentirlo en el alma) koskea sydämeen; pahoitella syvästi *Me duele en el alma que me trates así.* Sydämeeni koskee, että kohtelet minua näin. *Perdona si te he ofendido, lo siento en el alma.* Anteeksi, jos loukkasin sinua, olen syvästi pahoillani.

llevar/tener clavado en el alma syöpyä mieleen *Nunca olvidaré sus palabras, las llevo clavadas en el alma.* En koskaan unohda hänen sanojaan, ne ovat syöpyneet mieleeni.

no haber ni un alma ei olla ristin sielua *Eran las seis de la mañana y en la calle no había ni un alma.* Kello oli kuusi aamulla ja kadulla ei ollut ristin sielua.

no poder ni con [pos.] **alma** ei jaksaa yhtään mitään *Estoy tan cansado que no puedo ni con mi alma.* Olen niin väsynyt, että en jaksa yhtään mitään.

volver el alma al cuerpo palautua entiselleen *Aquella noche me parecieron muertos de cansancio, pero por la mañana se podía ver que les volvía el alma al cuerpo.* Tuona iltana he näyttivät kuolemanväsyneiltä, mutta aamulla saattoi nähdä, että he olivat palautumassa entiselleen.

salir [le] **del alma** tulla suoraan sydämestä *Se notaba que las palabras de felicitación le salían del alma.* Huomasi, että onnittelusanat tulivat häneltä suoraan sydämestä.

• **almeja**

19

mojar la almeja *ark* vetää viikseen *Se ha ido a un prostíbulo a mojar la almeja.* Hän meni ilotaloon vetämään viikseen.

• almíbar
dulce como el almíbar kuin hunajaa, hunajainen *Sus palabras eran dulces como el almíbar.* Hänen sanansa olivat kuin hunajaa.

• almohada
consultar con la almohada nukkua yön yli *No puedo darte una respuesta ahora mismo, voy a consultarlo con la almohada.* En voi antaa sinulle vastausta nyt heti, aion ensin nukkua yön yli.

• alrededor
a [pos.] alrededor ympärille *Cuando me desperté, miré a mi alrededor y noté que los demás ya se habían ido.* Herättyäni katsoin ympärilleni ja huomasin muiden jo lähteneen.
alrededor de 1 -sta, -stä *Es un asunto alrededor del cual se han escrito muchos libros.* Se on asia, josta on kirjoitettu monia kirjoja. *2* suunnilleen, paikkeilla *Ganará alrededor de los tres mil euros.* Hän ansaitsee suunnilleen kolme tuhatta euroa.

• alta
dar de alta 1 rekisteröidä *Antes de poder ir de caza tienes que dar de alta la escopeta en el registro de armas.* Ennen kuin voit mennä metsästämään sinun on rekisteröitävä haulikko aserekisteriin. *2* (*myös* dar el alta) kotiuttaa, päästä pois sairaalasta; todeta terveeksi *El médico me ha dicho esta mañana que me dará de alta mañana.* Lääkäri sanoi minulle tänä aamuna, että kotiuttaa minut sairaalasta huomenna. *He estado de baja dos semanas y ayer me dieron el alta.* Olen ollut kaksi viikkoa sairaana ja eilen minut todettiin terveeksi.

• altar
llevar al altar viedä jku alttarille *Eric llevó al altar a Yolanda en el año 1950.* Eric vei Yolandan alttarille vuonna 1950.
subir a los altares julistaa jku pyhimykseksi *Se rumorea que Juan Pablo II pronto subirá a los altares.* Huhutaan, että Johannes Paavali II julistetaan pian pyhimykseksi.

• alterne
de alterne seurustelu-, seksi- *Muchas mujeres traídas engañosamente de los países del este trabajan en bares de alterne.* Monet väärillä lupauksilla itäblokin maista tuodut naiset tekevät töitä seksibaareissa.

• 1 alto
en alto 1 ääneen *Puedes hablar en alto porque estamos solos y nadie nos oye.* Voit puhua ääneen, koska olemme kahden ja kukaan ei kuule meitä. *2* ylös tai ylhäällä; ilmaan tai ilmassa *Antonio levantó en alto la piedra y la tiró al río.* Antonio nosti kiven ilmaan ja heitti sen jokeen. *Llevaba en alto un farol para que viésemos el camino.* Pidin lyhtyä ylhäällä, jotta näkisimme tien.
• hacer un alto pysähtyä *Como todos estaban muy cansados, hicieron un alto a la orilla de un río.* Koska kaikki olivat väsyneitä, he pysähtyivät joen rannalle.
• lo alto de korkein kohta, huippu *Desde lo alto de la torre se podía ver toda la comarca.* Tornin huipulta saattoi nähdä koko alueen. *Estaba sentado en lo más alto de la copa del árbol.* Hän istui puun latvassa korkeimmalla kohdalla.
pasar por alto sivuuttaa jku tai jk *El profesor pasó por alto la pregunta y siguió hablando.* Opettaja sivuutti kysymyksen ja jatkoi puhumista.
por lo alto korkeintaan *Hispanohablantes, por lo alto, habrá unos 500 millones.* Espanjaa puhuvia lienee korkeintaan 500 miljoonaa.

por todo lo alto suuren luokan *Cuando terminemos las reparaciones daremos una fiesta por todo lo alto.* Kun saamme remontin valmiiksi, pidämme suuren luokan juhlat.

● **2 alto**
dar/echar el alto pysäyttää, lyödä jarrut päälle *En cuanto le dio el alto la policía, se detuvo.* Heti kun poliisi pysäytti hänet, hän pysähtyi. *Sería mejor que le echases el alto ahora, antes de que empiece a imaginarse que quieres salir con ella y esas cosas.* Olisi parempi, jos löisit hänelle jarrut päälle nyt, ennen kuin hän alkaa kuvitella, että haluat seurustella hänen kanssaan ja muuta semmoista.
¡Alto ahí! Seis!

● **altura**
a estas/esas alturas tässä/siinä vaiheessa *Mi madre está preocupada porque tengo 20 años y todavía a estas alturas no tengo novia.* Äitini on huolissaan, koska olen 20-vuotias eikä minulla vielä tässä vaiheessa ole tyttöystävää. *Hacía tres años que trabajaba en la oficina y a esas alturas me había ganado el respeto de los compañeros.* Olin ollut kolme vuotta työpaikassani ja siinä vaiheessa saanut osakseni työtovereiden kunnioituksen.
a la altura de *1* kohdalla *A la altura del mercado se despidieron.* Torin kohdalla he hyvästelivät. *2* tasolla *No se casa porque no ha encontrado una mujer a la altura de sus pretensiones.* Hän ei mene naimisiin, koska ei ole tavannut naista, joka olisi hänen vaatimustensa tasolla.

● **alucine**
de alucine huikea, uskomaton *Todo en la película era maravilloso, era una película de alucine.* Elokuvassa kaikki oli ihmeellistä, se oli huikea elokuva.

● **aludido**
darse por aludido ymmärtää yskä *En la reunión se expresaron algunas críticas contra la dirección, pero el director no se dio por aludido y pasó al siguiente asunto.* Kokouksessa arvosteltiin johtoa, mutta johtaja ei ymmärtänyt yskää ja siirtyi seuraavaan asiaan.

● **alza**
al alza ylöspäin *El Gobierno ha revisado al alza las previsiones del crecimiento de la economía nacional.* Hallitus on korjannut ylöspäin maan talouden kasvuennusteita.
en alza nousussa *En la actualidad todo lo relacionado con la virtualidad en la enseñanza está en alza.* Nykyään kaikki virtuaaliopetukseen liittyvä on nousussa.

● **amabilidad**
¿tendría usted la amabilidad de ...? voisitteko... *¿Tendría usted la amabilidad de decirme qué hora es?* Voisitteko sanoa minulle, paljonko kello on?

● **amanecer**
al amanecer aamunkoitteessa *Al amanecer nos iremos.* Aamunkoitteessa lähdemme matkaan.

● **amapola**
más rojo que una amapola (*myös* rojo como una amapola) punainen kuin rapu *Cuando el profesor le preguntó su nombre a la nueva estudiante se puso roja como una amapola.* Kun opettaja kysyi uudelta opiskelijalta nimeä, tämä meni punaiseksi kuin rapu.
ks. myös: más de **campo** que las amapolas

● **amasijo**
quedar hecho un amasijo mennä rusinaksi *Parece ser que también un coche quedó hecho un amasijo.* Tais joku autokin mennä rusinaksi.

• **ambages**

sin ambages suoraan, kiertelemättä *Le dije sin ambages que todo aquel proyecto no tenía pies ni cabeza.* Sanoin hänelle suoraan, että koko siinä projektissa ei ollut päätä eikä häntää.

• **ambiente**

despejar el ambiente puhdistaa ilmaa *Una buena discusión despeja el ambiente.* Kunnon riita puhdistaa ilmaa.

• **amén**

amén de lisäksi *Ese pantalón, amén de horroroso, te va pequeño.* Sen lisäksi, että nuo housut ovat kauheat, ne ovat sinulle liian pienet.

y amén ja sillä sipuli *Llámale, le dices que no puedes ir a la fiesta y amén.* Soita hänelle ja sano ettet voi tulla juhliin ja sillä sipuli.

• **amigo**

de pocos amigos juro *Tiene fama de pocos amigos, pero la verdad es que es muy amable con todo el mundo.* Häntä pidetään jurona, mutta todellisuudessa hän on hyvin ystävällinen kaikkia kohtaan.

tan amigos ei haittaa, ei mitään hätää *Venga a verlo, si le gusta el coche se lo vendo y si no tan amigos.* Tulkaa katsomaan autoa, ja jos pidätte siitä, myyn sen teille, jos ette, ei mitään hätää.

Amigo en la adversidad, amigo de verdad. Hädässä ystävä tunnetaan.

ks. myös: **cara** de pocos amigos

• **amo**

De tal amo, tal criado. Millainen isäntä, sellainen renki.

• **amolar**

¡hay que amolarse! jestas sentään, ettäs kehtaat *Y pensabas que además de comprarte las patatas y los huevos te iba a hacer la tortilla. ¡Hay que amolarse!* Ja sinä ajattelit, että sen lisäksi, että ostan sinulle perunat ja kananmunat, minä teen munakkaankin. Ettäs kehtaat.

• **amor**

al amor de la lumbre takan tms. lämmössä *Mi padre siempre nos contaba leyendas al amor de la lumbre.* Isäni kertoi aina meille tarinoita takkatulen lämmössä.

de mil amores erittäin mielellään, riemumielin *Como era ella la que se lo pedía aceptó encargarse del asunto de mil amores.* Koska juuri hän pyysi, niin mies otti asian hoitaakseen erittäin mielellään.

en amor y compaña/compañía sulassa sovussa *Era bonito ver a todos los niños jugando juntos, en amor y compañía.* Oli mukava katsella kaikkia lapsia leikkimässä yhdessä, sulassa sovussa.

hacer el amor rakastella *La noche de bodas fue la primera vez que hizo el amor.* Hääyönä hän rakasteli ensimmäistä kertaa.

por amor al arte ilmaiseksi, huvikseen *Puedo repararte el coche si quieres, pero tendrás que pagar, porque no trabajo por amor al arte.* Voin korjata autosi, mutta sinun pitää maksaa, koska en tee töitä huvikseni.

por amor de Dios herranjestas *¡Por amor de Dios Antonio! No me digas que no sabes ni freír un huevo.* Herranjestas, Antonio! Älä vaan sano, ettet osaa edes kananmunaa paistaa.

• **amparo**

al amparo de jnk turvin *El ladrón entró en la casa al amparo de la oscuridad.* Varas meni taloon pimeän turvin.

• **ampolla**

levantar ampollas herättää närkästystä. *Sus declaraciones han levantado ampollas entre los compañeros de partido.* Hänen lausuntonsa ovat herättäneet närkästystä puoluetovereiden keskuudessa.

• **ancho**

a lo ancho leveyssuunnassa, poikittain, pitkittäin *De la torre prefiero sacar la foto a lo alto y no a lo ancho.* Otan tornista kuvan mieluummin korkeussuunnassa kuin leveyssuunnassa.

a sus anchas vapaasti *Le han dado una oficina propia y ahora puede trabajar a sus anchas.* Hän sai oman toimiston, ja nyt hän voi työskennellä vapaasti.

venir [le] ancho olla liikaa, liian suuri pala haukattavaksi *Está intentando escribir su tesis doctoral, pero pienso que le viene un poco ancho.* Hän on aikeissa kirjoittaa väitöskirjansa, mutta luulen, että se on hänelle liian suuri pala haukattavaksi.

roncar a sus anchas vedellä hirsiä *El leñador roncaba a sus anchas durante la pausa del café.* Metsuri veteli hirsiä kahvitauolla.

• **ancla**

levar anclas nostaa kytkintä/ankkuri *Aquí el trabajo ya se ha terminado, así que podemos levar anclas.* Täällä on työt jo tehty loppuun, jotenvoidaan nostaa kytkintä.

• **andada**

volver a las andadas omaksua uudelleen paha tapa, palata entiseen *Hacía tiempo que no bebía pero ahora ha vuelto a las andadas.* Hän ei ollut juonut aikoihin mutta on nyt palannut entiseen.

• **andana**

llamarse [a] andana luistaa, livetä *Le encantaban las fiestas, pero cuando había que prepararlas o quedarse para limpiar, se llamaba andana.* Hän tykkäsi kovasti juhlista, mutta kun piti valmistella niitä tai siivota niiden jälkeen, niin hän luisti.

• **andar**

anda hei *Anda, vámonos ya.* Hei, lähdetään jo.

andar de olla laita, toimia, pelata *¿Qué tal anda de salud tu madre?* Miten on äitisi terveyden laita? *De salud, no sé que tal andará, pero de memoria, anda perfectamente.* Terveydestä en tiedä, mutta muisti pelaa täydellisesti.

andar por olla tietämillä, tienoilla *Mi padre andaba por los treinta cuando fue nombrado presidente.* Isäni oli kolmenkymmenen tienoilla, kun hänestä tuli johtaja. *Andará por el centro de la ciudad, pero vete a saber dónde exactamente.* Hän on jossakin kaupungin keskustan tietämillä, mutta mene ja tiedä missä tarkalleen.

andar por ahí jotakin sinnepäin *Soria es una ciudad muy pequeña, con 30.000 o 40.000 habitantes; debe de andar por ahí.* Soria on hyvin pieni kaupunki, 30 000–40 000 asukasta tai jotakin sinnepäin.

anda que no kylläpäs, onpa *¡Anda que no te quejarás! ¿Eh? Dos mujeres cuidándote.* Kylläpäs sinulla on säkä. Vai mitä? Kaksi naista pitämässä sinusta huolta. *¡Anda que no es listo ni nada mi hijo!* Kylläpäs minun poikani on fiksu. *No me metas prisa para terminar el trabajo, ¡anda que no hay tiempo!* Älä hoputa tekemään työtä loppuun, onhan vielä aikaa!

anda que como jos *Anda que como te vea tu madre ... Seguro que se enfada.* Jos äitisi näkee sinut... hän varmasti suuttuu.

andarse con tehdä jtk toistuvasti *Siempre se anda con bromas y algún día alguien se va a molestar.* Hän pilailee aina, ja jonakin päivä joku vielä pahastuu. *Siéntete como en tu casa y no te andes con cumplidos.* Ole kuin kotonasi, äläkä siinä kursaile.

andarse con ojo pitää silmät auki *Hay que ser listo y andarse con ojo.* Täytyy olla fiksu ja pitää silmät auki.

todo se andará kaikki aikanaan *Todavía nos faltan los vinos y los postres para la fiesta de mañana. – No te preocupes; todo se andará.* Meillä ei vielä ole viinejä ja jälkiruokia huomisiin juhliin. – Älä ole huolissasi, kaikki aikanaan.

¿Cómo andas? Kuinka pyyhkii/hurisee?

Dime con quién andas y te diré quién eres. Seura tekee kaltaisekseen.

• ángel
pasar un ángel enkeli kulkee huoneen läpi *Todos estaban hablando animadamente y de pronto pasó un ángel.* Kaikki juttelivat vilkkaasti ja yhtäkkiä enkeli kulki huoneen läpi eli vallitsi syvä hiljaisuus.

• anillo
no caérse [le] los anillos ei kokea alentuvansa *Es el director, pero no se le caen los anillos cuando le toca preparar el café.* Hän on johtaja, mutta ei koe alentuvansa, kun on hänen vuoronsa keittää kahvia.

venir como anillo el dedo sopia kuin valettu *He dado con un traje que me viene como anillo al dedo.* Löysin puvun, joka sopii minulle kuin valettu.

• ánimo
tener los ánimos por los suelos olla mieli maassa *Acaban de decirle que se ha muerto una tía muy querida y tiene los ánimos por los suelos.* Hänelle kerrottiin juuri, että erittäin rakas täti oli kuollut, ja hänellä on mieli maassa.

sin ánimo de ofender haluamatta loukata *En mi opinión, sin ánimo de ofender, su hijo es un salvaje.* Haluamatta mitenkään loukata, mutta poikanne on minun mielestäni villipeto.

• anochecer al anochecer illan hämärtyessä *Llegaron al anochecer, cuando ya estábamos cenando.* He saapuivat illan hämärtyessä, kun olimme jo syömässä illallista.

• antecedente
poner en antecedentes saattaa tilanteen tasalle *Le contaré sólo lo indispensable, pero tengo que poner en antecedentes a tu madre.* Kerron hänelle vain välttämättömän, mutta minun täytyy saattaa äitisi tilanteen tasalle.

• antes
antes bien pikemminkin *Su hijo no es tonto, antes bien es vago, por eso saca malos resultados.* Hänen poikansa ei ole tyhmä vaan pikemminkin laiska, sen vuoksi hän saa huonoja tuloksia.

antes que nada ensisijaisesti, ennen muuta *Quiero que antes que nada descanses un poco.* Haluan, että ennen muuta lepäät hieman.

antes o después ennemmin tai myöhemmin *Antes o después empezará a hablar finlandés.* Ennemmin tai myöhemmin hän alkaa puhua suomea.

cuanto antes mitä pikimmin, mahdollisimman pian *Lo mejor que puedes hacer es ir a hablar con ella cuanto antes.* Parasta, mitä voit tehdä, on puhua hänen kanssaan mitä pikimmin.

cuanto antes ... mejor mitä pikemmin... sitä parempi *Cuanto antes termines, mejor.* Mitä pikemmin lopetat, sitä parempi.

lo antes posible mahdollisimman pian *Iré a veros lo antes posible.* Tulen käymään teillä mahdollisimman pian.

• antiguo
de antiguo ikivanha *Es una tradición que viene de antiguo.* Se on ikivanha perinne.

• antojo

a [pos.] **antojo** mielensä mukaan *Cuando está sola en casa, puede dormir a su antojo.* Ollessaan yksin kotona hän voi nukkua mielensä mukaan.

• **antonomasia**
por antonomasia oikea, paras *Paellas hay muchas, pero la paella por antonomasia es la valenciana.* Paelloja on monenlaisia, mutta valencialainen on se oikea.

• **anzuelo**
tragarse el anzuelo mennä lankaan *Nos lo recomendó y nos tragamos el anzuelo.* Hän sitä meille suositteli ja menimme lankaan.

• **añadidura**
por añadidura lisäksi *Jugar al tenis es divertido y, por añadidura, es saludable.* Tenniksen pelaaminen on hauskaa, ja lisäksi se on terveellistä.

• **añicos**
hacerse añicos mennä pirstaleiksi, tuusan nuuskana *El florero se cayó al suelo y se hizo añicos.* Maljakko putosi lattialle ja meni pirstaleiksi.

• **año**
a años luz valovuosien päässä *El teatro es muy popular en Italia, pero está a años luz de la televisión en el ránking de popularidad.* Teatteri on Italiassa hyvin suosittua, mutta se on suosituimmuuslistalla valovuosien päässä televisiosta.
a los pocos años muutama vuosi *Regresó a su ciudad a los pocos años de haber emigrado.* Hän palasi kaupunkiin muutama vuosi poismuuttonsa jälkeen.
de año en año vuosi vuodelta *Los precios suben de año en año.* Hinnat nousevat vuosi vuodelta.

en lo que va de año tänä vuonna [toistaiseksi] *En lo que va de año hemos tenido 5 incendios forestales en nuestra región.* Tänä vuonna meidän seudullamme on ollut viisi metsäpaloa.
estar entrado en años olla kypsässä iässä *Puede ser que estés entrado en años, pero no lo parece.* Olet ehkä kypsässä iässä, mutta ei se siltä vaikuta.
quitarse años valehdella ikänsä *Es muy coqueto y siempre se quita años.* Hän on hyvin turhamainen ja valehtelee aina ikänsä.
Los años no perdonan. Vanhuus ei tule yksin.
Los años pesan. Ikä painaa.
No hay bien/mal que cien años dure (ni cuerpo que lo resista). Pitkäänkin tulee pää.
ks. myös: el año de la **pera,** el año de la **Tarara**

• **apañar**
apañárselas pärjätä, tulla toimeen, keksiä keino *Los dos esposos se han quedado sin trabajo y no saben cómo se las apañarán.* Molemmat aviopuolisot ovat jääneet työttömiksi eivätkä tiedä miten tulevat toimeen.

• **aparición**
hacer su aparición ilmestyä, ilmaantua *Con la llegada de la primavera, hicieron su aparición en los bancos del parque las parejas de enamorados.* Kevään tullessa rakastuneet parit ilmestyivät puiston penkeille.

• **apariencia**
en apariencia ulkonaisesti, näennäisesti *En apariencia, todo seguía igual, pero yo sabía que ya no se hablaban.* Ulkonaisesti kaikki oli ennallaan, mutta tiesin, etteivät he enää puhuneet toisilleen.
Las apariencias engañan. Ulkonäkö pettää.

• **aparte**

[subst.] **aparte** lukuun ottamatta, lisäksi *Diferencias políticas aparte, los esposos se entienden perfectamente.* Poliittisia eroja lukuun ottamatta, aviopari tulee toimeen loistavasti.

aparte de lisäksi *Aparte de eso, no tenía nada más que contarte.* Sen lisäksi hänellä ei ollut muuta kerrottavaa sinulle.

ks. myös: **punto** y aparte

• **ápice**
ni un ápice ei tippaakaan *Lo que ella diga no me importa un ápice.* Minä en välitä tippaakaan siitä, mitä hän sanoo.

• **aprender**
para que aprendas että ottaisit opiksesi *Y no podrás salir de casa los próximos fines de semana, para que aprendas.* Olet kotiarestissa seuraavina viikonloppuina, että ottaisit opiksesi.

ks. myös: a la **cama** no te irás sin aprender una cosa más; aprender de **memoria**

• **aprieto**
en un aprieto ahtaalla, ahtaalle *El aumento del coste de la vida ha puesto en un aprieto a muchos finlandeses.* Kallistuneet elinkustannukset ovat laittaneet monet suomalaiset ahtaalle.

• **aprisa**
aprisa y corriendo kiireesti *Les ha salido un poco mal porque tuvieron que hacerlo aprisa y corriendo.* He eivät oikein onnistuneet, koska heidän piti tehdä se kiireesti.

• **aprovechar**
que [le] aproveche pitää hyvänään *Si no me quieres dejar tu coche; que te aproveche.* Jos et kerran halua lainata autoasi minulle, niin pidä hyvänäsi.

¡Que aproveche! Hyvää ruokahalua!

• **apuntador**
hasta el apuntador joka iikka *Los errores no los ha cometido sólo uno, en este asunto se ha equivocado hasta el apuntador.* Ei ainoastaan yksi ole tehnyt virheitä, vaan tässä asiassa joka iikka on erehtynyt.

• **apurado**
casarse apurado *am* → casarse de penalti

• **apurar**
si me apuras (*myös* si se me apura) jopa *Para conseguir un mayor desarrollo en los países del mundo en vías de desarrollo se necesitan cambios ideológicos, si me apuras, más que ayudas económicas.* Suuremman kehityksen aikaansaamiseksi kehitysmaissa tarvitaan aatteellisia muutoksia, jopa enemmän kuin taloudellista apua.

• **apuro**
estar en un apuro olla hätä kädessä *En la actualidad todavía no estoy en un apuro.* Tällä hetkellä itsellä ei vielä ole hätä kädessä.

dar apuro nolottaa, hävettää *Me da apuro hablar con ella porque es una persona muy importante e inteligente.* Minua nolottaa puhua hänen kanssaan, koska hän on hyvin tärkeä ja älykäs henkilö.

pasar apuros olla vaikeuksia, vaikeaa *Sí, pasaron algunos apuros cuando la madre se quedó sin trabajo, pero fue sólo unos meses.* Kyllä, heillä oli hieman vaikeaa, kun äiti jäi työttömäksi, mutta vain muutaman kuukauden ajan.

• **aquí**
aquí y allá/allí siellä täällä *El parque parecía vacío, aunque había algunos niños aquí y allá.* Puisto näytti tyhjältä, vaikka siellä täällä oli joitakin lapsia.

de aquí a kuluttua *Volveremos de aquí a cuatro días.* Palaamme neljän päivän kuluttua.

de aquí para allá/allí sinne tänne *Iban de aquí para allá, como si estuviesen buscando algo.* He kulkivat sinne tänne ikään kuin olisivat etsineet jotakin.

he aquí/ahí tässä, siinä *He aquí a mi marido.* Tässä on mieheni. *He ahí el reloj que buscabas.* Siinä on etsimäsi kello.

he aquí/ahí que käydä niin, että *Nunca se habían llevado bien, pero he ahí que un día tuvieron que colaborar en un proyecto y desde entonces, inseparables.* He eivät olleet koskaan tulleet toimeen hyvin, mutta kävi niin, että yhtenä päivänä heidän piti tehdä yhteistyötä eräässä projektissa, ja sen jälkeen he ovat olleet erottamattomat.

he [le] aquí/ahí tässä sitä ollaan *Heme aquí ahora, en plena forma, yo que siempre estaba enfermo.* Tässä sitä ollaan nyt hyvässä kunnossa, minä, joka olin aina sairas.

ks. myös: aquí donde **ver** [le]; aquí tienes/tiene **tener**; hasta aquí podíamos **llegar; por** aquí

• ara
en aras a/de nimissä *En aras de la armonía familiar estaba dispuesta a hacer algunos sacrificios.* Perhesovun nimissä olin valmis tekemään joitakin uhrauksia.

• arado
ser más bruto que un arado tyhmä kuin aasi *Es muy simple y más bruto que un arado.* Hän on yksinkertainen ja tyhmä kuin aasi.

• árbol
Los árboles no dejan ver el bosque. Ei näe metsää puilta.

• arco
pasarse por el arco de triunfo antaa piutpaut *Tomás se pasa por el arco de triunfo todas las* normas de comportamiento. *Tomás antaa piutpaut kaikille käyttäytymissäännöille.

• arder
estar que arde käydä kuumana *El mercado de la fibra óptica está que arde.* Valokuitumarkkina käy kuumana.

• ardilla
más listo/vivo que una ardilla hyvät hoksottimet *La hija no era muy inteligente, pero era más lista que una ardilla.* Tyttö ei ollut kovin älykäs, mutta hänellä oli hyvät hoksottimet.

• arma
ser arma de doble filo kaksiteräinen miekka *Esa medicina experimental puede ser un arma de doble filo, tanto puede curarle como empeorarle la enfermedad.* Tuo testilääke voi olla kaksiteräinen miekka, se voi joko parantaa sairauden tai pahentaa sitä.

• armar
armarla nostaa meteli *Cuando el jefe notó que no habíamos hecho nada durante su ausencia, nos la armó.* Kun pomo huomasi, ettemme olleet tehneet mitään hänen poissa ollessaan, hän nosti metelin.

ks. myös: armarla **gorda;** armarse la de **Dios** es Cristo; armarse la **marimorena;** armarse un tiberio; armarse un **zipizape**

• armario
salir del armario tulla ulos kaapista *Salió del armario a los veinte años.* Hän tuli ulos kaapista kaksikymppisenä.

• armiño
más blanco que el armiño valkoinen kuin lumi, lumivalkoinen *Su camisa era más blanca que el armiño.* Hänen paitansa oli lumivalkoinen.

• **aro**

pasar por el aro olla pakko *Nadie quería hacer el servicio militar, pero todos tenían que pasar por el aro.* Kukaan ei halunnut käydä armeijaa, mutta kaikkien oli pakko.

• **arrancado**

estar arrancado *cuba* → estar sin blanca

• **arrastre**

estar para el arrastre vetää viimeistä virttä, olla lopussa *Voy a comprarle un coche al abuelo porque el que tiene está para el arrastre.* Ostan isoisälle auton, koska nykyinen vetää viimeistä virttä.

no servir ni para el arrastre ei olla mistään kotoisin *Este elibro no sirve ni para el arrastre.* Tämä kirja ei ole mistään kotoisin.

• **arreglar**

arreglárselas pärjätä, selviytyä, tulla toimeen *¿Cómo te las arreglarás sin mí?* Kuinka pärjäät ilman minua? *Tendré que hacer la mudanza solo, pero ya me las arreglaré.* Minun täytyy muuttaa yksin, mutta kyllä minä selviydyn.

arreglárselas para keksiä keino, onnistua *No tengo dinero, pero me las arreglaré para llevarles un buen regalo.* Minulla ei ole rahaa, mutta minä kyllä keksin keinon hankkia heille kunnon lahjan.

• **arreglo**

con arreglo a mukaan, mukaisesti *A cada cual se le pagará con arreglo a sus necesidades.* Kullekin maksetaan tarpeidensa mukaisesti.

no tener arreglo ei voida mitään *Este problema no tiene arreglo, así que ¡déjalo!* Tälle ongelmalle ei voi mitään, joten anna olla!

• **arriba**

arriba de enemmän, yli *No llevaba en el puesto arriba de dos años cuando decidió cambiar de trabajo.* Hän ei ollut ollut työssään kahta vuotta enempää, kun päätti vaihtaa työpaikkaa.

arriba y abajo edestakaisin *Los amantes paseaban arriba y abajo por el andén esperando la inminente despedida.* Rakastavaiset kulkivat edestakaisin asemalaiturilla eronhetken lähestyessä.

de arriba abajo ylhäältä alas, päästä jalkoihin *Se cepilla los dientes de arriba abajo.* Hampaat harjataan ylhäältä alas. *Mirar a una mujer de arriba abajo y con detenimiento es un signo de mala educación.* Katsominen naista päästä jalkoihin ja pitkään on merkki sivistymättömyydestä.

ponerse hasta arriba vetää pää täyteen *La pandilla solía ponerse hasta arriba.* Kaveriporukalla oli tapana vetää pää täyteen.

• **arriero**

Arrieros somos y en el camino nos encontraremos. Kuollaan sitä vielä meilläkin.

• **arroba**

por arrobas kukkuramitoin *Antes no teníamos trabajo y ahora lo tenemos por arrobas.* Ennen meillä ei ollut työtä, ja nyt sitä on kukkuramitoin.

• **arroz**

que si quieres arroz, Catalina ei tulla mitään *Pasé toda la mañana buscando un traje adecuado pero que si quieres arroz, Catalina.* Etsin koko aamun sopivaa pukua, mutta ei siitä mitään tullut.

pasárse [le] el arroz mennä naimaikä ohi *A ver si te casas pronto, antes de que se te pase el arroz.* Menehän naimisiin pian, ennen kuin naimaikä menee ohi.

• **arte**

el arte por el arte taidetta taiteen vuoksi *El pensamiento comunista no incluía el del arte por el arte, sino que todo tenía que tener una finalidad práctica.* Kommunistiseen ajatteluun ei kuulunut käsite taidetta taiteen vuoksi, vaan kaikella piti olla käytännöllinen tarkoitus.

no tener arte ni parte ei olla osaa eikä arpaa *Yo no quiero opinar sobre el asunto porque no tengo arte ni parte.* En halua sanoa mielipidettäni asiasta, koska minulla ei ole siinä osaa eikä arpaa.

por arte de magia ihmeen kaupalla *Llevaba varios días buscando ese libro y ayer por arte de magia lo encontré encima de la mesa.* Olin etsinyt useita päiviä sitä kirjaa ja eilen kuin ihmeen kaupalla löysin sen pöydältä.

ks. myös: por **amor** al arte

• **as**

ser un as olla mestari, haka *En otras cosas tal vez no, pero en lo organizar fiestas es un as.* Muissa asioissa ei ehkä, mutta juhlien järjestämisessä hän on mestari.

tener un as en la manga olla ässä hihassa *No puedo creer que ella haya aceptado ese contrato; seguro que tiene un as en la manga.* En voi uskoa, että hän on hyväksynyt sen sopimuksen; hänellä on varmasti joku ässä hihassa.

• **ascensor**

Más aburrido que un ascensor sin espejos. Tylsä, kuin maustamaton kaurapuuro.

• **asco**

hacer [le] ascos kieltäytyä, väheksyä, nyrpistää nenäänsä *No conozco a nadie que le haya hecho ascos a un premio.* En tiedä ketään, joka olisi kieltäytynyt palkinnosta. *No le hago ascos a ninguna comida.* En nyrpistä nenääni millekään ruoalle.

hecho un asco nuhruinen, likainen, siivoton *Estoy hecho un asco; voy a cambiarme de ropa antes de salir de fiesta.* Olen nuhruinen; vaihdan vaatteet ennen juhliin lähtöä. *Luisita, tu habitación está hecha un asco; a ver cuándo la limpias.* Luisita, sinun huoneesi on siivoton; siivoahan se.

no hacer [le] ascos a la bebida ei sylkeä lasiin *Luis no le hace ascos a la bebida.* Luis ei kyllä sylje lasiin.

• **ascua**

arrimar el ascua a su sardina pelata omaan pussiinsa *Es muy normal que cada cual arrime el ascua a su sardina.* On aivan normaalia, että jokainen pelaa omaan pussiinsa.

como en/sobre ascuas kuin tulisilla hiilillä *El pobre estaba como sobre ascuas porque hacía mucho que esperaba la carta de aceptación y no llegaba.* Hän raukka oli kuin tulisilla hiilillä, koska oli kauan odottanut hyväksymiskirjettä, jota ei kuulunut.

como un ascua de oro kuin peili *En el salón todo relucía como un ascua de oro.* Salissa kaikki kiilsi kuin peili.

tener [le] sobre ascuas pitää jännityksessä *¡Anda, dímelo! No me tengas sobre ascuas.* Hei, kerro se minulle! Älä pidä minua jännityksessä.

• **así**

así, así siinähän se, kohtalaisesti *¿Qué tal, como te encuentras hoy? – Así, así.* Mitä kuuluu? Miten voit tänään? – Siinähän se menee. *¿Estás contento con los resultados? – Así, así; esperaba mejores notas.* Oletko tyytyväinen tuloksiin? – Kohtalaisen; odotin parempia arvosanoja.

así como samoin kuin, kuten myös *En la casa la policía encontró varias pistolas, así como una gran cantidad de dinero.* Poliisi löysi talosta useita pistooleja kuten myös suuren määrän rahaa.

así como así noin vain *El trabajo, una vez comenzado, no lo puedes dejar así como así, tienes que tener un buen motivo.* Kun olet aloittanut jonkun työn, et voi jättää sitä kesken noin vain, sinulla pitää olla kunnon syy.
así de näin... *El pez que cogí ayer era así de grande.* Eilen saamani kala oli näin suuri.
así es/fue como näin, tällä tavalla *Así fue como nos enteramos de lo que había pasado.* Näin saimme selville, mitä oli tapahtunut. *Así es como se hace la mayonesa.* Majoneesi tehdään tällä tavalla.
así es que joten, niinpä *Ya no queda nadie en la fiesta, así es que vámonos.* Juhlissa ei ole enää ketään, joten lähdetään.
así pues näin ollen *No tenemos dinero para ir de vacaciones, así pues, nos quedaremos en casa.* Meillä ei ole rahaa lähteä lomalle, näin ollen jäämme kotiin.
así que joten, siis *Tú eres el que ha roto la bici, así que ya puedes encargarte tú de arreglarla.* Sinä rikoit pyörän, joten sinä voit hoitaa sen korjaamisenkin.
o así noin *Mi barco tendrá unos 10 metros o así.* Veneeni on noin 10 metriä pitkä.
ks. myös: **no** así

• **asiento**
calentar el asiento kuluttaa koulunpenkkiä *Los resultados reflejan los conocimientos del estudiante, no las horas que ha calentado el asiento.* Tuloksissa näkyy opiskelijan tiedot ei hänen koulunpenkillä kuluttamansa aika.
tomar asiento painaa puuta *Toma asiento, hijo mío.* Paina puuta, lapsukaiseni.

• **asno**
El asno rebuzna, aunque le pongan arnés de oro. Ryssä on ryssä, vaikka voissa paistaisi.

• **asomo**

ni por asomo ei ikinä *En ese examen no sacarás un 10 ni por asomo.* Siitä tentistä et saa ikinä kymppiä.

• **asunto**
mal asunto huono homma *Después de todo estar de ministro de exteriores no es mal asunto.* Loppujen lopuksi ulkoministerinä oleminen ei ole huono homma.
un asunto peliagudo kaksipiippuinen juttu *Para Cuba el tema es un asunto peliagudo.* Asia on Kuuballe kaksipiippuinen juttu.
¡y asunto concluido/terminado! asia on loppuun käsitelty, sillä selvä *En vez de meterte en juzgados, le pagas lo que te pide y asunto terminado.* Sen sijaan, että menisit lakitupaan, maksa hänelle, mitä hän pyytää, ja asia on sillä selvä.

• **ataque**
dar [le] un ataque saada hepuli *¿Por qué cosas vale la pena que te dé un ataque?* Mistä asiasta kannattaa saada hepuli?
dar [le] un ataque de risa saada hepuli (nauru) *Reconozco que me dio un ataque de risa y me reí, no de ti sino de tu mensaje.* Tunnustan, että sain hepulin ja sauroin, en sinulle vaa viestillesi.
tener un ataque de nervios saada hermoromahdus *Se comprobó en el hospital que había tenido un ataque de nervios.* Sairaalassa todettiin, että hän oli saanut hermoromahduksen.

• **atar**
ni atado ei mistään hinnasta *Yo a su casa no vuelvo ni atado.* En mene hänen luokseen uudestaan mistään hinnasta.
ks. myös: **atar** cabos

• **atardecer**

al atardecer illansuussa, illan tullen *La gente empezaba a salir de paseo al atardecer.* Ihmiset alkoivat lähteä kävelylle illansuussa.

● **ataúd**
cerrar el ataúd lyödä viimeinen naula arkkuun. *Tenían la posibilidad de cerrar el ataúd.* Heillä oli mahdollisuus lyödä viimeinen naula arkkuun.

● **atención**
con mucha atención herkeämättä *¿También tú has seguido con mucha atención el ataque de Rusia?* Oletko sinäkin seurannut herkeämättä Venäjän hyökkäystä?
escuchar con atención kuunnella korva tarkkana *Escúchame con atención.* Kuuntele korva tarkkana.
llamar la atención herättää huomiota, pistää silmään *Le gusta llamar la atención con su forma de vestir.* Hän tykkää herättää huomiota pukeutumistyylillään. *Los niños ucranianos nos cuentan lo que les llama la atención de Finlandia.* Ukrainalaislapset kertovat, mikä Suomessa pistää silmään.
llamar [le] la atención herättää huomiota, kiinnittää huomio *Una cosa que me llama mucho la atención es que supiese que yo iba a venir.* Eräs asia, joka herättää kovasti huomiotani, on se, että hän tiesi tulostani.
prestar atención kuunnella *En clase tienes que prestar atención a lo que dice el maestro.* Tunnilla sinun täytyy kuunnella, mitä opettaja sanoo.
ks. myös: dar un **toque** de atención

● **atole**
dar atole con el dedo *am* → tomar [le] **el pelo**

● **atracón**
darse un atracón olan takaa *Ayer me di un atracón a beber.* Vedin eilen viinaa oikein olan takaa.

● **atrás**
echarse para atrás antaa periksi, peräytyä *Nunca se echaba para atrás cuando quería conquistar a un hombre.* Hän ei koskaan antanut periksi, kun halusi valloittaa jonkun miehen. *A veces vale la pena echarse para atrás aunque se tenga razón.* Joskus kannattaa antaa periksi, vaikka on oikeassa.
volverse atrás pyörtää puheensa *El jefe se ha vuelto atrás y no tendremos el aumento salarial que nos prometió.* Pomo pyörsi puheensa, emmekä saa meille luvattua palkankorotusta.

● **auge**
en auge nousussa *Los últimos éxitos mundiales en curling han hecho que últimamente esté en auge este deporte.* Viimeaikainen menestys maailmalla curlingissa on saanut aikaan sen, että tämä laji on nousussa.

● **aun**
aun [ger.] vaikkakin *Aun viviendo en Finlandia, se niega a aprender finés.* Vaikkakin hän asuu Suomessa, hän kieltäytyy opettelemasta suomea.
aun cuando vaikka *Aun cuando tuviera hambre, no me parece bien que haya robado.* Vaikka hänellä olisikin ollut nälkä, en hyväksy, että hän varasti.

● **aúpa**
de aúpa kova, hiton *En invierno en Finlandia hace un frío de aúpa.* Talvella Suomessa on hiton kylmää. *Estuve de juerga por bares y tabernas con los amigotes y cogí una mona de aúpa.* Olin juhlimassa baareissa ja kapakoissa kavereiden kanssa ja otin kovan kännin.

● **ausencia**

brillar por su ausencia loistaa poissaolollaan *En la reunión estuvieron todos menos el director, que brilló por su ausencia.* Kokouksessa olivat kaikki paitsi johtaja, joka loisti poissaolollaan.

• **autobombo**
darse autobombo kehua itseään *Todos saben que eres muy bueno, así que no es necesario que te des autobombo.* Kaikki tietävät, että olet erittäin hyvä, joten sinun ei tarvitse kehua itseäsi.

• **autómata**
como un autómata kuin robotti *Podía repetir como un autómata todo lo que había dicho el profesor, pero no había comprendido nada.* Hän pystyi toistamaan kuin robotti kaiken mitä opettaja oli sanonut, mutta hän ei ollut ymmärtänyt mitään.

• **avaricia**
La avaricia rompe el saco. Ahneella on paskainen loppu.

• **aventón**
al aventón juosten kustu *Esto está hecho al aventón, las costuras no han durado nada.* Täähän on ihan juosten kustu, ei kestäny yhtään mitään saumat.

• **aventura**
a la aventura mitä sattuu *Estuve varios años por Europa trabajando a la aventura.* Vietin useita vuosia Euroopassa tehden työkseni mitä sattuu.

• **avío**
hacer avío kelvata *Este chándal es muy viejo pero para correr por el bosque me hace avío.* Tämä verryttelypuku on hyvin vanha mutta kelpaa minulle metsässä juoksemiseen.

• **aviso**
andar/estar sobre aviso varautua, olla varautunut *Ya estaba sobre aviso de que llegarían tarde, por eso no esperó a que llegaran para ponerse a cenar.* Hän oli jo varautunut, että he myöhästyisivät, sen vuoksi hän ryhtyi syömään illallista odottamatta heidän tuloaan.

• **avispa**
cintura de avispa ampiaisen vyötärö *Consigue una cintura de avispa gracias a estos trucos.* Hanki ampiaisen vyötärö näiden temppujen ansiosta.

• **ayuda**
acudir en ayuda (de) tulla apuun *El hombre estaba en peligro de muerte cuando un amigo acudió en su ayuda.* Mies oli kuolemanvaarassa, kun ystävä tuli apuun.

• **ayunas**
en ayunas tyhjään mahaan *Estas pastillas tiene usted que tomárselas en ayunas.* Nämä pillerit teidän täytyy ottaa tyhjään mahaan.
quedarse en ayunas olla täysin ulkona *He asistido a un curso sobre nanotecnología y como es un tema totalmente nuevo para mí, me he quedado en ayunas.* Olen ollut nanoteknologian kurssilla ja koska se aivan uusi aihe minulle, olen täysin ulkona.

• **azabache**
negro como el azabache pikimusta *Su caballo era negro como el azabache.* Hänen tukkansa oli pikimusta.

• **azafrán**
más caro que el azafrán maksaa maltaita *Las vacaciones me salieron más caras que el azafrán.* Loma maksoi minulle maltaita.

• **azar**

al **azar** umpimähkään, summassa *No me importa a qué restaurante vamos, elige uno al azar.* Minulle ei ole väliä mihin ravintolaan me nemme, valitse joku summassa.
por azar vahingossa, sattumalta *No creas que la solución al problema la encontré por azar.* Älä luule, että löysin ratkaisun ongelmaan sattumalta.

• **azotea**
estar mal de la azotea olla päästään vialla, ruuvi löysällä *Estás mal de la azotea si crees que te voy a dejar mi coche.* Olet päästäsi vialla, jos luulet, että annan sinulle autoni.

• **azúcar**
más dulce que el azúcar hunajainen *Su sonrisa es más dulce que el azúcar.* Hänen hymynsä oli hunajainen.

BBBBB

• **baba**
caérse [le] la baba olla lääpällään, kuolata jkn perään *Es ciertamente muy guapa, pero no se me cae la baba con ella.* Hän on varmastikin kaunis, mutta en kuolaa hänen peräänsä. *A los abuelos se le caía la baba con los nietos.* Isovanhemmat olivat lääpällään lapsenlapsiinsa.

• **babia**
estar en Babia olla muissa maailmoissa *Si no aprende, es porque se pasa las horas de clase en Babia.* Jos hän ei opi, se johtuu siitä, että hän on tunneilla muissa maailmoissa.

• **bacalao**
cortar el bacalao olla kuka käskee, näyttää mistä kana pissaa/pissii/kusee *En asuntos de niños, mi mujer es la que corta el bacalao en nuestra casa.* Lapsia koskevissa asioissa vaimoni on meillä se, kuka käskee.

• **badana**
zurrar la badana antaa selkäsauna *Antes los padres les zurraban la badana a los niños que se portaban mal.* Ennen vanhemmat antoivat selkäsaunan lapsille huonosta käytöksestä.

• **bailar**
bailar con la más fea jäädä jkn osalle ikävin työ *Vosotros planeáis la fiesta, ella hace las compras y yo tengo que limpiarlo todo. ¿Por qué me toca a mí bailar con la más fea?* Te suunnittelette juhlat, hän tekee ostokset ja minun pitää siivota jäljet. Miksi minun osalleni jää ikävin työ?
ks. myös: bailar al **son** que [le] toca; bailar [le] el **agua**

• **baile**
echarse un baile panna tanssiksi *Y hoy me voy a poner hasta arriba y ehcarme un baile.* Ja tänään aion vetää pääni täyteen ja panna tanssiksi!

• **baja**
dar la baja antaa sairauslomaa *En cuanto me vio, el médico me dio la baja.* Heti minut nähdessään lääkäri antoi minulle sairauslomaa.
darse de baja erota *Antes éramos miembros del club de esgrima de Jyväskylä, pero nos hemos dado de baja.* Ennen olimme Jyväskylän miekkailuseuran jäseniä, mutta erosimme siitä.
ser baja olla pois *El entrenador ha comunicado que Raúl será baja en el próximo partido.* Valmentaja ilmoitti, että Raúl on poissa seuraavasta ottelusta.

• **bajo**

por lo bajo 1 hiljaa *El vendedor hablaba con él por lo bajo para que no les oyese el jefe.* Myyjä puhui hiljaa hänen kanssaan, jotta pomo ei kuulisi. **2** varovaisesti arvioituna *EE.UU. ha comunicado que desde que comenzó la guerra de Iraq han muerto 50.000 iraquíes, pero en un cálculo por lo bajo.* USA ilmoitti, että Irakin sodan alkamisen jälkeen on kuollut 50 000 irakilaista varovaisesti arvioituna.

• **bajón**
andar de bajón olla mieli mustana *Viivi andaba de bajón.* Viivillä oli mieli mustana.
dar [le] **un bajón** mennä mieli maahan *Cuando oí la noticia me dio un bajón.* Meni mieli maahan, kun tämän uutisen kuulin.

• **bala**
como una bala kuin ammuttuna, kuin perseeseen ammuttu karhu *Pasó como una bala por delante de nosotros y no tuvimos tiempo ni de saludarle.* Hän sujahti ohitsemme kuin ammuttuna, emmekä kerinneet edes tervehtiä häntä.

• **balcón**
estar más salido que un balcón *alat* vonkaaja *Es un chico muy simpático, pero no quiero ir de fiesta con él porque está más salido que un balcón.* Hän on erittäin kiva poika, mutta en halua lähteä juhlimaan hänen kanssaan, koska hän on varsinainen vonkaaja.

• **balde**
de balde ilmaiseksi *Me dejaron entrar de balde por conocer al dueño de la disco.* Pääsin sisään ilmaiseksi, koska tunsin diskon omistajan.
en balde turhaan *Intentó convencer al portero de la discoteca de que le dejara entrar, pero todo fue en balde.* Hän yritti saada diskoteekin

portsarin päästämään sisään, mutta aivan turhaan.
llover a baldes sataa kuin saavista kaataen *Parece queno hace más que llover a baldes.* Tuntuu, että aina vain sataa kuin saavista kaataen.
no en balde ei turhaan, -han, -hän *Ella puede entrar en la disco cuando quiera, no en balde es la mejor bailarina de la ciudad.* Hän pääsee sisään diskoon milloin haluaa, onhan hän kaupungin paras tanssija.

• **balsa**
balsa de aceite rasvatyyni, hyvin rauhallinen *Aunque el mar estaba como una balsa, todos llevaban chaleco salvavidas.* Vaikka meri oli rasvatyyni, kaikilla oli päällään pelastusliivi. *La crisis de EE.UU. no parece afectar la Bolsa de Madrid que esta mañana estaba como una balsa de aceite.* USA:n kriisi ei näytä vaikuttavan Madridin pörssiin, jossa tänä aamuna oli hyvin rauhallista.

• **banda**
cerrarse en banda pitää päänsä *No es posible hablar con él porque o se cierra en banda o pide imposibles.* Hänen kanssaan ei voi puhua, koska hän joko pitää päänsä tai vaatii mahdottomia.

• **bandeja**
pasar la bandeja kerätä kolehti, panna hattu kiertämään *No te olvides de pasar la bandeja después de la fiesta, para que todos colaboren en los gastos.* Muista panna hattu kiertämään juhlien jälkeen, jotta kaikki osallistuvat kustannuksiin.
servir/poner en bandeja [de plata] kuin tarjottimella *La enfermedad de su máximo contrincante le puso el campeonato mundial en bandeja.* Pahimman kilpakumppaninsa sairastumisen vuoksi maailmanmestaruus oli hänen edessään kuin tarjottimella.

• bandera
de bandera mahtava**,** tosi komea, kaunis *De joven, era una mujer de bandera.* Nuorena hän oli tosi kaunis nainen.
hasta la bandera tupaten täynnä *El salón estaba hasta la bandera; creo que todos los estudiantes se encontraban presentes.* Sali oli tupaten täynnä; luulen, että kaikki opiskelijat olivat paikalla.

• bandolera
en bandolera olkapään yli rinnan poikki *En algunos países las turistas deberían llevar el bolso en bandolera para evitar robos.* Joissakin maissa naismatkailijoiden pitäisi kantaa laukkua hihna olkapään yli rinnan poikki varkauden estämiseksi.

• banquillo
chupar banquillo olla vaihtopenkillä *Raúl, el delantero del Real Madrid, ha tenido que chupar banquillo los últimos partidos.* Real Madridin hyökkääjän Raúlin on pitänyt olla vaihtopenkillä viimeisimmissä otteluissa.

• baño
baño de multitudes kansansuosio *El Rey recibió un baño de multitudes durante su visita al País Vasco.* Kuningas nautti kansansuosiota vieraillessaan Baskimaassa.
baño de sangre verilöyly *La intervención estadounidense en Iraq ha significado un baño de sangre sin precedentes.* Yhdysvaltojen väliintulo Irakissa on merkinnyt ennennäkemätöntä verilöylyä.
dar [le] **un baño en** rökittää *En otro deporte no, pero en tenis de mesa te puedo dar un baño cuando quieras.* Jossakin toisessa lajissa en, mutta pöytätenniksessä voin rökittää sinut milloin vain.

• baraja

jugar con/a dos barajas istua kahdella tuolilla *No puedes jugar con dos barajas, o eres el presidente de la asociación o el tesorero.* Et voi istua kahdella tuolilla, olet joko yhdistyksen puheenjohtaja tai rahastonhoitaja.

• barato
Lo barato sale caro. Kolmen markan suutari tekee kymmenen markan vahingot.

• barba
por barba päätä kohti, per nuppi *Tocamos a dos chuletas por barba.* Otamme kaksi kyljystä per nuppi. *Repartirán un libro por barba.* Kirjoja jaetaan yksi kappale päätä kohti.
hacer [le] **la barba** *mex* ➡ hacer [le] la pelota; hacer [le] la rosca

• barbaridad
¡Qué barbaridad! Jestas sentään! *¡Qué barbaridad! Ya son las 12 de la noche.* Jestas sentään! Kello on jo 12 yöllä.
una barbaridad kauheasti, tosi paljon *Esta camisa me gusta una barbaridad.* Pidän tästä paidasta kauheasti.

• bárbaro
¡Qué bárbaro! Uskomaton! *A mi vecino le ha tocado la lotería. ¡Qué bárbaro!* Naapurini voitti lotossa. Uskomatonta!

• barra
barra libre piikki auki *Aunque había barra libre, no tomó ni una copa.* Vaikka tarjolla oli piikki auki, hän ei ottanut lasillistakaan. *¿Es que el gobierno tiene barra libre eternamente?* Onko hallituksen piikki auki loputtomiin?

• barrancas

a trancas y barrancas töin tuskin *A trancas y barrancas consiguió terminar el bachillerato.* Hän sai töin tuskin lukion käytyä loppuun.

• **barrena**
caer en barrena laskea kuin lehmän häntä *Las acciones de VRR han caído en barrena.* VRR'n osakkeet laskevat kuin lehmän häntä.

• **barricada**
subirse a las barricadas nousta barrikadeille *Tal vez ya sería hora de subirse a las barricadas.* Ehkä olisi jo aika nousta barrikadeille.

• **barriga**
meter barriga vetää vatsa sisään *Es una costumbre ridícula la de meter barriga en las fotos.* Naurettava tapa vetää vatsa sisään kuvissa.

• **barrio**
pasar/marcharse/irse/mandar al otro barrio mennä tai siirtyä manan majoille *Nunca había estado enfermo, pero cogió una neumonía y se fue al otro barrio.* Hän ei ollut sairastanut koskaan, mutta sai keuhkokuumeen ja meni manan majoille.

• **bartola**
a la bartola ketarat ojossa *Aquí uno no puede sentarse a la bartola.* Tässä ei voi istua ketarat ojossa.

• **bártulo**
liar los bártulos kerätä kamppeensa *Pekka tiene medio año para liar los bártulos y demoler su casa.* Pekalla on puoli vuotta aikaa kerätä kamppeensa ja purkaa talonsa.

• **base**
a base de avulla, ansiosta, pohjalta *Terminó de construir su casa a base de mucho trabajo y muchos sacrificios.* Hän sai talonsa rakennettua kovan työn ja monien uhrausten ansiosta.

a base de bien erittäin hyvin *Para este examen he tenido que prepararme a base de bien porque es muy difícil.* Minun piti valmistautua tähän tenttiin erittäin hyvin, koska se on hyvin vaikea.

en base a perusteella, nojalla, pohjalta *Yo sólo puedo darte mi opinión en base a los hechos.* Voin sanoa mielipiteeni vain tosiasioiden pohjalta.

• **bastar**
basta de riittää, olla loppu *Basta de tonterías, hablemos en serio ahora.* Riittää typeryydet, puhutaan nyt vakavasti.

bastar y sobrar riittää täysin *A mí me basta y sobra que ella esté contenta, lo demás no me importa.* Minulle riittää täysin, että hän on tyytyväinen, muulla ei ole väliä.

• **batalla**
ks. myös: **caballo** de batalla

• **batuta**
llevar la batuta sanoa missä kaappi seisoo *Antonio es el jefe, pero la que lleva la batuta en la oficina es su mujer.* Antonio on pomo, mutta työpaikalla hänen vaimonsa kuitenkin sanoo missä kaappi seisoo.

empuñar la batuta astua remmiin *Petri empuñó la batuta de la dirección artística.* Petri astui remmiin taiteelliseen johtoon.

• **bautizar**
ks. myös: el que tiene **padrinos** se bautiza

• **baza**
meter baza sotkeutua, puuttua,

saada suunvuoro *¿Por qué EE. UU. tiene que meter baza en los asuntos internos de los países débiles?* Miksi USA: n pitää sotkeutua heikompien maiden sisäisiin asioihin? *He asistido a todas las reuniones y todavía no he podido meter baza en ninguna.* Olen ollut kaikissa kokouksissa ja yhdessäkään en ole vielä saanut suunvuoroa.

• bebida
darse a la bebida astua korkin päälle *El vecino se ha dado a la bebida.* Naapurin isäntä, on astunut korkin päälle.
entregarse a la bebida ratketa ryyppäämään *Las élites se han entregado a la bebida en Rusia.* Eliitti ratkesi ryyppäämään Venäjällä.

• bellaco
mentir como un bellaco valehdella kuin hevoskauppias *Mi hermana miente como un bellaco.* Siskoni valehtelee kuin hevoskauppias.

• bendito
dormir como un bendito nukkua sikeästi *No tiene problemas de sueño, duerme como un bendito.* Hänellä ei ole univaikeuksia, hän nukkuu sikeästi.

• berenjenal
meterse en un berenjenal (*myös* meterse en berenjenales) sotkeutua, sekaantua *El negocio que te ha propuesto tu vecino puede ser interesante, pero yo no me metería en berenjenales.* Naapurisi ehdottama liiketoimi voi olla mielenkiintoinen, mutta minä en sotkeutuisi siihen.

• beso
comerse/devorarse a besos hukuttaa suudelmiin *Los novios se estaban devorando a besos en medio del aeropuerto.* Rakastavaiset hukuttivat toisensa suudelmiin

keskellä lentoasemaa.

• bestia
a lo bestia mielettömästi, kamalasti *Cuando se pone a comer cacahuetes no lo hace uno a uno, sino a lo bestia, a puñados.* Kun hän alkaa syödä pähkinöitä, hän ei syö niitä yksitellen, vaan mielettömästi, kourakaupalla.

• betún
dar [le] betún mielistellä *No me interesa que mis trabajadores me den betún, lo que quiero es que trabajen bien.* Minua ei kiinnosta se, että työntekijäni mielistelevät minua, haluan heidän tekevän työnsä kunnolla.
no llegar [le] a la altura del betún ei vedä vertoja *Él también es candidato al puesto, pero no te llega a la altura del betún.* Myös hän hakee virkaa mutta hän ei vedä vertoja sinulle.

• bicho
bicho raro outo lintu *Tal vez yo sea en esto un bicho raro.* Ehkä mä tosiaan olen tässä e outo lintu.
Bicho malo nunca muere. Mikäs pahan tappaisi.

• Biblia
la Biblia en verso kaikkea taivaan ja maan väliltä *Se puso a sacar bebidas, vino, cerveza, champán, vermut, la biblia en verso.* Hän alkoi ottaa esille juomia: viiniä, olutta, samppanjaa, vermuttia, kaikkea taivaan ja maan väliltä.

• 1 bien
bien ..., bien ... joko tai *A la playa vamos bien los lunes, bien los martes.* Menemme rannalle joko maanantaisin tai tiistaisin.
bien o mal tavalla tai toisella *El trabajo, bien o mal, ya está hecho.* Tavalla tai toisella, mutta saimme työn tehdyksi.

bien que vaikka *No podrás ayudarme bien que quieras hacerlo.* Et voi auttaa minua, vaikka haluaisit.

bien sea ... o ... joko...tai *Te invito a cenar, bien sea en mi casa o en un restaurante.* Kutsun sinut illalliselle joko luokseni tai ravintolaan.

si bien vaikka[kin] *Las dos gramáticas tienen el mismo contenido, si bien ésta, la más gruesa, tiene más explicaciones sobre los verbos.* Näiden kahden kieliopin sisältö on sama, vaikkakin tässä paksummassa on enemmän selityksiä verbeistä.

y bien no, no niin *Y bien, Antonio, ¿qué es lo que querías decirme?* No, Antonio, mitä sinä halusitkaan sanoa minulle?

Bien está lo que bien acaba. Alku aina hankala, lopussa kiitos seisoo.

ks. myös: **ahora** bien; **antes** bien; **no** bien

• **2 bien**

de bien kunnon *La gente de bien no se comporta de esa manera.* Kunnon ihmiset eivät käyttäydy tuolla tavalla.

estar bien con näyttää hyvältä *Estás muy bien con ese traje.* Näytät hyvältä siinä puvussa.

estar a bien con olla hyvissä väleissä *Al gobierno le conviene estar a bien con los nacionalistas.* Hallituksen kannattaa olla hyvissä väleissä kansallismielisten kanssa.

estar bien que olla hyvä *Estaría bien que alguna vez tuvieses suerte también tú.* Olisi hyvä, jos sinullakin olisi joskus onnea.

hacer bien tehdä oikein *Has hecho bien en ayudar a tu hermano.* Teit oikein auttaessasi veljeäsi.

hacer bien [ger.] tehdä oikein *Has hecho bien escribiéndole de tu situación.* Teit oikein kirjoittaessasi hänelle tilanteestasi.

hacer el bien tehdä hyvää *Durante toda su vida no hizo nada más que el bien.* Koko elämänsä ajan hän teki vain hyvää.

no bien heti *No bien me vio, echó a correr.* Heti minut nähdessään hän juoksi pois.

más bien pikemminkin *Antonio no es malo, sino más bien antipático.* Antonio ei ole paha, vaan pikemminkin vastenmielinen. *Ella no aceptó las condiciones del contrato, más bien la obligaron a hacerlo.* Hän ei hyväksynyt sopimuksen ehtoja, pikemminkin hänet pakotettiin siihen.

para bien o para mal kävi miten kävi *Para bien o para mal los finlandeses tienen que aceptar las directivas europeas.* Kävi miten kävi, mutta suomalaisten on hyväksyttävä EU:n direktiivit.

qué bien que [ind./subj.] hyvä kun *¡Qué bien que has/hayas venido a vernos!* Hyvä kun tulit käymään meillä. *¡Qué bien que tú puedes/puedas ocuparte de todo!* Hyvä kun voit huolehtia kaikesta.

tener a bien suvaita *Señora ministra, si tiene a bien acompañarnos, podemos pasar a la sala de reuniones.* Rouva ministeri, jos suvaitsette seurata meitä, niin voimme siirtyä kokoussaliin.

ks. myös: **o** bien; **bien hecho**

• **3 bien**

ks. myös: no hay **mal** que por bien no venga

• **bienvenida**

dar la bienvenida toivottaa tervetulleeksi *Primero la rectora nos dio la bienvenida y luego los tutores nos enseñaron el campus.* Ensin rehtori toivotti meidät tervetulleiksi, ja sitten tuutorit esittelivät kampusta.

• **bies**

al bies viistoon, vinoon *Esa tela no la puedes cortar al bies porque se deshace.* Tuota kangasta et voi leikata viistoon, koska se purkautuu. *Me miraba al bies, como si no confiase en mí.* Hän katsoi minua vinoon, ikään kuin ei luottaisi minuun.

• birra
tomarse unas birras ottaa huurteiset *A veces gusta tomarse unas birras o unos vinos con la comida.* Joskus on kiva ottaa huurteiset tai viinit ruuan kanssa.

• blanco
dar en el blanco osua maaliin, kohteeseen, oikeaan *La televisión ha mostrado imágenes de las bombas dando en el blanco.* Televisiossa näytettiin kuvia kohteeseensa osuvista pommeista. *En los ejercicios de opción múltiple, las posibilidades de dar en el blanco por casualidad son muy elevadas.* Monivalintaharjoituksissa mahdollisuudet osua oikeaan sattumalta ovat hyvin suuret.
en blanco 1 tyhjä *Siempre vota en blanco porque no hay ningún partido que le interese.* Hänen äänestää aina tyhjää, koska mikään puolue ei kiinnosta häntä. **2** avoin *Le he dado a mi abogado un poder en blanco para que se ocupe de mi herencia.* Olen antanut asianajajalleni avoimen valtakirjan, jotta hän huolehtisi perinnöstäni. **3** nurin *Cuando me vio, puso los ojos en blanco, como si hubiera visto un fantasma.* Nähdessään minut hänen silmänsä kääntyivät nurin, ikään kuin hän olisi nähnyt aaveen. **4** uneton *Estoy bastante cansado porque llevo ya varias noches en blanco.* Olen melko väsynyt, koska olen viettänyt jo monta unetonta yötä. **5** tekemättä mitään *El padre estaba preocupado porque nada parecía interesarle a la chica y ésta se pasaba semanas en blanco.* Isä oli huolissaan, koska mikään ei näyttänyt kiinnostavan tyttöä, ja tämä vietti viikkoja tekemättä mitään.
estar sin blanca rahaton, auki, ilman pennin hyrrää/pyöryllää *No puedo ir de juerga con vosotros porque estoy sin blanca.* En voi lähteä juhlimaan kanssanne, minulla ei ole pennin hyrrää.

parecerse en el blanco de los ojos olla kuin yö ja päivä *Aunque Marta y María son hermanas, se parecen en el blanco de los ojos.* Vaikka Martta ja Maria ovat siskoksia, he ovat kuin yö ja päivä.
quedarse en blanco mennä lukkoon *Estuve toda la conferencia esforzándome por comprender lo que decía el profesor, pero me quedé en blanco.* Yritin koko luennon ajan ymmärtää, mitä opettaja sanoi, mutta minulla löi tyhjää.
ks. myös: negro sobre blanco; más blanco que el **armiño**

• bledo
importar [le] **un bledo** ei välittää tippaakaan *Me importa un bledo lo que pienses de mí.* En välitä tippaakaan mitä ajattelet minusta.

• bobada
¡No digas bobadas! Älä höpsi!

• bóbilis
de bóbilis bóbilis ilmaiseksi *Prefería vivir en casa de sus padres porque allí comía y bebía de bóbilis bóbilis.* Hän asui mieluummin vanhempiensa luona, koska sai siellä syödä ja juoda ilmaiseksi.

• boca
a boca de jarro → **a bocajarro**
abrir la boca avata suu *Cuando la clase la daba la directora, nadie se atrevía a abrir la boca por miedo a ser castigado.* Kun rehtori piti tunnin, kukaan ei uskaltanut avata suutaan rangaistuksen pelosta.
boca abajo mahallaan, alassuin, nurinpäin *Dice el médico que no debería dormir boca abajo.* Lääkärin mukaan minun ei pitäisi nukkua mahallani. *Cuando quieras que no te sirvan vino, pon el vaso boca abajo.* Kun haluat, ettei sinulle tarjota viiniä, laita lasi alassuin.

boca arriba selällään *Estaba tumbado boca arriba.* Hän makasi selällään.

cerrar [le] **la boca** panna kapula suuhun *A Pena tuvimos que cerrarle la boca.* Penalle piti laittaa kapula suuhun.

como boca de lobo pimeää kuin säkissä *Antes esta calle estaba como boca de lobo, pero ahora han puesto farolas.* Ennen tällä kadulla oli pimeää kuin säkissä, mutta nyt on laitettu katuvalot.

de boca en boca suusta suuhun *Los rumores de su llegada corrían de boca en boca.* Huhut hänen tulostaan levisivät suusta suuhun.

en boca de todos kaikkien huulilla *La inflación está en boca de todos.* Inflaatio on nyt kaikkien huulilla.

estar/salir a pedir de boca sujua mielen mukaan *Si sigues mis consejos todo te saldrá a pedir de boca.* Jos noudatat neuvojani, kaikki sujuu mielesi mukaan.

hacer boca herättää ruokahalua *Como la comida no estaba lista todavía, nos trajo unas tapas para que fuésemos haciendo boca.* Koska ruoka ei ollut vielä valmista, hän toi meille pientä purtavaa ruokahalun herättämiseksi.

hacérse [le] **la boca agua** herahtaa vesi kielelle *Con aquellos olores, se me hacía la boca agua.* Nuo tuoksut saivat veden herahtamaan kielelleni.

negro como boca de lobo sysimusta *Pyrhönen ha tenido un fin de semana negro como boca de lobo.* Pyrhösellä oli sysimusta viikonloppu.

no decir esta boca es mía ei sanoa halaistua sanaa *Sí que asistió a la reunión, pero no dijo esta boca es mía.* Olihan hän läsnä kokouksessa, mutta ei sanonut halaistua sanaa.

no tener qué llevarse a la boca ei olla suuhunpantavaa *Nosotros somos pobres, pero hay otros que no tienen ni qué llevarse a la boca.* Olemme köyhiä, mutta on toisia, joilla ei ole mitään suuhunpantavaa.

quedarse con la boca abierta jäädä suu auki *Me quedé con la boca abierta cuando me dijo que había tenido quintillizos.* Jäin suu auki, kun hän kertoi minulle saaneensa viitoset.

quitar [le] **de la boca** (*myös* quitar [le] la palabra de la boca) viedä sanat suusta *Eso mismo iba a decir yo, me lo has quitado de la boca.* Minä aioin sanoa samaa, mutta veit sanat suustani.

una boca como un buzón suu kuin seitsemän leivän uuni *¿Matti de una belleza deslumbrante? Parece un hombre a una nariz pegado, y una boca como un buzón.* Matti häikäisevän kaunis? Aivan järkyttävä klyyvari, ja suu kuin seitsemän leivän uuni.

¡Calla la boca! Lärvi kiinni!

¡Cierra la boca! Leipäläpi tukkoon!

De la boca de los niños sale la verdad. Lapsen suusta totuus kuuluu.

En boca cerrada no entran moscas. Vaikeneminen on kultaa.

Quien tiene boca, se equivoca. Erehtyminen on inhimillistä.

ks. myös: con el **bocado** en la boca; la **miel** no se hizo para la boca del asno; **punto** en boca; quedarse con la **palabra** en la boca

● **bocado**

con el bocado en la boca suoraan ruokapöydästä *Faltaban 20 minutos para que saliese el tren, y tuvimos que irnos con el bocado en la boca.* Junan lähtöön oli 20 minuuttia, ja meidän piti lähteä suoraan ruokapöydästä.

● **bocajarro**

a bocajarro äkkiarvaamatta; lähietäisyydeltä *No puedes espetarle a bocajarro que se ha muerto su madre, tienes que decírselo con cuidado.* Et voi laukoa hänelle äkkiarvaamatta, että hänen äitinsä on kuollut. Sinun täytyy kertoa se hänelle hienotunteisesti. *La forma de la herida indicaba que le habían disparado a bocajarro.* Haavan muoto osoitti, että hänet oli ammuttu lähietäisyydeltä.

• **bocanadas**
dar las últimas bocanadas vetää viimeisiään, olla lopuillaan *Cuando llegó la ambulancia, el herido estaba dando las últimas bocanadas.* Kun ambulanssi tuli, loukkaantunut veti jo viimeisiään.

• **bocho**
romperse el bocho *arg* → **romperse la cabeza**

• **bofe**
echar el bofe läähättää, hengästyä *Antes subía sin problemas corriendo hasta el séptimo piso; ahora llego echando el bofe.* Ennen kiipesin vaikeuksitta juosten seitsemänteen kerrokseen, mutta nyt hengästyn.

• **bofetada**
darse de bofetadas tapella *Los futbolistas se enfadaron y en vez de jugar se estuvieron dando de bofetadas hasta que intervino el árbitro.* Jalkapalloilijat suuttuivat toisilleen ja pelaamisen sijasta tappelivat, kunnes erotuomari tuli väliin.

• **boga**
en boga suosiossa, muodissa *El turismo rural está muy en boga.* Maaseutumatkailu on kovasti muodissa.

• **bola**
a su bola niin kuin haluaa, niin kuin parhaaksi katsoo *Ella vive a su bola, sin importarle lo que los demás piensen o digan.* Hän elää niin kuin parhaaksi katsoo, välittämättä siitä, mitä muut ajattelevat tai sanovat.

hacerse bolas [con] *méx* mennä pasmat sekaisin *No es de los que se hacen bolas fácilmente.* Häneltä ei mene pasmat sekaisin helposti.
ks. myös: no dar **pie** con bola

• **bólido**
como un bólido salamannopeasti *En cuanto vio que subía el interventor, bajó como un bólido del tren.* Nähtyään tarkastajan tulevan, hän poistui junasta salamannopeasti.

• **bolsillo**
rascarse el bolsillo kaivaa kuvetta *La escudería tendrá que rascarse el bolsillo si quiere quedarse con Button.* Talli saa kaivaa kuvetta, jos haluaa pitää Buttonin.
tener/meterse en el bolsillo kietoa jku tai jk pikkusormensa ympärille *Tengo que meterme en el bolsillo al director para que me dé dos meses de vacaciones.* Minun täytyy kietoa johtaja pikkusormeni ympärille, jotta hän antaisi minulle kaksi kuukautta lomaa.
Desde que le he dejado el piso lo tengo en el bolsillo, hace lo que yo quiero. Annettuani asunnon hänen käyttöönsä olen kietonut hänet pikkusormeni ympärille, hän tekee mitä minä haluan.
vacío como el bolsillo de un pobre työtyhjä *A causa del virus la basílica de San Pedro estaba vacía como el bolsillo de un pobre.* Viruksen takia Pietarinkirkko oli lähes työtyhjä.

• **bollo**
hacerse un bollo [con] mennä pasmat sekaisin *No es de los que se hacen un bollo fácilmente.* Häneltä ei mene pasmat sekaisin helposti.

• **bomba**

caer como una bomba pudota kuin pommi; saada räjähtämään *La noticia cayó como una bomba.* Uutinen putosi kuin pommi. *El pescado ahumado me cae como una bomba.* Savustettu kala saa sisukseni räjähtämään.

estar/llevar (sentado) sobre una bomba de relojería istua ruutitynnyrin päällä *Orpo está sobre una bomba de relojería.* Orpo istuu ruutitynnyrin päällä.

pasárselo/pasarlo bomba pitää todella hauskaa *El público local era fantástico y nos lo pasamos bomba.* Kotiyleisö oli aivan mahtavaa ja pidimme todella hauskaa.

tirarse de bomba hypätä pommilla *Las niñas se tiraban de bomba a la piscina.* Tytöt hyppäsivät pommilla uima-altaaseen.

● **bombo**
a bombo y platillo turuilla ja toreilla *Su boda fue anunciada a bombo y platillo.* Heidän häistään ilmoitettiin turuilla ja toreilla.

dar bombo kehua ympäriinsä *Como quiere que le deje mi moto, me está dando mucho bombo.* Koska hän haluaa, että lainaan hänelle moottoripyöräni, hän kehuu minua ympäriinsä.

sin mucho bombo kaikessa hiljaisuudessa *Mari quería casarse sin mucho bombo.* Mari halusi mennä naimisiin kaikessa hiljaisuudessa.

● **bondad**
¿Tendría/tiene la bondad de ...? voisitteko... *¿Tendría la bondad de decirme qué hora es?* Voisitteko kertoa minulle, paljonko kello on?

● **bonito**
¿Te parece bonito ...? luuletko, että voit *¿Te parece bonito hablarle así a tu abuela? Tienes que tener más respeto para con ella.* Luuletko, että voit puhua tuolla tavoin isoäidillesi? Sinun täytyy kunnioittaa häntä enemmän.

● **boqueada**
dar las últimas boqueadas → **dar las últimas bocanadas**

● **boquiabierto**
estar/boquiabierto olla huuli pyöreänä *¿Soy el único que se quedó boquiabierto mirando las patatas negras de la TiendaP?* Olenko ainoa, joka huuli pyöreänä katsoin mustia perunoita P-kauppa?

● **boquilla**
de boquilla puheissa *Sólo era revolucionario de boquilla.* Hän oli vallankumouksellinen vain puheissaan.

● **borbollón**
a borbollones → **a borbotones**

● **borbotón**
a borbotones sykäyksittäin *En las antiguas locomotoras el humo salía a borbotones.* Vanhoista vetureista savu tuprusi ilmaan.

sangrar a borbotones tulla verta kuin härän kurkusta *Ciertamente la herida puede sangrar a borbotones.* Haavasta voi tosiaan tulla verta kuin härän kurkusta.

● **borda**
arrojar/echar/tirar por la borda 1 pilata jk *Piénsatelo bien, no puedes echar por la borda tu futuro.* Ajattelehan tosissasi, et voi pilata tulevaisuuttasi. **2** heittää jllak vesilintua *Esos zapatos ya los puedes tirar por la borda.* Noilla kengillä voit jo heittää vesilintua.

irse por la borda mennä metsään *Dinos lo que ha salido redondo y lo que se ido por la borda.* Kerro meille, mikä meni putkeen, mikä taas metsään.

● **bordado**
salir bordado onnistua täydellisesti *Esta pintura te ha salido bordada. ¡Eres un artista!*

Tämä maalaus onnistui sinulta täydellisesti. Olet varsinainen taiteilija!

• **borde**
al borde de varrella, partaalla *Encontramos un hermoso manantial al borde del camino.* Löysimme kauniin lähteen tien varresta.
Aquella mujer estaba al borde de un ataque de nervios. Se nainen oli hermoromahduksen partaalla.
al borde de la tumba haudan partaalla *Hoy me río al borde de la tumba porque es lo único que puedo hacer.* Tänään nauran haudan partaalla, koska muuta en voi.

• **bordo**
a bordo laivassa *A las ocho de la tarde toda la tripulación tenía que estar a bordo.* Kahdeksalta illalla koko miehistön piti olla laivassa.

• **borrón**
borrón y cuenta nueva puhtaalta pöydältä *Cuando me fui al extranjero quería dejarlo todo atrás. Hacer borrón y cuenta nueva.* Kun lähdin ulkomaille, halusin jättää kaiken taakseni ja aloittaa puhtaalta pöydältä.

• **bota**
colgar las botas heittää kirves kaivoon *Cuando renovaron la ley del taxi, muchos constataron que es como colgar las botas.* Kun taksilaki uudistui, moni totesi, että se on sama heittää kirves kaivoon.

con las botas puestas lähteä saappaat jalassa, kuolla *Es un laboradicto y no sale de la oficina. Creo que se irá de este mundo con las botas puestas.* Hän on työnarkomaani ja tekee aina töitä. Luulenpa, että hän lähtee tästä maailmasta saappaat jalassa.
lamer [le] **las botas** nuoleskella jkn saappaita *Orban se ve obligado a lamerle las botas a Putin.* Orbanin on pakko nuoleskella Putinin saappaita.
ponerse las botas saada kyllikseen *Me encantan los pasteles y la primera semana de trabajo en la pastelería me puse las botas.* Pidän leivoksista ja ensimmäisellä työviikolla konditoriassa sain niitä kyllikseen.

• **1 bote**
a bote pronto yhtäkkiä, ykskaks *Así, a bote pronto, no se me ocurre ninguna solución, pero lo pensaré y te llamaré.* Näin ykskaks mieleeni ei tule mitään ratkaisua, mutta ajattelen asiaa ja soitan sinulle.
dar botes hyppiä *¡Deja de dar botes, niña, y anda como Dios manda!* Kuulepas tyttö, lakkaa hyppimästä ja kävele kunnolla.
darse el bote ottaa jalat alleen *En cuanto oyeron la sirena de la policía, los ladrones se dieron el bote.* Heti kuultuaan poliisien tulevan pillit soiden rosvot ottivat jalat alleen.

• **2 bote**
chupar del bote ottaa mitä irti saa *En algunas sociedades hay muchos que se limitan a chupar del bote, pero que no aportan nada.* Joissakin yhteiskunnissa on paljon sellaisia, jotka vain ottavat mitä irti saavat, mutta eivät itse anna mitään.
de bote *1* purkki *Como se tarda mucho en preparar la sopa de guisantes, siempre la compro de bote.* Koska hernekeiton keittäminen kestää kauan, ostan sitä aina purkissa. *2* juomaraha *Un cliente me dejó ayer de bote 10 euros.* Eräs asiakas antoi minulle eilen 10 euroa juomarahaa.
estar en el bote olla pulkassa *El trabajo de esta semana ya está en el bote.* Tämän viikon työt on pulkassa.
tener/meterse en el bote kietoa pikkusormensa ympärille *Tengo que meterme en el bote al director para que me dé dos*

meses de vacaciones. Minun täytyy kietoa johtaja pikkusormeni ympärille, jotta hän antaisi minulle kaksi kuukautta lomaa.

● **3 bote**
de bote en bote ääriään myöten *Esa discoteca se pone de bote en bote cada fin de semana.* Tuo diskoteekki täyttyy ääriään myöten joka viikonloppu.

● **boticario**
Venir como pedrada en ojo de boticario. Tulla kreivin aikaan. *La posibilidad de lanzarme a tareas de ayudante de cocinero me vino como pedrada en ojo de boticario.* Mahdollisuus hypätä keittiöapulaisen hommiin tuli kreivin aikaan

● **bragas**
pillar en bragas yllättää housut kintuissa *No te dejes pillar en bragas.* Älä anna yllättää itseäsi housut kintuissa.

● **braguetazo**
dar el braguetazo päästä rikkaisiin naimisiin, naida rahaa *Antonio se inventó un título nobiliario para poder dar el braguetazo.* Antonio keksi itselleen aatelisarvon päästäkseen rikkaisiin naimisiin.

● **brazo**
a brazo partido kaikin voimin *El hijo era lo más importante en su vida, por eso luchó a brazo partido para que le dieran a él la custodia.* Lapsi oli hänelle tärkeintä elämässä, ja sen vuoksi hän taisteli kaikin voimin saadakseen huoltajuuden.
bajar los brazos antaa periksi *Europa ha bajado los brazos ante Putin.* Eurooppa antoi periksi Putinille.
con los brazos abiertos avosylin *Me recibieron con los brazos abiertos.* Minut otettiin vastaan avosylin.

dar su/el brazo a torcer antaa periksi *Como sé que tengo razón yo, no voy a dar el brazo a torcer.* Koska tiedän olevani oikeassa, en aio antaa periksi.
estar de brazos cruzados ei panna tikkua ristiin, kädet ristissä *Todos colaboraban en la preparación de la fiesta menos ella que estaba de brazos cruzados.* Kaikki osallistuivat juhlan valmisteluihin paitsi hän, joka ei pannut tikkua ristiin.
del brazo käsikynkässä *A Manuela le gusta que la lleve del brazo su marido.* Manuelasta on mukava kulkea käsikynkkää miehensä kanssa.
en brazos sylissä, syliin *Cógelo en brazos y dejará de llorar.* Ota hänet syliin, niin hän lakkaa itkemästä.
los brazos en cruz kädet sivulle *Poned los brazos en cruz.* Nostakaa kädet sivulle.
tener brazos como troncos
ks. myös: **huelga** de brazos caídos; les das la **mano** y se toman el brazo

● **brecha**
en la brecha remmissä *No quiere vender el negocio todavía; seguirá en la brecha hasta que la niña tenga mayoría de edad.* Hän ei halua vielä myydä yritystä; hän pysyy remmissä, kunnes tyttö on täysi-ikäinen.

● **breva**
no caerá esa breva ei tule kesää *Me ha dicho que te van a poner un ayudante en la oficina. – No caerá esa breva. Ya verás que no ponen a nadie.* Hän sanoi minulle, että saat toimistoon apulaisen. – Ei tule kesää. Saatpa nähdä, että en saa ketään.
ks. myös: de **higos** a brevas

● **breve**
en breve pian, piakkoin *Los sindicatos reanudarán en breve las negociaciones salariales con la patronal.* Ammattijärjestöt

aloittavat piakkoin neuvottelut uudelleen työnantajapuolen kanssa. *En breve comprenderás que todo ha sido mentira.* Pian ymmärrät, että kaikki oli valhetta.

• **brevedad**
a la mayor brevedad [posible]
mahdollisimman pian *Los interesados en asistir a la fiesta deberán comunicarlo a la mayor brevedad.* Juhliin osallistumisesta kiinnostuneiden täytyy ilmoittaa siitä mahdollisimman pian.

• **brocha**
pintor de brocha gorda lankkumaalari *De artista no tiene nada, es un pintor de brocha gorda.* Hänessä ei ole yhtään taiteilijaa, hän on lankkumaalari.

• **broche**
el broche de oro pisteenä i:n päällä *Después de la excelente cena, el broche de oro lo puso Pedro dándonos un concierto de guitarra.* Erinomaisen illallisen jälkeen kuin pisteenä i:n päällä Pedro piti kitarakonsertin.

• **broma**
bromas a parte vakavasti puhuen *Bromas aparte, no puedes seguir saliendo con dos hombres. Tienes que elegir.* Vakavasti puhuen, et voi jatkaa seurustelua kahden miehen kanssa, vaan sinun täytyy valita.
de broma leikillään, kurillaan *No te enfades, te lo he dicho de broma.* Älä suutu, sanoin sen leikilläni.
estar para bromas olla leikinlaskutuulella *No me molestes porque he estado todo el día trabajando y no estoy para bromas.* Älä häiritse minua, koska olen tehnyt koko päivän töitä enkä ole leikinlaskutuulella.
fuera bromas leikki sikseen *Fuera bromas, tienes que decirme la verdad.* Leikki sikseen, sinun täytyy kertoa minulle totuus.

gastar bromas tehdä kepposia, kujeilla, pilailla *Él no lo entiende, pero las bromas que gasta son de mal gusto.* Hän ei ymmärrä, että hänen tekemänsä kepposet ovat loukkaavia.
en broma pilanpäiten *Lo dijo en broma.* Sanoi sen pilanpäiten.
ni en broma ei ikimaailmassa *Con él no me voy yo de viaje ni en broma.* Hänen kanssaan en ikimaailmassa lähde matkalle.
tomárse [lo] a broma ottaa leikin kannalta, panna leikiksi *No os lo toméis a broma, os estoy hablando en serio.* Älkää panko leikiksi, puhun teille vakavasti.

• **bronca**
andar a la bronca olla napit vastakkain *Los vecinos andan a la bronca.* Naapurit ovat napit vastakkain.

• **bruce**
de bruces mahallaan, rähmällään *La encontré llorando a moco tendido, de bruces sobre la cama.* Löysin hänet sängyltä mahallaan itkemässä katkerasti. *Estaba tan borracho que había pasado toda la noche de bruces en el suelo.* Hän oli niin kännissä, että oli viettänyt koko yön maaten rähmällään lattialla.
caerse de bruces kaatua rähmälleen *Se habría caído de bruces en el asfalto si yo no la hubiera cogido a tiempo.* Hän olisi kaatunut rähmälleen katuun, jos en olisi saanut hänestä ajoissa kiinni.
darse de bruces törmätä *No miraba por dónde iba y se dio de bruces con la puerta.* Hän ei katsonut eteensä ja törmäsi oveen. *Ayer, cuando salía del banco, me di de bruces con tu prima.* Eilen tullessani ulos pankista törmäsin serkkuusi.

• **buana**
¡Sí, buana! Kyllä, rakkaani *Y tienes que llegar a casa antes de las 10. – ¡Sí, buana! Lo que tú*

digas. Sinun pitää tulla kotiin ennen 10:tä. – Kyllä, rakkaani. Kuten haluat.

● **buchaca**
echarse algo a la buchaca *ark* mättää naamansa *Los políticos se echan a la buchaca lo que los funcionarios les traen.* Poliitikot mättää naamansa minkä virkamiehet eteen kantaa.

● **bueno**
dar por bueno hyväksyä *El examen que había hecho no había sido excelente, pero el profesor lo había dado por bueno.* Suorittamani tentti ei ollut erinomainen, mutta opettaja oli hyväksynyt sen.
de buenas hyvällä päällä *Si quieres tener vacaciones habla ahora con la jefa porque está de buenas.* Jos haluat lomaa, puhu nyt pomon kanssa, koska hän on hyvällä päällä.
de buenas a primeras äkkiarvaamatta, äkkiseltään, yhtäkkiä *De buenas a primeras va y me dice que no quiere volver a hablar conmigo.* Äkkiarvaamatta hän tulee ja sanoo minulle, ettei halua enää puhua kanssani. *Así, de buenas a primeras, la idea me parece bien, pero tengo que pensármelo.* Näin äkkiseltään ajatus tuntuu minusta hyvältä, mutta minun täytyy miettiä.
estar bueno 1 olla terve *Hoy se ha levantado de la cama porque ya está bueno.* Hän nousi tänään vuoteesta, koska on jo terve. *2 ark* olla oikea namupala *Felipe es guapo, simpático y tiene un cuerpo atractivo. – Sí, está bueno.* Felipe on komea, mukava ja hyvärunkoinen. – Kyllä, oikea namupala.
estar de buenas olla hyvällä päällä *No puedes estar siempre de buenas.* Aina et voi olla hyvällä päällä.
hacer bueno olla kaunis ilma *Hace sol, pero no hace demasiado calor. – Sí, hace bueno.* Aurinko paistaa, mutta ei ole liian kuuma. – Kyllä, on kaunis ilma.

hacerla buena olla piru irti *Anoche estuve de fiesta y no sé dónde dejé el coche de mamá. – ¡Pues la has hecho buena!* Eilen olin juhlimassa ja en tiedä minne jätin äitini auton. – No nyt on piru irti!
ir bueno kuvitella, uneksia *Creen que conseguirán entrar en el concierto aunque no quedan entradas. ¡Buenos van!* He luulevat pääsevänsä konserttiin, vaikkei lippuja enää ole. Niinhän sitä voisi kuvitella.
por las buenas 1 ilman erityistä syytä *Nunca le había gustado viajar, pero un día, por las buenas, se fue de viaje y estuvo un mes recorriendo Europa.* Hän ei ollut koskaan pitänyt matkustelemisesta, mutta yhtenä päivänä ilman erityistä syytä hän lähti matkoille ja kiersi kuukauden Eurooppaa. *2* ihan noin vaan *Un diez no te lo darán por las buenas; tienes que estudiar mucho.* Et saa kymppiä ihan noin vaan, sinun täytyy opiskella kovasti. *3* hyvällä *Luisa intentó hacerle comprender que la plaza de aparcamiento era suya, pero como no lo consiguió por las buenas, tuvo que recurrir a otros métodos.* Luisa yritti saada hänet ymmärtämään, että parkkipaikka oli hänen, mutta koska ei onnistunut hyvällä, hänen äytyi turvautua muihin keinoihin.
por las buenas o por las malas hyvällä tai pahalla *La sopa te la tienes que terminar, por las buenas o por las malas.* Sinä syöt sen keiton loppuun joko hyvällä tai pahalla.
¡Qué bueno que [ind./subj.]**!** hyvä kun *Pues qué bueno que hayas venido a vernos.* Hyvä kun tulit käymään meillä.
Lo bueno, si breve, dos veces bueno. Lyhyestä virsi kaunis.
ks. myös: a la buena de **Dios**; **librarse** de buena

● **buey**
Entre bueyes no hay cornadas. Ei korppi korpin silmää noki.

• **bulto**
a bulto suurin piirtein *Exactamente no sé cuantos libros tiene, pero así, a bulto, yo diría que cinco mil.* En tiedä tarkalleen kuinka paljon kirjoja hänellä on, mutta noin suurin piirtein sanoisin, että viisi tuhatta.
escurrir el bulto luistaa *Mañana haremos limpieza general y no quiero que tú escurras el bulto; todos tienen que hacer algo.* Huomenna teemme suursiivouksen enkä halua sinun luistavan; kaikkien pitää tehdä jotakin.

• **burla**
ser objeto de burlas joutua pilkan kohteeksi *La mujer fue objeto de burlas racistas.* Nainen joutui rasistisen pilkan kohteeksi.

• **burrada**
una burrada de koko joukko, tukku *Le tocó una burrada de dinero en la lotería, pero en dos años se lo había gastado todo.* Hän voitti tukun rahaa arpajaisista, mutta kahdessa vuodessa oli tuhlannut kaiken.

• **burro**
apear [le] **del burro** saada pää kääntymään *Cuando se le mete una idea en la cabeza, no hay forma de apearle del burro, aunque sepa que está equivocado.* Kun hän saa jonkun ajatuksen päähänsä, hänen päätään ei saa kääntymään millään, vaikka hän tietäisi olevansa väärässä.
hacer el burro käyttäytyä aasimaisesti *Esta es una reunión seria, y vosotros estáis haciendo el burro con vuestras payasadas.* Tämä on tärkeä kokous ja käyttäydytte aasimaisesti pelleilemällä.
vender [le] **la burra** huijata *Si has llegado antes, es porque habrás venido en coche y no andando, ¡no creas que me vas a vender a mí la burra!* Jos tulit aikaisemmin, se johtuu siitä, että tulit varmaan autolla etkä kävellen; älä luule, että pystyt huijaamaan minua.
ks. myös: de **hombres** es errar y de burros rebuznar

• **buscar**
buscársela kaivaa verta nenästään *Ya te he dicho mil veces que no molestes. ¡Te la estás buscando!* Olen sanonut sinulle tuhat kertaa, että älä häiritse minua. Kaivat verta nenästäsi!
buscárselas pärjätä, selviytyä *No necesito tu ayuda ni la de nadie. Ya me las buscaré yo solo.* En tarvitse sinun enkä kenenkään apua. Pärjään kyllä yksinäni.
buscárselo keittää soppansa *No quisiera estar en sus zapatos, pero ¡ella se lo ha buscado!* Enpä haluaisi olla hänen housuissaan, mutta itsepä on soppansa keittänyt!

Quien busca, encuentra/halla. Etsivä löytää.
ks. myös: buscar [le] las **cosquillas**; buscarle tres **pies** al gato

• **buten**
de buten loistava, suurenmoinen, mahtava *Fue una comida de buten: aperitivo, entrantes, tres platos, postre y un ambiente excelente.* Se oli loistava ateria: aperitiivi, alkupalat, kolme ruokalajia, jälkiruoka ruoka ja erinomainen tunnelma.

CCCCCCC

• **cabal**
estar en [pos.] **cabales** olla täysissä

järjissään *El que haya hecho eso no puede estar en sus cabales.* Se, joka on tehnyt tuon, ei voi olla täysissä järjissään.

• **caballero**
Poderoso caballero es don dinero. Rahalla saa ja hevosella pääsee.

• **caballo**
a caballo entre välillä, välissä *Sus tierras estaban a caballo entre las provincias de Burgos y Palencia.* Hänen maansa olivat Burgosin ja Palencian maakuntien välissä. *Su relación andaba a caballo entre el amor y el odio.* Hänen suhteensa keikkui rakkauden ja vihan välillä.
caballo de batalla keppihevonen El teletrabajo se está convirtiendo en un caballo de batalla político en Finlandia. Etätöistä on tulossa poliittinen keppihevonen Suomessa.
de caballo kauhea *Hace cuatro horas que no como y tengo un hambre de caballo.* En ole syönyt neljään tuntiin ja minulla on kauhea nälkä. *No iba bien abrigado y se cogió un catarro de caballo.* Hänellä ei ollut kunnolla päällään ja hän vilustui pahasti.
A caballo regalado no le mires el diente. Ei lahjahevosen suuhun katsota.
Caballo viejo no aprende trote nuevo. Vanha koira ei opi uusia temppuja.

• **cabello**
cabellos al viento *Una mujer rubia sonríe feliz con los cabellos al viento.* Vaalea nainen hymyilee onnellisena hiukset hulmuten.

• **caber**
dentro de lo que cabe (*myös* en lo que cabe) kaikki huomioon ottaen *Dentro de lo que cabe, el trabajo que ha realizado es excelente.* Kaikki huomioon ottaen hänen tekemänsä työ on erinomainen.

no caber en sí de gozo ratketa riemusta *Estaba tan contento de vernos que no cabía en sí de gozo.* Hän oli niin tyytyväinen nähdessään meidät, että oli ihan ratketa riemusta.

• **cabeza**
cabeza cuadrada jääräpää *Antonio es un cabeza cuadrada, no hay forma de hacerle cambiar de opinión.* Antonio on jääräpää, häntä ei saa millään muuttamaan mieltään.
cada cabeza es un mundo huvinsa kullakin *Veera es bailarina en su tiempo libre, cada beza es un mundo.* Veera on vapaa-ajallaan balettitanssija, huvinsa kullakin.
calentarse la cabeza vaivata päätään *Papá, no te calientes la cabeza; seguro que encontraremos una solución.* Älä isä vaivaa päätäsi, kyllä me varmasti löydämme ratkaisun.
con la cabeza muy alta pystypäin *Quería volver a su pueblo, pero con la cabeza muy alta. Como un triunfador.* Hän halusi palata kotikyläänsä, mutta pystypäin kuin voittaja.
con la cabeza gacha pää painuneena *Se quedó unos minutos en silencio con la cabeza gacha, avergonzado tal vez de lo que había hecho.* Hän oli muutaman minuutin hiljaa pää painuneena, ehkä häveten tekemisiään.
dar vueltas la cabeza pyöriä päässä *Me da vueltas la cabeza por haber bebido demasiado.* Päässäni pyörii, koska join liikaa.
de cabeza pää edellä, päistikkaa *Se cayó de cabeza por la escalera.* Hän putosi portaista pää edellä.
de la cabeza a los pies päästä jalkoihin *Me miró de la cabeza a los pies como si quisiera comerme* Hän katsoi minua päästä jalkoihin, ikään kuin haluaisi syödä minut. *Hacía tanto frío que temblaba de la cabeza a los pies.* Oli niin kylmä, että hän tärisi päästä varpaisiin.
en cabeza (*myös* a la cabeza) kärjessä, johdossa *España está a la cabeza de los países*

productores de aceite de oliva. Espanja on oliiviöljyntuottajamaiden kärjessä.

estar mal de la cabeza olla päästään vialla *¿Cómo has podido pensar que yo era el asesino? ¿Tú estás mal de la cabeza!* Kuinka saatoit ajatella, että minä olin murhaaja? Olet päästäsi vialla!

funcionar [le] la cabeza como un reloj leikata lanttu, terävä kuin partaveitsi *La cabeza te funciona como un reloj.* Sulla leikkaa lanttu.

ir/andar de cabeza olla kova kiire *Perdona si no puedo quedarme a charlar contigo, pero es que voy de cabeza.* Anteeksi, jos en voi jäädä juttelemaan kanssasi, mutta minulla on kova kiire.

lanzarse/ tirarse de cabeza heittäytyä suin päin *A estos no puede uno lanzarse de cabeza sin informarse.* Niihin ei silti saa heittäytyä suin päin kyselemättä.

levantar cabeza elpyä, päästä jaloilleen *La empresa está pasando por un momento muy malo y le será difícil levantar cabeza.* Yrityksellä menee tällä hetkellä hyvin huonosti ja sillä tulee olemaan vaikeaa päästä jaloilleen.

llevar/traer de cabeza aiheuttaa päänvaivaa, askarruttaa mieltä *Los problemas del mundo en vías de desarrollo no le traen de cabeza.* Kolmannen maailman ongelmat eivät vaivaa hänen mieltään. *Esta hija mía me trae de cabeza, no da más que problemas.* Tuo minun tyttäreni on yksi riesa, hän aiheuttaa vain päänvaivaa.

mantener la cabeza fría pitää pää kylmänä *En estos momentos lo más imporante es mantener la cabeza fría.* Tällä hetkellä on tärkeintä pitää pää kylmänä.

meterse en la cabeza painaa mieleen *Diseña tu discurso con antelación y métetelo en la cabeza.* Suunnittele puhe etukäteen ja paina se mieleesi.

meterse [le] en la cabeza saada päähänsä *Se le había metido en la cabeza que quería irse a* China y no paró hasta conseguirlo. Hän oli saanut päähänsä, että halusi lähteä Kiinaan ja toteuttikin aikeensa.

no andar bien de la cabeza heittää päästä *Hoy no andas nada bien de la cabeza.* Tänään sinulla heittää päästä todella lujaa.

no caber en la cabeza ei mahtua päähän *No me cabe en la cabeza que no haya sido ella la elegida.* Päähäni ei mahdu, että häntä ei valittu.

no tener cabeza de repuesto olla yksi/sama pää kesät talvet *Así son las cosas cuando no se tiene cabeza de repuesto.* Semmosta se on kun sama pää kesät talvet.

partirse la cabeza miettiä päänsä puhki *Deja de darle vueltas al asunto; por mucho que te partas la cabeza, no encontrarás una solución.* Lakkaa vatvomasta asiaa, vaikka kuinka miettisit pääsi puhki, et löydä ratkaisua.

pasárse [le] por la cabeza juolahtaa mieleen, tulla mieleen *No se me pasó por la cabeza preguntarte si querías venir.* Mieleeni ei juolahtanut kysyä sinulta halusitko tulla.

perder la cabeza mennä sekaisin *Ha perdido la cabeza por la chica a quien conoció ayer.* Hän meni sekaisin tytöstä, johon tutustui eilen.

por cabeza päätä kohti *Tocamos a diez euros por cabeza* Saimme 10 euroa päätä kohti.

quitarse de la cabeza unohtaa *Quítate de la cabeza esa idea.* Unohda se ajatus.

romperse la cabeza miettiä päänsä puhki *Se había roto la cabeza todo el tiempo pensando en cómo ayudarnos.* Hän oli miettinyt päänsä puhki ajatellessaan kaiken aikaa kuinka auttaa meitä.

saltar de cabeza hypätä päälleen *Ponían a los estudiantes al borde la piscina y si no saltabas de cabeza, te tiraban al agua.* Pantiin oppilaat uima-altaan reunalle ja jos et uskaltanut hypätä päälleen, sinut heitettiin veteen.

sentar cabeza (*myös* sentar la cabeza) järkiintyä *Cuando se casó, sentó cabeza y se olvidó de juergas y aventuras.* Mentyään naimisiin hän järkiintyi ja jätti juhlimisen ja seikkailut.

ser cabeza de turco olla syntipukki *Si no cuentas lo que realmente ha pasado, tú serás cabeza de turco.* Jos et kerro, mitä todella tapahtui, sinusta tehdään syntipukki.

subírsele a la cabeza nousta päähän *Se le ha subido a la cabeza ser directora.* Johtajuus on noussut hänelle päähän. *A mí el vino se me sube a la cabeza enseguida.* Viini nousee minulle heti päähän.

tener la cabeza de chorlito olla tyhjäpäinen *No tenía ganas de hacer nada, sólo le interesaba divertirse. Tenía la cabeza de chorlito.* Häntä ei huvittanut tehdä mitään, häntä kiinnosti vain hauskanpito. Hän oli tyhjäpäinen.

tener la cabeza dura olla kovapäinen *Se lo expliqué mil veces, pero no lo entendió porque tiene la cabeza muy dura.* Selitin sen hänelle tuhat kertaa, mutta hän ei ymmärtänyt, koska hän on kovapäinen.

tener mala cabeza olla huonomuistinen *Tienes que comprenderle, son 80 años y tiene mala cabeza.* Sinun täytyy ymmärtää häntä; hän on 80-vuotias ja huonomuistinen.

tener la cabeza sobre los hombros olla järki päässä *Puedes confiar en él, es una persona que tiene la cabeza sobre los hombros.* Voit luottaa häneen, hän on sellainen ihminen, jolla on järki päässä.

ks. myös: poner **precio** a la cabeza; sin **pies** ni cabeza

• cabezada
dar cabezadas torkahdella, nukahdella *La abuela intentó acompañarnos en la fiesta de Noche Vieja, pero a las 11 ya estaba dando cabezadas, así que se fue a dormir.* Isoäiti aikoi lähteä kanssamme uudenvuodenaaton juhliin, mutta yhdeltätoista hän jo torkahteli, joten hän meni nukkumaan.

echar una cabezada ottaa nokkaunet, nokoset *Todavía falta una hora para que vengan a buscarte. Échate una cabezada y así estarás más descansado.* Sinua ei tulla hakemaan vielä tuntiin. Ota nokoset, niin olet pirteämpi.

• cabida
tener cabida olla sijaa, tilaa *El terrorismo no tiene cabida en una sociedad que cree en el diálogo.* Terrorismilla ei ole sijaa yhteiskunnassa, joka uskoo vuoropuheluun.

• cable
cruzárse [le] **los cables 1** mennä konseptit sekaisin *¿Pero cómo has podido hacer eso? ¿Se te han cruzado los cables?* Kuinka olet voinut tehdä niin? Menikö sinulta konseptit sekaisin? **2** mennä kuppi nurin *¿Cuánto aguanta una persona antes de que se le crucen los cables?* Kuinka paljon ihminen jaksaa ennen kuin kuppi menee nurin?

echar [le] **un cable** ojentaa auttava käsi, tulla apuun *Si tenéis problemas con la instalación de la lavadora, mi padre puede echaros un cable.* Jos teillä on ongelmia pesukoneen asentamisessa, isäni voi tulla apuun.

• cabo
atar cabos yhdistää asioita *Al principio no comprendía, pero luego fui atando cabos hasta que lo comprendí.* Aluksi en ymmärtänyt, mutta sitten yhdistin asioita, kunnes ymmärsin. *Si empiezas a atar cabos descubrirás la verdad.* Jos alat yhdistää asioita, totuus valkenee sinulle.

de cabo a rabo päästä päähän, alusta loppuun *Cuando leo el periódico, me gusta hacerlo de cabo a rabo, no sólo un par de páginas.* Kun luen sanomalehden, haluan lukea sen alusta loppuun enkä vain muutamia sivuja. *¡Sería* *maravilloso poder recorrerse España de cabo a rabo!* Olisi ihanaa matkustaa koko Espanja ympäri!

llevar a cabo viedä päätökseen *El proyecto no lo he podido llevar a cabo por falta de financiación.* En pystynyt viemään projektia päätökseen rahoituksen puutteessa.

un cabo sin atar (*myös* un cabo suelto) löysä hirsi *Tenemos que revisar el proyecto para que no quede ni un cabo por atar.* Meidän täytyy käydä projekti läpi uudelleen, jotta ei jää mitään löysä hirsi.

ks. myös: al fin y al cabo

• **cabra**
estar como una cabra olla pähkähullu *He decidido empezar a practicar puénting. — Tú estás como una cabra.* Olen päättänyt alkaa harrastaa benjihyppyä. — Olet pähkähullu.

• **cacahuete**
Me importa un cacahuete *mex.* En välitä siitä pennin vertaa.

• **cacha**
hasta las cachas korviaan myöten *Me gustaría abandonar este proyecto, pero no puedo hacerlo porque estoy metido hasta las cachas.* Haluaisin luopua tästä projektista, mutta en voi, koska olen siinä mukana korviani myöten.

• **cachis**
¡**Cachis**! Voihan nenä!

• **cacho**
un cacho/pedazo de pan hyvä, kultainen *Tu hermana es un poco egoísta, pero tu hermano es un cacho de pan.* Sisaresi on hieman itsekäs, mutta veljesi on kultainen.

poner los cachos *ark* käydä vieraissa *No hace falta poner los cachos si una tiene en casa un hombre bueno.* Ei ole tarvetta käydä vieraissa, kun kotona on hyvä mies.

• **cachondeo**
de cachondeo kieli poskessa *Parte de las respuestas se han hecho de cachondeo.* Osaa vastauksista on heitetty aivan kieli poskessa.

tomarse a cachondeo lyödä läskiksi *El problema es que muchos se toman a cachondeo toda la idea.* Ongelma on se, että moni lyö läskiksi koko ajatuksen.

• **cadáver**
por encima de mi cadáver vain minun kuolleen ruumiini yli *Devaluarán el marco sólo por encima de mi cadáver.* Markka devalvoidaan vain minun kuolleen ruumiini yli.

ks. myös: tener un **muerto**/cadáver/ esqueleto en el armario

• **cadena**
cadena perpetua elinkautinen rangaistus *El asesino ha sido condenado a cadena perpetua.* Murhaaja tuomittiin elinkautiseen rangaistukseen.

en cadena ketjussa *Ayer hubo un accidente en cadena en la autopista A2.* Eilen tapahtui ketjukolari moottoritiellä 2.

• **caer**
caer [le] bien/mal 1 pitää/ ei pitää jksta *Las personas sinceras me caen bien.* Pidän vilpittömistä ihmisistä. *Como era muy antipático, todos le caían mal.* Koska hän oli hyvin epämiellyttävä, hän ei pitänyt kenestäkään. **2** sopia/ ei sopia jklle *No te cae bien esa falda.* Se hame ei sovi sinulle. *¡Qué mal me cae que no me escuche!* Että minua ärsyttää, kun hän ei kuuntele minua!

caer bajo vajota alas *¿Te has vuelto racista? ¿Cómo has podido caer tan bajo?* Onko sinusta tullut rasisti? Kuinka olet voinut vajota niin alas?

caer eliminado siirtyä laulukuoroon *El Atlético ha caído eliminado.* Atlético siirtyi laulukuoroon.

estar al caer olla tulossa *Espérale unos minutos más porque ya está al caer.* Odota vielä muutama minuutti, koska hän on jo tulossa.

• **café**

beber café solo juoda kahvi mustana *Yo bebo mi café solo y no le pongo azúcar.* Juon kahvini mustana enkä laita sokeria.

estar de mal café olla huonolla tuulella *No le hables porque hoy está de mal café.* Älä puhu hänelle, koska hän on tänään huonolla tuulella.

• **cagar**

cagarla *alat* munata *Si has respondido así en el examen, la has cagado porque esa no era la respuesta correcta.* Jos vastasit sillä tavalla tentissä, olet munannut, koska se ei ollut oikea vastaus.

estar que no cargar [con] olla täpinöissään *Marja B está que no caga con las posibilidades del arte.* Marja B on täpinöissään taiteen mahdollisuuksista.

me cago en diez (*myös* mecagüen *diez; cagüen *diez) *alat* vittu (* voidaan korvata: Dios; la leche; la leche que mamaste; la madre que te parió; la mar; la mar salada; la puta; la puta de oros; la Virgen; San Pedro; tu madre; tus muertos; tu padre; tu puta madre) *¡Me han robado el coche! ¡Me cago en la puta de oros!* Mun auto on varastettu! Voi vittu! *¡Cagüen Dios y la Virgen! ¿Cómo pueden pedir dos mil euros por un trabajo de cinco minutos?* Miten vitussa voidaan pyytää kaksi tonnia viiden minuutin työstä? *Mecagüen la mar, por más vueltas que le doy al problema no encuentro la solución.* Vittu vaikka kuinka pähkäilen ongelmaa, en löydä ratkaisua. *Me*

cago en la madre que te parió, ¿es que siempre tienes que tener tú la razón? Pitääkö sinun vitun paskiaisen aina olla oikeassa?

que te cagas *alat* vitun hyvä *Es un tipo que te cagas, puedes contar él para todo.* Se on vitun hyvä tyyppi, voit luottaa siihen kaikessa.

ks. myös: cagarse por la **pata** abajo *ark*; cagarse de **risa**

• **Caín**

pasar las de Caín joutua kokemaan kovia *Se nos estropeó el coche en medio del desierto y pasamos las de Caín para volver al hotel.* Meidän automme meni rikki keskellä aavikkoa ja jouduimme kokemaan kovia päästäksemme takaisin hotelliin.

• **caja**

echar [le] con cajas destempladas potkaista ulos *No sólo no quisieron escucharme, sino que me echaron con cajas destempladas.* Minua ei haluttu kuunnella, vaan minut vielä lisäksi potkaistiin ulos.

la caja tonta töllö, telkkari *Estoy harto de que en la caja tonta por cada media hora de película te metan diez minutos de publicidad.* Olen kyllästynyt siihen, että töllössä elokuvan aikana on joka puolen tunnin kuluttua kymmenen minuuttia mainoksia.

• **cajón**

de cajón aivan luonnollista, itsestään selvää *Si tú no ayudas a nadie es de cajón que nadie te ayude a ti.* Jos et auta ketään, on itsestään selvää, ettei kukaan auta sinua.

cajón de sastre miljoonalaatikko *El curso de introducción es un cajón de sastre.* Johdantokurssi on miljoonlaatikko.

• **cal**

cerrar a cal y canto laittaa/ mennä takalukkoon *La puerta la he dejado cerrada a* cal y canto; no creo que nadie consiga entrar. Laitoin oven takalukkoon; en usko, että kukaan pääsee sisälle. *Cuando se pone nerviosa, se cierra a cal y canto y no hay manera de dialogar con ella.* Kun hän hermostuu, hän menee takalukkoon eikä hänen kanssaan voi puhua mitään.

una de cal y otra de arena hyvää ja huonoa *No hay trabajos perfectos, en todos tienes una de cal y otra de arena.* Täydellisiä työpaikkoja ei ole olemassa, kaikissa on hyvää ja huonoa.

• calabaza
dar calabazas 1 antaa/saada rukkaset *Nunca me han dado calabazas cuando he sacado a una chica a bailar.* Minulle ei ole koskaan annettu rukkasia, kun olen hakenut tyttöä tanssimaan. **2** saada/antaa reput *Luis sacó calabazas dos veces en inglés.* Eeva sai reput englannista kaksi kertaa.

• caldo
poner a caldo haukkua suut ja silmät täyteen *No te puede así como así poner a caldo y luego estar como si nada.* Ei hän voi noin vain sinua haukkua suut ja silmät täyteen ja sitten olla kuin ei mitään.

No quieres caldo, toma tres tazas. Kaikki on vastaan, vain saha puoltaa.

• calcetín
calcetinos caídos sukat makkaralla *Yo estaba como la chica del poema, con los calcetines caídos.* Olin kuin runon tyttö, sukat makkaralla.

• calidad
en calidad de ominaisuudessa *El documento lo firmó su madre en calidad de cabeza de familia.* Hänen äitinsä allekirjoitti asiakirjan perheenpään ominaisuudessa.

• caliente

en caliente kuumana, heti *La pizza hay que comerla en caliente.* Pitsa pitää syödä kuumana. *Tienes que hacer el resumen ahora, en caliente, porque la semana próxima se te habrá olvidado el tema.* Sinun täytyy laatia lyhennelmä nyt heti, koska ensi viikolla olet ehkä unohtanut aiheen.

• cáliz
el amargo cáliz catkera kalkki *Ya hemos tragado el amargo cáliz de la final.* Finaalin katkera kalkki on nyt nieleskelty.

• callada
la callada por respuesta sanomatta mitään *Le pregunté si quería ir de viaje con nosotros y me dio la callada por respuesta; así que no sé lo que hará.* Kysyin häneltä, halusiko hän lähteä matkalle kanssamme ja hän ei sanonut minulle mitään, joten en tiedä mitä hän tekee.

• callar
El que calla otorga. Vaikeneminen on myöntymisen merkki.
ks. myös: a la **chita** callando

• calle
echar a la calle potkaista pihalle, ulos *Iban a echarla a la calle por llegar siempre tarde a la oficina.* Hänet aiottiin potkaista pihalle, koska hän myöhästyi aina töistä.

en la calle 1 kadulla, asunnottomana *La casa donde vivía ha sido derruida y ahora se encuentra en la calle.* Talo, jossa hän asui, on purettu, ja nyt hän on asunnottomana. **2** vapaalla jalalla *Ya ha cumplido su condena de 10 años de prisión y está en la calle.* Hän on suorittanut jo 10 vuoden tuomiosta ja on vapaalla jalalla.

3 työttömänä *Está en la calle porque han cerrado la empresa donde trabajaba.* Hän on työttömänä, koska yritys, jossa hän oli töissä, lopetettiin. **4** myynnissä *El nuevo diccionario* *ya ha salido de la imprenta, así que pronto estará en la calle.* Uusi sanakirja on jo tullut painosta, joten se on pian myynnissä.

hacer la calle olla kadulla, katutyttönä *Decía que ella era una chica de compañía de lujo, que nunca había hecho la calle.* Hän sanoi olevansa luksusseuralainen, eikä koskaan olleensa katutyttönä.

por la calle de en medio kuten parhaaksi näkee *Cuando no veo las cosas claras, tiro por la calle de en medio.* Kun asiat eivät ole selviä, teen kuten parhaaksi näen.

traer/llevar por la calle de la amargura aiheuttaa harmaita hiuksia *Mi vecino me trae por la calle de la amargura.* Naapurini aiheuttaa minulle harmaita hiuksia.

• **callejón**
un callejón sin salida umpikuja *El conflicto entre palestinos e israelíes parece ser un callejón sin salida.* Palestiinalaisten ja israelilaisten välinen konflikti vaikuttaa umpikujalta.

• **callo**
dar el callo paiskia töitä *En esta empresa, si no das el callo, te echan a la calle rápidamente.* Jos et tässä yrityksessä paiski töitä, niin lennät nopeasti ulos.

• **calma**
mantener la calma säilyttää malttinsa *Pedro mantuvo la calma después de una amarga derrota.* Pedro säilytti malttinsa katkeran tappion jälkeen.

tomárselo con calma ottaa iisisti *Todos tendrían que tomáselo ahora con calma.* Kaikkien pitäisi nyt ottaa iisisti.

• **calor**

entrar en calor lämmetä *Tómate este coñac y verás que pronto entras en calor.* Juo tämä konjakki, niin kyllä sinä pian lämpenet.

• **calvario**
ser un calvario olla kuin tervan juontia *Hacer los ejercicios de gramática era un calvario para todos.* Kielioppitehtävien tekeminen oli kuin tervan juontia kaikille.

• **calzador**
meter con calzador laittaa väkisin *Consiguió meter en la habitación las dos camas, pero con calzador.* Hän sai väkisin huoneeseen mahtumaan kaksi sänkyä.

• **calzón**
hablar a calzón quitado puhua ilman sarvia ja hampaita, puhua suoraan *Hablemos a calzón quitado, Antonio ¿de verdad has sido tú el que lo ha hecho?* Puhutaan suoraan, Antonio. Sinähän sen teit?

• **calzonazos**
ser un calzonazos olla tohvelin/ tossun alla *Sé que soy un calzonazos, pero no me importa serlo.* Tiedän, että olen tohvelin alla, mutta en välitä siitä.

• **cama**
caer en cama joutua vuoteenomaksi
Llevaba unos días con dolores y al final cayó en cama. Hänellä oli kipuja muutamien päivien ajan, ja lopulta hän joutui vuoteenomaksi.

en cama vuoteenomana *Su madre sigue en cama y no parece mejorar.* Hänen äitinsä on yhä vuoteenomana eikä näytä tulevan paremmaksi.

guardar cama pysyä vuoteessa *Hasta que no se le vayan los dolores tendrá que guardar cama.* Niin kauan kun kivut eivät hellitä, hänen on pysyttävä vuoteessa.

hacer la cama sijata vuode *¡Haz ahora mismo la cama antes de que lleguen los invitados!* Sijaa vuoteesi nyt heti, ennen kuin vieraat tulevat!

A la cama no te irás sin aprender una cosa más. Oppia ikä kaikki.

• **cámara**

a cámara lenta hidastettuna *Durante unos momentos pasaron por mi memoria, como a cámara lenta, los sucesos del verano anterior.* Hetken ajan elin muistoissani edelliskesän tapahtumat kuin hidastettuna.

• **cambio**

a cambio vastineeksi *¿Qué deseas a cambio de tu ayuda?* Mitä haluat vastineeksi avustasi?

en cambio sitä vastoin, sen sijaan *Yo ya tengo 90 años, en cambio, tú eres muy joven.* Minä olen jo 90-vuotias, sitä vastoin sinä olet hyvin nuori. *Las plazas de esta ciudad son espaciosas, en cambio, las calles son estrechísimas.* Tämän kaupungin aukiot ovat avaria, sen sijaan kadut ovat hyvin ahtaita.

a la primera de cambio (*myös* a las primeras de cambio) heti, välittömästi *No le gustaba estudiar mecánica y a las primeras de cambio empezó los estudios de filosofía.* Hän ei pitänyt mekaniikan opiskelusta ja aloittikin heti filosofian opinnot.

• **caminar**

Hay que aprender a caminar antes de correr. Tyvestä puuhun noustaan.

• **camino**

abrir nuevos caminos aukoa uusia latuja *Tenemos la posibilidad de abrir nuevos caminos.* Meillä on mahdollisuus avata uusia latuja.

buen/mal camino hyvä/huono suunta *En cuanto notó que el asunto iba por mal camino,*

rescindió el contrato. Hän purki sopimuksen heti huomattuaan asian menevän huonoon suuntaan.

de camino 1 [le] matkalla, matkan varrella *Me puedes dar a mí la carta y puedo echártela al buzón porque me coge de camino.* Voit antaa kirjeesi minulle, ja voin laittaa sen puolestasi postilaatikkoon, koska se on matkan varrella. **2** matkalla, tulossa *Me ha dicho que ya está de camino así que llegará pronto.* Hän sanoi minulle olevansa jo matkalla, joten hän tulee varmaankin pian.

en camino tulossa *Ya ha publicado dos libros y otro que está en camino.* Hän on jo julkaissut kaksi kirjaa ja uusi on tulossa.

ir por mal camino joutua joron jäljille *Desde que mi mujer se mudó a Turku, ha ido por mal camino.* Sen jälkeen, kun vaimoni muutti Turkuun, on hän joutunut joron jäljille.

uno más para el camino kerta kiellon päälle *Las fiestas son disfrute, así que tomemos uno más para el camino.* Juhlat ovat nautiskelua ja silloin otetaan kerta kiellon päälle.

Todos los caminos llevan a Roma. Kaikki tiet vievät Roomaan.

ks. myös: El camino al **infierno** está empedrado de buenas intenciones.

• **camisa**

meterse en camisa de once varas pistää lusikka soppaan *Cuando vio que las hermanas empezaban a discutir decidió irse y no meterse en camisa de once varas.* Huomatessaan siskosten rupeavan riitelemään, hän päätti lähteä pois ja olla pistämättä lusikkaansa soppaan.

ks. myös: hablar para el **cuello** de la camisa

• **camiseta**

sudar la camiseta tehdä jtk hiki hatussa *Sí, la selección española ganó el campeonato, pero tuvieron que sudar la camiseta porque Argentina no se lo puso fácil.* Espanjan maajoukkue kyllä voitti mestaruuden, mutta sen piti tehdä hiki hatussa töitä, koska Argentiina ei antautunut helpolla.

• **campana**
echar las campanas al vuelo kiljua riemusta, nuolaista ennen kuin tipahtaa *Espera, espera, me ha dicho mi padre que nos deja el coche, pero no echemos todavía las campanas al vuelo.* Odotahan nyt vähän. Isäni sanoi minulle lainaavansa meille autoa, mutta eipä vielä nuolaista ennen kuin tipahtaa.

oír campanas [y no saber dónde tocan] ymmärtää puolittain *No tiene una idea muy clara de lo que ha pasado, ha oído campanas y no sabe dónde tocan.* Hänellä ei ole kovin selvää käsitystä tapahtuneesta, hän on ymmärtänyt asian puolittain.

• **campanilla**
de campanillas tärkeä, huomattava, vaikuttava *Llegará a ser un catedrático de campanillas, de muchas campanillas.* Hänestä tulee tärkeä professori, erittäin tärkeä.

• **campante**
tan campante muina miehinä *Vio que la anciana necesitaba ayuda, pero ella siguió andando tan campante.* Hän näki vanhan rouvan tarvitsevan apua, mutta jatkoi matkaansa muina miehinä.

• **campo**
[a] campo traviesa (*myös* campo a traviesa/través; a campo través) suorinta tietä *Si queréis llegar pronto, es necesario que vayáis a campo traviesa.* Jos haluatte päästä perille pian, teidän pitää mennä suorinta tietä. *Volvieron a casa campo a través.* He palasivat kotiin suorinta tietä.

como un campo de batalla kun pommin jäljiltä *Tienes la casa como un campo de batalla* Kotisi on kuin pommin jäljiltä.

más de campo que las amapolas turvenuija, landepaukku *Cuando estoy en la ciudad me aburro y no me encuentro bien. – Es que tú eres más de campo que las amapolas.* Kun olen kaupungissa, ikävystyn enkä voi hyvin. – Olet varsinainen turvenuija.
ks. myös: poner **puertas** al campo

• **cana**
echar una cana al aire irrotella *No suele salir los fines de semana, pero de vez en cuando echa una cana al aire.* Hän ei yleensä käy ulkona viikonloppuisin, mutta joskus hän irrottelee.

peinar canas olla harmaahapsi, harmaapää *No creo que le den al puesto a ella porque buscan alguien joven y ella ya peina canas.* En usko hänen saavan paikkaa, koska haetaan jotakuta nuorta, ja hän on jo harmaahapsi.

• **canario**
más raro que un canario a cuadros outo lintu *¿Para que quieres tantos elefantitos rosa? Eres más rara que un canario a cuadros.* Mihin tarvitset noin monta vaaleanpunaista pikkunorsua? Olet tosi outo lintu.
ks. myös: cambiarle el **agua** al canario *ark*

• **cáncer**
comer más que un cáncer syödä hirveästi *Luis es increíble, come más que un cáncer.* Luis on uskomaton, hän syö kuin hevonen.

• **canción**
siempre la misma canción aina sama laulu, virsi *Otra vez con lo de que no tienes tiempo de hacer la cena tú, siempre la misma canción.* Taaskaan sinulla ei ole aikaa laittaa päivällistä, aina sama laulu.

• **candelero**
en candelero tapetilla *"Matrix" fue una película que estuvo muchos meses en*

candelero. Matrix oli elokuva, joka oli monta kuukautta tapetilla.

• **canguelo**
entrar [le] el canguelo mennä jänis housuihin *¿Les habrá entrado el canguelo?* Meniköhän heiltä jänis housuihin?

• **canguro**
hacer de canguro olla lastenvahtina *Solía hacer de canguro los fines de semana en su época de estudiante.* Opiskeluaikana hän oli tavallisesti lastenvahtina viikonloppuisin.

• **canita**
echar una canita al aire *ark* saada pillua *Se ha ido a un prostíbulo a echar una canita al aire.* Hän meni ilotaloon saamaan pillua.

• **cantado**
estar cantado pitää varmana *Estaba cantado que el Real Madrid ganaría la liga.* Pidettiin varmana, että Real Madrid voittaisi liigan.

• **1 cantar**
ks. myös: cantar [le] las **cuarenta**; cantar el **alirón**; **coser** y cantar

• **2 cantar**
el mismo cantar sama laulu, virsi *Otra vez con lo de que no tienes tiempo de hacer la cena tú, siempre el mismo cantar.* Taaskaan sinulla ei ole aikaa laittaa päivällistä, aina sama laulu.
ser otro cantar olla eri asia, juttu *Puedo prestarte 100 euros, pero 6000 ya sería otro cantar.* Voin lainata sinulle 100 euroa, mutta 6 000 olisi jo eri juttu.

• **cántaro**
llover a cántaros sataa kaatamalla *El sábado pasado estuvo lloviendo a cántaros y no pudimos ir a recoger setas.* Viime lauantaina satoi kaatamalla, emmekä voineet lähteä sieneen.

• **cantidad**
en cantidad paljon, runsaasti *No es pobre, no; tiene dinero en cantidad.* Hän ei ole tosiaankaan köyhä, hänellä on paljon rahaa.

• **canto**
al canto heti *Los esposos se llevan muy bien, pero cuando viene la suegra, pelea al canto.* Aviopari tulee keskenään toimeen erittäin hyvin, mutta kun anoppi tulee käymään, syntyy heti riita.
darse con un canto en los dientes olla enemmän kuin tyytyväinen *Algunos sueñan con un millón; yo, si me tocasen 100 euros, me daría con un canto en los dientes.* Jotkut uneksivat miljoonasta; minä jos saisin 100 euroa, olisin enemmän kuin tyytyväinen.
de canto syrjittäin *Si pones el libro de canto tal vez lo puedas meter mejor en la mochila.* Jos laitat kirjan syrjittäin, se ehkä mahtuu paremmin reppuun.
el canto [de] un duro vähältä piti, juuri ja juuri *Faltó el canto de un duro para que se cayese.* Vähältä piti, ettei hän kaatunut. *El autobús se abalanzó sobre mí, pero me libré por el canto de un duro.* Bussi syöksyi minua kohti, mutta sain juuri ja juuri väistettyä.
ks. myös: a **cal** y canto; cerrar a **piedra** y canto

• **canutas**
pasarlas canutas joutua kokemaan kovia *Sé que las pasaré canutas, pero quiero hacer ese cursillo de supervivencia en la selva.* Tiedän joutuvani kokemaan kovia, mutta haluan osallistua tuolle viidakossa järjestettävälle eloonjäämiskurssille.

• **caña**

dar/meter caña pieksää, teilata *No te metas con ese tío porque te puede meter caña.* Älä ärsytä tuota tyyppiä, koska hän voi pieksää sinut. *En sus escritos periodísticos le gusta dar caña.* Lehtikirjoituksissaan hän haluaa ärsyttää.

capa *defender a capa y espada* puolustaa kaikin keinoin *Algunos políticos defienden a capa y espada la nueva constitución europea.* Jotkut poliitikot puolustavat kaikin keinoin Euroopan uutta perustuslakia.

de capa caída alamaissa *No ha podido irse de vacaciones y está de capa caída, pero se le pasará pronto.* Hän ei voinut lähteä lomalle ja on alamaissa, mutta se menee pian ohi. *Esta empresa va de capa caída, tenemos que buscar una forma de mejorar la productividad.* Tämä yritys menee alamäkeä, meidän täytyy löytää keino parantaa sen tuottavuutta.

hacer de su capa un sayo tehdä mitä lystää *Si quiere gastarse el dinero en ropa, allá él; cada cual hace de su capa un sayo.* Jos hän haluaa käyttää rahansa vaatteisiin, niin siitä vaan; jokainen tekee mitä lystää.

● **capirotazo**
dar [le] **un capirotazo** antaa luunappi *Le dio un capirotazo en la nariz.* Antoi hänelle luunapin nenään.

● **cápita**
per cápita henkeä kohti *El consumo de cerveza en Finlandia se estima en unos 10 litros per cápita.* Oluen kulutukseksi Suomessa rvioidaan noin 10 litraa henkeä kohti.

● **capítulo**
llamar a capítulo torua, läksyttää *Cuando vuelva mamá y se entere de que has hecho novillos, seguro que te llama a capítulo.* Kun

äiti palaa ja saa tietää sinun lintsanneen koulusta, hän varmasti toruu sinua.

ser capítulo aparte olla toinen asia, juttu *Primero termina los estudios, luego lo de comprarte un coche ya es capítulo aparte.* Suorita opinnot ensin, se auton ostaminen sinulle on jo sitten toinen juttu.

● **capote**
echar un capote auttaa, jeesata *Mamá, no necesito que me eches ningún capote para conseguir novio; me valgo yo sola.* Äiti, en halua sinun auttavan millään tavalla minua löytämään poikaystävää, pärjään itsekseni.

● **capullo**
ser un capullo *ark* olla mulkero *Felipe es un capullo; piensa que es mejor que los demás.* Felipe on yksi mulkero; hän luulee olevansa muita parempi.

ks. myös: ponerse [le] en la **punta** del capullo *alat*

● **cara**
a la cara vasten kasvoja *Si quieres decirme algo, dímelo a la cara.* Jos haluat sanoa minulle jotakin, sano se vasten kasvoja.

a cara o cruz kruuna ja klaava *No sabían a quién darle el premio y lo echaron a cara o cruz.* Ei tiedetty kenelle antaa palkinto ja niinpä heitettiin kruunaa ja klaavaa.

caérse [le] **la cara de vergüenza** hävetä silmät päästään *Cuando notó que todos iban trajeados y él iba con chándal, se le cayó la cara de vergüenza.* Huomattuaan muiden olevan hyvin pukeutuneita ja hän itse oli verkkareissa, hän häpesi silmät päästään.

cara a cara kasvotusten *Ese tema no podemos tratarlo por teléfono, tenemos que analizarlo cara a cara.* Sitä aihetta emme voi käsitellä puhelimessa, meidän täytyy tarkastella sitä kasvotusten.

cara de hielo pärstä peruslukemilla *Si no se puede tener cara de hielo, no vale la pena ir.* Jos naama ei pysy peruslukemilla, niin sinne ei kannata lähteä.

cara de pocos amigos juro *A primera vista tiene cara de pocos amigos, pero cuando lo tratas notas que es muy hablador y muy amable.* Ensi näkemältä hän on juro, mutta kun keskustelet hänen kanssaan, huomaat hänen olevan hyvin puhelias ja ystävällinen.

cara de póquer pokerinaama *Es un discurso de un político que miente con estilo y cara de póker.* Se oli pokerinaamalla taitavasti valehtelevan poliitikon puhetta.

cara dura röyhkeä *¿Cómo puedes tener la cara dura de presentarte en casa de tu tía después de lo que le dijiste?* Kuinka voit olla niin röyhkeä, että tulet tätisi luokse sen jälkeen, mitä sanoit hänelle?

cruzar [le] **la cara** lyödä päin näköä *Me enfadé tanto con él que le crucé la cara.* Suutuin häneen niin kovasti, että löin häntä päin näköä.

dar la cara ottaa vastuu *Si eres tú el que lo ha roto, tienes que dar la cara y decírselo.* Jos sinä kerran rikoit sen, sinun täytyy ottaa vastuu ja kertoa se hänelle.

de cara a kohti, päin *Ponte de cara a la puerta y así verás entrar a todos.* Asetu kasvot oveen päin, niin näet kaikkien sisääntulon. *Ha hecho muchos planes de cara a las próximas vacaciones.* Olen tehnyt monia suunnitelmia seuraavan loman suhteen.

decir a la cara sanoa vasten kasvoja *Lo que no se puede decir a la cara tampoco se debe decir en las redes.* Mitä en voi sanoa vasten kasvoja, ei pidä sanoa somessakaan.

echar [le] **en cara** sanoa päin naamaa *Si su comportamiento me hubiera molestado, se lo habría echado en cara.* Jos hänen käytöksensä olisi häirinnyt minua, olisin sanonut sen hänelle päin naamaa.

en su propia cara päin naamaa *Me reí de la directora en su propia cara.* Nauroin pomolle päin naamaa.

mala cara huonon näköinen, näyttää huonolta *Llevaba ya varios días con mala cara y ayer cayó enfermo.* Hän oli ollut jo monta päivää huonon näköinen, ja eilen hän sairastui. *Le veo mala cara yo a ese asunto; será mejor que lo deje.* Se asia näyttää minusta huonolta, on parempi, että annan sen olla.

partir [le] **la cara** lyödä/antaa turpaan *Un día de éstos me voy a enfadar de verdad y le voy a partir la cara.* Joku päivä minä todella suutun ja lyön häntä turpaan.

perder la cara menettää kasvot *Hay que encontrar una solución al conflicto palestino sin que nadie pierda la cara.* Palestiinan selkkaukseen on löydettävä ratkaisu, ilman että kukaan menettää kasvojaan.

plantar [le] **cara** olla vastusta *Todavía no ha salido una empresa que le plante cara a Nokia en el mercado de la telefonía móvil.* Vielä ei ole syntynyt sellaista yritystä, josta olisi vastusta Nokialle matkapuhelinmarkkinoilla.

poner buena/mala cara olla iloisen/ nyrpeän näköinen *En cuanto nos vio llegar, puso mala cara.* Heti nähtyään meidän tulevan hän nyrpisti nenäänsä. *Aunque la reunión te parezca aburrida, pon buena cara.* Vaikka kokous olisikin sinusta tylsä, näytä iloista naamaa.

poner cara de mala leche näyttää hapanta naamaa *Backman es un director en cuya compañía es difícil poner cara de mala leche.* Backman on rehtori, jonka seurassa on vaikea näyttää hapanta naamaa.

por la cara (*myös* por [pos.] cara bonita) ilmaiseksi, pärstäkertoimella *La licenciatura en ingeniería no te la van a dar por la cara; o estudias o no la sacas.* Insinööritutkintoa et saa ilmaiseksi; joko opiskelet tai et saa sitä *¿Qué pensabas? ¿Que te lo iban a dar por tu* *cara bonita?* Mitä luulit? Että saisit sen pelkällä pärstäkertoimella?

tener más cara que un elefante con paperas olla otsaa *¡Mi vecino tiene más cara que un elefante con paperas!* Onpa naapurillani otsaa!

tener [mucha] cara (*myös* tener más cara que espalda) olla otsaa *Le han dicho que no viniese y ha venido. ¡Qué cara tiene!* Häntä kiellettiin tulemasta, mutta hän tuli. Onpa hänellä otsaa!

verse las caras saada vastata teoistaan *Como ahora yo estoy de vacaciones puede decir de mí lo que quiera, pero ya nos veremos las caras cuando vuelva yo.* Koska olen nyt lomalla, hän voi sanoa minusta mitä haluaa, mutta kun palaan, hän saa vastata minulle.

Caras vemos; corazones no conocemos. Moni kakku päältä kaunis, vaan on silkkoa sisältä.

¡Alegra esa cara! Pää pystyyn!

ks. myös: cada **medalla** tiene dos caras; tener la **suerte** de cara; Quien escupe al **cielo**, en la cara le cae.

• **carabina**
hacer de carabina olla esiliinana *Mi tía hacía de carabina cuando mi hermana empezó a salir con su novio.* Tätini oli esiliinana, kun sisareni alkoi seurustella poikaystävänsä kanssa.

la carabina de Ambrosio sivuseikka *Lo importante es que vuelvas del viaje sano y salvo; lo demás, es la carabina de Ambrosio.* Tärkeää on, että palaat matkalta ehjin nahoin, muu on sivuseikka.

• **carácter**
de carácter lujaluonteinen *Era una mujer de carácter y no pensaba permitirle a ningún hombre que le hablase de aquella manera.* Hän oli lujaluonteinen nainen eikä aikonut antaa yhdenkään miehen puhua hänelle sillä tavalla.

• **carajo**
importar [le] un carajo olla yksi lysti *Me importa un carajo.* Minulle on yksi lysti.

irse al carajo *ark* käydä ohraisesti *La economía argentina tiene que ser reestructurada porque si no, corre el riesgo de irse al carajo.* Argentiinan talous täytyy laittaa uuteen uskoon, koska muuten voi käydä ohraisesti.

¡qué carajo! mitä hittoa *¡Qué carajo quieres que hubiera hecho yo si ella ya había comprado el coche!* Mitä hittoa luulet, että minä olisin voinut tehdä, jos hän oli jo maksanut auton!

¡y un carajo! ja hitot *Se pensaba que yo iba a hacerlo todo. ¡Y un carajo!* Hän ajatteli, että minä tekisin kaiken. Ja hitot!

• **carámbano**
como un carámbano (*myös* más que un carámbano) jääkylmä *Entramos en la sala y estaba como un carámbano porque no tenían calefacción.* Menimme saliin ja se oli jääkylmä, koska siellä ei ollut lämmitystä. *Su hermano es más frío que un carámbano, no se emociona por nada.* Hänen veljensä on kuin jääpuikko, hän ei liikutu mistään.

• **carambola**
por carambola sattumalta *La solución al problema la encontró por carambola mientras buscaba la solución a otro problema.* Hän löysi ratkaisun ongelmaan sattumalta etsiessään ratkaisua toiseen ongelmaan.

• **caramelo**
durar menos que un caramelo a la puerta de un colegio kestää vain hetken *Estos zapatos me han durado menos que un caramelo a la puerta de un colegio.* Nuo kengät kestivät minulla vain hetken.

gustarle más que a un tonto un caramelo
tykätä kuin hullu puurosta *A mí por lo menos
me gusta más que a un tonto un caramelo.*
Minä ainakin tykkään kuin hullu puurosta.

• **carbón**
como el carbón (*myös* más negro que el
carbón) pikimusta *Su pelo era negro como el
carbón.* Hänen hiuksensa olivat pikimustat.

• **carcajada**
a carcajada limpia makeasti *Mi padre se rió a
carcajada limpia, como no lo hacía desde
hacía mucho tiempo.* Isäni nauroi makeasti,
mitä ei ollut tehnyt pitkään aikaan.
estallar en carcajdas ratketa nauruun *En las
imágenes puede verse cómo los policías
estallaron en carcajadas después del
momento.* Kuvista näkyy, miten poliisit
ratkesivat nauruun tilanteen jälkeen.

• **cardíaco**
poner [le] **cardíaco** saattaa pois tolalta *No sé
que tiene ese chico, pero cuando lo veo me
pone cardíaca; no lo puedo remediar.* En tiedä,
mikä siinä pojassa on, mutta kun näen hänet,
hän saa minut pois tolaltani enkä voi sille
mitään.

• **carga**
volver a la carga palata aiheeseen *Estuvo
callado unos minutos, pero poco tardó en
volver a la carga con sus recuerdos de
juventud.* Hän oli vaiti muutaman minuutin,
mutta pian hän palasi aiheeseen niiden
nuoruusmuistojensa kanssa.

• **cargar**
cargársela kaivaa verta nenästään *Deja de
molestarme porque me estoy cansando y te la
vas a cargar.* Lakkaa häiritsemästä minua,
koska olen väsynyt, ja sinä kaivat verta
nenästäsi.

• **cargar**
cargarse [lo] päihittää *Fue una pelea desigual;
como yo era más fuerte que él, me lo cargué
en dos minutos.* Tappelu oli epätasainen;
koska minä olin vahvempi, päihitin hänet
parissa minuutissa.
ks. myös: cargar con el **mochuelo**; cargar con
el **muerto**

• **cargo**
correr a cargo de olla vastuulla *La
organización de la fiesta correrá a cargo de los
jóvenes de la familia.* Juhlien järjestäminen on
perheen nuorison vastuulla.
hacerse cargo de 1 ottaa vastuu, huolehtia *Yo
me haré cargo de todo lo que necesites
durante tu estancia aquí.* Huolehdin kaikesta,
mitä tarvitset täällä oleskelusi aikana. **2**
ymmärtää *No puede usted tocar el piano por
las noches. – No se preocupe, señora, me hago
cargo de que puede molestar y no volverá a
ocurrir.* Ette voi soittaa pianoa yöllä. – Olkaa
huoleti, rouva, ymmärrän, että se voi häiritä
eikä se toistu.

• **carne**
de carne y hueso ilmielävä *Siempre había
soñado con él, pero cuando me lo encontré
ante mí de carne y hueso, no supe qué decirle.*
Olin aina uneksinut hänestä, mutta kun hän
seisoi siinä edessäni ilmielävänä, en tiennyt
mitä sanoa.
en carne propia omissa nahoissaan *Es distinto
ver la tristeza en los demás que sentirla en
carne propia.* On eri asia nähdä muiden suru
kuin tuntea se omissa nahoissaan
en carne viva vereslihalla *La sopa estaba casi
hirviendo y la lengua se me quedó en carne
viva.* Keitto oli melkein kiehuvan kuumaa ja
poltin kieleni vereslihalle.
estar entrado en carnes olla hyvässä lihassa
Hará todo el deporte que tú digas, pero Luis

está bien entrado en carnes. Luis urheilee eittämättä paljon, mutta on silti hyvässä lihassa.

ponérse [le] **la carne de gallina** saada/mennä kananlihalle *Sólo recordar la escena del accidente y ya se me pone la carne de gallina.* Pelkkä Onnettomuustapahtuman muistaminen saa minut jo kananlihalle.

poner toda la carne en el asador panna kaikki likoon *En las pasadas elecciones europeas el partido socialista puso toda la carne en el asador en la defensa de la constitución.* Viime eurovaaleissa
sosialistipuolue pani kaikki likoon
perustuslain puolustamiseksi.

La carne es débil. Liha on heikko.

No se puede mandar la carne con el gato. Laita lapsi/ tyhmä asialle, tee itse perässä.

ks. myös: ser **uña** y carne

• **carpetazo**
dar carpetazo poistaa päiväjärjestyksestä *España espera poder dar carpetazo al tema del terrorismo dentro de dos años.* Espanja toivoo voivansa poistaa terrorismiasian päiväjärjestyksestä kahden vuoden sisällä.

• **carpintero**
El hijo del carpintero no tiene cuna. Suutarin lapsella ei ole kenkiä.

• **carrera**
a la carrera tukka putkella *Se fue a la carrera a buscarlo.* Hän lähti tukka putkella etsimään sitä.

hacer carrera menestyä *Estando en Argentina hizo carrera como cantante y actor.* Argentiinassa ollessaan hän menestyi laulajana ja näyttelijänä.

• **carrerilla**
coger carrerilla ottaa vauhtia *Para saltar este muro no necesito coger carrerilla.*

Hypätäkseni tuon muurin yli minun ei tarvitse ottaa vauhtia.

• **carretada**
a carretadas ihan simona *La gente está comprando coches eléctricos a toneladas.* Sähköautoja ostetaan ihan simona.

• **carrete**
dar [le] **carrete** jututtaa *Tú, dale carrete a Luis sin que note que pronto ya no podrá negarse a participar.* Jututapas sinä häntä, niin hän huomaamattaan ei enää voi
kieltäytyä osallistumasta.

• **carretera**
carretera y manta ota ja mene *Si no te gusta vivir en esta casa, ¡carretera y manta!* Jos sinusta ei ole mukavaa asua tässä talossa, niin ota ja mene.

• **carretero**
1 fumar como un carretero (*myös* más que un carretero) kuin korsteeni *Fuma como un carretero.* Hän polttaa kuin korsteeni.

2 jurar/blasfemar como un carretero (*myös* más que un carretero) kiroilla kuin mustalainen *Blasfema como un carretero, pero le gusta su trabajo.* Kiroilee kuin mustalainen, mutta pitää työstään.

• **carretilla**
de carretilla ulkoa *Lleva tantos años haciendo lo mismo que ya lo hace de carretilla.* Hän on tehnyt sitä samaa niin monta vuotta, että osaa sen jo vanhasta muistista. *Podía decir de carretilla toda la lista de los reyes españoles.* Hän osasi luetella ulkoa kaikki Espanjan kuninkaat.

• **carrillo**
comer a dos carrillos ahmia kaksin käsin *Parecía tener mucha hambre y comía a dos*

carrillos. Hänellä näytti olevan kova nälkä, ja hän ahmi kaksin käsin.

• **carrito**
coger con el carrito de los helados jäädä rysän päältä kiinni *Fue una suerte que al verdadero culpable lo cogiesen con el carrito de los helados.* Oli siis onni, että todellinen syyllinen jäi kiinni rysän päällä.

• **carro**
poner el carro delante de las mulas aloittaa väärästä päästä *No puedes hacer el examen y luego estudiar, eso es poner el carro delante de las mulas.* Et voi suorittaa tenttiä ja sitten vasta opiskella, silloinhan sinä aloitat väärästä päästä.
tirar del mismo carro vetää yhtä köyttä *Los finlandeses tienen que tirar del mismo carro.* Suomalaissten pitää vetää yhtä köyttä.
Poner el carro delante del caballo. Mennä perse edellä puuhun.

• **carta**
a la carta oman valinnan mukaan *No suelo comer a la carta cuando voy al restaurante.* En tavallisesti syö listata ravintolassa. *Sin estudios no puedes esperar un trabajo a la carta, tendrás que coger lo que te den.* Ilman opintoja et voi odottaa unelmatyötä, sinun täytyy ottaa mitä saat.
elegir a la carta poimia rusinat pullasta *También se puede asistir solo a parte de los cursos, es decir, elegir a la carta lo que sea más interesante.* Voi myös osallistua vain osaan koulutuksista eli poimia rusinat pullasta oman mielenkiinnon mukaan.
dar [le] **carta blanca** antaa vapaat kädet *Al barbero le doy carta blanca para que me corte el pelo como mejor crea.* Annan parturille vapaat kädet, että hän leikkaa hiukseni kuten parhaaksi näkee.

jugárselo todo a una carta panna kaikki yhden kortin varaan *Tienes que enviar muchas solicitudes de trabajo y no jugártelo todo a una carta.* Sinun täytyy lähettää useita työpaikkahakemuksia, et voi panna kaikkea yhden kortin varaan.
tomar cartas en sekaantua, puuttua *La Policía tuvo que tomar cartas en la pelea.* Poliisin täytyi puuttua tappeluun. *Si vosotras no llegáis pronto a un acuerdo, me veré obligado a tomar cartas en el asunto.* Jos ette pian pääse yhteisymmärrykseen, minun on pakko puuttua asiaan.

• **cartel**
en cartel ohjelmistossa *Hace ya tres meses que esa película está en cartel.* Tuo elokuva on ollut jo kolme kuukautta ohjelmistossa.

• **cartilla**
leer [le] **la cartilla** saarnata, lukea lakia *Mamá siempre nos estaba leyendo la cartilla, que si no hagáis esto, que si no podéis hacer lo otro.* Äiti aina saarnasi meille, että älkää tehkö tätä, ette saa tehdä sitä.

• **casa**
barrer para casa vetää kotiinpäin *La mayoría de la gente barre para casa y no es objetiva.* Suurin osa ihmisistä ei ole puolueettomia ja vetää kotiinpäin.
de andar por casa tavallinen *No hace falta que vengas a la fiesta de postín, ponte algo de andar por casa.* Sinun ei tarvitse tulla juhliin hienona, laita päällesi jotakin ihan tavallista.
está usted en su casa olkaa kuin kotonanne *Pase, por favor, está usted en su casa.* Olkaa hyvä ja käykää sisään, olkaa kuin kotonanne.
empezar la casa por el tejado aloittaa lapasesta *Hacer los estudios de especialización antes de los elementales es como empezar la casa por el tejado.* Jos suorittaa aineopinnot ennen perusopintoja,

aloittaa lapasesta.

tirar/echar la casa por la ventana tuhlata hillittömästi *Para la boda de su hijo no echaron la casa por la ventana, pero fue una boda excelente.* He eivät tuhlanneet hillittömästi poikansa häihin, mutta häät olivat hienot.

• cascabel

ponerle el cascabel al gato kesyttää, taltuttaa *Si no se ha casado con nadie todavía, no creo que seas tú quien le ponga el cascabel al gato.* Jos hän ei vielä ole mennyt naimisiin kenenkään kanssa, älä luule, että sinä saat hänet kesytettyä.

• cascarón

recién salido del cascarón korvantaustat märkänä *Es muy joven todavía, no ha salido del cascarón.* Hän on vielä hyvin nuori, korvantaukset ovat vielä märät.

no salir ayer del cascarón ei olla ensimmäistä kertaa pappia kyydissä *No salí ayer del cascarón, rió la novia.* Ei olla ensimmäistä kertaa pappia kyydissä, morsian nauroi.

• casco

calentarse los cascos miettiä päänsä puhki *No le des más vueltas al asunto, por mucho que te calientes los cascos no encontrarás una solución.* Älä enää vatvo sitä asiaa, vaikka kuinka miettisit pääsi puhki, et löydä ratkaisua.

ser ligero de cascos kevytmielinen *Es una buena chica, pero tal vez un poco ligera de cascos.* Hän on kunnon tyttö, mutta ehkä hieman kevytmielinen.

• casilla

fuera de sus casillas poissa tolaltaan *No le hables ahora porque está fuera de sus casillas y puede ser peligroso.* Älä puhu hänelle nyt, koska hän on poissa tolaltaan ja voi olla vaarallinen.

sacar [le] de [pos.] casillas saada menettämään malttinsa *Esas cosas me sacan de mis casillas.* Nuo asiat saavat minut menettämään malttini.

salirse de [pos.] casillas mennä pasmat sekaisin *Soy el tipo de tío que no pierde los papeles ni acosado por el caos.* Olen sellainen tyyppi, jolta ei mene pasmat sekaisin edes keskellä kaaosta.

• caso

darse el caso tapahtua, sattua *Si diera el caso de que he salido cuando llegues, espérame unos minutos.* Jos sattuu, että olen lähtenyt jonnekin, kun sinä tulet, odota minua pari minuuttia.

el caso es que asia on niin *El caso es que hasta el domingo no podré devolverte el coche.* Asia on niin, että voin palauttaa autosi vasta sunnuntaina.

en caso de tapauksessa *La eutanasia tampoco está permitida en casos de enfermedades incurables.* Armomurha ei ole myöskään sallittu parantumattomien sairauksien kohdalla.

en el caso de que [subj.] (*myös* en caso de que) siinä tapauksessa, jos *En el caso de que ella se divorciase, su marido se quedaría sin ingresos.* Jos hän ottaisi eron, hänen miehensä jäisi ilman tuloja.

en cualquier caso joka tapauksessa *No sé si me iré a trabajar a Londres o a Berlín, pero en cualquier caso seguiremos en contacto.* En tiedä lähdenkö töihin Lontooseen vai Berliiniin, mutta pidetään joka tapauksessa edelleen yhteyttä.

en todo caso joka tapauksessa *Ojalá sea como tú dices. En todo caso, estate atento.* Toivottavasti asian on niin kuin sanot. Ole joka tapauksessa varovainen.

hacer [le] **caso** (*myös* hacer caso) *1* välittää, kuunnella *No le hagas mucho caso porque es un pelota y sus palabras no son sinceras.* Älä välitä hänestä, koska hän on sellainen nuoleksija eikä puhu vilpittömästi. *Le decía constantemente que cortase el césped, pero no hacía caso.* Käskin häntä jatkuvasti leikkaamaan nurmikon, mutta eihän hän kuunnellut. *2* **hazme caso** sano minun sanoneen *Hazme caso, este viaje va a salir caro.* Sano minun sanoneen, tästä tulee kallis reissu. Sano minun sanoneen.

hacer caso nulo de sivuuttaa olankohautuksella *Estos son asuntos de los que no puedes hacer caso nulo.* Tällaisia asioita et voi sivuuttaa olankohautuksella.

hacer caso omiso de olla välittämättä, jättää huomiotta *No podemos hacer caso omiso de sus argumentos porque son importantes.* Emme voi jättää huomiotta hänen perustelujaan, koska ne ovat tärkeitä.

ir al caso mennä asiaan *Vamos al caso porque no nos queda mucho tiempo.* Mennään asiaan, koska meillä ei ole paljoa aikaa.

no hacer [le] **ningún caso** viitata kintaalla *Paris Hilton no le hizo ningún caso a Joe Biden.* Paris Hilton viittasi Joe Bidenille kintaalla.

ponerse en el caso de asettua asemaan *Ponte en el caso de Antonio, viudo y con tres hijos no puede permitirse muchos lujos.* Asetu Antonion asemaan, leskenä ja kolmen lapsen kanssa hänellä ei ole varaa moniin ylellisyyksiin.

pongo/pongamos por caso esimerkiksi, kuvitellaan *Finlandia, pongo por caso, no puede olvidar sus obligaciones para con los países pobres.* Suomi esimerkiksi, ei voi unohtaa velvollisuuksiaan köyhiä maita kohtaan. *Pongamos por caso que se te cala el coche en un semáforo, ¿que harías?* Kuvitellaan, että autosi tekee topin liikennevaloissa, mitä tekisit?

ser un caso olla uskomaton tapaus *Esa mujer es un caso; todo lo que intenta hacer le sale mal.* Se nainen on uskomaton tapaus; kaikki, mitä hän yrittää tehdä, epäonnistuu.

ser un caso aparte olla luku sinänsä *Este hombre es un caso aparte.* Tämä mies on luku sinänsä.

venir al caso *1* tulla kysymykseen, olla sopiva *Ese asunto no viene ahora al caso porque estamos hablando de otra cosa.* Se asia ei tule nyt kysymykseen, koska puhumme muusta. *2* olla tarpeen *Ahora no necesito dinero, pero si viniera al caso, ya os llamaría.* Nyt en tarvitse rahaa, mutta jos sattuisin tarvitsemaan, soittaisin kyllä teille.

• casquete
echar un casquete *alat* kiksauttaa *Su relación es puramente física, de vez en cuando echan un casquete y nada más.* Heidän suhteensa on puhtaasti fyysinen, silloin tällöin kiksauttavat eikä muuta.

• castaña
sacar [le] **las castañas del fuego** ratkaista jkn ongelmat *Ya soy mayorcito y no necesito que nadie me saque las castañas del fuego.* Olen jo iso, eikä kenenkään tarvitse ratkaista ongelmia puolestani.
¡Toma castaña! Siitäs sait!

• castaño
pasar de castaño oscuro olla liian paksua *Eso que tú has dicho ya pasa de castaño oscuro.* Se, mitä sanoit, on jo liian paksua.

• castañuela
como unas castañuelas (*myös* más contento que unas castañuelas) ratkiriemukas *Cuando supo que su buen amigo Antonio vendría a verla, se puso como unas castañuelas.* Saatuaan tietää, että hänen hyvä ystävänsä

Antonio tulisi käymään, hän oli revetä riemusta.

• **castillo**
construir castillos en el aire rakennella pilvilinna, tuulentupa *No tenemos dinero para comprarnos una mansión, así que no te construyas castillos en el aire.* Meillä ei ole rahaa ostaa mitään kartanoa, joten älä rakentele pilvilinnoja.

• **casualidad**
dar la casualidad sattumalta *¿Necesitas un mecánico? Pues mira, da la casualidad de que yo conozco uno muy bueno.* Tarvitsetko mekaanikkoa? No, kuule, sattumalta tunnen yhden erittäin hyvän.
ni por casualidad ei vahingossakaan *A Luis no le nombrarán trabajador del mes ni por casualidad.* Luisia ei vahingossakaan nimetä kuukauden työntekijäksi.
por casualidad sattumalta *Me encontré con ella por pura casualidad.* Tapasin hänet aivan sattumalta.
¡Qué casualidad! Sepäs sattui!

• **cataplín**
hasta los cataplines *alat* vittuuntunut *Estoy hasta los cataplines de que me llame siempre a las 12 de la noche.* Olen vittuuntunut siihen, että se soittaa mulle aina kahdeltatoista yöllä.

• **católico**
estar católico olla kunnossa *No sé qué me pasa, pero no estoy muy católico hoy.* En tiedä, mikä minua vaivaa, mutta en ole oikein kunnossa tänään.

• **causa**
hacer causa común con pitää yhtä, vetää yhtä köyttä *Ella puede hacer causa común con cualquiera, siempre y cuando vea que puede sacar algún beneficio.* Hän voi vetää yhtä köyttä kenen tahansa kanssa, aina kun huomaa, että voi hyötyä jotenkin.
ks. myös: con **conocimiento** de causa

• **caza**
dar caza saada/ottaa kiinni *Lloraba porque había visto en la tele un león dando caza a una gacela.* Hän itki, koska oli nähnyt telkkarissa, että leijona oli saanut kiinni gasellin.
levantar la caza tuoda julki *Por el momento las negociaciones entre las dos empresas son muy secretas y esperan que nadie levante la caza para evitar especulaciones financieras.* Toistaiseksi näiden kahden yrityksen väliset neuvottelut ovat hyvin salaisia ja toivotaan keinottelun estämiseksi, ettei kukaan tuo asioita julki.

• **Al mejor cazador se le escapa la liebre.** Viisaskin menee vipuun.

• **cebar**
Como cebas, así pescas. Niin makaa kuin petaa.

• **Ceca**
de la Ceca a la Meca paikasta toiseen *Se pasó toda la mañana de la Ceca a la Meca para conseguir regularizar su permiso de residencia.* Hän kiersi koko aamun paikasta toiseen saadakseen oleskelulupansa kuntoon.

• **ceja**
arquear las cejas kohottaa kulmiaan *El hombre me miró y arqueó las cejas como si hubiese dicho una bobada.* Mies katsoi minua ja kohotti kulmiaan, ikään kuin olisin sanonut jotakin typerää.
hasta las cejas korviaan myöten *Italia está endeudada hasta las cejas.* Italia on korviaan myöten veloissa.

ir bebido hasta las cejas olla tinassa *Anne iba bebida hasta las cejas y nadie quería bailar con ella.* Anne oli tinassa ja kukaan ei halunnut tanssia hänen kanssaan.

meterse [le] entre ceja y ceja saada päähänsä *Se me ha metido entre ceja y ceja que tengo que aprender a tocar el piano y lo conseguiré.* Olen saanut päähäni, että minun pitää oppia soittamaan pianoa, ja minä teen sen.

quemarse las cejas päntätä *Nunca ha tenido que quemarse las cejas preparándose para un examen.* Hänen ei ole koskaan tarvinnut päntätä tenttiin valmistautuessaan.

tener entre ceja y ceja inhota *En la escuela había una profesora que me tenía entre ceja y ceja y nunca comprendí por qué.* Koulussa oli yksi opettaja, joka inhosi minua, enkä koskaan ymmärtänyt miksi.

• celo

estar en celo olla härillään *Los hombres siempre está en celo.* Miehet ovat aina härillään.

• cencerro

como un cencerro pähkähullu *No te creas nada de lo que dice porque está como un cencerro.* Älä usko yhtään mitä hän sanoo, koska hän on pähkähullu.

• ceniza

renacer de [pos.] cenizas nousta tuhkasta *De día parecía una mosca muerta, pero por las noches renacía de sus cenizas.* Päivällä hän näytti hiirulaiselta, mutta illalla hän nousi tuhkasta.
ks. myös: donde hubo **fuego**, cenizas quedan

• céntimo´

Estoy sin un céntimo. Minulla ei ole pennin hyrrää/pyörylää.

ceño

fruncir el ceño kurtistaa kulmia *Frunció el ceño cuando vio que le habían servido pescado.* Hän kurtisti kulmiaan nähdessään, että hänelle oli tarjoiltu kalaa.

• cepa

de pura cepa aito *¿Cómo no va a gustarle la sauna a un finlandés de pura cepa?* Miten niin pesunkestävä suomalainen ei pidä saunasta?

• cepillo

a cepillo siili *Esta de moda llevar el pelo a cepillo.* Siilitukka on muotia.

• ceporro

dormir como un ceporro nukkua kuin tukki *Todos bailaban y cantaban menos él que dormía como un ceporro.* Kaikki tanssivat ja lauloivat paitsi hän, joka nukkui kuin tukki.

• cera

como la cera (*myös* más blanco que la cera) kalpea kuin lakana *Lo vi entrar y enseguida vi que se encontraba mal, la cara como la cera.* Näin hänen tulevan sisään ja huomasin heti hänen voivan huonosti, hän oli kalpea kuin lakana.

• cerca

cerca de lähes *Son cerca de las 3 y la comida sin preparar.* Kello on lähes kolme ja ruoka ei ole valmista. *Tendrá cerca de 10 años.* Hän on noin kymmenvuotias.

• cercén

a cercén tyvestä *Corté la seta a cercén para así dejar las raíces en el bosque.* Leikkasin sienen tyvestä jättääkseni juuret metsään.

• cerdo

más que un cerdo (*myös* como un cerdo) virtanaan *Sólo había recorrido unos metros y ya estaba sudando más que un cerdo.* Hän oli kulkenut vain muutaman metrin, ja hiki jo valui virtanaan.

• cero
al cero siili[tukka] *Está de moda entre los jóvenes llevar el pelo al cero.* Nuorten keskuudessa siilitukka on muotia.
partir de cero aloittaa alusta, puhtaalta pöydältä *Cuando se divorció, decidió partir de cero y empezar una nueva vida.* Erottuaan hän päätti aloittaa uuden elämän puhtaalta pöydältä.
un cero a la izquierda täysi nolla *En matemáticas era un as, pero en lenguas, un cero a la izquierda.* Matematiikassa hän oli haka, mutta kielissä täysi nolla.

• cerrado
quedar cerrado mennä lukkoon *Las puertas deberían quedar cerradas.* Ovet pitäisi mennä lukkoon.

• cerro
salir/irse por los cerros de Úbeda poiketa asiasta, aiheesta *Ahora estamos hablando de la reparación de la cocina, así que no te me vayas por los cerros de Úbeda con lo de tu cumpleaños.* Puhumme nyt keittiöremontista, joten älä poikkea aiheesta tuolla syntymäpäiväjutullasi.

• cerrojo
echar el cerrojo lopettaa, sulkea *Han tenido la frutería durante veinte años, pero tras las muerte de la madre tuvieron que echar el cerrojo.* Heillä on ollut hedelmäkauppa 20 vuotta, mutta äidin kuoltua se piti lopettaa.

• cesar
sin cesar lakkaamatta *Me pedía sin cesar que le ayudase y al final, tuve que ayudarle.* Hän pyysi minua lakkaamatta auttamaan, ja lopulta minun täytyi auttaa häntä.

• cesto
Quien hace un cesto, hará ciento. Kerran varas, aina varas.

• cháchara
andar/estar de cháchara jutella *Me encontré a Mario en la calle y estuvimos unos minutos de cháchara.* Tapasin Marion kadulla ja juttelimme muutaman minuutin.

• chachi
pasarlo/pasárselo chachi olla kivaa *En la fiesta de ayer lo pasamos chachi.* Eilisissä juhlissa meillä oli kivaa.

• chacota
tomar a chacota ottaa leikin kannalta *Todos tomaban a chacota lo que decía la jefa.* Kaikki ottivat leikin kannalta pomon sanomiset.

• chacuaco
fumar como un chacuaco *mex.* tupakoida kuin turkkilainen *No le gusta salir con ella porque fuma como un chacuaco.* Hän ei tykkää seurustella hänen kanssaan, koska hän tupakoi kuin turkkilainen.

• champiñón
como champiñones runsaasti *Las empresas "puntocom" crecieron como champiñones el año pasado.* Viime vuonna nettiyhtiöitä syntyi kuin sieniä sateella.

• chamusquina
oler a chamusquina haiskahtaa *En este asunto hay cosas poco claras y me huele a chamusquina.* Tässä asiassa on epäselviä kohtia ja minusta se haiskahtaa.

• chancla
ponerse hasta las chanclas kaataa kuppia *Automáticamente los finlandeses se ponen*

hasta las chanclas cuando algo no les sale. Suomalaiset utomaattisesti kaatavat kuppia, kun jokin asia menee pieleen.

• **chapa**
hacer chapas *alat* harrastaa homoseksiä *Algunos jóvenes se ganaban la vida haciendo chapas en los cines.* Jotkut nuoret miehet ansaitsivat elantonsa harrastamalla homoseksiä elokuvateattereissa.

• **chapado**
chapado a la antigua vanhanaikainen *No quiere oír de enseñanza virtual; es una profesora chapada a la antigua.* Hän ei halua kuulla virtuaaliopetuksesta, hän on vanhanaikainen opettaja.

• **chaparrón**
aguantar el chaparrón kuunnella, kestää ryöpytys *Él era el responsable del desastre económico de la empresa y tuvo que aguantar el chaparrón en la junta de accionistas.* Hän oli vastuussa yrityksen
taloudellisesta romahduksesta, ja hänen oli kestettävä osakkeenomistajien ryöpytys.

• **chaqueta**
cambiar de chaqueta kääntää takki *Con la llegada de la democracia a España, hubo muchos que cambiaron de chaqueta.* Kun demokratia tuli Espanjaan, monet käänsivät takkinsa.
más vago que la chaqueta de un guardia laiska kuin lapamato *Soy más vago que la chaqueta de un guardia.* Minä olen laiska luin lapamato.

• **charco**
al otro lado del charco rapakon takana *Marin se ha convertido en una estrella al otro lado del charco.* Marinista tuli rapakon takana tähti.

cruzar el charco mennä rapakon taakse *Como sus padres se han ido a vivir a Canadá, tendrá que cruzar el charco si quiere verlos.* Koska hänen vanhempansa ovat muuttaneet Kanadaan, hänen pitää mennä rapakon taakse, jos haluaa tavata heidät.

• **chasco**
llevarse un chasco pettyä *Se llevó un chasco cuando fue a recoger el premio y le dijeron que no había ganado nada.* Hän pettyi, kun meni hakemaan palkintoa ja hänelle sanottiin, ettei ollutkaan voittanut mitään.

• **chaveta**
estar chaveta olla tärähtänyt *No le hagas caso, no sabe ni lo que dice; está un poco chaveta.* Älä välitä hänestä, hän ei edes tiedä mitä puhuu, hän on hieman tärähtänyt.
perder la chaveta → perder la cabeza

• **chicha**
no ser ni chicha ni limonada/limoná ei olla lintu eikä kala, ei sitä eikä tätä *Algunos son pro-OTAN y otros, no, pero Luis no es ni chicha ni limonada.* Jotkut ovat NATON puolesta, toiset eivät, mutta Luis ei ole sitä eikä tätä.

• **chico**
dejar chico voittaa kirkkaasti *Tu trabajo deja chico a todos los que se habían hecho hasta ahora.* Sinun työsi voittaa kirkkaasti kaikki tähän mennessä tehdyt.

• **chiflar**
No se puede chifar y comer gofio. Ei voi syödä ja säästä kakkua.

• **china**
ser/tener una china en el zapato olla kivenä kengässä *Yo no estoy para eso. Soy una china en el zapato.* Eihän minusta nyt siihen ole. Olen Kivenä kengässä.

tocar [le] la china käydä huono tuuri *Nos ha tocado la china; en la fase eliminatoria tendremos que enfrentarnos al Milán. Cualquier otro equipo habría sido coser y cantar.* Meillä kävi huono tuuri: alkukarsinnoissa meidän pitää kohdata Milano. Mikä tahansa muu joukkue olisi ollut lasten leikkiä.

• **chin chin**
¡chin chin! kippis *Bebamos a la salud de los novios. ¡Chin chin!* Juokaamme morsiusparin terveydeksi. Kippis!

• **chino**
como a un chino helppo petkuttaa *Eres demasiado inocente, cualquiera te puede engañar como a un chino.* Olet liian herkkäuskoinen, kuka tahansa voi vetää sinua höplästä.
en chino täyttä hepreaa *Para mí esto está en chino.* Tämä on minulle täyttä hepreaa.
ks. myös: **¡naranjas de la China!**

• **chip**
apagar el chip pistää/ laittaa aivot narikkaan *Ir al gimnasio es una buena forma de apagar el chip.* Kuntosalilla käynti on hyvä tapa pistää aivot narikkaan.

• **chiquitas**
andarse con chiquitas kierrellä, kaarrella *Nunca se anda con chiquitas y va directamente al grano: lo que quiere decir, lo dice.* Hän ei koskaan kiertele ja menee suoraan asiaan: hän sanoo, mitä hänellä on sanottavaa.

• **chiripa**
de chiripa säkällä *Me ha ganado de chiripa.* Hän voitti minut säkällä.

• **chirona**

en chirona ark kiven sisässä *Ha estado un par de años en chirona por robo.* Hän on ollut ryöstöstä pari vuotta kiven sisässä.
ir a chirona ark joutua pahnoille *Fue a chirona por haber chocado borracho contra un árbol.* Hän ajoi humalassa puuta vasten ja joutui pahnoille.

• **chispa**
echando chispas tuli hännän alla *Tenía mucha prisa y salió del aula echando chispas.* Hänellä oli kova kiire ja hän lähti luokasta tuli hännän alla.
echar chispas kiehua raivosta *Echaba chispas cuando volvió a casa porque no había podido ir al concierto.* Hän kiehui raivosta palatessaan kotiin, koska ei ollut päässyt konserttiin.
no dar ni chispa ei panna kortta ristiin *No dio ni chispa.* Hän ei pannut kortta ristiin.

• **chiste**
chiste verde alapään vitsi *¿No será este también uno de esos chistes verdes?* Vai onko sekin joku alapään vitsi? *En cuanto toma un vaso de vino, Matti se pone a contar chistes verdes.* Matti alkaa aina kertomaan alapään vitsejä juotuaan lasin viiniä.

• **chistera**
sacarse la chistera vetää/temmata hatusta *Las teorías no son dioses sacados de la chistera.* Teoriat eivät ole hatusta temmattuja jumalia.

• **chita**
a la chita callando vaivihkaa *Cuando empezó era un don nadie, pero a la chita callando llegó a ser la persona de la que todos necesitaban.* Aloittaessaan hän ei ollut mitään, mutta vaivihkaa hänestä tuli henkilö, jota kaikki tarvitsivat.

• **chivo**

chivo expiatorio syntipukki *Iraq ha sido el chivo expiatorio de la crisis política interna de los EE.UU.* Irakista on tehty USA: n sisäpoliittisen kriisin syntipukki.

• **chocar**
¡Chócala! Kättä päälle!
¡Choca esa! Tuohon käteen!

• **chocho**
salir [le] del chocho *alat* [S fem.] vittu tehdä *¡Y no lo voy a hacer porque no me sale del chocho!* Minähän en sitä vittu tee!

• **chocolate**
el chocolate del loro rikka rokassa *El presupuesto de la universidad de Helsinki es el chocolate del loro comparado con el de la de París.* Helsingin yliopiston budjetti on kuin rikka rokassa Pariisin yliopistoon verrattuna.
ks. myös: las **cosas** claras y el chocolate espeso

• **chorra**
con mucha chorra hyvällä munkilla *Con mucha chorra podrás recuperar tu dinero.* Voit hyvällä munkilla saada rahat takaisin.

• **chorrada**
soltar chorradas aukoa päätään *¿Alguien más quiere soltar alguna chorrada?* Haluaako joku vielä aukoa päätään?

• **chorro**
a chorros noroina *Hace tanto calor que estoy sudando a chorros.* On niin kuuma, että hiki valuu noroina. *La sangre le salía a chorros por la herida.* Veri pulppusi hänen haavastaan.
como los chorros del oro putipuhdas *Estuvimos limpiando toda la mañana, pero dejamos la casa como los chorros del oro.* Siivosimme koko aamun, ja talo olikin putipuhdas.

• **chotis**
Ser más agarrado que el chotis. Pitää pennin syrjästä kiinni.

chucho
Habla chucho que no te escucho. Kiviäkin kiinnostaa.

• **chulo**
ponérse [le] chulo hyppiä silmille *Nanna no permite que los hombres se le pongan chulos.* Nanna ei anna miesten hyppiä silmille.

• **chupar**
chupársela *alat* ottaa suihin *Yo nunca se la chuparía a un tío.* Minä en ikinä ottaisi keneltäkään tyypiltä suihin.
estar chupado olla lastenleikkiä *El examen estaba chupado.* Koe oli lastenleikkiä.
¡Chúpate esa! Sitäs sait!
ks. myös: chupar **banquillo**; chupar **pelota**; chupar del **bote**; chupar **rueda**; chuparse el **dedo**; chuparse los **dedos**

• **chupina**
hacerse la chupina *arg* pinnata koulusta *Cuando nos hacíamos la chupina, siempre íbamos al bar Blanco, ¿te acordás?* Pinnatessamme koulusta menimme aina Blanco-baariin, muistatko?

• **churra**
de pura churra puhdas sattuma, vahingossa *El gol lo ha metido de pura churra.* Hän tekemänsä maali oli puhdas sattuma.
mezclar las churras con las merinas mennä puurot ja vellit sekaisin *No mezcle usted, querido amigo, las churras con las merinas, aquí estamos hablando de la producción de aceite de oliva, no del consumo de los vehículos.* Ystävä hyvä, teillä menee puurot ja vellit sekaisin. Puhumme nyt oliiviöljyn

tuotannosta, emme ajoneuvojen polttoaineen kulutuksesta.

● **churro**
venderse como churros mennä kuin kuumille kiville *Este disco se está vendiendo como churros.* Tämä levy menee kuin kuumille kiville.

● **chuzos**
caer chuzos de punta sataa kaatamalla *Yo me voy a buscar setas aunque el hombre del tiempo haya dicho que caerán chuzos de punta.* Lähden sieneen, vaikka säätiedotuksessa sanottiin, että sataa kaatamalla.

● **ciclón**
como un ciclón kiireen vilkkaa *Hacía tanto frío en el patio que todos los alumnos entraron como un ciclón.* Pihalla oli niin kylmä, että kaikki oppilaat menivät kiireen vilkkaa sisälle.

● **ciego**
a ciegas pimeässä, näkemättä mitään *Se nos apagó la luz y tuvimos que vestirnos a ciegas.* Valot sammuivat ja meidän piti pukeutua pimeässä.
comprar a ciegas ostaa sikaa säkissä *Ya no hace falta comprar a ciegas.* Enää ei tarvitse ostaa sikaa säkissä.
ponerse ciego a ahmia *Co estuve en Galicia me puse ciego a illones.* Galiciassa ollessani ahmin simpukoita.

● **cielo**
a cielo abierto taivasalla *Es maravilloso dormir a cielo abierto en verano.* Kesällä on ihanaa nukkua taivasalla. *Todavía sigue habiendo minas a cielo abierto, pero son pocas.* Avolouhoksia on vielä, mutta vähän.
estar en el séptimo cielo olla seitsemännessä taivaassa *Con la llegada de todos sus hijos*

para celebrar su cumpleaños, estaba en el séptimo cielo.* Hän oli seitsemännessä taivaassa, kun kaikki hänen lapsensa tulivat juhlimaan hänen syntymäpäiviään.
como caído/llovido/venido del cielo kuin taivaasta tipahtanut *Se nos rompió el coche en medio del campo y de pronto, como caído del cielo, pasó por allí un taxi.* Automme meni rikki keskellä ei mitään ja äkkiä, kuin taivaasta tipahtaneena taksi ajoi paikalle.
mover cielo y tierra kääntää taivaat ja maat nurin *Quería irme de allí cuanto antes así que moví cielo y tierra para conseguir irme.* Halusin häipyä sieltä mahdollisimman pian ja käänsin taivaat ja maat nurin sen vuoksi.
¡válgame el cielo! taivaan vallat *¡Válgame el cielo! Pero ¿qué te ha pasado niña?* Voi taivaan vallat! Mitä sinulle tyttö on oikein tapahtunut?
Quien escupe al cielo, en la cara le cae. Joka toiselle kuoppaa kaivaa, se itse siihen lankeaa.
ks. myös: írse [le] el **santo** al cielo; poner el **grito** en el cielo

● **ciencia**
a ciencia cierta aivan varmasti, varmuudella *Puedo asegurarte a ciencia cierta que la beca te la han concedido a ti.* Voin taata sinulle aivan varmasti, että apuraha on myönnetty sinulle.

● **ciento**
a cien hurmiossa, ekstaasissa *Algunos jóvenes dicen tomar drogas para ponerse a cien.* Jotkut nuoret ottavat huumeita päästäkseen ekstaasiin. *La música tecno a mí me pone a cien.* Teknomusiikki saat minut hurmioon.
a cientos joukoittain *Los inmigrantes ilegales llegan a cientos cada semana.* Laittomia maahanmuuttajia saapuu joukoittain joka viikko.
al cien por cien (*myös* al ciento por ciento) sataprosenttisesti, kokonaan *Cuando me case,*

seré un ama de casa al ciento por ciento. Kun menen naimisiin, jään kokonaan kotirouvaksi. *Es un producto finlandés al cien por cien.* Se on sataprosenttisesti suomalainen tuote.

cien por cien (*myös* ciento por ciento) sataprosenttisesti, täysin *Ese curso no es cien por cien obligatorio.* Tämä kurssi ei ole aivan pakollinen. *El sistema es cien por cien seguro.* Järjestelmä on sataprosenttisen varma.

de ciento en viento ani harvoin *No solemos salir mucho y al restaurante muy de ciento en viento.* Emme yleensä käy paljon ulkona ja ravintolassa ani harvoin.

[num.] **por ciento** prosenttia *Me han aumentado el salario un cinco por ciento.* Palkkani nousi 5 prosenttia.

• **cierne**
en ciernes alkuvaiheessa *Quien lo asistió fue un joven médico en ciernes al que aún le faltaban dos años de carrera.* Häntä avusti nuori aloitteleva lääkäri, jolta puuttui tutkinnosta vielä kaksi vuotta.

• **cierto**
estar en lo cierto olla oikeassa *Estaba en lo cierto cuando nos dijo que no deberíamos fiarnos de ella.* Hän oli oikeassa sanoessaan meille, ettei meidän pitäisi luottaa häneen.

por cierto muuten, sivumennen sanoen *Se casó ya hace dos años; con una prima mía, por cierto.* Hän meni naimisiin jo kaksi vuotta sitten, serkkuni kanssa sivumennen sanoen. *Por cierto, hablando de Juan, ¿tienes su número de teléfono?* Muuten Juanista puheen ollen, onko sinulla hänen puhelinnumeroaan?

• **cifra**
cifra astronómica pilviä hipova summa *Parece ser que el salario de la mujer no es que sea una cifra muy astronómica.* Ei naisen palkkakaan kuulemma kovin pilviä hipova summa ole.

• **cigarro**
echar un cigarro pistää palamaan *Si quiere usted echarse un cigarro, tiene que salir a la calle.* Jos haluatte pistää palamaan, teidän täytyy mennä kadulle.

• **cigüeña**
estar esperando a la cigüeña olla pieniin päin *Me parece que Sirkka está esperando a la cigüeña.* Sirkka taitaa olla pieniin päin.

• **cimarra**
hacer la cimarra chl lintsata/pinnata koulusta *El maestro nos encontró haciendo la cimarra por las calles de Valparaíso.* Opettaja yllätti meidät Valparaison kaduilta pinnaamassa koulusta.

• **cintura**
meter en cintura panna aisoihin *Tú necesitas una mujer que te meta en cintura.* Tarvitset naisen, joka panee sinut aisoihin.

• **cinturón**
apretarse el cinturón kiristää vyötä *Habían tenido muchos gastos aquel mes y fue necesario apretarse el cinturón y eliminar gastos inútiles.* Siinä kuussa heillä oli ollut paljon menoja, ja piti kiristää vyötä ja karsia turhia menoja.

• **ciprés**
más que un ciprés (*myös* como un ciprés) tosi pitkä *Ha crecido mucho, está más alto que un ciprés.* Hän on kasvanut kovasti ja on melkoinen honkankolistaja.

• **circunstancia**
dadas las circunstancias olosuhteet huomioon ottaen *Dadas las circunstancias, no podemos decirle que no.* Olosuhteet huomioon ottaen, emme voi sanoa hänelle "ei".

de circunstancias muodollinen *Pronunció unas palabras que, más que del corazón, eran de circunstancias.* Hän sanoi muutaman sanan, jotka tulivat enemmänkin muodon vuoksi kuin sydämestä. *Tenía la obligación de ir a la fiesta, así que puso cara de circunstancias y allá se fue.* Hänen oli pakko mennä juhliin, joten hän otti muodollisen ilmeen ja lähti sinne.

• **cirio**
montar un cirio nostaa äläkkä *El día de la graduación me montó un cirio porque me había puesto vaqueros.* Valmistumispäivänä hän nosti äläkän, koska olin pukeutunut farkkuihin.

• **cita**
darse cita sopia tapaamisesta *Como nuestro romance era secreto, nos dábamos cita en lugares poco frecuentados.* Koska romanssimme oli salainen, sovimme tapaamisista syrjäisissä paikoissa.

• **cizaña**
sembrar cizaña kylvää riitaa *Siempre estaba sembrando cizaña entre los vecinos.* Hän kylvi jatkuvasti riitaa naapureiden keskuudessa.

• **claro**
a las claras selvästi *Esto nos demuestra a las claras que sus intenciones no eran honestas.* Tämä osoittaa meille selvästi, että hänen aikeensa eivät olleet rehellisiä.
al claro de luna kuunvalossa *Le gustaba sentarse en el patio a meditar al claro de luna.* Hänestä oli mukava istua pihalla mietiskelemässä kuunvalossa.
claro que tietenkin *Pero claro que no todo es oro lo que reluce.* Tietenkään kaikki ei ole kultaa mikä kiiltää.
de claro en claro valveilla *Se ha pasado toda la noche de claro en claro y ahora está muerta*

de cansancio. Hän oli valveilla koko yön ja on nyt kuolemanväsynyt.
dejar claro tehdä selväksi *Dejó claro que en su pensión no quería ruidos ni vistas nocturnas.* Hän teki selväksi, että hänen asuntolassaan ei sallittu meteliä eikä yöllisiä vieraita.
poner en claro selvittää, tehdä selväksi *Quería poner las cosas en claro para que luego no hubiese malentendidos.* Halusin tehdä asiat selviksi, jotta myöhemmin ei syntyisi väärinkäsityksiä.
que quede claro tehdä selväksi *Que quede claro que yo el dinero no lo he tocado.* Tehdään selväksi, että minä en ole koskenut rahoihin.
tener claro tietää tarkkaan *No tiene muy claro lo que quiere ser cuando sea mayor.* Hän ei tiedä ihan tarkkaan, mikä hänestä tulee isona. *Tengo claro que si se casa, no será conmigo.* Tiedän tasan tarkkaan, että jos hän menee naimisiin, niin ei minun kanssani.
tener claro en la memoria muistaa elävästi *Tenía muy claro en la memoria el día cuando conoció a su esposa.* Hän muisti elävästi päivän, jona tutustui vaimoonsa.
ks. myös: estar/ser más claro que el **agua**; pasar la **noche** en claro

• **clase**
dar clase 1 opettaa *Da clases particulares de música.* Hän antaa yksityistunteja musiikissa. **2** opiskella *Me gustaría dar clases de música con un profesor ruso.* Haluaisin opiskella musiikkia jonkun venäläisen opettajan johdolla.
de todas clases kaikenlainen *Los domingos las calles amanecen cubiertas de basura de todas clases.* Sunnuntaiaamuisin kadut ovat täynnä kaikenlaista roskaa.
fumarse las clases pinnata koulusta *Estoy seguro de que mis hijos nunca se fuman las clases.* Olen varma, että minun lapseni eivät koskaan pinnaa koulusta.

haber clases 1 olla koulua *Aunque es sábado hoy hay clases.* Tänään on koulua, vaikka on lauantai. **2** erottua *¡Que inteligente eres María! – Siempre ha habido clases.* Sinäpäs olet älykäs, Maria. – No, meitähän aina löytyy.
ir a clase käydä tunneilla *Va a clase de música por las mañanas.* Hän käy soittotunnilla aamuisin.
toda clase de kaikenlainen *En la cocina de la abuela había toda clase de aparatos electrodomésticos que nadie parecía usar.* Isoäidin keittiössä oli kaikenlaisia kodinkoneita, joita kukaan ei näyttänyt käyttävän.

• **clavado**
ser clavado a olla ilmetty *Pedro es clavado a su padre.* Pedro on ilmetty isänsä.

• **clave**
en clave salakielellä *Los amantes escribían en clave para que no entendiese los mensajes la madre del chico.* Rakastavaiset kirjoittivat salakielellä, jotta pojan äiti ei ymmärtäisi viestejä.

• **clavija**
apretar [le] **las clavijas** kiristää otetta, vaatia lisää *El jefe nos ha apretado las clavijas porque quiere mejores resultados.* Johtaja kiristää otetta, koska hän haluaa parempia tuloksia. *Con tu ayuda, tal vez podamos apretarle las clavijas a tu hermano y consigamos que cumpla con sus deberes.* Sinun avullasi voimme ehkä painostaa veljeäsi ja saada hänet tekemään velvollisuutensa.

• **clavo**
agarrarse a un clavo ardiendo tarttua viimeiseen oljenkorteen *Iban a embargarle las tierras y se agarraba a un clavo ardiendo para que así no fuese.* Häneltä aiottiin viedä maat, ja hän tarttui viimeiseen oljenkorteen, ettei niin kävisi.
como clavos (*myös* como un clavo) prikulleen *Nos dijo que a las dos en la plaza y a las dos como clavos estábamos sentaditos en un banco esperándole.* Hän sanoi meille, että kello kaksi aukiolla ja siellä me olimme prikulleen kahdelta istumassa penkillä häntä odottamassa.
dar en el clavo osua naulan kantaan *Has dado en el clavo cuando le has dicho que no parecía muy entusiasta con el proyecto.* Osuit naulankantaan sanoessasi hänelle, että hän ei vaikuttanut kovin innostuneelta projektista.
no dejar clavo, o estaca, en pared viedä tuhkatkin pesästä *La inflación amenaza no dejar clavo, o estaca, en pared.* Inflaatio uhkaa viedä tuhkatkin pesästä.
remachar el clavo kaiken kukkuraksi *Primero dijo que llegaría tarde a la cena y luego, para remachar el clavo, que traería a algunos amigos suyos.* Ensiksi hän sanoi myöhästyvänsä päivälliseltä ja sitten kaiken kukkuraksi, että hän toisi mukanaan muutaman ystävänsä.
Más aburrido que chupar un clavo. Tylsä kuin jäitä polttelisi.

• **coba**
dar [le] **coba** imarrella, mielistellä *Me estás dando mucha coba y eso significa que algo vas a pedirme.* Sinä imartelet minua kovasti, ja se tarkoittaa, että aiot pyytää minulta jotakin.

• **coca-cola**
creerse la última coca-Cola del desierto nousta kusi päähän *Trabajaba mucho, ganaba mucho y sinceramente me creía la última coca-cola del desierto.* Tein paljon töitä, tienasin paljon ja suoraansanoen nousi kusi päähän.

• **coche**

en el coche de San Fernando apostolinkyydillä *Se le acabó la gasolina a mitad de camino y tuvo que volver a casa en el coche de San Fernando.* Häneltä loppui bensa kesken matkan, ja hänen piti palata kotiin apostolinkyydillä.

• **coco**

comer [le] **el coco** *ark* aivopestä *En las sectas les comen el coco a todos los seguidores.* Lahkoissa kaikki niihin liittyneet aivopestään.

comerse el coco *ark* vaivata päätään *¡Déjalo ya! Por mucho que te comas el coco no vas a encontrarle una solución.* Anna olla jo! Vaikka kuinka vaivaat päätäsi, et löydä ratkaisua.

entrar [le] **en el coco** *ark* mennä kaaliin *Lo repetiré hasta que os entre en el coco.* Niin kauan toistan, kunnes menee kaaliin.

estar hasta el coco de *ark* olla kurkkua myöten *Estoy hasta el coco de tu falta de puntualidad.* Olen kurkkuani myöten täynnä sinun epätäsmällisyyttäsi.

no andar bien del coco olla latvasta laho *Pensaban que la abuela no andaba bien del coco.* He luulivat, että mummimamma oli latvasta laho.

• **cocorota**

estar hasta la cocorota olla kurkkua myöten *Estoy hasta la cocorota de que me devuelvas el coche sucio cada vez que te lo presto.* Olen kurkkuani myöten täynnä sitä, että palautat auton likaisena, aina kun lainaan sitä sinulle.

• **codazo**

abrirse camino/ avanzar a codazos raivata tietä kyynärpäillä *Quería tocar hasta su ídolo y se abrió paso a codazos para llegar al escenario.* Hän halusi päästä idolinsa luokse ja raivasi tietä kyynärpäillä päästäkseen lavan luokse.

• **codicia**

La codicia rompe el saco. Ahneella on paskainen loppu.

• **codo**

codo con codo rinta rinnan, yhdessä *La limpieza del patio la hicieron codo con codo todos los inquilinos del edificio.* Kaikki talon asukkaat siivosivat pihan yhdessä.

hincar el codo (*myös* romperse los codos) päntätä *Todos los exámenes le han salido excelentemente. Claro que ha tenido que hincar el codo todo un mes.* Hän suoritti kaikki tentit erinomaisesti. Tietenkin hänen on pitänyt päntätä kokonaisen kuukauden ajan.

empinar el codo kallistella lasia *Anoche empiné demasiado el codo y ahora tengo resaca.* Eilen illalla kallistelin liikaa lasia, ja tänään minulla on kankkunen.

hablar/charlar por los codos puhua kuin papukaija *Es una mujer que habla por los codos, no te da tiempo ni a que le respondas.* Tuo nainen puhuu kuin papukaija eikä anna sinulle aikaa edes vastata.

• **cofradía**

ser de la cofradía del puño cerrado olla pihi kuin Roope Ankka *Mi antiguo casero era de la cofradía del puño cerrado.* Entinen vuokranantaja oli pihi kuin Roope Ankka.

• **coger**

cogerla tulla känniin *Era la despedida de soltero de un amigo y entre una copa y otra la cogí de miedo.* Oli yhden ystävän polttarit ja yhden jos toisen lasillisen jälkeen tulin hirveään känniin.

• **coger y** ottaa ja *Yo me estaba aburriendo, así que cogí y me fui.* Minulla oli tylsää, joten otin ja lähdin.

• **cogorza**

coger una cogorza vetää känni *Estuve de bares toda la noche y cogí una cogorza* *tremenda.* Kiersin baareissa koko illan ja vedin kauhean kännin.

llevar una buena cogorza olla nakit silmillä *Por la noche llevabas una buena cogorza.* Illalla olit nakit silmillä.

• **cohete**

como un cohete kuin ammuttuna *Me vio entrar a mí y salió como un cohete.* Nähdessään minun tulevan sisään hän lähti kuin ammuttuna.

• **cojón**

con dos cojones (*myös* con los cojones cuadrados) *alat* vitun kova *Es un tipo con dos cojones. No le tiene miedo a nadie.* Se on vitun kova tyyppi. Se ei pelkää ketään.

hinchárse [le] **los cojones** *alat* vittuuntua *Estuvo callado media hora hasta que se le hincharon los cojones y explotó.* Se oli hiljaa puoli tuntia, kunnes vittuuntui ja sai raivarin.

de cojones *alat* vitun hyvä *Es bueno de cojones. No hay nadie mejor que él.* Se on vitun hyvä tyyppi. Ei oo ketään parempaa. *Lo pasé de cojones. ¡Qué fiesta!* Mulla oli vitun kivaa. Mitkä bileet!

[subst.] **de los cojones** *alat* vitun *¡Tira a la basura ese disco de los cojones!* Heitä roskiin se vitun levy! *Ese árbitro de los cojones es el que tiene la culpa de que hayamos perdido.* Sen vitun tuomarin takia me hävisimme.

estar hasta los cojones *alat* vittuuntunut *Estoy empezando a estar hasta los cojones de los vecinos.* Alan olla vittuuntunut naapureihin.

importar [le] **tres cojones / un cojón** *alat* vitut välittää *Me importa un cojón lo que tú pienses.* Vitut minä välitän siitä, mitä ajattelet.

no haber más cojones que *alat* ei vittu auta muu kuin *Los sistemas de trabajo han cambiado y no hay más cojones que colaborar si se quiere avanzar.* Työtavat ovat

muuttuneet, eikä vittu auta muu kuin tehdä yhteistyötä, jos haluaa päästä eteenpäin.

pasarse por los cojones *alat* haistattaa vitut *La ley del tabaco me la paso yo por los cojones.* Tupakkalaille mä haistatan vitut.

salir [le] **de los cojones** *alat* vittu haluta *Lo he hecho porque me ha salido de los cojones, ¿y qué?* Mä tein sen, koska mä vittu halusin, enta sitten?

tocar [le] **los cojones** *alat* vittuilla *No le toques los cojones porque se enfada fácilmente.* Älä vittuile sille, koska se suuttuu helposti.

tocarse los cojones *alat* istua perse homeessa *Se piensa que el único que trabaja es el y que los demás nos tocamos los cojones.* Hän luulee olevansa ainoa, joka tekee töitä, ja että me muut vaan istutaan perse homeessa.

un cojón *alat* vitusti *El piso que ha comprado le ha costado un cojón.* Ostamani kämppä maksoi vitusti.

• **1 cola**

hacer cola jonottaa *Cerca de 500 personas hacían cola esta mañana a las puertas del estadio.* Lähes 500 ihmistä jonotti tänä aamuna stadionin portilla.

traer cola herättää keskustelua, nousta haloo *Las declaraciones de González sobre la OTAN traerán cola.* Gonzálezin Nato-lausunnoista nousee varmaankin haloo.

• **2 cola**

no ir/pegar ni con cola ei sopia tippaakaan *Ese pantalón y esa camisa no pegan ni con cola.* Nuo housut ja tuo paita eivät tippaakaan sovi yhteen.

• **colación**

traer/sacar a colación ottaa puheeksi *No saques a colación temas de los que no quieras hablar.* Älä ota puheeksi asioita, joista et halua puhua.

venir a colación sopia *Deja el tema de tus hemorroides porque no viene a colación ahora, durante la comida.* Lopeta tuo juttusi peräpukamista, koska se ei nyt sovi, kun ollaan syömässä.

• **colador**
más que un colador (*myös* como un colador) kuin seula *Tu camisa tiene más agujeros que un colador.* Paitasi on täynnä reikiä.

• **colear**
vivito y coleando ihka elävänä *Era Ville, Ville vivito y coleando, aunque yo creía que ya había muerto.* Ville se oli, Ville itse ihka elävänä, vaikka luulin hänen olleen jo kuollut.

• **cólera**
montar en cólera raivostua, saada raivari *Su padre no se creyó las excusas que le daba y montó en cólera.* Hänen isänsä ei uskonut hänen selityksiään ja raivostui.

• **coleto**
echarse al coleto kaataa kurkkuun, pistää poskeen *Dijo que no bebía vino, pero se echó al coleto tres vasos.* Hän sanoi, ettei juonut viiniä, mutta kaatoi kurkkuunsa kolme lasillista.

• **colgado**
dejar [le] **colgado** jättää kuin nalli kalliolle *A ti es fácil dejarte colgado.* Sinut oli helppo jättää kuin nalli kalliolle.

• **colmo**
para colmo kaiken kukkuraksi *El coche se estropeó en mitad de la carretera y para colmo, estábamos a 35 grados bajo cero.* Auto meni rikki keskellä tietä, ja kaiken kukkuraksi oli 35 astetta pakkasta.
ser el colmo olla kaiken huippu *¡Sois el colmo! ¿Cómo habéis podido iros sin avisarme?* Te

olette kaiken huippu! Kuinka saatoitte lähteä ilmoittamatta minulle?

• **color**
a todo color monivärinen *No colecciona sellos a todo color, sino sólo los monocromáticos.* Hän ei kerää monivärisiä postimerkkejä, vaan ainoastaan yksivärisiä.
no hay color eivät ole verrattavisa *También ellos son muy buenos, pero no hay color.* Hekin ovat hyviä, mutta eivät ole verrattavissa.
salir [le] **los colores** punastua *Le salían los colores cuando se hablaba de sexo.* Hän punastui, kun puhuttiin seksistä.
verlo todo de color de rosa nähdä kaikki ruusunpunaisena *Era un poco ingenuo, todo lo veía de color de rosa.* Hän oli hieman lapsenuskoinen ja näki kaiken ruusunpunaisena.
ks. myös: para **gustos**, colores

• **colorado**
ponerse colorado punastua *Me puse colorada cuando lo vi entrar en la sala.* Punastuin, kun näin hänen astuvan saliin.

• **colorín**
colorín y colorado, este cuento se ha acabado sen pituinen se *El príncipe se casó con la princesa y colorín colorado, este cuento se ha acabado.* Prinssi meni naimisiin prinsessan kanssa, ja sen pituinen se.

• **comba**
saltar a la comba hypätä narua *Yo de pequeña saltaba a la comba.* Pienenä hyppäsin narua.
perder comba jäädä jälkeen *El grupo no puede perder comba con el grupo que lo precede.* Ryhmä ei saa jäädä jälkeen edellämenevästä ryhmästä

• **combate**

fuera de combate poissa pelistä *El boxeador recibió tantos golpes que quedó fuera de combate.* Nyrkkeilijä sai niin paljon iskuja, että joutui pois pelistä. *No suele beber, así que ayer tras dos copas ya estaba fuera de combate.* Hän ei yleensä juo, joten eilen kahden lasillisen jälkeen hän oli jo poissa pelistä.

• comer
comer caliente syödä lämmintä ruokaa *Hace mucho que no como caliente.* En ole pitkään aikaan syönyt lämmintä ruokaa.
¿cómo se come? miten pitäisi ymmärtää *¿Como se come que a unos les paguen 1000 y a otras 2000 por el mismo trabajo?* Miten pitäisi ymmärtää, että joillekin maksetaan 1 000 ja toisille 2 000 samasta työstä?
de buen comer olla hyvä ruokahalu *No me extraña que pese tanto porque es de muy buen comer.* Minua ei ihmetytä, että hän painaa niin paljon, koska hänellä on erittäin hyvä ruokahalu.
estar para comérse [lo] syötävän... *¿Has visto a Luis? Está para comérselo.* Näitkö Luisin? Hän syötävän suloinen.
sin comerlo ni beberlo syyttä suotta *Sin comerlo ni beberlo, me vi envuelto en una pelea familiar de un amigo y al final casi resulto ser yo el culpable.* Jouduin syyttä suotta erään ystäväni perheriitaan, ja lopulta minä melkein olin syyllinen.
El comer y el rascar, todo es empezar. Ruokahalu kasvaa syödessä.

• comienzo
a comienzos de alussa *A comienzos de octubre, llovió mucho.* Lokakuun alussa satoi paljon vettä.
dar comienzo alkaa *La reunión de rectores universitarios dará comienzo a las 11 horas.* Yliopistojen rehtoreiden kokous alkaa klo 11.

• comillas
entre comillas niin sanottu *El amor entre comillas que se vende en la calle suele tener acento extranjero.* Niin sanotulla rakkaudella, jota myydään kadulla, on usein puheessaan vieras korostus.

• comino
importar [le] **un comino** ei välitä tippaakaan *Me importa un comino lo que piense él de mi nuevo coche.* En välitä tippaakaan, mitä hän ajattelee uudesta autostani.

• comisión
a comisión provisiopalkalla *No tiene salario fijo; trabaja a comisión.* Hänellä ei ole kiinteää palkkaa, vaan hän tekee töitä provisiopalkalla.

• 1 como
[subj.] **como** [subj.] miten tahansa *Se vista como vista, siempre va elegante.* Pukeutuupa hän miten tahansa, hän on aina tyylikäs.

• 2 como [ger.] kuin *Movió la cabeza de derecha a izquierda, como diciendo que no lo aceptaba.* Hän käänsi päätään oikealta vasemmalle kuin merkkinä siitä, ettei hyväksynyt sitä.
como que 1 koska, -han, -hän, -pa-, pä *Pues claro que estuvo allí. Como que fue ella la que me abrió a mí la puerta.* No, tietenkin hän oli siellä, koskapa juuri hän avasi minulle oven. *2* ei millään *No le creas. Como que te voy a dejar a ti mi coche nuevo.* Älä usko häntä. En missään tapauksessa anna sinulle uutta autoani. *3* ihan kuin *Parece como que fuese a llover.* Näyttää ihan kuin alkaisi sataa.
como para joten, niin että *Ya he trabajado lo suficiente como para no tener que hacer nada más.* Olen tehnyt töitä jo tarpeeksi, joten minun ei tarvitse tehdä enää muuta.

como si aivan kuin *Su piel era fina y transparente, como si fuera papel de fumar.* Hänen ihonsa oli ohutta, aivan kuin paperia. *Parece como si fuese a llover.* Näytti aivan kuin alkaisi sataa.

estar como si nada ei olla moksiskaan *Se quedó sin trabajo hace un mes, pero por lo que veo, está como si nada.* Hän jäi työttömäksi kuukausi sitten, mutta minusta näyttää, ettei hän ole moksiskaan.

no tan [adj.] **como para** ei niin... että *No te creía tan rica como para permitirte esos lujos.* En luullut sinua niin rikkaaksi, että sinulla olisi varaa noihin ylellisyyksiin

sea como sea tavalla tai toisella *Esta tarde tenemos que decírselo, sea como sea.* Tänä iltana meidän täytyy kertoa se hänelle tavalla tai toisella. *Tengo que conseguir dinero sea como sea.* Minun täytyy saada rahaa tavalla tai toisella.

Fuere como fuere Oli miten oli.

ks. myös: como el que **más**; como **solo**; como no sea/**ser**; como quiera que/**querer**; como **Pedro** por su casa; como un **elefante** en una cacharrería; como si tal **cosa**; como **tiene** que ser; **hacer** como que; **tanto** si como si.

• **cómo**

¿a cómo? paljonko *¿A cómo está el kilo de plátanos hoy?* Paljonko kilo banaaneja on tänään?

¿cómo es que ...? miksi ihmeessä, kuinka kummassa *¿Cómo es que no me has llamado?* Miksi ihmeessä et ole soittanut minulle? *¿Cómo es que yo no sabía nada de que iba a venir?* Kuinka kummassa minä en tiennyt mitään hänen tulostaan?

¡cómo no! ilman muuta!, tottahan toki! *¿Me puedes ayudar? – ¡Cómo no!* Voitko auttaa minua? – Ilman muuta.

¿cómo que ...? miten niin? *Entonces nos vemos mañana. – ¿Cómo que mañana? Yo te he dicho el lunes.* Nähdään sitten huomenna.

– Miten niin huomenna? Minähän sanoin sinulle, että maanantaina. *¡Eso sí que no puedes hacerlo! – ¿Cómo que no?* Sitä sinä et voi tehdä! – Miten niin en?

• **compás**

coger el compás saada rytmistä kiinni *No puedo bailar ese tipo de música porque nunca cojo el compás.* En voi tanssia tällaisen musiikin tahdissa, koska en saa koskaan rytmistä kiinni. *Como es nuevo en el departamento, todavía no ha cogido el compás de cómo se trabaja aquí.* Koska hän on uusi osastolla, hän ei ole vielä oppinut talon tavoille.

• **completo**

al completo täysi *El restaurante está casi al completo.* Ravintola on lähes täynnä. *Tienes que contarme al completo cómo te fue ayer con Martín* Sinun täytyy kertoa minulle yksityiskohtaisesti, miten sinulla meni eilen Martínin kanssa.

por completo kokonaan, täysin *Se le había olvidado por completo llamar a su madre.* Hän oli kokonaan unohtanut soittaa äidilleen. *Cuando se casó, cambió por completo.* Mentyään naimisiin hän muuttui täysin.

• **componérselas**

componérselas tulla toimeen, selvitä *Tiene cuatro hijos y se ha quedado viudo y sin empleo; no sé cómo se las va a componer.* Hänellä on neljä lasta ja hän on jäänyt leskeksi ja työttömäksi; en tiedä, miten hän selviää.

• **compra**

ir de compras käydä ostoksilla *Solemos ir de compras los sábados.* Käymme tavallisesti ostoksilla lauantaina.

• **compromiso**

de compromiso virallinen, muodollinen

Espero que al menos la comida sea buena, porque a mí las cenas de compromiso me gustan poco. Toivon, että ruoka ainakin on hyvää, koska en erityisemmin pidä virallisista päivällisistä.
A compromiso, palabra. Annettu luvattu lahja.

• **común**
en común yhteinen *No tenían nada en común.* Heillä ei ollut mitään yhteistä.
fuera de lo común epätavallinen *Poseía una inteligencia fuera de lo común que le permitía comprender cualquier cosa al instante.* Hän oli epätavallisen älykäs, minkä vuoksi hän ymmärsi hetkessä minkä tahansa asian.
por lo común tavallisesti *Por lo común, los padres solos dan mucha más libertad a los hijos de la que se ve en los hogares con dos padres.* Tavallisesti yksinhuoltajavanhemmat antavat lapsilleen paljon enemmän vapauksia kuin kodit, joissa on molemmat vanhemmat.
ks. myös: de común **acuerdo**

• **con**
con lo [adj./adv.] **que** niin...kuin *Es una pena que se hayan separado. Con lo buena pareja que eran.* Harmi, että he ovat eronneet, niin hyvä pari kuin he olivatkin. *¿Cómo puedes estar aburrido con lo divertido que es este juego?* Kuinka voit olla ikävystynyt, niin hauska kuin tämä peli on? *Le habían dado el primer premio a Luis. Con lo bien que había cantado Pedro.* Luis sai ensimmäisen palkinnon, vaikka Pedro oli laulanut niinkin hyvin.
con que kunhan *Con que llegues a las 10, ya me doy por contento.* Kunhan tulet kymmeneltä, tyydyn kyllä siihen.

• **concepto**
bajo ningún concepto ei missään

tapauksessa *Y bajo ningún concepto permitas que los niños jueguen con el ordenador.* Missään tapauksessa et saa antaa lapsien pelata tietokoneella.
en concepto de varten *Como tiene que viajar mucho en su trabajo, cada mes recibe 500 euros más en concepto de gastos imprevistos.* Koska hänen täytyy matkustaa paljon työssään, hän saa kuukausittain 500 euros enemmän odottamattomiin kuluihin.

• **conciencia**
a conciencia tunnollisesti *Las reparaciones tenemos que hacerlas a conciencia, si no, dentro de un año habrá que volver a hacerlas.* Meidän täytyy tehdä korjaukset tunnollisesti, muutoin ne pitää tehdä uudelleen vuoden kuluttua.
tomar conciencia tiedostaa *Creo que tenéis que tomar conciencia de la situación en la que os encontráis, si no, todas las decisiones serán erróneas.* Luulen, että teidän täytyy tiedostaa, missä tilanteessa olette, muuten kaikki päätökset ovat vääriä.

• **concreto**
en concreto 1 näkyvää *Estuvimos reunidos dos horas y no sacamos nada en concreto.* Kokous kesti kaksi tuntia emmekä saaneet aikaan mitään näkyvää. **2** määrätty *¿Hay algún tema en concreto del que querrías hablar, cariño?* Onko joku määrätty asia, josta haluaisit puhua, rakkaani?

• **condenado**
gritar como un condenado huuta kuin syötävä *El hombre salió corriendo de la tienda y gritaba como un condenado.* Mies juoksi ulos liikkeestä ja huusi kuin syötävä.

• **condición**
a condición de que sillä ehdolla, että *Firmaré el contrato a condición de que sea legal.*

Allekirjoitan sopimuksen sillä ehdolla, että se on lailista.

en condiciones kunnon *Si quieres practicar slalom, cómprate un equipo en condiciones.* Jos haluat harrastaa laskettelua, osta kunnon välineet.

• **conducto**
por conducto kautta *Le han comunicado el ascenso por conducto oficial.* Hänelle ilmoitettiin ylennyksestä virallista tietä.

• **conejo**
ks.: más corto que el **rabo** de un conejo

• **confianza**
con toda confianza täysin vapaasti *En este grupo puede usted hablar con toda confianza.* Tässä ryhmässä voitte puhua täysin vapaasti.
de confianza luotettava *Encargó la vigilancia del examen a una estudiante de confianza.* Uskoin tentin valvonnan eräälle luotettavalle opiskelijalle.
tomarse confianzas käydä tuttavalliseksi *Con los niños de la escuela hay que ser muy estrictos a veces, para que no se tomen confianzas.* Koululasten kanssa täytyy joskus olla hyvin tiukka, jotta he eivät käy tuttavallisiksi.

• **conforme**
conforme a mukaisesti *Es lógico que le paguen conforme a lo que dice el contrato.* On loogista, että hänelle maksetaan sopimuksen mukaisesti.

• **conjunto**
en conjunto kokonaisuudessaan *En conjunto el congreso fue un éxito.* Kongressi oli kokonaisuudessaan menestys.

• **conocer**

se conoce que nähtävästi *Este infarto no es el primero; se conoce que ha tenido ya otros dos y no había dicho nada a nadie.* Tämä infarkti ei ole ensimmäinen; hänellä on nähtävästi ollut jo kaksi muuta eikä hän ollut kertonut kenellekään mitään.

• **conocido**
muy conocido en su casa a la hora de comer uppo-outo *Ayer me encontré con Luis Álvarez. – ¡Ah! ¡Luis Álvarez! Muy conocido en su casa a la hora de comer. ¿Quién es?* Tapasin eilen Luis Álvarezin. – Ai Luis Álvarezin. Uppo-outo tyyppi. Kuka hän on?

• **conocimiento**
con conocimiento de causa täydestä syystä *El profesor suspendió a la estudiante, y seguro que fue con conocimiento de causa.* Opettaja reputti opiskelijan ja varmasti täydestä syystä. *Si te recomiendo Madrid, es con conocimiento de causa, ya que yo viví allí varios años.* Suosittelen sinulle Madridia täydellä syyllä, koska asuin siellä useita vuosia.

• **consecuencia**
pagar/sufrir las consecuencias kärsiä seuraukset *Bébete toda la botella de vodka si quieres, pero luego puede ser que tengas que pagar las consecuencias.* Juo vaan koko votkapullo, jos haluat, mutta sitten saat luultavasti kärsiä seuraukset.

• **consideración**
tomar en consideración ottaa huomioon *También tenemos que tomar en consideración la posibilidad de que las fuerzas de paz enviadas a Líbano tengan que utilizar las armas.* Meidän täytyy myös ottaa huomioon mahdollisuus,
että Libanoniin lähetettyjen rauhanturvajoukkojen täytyy käyttää aseita.

• **consiguiente**

por consiguiente sen vuoksi, tähden *El cincuenta por ciento de tu trabajo será de distribución. Por consiguiente, sería necesario que tuvieses coche.* Puolet työstäsi on jakelutyötä ja sen vuoksi sinulla pitäisi olla auto.

• **consonancia**

en consonancia con mukaisesti *Es el director de la fabrica y se viste en consonancia con su trabajo.* Hän on tehtaan johtaja ja pukeutuu työnsä mukaisesti.

• **constar**

hacer constar merkitä *Tienes que hacer constar todos tus datos en el formulario.* Sinun täytyy merkitä kaikki tietosi kaavakkeeseen.

que conste [que] tiedoksi *Ya has visto que no he podido ser yo quien lo ha roto, que conste.* Ihan vaan tiedoksi, että minä en ole voinut sitä rikkoa, kuten itsekin näit. *Y que conste que no fui yo quien lo cogió.* Tiedoksi vaan, että minä en ottanut sitä.

• **consulta**

pasar consulta ottaa vastaan *Si no has podido ver al médico en el hospital, ve a su casa porque allí también pasa consulta.* Jos et voinut mennä lääkäriin sairaalaan, mene hänen kotiinsa, koska hän ottaa vastaan myös siellä.

• **contacto**

ponerse en contacto con ottaa yhteyttä *Me puse inmediatamente en contacto con ella cuando supe lo que le había pasado a su familia.* Otin välittömästi häneen yhteyttä saatuani tietää, mitä hänen perheelleen oli tapahtunut.

• **contado**

pagar al contado maksaa käteisellä *Prefiero pagar al contado porque no me gustan los créditos.* Maksan mieluummin käteisellä, koska en pidä veloista.

• **contante**

contante y sonante käteinen *A mí, el dinero démelo contante y sonante; no quiero cheques.* Antakaa rahat minulle käteisenä, en halua sekkejä.

• **1 contar**

a contar desde lähtien *La normativa contra el tabaco estará en vigor a contar desde el próximo mes.* Tupakan vastaiset määräykset astuvat voimaan ensi kuusta lähtien.

contar con luottaa *Contamos contigo para realizar este trabajo, no nos falles.* Luotamme, että sinä teet tämän työn. Älä petä meitä.

¿Qué te cuentas? Kuinka pyyhkii?

ks. myös: tener los **días** contados

• **2 contar**

¡a mí qué me cuentas! mitä se minulle kuuluu! *Eso es problema tuyo. ¡A mí qué me cuentas!* Se on sinun ongelmasi. Mitä se minulle kuuluu.

como te lo cuento ihan totta, usko pois *No te creo eso de que ayer cenaste con ese actor. – De verdad, como te lo cuento; vino y me preguntó si conocía un buen restaurante.* En usko, että söit päivällistä eilen sen näyttelijän kanssa. – Usko pois, että hän tosiaan tuli kysymään minulta, tiesinkö jotakin hyvää ravintolaa.

no contarlo kuolla *Ten cuidado con el puentin porque si tienes un accidente, no lo cuentas.* Varo benjihyppyä, koska jos sattuu onnettomuus, kuolet.

¿qué te cuentas? / ¿qué se cuenta? mitä kuuluu *¡Antonio! ¿Qué te cuentas? –Ya ves, feliz y contento.* Antonio, mitä kuuluu? Erittäin hyvää kuten näkyy.

¡**Qué me vas a contar a mí!** Nimimerkillä kokemusta on!

• **contemplación**
sin contemplaciones muitta mutkitta *Hay muchas familias que cuando se van de vacaciones abandonan sin contemplaciones a sus animales domésticos.* On monia perheitä, jotka lomalle lähtiessään muitta mutkitta jättävät kotieläimensä oman onnensa nojaan.

• **1 contento**
darse por contento tyytyä *Con que llegues a las 10, ya me doy por contento.* Kunhan tulet kymmeneltä, tyydyn kyllä siihen.
ks. myös: más contento que unas **pascuas**

• **2 contento**
que es un contento ihana *Mi colega prepara un ali-oli que es un contento.* Työkaverini valmistama valkosipulimajoneesi on ihanaa.

• **continuación**
a continuación seuraavaksi *A continuación podrán ver ustedes un documental sobre la II guerra mundial.* Seuraavaksi voitte nähdä dokumenttiohjelman toisesta maailmansodasta.

• **continuo**
de continuo jatkuvasti *Le recordaba de continuo que fuese más puntual, pero no hacía caso.* Muistutin jatkuvasti, että hänen pitäisi olla täsmällisempi, mutta hän ei kuunnellut.
ks. myös: acto continuo

• **contra**
en contra vastaan *Un 15 % está a favor de la ampliación europea, mientras un 75 % se muestra en contra porque prefiere esperar unos años.* Euroopan laajentumisen kannalla on 15%, kun taas 75% on vastaan, koska he odottaisivat vielä muutaman vuoden.
ir en contra de olla vastoin *¡Profesor! Lo que acaba de decirnos va en contra de lo que nos dijo ayer.* Opettaja, se, mitä äsken sanoitte meille, on vastoin sitä, mitä sanoitte eilen.
por contra sitä vastoin *La grámatica no, pero la pronunciación, por contra, ha de ser perfecta.* Kieliopin ei, mutta ääntämisen sitä vastoin pitää olla täydellistä.

• **contrabando**
de contrabando laittomasti *Fue detenido en la frontera por intentar sacar de contrabando un icono ruso antiguo.* Hänet pidätettiin rajalla, hänen yrittäessään tuoda vanhan venäläisen ikonin maahan laittomasti.

• **contracorriente**
a contracorriente vastoin *El envío de tropas a Iraq se hizo a contracorriente de la voluntad popular.* Joukkojen lähettäminen Irakiin oli vastoin kansan tahtoa.

• **contrapelo**
a contrapelo 1 vastakarvaan *No le gusta a mi perro que le acaricien a contrapelo.* Koirani ei tykkää, että sitä silitetään vastakarvaan. **2** poikkisyin *Para que salga un buen filete, la carne hay que cortarla a contrapelo.* Liha pitää leikata poikkisyin, jotta saa hyvän pihvin. **3** vastaan *Sus opiniones son siempre a contrapelo.* Hän on varsinainen vastarannan kiiski.

• **contraria**
llevar [le] **la contraria** vastustaa *No le lleves la contraria porque se pondrá furioso.* Älä vastusta häntä, koska hän raivostuu.

• **contrario**
al contrario päinvastoin *No puedes decir que sea un escritor tradicional; muy al contrario,*

hace ya años que viene rompiendo moldes literarios. Et voi sanoa, että hän on perinteinen kirjailija, aivan päinvastoin, hän on jo vuosia rikkonut kirjallisuuden rajoja.

al contrario de päinvastoin kuin *Al contrario de lo que piensas, no todos los españoles bailan flamenco.* Päinvastoin kun luulet, kaikki espanjalaiset eivät tanssi flamencoa.

al contrario que päinvastoin kuin *Al contrario que las mujeres, los hombres no compartimos muchos datos íntimos.* Päinvastoin kuin naiset, miehet eivät paljon puhu muille henkilökohtaisista asioistaan.

de lo contrario muuten *Tienes que hacerlo, de lo contrario te castigarán.* Sinun täytyy tehdä niin, muuten sinua rangaistaan.

todo lo contrario aivan päinvastoin *¿Tengo que irme ya? – ¡Todo lo contrario! No puedes irte todavía.* Pitääkö minun jo lähteä? – Aivan päinvastoin. Et saa lähteä vielä.

• control
bajo control hallinnassa *Esté usted tranquilo, todo está bajo control.* Olkaa rauhassa, kaikki on hallinnassa.

• conversación
dar [le] **conversación** jututtaa *La tía Felisa parece aburrida, alguien tiene ir a darle conversación.* Felisa-täti vaikuttaa ikävystyneeltä, jonkun täytyy mennä jututtamaan häntä.

• coña
de coña *ark* piruuttaan *No te lo tomes a mal, te lo ha dicho de coña.* Älä ota nokkiisi, se sanoi sen piruuttaan.

ni de coña *alat* ei millään ilveellä *Tú no pasas ese examen ni de coña.* Et saa sitä tenttiä läpi millään ilveellä.

tomarse a coña *alat* ottaa vitsinä *Tómatelo a coña y no te enfades; no vale la pena.* Ota se vitsinä, äläkä suutu, ei se kannata.

• coñazo
dar el coñazo *alat* rassata *Ha estado toda la mañana dándome el coñazo con que quiere ir al concierto de Metallica.* Hän on koko aamun rassannut minua sillä, että haluaa mennä Metallican konserttiin.

• coño
en el quinto coño *alat* helvetin kuusessa, hevon vitussa *La casa que he comprado era muy barata, pero está en el quinto coño.* Ostamani talo oli halpa, mutta se on helvetin kuusessa.

hasta el [mismísimo] **coño** *alat* [S fem.] vitun täynnä jtk *Estoy hasta el mismísimo coño de tus chistes.* Mä oon vitun täynnä noita sun vitsejäsi.

¡qué coño! *alat* perkele sentään *Mi novio se ha enfadado porque me he ido de fiesta, pero ¡qué coño! también yo quiero divertirme.* Poikaystäväni suuttui, koska lähdin juhlimaan, mutta perkele sentään, minäkin haluan pitää hauskaa.

salir [le] **del coño** *alat* vittu tehdä *¡Y no lo voy a hacer porque no me sale del coño!* Minähän en sitä vittu tee!

• copa
como la copa de un pino valtava *Tiene un catarro como la copa de un pino.* Hänellä on kauhea flunssa. *Es un artista como la copa de un pino.* Hän on taiteilija isolla T:llä.

estar pasado de copas kännissä kuin käki *¿Estuvo Madonna actuando pasada de copas?* Esiintyikö Madonna kännissä kuin käki?

ir de copas käydä paukuilla *Los fines de semana solemos ir de copas con los amigos.* Viikonloppuisin meillä on tapana käydä paukuilla ystävien kanssa.

una/alguna copa de más lasillinen liikaa *Cuando lo paró la policía llevaba alguna copa* *de más.* Hän oli ottanut lasillisen liikaa, poliisin pysäyttäessä hänet.

• **copla**
dejarse de coplas lopettaa jaarittelu *Déjate de coplas y cuéntame lo que realmente quiero saber.* Lopeta jaarittelu ja kerro minulle, mitä todella haluan tietää.
ir [le] con la copla juoruta *No le cuentes nada a la vecina porque enseguida le va con la copla a cualquiera.* Älä kerro naapurille mitään, koska hän menee heti juoruamaan kaikille.
siempre la misma copla aina sama laulu *María, el fregadero se ha atascado. –¿Otra vez? Siempre la misma copla.* Maria, pesuallas on tukossa. – Taasko? Aina sama laulu.
quedarse con la copla panna korvan taakse *Mi padre me dijo que yo podría ser médico, y me sorprendió, pero me quedé con la copla y aquí estoy, cirujano.* Isäni sanoi, että minusta voisi tulla lääkäri, mikä oli minusta yllättävää, mutta panin sen korvan taakse, ja niinhän minä nyt olen kirurgi.

• **copón**
del copón mahtava *Tiene una moto del copón; no he visto otra más grande.* Hänellä on mahtava prätkä, en ole isompaa nähnyt.

• **corazón**
de todo corazón koko sydämestä *Te lo agradezco de todo corazón.* Kiitän sinua koko sydämestä.
con el corazón en la mano käsi sydämellä *Si te digo que has hecho un buen trabajo, te lo estoy diciendo con el corazón en la mano; no suelo mentir.* Jos sanon, että olet tehnyt hyvää työtä, sanon sen sinulle käsi sydämellä; minulla ei ole tapana valehdella.
con el corazón en un puño sydän sykkyrällä *Son muchos los motivos por los que uno lee esto con el corazón en un puño.* Tätä lukee sydän sykkyrällä useammastakin syystä.

partírse [le] el corazón raastaa sydäntä *Se le partía el corazón cuando veía mendigos en la calle.* Hänen sydäntään raastoi, kun hän näki kerjäläisiä kadulla.
salir [le] del corazón tulla sydämestä *Se notaba que sus palabras le salían del corazón.* Oli selvää, että hänen sanansa tulivat sydämestä.
ks. myös: **ojos** que no ven, corazón que no siente; con gran **dolor** de corazón; dar [le] un **vuelco** el corazón; hacer de **tripas** corazón

• **corbata**
ponérse [le] de corbata mennä sisu kaulaan *Puede ser que en el momento de la verdad se me pondrían de corbata.* Voi kyllä olla että tosipaikan tullen menisi sisu kaulaan.

• **cordero**
como un cordero kuin lammas *No puedes decir que él sea violento porque es manso como un cordero.* Et voi sanoa hänen olevan väkivaltainen, koska hän on lauhkea kuin lammas.
ks. myös: la **madre** del cordero

• **cornucopia**
poner la cornucopia *ark* pettää *Su mujer le ha puesto la cornucopia cientos de veces.* Hänen vaimonsa on pettänyt häntä satoja kertoja.

• **coro**
a coro kuorossa *Todos dijeron a coro que sí.* Kaikki sanoivat kuorossa "kyllä".

• **coronilla**
estar hasta la coronilla olla kurkkua myöten täynnä *Estamos hasta la coronilla de sus bromas.* Olemme kaikki kurkkua myöten täynnä hänen temppujaan.

• **correo**

echar al correo panna postiin *Después de echar la carta al correo, me di cuenta de un error.* Pantuani kirjeen postiin huomasin yhden virheen.
ks. myös: a **vuelta** de correo

• **correr**
a correr sillä hyvä *Nosotros ya hemos preparado la ensalada, así que a correr.* Teimme jo salaatin, joten sillä hyvä.
a todo correr juoksujalkaa *Salió de casa a todo correr porque llegaba tarde al trabajo.* Hän lähti kotoa juoksujalkaa, koska oli myöhässä töistä.
correrla *ark* rellestää *Ya sé que el chico va mucho de juerga, pero el que no la corre de joven, la corre de viejo.* Tiedänhän minä, että poika käy paljon juhlimassa, mutta ellei rellestä nuorena, niin sitten vanhana.
correr que se las pelar juosta kuin viimeistä päivää *Oí disparos en casa del vecino y mi gato corría que se las pelaba.* Kuulin laukauksia naapurista ja oma kissani juoksi kuin viimeistä päivää.

• **corrida**
saberse de corrida osata kannesta kanteen *Las lecciones se las sabe de corrida.* Hän osaa läksyt läpikotaisin.

• **corrido**
de corrido ulkoa, sujuvasti *Matti podía repetirte de corrido todos los versos de Eino Leino.* Matti osasi ulkoa kaikki Eino Leinon runot.

• **corriente**
al corriente ajan tasalla, perillä *Te tendré al corriente de todo lo que pase.* Pidän sinut ajan tasalla kaikesta, mitä tapahtuu. *No hace falta que me lo cuentes, ya estoy al corriente de lo que ha pasado.* Sinun ei tarvitse kertoa minulle, olen jo perillä tapahtuneesta.

corriente y moliente tuiki tavallinen *Nos sirvieron una comidas corrientes y molientes.* Meille tarjottiin tuiki tavallisia ruokia.
dejarse llevar por la corriente mennä virran tai joukon mukana *En cuestión de ropa no tiene gustos propios y se deja llevar de la corriente.* Vaateasioissa hänellä ei ole omia mieltymyksiä, ja hän menee joukon mukana.
estar al corriente olla perillä *Estamos al corriente de lo que pasa en el campo de la informática.* Olemme perillä siitä, mitä tapahtuu tietotekniikan alalla.
fuera de lo corriente epätavallinen, erikoinen *Es una pintura bonita, pero nada fuera de lo corriente. Se* on kaunis maalaus, mutta ei mitenkään erikoinen.
llevar/seguir [le] la corriente myötäillä *Es un tipo que nunca les ha llevado la corriente a los superiores o jefes.* Hän on sellainen tyyppi, joka ei ole koskaan ole myötäillyt ylempiä tai pomoja.
ks. myös: **agua** corriente no mata a la gente

• **cortado**
estar/andar cortado *arg* → estar sin blanca

• **1 corte**
dar [le] corte nolottaa *Le daba corte que lo viesen en la manifestación.* Häntä nolotti tulla nähdyksi mielenosoituksessa. *Coge otra porción, no te dé corte.* Ota toinen annos, äläkä ujostele.
dar/hacer un corte de mangas näyttää keskisormea, haistattaa *La jefa lo despidió porque le había hecho un corte de mangas.* Pomo erotti hänet, koska hän oli tälle näyttänyt keskisormea.
llevarse un corte häkeltyä *¡Qué corte me he llevado cuando he entrado y he visto que ya habían llegado todos!* Häkellyin, kun tulin sisään ja näin, että kaikki olivat jo paikalla.

• **2 corte**

hacer [le] la corte hakkailla *Hay muchos chicos que le hacen la corte, pero no le interesa ninguno.* Monet pojat hakkailevat häntä, mutta hän ei ole kiinnostunut kenestäkään.

• **corto**

a la corta o a la larga ennemmin tai myöhemmin *A la corta o a la larga tendrás que empezar a trabajar.* Ennemmin tai myöhemmin sinun täytyy ruveta tekemään töitä.

ni corto ni perezoso hetkeäkään epäröimättä *Preguntaron si alguien quería decir unas palabras y ni corto ni perezoso se levantó para pronunciar un discurso de felicitación.* Kysyttiin, halusiko joku lausua muutaman sanan, ja hetkeäkään epäröimättä hän nousi ylös pitämään onnittelupuheen.

quedarse corto arvioida alakanttiin *Por lo menos tiene 40 años, y me quedo corto.* Hän on ainakin 40-vuotias, alakanttiin arvioiden.

• **cosa**

cosa de noin *Fuimos a su casa y allí nos quedamos cosa de una hora.* Menimme hänen luokseen ja viivyimme noin tunnin verran.

como quien no quiere la cosa muina miehinä *Se moría de sueño y como quien no quiere la cosa, se puso el abrigo y se fue de la fiesta sin que nadie lo notase.* Häntä nukutti kauheasti, ja aivan muina miehinä hän laittoi takin päälleen ja lähti juhlista kenenkään huomaamatta.

como si nada surutta *Los coches van a cien por el bicicarril como si nada.* Pyörätietä kaahataan surutta autolla.

como si tal cosa ikään kuin ei mitään *Durante la cena oficial se cayó de la silla con gran estrépito, pero él se levantó, se volvió a sentar y siguió comiendo como si tal cosa.* Virallisilla päivällisillä hän putosi tuolilta kovalla ryminällä, mutta nousi ylös, istui takaisin paikalleen ja jatkoi syömistä ikään kuin mitään ei olisi tapahtunut.

cuatro cosas vähän, pari *Como es un viaje de dos días, sólo me llevaré cuatro cosas.* Koska se on kahden päivän matka, otan vain pari juttua mukaan.

las cosas claras y el chocolate espeso asiat oikeilla nimillä *Puedes hablarme sin tapujos porque me gustan las cosas claras y el chocolate espeso.* Voit puhua minulle suoraan, koska minusta asioista pitää puhua niiden oikeilla nimillä.

las cosas como son jos ollaan rehellisiä *El nunca ha sido cortés; las cosas como son.* Hän ei ole ollut koskaan kohtelias, jos rehellisiä ollaan.

no ... otra cosa que vain *No ha hecho otra cosa que trabajar toda su vida.* Koko elämänsä hän on vain tehnyt työtä.

no es cosa del otro mundo ei mitenkään ihmeellinen *¿Qué tal te ha salido la paella? – No es cosa del otro mundo, pero no está mal.* Miten sinun paellasi onnistui? – Ei se ole mitenkään ihmeellinen, mutta ei se ole hassumpi.

otra cosa no, pero ... vaikka ei muuta...niin *Otra cosa no tendré, pero tiempo, todo el que quieras.* Vaikkei minulla olisi muuta, niin aikaa on riittämiin. *Otra cosa no, pero hermosa lo es con ganas.* Vaikkei hänessä muuta olisi, niin ainakin kauneutta piisaa.

poca cosa vähäinen *No vale la pena preocuparse por tan poca cosa.* Ei kannata olla huolissaan niin pienestä.

ser cosa [pos.] olla jkn heiniä *Llevar a pastar al ganado era cosa de ella.* Karjan vieminen laitumelle oli hänen heiniään. *Eso es cosa tuya.* Se on sinun heiniäsi.

ser otra cosa olla toista *La cena de ayer fue impresentable, pero esto ya es otra cosa.* Eilinen illallinen oli kelvoton, mutta tämä on jo toista.

una cosa es … y otra … olla eri asia *Una cosa es cantar y otra berrear como tú haces.* Laulaminen ja sinun hoilaamisesi ovat ihan eri asia.
A otra cosa, mariposa Se siitä ja sen kestävyydestä.
Así están las cosas. Näin on näkyleipä.
Las cosas no se arreglan con palabras elocuentes. Ei se puhuen parane.
ks. myös: cada cosa a su **tiempo**; Cada cosa a su **tiempo**, y los nabos en Adviento.

• **cosaco**
como un cosaco runsaasti *Tenía el hígado fastidiado porque bebía como un cosaco.* Hänellä oli maksassa vikaa, koska joi kuin pesusieni.
mentir como un cosaco valehdella silmät ja korvat täyteen *El tío Heikki intenta mentir como un cosaco.* Heikki setä yrittää valehdella silmät ja korvat täyteen.

• **coser**
coser y cantar lasten leikkiä *Nos ha tocado la china; en la fase eliminatoria tendremos que enfrentarnos al Milán. Cualquier otro equipo habría sido coser y cantar.* Meillä kävi huono tuuri: alkukarsinnoissa meidän pitää kohdata Milano. Mikä tahansa muu joukkue olisi ollut lasten leikkiä.

• **cosquillas**
buscar [le] las cosquillas härnätä *Lleva todo el año buscándome las cosquillas y al final me voy a enfadar.* Hän on härnännyt minua koko vuoden, ja lopulta minä suutun.

• **costa**
a costa de kustannuksella *El progreso económico de los países europeos se hace a costa de los países menos desarrollados.* Euroopan maiden taloudellinen kehitys tapahtuu vähemmän kehittyneiden maiden kustannuksella.
a toda costa hinnalla millä hyvänsä *Tengo que conseguir un ejemplar de su nuevo disco a toda costa.* Minun täytyy saada hänen uusi levynsä hinnalla millä hyvänsä.

• **costado**
de costado kyljellään *Se colocó de costado para que el sol le diese en la espalda.* Hän asettui kyljelleen, jotta saisi aurinkoa selkäpuolelle.
por los cuatro costados joka puolella *Durante el verano de 2006 Galicia ardió por los cuatro costados.* Kesällä 2006 tulipaloja oli joka puolella Galiciaa. *Es andaluz por los cuatro costados.* Hän on andalusialainen sormenpäitään myöten.

• **costar**
costar [inf.] olla vaikea *Me cuesta creerte.* Minun on vaikea uskoa sinua. *Ha ido esta mañana al dentista y le cuesta hablar ahora.* Hän kävi tänä aamuna hammaslääkärissä, ja nyt hänen on vaikea puhua.
cueste lo que cueste (*myös* costase lo que costase) maksoi mitä maksoi *Cueste lo que cueste, conseguiré aprender chino.* Maksoi mitä maksoi, mutta minä opin kiinaa.
Lo que poco cuesta poco dura. Helposti saatu on helposti menetetty.
ks. myös: costar más que / costar un **ojo** de la cara; costar [le] un **riñón**; costar [le] un huevo *alat*

• **costilla**
calentar [le] las costillas antaa selkään *Su padre le calentó las costillas a un tipo que intentó robarle el coche.* Hänen isänsä antoi selkään yhdelle tyypille, joka yritti varastaa hänen autonsa.

• **costo**

a todo costo hinnalla millä hyvänsä *Tienes que evitar a todo costo que los niños vayan a jugar en el bosque.* Sinun täytyy estää hinnalla millä hyvänsä lapsia menemästä leikkimään metsään.

• **costumbre**
como de costumbre kuten tavallista *Como de costumbre, llegó a la oficina dos horas antes que los demás.* Kuten tavallista, hän tuli töihin kaksi tuntia ennen muita. *Luis, como de costumbre, se había dejado la puerta abierta.* Luis on jättänyt tapansa mukaan oven auki.
La costumbre es una segunda naturaleza. Tottumus on toinen luonto.

• **cotarro**
mostrar quién manda/dirige el cotarro näyttää närhen munat *Vamos a mostrarles quién manda el cotarro.* Näytetään niille närhen munat.

• **coto**
poner coto tehdä loppu *El gobierno debe poner coto a los gastos no justificados de algunos ministerios.* Hallituksen pitää tehdä loppu joidenkin ministeriöiden perusteettomista menoista.

• **cotorra**
más que una cotorra (*myös* como una cotorra) kuin papukaija *Muchos defectos no tiene, pero habla más que una cotorra.* Hänessä ei ole paljonkaan vikoja, mutta hän puhuu kuin papukaija.

• **crack**
ser un crack en/para olla aika mato jsk *Kasteñiero es un crack haciendo el amor.* Kasteliero on aika mato rakastelemaan.

• **cráneo**

ir de cráneo olla paljon tekemistä *Hoy no te puedo ayudar porque tengo 20 visitas en casa y voy de cráneo.* Tänään en voi auttaa sinua, koska minulla on 20 vierasta kotona ja paljon tekemistä.

• **creces**
con creces moninkertaisena *La ayuda que le presté cuando estuvo enfermo me la está devolviendo ahora a mí con creces.* Hänen sairastamisensa aikana antamani avun hän maksaa nyt minulle takaisin moninkertaisena.

• **crédito**
de crédito yläluokkaiset, rikkaat, kerma *La gente de crédito del pueblo no veía con buenos ojos al nuevo cura socialista.* Kylän kerma ei katsonut hyvällä silmällä uutta sosialistista pappia.
no dar crédito a ei uskoa *No puedes dar crédito a todas las noticias que publica el periódico.* Et voi uskoa kaikkia lehdessä julkaistavia uutisia. *¡No doy crédito a mis ojos!* En usko silmiäni!
ser digno de crédito olla luottamuksen arvoinen *El presidente de la asociación no era digno de crédito.* Yhdistyksen puheenjohtaja ei ollut luottamuksen arvoinen.

• **creer**
creerse niellä *Su padre no se creyó las excusas que le daba y montó en cólera.* Hänen isänsä ei niellyt hänen selityksiään ja raivostui.
creérselo demasiado nousta kusi päähän *Trabajaba mucho, ganaba mucho y sinceramente me lo creía demasiado.* Tein paljon töitä, tienasin paljon ja suoraansanoen nousi kusi päähän.
eso no te lo crees ni tú ja vielä mitä *Me ha tocado la lotería. ¡Eso no te lo crees ni tú!* Voitin arpajaisissa. Ja vielä mitä!

hacer creer uskotella *Me hizo creer que no sabía nada del asunto.* Hän uskotteli minulle, ettei tiennyt asiasta mitään.

no creas (*myös* no te creas) ei sentään *Lo has hecho muy bien. – No creas, tiene muchos fallos.* Olet tehnyt sen erittäin hyvin. – Ei nyt sentään, siinähän on paljon virheitä.

no vaya usted a creer ei pidä kuvitella *No vaya usted a creer que porque soy italiano me gusta la pasta.* Älkää kuvitelko, että pidän pastasta, koska olen italialainen. *Te ayudo porque eres amiga de mi hermana, no vayas a creer.* Autan sinua, koska olet sisareni ystävä, älä kuvittelekaan muuta.

ya lo creo varmasti, takuulla *¿Hablarás con ella? – ¡Ya lo creo!* Puhutko hänen kanssaan? – Ihan varmasti. *Lo sabes ¿no? – ¡Ya lo creo que lo sé!* Sinähän tiedät sen, vai mitä? – Takuulla tiedän.

ks. myös: creer a **pie**/pies juntillas; ¡**ver** para creer!

• Creso

más rico que Creso rikas kuin Kroissos *Uno es paupérrimo y el otro más rico que Creso.* Toinen on rutiköyhä ja toinen rikas kuin Kroisos.

• cresta

dar [le] en la cresta näpäyttää *Hiciste bien en ordenarle que se callase; a algunos hay que darles en la cresta para que aprendan a comportarse.* Teit oikein käskiessäsi häntä olemaan hiljaa; joitakin täytyy näpäyttää, että oppivat käyttäytymään.

• criba

más que una criba (*myös* como una criba) kuin seula *Tu camisa tiene más agujeros que una criba.* Sinun paitasi on täynnä reikiä.

• cristal

más claro que el cristal selvä kuin pläkki *No hace falta que me des consejos, todo está más claro que el agua.* Ei sinun tarvitse neuvoa minua, kaikki on selvää kuin pläkki.

• cristiano

hablar en cristiano puhua ymmärrettävästi *¿Puedes hablar en cristiano? No he entendido nada de lo que has dicho.* Voitko sanoa sen selkokielellä? En ymmärtänyt mitään mitä sanoit.

ks. myös: o todos **moros** o todos cristianos

• Cristo

armar un Cristo nostaa meteli *No hace falta armar tanto Cristo por dos vasos rotos.* Ei tarvitse nostaa tuollaista meteliä kahdesta rikkoutuneesta lasista.

donde Cristo perdió el gorro hornan tuutissa *¿Dónde has aparcado el coche? – Lo he tenido que aparcar donde Cristo perdió el gorro porque aquí no había plaza.* Minne pysäköit auton? – Minun piti pysäköidä se tuonne hornan tuuttiin, koska täällä ei ole tilaa.

donde Cristo dio las tres voces huitsin nevadassa *Vive allá por donde Cristo dio las tres voces.* Hän asuu jossain huitsin nevadassa.

ks. myös: la **edad** de Cristo

• cromo

hecho un cromo pyntätty, tällätty *Tengo una colega que siempre viene al trabajo hecha un cromo.* Minulla on yksi työkaveri, joka tulee aina töihin pyntättynä.

• crudo

llevarlo/tenerlo crudo olla mahdoton *Lo llevas crudo si piensas que lo vas a poder hacer tú solo.* Näet unta, jos luulet voivasi tehdä sen yksin.

• cruz

cruz y raya se on loppu *Desde hoy, cruz y raya, no vuelvo a fumar un cigarrillo.* Tästä päivästä lähtien se on loppu. En polta enää yhtään tupakkaa. **en cruz** ristikkäin *Dejé los cubiertos en cruz sobre el plato.* Jätin ruokailuvälineet ristikkäin lautaselle. *Y ahora poneos con las piernas abiertas y los brazos en cruz.* Ja nyt käykää haara-asentoon kädet sivulle levitettyinä.

cargar con la cruz vetää lyhyemmän korren *El defensor del consumidor cargó con la cruz en la disputa.* Kuluttaja-asiamies veti lyhyemmän korren kiistassa.

llevar su cruz kantaa ristinsä *Cada cual debe llevar su cruz.* Jokaisen pitää kantaa ristinsä.

ks. myös: a **cara** o cruz

• **cuadro**

a cuadros ruudullinen *Llevaba un traje a cuadros.* Hänellä oli päällään ruudullinen puku.

estar en cuadro olla vähemmistönä *En la Academia de la Lengua las mujeres están en cuadro.* Kieliakatemiassa naiset ovat vähemmistönä.

hecho un cuadro huolimaton *Tendría que haberse vestido elegante, pero venía hecho un cuadro.* Hänen olisi pitänyt pukeutua tyylikkäästi, mutta hän tuli huolimattomassa asussa.

quedarse en cuadro supistua määrällisesti, jäädä yksin *Los defensores de la idea de una España unida se están quedando en cuadro.* Ajatusta yhtenäisestä Espanjasta kannattavien määrä on supistumassa. *Su familia sufrió un accidente de coche el año pasado y se quedó en cuadro.* Hänen perheensä kuoli autoonnettomuudessa viime vuonna, ja hän jäi yksin.

ks. myös: más raro que un **canario** a cuadros

• **cuajo**

de cuajo juurineen *Arrancó de cuajo todas las plantas que tenía en el jardín.* Hän repi juurineen irti kaikki puutarhansa kasvit.

• **1 cual**

cual si ihan kuin *Se movía a pasos pequeñitos cual si fuera un viejecito.* Hän kulki lyhyin askelin ihan kuin vanhus.

• **2 cual**

cada cual jokainen, kukin *Cada cual hará lo que pueda.* Kukin tekee kykyjensä mukaan. *Cada cual va por su camino; no es necesario que vayamos todos juntos.* Jokainen menee omia teitään, ei meidän kaikkien tarvitse mennä yhdessä.

a cual más toinen toistaan *Todos los floreros eran delicados y a cual más hermoso.* Kaikki maljakot olivat hauraita ja toinen toistaan kauniimpia.

• **cuál**

cuál no sería [pos.] mikä/miten… *Después de buscarlo preocupadas por todas partes, cuál no sería su sorpresa al ver al niño en la cama.* Etsittyään huolestuneina joka paikasta, mikä yllätys heille olikaan, kun lapsi löytyi sängystään. *Y cuál no sería mi terror al ver que sacaba un cuchillo.* Miten kauhistuinkaan, kun näin hänen ottavan veitsen esiin.

• **cualquiera**

no ser cualquier cosa ei olla pikkujuttu *Lo de ser encargado de sección no es cualquier cosa.* Osastopäällikön työ ei ole mikään pikkujuttu.

ks. myös: en **cualquier** caso

• **cuando**

cuando más korkeintaan *Pensaba que la visita sería de un par de días, o una semana cuando más.* Ajattelin vierailun kestävän pari päivää tai korkeintaan viikon.

cuando menos vähintään *Pensaba que te quedarías conmigo un par de horas, cuando menos.* Ajattelin sinun viettävän kanssani pari tuntia vähintään.

de cuando en cuando silloin tällöin *Sólo iba a visitarles de cuando en cuando.* Hän kävi heidän luonaan vain silloin tällöin.

[subj.] **cuando** [subj.] milloin tahansa *Me dijo que viniese cuando viniese, me estaría esperando.* Hän sanoi, että tulinpa milloin tahansa, hän odottaisi minua.

• **cuanto**

cuanto antes mitä pikimmin, pikimmiten *¿A qué hora quieres que llegue? – Ven cuanto antes.* Milloin haluat minun tulevan? – Tule pikimmiten.

cuanto más ... menos/más ... mitä enemmän...sitä vähemmän/ enemmän *Cuanto más lo pienso, menos lo entiendo.* Mitä enemmän sitä ajattelen, sitä vähemmän ymmärrän. *Cuantos más ejercicios hagáis, más aprenderéis.* Mitä enemmän harjoituksia teette, sitä enemmän opitte.

cuanto [V] niin paljon kuin mahdollista *Me ayudó cuanto pudo.* Hän auttoi minua niin paljon kuin mahdollista. *Se esforzaba cuanto podía, pero no conseguía aprender.* Hän yritti niin paljon kuin mahdollista mutta ei pystynyt oppimaan.

en cuanto heti kun *Volveré en cuanto termine con este trabajo que tengo entre manos.* Palaan heti kun saan tehtyä tämän työn loppuun. *En cuanto cena, se acuesta.* Heti illallisen jälkeen hän menee nukkumaan.

en cuanto a mitä tulee *En cuanto a lo de irte de vacaciones, ya hablaremos mañana.* Mitä tulee lomalle lähtöön, puhutaan siitä huomenna.

en cuanto [que] koska, -na, -nä *Ella, en cuanto que es jefa, tiene que responsabilizarse de toda la oficina. En cambio tú, en cuanto subordinado, debes obedecerla.* Pomona

hänen täytyy vastata koko toimistosta. Sinun puolestasi alaisena täytyy totella häntä.

todo cuanto kaikki mikä *Juan tiene todo cuanto necesita.* Juanilla on kaikki mitä hän tarvitsee.

unos cuantos muutama, jokunen *Estuve allí como turista unos cuantos días porque era un lugar agradable.* Olin siellä turistina muutaman päivän, koska se oli mukava paikka.

[subj.] **cuanto** [subj.] kuinka paljon tahansa *Francisca es increíble, beba cuanto beba, nunca se emborracha.* Francisca on uskomaton. Joipa hän kuinka paljon tahansa, hän ei tule humalaan.

• **cuánto**

¿a cuántos estamos? monesko päivä on? *¿A cuántos estamos hoy? – Estamos a veinte de abril.* Monesko päivä tänään on? – 20. huhtikuuta.

• **cuarenta**

cantar [le] **las cuarenta** antaa kuulla kunniansa *Ya estoy harto de que Juan no colabore; le voy a tener que cantar las cuarenta.* Olen jo kyllästynyt siihen, ettei Juan osallistu. Annan hänen kuulla kunniansa.

• **cuarentena**

poner en cuarentena panna odottamaan jäihin *El proyecto que has presentado no ha sido olvidado, sólo ha sido puesto en cuarentena.* Esittämääsi hanketta ei ole unohdettu, se on vain pantu jäihin.

• **cuartel**

dar cuartel antaa armoa, antaa periksi *No puedes dar cuartel a los estudiantes que no trabajan.* Et voi antaa armoa opiskelijoille, jotka eivät tee työtä.

sin cuartel armoton *El periódico local le ha declarado una guerra sin cuartel al alcalde.*

Paikallislehti käy armotonta sotaa kaupunginjohtajaa vastaan.

• cuarto

dar tres cuartos al pregonero toitottaa julki *Si el secreto se lo has contado a él, ya le has dado tres cuartos al pregonero.* Jos olet kertonut hänelle salaisuuden, se kyllä toitotetaan julki.
dos/cuatro cuartos vähän *Ahora los aparatos DVD valen cuatro cuartos.* Nyt DVD-laitteet maksavat vähän.
qué [subst.] **ni qué ocho cuartos** ark mikä hiivatti *¿Qué te parece una ensalada para cenar? – ¡Qué ensalada ni qué ocho cuartos! Lo que yo quiero es carne.* Miten olisi salaatti illalliseksi? – Mikä hiivatin salaatti! Minä haluan syödä lihaa.
tres cuartos de lo mismo sama juttu *Cuando vivían en España, siempre se estaba quejando, y ahora que viven en Noruega, tres cuartos de lo mismo.* Kun he asuivat Espanjassa, he valittivat aina, ja nyt kun asuvat Norjassa, sama juttu.
un cuarto ei senttiäkään *No puedo prestarte nada de dinero porque no tengo un cuarto.* En voi lainata sinulle yhtään rahaa, koska minulla ei ole senttiäkään.
ks. myös: de **tres** al cuarto

• cuba

estar como una cuba olla umpikännissä *El camarero no quería servirle más coñac porque ya estaba como una cuba.* Tarjoilija ei enää suostunut tuomaan hänelle konjakkia, koska hän oli jo umpikännissä.

• cubierto

a cubierto suojaan *Empezó a llover y nos pusimos a cubierto en una parada de autobús.* Alkoi sataa ja menimme suojaan bussikatokseen.
a cubierto de suojassa *Aquí podemos hablar tranquilos y estaremos a cubierto de las miradas de la gente.* Täällä voimme puhua rauhassa ja olemme suojassa ihmisten katseilta.

• cuchara

de cuchara liemiruoka *No me gustan las comidas de cuchara.* Minä en pidä liemiruoista.
meter la cuchara pistää lusikkansa soppaan *Tú siempre tienes que meter la cuchara en todo. Este asunto no te concierne a ti, así que cállate.* Sinun pitää aina pistää lusikkasi joka soppaan. Tämä asia ei koske sinua, joten ole hiljaa.
entregar la cuchara heittää lusikka nurkkaan *A la empresa le falta poco para entregar la cuchara.* Nyt yhtiö on lähellä heittää lusikan nurkkaan.

• cuchillo

como un cuchillo terävä *Tiene una lengua afilada como un cuchillo.* Hän on teräväkielinen.
ks. myös: en casa del **herrero**, cuchillo de palo

• cuclillas

en cuclillas kyykyssä *Sentada en cuclillas, acariciaba al perro.* Hän silitti koiraa kyykkysillään.

• cuello

hablar para el cuello de la camisa mumista *No me gustan los conferenciantes que hablan para el cuello de la camisa porque no se les oye.* En pidä luennoitsijoista, jotka mumisevat, koska heidän puhettaan ei kuule.
hasta el cuello korviaan myöten *Estoy hasta el cuello de trabajo; no puedo más.* Hukun töihin, en jaksa enempää.
jugarse el cuello panna päänsä pantiksi *Me juego el cuello a que no es capaz de dejar el tabaco.* Panen pääni pantiksi, että hän ei pysty pääsemään irti tupakasta.

ks. myös: a **voz** en cuello/grito; con el **agua** al cuello; con la **soga** al cuello

• **cuenta**
a/en fin de cuentas loppujen lopuksi *Para ti era importante, ya lo sé, pero, a fin de cuentas ¿te servía de algo?* Se oli sinulle tärkeää, tiedän sen, mutta oliko siitä sinulle hyötyä loppujen lopuksi?
ajustar [le] **las cuentas** tehdä tilit selviksi *Tenía miedo de que los amigos del usurero viniesen a ajustarle las cuentas.* Hän pelkäsi, että koronkiskurin kaverit tulisivat tekemään tilit selviksi.
caer en la cuenta tajuta *Ahora caigo en la cuenta de lo que me queríais decir.* Nyt tajuan, mitä te halusitte sanoa.
correr de la cuenta de mennä tiliin/piikkiin *No te preocupes por los gastos; todo corre de mi cuenta.* Älä huolehdi kuluista, kaikki menee minun tiliini.
dar [le] **cuenta** (*myös* rendir cuentas) tehdä tiliä, selkoa *No tengo por qué darte cuenta de lo que hago o no hago.* Minun ei tarvitse tehdä sinulle tiliä tekemisistäni tai tekemättä jättämisistäni.
dar buena cuenta tehdä selvää *Decía que no tenía hambre, pero buena cuenta dio de todo el pollo asado él solo.* Hän sanoi, ettei hänellä ollut nälkä, mutta teki yksinään selvää koko paistetusta broilerista.
darse cuenta huomata *Me doy cuenta de lo que quieres decir.* Huomaan, mitä tarkoitat. *¿Te das cuenta de lo que significaría que nos tocase la lotería?* Käsitätkö, mitä merkitsisi, jos voittaisimme arpajaisissa?
dejar de [pos.] **cuenta** jättää jkn huoleksi *Déjalo de mi cuenta; vete tú a dormir.* Jätä se minun huolekseni ja mene sinä nukkumaan.
echar cuentas tehdä laskelmia *Llevo toda la mañana echando cuentas y no tenemos dinero para irnos de vacaciones.* Olen tehnyt koko aamun laskelmia, ja meillä ei ole rahaa lähteä lomalle.
en resumidas cuentas sanalla sanoen, lyhyesti *Me contó muchas historias y me dio muchas explicaciones, pero, en resumidas cuentas, quería que le prestase dinero.* Hän kertoi minulle erinäisiä juttuja ja antoi monia selityksiä, mutta sanalla sanoen, hän halusi lainata minulta rahaa.
fuera de cuenta/cuentas yliaikainen *No puedes irte de viaje porque estás fuera de cuentas y el niño puede nacer en cualquier momento.* Et voi lähteä matkalle, koska raskautesi on yliaikainen ja lapsi voi syntyä hetkellä millä hyvänsä.
habida cuenta de ottaen huomioon *Habida cuenta de que vamos a tener que estar aquí varias horas, vamos a ponernos cómodos.* Ottaen huomioon, että joudumme olemaan täällä monta tuntia, tehdään olomme mukavaksi.
la cuenta atrás lähtölaskenta *Parece ser que la cuenta atrás ha comenzado.* Näyttää siltä, että lähtölaskenta on alkanut.
la cuenta de la vieja sormilla laskettuna *Si haces la cuenta de la vieja te saldrá el mismo resultado que si usas una calculadora.* Jos lasket sormilla, saat saman tuloksen kuin jos käyttäisit laskinta.
las cuentas del Gran Capitán tolkuton laskelma *Me ha presentado un presupuesto que parece las cuentas del Gran Capitán.* Hän esitti minulle budjetin, joka näyttää tolkuttomalta.
llevar la cuenta pitää kirjaa *El amor no lleva la cuenta de las injusticias.* Rakkaus ei pidä kirjaa vääryyksistä.
más de la cuenta liikaa *No debes beber más de la cuenta.* Sinun ei pidä juoda liikaa.
pedir la cuenta vetää puupalttoo *Parientes y familiares pueden haber pedido ya la cuenta.* Omaiset tai sukulaiset saattavat jo vetää puupalttoo.

pedir cuentas vaatia tilille *Aquí tienes mil euros, pero ¡cuidado! luego te pediré cuentas.* Tässä on tuhat euroa, mutta varo vain, koska vaadin sinut myöhemmin tilille.

por cuenta ajena vieraan palveluksessa *Los trabajadores por cuenta ajena no pueden defraudar a hacienda porque sus ingresos se los calcula la empresa.* Vieraan palveluksessa olevat työntekijät eivät voi huiputtaa verottajaa, koska yritys laskee heidän tulonsa.

pedir la cuenta vetää puupalttoo

por la cuenta que [le] **trae** oman etunsa vuoksi *Será mejor que le digas la verdad por la cuenta que te trae, si no, puede pensar cualquier cosa de ti.* Sinun kannattaa kertoa hänelle totuus oman etusi vuoksi, sillä muuten hän voi ajatella sinusta mitä tahansa.

por su cuenta itsekseen, yksin *No es necesario que nos reunamos para hacer los ejercicios; cada cual los hace por su cuenta y luego ya los veremos en clase.* Meidän ei tarvitse kokoontua yhteen tekemään harjoituksia; jokainen tekee ne itsekseen ja sitten tarkastamme ne tunnilla.

por su cuenta y riesgo omalla vastuulla *Los que quieran escalar la montaña, lo harán por su cuenta y riesgo.* Jotka haluavat kiivetä vuorelle, tekevät sen omalla vastuullaan.

según las cuentas de la abuela Elon laskuopin mukaan *Según la cuenta de la abuela valió la pena comprar la empresa.* Elon laskuopin mukaan yhtiö kannatti ostaa.

tener cuentas pendientes olla kana kynimättä *Tenía cuentas pendientes con el vecino.* Hänella oli kana kynimättä naapurin kanssa.

tener en cuenta ottaa huomioon *Cuando distribuyas las tareas de la casa, ten en cuenta que Luisito sólo tiene 5 años.* Kun jaat kotitöitä, ota huomioon, että Luisito on vasta viisivuotias.

ks. myös: **borrón** y cuenta nueva

• **cuentagotas**
con cuentagotas tipoittain *El dinero se lo daba con cuentagotas para así controlarle todos los gastos.* Rahaa annettiin hänelle vähän kerrallaan ja näin voitiin tarkkailla hänen menojaan.

• **1 cuento**
¿a cuento de qué? minkä tähden *La tierra es de ella. ¿A cuento de qué voy a pagar yo los impuestos?* Maapalsta on hänen. Minkä tähden minun pitää maksaa verot?

cuentos chinos puppu *Lo seguro es que ahora somos menos en la oficina para el mismo trabajo; lo demás son cuentos chinos.* Tosiasia on, että meitä on nyt töissä vähemmän tekemässä samat työt, muu on puppua.

el cuento de nunca acabar loputon tarina *Hace dos meses que reparamos los focos delanteros, esta semana hemos cambiado la tapicería, la próxima, las ruedas; esto es el cuento de nunca acabar.* Kaksi kuukautta sitten korjasimme etuvalot, tällä viikolla uusimme verhoilun ja ensi viikolla vaihdamme renkaat. Tämä on loputon tarina.

ir [le] **con el cuento** kieliä *No puedes contarle nada a Antonio porque enseguida le va con el cuento al jefe.* Antoniolle ei voikertoa mitään, koska hän menee heti kielimään pomolle.

venir a cuento kuulua asiaan *Ya sé que no viene a cuento ahora, pero ¿alguno sabe cuánto nos pagarán por este trabajo?* Tiedän kyllä, että tämä ei kuulu nyt asiaan, mutta, tietääkö joku, paljonko meille maksetaan tästä työstä?

tener más cuento que Calleja olla varsinainen satuilija *No le creas todo lo que dice porque tiene más cuento que Calleja.* Älä usko kaikkea, mitä hän sanoo, koska hän on varsinainen satuilija.

venir [le] **con cuentos** kertoa satuja, puhua puppua *Si quieres que te ayude, tienes que* contarme la verdad, no me vengas con cuentos porque no sirven. Jos haluat minun auttavan sinua, sinun täytyy kertoa minulle totuus; älä puhu puppua, koska se ei kannata.

vivir del cuento elää tekemättä työtä *Sé de algunos que podrían vivir del cuento porque han tenido buenas herencias, pero no, siguen trabajando.* Tiedän joitakin, jotka voisivat elää tekemättä työtä, koska ovat saaneet hyvän perinnön, mutta he vain jatkavat työntekoa.

A otro cuento, que ya me sé ese. Ei vanha kettu myrkkyä syö.

• **2 cuento**

sin cuento lukematon *Trigales sin cuento doran el paisaje de Castilla.* Lukemattomat vehnäpellot kultaavat Kastilian maiseman.

• **cuerda**

acabárse [le] **la cuerda** loppua veto *Ha estado una semana de fiestas y ahora quiere dormir porque se le ha acabado la cuerda.* Hän on juhlinut viikon ja haluaa nyt nukkua, koska hänestä on loppunut veto.

contra las cuerdas selkä seinää vasten *Muchos pensaron que la caída de la Unión Soviética pondría a Castro contra las cuerdas.* Moni ajatteli, että Neuvostoliiton hajoamisen myötä Castro joutuisi selkä seinää vasten.

dar cuerda vetää kello *Mi reloj es antiguo y tengo que darle cuerda cada día.* Kelloni on vanha, ja minun pitää vetää se joka päivä.

dar [le] **cuerda** myönnellä *A mí no me interesan los motores, pero como a mi suegro sí, no me queda más remedio que darle cuerda para que esté contento.* Minä en ole kiinnostunut moottoreista, mutta koska appiukkoni on, minun ei auta kuin myönnellä, jotta hän olisi tyytyväinen.

estar en la cuerda floja olla huteralla pohjalla *La sección donde trabaja no tiene buenos resultados y todos los trabajadores están en la cuerda floja.* Osasto, jolla työskentelen, ei tee hyvää tulosta, ja kaikki työntekijät ovat huteralla pohjalla.

tener cuerda para rato olla pitkään mukana *La prensa dice que Raúl debería dejar el fútbol; él piensa que tiene cuerda para rato.* Lehdet kirjoittavat, että Raúl jättäisi jalkapallon, mutta hän aikoo jatkaa vielä pitkään.

• **cuerno**

¡al cuerno con! hiiteen *No te preocupes si no te sale. ¡Al cuerno con la mayonesa! Sirves los espárragos solos y todos tan contentos.* Älä välitä, jos et onnistu. Hiiteen koko majoneesi, tarjoilet parsan sellaisenaan ja sillä siisti.

mandar al cuerno käskeä painua hiiteen *La mandé al cuerno porque estaba harta de escuchar sus quejas constantemente.* Käskin hänen painua hiiteen, koska olin kyllästynyt kuuntelemaan hänen jatkuvaa valitustaan.

no valer un cuerno ei olla penninkään arvoinen *La opinión de un cobarde no vale un cuerno.* Pelkurin mielipide ei ole penninkään arvoinen.

poner [le] **los cuernos** *ark* pettää, olla uskoton *Su mujer le ponía los cuernos con el vecino del quinto.* Hänen vaimonsa petti häntä viidennen kerroksen naapurin kanssa.

oler [le] **a cuerno quemado** haistaa palaneen käryä *La beca de viaje se la han dado al hijo del jefe. Esto me huele a cuerno quemado.* Matka-apuraha annettiin pomon pojalle. Minä haistan siinä palaneen käryä.

romperse los cuernos huhkia hiki hatussa *Mika se está rompiendo los cuernos para conseguir 20 000 apoyos.* Mika huhkii hiki hatussa saadakseen 20 000 kannattajaa.

¡vete al cuerno! painu hiiteen! *¡Vete al cuerno! ¿No ves que estoy trabajando y no quiero que me molestes?* Painu hiiteen! Etkö näe, että teen töitä enkä halua, että häiritset minua.

¡y un cuerno! ja mitä vielä *¿Me puedo poner tu falda nueva María? – Sí, ¡y un cuerno!* Voinko laittaa sinun uuden hameesi, Maria? – Joo, ja mitä vielä.

Me importa un cuerno. En välitä siitä pennin vertaa.

ks. myös: coger el **toro** por los cuernos

● **cuero**

en cueros alasti, ilkosillaan, nakuna *No había nadie en la playa y nos bañamos en cueros.* Rannalla ei ollut ketään, joten uimme nakuina.

● **cuerpo**

a cuerpo de rey ruhtinaallisesti *Sea que tiene suerte, sea que gana mucho, el caso es que vive a cuerpo de rey.* Joko hänellä on onnea tai hän ansaitsee paljon, mutta hän elää ruhtinaan tavoin.

cuerpo a cuerpo mies miestä vastaan *Los habitantes de Zaragoza pelearon cuerpo a cuerpo contra los invasores franceses.* Zaragozan asukkaat taistelivat mies miestä vastaan ranskalaisten hyökätessä.

cuerpo a tierra maahan, makuulle *En cuanto oímos los primeros tiros, nos pusimos cuerpo a tierra.* Heti kuultuamme ensimmäiset laukaukset, heittäydyimme maahan.

de cuerpo entero 1 kokonaan *Le ha hecho un retrato de cuerpo entero.* Tein hänestä kokovartalokuvan. **2** täydellinen *Es una actriz de cuerpo entero; pocas hay tan perfectas como ella.* Hän on täydellinen näyttelijä, hänen kaltaisiaan on harvassa.

de cuerpo presente kuolleena *En la foto estaba Luis, de cuerpo presente en el féretro, y a los familiares que lo velaban.* Valokuvassa oli Luis, kuolleena arkussa, valvovat sukulaiset ympärillään.

en cuerpo y alma ruumiineen sieluineen, kokonaan *Desde que le nombraron párroco se ha dedicado en cuerpo y alma a cuidar de sus feligreses.* Kun hänet nimitettiin kirkkoherraksi, hän on omistautunut ruumiineen sieluineen, seurakuntalaisilleen.

hacer de/del cuerpo *ark* vääntää tortut *Escóndete detrás de aquellas matas si quieres hacer del cuerpo.* Mene noiden pensaiden taakse, jos haluat vääntää tortut.

pedir el cuerpo haluttaa, tehdä mieli *Hoy el cuerpo me pide fiesta y fiesta le daré.* Tänään minun tekee mieli juhlia, ja minähän juhlin.

tomar cuerpo muotoutua *El plan europeo de control de la inmigración está empezando a tomar cuerpo.* Euroopan suunnitelma maahanmuuton valvomiseksi alkaa muotoutua.

Cuerpo sano en mente sana. Terve sielu terveessä ruumiissa.

ks. myös: volver el **alma** al cuerpo

● **cuervo**

Cría cuervos y te sacarán los ojos. Kiittämättömyys on maailman palkka.

● **cuesta**

a cuestas selässä *Un hombre llevaba saco de patatas a cuestas.* Mies kantoi perunasäkkiä selässä. *Papá, ¿me puedes llevar a cuestas?* Isi, voitko kantaa minua selässä?

en cuesta mäkinen *En Toledo, todas las calles están en cuesta.* Toledossa kaikki kadut ovat mäkisiä.

hacérse [le] cuesta arriba olla hankalaa *A nuestro director nada se le hace cuesta arriba.* Meidän johtajallemme mikään ei ole hankalaa.

● **cuestión**

en cuestión kyseinen *El maestro de esgrima es una obra interesante, pero el autor del libro en cuestión no es uno de mis favoritos.* Miekkamestari on mielenkiintoinen teos, mutta kyseisen kirjan kirjoittaja ei kuulu suosikkeihini.

en cuestión de kuluttua *Espere todavía un poco; en cuestión de unos minutos estará de vuelta.* Odota vielä vähän; hän palaa muutaman minuutin kuluttua.

poner en cuestión kyseenalaistaa *onfiamos tanto en la ciencia que nunca ponemos en cuestión lo que dicen los científicos.* Luotamme niin paljon tieteeseen, ettemme koskaan kyseenalaista sitä, mitä tiedemiehet sanovat.

ser sólo una cuestión de tiempo olla vain ajan kysymys *La caída del gobierno es sólo una cuestión de tiempo.* Hallituksen kaatuminen on vain ajan kysymys.

• **cuidado**

con sumo cuidado kieli keskellä suuta *Pinta con mucho cuidado.* Maalaa kieli keskellä suuta.

de cuidado vaarallinen *Parece ser que es un tipo de cuidado.* Hän on kuulemma vaarallinen tyyppi.

no tener cuidado olla huolehtimatta *Llegará a tiempo, no tengas cuidado.* Hän tulee ajoissa, älä huolehdi.

tener/traer [le] **sin cuidado** ei piitata, välittää *Tus amenazas me tienen sin cuidado.* En piittaa sinun uhkauksistasi.

• **culo**

con el culo al aire *alat* jäädä kiinni *Yo guardo todas las facturas y recibos, no sea que Hacienda haga una inspección y me coja con el culo al aire.* Säilytän kaikki laskut ja kuitit siltä varalta, jotta veroviranomaiset mahdollisen tarkastuksen tehdessään eivät voi saada minua mistään kiinni.

dar [le] **por el culo** *alat* haistaa vittu *¡Que te den por el culo, tío, no quiero volver a verte!* Haista kuule kaveri vittu, en halua enää nähdä sinua.

dar [le]/ recibir **una patada en el culo** *alat* antaa jklle/ saada kalossinkuvan takapuoleen

¿Te dieron una patada en el culo? Saitko kalossinkuvan takapuoleen?

estar hasta el culo *alat* vituttaa *Yo estoy hasta el culo de que siempre llegue con retraso.* Mua vituttaa, että hän on aina myöhässä.

ir de culo *alat* **1** tuli perseen alla *Hoy voy de culo porque todos están de vacaciones.* Mun pitää lentää tänään tuli perseen alla, koska kaikki on lomilla. **2** mennä päin peetä *La economía siempre ha ido de culo.* Talous on aina mennyt päin peetä.

irse a tomar por el culo *alat* **1** mennä vittuun *¡Vete a tomar por el culo, imbécil! El coche tendrías que habérmelo devuelto hace una hora.* Mene vittuun siitä, nuija. Sun ois pitänyt palauttaa mun auto tunti sitten. **2** mennä perseelleen *Después de aquella filtración todo se fue a tomar por el culo.* Sen tietovuodon jälkeen kaikki meni perseelleen.

lamer [le] **el culo** *alat* nuolla persettä *Por mucho que le lamas el culo al jefe no te va a aumentar el salario.* Vaikka kuinka nuolet pomon persettä, se ei nosta sun palkkaasi.

oír por el culo *alat* ei kuunnella *Yo te dije que vinieses a las 6, no a las 2. ¡Tú oyes por el culo!* Mä käskin sinun tulla klo 6, ei klo 2. Missäs sun korvas on!

ser culo de mal asiento *alat* rauhaton sielu *No creo que se quede mucho en ese trabajo porque es culo de mal asiento.* En usko, että se pysyy kauaa siinä työpaikassa, koska se on sellanen rauhaton sielu.

• **culpa**

echar [le] **la culpa** syyttää *El que lo hizo fue Luis, pero la culpa se la echaron a Pedro.* Luis teki sen, mutta Pedroa syytettiin siitä.

por culpa de vuoksi, takia *Llegó tarde por culpa de los atascos que hay en la autopista.* Hän myöhästyi moottoritiellä olleiden ruuhkien takia.

• **cumplido**

de cumplido muodollinen, virallinen
Ayer fuimos a cenar a casa del presidente, pero fue una visita de cumplido, no es que seamos amigos. Eilen olimme illallisella johtajan kotona, mutta se oli muodollinen vierailu, emmehän ole ystäviä.

● **cumplir**
cumplir con [pos.] **palabra** pitää sanansa *Si te ha dicho que vendrá, vendrá; él siempre cumple con su palabra.* Jos hän sanoi sinulle tulevansa, hän tulee, koska pitää aina sanansa.
por cumplir muodon vuoksi *La fiesta a mí no me interesa; si voy, es por cumplir.* Juhlat eivät kiinnosta minua, jos menen niihin, teen sen muodon vuoksi.

● **cuna**
Haber nacido en cuna de oro. Syntynyt kultalusikka suussa.
Lo que se aprende en la cuna siempre dura. Minkä nuorena oppii se vanhana taitaa.

● **cuneta**
dejar en la cuneta unohtaa, jättää syrjään *La globalización ha servido para dejar en la cuneta valores sociales tales como la solidaridad.* Globalisaation vuoksi on unohdettu yhteiskunnallisia arvoja kuten solidaarisuus.
quedarse en la cuneta jäädä jälkeen *Las empresas finlandesas corren el riesgo de quedarse en la cuneta.* Suomalaisyritykset vaarassa jäädä jälkeen.

● **1 cura**
no tener cura olla parantumaton *Ella no tiene cura, siempre será una manirrota.* Hän on parantumaton, hän on ikuinen törsääjä.

● **2 cura**

más sobrio que un cura en domingo raivoraitis *No quiero decir que el presidente del gobierno tenga que ser más sobrio que un cura en domingo.* En tarkoita sitä, että pääministerin pitää olla raivoraitis.

● **curso**
dar curso viedä eteenpäin *Todos los funcionarios tienen la obligación de dar curso a cualquier documento relacionado con la Administración.* Kaikkien virkamiesten velvollisuus on toimittaa eteenpäin kaikki hallinnolliset asiakirjat.
repetir curso jäädä luokalle *De 300 estudiantes uno repitió curso.* Yksi 300 oppilaasta jäi luokalle.

DDDDD

● **danza**
andar/estar en danza touhuta *A las siete, ya fuese invierno o verano, ya andaba en danza.* Olipa talvi tai kesä, niin seitsemältä hän oli jo touhuamassa.

● **dar**
dado que kun kerran, koska *Dado que ya estamos todos, empecemos a cenar.* Kun kerran olemme jo kaikki paikalla, ryhdytään syömään.
dado lo cual näin ollen *Dado lo cual, se trata de una sospecha de que ha habido discriminación.* Näin ollen kyse on epäilystä, että syrjintää on tapahtunut.
[y] dale con jankutus *Y dale con eso, ¿es que no puedes cambiar de tema?* Ja taas sama jankutus. Etkö tosiaankaan voi puhua mistään muusta? *Lleva toda la mañana dale con el chocolate: que si es muy bueno, que si anima*

al cuerpo; una pesada. Hän ei ole koko aamuna tehnyt muuta kuin puhunut suklaasta: kuinka se on niin hyvää, kuinka se virkistää. Että osaa olla rasittava.

[y] dale con que jankutus *¡Dale con que ella es pobre! También lo somos nosotros ¿no?* Taas sama laulu hänen köyhyydestään! Mekin olemme köyhiä, vai mitä? *¡Y dale con que no puedes! Es que no lo intentas.* Taas tuo jankutus, ettet pysty. Ethän sinä edes yritä. *Te he repetido mil veces que no me gusta el folk y tú dale con que vayamos al concierto.* Olen sanonut sinulle tuhat kertaa, etten pidä folk-musiikista, joten lakkaa jankuttamasta konserttiin menosta.

dale que [te] dale (*myös* dale que te pego) jatkuvasti, koko ajan *Se pasa el día dale que dale a la bolsa de galletas.* Hän viettää päivän käyden koko ajan keksipaketilla. *Llevo una hora dale que te dale con este problema y no veo la solución.* Olen pyöritellyt tätä ongelmaa jo tunnin ajan enkä keksi ratkaisua. *Los demás ya estábamos fatigados y ella, dale que te pego. Me muut olimme jo* väsyneitä, mutta hän vaan jatkoi ja jatkoi.

dar a olla jhk päin *El balcón da al mar.* Parveke on merelle päin.

dar a [inf.] antaa tehdä jtk *El padre de Antonio me dio a elegir entre casarme con su hijo o irme de la ciudad.* Antonion isä pani minut valitsemaan. Joko menen hänen poikansa kanssa naimisiin tai häivyn kaupungista. *Con un gesto me dio a entender que ya quería irse.* Yhdellä ilmeellä hän antoi minun ymmärtää haluavansa lähteä *El Gobierno ha dado a conocer los resultados electorales.* Hallitus on julkistanut vaalien tulokset.

dar con 1 osua, lyödä *Me dio con el codo en el pecho, pero fue sin querer.* Hän tönäisi minua vahingossa kyynärpäällä rintaan. *2* löytää, keksiä *Se habrán ido de la ciudad porque no hemos podido dar con ellos.* He ovat varmaankin lähteneet kaupungista, koska

emme ole saaneet heihin yhteyttä. *Por mucho que lo intento, no doy con la solución al problema.* Vaikka kuinka yritän, en löydä ratkaisua ongelmaan.

dar de comer antaa ruokaa, syöttää *El padre le da de comer a la niña.* Isä syöttää tyttöä.

dar de sí venyä *Con el uso, los zapatos dan de sí, pero no mucho.* Käytössä kengät venyvät, mutta eivät paljoa. *Las conversaciones con Federico no dan mucho de sí: o toros o fútbol.* Keskustelut Federicon kanssa ovat yksitoikkoisia: puhutaan joko härkätaistelusta tai jalkapallosta. *Es una excelente madre pero no puede dar más de sí.* Hän on erinomainen äiti, mutta ei voi venyä enempää.

darle painaa *Dale al botón de la derecha y funcionará la máquina.* Paina oikeanpuoleista nappia ja kone toimii.

dar por pitää jnak, luulla *Gracias por devolverme el libro; ya lo daba por perdido.* Kiitos, kun palautit kirjan, luulin jo kadottaneeni sen. *Como no tenían noticias suyas, lo dieron por muerto.* Koska he eivät olleet kuulleet uutisia hänestä, he luulivat hänen kuolleen. *El profesor ha dado por buenas mis redacciones escritas a mano porque se me ha roto el ordenador.* Opettaja hyväksyi käsin kirjoitetut kirjoitelmani, koska tietokoneeni meni rikki.

dar para vivir lyödä leiville *La creatividad no da para comer.* Luovuus ei lyö leiville.

dar [le] por [inf.] ottaa tavaksi *No entiendo por qué, pero últimamente me ha dado por ir de paseo por el bosque.* En ymmärrä miksi, mutta viime aikoina olen ottanut tavaksi lähteä kävelylle metsään. *A mis vecinos les ha dado por coleccionar sellos ahora, antes iban al cine a diario.* Naapurini ovat nyt intoutuneet keräämään postimerkkejä, ennen he kävivät elokuvissa päivittäin.

dar que antaa aihetta *Tus palabras de ayer me dieron mucho que pensar.* Eiliset sanasi antoivat minulle ajattelemisen aihetta. *Es* *mejor no darle que decir a la gente.* On parempi, kun ei anna ihmiselle puhumisen aihetta.

darse a ryhtyä *Su prima se ha dado al vino.* Hänen serkkunsa on sortunut viininjuontiin. *Mis primos, cuando se dan a hablar, no paran.* Kun serkkuni pääsevät puhumisen alkuun, siitä ei tahdo tulla loppua.

darse a conocer tehdä itsensä tunnetuksi *El autor de esta obra de teatro no quiere darse a conocer.* Tämän näytelmän kirjoittaja ei halua kuuluisuutta.

dárse [le] **bien/mal** olla hyvä/ huono jssk *Siempre se le han dado bien los deportes a Raquel.* Raquel on aina ollut hyvä urheilussa. *Se me da muy mal dibujar.* Olen erittäin huono piirtämään.

darse cuenta de tajuta, huomata *¿Es que no te das cuenta de lo que haces?* Etkö sinä tajua, mitä teet? *Enseguida me di cuenta del error y lo corregí.* Huomasin heti virheeni ja korjasin sen.

dársela huiputtaa *A mí no me la das. Yo no sé sueco, pero sé lo que has dicho por los gestos.* Minua et huiputa. En osaa ruotsia, mutta ilmeidesi perusteella tiedän, mitä sanoit.

dárselas de [adj.] olla olevinaan, tehdä numeroa itsestään *Se las da de médico.* Hän on olevinaan lääkäri. *No se las da de importante.* Hän ei tee numeroa itsestään.

darse por [part.] pitää itseään jnak *Lola se da fácilmente por vencida.* Lola luovuttaa helposti. *Con que me devuelvas el dinero dentro de un mes, me daré por satisfecho.* Jos maksat takaisin kuukauden sisällä, tyydyn siihen.

ir dado kuvitella turhaan *Va dado si cree que con sólo enviar la solicitud ya le van a dar el puesto de trabajo.* Turhaan hän kuvittelee, että pelkästään lähettämällä hakemuksen hän saa työpaikan.

para dar y vender vaikka muille jakaa *Tengo buenas ideas para dar y vender.* Minulla on hyviä ideoita, vaikka muille jakaa.

¡qué más da! mitä väliä sillä on! *Ya sé que podría tener un mejor empleo, pero, en fin … ¡qué más da un trabajo que otro!* Tiedän kyllä, että voisin saada paremman työpaikan, mutta loppujen lopuksi… mitä väliä sillä on, työ kuin työ! *Si llego tarde o temprano, ¿qué más da?* Mitä väliä sillä on, tulenko myöhään tai aikaisin? *Y ¿qué más da lo que a él le haya parecido?* Ja mitä väliä sillä on, mitä mieltä hän oli?

¡Aquí me las den todas! Antaa tulla lunta tupaan!

Donde las dan las toman. Minkä taakseen jättää, sen edetään löytää.

Nadie puede dar lo que no tiene. Tyhjästä on paha nyhjäistä.

• **de**

de … en Y jstk … jhk *Iban de casa en casa vendiendo pinturas.* He kulkivat talosta taloon myymässä tauluja. *Bajó los escalones de dos en dos.* Hän tuli portaat alas kaksi kerrallaan. *Comía las cerezas de una en una.* Hän söi kirsikat yksitellen.

de que heti kun *De que se hizo de noche, salió de su escondite.* Heti kun tuli pimeää, hän tuli esiin piilopaikastaan.

• **debajo**

por debajo de alitse, alta *Die Hard IV está muy por debajo de los tres primeros.* Die Hard IV on paljon huonompi kuin kolme ensimmäistä. *La economía ha crecido pero por debajo de lo previsto.* Talous on kasvanut, mutta arvioitua vähemmän.

• **deber**

deber [le] olla velkaa *Le debo a usted la vida por haberme salvado de las llamas.* Olen Teille velkaa elämäni, koska pelastitte minut liekeistä. *El puesto de trabajo se lo debo a un amigo.* Saan kiittää ystävääni tästä työpaikasta. *Os debemos 100 euros.* Olemme teille velkaa 100 euroa.

deber de [inf.] lienee, varmaankin *Ésa que está allí debe de ser tu madre.* Tuo tuolla lienee äitisi. *Debe de ser ya muy tarde.* On varmaankin jo hyvin myöhä. *Deben de haberse mudado a otra ciudad.* He ovat varmaankin muuttaneet toiseen kaupunkiin.

no deber [inf.] ei saa *Eso no debe impedirte cumplir con tus obligaciones.* Se ei saa estää sinua täyttämästä velvollisuuksiasi.

• debido

como es debido kuten pitää *Las cosas hay que hacerlas como es debido.* Asiat täytyy tehdä kunnolla. *Si todo va como es debido, mañana habré terminado.* Jos kaikki menee kuten pitää, huomenna olen päässyt loppuun.

debido a johtuen *El partido ha sido suspendido debido a las fuertes lluvias.* Ottelu on peruttu kovasta sateesta johtuen.

• decir

como quien dice ihan kuin, niin sanotusti *Me han arreglado la bici y está como quien dice nueva.* Pyöräni korjattiin ja se on ihan kuin uusi. *Sí, pasé unos días en Madrid, pero sólo fui, como quien dice, a trabajar.* Kyllä, vietin muutaman päivän Madridissa, mutta olin siellä niin sanotusti töissä.

decir para sí mutista *Cuando ya se iba el jefe, dijo para sí una blasfemia, pero con la mala suerte de que el jefe le oyó.* Kun pomo oli jo menossa poispäin, hän mutisi kirouksen, mutta pahaksi onneksi pomo kuuli sen.

dicho esto pitemmittä puheitta *Dicho esto, quiero darles a todos ustedes la bienvenida.* Pitemmittä puheitta, haluan toivottaa teidät kaikki tervetulleiksi.

digo yo mielestäni *De estos asuntos tendría que ocuparse el Estado, digo yo.* Mielestäni valtion pitäisi huolehtia näistä asioista. *Digo yo que si no vamos, tampoco pasa nada, ¿verdad?* Minun mielestäni maailma ei kaadu, jos emme mene sinne, vai mitä?

[le] **lo digo yo** uskoa pois *Se lo digo yo, tiene que tener cuidado con esa gente.* Uskokaa pois; teidän pitää varoa noita ihmisiä. *Ése no puede tener todo el dinero que dice, te lo digo yo.* Usko pois; sillä ei voi olla niin paljon rahaa kuin mitä väittää.

¡dígamelo/dímelo a mí! sama sanat *Dices tú que estás cansado, pues dímelo a mí que llevo 26 horas sin dormir.* Sanot olevasi väsynyt, no, sama sanat, olenhan valvonut 26 tuntia.

digamos sanotaan, sovitaan *¿Nos vemos mañana? Digamos, a las 10* Nähdäänkö huomenna? Sanotaan kello 10.

¡di que sí! / ¡di que no! tietenkin / ei tietenkään *Necesito vacaciones y me voy de vacaciones. – ¡Di que sí!* Tarvitsen lomaa ja minä lähden lomalle. – No ilman muuta! *¡Di que no! Si no quieres comer eso, no lo comas.* Ei tietenkään, ellet halua syödä sitä, älä syö.

donde dije digo, digo diego syödä sanansa *A veces donde dije digo, digo Diego es la única solución.* Joskus täytyy syödä sanansa.

el qué dirán toisten puheet *A mí no me importa el qué dirán, prefiero ir cómodo que ir elegante.* En välitä toisten puheista, pukeuden mieluummin mukavasti kuin tyylikkäästi.

es decir toisin sanoen, eli *Si tú me traes lo necesario, es decir: el vino, la comida, la música, las decoraciones, de lo demás ya me encargo yo.* Jos tuot minulle kaiken tarvitsemani eli viinin, ruoan, musiikin ja koristeet, minä huolehdin muusta.

es un decir niin sanottu *El pobre hombre, es un decir, es en realidad un rico abogado.* Se niin sanottu miesparka on todellisuudessa rikas asianajaja.

lo que se dice varsinainen *Carne, lo que se dice carne, aquel estofado no tenía.* Oikeaa lihaa ei siinä muhennoksessa ollut. *Ciudades, lo que se dice ciudades, en Ahvenanmaa sólo hay una.* Varsinaisia kaupunkeja Ahvenanmaalla on vain yksi. *La verdad es que, de insomnio, lo que se dice insomnio, no padezco.* On totta, että en kärsi varsinaisesta unettomuudesta.

mejor dicho paremminkin, pikemminkin *Ya hemos terminado, mejor dicho, yo ya he terminado.* Olemme jo lopettaneet tai pikemminkin minä olen lopettanut. *No aguantaba más aquella situación, mejor dicho, estaba a punto de explotar.* Hän ei kestänyt enää sitä tilannetta tai paremminkin hän oli räjähtämäisillään.

ni que decir tiene sanomattakin on selvää, että *Ni que decir tiene que cada cual se hará responsable de su parte del proyecto.* Sanomattakin on selvää, että jokainen vastaa omasta osuudestaan tässä projektissa.

ni que lo digas älä muuta sano *Su última exposición ha sido un éxito. – Ni que lo digas, he oído que lo ha vendido todo.* Hänen viimeisin näyttelynsä oli menestys. – Älä muuta sano. Olen kuullut, että hän sai kaiken myydyksi.

no decir [le] nada ei kiinnosta, ei sanoa mitään *A los turistas les encantan los toros; en cambio, a muchos españoles no les dice nada* Turistit ovat ihastuneita härkätaisteluihin, mutta monille espanjalaisille ne eivät sano mitään.

no decir ni que sí ni que no ei sanoa juuta ei jaata *Por eso no puedo decir ni que sí ni que no.* Siksi en osaakaan sanoa juuta enkä jaata.

¡no me digas! ihanko totta, ei kai *Este verano hemos estado en Castilla. –¡No me digas!. Nosotros también.* Kävimme kesällä Kastiliassa. – Ihanko totta! Niin mekin. *No me digas que esto lo has hecho tú.* Et kai sinä ole tehnyt tätä.

por así decirlo niin sanoakseni *Se trata, por así decirlo, de un problema familiar.* Kyse on, niin sanoakseni, perheongelmasta.

por mejor decir paremminkin, pikemminkin *Siempre ha sido muy vago o, por mejor decir, nunca ha querido trabajar.* Hän on aina ollut hyvin laiska tai pikemminkin, hän ei ole koskaan halunnut tehdä töitä.

por no decir etten sanoisi *Para los finlandeses la independencia es algo muy valioso, por no decir sagrado.* Itsenäisyys on suomalaisille erittäin arvokas, etten sanoisi pyhä asia.

que digamos ei erityisen *Me ha regalado un pirulí. – Bien, pero no es muy generoso que digamos.* Hän antoi minulle tikkarin. – No hyvä, mutta hän ei ole erityisen antelias. *Tu dieta puede ser muy rica en vitaminas, pero no es muy apetitosa que digamos.* Sinun ruokavaliosi voi olla hyvin vitamiinipitoinen, mutta se ei kyllä ole erityisen maittava.

que ya es decir se on jo jotakin *Es más elegante que Beckman, que ya es decir.* Hän tyylikkäämpi kuin Beckham, ja se on jo jotakin. *Ha donado sangre 60 veces, que ya es decir.* Hän on luovuttanut verta 60 kertaa, ja se on jo jotakin. *Tendrá treinta y tantos años, pero está más viejo que mi abuela, que ya es decir.* Hän lienee vähän yli kolmenkymmenen, mutta on tosi paljon huonommassa kunnossa kuin isoäitini.

querer decir tarkoittaa *El color amarillo quiere decir que has aprobado el examen; el rojo, que tienes que hacerlo de nuevo.* Keltainen väri tarkoittaa, että olet läpäissyt tentin; punainen, että sinun pitää uusia se.

¡quién lo diría! eipä uskoisi *¿Has visto? Antonio está bailando. ¡Quién lo diría!* Näitkö? Antonio on tanssimassa. Eipä uskoisi! *¿Usted es la mamá de Yolanda? ¡Quién lo diría! Yo habría dicho que es su hermana.* Oletteko Te Yolandan äiti? Eipä uskoisi. Teitä voisi luulla hänen sisarekseen.

quién lo iba a decir kuinka ollakaan *Quién lo iba a decir, todas las pruebas daban positivo.* Kuinka ollakaan kaikki testit olivat positiivisia.

se dice pronto helppo sanoa *Tienes que dejar de fumar. – Ya, se dice pronto.* Sinun täytyy lopettaa tupakointi. – Joo, se on helppo sanoa.

todo hay que decirlo (*myös* todo sea dicho) totta puhuen *Ella -todo hay que decirlo- era la que se ocupaba de organizarlo todo.* Totta puhuen, hän hoiti kaikki järjestelyt. *Guapa, lo es, todo hay que decirlo, pero no sabe comportarse.* Hän on totta puhuen hyvännäköinen, mutta ei osaa käyttäytyä.

y no digamos [ya] puhumattakaan *Es incapaz de comer pescado, y no digamos ya marisco.* Hän ei pysty syömään kalaa, äyriäisistä puhumattakaan.

Dime con quien andas y te diré quién eres. Seura tekee kaltaisekseen.

Lo dicho, dicho está. Ei sanottu sana suuhun palaa.

¡Lo mismo digo! Samat sanat!

¡Qué te dije yo! Mitä minä sanoin?

¡Ya te digo! Sanopa muuta! Niinpä!

Yo no digo nada, que despues todo se sabe. En käske enkä kiellä.

¡Y que lo digas! Sanos muuta!

• **dedillo**

al dedillo kuin viisi sormeaan *No voy con miedo al examen porque me conozco el tema al dedillo.* En pelkää tenttiin menoa, koska osaan asian kuin viisi sormeani.

• **dedo**

a cuatro dedos de hyvin lähellä *Me hablaba a cuatro dedos de la cara como queriendo asegurarse de que le oía bien.* Hän puhui sentin päässä naamastani aivan kuin varmistaakseen, että kuulin kunnolla.

a dedo 1 peukalokyydillä *Ha viajado mucho por Europa y siempre a dedo.* Hän on matkustanut paljon Euroopassa ja aina peukalokyydillä. **2** suoraan *Ella no hizo oposiciones, sino que la colocaron a dedo.* Hänet nimitettiin ohi normaalin viranhakumenettelyn.

chuparse el dedo olla tyhmä *Ya sé lo que has hecho, o ¿te pensabas que me chupo el dedo?* Tiedän kyllä, mitä olet tehnyt vai luulitko minua tyhmäksi?

contar con los dedos de una mano laskea yhden käden sormilla *Los buenos presentadores se pueden contar con los dedos de una mano.* Hyvät juontajat voi laskea yhden käden sormilla.

estar para chuparse los dedos viedä kieli mennessään *La tortilla que has hecho está para chuparse los dedos.* Tekemäsi perunamunakas vie kielen mennessään.

no mover un dedo ei liikauttaa evääkään *Todos han colaborado menos ella que no ha movido un dedo.* Kaikki osallistuivat paitsi hän, joka ei liikauttanut eväänsäkään.

poner el dedo en la llaga osua arkaan kohtaan *Cuando has hablado de la reorganización del trabajo, has puesto el dedo en la llaga ya que los más viejos no quieren que se les cambien las tareas.* Kun puhuit työn uudelleenjärjestelystä, osuit arkaan kohtaan, koska vanhimmat eivät halua tehtäviensä muuttuvan.

señalar con el dedo osoittaa sormella *A los gitanos no solo se les hace el vacío, sino que incluso se les señala con el dedo.* Romaneja ei ainoastaan syrjitä, vaan heitä myös osoitetaan sormella.

no tener dos dedos de frente olla tyhmä kuin saapas *Quien no entienda por qué hay que respetar las normas de tráfico no tiene dos dedos de frente.* Joka ei ymmärrä, miksi pitää noudattaa liikennesääntöjä, on tyhmä kuin saapas. *¿Cómo le pueden haber encargado el trabajo a eso idiota? No tiene dos dedos de* *frente.* Kuinka se idiootti on voinut saada sen työpaikan? Sehän on tyhmä kuin saapas.

tener los dedos muy largos olla pitkäkyntinen *No dejes la cartera encima de la mesa porque en este bar algunos tienen los dedos muy largos.* Älä jätä lompakkoa pöydälle, koska tässä baarissa on joitakin pitkäkyntisiä.

venir al dedo sopia kuin nenä päähän *¡Ese papel me viene al dedo!* Rooli sopii kuin nenä päähän!

Si le das un dedo al diablo, se llevará todo el brazo. Anna pirulle pikkusormesi, se ottaa koko käden.

ks. myös: tocar con la **punta** de los dedos

• **defecto**
en su defecto poissa ollessa, puuttuessa *Los contratos laborales los firma el director, y en su defecto, el subdirector.* Johtaja allekirjoittaa työsopimukset ja hänen poissa ollessaan apulaisjohtaja.

por defecto oletuksena *Nuestro ordenador no tiene ningún navegador por defecto.* Meidän tietokoneessamme ei ole mitään oletusselainta.

• **defensa**
La mejor defensa es el ataque. Hyökkäys on paras puolustus.

• **defensiva**
a la defensiva puolustuskannalla *Las empresas modernas no pueden sobrevivir a la defensiva, tienen que tener una política agresiva.* Nykyajan yritykset eivät pärjää olemalla puolustuskannalla, niiden on harjoitettava määrätietoista politiikkaa.

• **definitiva**
en definitiva lyhyesti *Para ser buen vendedor necesitas ser más abierto, entender mejor a la gente, en definitiva, comprender el mundo donde te mueves.* Ollaksesi hyvä myyjä, sinun täytyy olla avoimempi, kuunnella paremmin ihmisiä, lyhyesti sanottuna ymmärtää maailmaa missä toimit.

• **dejar**
dejar caer 1 pudottaa *La niña dejó caer el florero al suelo.* Tyttö pudotti maljakon lattialle. **2** lipsauttaa *Si no te gustan nuestras normas, tal vez tendrías que mudarte de casa, dejó caer la madre mientras seguía fregando.* Jos et pidä meidän säännöistämme, sinun pitäisi ehkä muuttaa pois kotoa, äiti lipsautti tiskatessaan.

dejar correr antaa mennä *Dejé correr el asunto porque no valía la pena ponerse a mal con ellos.* Annoin asian olla, koska ei kannattanut riitaantua heidän kanssaan.

dejar de [inf].) lakata, lopettaa *Ha dejado de llover. Podemos salir.* On lakannut satamasta. Voimme lähteä ulos.

dejar estar antaa olla *Déjalo estar. Cuanto más te metas en el asunto, peor irá.* Anna olla. Mitä enemmän sekaannut asiaan, sitä huonommaksi se menee.

dejar mucho que desear olla toivomisen varaa *Su técnica aún deja mucho que desear.* Hänen tekniikassaan on vielä toivomisen varaa.

dejarse caer 1 heittäytyä *Luis se dejó caer sobre el sofá.* Luis heittäytyi sohvalle. **2** pistäytyä *Espero que un día te dejes caer por casa; hace mucho que no vienes a vernos.* Toivon, että joku päivä pistäydyt, koska et ole käynyt pitkään aikaan meillä.

[imperat.] **dejarse de** lakata, lopettaa *Déjate de cumplidos y empieza a comer.* Anna kohteliaisuuksien olla ja rupea syömään. *Dejaos de explicaciones y dadme el dinero.* Lakatkaa selittelemästä ja antakaa rahat minulle.

dejarse llevar antautua vietäväksi *Se dejó llevar por sus instintos.* Hän antautui vaistojensa vietäväksi. *No te dejes llevar por* *las ganas de juerga.* Älä anna juhlimishalujesi viedä sinua mukanaan.

dejarse ver näyttäytyä, esiintyä *Si quieres ser un actor famoso, tienes que dejarte ver en todo tipo de fiestas y celebraciones públicas.* Jos haluat kuuluisaksi näyttelijäksi, sinun täytyy näyttäytyä kaikenlaisissa juhlissa ja julkisissa tilaisuuksissa.

ni me gusta ni me deja de gustar ei välittää erityisemmin *La sauna es algo que ni me gusta ni me deja de gustar; simplemente no le encuentro la gracia.* En välitä saunasta erityisemmin; en yksinkertaisesti ymmärrä sen ihanuutta. *No dejes para después lo que puedas hacer ahora. Älä jätä huomiseen minkä voit tehdä tänään.*

• **delante**
delante de edessä *Está delante de tus narices y no lo ves.* Se on nenäsi edessä, etkä näe sitä.
llevarse por delante viedä mukanaan *La riada se ha llevado por delante el puente.* Tulva on vienyt sillan mukanaan.
por delante de editse *Ayer pasé por delante de tu casa.* Eilen kuljin talosi editse.
por delante edessäpäin *¿Vienes? – Todavía no; vete tú por delante.* Tuletko? – En vielä, mene sinä edeltä käsin. *Tienes por delante un excelente futuro.* Sinulla on loistava tulevaisuus edessäsi.

• **delantera**
llevar [le] **la delantera** olla edellä *No le gustaba que nadie le llevase la delantera en cuestiones de nuevas aplicaciones informáticas.* Hän ei halunnut kenenkään olevan häntä edellä uusissa tietotekniikkasovelluksissa.

• **delicia**
que es una delicia herkku *Mi tía hace una tortilla que es una delicia.* Tätini tekemä perunamunakas on herkkua.

• **1 demás**
por demás 1 liian *Sus argumentos son por demás simples.* Hänen perustelunsa ovat liian lapsellisia. *La ciencia es por demás importante como para dejarla sólo en manos de los científicos.* Tiede on liian tärkeää, että sen voisi jättää pelkästään tiedemiesten käsiin. **2** turhaa *Ya lo conoces, así que está por demás presentártelo.* Sinähän tunnet jo hänet, joten on turhaa esitellä häntä sinulle.
por lo demás muuten *Los dos son finlandeses, pero por lo demás nada tienen en común.* Molemmat ovat suomalaisia, mutta muuten heillä ei ole mitään yhteistä.
y demás ynnä muuta *Quiero ir a esa fiesta porque allí habrá actores, directores y demás.* Haluan mennä niihin juhliin, koska siellä on näyttelijöitä, ohjaajia ynnä muita.

• **2 demás**
ser menos que los demás olla pekkaa pahempi *No eres menos que los demás.* Ethän sinä ole pekkaa pahempi.

• **demasía**
en demasía liikaa *No es bueno comer en demasía.* Ei ole hyvä syödä liikaa.

• **demonio**
de mil demonios *ark* pirunmoinen *He cogido una gripe de mil demonios.* Minulla on pirunmoinen flunssa.
¡Qué [subst.] **ni qué demonios!** *alat* ei mikään hiton *¡Qué cariño ni qué demonios! No tenemos dinero para comprar ese coche y punto.* Ei mikään hiton rakkaani! Meillä ei ole rahaa ostaa sitä autoa, piste.
¿qué demonios…? *alat* mitä pirua *¿Qué demonios estás haciendo?* Mitä pirua sinä teet?

El demonio puede citar la Escritura para justificar sus designios. Lukea kuin piru Raamattua.

• **dentro**

dentro de sisällä *Los zapatos estaban dentro de la caja.* Kengät olivat laatikossa.

dentro de (ajallisesti) jnk sisällä tai kuluttua *Dentro de una semana ya se te habrá olvidado el problema.* Viikon kuluttua olet jo varmaan unohtanut ongelman.

por dentro sisältä *Su casa es mucho más bonita por fuera que por dentro.* Talo on ulkoa paljon kauniimpi kuin sisältä. *En su rostro se notaba que estaba llorando por dentro.* Hänen kasvoistaan huomasi, että hän itki sisimmässään.

ks. myös: dentro de lo **posible**; dentro de lo que cabe/**caber**

• **depender**
¡No depende de mí! Se ei ole minusta kiinni!

• **deprisa**
deprisa y corriendo kovalla kiireellä *Faltaban diez minutos para la salida del tren y tuvimos que hacer las maletas deprisa y corriendo, por eso se nos olvidó la cámara.* Junan lähtöön oli 10 minuuttia, ja meidän piti pakata matkalaukut kovalla kiireellä, siksi kamera unohtui.

• **derecho**
a derechas oikein, hyvin *Es muy poco mañoso, no hace nada a derechas.* Hän ei ole kovinkaan kätevä, hän ei tee mitään oikein.

al/del derecho oikein päin *Llevas la camiseta del revés, póntela del derecho.* Sinulla on paita nurin päin, laita se oikein päin.

de derechas oikeistolainen *No creo que vote a los comunistas porque es de derechas.* En usko hänen äänestävän kommunisteja, koska hän on oikeistolainen.

derecho al pataleo potkiminen tutkainta vastaan *La decisión ya la han tomado y es definitiva; sólo te queda el derecho al pataleo.* Sinun on turha potkia tutkainta vastaan, päätös on jo tehty ja se on lopullinen.

estar en [pos.] **derecho** olla oikeus *Yo lo hago porque estoy en mi derecho y no perjudico a nadie.* Minä teen niin, koska minulla on oikeus siihen enkä vahingoita ketään.

ir todo derecho mennä aivan suoraan *Vaya usted todo derecho por esta calle hasta que llegue a un cruce; allí tuerza a la izquierda.* Menkää aivan suoraan tätä katua, kunnes tulette risteykseen, kääntykää siellä vasemmalle.

¡no hay derecho! on se niin väärin *Le han dado el premio a Pekka. – ¡No hay derecho!* Palkinto annettiin Pekalle. – On se niin väärin! *no hay derecho a que* on väärin *No hay derecho a que os traten así.* Teitä ei saa kohdella niin.

por lo derecho todesta *Para él, el viaje era sólo una idea, pero su esposa lo tomó por lo derecho y se fue a reservar los billetes.* Hänelle matka oli vain ajatus, mutta hänen vaimonsa otti sen todesta ja meni varaamaan liput.

tener derecho a olla oikeus *Eres el profesor y tienes derecho a que te respeten.* Olet opettaja ja sinulla on oikeus saada kunnioitusta osaksesi.

• **deriva**
a la deriva tuuliajolla *El barco quedó a la deriva en alta mar.* Laiva oli tuuliajolla ulapalla. *La empresa va a la deriva por culpa de los cambios en la dirección.* Yritys on tuuliajolla johdossa tapahtuneiden vaihdosten vuoksi.

• **derredor**
en derredor ympärillä *La gente se colocaba en derredor de ella para poder escuchar sus palabras.* Ihmiset asettuivat hänen

ympärilleen voidakseen kuulla hänen puheensa.

• **desagüe**
irse por el desagüe mennä mönkään *El plan se ha ido por el desagüe.* Suunnitelma meni mönkään.

• **desandar**
ks. desandar el **tiempo**

• **desastre**
estar hecho un desastre olla huiskin haiskin *Todo está hecho un desastre.* Kaikki on huiskin haiskin.

• **descampado**
al descampado ulkona *Se nos rompió la moto en mitad del bosque y tuvimos que dormir al descampado porque no llevábamos tienda.* Moottoripyörämme meni rikki keskellä metsää ja meidän piti nukkua taivasalla, koska meillä ei ollut telttaa.

• **descojonarse**
descojonarse de risa *alat* nauraa kuollakseen *Me descojonaba de risa oyendo los chistes de María.* Nauroin kuollakseni Marian kertomille vitseille.

• **descolgado**
quedarse descolgado pudota kelkasta *Finlandia ya se había quedado descolgada antes de la pandemia.* Suomi putosi kelkasta jo ennen koronaa.

• **desconocido**
perfecto desconocido tuiki tuntematon *Me es un perfecto desconocido.* Hän on minulle tuiki tuntematon.

• **descontado**

dar por descontado olla aivan varma *No se preocupe, puede dar por descontado que mañana tendrá arreglado el coche.* Älkää huolehtiko, voitte olla aivan varma, että autonne on korjattu huomiseen mennessä. *Yo había dado por descontado que sería ella quien viniese, por eso me sorprendió verte a ti.* Olin ollut aivan varma, että hän tulisi, siksi olin yllättynyt nähdessäni sinut.
por descontado tietenkin *Los ejercicios, por descontado, tenéis que escribirlos a máquina.* Tehtävät teidän täytyy kirjoittaa tietenkin koneella.

• **descosido**
como un descosido hyvin paljon *Hablaba como un descosido, todo el tiempo contando cosas o comentando o preguntando.* Hän puhui kuin rokkapata, jatkuvalla syötöllä kertoen tai selittäen jotakin tai kysellen. *Cuando vio al gatito muerto se puso a llorar como una descosida.* Nähdessään kuolleen pikkukissan, hän alkoi itkeä lohduttomasti.
ks. myös: servir/valer tanto para un **roto** como para un descosido

• **descubierto**
al descubierto esiin, julki *Su forma de mirar puso al descubierto sus verdaderas intenciones.* Hänen tapansa katsoa paljasti hänen todelliset aikeensa. *Se le cayó el sombrero y su cabeza quedó al descubierto.* Häneltä putosi hattu päästä, ja niin hän oli paljain päin. *El boxeador estaba cansado y dejaba con frecuencia su cara al descubierto.* Nyrkkeilijä oli väsynyt ja kasvot jäivät usein suojaamatta.

• **descuido**
por descuido epähuomiossa *Por descuido metió los pies en el charco.* Hän astui lätäkköön epähuomiossa.

• **desde**
desde hace/hacía jstk lähtien *No la veo desde hace mucho tiempo.* En ole nähnyt häntä pitkään aikaan. *Vivía en la calle Urquiola desde hacía mucho tiempo.* Hän oli asunut Urquiola-kadulla kauanaikaa.
ks. myös: desde **luego**; desde **ya**

• **desentendido**
hacerse el desentendido tekeytyä tietämättömäksi *No te hagas el desentendido; sé que me has oído perfectamente.* Älä teeskentele kuuroa. Tiedän, että kuulit ihan hyvin, mitä sanoin.

• **deseo**
arder en deseos de palaa halusta *Ardía en deseos de conocerlo.* Paloin halusta tutustua häneen.

• **desesperado**
a la desesperada toivoton *Hizo un último esfuerzo a la desesperada por salvar la reputación de la familia, pero fue inútil.* Hän teki viimeisen toivottoman yrityksen pelastaa perheensä maine, mutta turhaan.

• **desgracia**
por desgracia valitettavasti *Sería interesante salir de paseo contigo, pero, por desgracia, esta tarde no puedo.* Haluaisin kyllä lähteä kävelylle kanssasi, mutta valitettavasti tänä iltana en pääse.
Las desgracias no avisan. Ei vahinko tule kello kaulassa.
Las desgracias no vienen solas. Ei kahta ilman kolmatta.
ks. myös: por **suerte** o por desgracia

• **deshora**
a deshora (*myös* a deshoras) sopimattomaan aikaan *Cuando el teléfono suena a deshora, siempre imagino que algo malo ha ocurrido.* Kun puhelin soi epätavalliseen aikaan, kuvittelen aina, että jotakin pahaa on tapahtunut.

• **desierto**
predicar en el desierto puhua kuuroille korville *El gobierno predica en el desierto cuando recomiendo que se modere la velocidad en la carretera.* Hallitus puhuu kuuroille korville suositellessaan nopeusrajoituksia teille.

• **desnudo**
al desnudo esille *El deshielo dejó al desnudo los destrozos de la explosión ocurrida en diciembre.* Lumen sulaminen paljasti joulukuussa tapahtuneen räjähdyksen aiheuttamat tuhot.

• **despacharse**
despacharse a gusto puhua suunsa puhtaaksi *Empecé a decirle todo lo que pensaba de él y me despaché a gusto, le solté todo lo que habría tenido que decirle hace ya tiempo.* Aloin kertoa, mitä hänestä ajattelin, ja puhuin suuni puhtaaksi, latelin hänelle kaiken, mitä olisi pitänyt sanoa jo aikoja sitten.

• **despecho**
a despecho de huolimatta *Quería irse a bailar con María a despecho de lo que pudiera pensar su novia.* Hän halusi lähteä tanssimaan Marian kanssa huolimatta siitä, mitä hänen tyttöystävänsä mahdollisesti ajatteli.

• **destajo**
a destajo 1 urakalla *Los albañiles estuvieron trabajando a destajo durante todo el verano.* Muurarit tekivät töitä urakalla koko kesän. *2* ahkerasti *Han trabajado a destajo porque el trabajo les corre prisa.* He ovat tehneet ahkerasti töitä, koska työllä on kiire. *3* hiki päässä *En Turku se está construyendo barcos*

a destajo Laivoja rakennetaan hiki päässä Turussa.

• **destino**
Cada cual se forja su propio destino. Jokainen on oman onnensa seppä.

• **desuso**
caer en desuso poistua käytöstä *Es una costumbre que ha caído en desuso.* Se tapa on jäänyt pois käytöstä.

• **detalle**
al detalle vähittäin *Han caído las ventas al detalle, en cambio las ventas al por mayor han aumentado.* Vähittäismyynti on laskenut, sitä vastoin tukkumyynti on lisääntynyt.
con todo detalle yksityiskohtaisesti *Sé que ayer estuviste de fiesta con Antonio, así que cuéntame con todo detalle lo que hicisteis.* Tiedän, että olit eilen juhlimassa Antonion kanssa, joten kerro minulle yksityiskohtaisesti, mitä te teitte.
no perderse detalle kuunnella korva tarkkana *Mi abuela, los días que podía ir a la escuela, no se perdía detalle y disfrutaba de cada segundo que pasaba allí.* Päivinä, jolloin isoäiti pääsi kouluun, hän kuunteli korva tarkkana ja nautti jokaisesta siellä viettämästään hetkestä.
tener un detalle olla kaunis ele *Ya sé que no es necesario darle las gracias, pero podrías tener un detalle y enviarle un ramo de flores.* Tiedän kyllä, ettei häntä tarvitse kiittää, mutta voisit kauniina eleenä lähettää hänelle kukkakimpun.
ks. myös: con todo **lujo** de detalles

• **detrás**
por detrás *1* takaa, takaapäin *No sabía que María estaba allí porque ésta se había acercado por detrás.* En tiennyt Marian olevan paikalla, koska hän oli tullut takaapäin. *2*

takanapäin *A mí, lo que diga la gente por detrás no me molesta.* Minua ei häiritse mitä ihmiset puhuvat takanapäin.
por detrás de jälkeen *En Europa, el español es la segunda lengua estudiada, sólo por detrás del inglés.* Euroopassa espanja on toiseksi eniten opiskeltu kieli heti englannin jälkeen.
uno detrás de otro peräjälkeen *Cuando todavía fumaba, no se daba cuenta de que fumaba uno detrás de otro.* Kun hän vielä poltti, hän ei tajunnut polttavansa ketjussa.

• **detrimento**
en detrimento de kustannuksella *La política agraria europea ha provocado el aumento del cultivo del cáñamo en detrimento de otros productos agrícolas más necesarios.* Euroopan maatalouspolitiikka on saanut aikaan hampun viljelyn lisääntymisen muiden tärkeämpien maataloustuotteiden kustannuksella.

• **día**
a días toisinaan, joskus *La enfermedad sigue avanzando; a días se encuentra bien, otros, un poco peor.* Sairaus etenee; toisinaan hän voi hyvin, toisinaan vähän huonommin.
al día ajan tasalla *En esta profesión, como en casi todas, estar al día es indispensable.* Tässä ammatissa, kuten lähes kaikissa, on tärkeää olla ajan tasalla.
al día siguiente seuraavana päivänä *Al día siguiente se despertó con dolores de estómago.* Seuraavana päivänä hän heräsi vatsa kipeänä.
al otro día seuraavana päivänä *Al otro día, después de desayunar, empezó a sentir vómitos.* Seuraavana päivänä aamiaisen jälkeen hän alkoi voida pahoin.
cada dos días joka toinen päivä *a estoy harto de que cada dos días te vayas de bares con tus amigas.* Olen kyllästynyt siihen, että joka

toinen päivä olet baarikierroksella ystävättäriesi kanssa.

cuatro días vähässä ajassa *La gramática no puedes aprenderla en cuatro días.* Et pysty oppimaan kielioppia hetkessä.

cualquier día joku päivä *El ascensor es ya muy viejo y cualquier día tendremos un accidente.* Hissi on jo hyvin vanha, ja joku päivä vielä tapahtuu onnettomuus.

dar los buenos días sanoa huomenta *¿Ya le has dado los buenos días al abuelo?* Joko olet sanonut huomenta isoisälle?

de día päi ällä *Esas cosas sólo se pueden hacer de día.* Sellaisia asioita voi tehdä vain päivällä.

de día en día päivä päivältä *Su estado de salud va empeorando de día en día.* Hänen terveydentilansa huononee päivä päivältä.

del día tämän päivän *¿Tienen pan del día?* Onko teillä tämänpäiväistä leipää?

día a día joka päivä *Dejó el trabajo de vendedor ambulante porque quería ver crecer día a día a su hijo.* Hän jätti kulkukauppiaan työn, koska halusi seurata joka päivä poikansa kasvamista.

día tras día päivä toisensa jälkeen *Día tras día durante muchos años esperó que llegase una carta de su primer amor.* Päivästä toiseen monien vuosien ajan hän odotti, että hänen ensirakkaudeltaan tulisi kirje.

día y noche yötä päivää *La gasolinera está abierta día y noche.* Huoltoasema on auki yötä päivää.

el día menos pensado → cualquier día

el mejor día → cualquier día

el otro día tässä eräänä päivänä, äskettäin, vähän aikaa sitten *El otro día me dijiste que querías venir conmigo a la piscina.* Tässä eräänä päivänä sanoit haluavasi lähteä kanssani uimahalliin.

en pleno día keskellä kirkasta päivää *En algunos países asiáticos no se ve bien que alguien tome alcohol en pleno día.* Joissakin Aasian maissa ei katsota hyvällä, että joku nauttii alkoholia keskellä kirkasta päivää.

en su día aikanaan *La nueva ley amplía el contenido de la que en su día promulgó el gobierno anterior.* Uusi laki on sisällöltään laajempi kuin se, minkä edellinen hallitus aikanaan sääti. *Ya dijimos en su día que la aparición de Internet abriría nuevos mercados.* Sanoimme jo aikanaan, että internetin tulo avaisi uusia markkinoita.

más largo que un día sin pan pitkä kuin nälkävuosi *Este curso no se acaba nunca, es más largo que un día sin pan.* Tämä kurssi ei lopu koskaan, se on pitkä kuin nälkävuosi.

no hay día que no harva se päivä *No hay día que no vaya a ver a su madre.* Hän käy harva se päivä katsomassa äitiään.

otro día toiste *¿Por qué no hablamos de eso otro día? Ahora estoy muy cansada.* Emmekö puhuisi siitä joskus toiste? Nyt olen hyvin väsynyt.

tal día como hoy tähän samaan aikaan *Tal día como hoy, hace cuatro años, nos compramos la casa.* Tähän samaan aikaan neljä vuotta sitten ostimme talon.

tener los días contados olla päivät luetut *Todos tenemos los días contados.* Meillä kaikilla on päivät luetut.

todo el santo día koko jumalan päivä *Ayer te estuve esperando todo el santo día y no viniste ni llamaste.* Odotin sinua eilen koko jumalan päivän, mutta et tullut etkä soittanut.

tener los días contados olla päivät luetut *El nuevo avión ha sido un fracaso total y supongo que tiene los días contados.* Uusi lentokone oli täydellinen fiasko, ja luulen, että sen päivät ovat luetut.

un buen día → cualquier día

un día de éstos näinä päivinä, lähipäivinä *No lo sé exactamente, pero creo que vendrá un día de éstos.* En tiedä tarkalleen, mutta luulen, että hän tulee lähipäivinä.

un día sí y otro no joka toinen päivä *Ya estoy harto de que un día sí y otro no te vayas de bares con tus amigas.* Olen kyllästynyt siihen, että joka toinen päivä olet baarikierroksella ystävättäriesi kanssa.

un día sí y otro también harva se päivä *Ya estoy harta de que un día sí y otro también te vayas de bares con tus amigas.* Olen kyllästynyt siihen, että harva se päivä olet baarikierroksella ystävättäriesi kanssa.

vivir al día *1* elää päivä kerrallaan *Lo de ahorrar no va con él, prefiere vivir al día.* Säästäminen ei käy hänelle, hän elää mieluummin päivän kerrallaan. *2* elää kädestä suuhun *Muchos barceloneses de salario bajo vive al día.* Moni pienipalkkainen barcelonalainen elää kädestä suuhun

A vivir, que son dos días. Tartu hetkeen.

• **diablo**

a diablos hirveältä *Esta sopa sabe a diablos.* Tämä keitto maistuu hirveältä.

mandar [le] al diablo käskeä painua helvettiin *Ya le has dicho muchas veces que no quieres salir con él; yo que tú, le mandaba al diablo.* Olet sanonut hänelle jo monta kertaa, ettet halua seurustella hänen kanssaan. Sinuna käskisin häntä painumaan helvettiin.

mentar al diablo maalata piruja seinälle *No mientes al diablo, ya verás que todo sale bien.* Älä maalaa piruja seinälle, kyllä kaikki menee h

¡Vete al diablo! Painu helvettiin! *Déjame en paz. ¡Vete al diablo!* Jätä minut rauhaan. Painu helvettiin!

ks. myös: al que no fuma ni bebe **vino**, el diablo lo lleva por otro camino; como **alma** que lleva el diablo; poner una **vela** a Dios y otra al diablo

• **diálogo**

diálogo de sordos keskustelu, jossa kukaan ei kuuntele toistaan *Las conversaciones de paz entre palestinos e israelíes parecen un diálogo de sordos.* Palestiinalaisten ja israelilaisten välisissä keskusteluissa kukaan ei näytä kuuntelevan toistaan.

• **diamante**

diamante en bruto hiomaton timantti *En cuanto la vio bailar supo que la niña era un diamante en bruto, pero que había que pulirlo.* Heti nähtyään tytön tanssivan, hän tajusi tämän olevan hiomaton timantti, jota piti vielä hioa.

• **diana**

hacer diana osua napakymppiin *Hizo diana por casualidad, era la primera vez que disparaba.* Hän osui napakymppiin sattumalta, ampuihan hän ensimmäistä kertaa.

tocar diana antaa aamuherätys *En nuestro regimiento tocaban diana a las 6 de la mañana.* Meidän rykmentissämme aamuherätys annettiin klo 6.

• **diario**

a diario päivittäin *Va de compras a diario.* Hän käy ostoksilla päivittäin.

de diario arki *A esa fiesta puedes ir ropa de diario.* Niihin juhliin voit mennä arkivaatteissa. *Los días de diario suele estar abierta esa tienda.* Tämä kauppa on yleensä auki arkipäivisin.

• **dibujo**

explicar con dibujos vääntää rautalangasta *¿Puedes explicarme con dibujos que lo significa esto?* Voisitko vääntää rautalangasta, mitä tämä tarkoittaa?

• **dicha**

Nunca es tarde si la dicha es buena. Parempi myöhään kuin ei milloinkaan.

• dicho
dicho y hecho tuumasta toimeen *Me dijo que me lo arreglaría y dicho y hecho; al día siguiente ya me lo había arreglado.* Hän sanoi minulle korjaavansa sen ja ryhtyi tuumasta toimeen. Seuraavana päivänä hän oli jo korjannut sen.
mejor dicho paremminkin, pikemminkin *Todo se lo debe a suhermana o, mejor dicho, al marido de su hermana.* Kaikki on hänen sisarensa tai paremminkin hänen sisarensa miehen ansiota.
Del dicho al hecho hay largo trecho. Helpommin sanottu kuin tehty.

• diente
armado hasta los dientes hampasiin asti aseistautunut *El miembro de la banda iba armado hasta los dientes cuando se dirigía a casa de su amigo.* Jengin jäsen oli hampaisiin asti aseistautunut mennessään ystävänsä kotiin.
apretar los dientes purra hammasta *Lo haré aunque sea apretando los dientes.* Aion tehdä sen vaikka hammasta purren.
con uñas y dientes kynsin hampain *Francia se aferra con uñas y dientes a las ayudas recibidas.* Ranska pitää kynsin hampain kiinni saamista tuistaan.
dar diente con diente hampaat kalisten *Hacía tanto frío que llegó a casa dando diente con diente.* Oli niin kylmä, että hän tuli kotiin hampaat kalisten.
echar/salirle los dientes saada hampaita *Ahora ya tiene 8 meses y pronto echará los dientes.* Hän on nyt jo kahdeksan kuukautta ja saa pian hampaita.
hablar/decir entre dientes mumista *"Vuelvo enseguida" dijo entre dientes para que no le oyesen.* "Tulen heti", hän mumisi, jotta kukaan ei kuulisi.
hincar/meter [le] **el diente** iskeä hampaansa *En cuanto vio la chuleta, le hincó el diente.*

Heti kun hän näki kyljyksen, hän iski hampaansa siihen. *Éste es un buen momento para hincarle el diente a las petroleras.* Nyt on hyvä hetki iskeä kiinni öljy-yhtiöihin.
poner/ponérse [le] **los dientes largos** tulla kateelliseksi *Pensaba que me iba a poner los dientes largos porque llevaba abrigo de pieles.* Hän ajatteli minun tulevan kateelliseksi, koska hänellä oli turkki yllään. *A mí no se me ponen los dientes largos cuando veo los éxitos ajenos.* Minä en tule kateelliseksi muiden menestyksestä.
rechinar [le] **los dientes** narskuttaa hampaitaan *Algunos rechinan los dientes cuando duermen.* Jotkut narskuttavat hampaitaan nukkuessaan. *La doble moral de algunas democracias europeas me rechinan los dientes.* Joidenkin eurooppalaisten demokratioiden kaksinaismoraali saa minut näkemään punaista.
ks. myös: a caballo regalado no le mires el diente; **ojo** por ojo, diente por diente

• diestro
a diestro y siniestro joka puolelle *Como no veía bien a sus atacantes se puso a golpear a diestro y siniestro hasta que no quedó nadie en pie.* Koska hän ei nähnyt kunnolla hyökkääjiä, hän ryhtyi jakelemaan iskuja joka puolelle, kunnes ketään ei ollut enää pystyssä.

• dieta
estar a dieta olla dieetillä *Helena tiene que estar a dieta unos meses antes de la operación.* Helenan täytyy olla dieetillä muutamia kuukausia ennen leikkausta.
ponerse a dieta ryhtyä dieetille *No puedes seguir así, tienes que ponerte a dieta.* Et voi jatkaa tuolla tavalla, sinun on ryhdyttävä dieetille.

• diferencia

a **diferencia de** toisin *A diferencia de Finlandia, en España no se puede sacar fotos en los entierros.* Toisin kuin Suomessa, Espanjassa ei voi ottaa valokuvia hautajaisissa.

• **diferido**
en diferido nauhoitettuna *El partido entre el Real Madrid y el Burgos lo podremos ver en diferido.* Real Madridin ja Burgosin välisen ottelun näemme nauhoitettuna.

• **diligencia**
La diligencia es madre de la buena ventura. Ahkeruus kovan onnen voittaa

• **dimes**
dimes y diretes juorut *No le importan los dimes y diretes que circulan en el pueblo sobre ella.* Hän ei välitä juoruista, joita hänestä on liikkeellä kylässä.

• **dinero**
podrido de dinero rahaa kuin roskaa *Los dos millones que ha pagado por el coche no habrán sido un gran sacrificio porque está podrido de dinero.* Ne kaksi miljoonaa, jotka hän maksoi autosta, eivät varmaankaan olleet suuri uhraus, koska hänellä on rahaa kuin roskaa.
Dinero llama a dinero. Raha tulee rahan luokse.
Dineros de sacristán: cantando se vienen y cantando se van. Mikä laulaen tulee, se viheltäen menee.
El dinero no crece en los árboles. Ei markat maaten tule.
El dinero no tiene olor. Raha ei haise.

• **diñar**
diñarla *ark* potkaista tyhjää *La acaba de diñar en la cárcel el famoso asesino del ascensor.* Se kuuluisa hissimurhaaja on juuri potkaissut juuri vankilassa.

diñársela *ark* huijata *A mí no me la diñas porque llevo mucho tiempo en este oficio y lo conozco bien.* Minua et huijaa, koska olen ollut kauan tässä työssä ja tunnen sen hyvin.

• **dios**
a la buena de Dios miten sattuu *Todo lo hace a la buena de Dios y, claro, a veces le salen mal las cosas.* Hän tekee kaiken, miten sattuu ja tietenkin asiat menevät joskus pieleen.
¡anda Dios! herranjestas *¡Anda Dios! Pero si yo creía que eran las 10 y son las 4.* Herranjestas! Minä kun luulin, että kello oli kymmenen ja se onkin neljä.
armarse la de Dios es Cristo (*myös* armarse la de Dios) syntyä rähäkkä *Los transeúntes insultaron a los manifestantes, éstos respondieron con gestos obscenos y al final allí se armó la de Dios es Cristo.* Ohikulkijat herjasivat mielenosoittajia, jotka vastasivat siveettömillä eleillä, ja lopulta syntyi rähäkkä.
como Dios kuin herra *Vive como Dios: mansión, coche de lujo, piscina, un salario de millones.* Hän elää herroiksi: kartano, luksusauto, uima-allas, miljoonapalkka.
como Dios manda kuten pitää *Sólo comía hamburguesas, en lugar de comer como Dios manda.* Hän söi vain hampurilaisia, sen sijaan, että olisi syönyt kunnolla. *Este ordenador siempre funciona como Dios manda.* Tämä tietokone toimii aina kuin enkeli.
como Dios [lo] **trajo al mundo** apposen/ ilkosen alasti *Estaba de pie delante de la chica como Dios me trajo al mundo.* Seisoin tytön edessä apposen alasti.
como Dios quiera katsotaan sitten *Tú hazlo y que salga como Dios quiera. No es importante.* Tee se ja katsotaan sitten, mitä siitä tulee. Ei sillä ole niin väliä.
dejar a la buena de Dios jättää oman onnensa nojaan *No había abandonado al niño a la buena de Dios, pero tampoco se ocupaba mucho de él.* Hän ei ollut jättänyt lasta oman

onnensa nojaan, mutta ei myöskään huolehtinut hänestä kunnolla.

Dios dirá aika näyttää *Dios dirá qué influencia tendrá esta decisión.* Aika näyttää, mitä vaikutusta tällä päätöksellä on. *Si esto les sirve o no, Dios dirá.* Aika näyttää, onko tästä mitään hyötyä heille.

¡Dios mío! herra jumala *¡Dios mío! ¿Qué ha pasado aquí?* Herra jumala! Mitä täällä on tapahtunut?

Dios lo quiera (*myös* Dios te oiga) toivottavasti *Me parece que tu empresa va a ser un éxito. – Dios lo quiera.* Minusta tuntuu, että sinun yrityksestäsi tulee menestys. – Toivottavasti.

Dios mediante jos Luoja suo *El verano que viene, Dios mediante, iremos de vacaciones.* Ensi kesänä, jos Luoja suo, lähdemme lomalle.

Dios me libre ei missään tapauksessa *¿Quieres encargarte de los niños del jefe? – ¿Yo? Dios me libre.* Haluatko huolehtia pomon lapsista? – Minäkö? En missään tapauksessa.

Dios quiera que toivottavasti *Dios quiera que suban las temperaturas o vamos a acabar helándonos.* Toivottavasti lämpötila nousee, tai jäädymme kohta. *Dios quiera que todo sea un malentendido.* Toivottavasti kaikki oli väärinkäsitystä.

Dios y ayuda jumalattomasti *Construir el embarcadero le costó Dios y ayuda.* Laiturin rakentaminen maksoi jumalattomasti.

Dios y su madre *ark* joka ikinen *En aquella reunión no faltó nadie, allí estaban Dios y su madre.* Siitä kokouksesta ei ollut poissa kukaan, joka ikinen iikka oli paikalla.

gracias a Dios jumalan kiitos *Estamos bien, gracias a Dios.* Voimme hyvin, jumalan kiitos.

llamar Dios a su santo seno saada kutsu taivaan kotiin *Dios lo llamó a su santo seno hace un mes.* Hän sai kutsun taivaan kotiin kuukausi sitten.

ni Dios ei erkkikään, ei kukaan *Habla de una forma tan rara que no le entiende ni Dios.* Hän puhuu niin kummallisella tavalla, ettei kukaan ymmärrä häntä.

¡por Dios! herran tähden *¡Pero, por Dios, no le pongas zumo de naranja a la sangría!* Herran tähden, älä laita appelsiinimehua sangriaan!

que venga Dios y lo vea herra nähköön *Si esto es una tarta de queso, que venga Dios y lo vea. ¡Camarero, llévese esto inmediatamente y tráigame una tarta de queso!* Herra nähköön, jos tämä on juustokakkua. Tarjoilija, viekää tämä pois heti ja tuokaa minulle kunnon juustokakkua.

quiera Dios que toivottavasti *Quiera Dios que no haya empezado aún la conferencia.* Toivottavasti luento ei ole vielä alkanut.

si Dios quiere jos Luoja suo *Hasta mañana, si Dios quiere.* Huomiseen, jos Luoja suo.

todo Dios joka iikka *También tienes que venir tú; allí estará todo Dios.* Sinunkin pitää tulla, siellä on joka iikka.

¡válgame Dios! (*myös* ¡válgame el cielo!) herra paratkoon *¡Válgame Dios, Martín! ¿De dónde vienes a esta horas?* Herra paratkoon, Martín! Mistä sinä tulet tähän aikaan?

¡vaya con Dios! herran haltuun *Hasta su próxima vista. ¡Vaya con Dios señora!* Näkemiin seuraavaan kertaan. Herran haltuun, rouva.

A Dios rogando y con el mazo dando. Oma apu paras apu.

A quien madruga Dios le ayuda. Aikainen lintu madon löytää/nappaa.

Dios ayuda a quien se ayuda. Oma apu paras apu.

Dios los cría y ellos se juntan. Vakka kantensa valitsee.

¡Dios sabrá! Luoja tietää!

Dios sufre a los malos, pero no para siempre. Paha saa palkkansa.

¡Quede/a (usted/tú) **con Dios!** Herran haltuun!

¡Vaya por Dios! Harmin paikka!

ks. myös: el **hombre** propone y Dios dispone; no tener **perdón** de Dios; poner una **vela** a Dios y otra al diablo

• **directo**
en directo suorana lähtyksenä *El partido de fútbol lo veremos en directo.* Näemme jalkapallo-ottelun suorana.

• **dirección**
en dirección a kohti, päin *Cuando des una conferencia debes poner la cara siempre en dirección al público.* Kun pidät luentoa, sinulla täytyy olla kasvot aina yleisöön päin.
en todas direcciones joka suuntaan *Los manifestantes se dispersaron en todas direcciones.* Mielenosoittajat hajaantuivat joka suuntaan.

• **disco**
cambiar de disco vaihtaa levyä *Cambia de disco, cariño, eso ya me lo has dicho mil veces.* Vaihdapa, rakkaani, levyä, olet kertonut tuon minulle jo tuhat kertaa.
disco rayado levy päällä *Pareces un disco rayado, cariño, siempre estás con el mismo tema.* Sinulla näyttää, kultaseni, jääneen levy päälle, puhut aina samasta asiasta.

• **discreción**
a discreción 1 mielin määrin *Pusieron sobre la mesa dos corderos asados y cada cual comió a discreción.* Pöytään tuotiin kaksi grillattua lammasta ja jokainen söi mielin määrin. **2** vapaasti *Algunos cursos son obligatorios, pero la mayoría son a discreción del estudiante.* Jotkut kurssit ovat pakollisia, mutta suurin osa on opiskelijan vapaasti valittavissa.

• **disculpa**
presentar disculpas pyytää anteeksi *Desearía presentarle mis disculpas, señor ministro, por haber llegado tarde a la reunión.* Haluaisin pyytää anteeksi, herra ministeri, että saavuin myöhässä kokoukseen.

• **discusión**
sin discusión kiistatta *Su discurso de ayer fue, sin discusión, el mejor que jamás ha pronunciado.* Hänen eilinen puheensa oli kiistatta paras, minkä hän on koskaan pitänyt.

• **discutir**
Dos no discuten si uno no quiere. Ei yksi akka riitele.

• **disgusto**
a disgusto vastentahtoisesti *Si lo vas a comer a disgusto, es mejor que no lo comas.* Jos syöt vastentahtoisesti, on parempi, ettet syö sitä ollenkaan.

• **disparar**
salir disparado lähteä kuin ammuttuna *Cuando el sargento gritó "rompan filas", los reclutas salieron disparados en dirección a la cantina.* Kun kersantti huusi "taakse poistu", alokkaat lähtivät kuin ammuttuna kohti kanttiinia.

• **disposición**
a [pos.] disposición käytettä vissä *Sabes perfectamente que me tienes a tu disposición para lo que necesites.* Teidät varsin hyvin, että olen käytettävissäsi, mihin vain tarvitset.

• **distancia**
a distancia kaukana *La bomba fue accionada por mando a distancia.* Pommi laukaistiin kaukolaukaisimella. *Los estudios a distancia dan tan buenos resultados como los presenciales.* Etäopiskelusta tulee yhtä hyviä tuloksia kuin kontaktiopetuksesta.
guardar las distancias pitää etäisyys *Los profesores han de saber guardar las distancias con los alumnos, aunque sean muy amables*

con ellos. Opettajien on osattava pitää tietty etäisyys oppilaisiin, vaikka olisivatkin hyvin ystävällisiä heitä kohtaan.

marcar [le] **las distancias** tehdä pesäero *Su comportamiento, demasiado atrevido, hizo que la jefa le marcase las distancias.* Hänen liian julkean käytöksenänsä takia pomo teki pesäeron.

salvando las distancias kuta kuinkin *El imperialismo americano poco se diferencia, salvando las distancias, del imperialismo romano.* Amerikan imperialismi on kuta kuinkin samanlaista kuin Rooman imperialismi.

• **distraído**
hacerse el distraído teeskennellä tietämätöntä *No te hagas el distraído y coge ese papel que has tirado al suelo.* Älä teeskentele tietämätöntä ja nosta ylös se paperi, jonka heitit lattialle.

• **dividir**
Divide y vencerás. Hajota ja hallitse.

• **do**
dar el do de pecho ylittää itsensä *Tuvo que realizar sus estudios paralelamente al trabajo en la fábrica, pero él dio el do de pecho y se doctoró en sólo 4 años.* Hänen täytyi opiskella samaan aikaan kun kävi tehtaassa töissä, mutta hän ylitti itsensä ja valmistui tohtoriksi neljässä vuodessa.

• **docena**
entrar pocos en docena ei kasva joka oksalla *Ha conseguido 10 sobresalientes en los exámenes de junio. – Es que Felipe es de los que entran pocos en docena.* Hän sai kymmenen kiitettävää kesäkuun tenteistä. – No, Felipehän on niitä, joita ei kasva joka oksalla.

• **doler**
ahí le duele siitä kenkä puristaa *La empresa tiene buenos productos, pero un mal marketing, ahí le duele.* Yrityksen tuotteet ovat hyviä, mutta markkinointi huonoa, ja siitä kenkä puristaa.
ks. myös: doler [le] en el **alma**

• **dolor**
con gran dolor de corazón suureksi suruksi *Con gran dolor de corazón debo informarle de la muerte de su hermana.* Suureksi surukseni minun täytyy ilmoittaa Teille, että sisarenne on kuollut.

un dolor de muelas piikki lihassa *Para la planificación urbana de la ciudad el antiguo silo de cereales es un dolor de muelas.* Kaupungin kaavoitukselle vanha viljasiilo on piikki lihassa.

• **domicilio**
a domicilio kotiin *Ha creado una empresa de servicio a domicilio de comida rápida.* Hän on perustanut pikaruoan kotiinkuljetusyrityksen.

• **domingo**
de domingo pyhäpuvussa *Toda la gente iba vestida de domingo.* Kaikki ihmiset olivat pyhäpuvuissa.

• **dominio**
del dominio público kaikkien tiedossa *Las relaciones de la directora con su secretario son del dominio público.* Johtajan suhde sihteerinsä on kaikkien tiedossa.

• **don**
don de gentes kanssakäymisen taito *Para trabajar de relaciones publicas tienes que tener don de gentes.* PR-alalla työskennelläksesi sinun täytyy osata käsitellä ihmisiä taitavasti.

tener el don de la palabra olla sana hallusa *Sara es una persona alegre que tiene el don de la palabra.* Sara on iloinen persoona, jolla on sana hallussa.

• **donde**
[subj.] **donde** [subj.] missä tahansa *Vayas donde vayas, te encontraré.* Menetpä minne tahansa, löydän sinut.
ks. myös: aquí/ahí/allí donde [lo] **ver**

• **dónde**
¿de dónde? miksi *¿De dónde voy a tener que pagarte yo a ti tu coche?* Miksi minun pitää kustantaa sinulle auto?
mira por dónde kappas vain *Estaba yo necesitado de alguien que me ayudase a reparar la bici y, mira por dónde, pasó por allí mi vecino el mecánico.* Tarvitsin jonkun auttamaan pyöräni korjaamisessa ja kappas vain paikalle tupsahti mekaanikkonaapurini.

• **doquier**
por doquier kaikkialla *Las huellas de la guerra son visibles por doquier.* Sodan jäljet näkyivät kaikkialla.

• **dormir**
dormirla nukkua humalansa pois *Ayer estuvo hasta las tantas de juerga y bebió bastante; ahora la está durmiendo.* Hän oli eilen hyvin myöhään juhlimassa ja joi melkoisesti ja nyt hän nukkuu humalaansa pois.

• **dos**
cada dos por tres jatkuvasti *El problema no es que le duela la cabeza hoy, sino que le duele cada dos por tres.* Ongelma ei ole se, että hänellä särkee päätä tänään, vaan että sitä särkee jatkuvasti.
como dos y dos son cuatro aivan varmasti, kiistatta *Ella no ha sido la autora del crimen,* como dos y dos son cuatro. Aivan varmasti hän ei ollut rikoksen tekijä.
de dos en dos kaksittain *Subía las cajas de dos en dos para terminar antes.* Vein laatikot ylös kaksi kerrallaan, että pääsisin nopeammin loppuun.
en un dos por tres käden käänteessä *Si quieres, en un dos por tres te preparo una sopa que te chupas los dedos.* Jos haluat, niin käden käänteessä teen keiton, joka vie kielen mennessään.
No hay dos sin tres. Ei kahta ilman kolmatta.

• **dotado**
bien dotado *yl alat.* hyvin varustettu *Algunas dicen que el tamaño no importa, pero donde esté un tío bien dotado que se quiten los demás.* Jotkut sanovat, ettei koolla ole väliä, mutta mitä paremmin varustettu mies on, sitä parempi.

• **ducha**
ducha de agua fría kylmä suihku *El anuncio del gobierno danés de no aceptar nuevos emigrantes a sido una ducha de agua fría para muchos subsaharianos.* Tanskan hallituksen ilmoitus, että uusia maahanmuuttajia ei oteta vastaan, oli kylmä suihku monille Saharan eteläpuolisilta alueilta tuleville.

• **duda**
la duda ofende ilman muuta *¿Tú sabes nadar? – La duda ofende, soy campeón de natación.* Osaatko uida? – Ilman muuta, olen uintimestari.
no cabe la menor duda ei ole pienintäkään epäilystä *No cabe la menor duda, es su hijo.* Ei ole pienintäkään epäilystä, etteikö hän ole heidän poikansa.
no dejar lugar a dudas ei jättää epäilykselle sijaa *La carta que te ha enviado la universidad no deja lugar a dudas: has sido admitido.* Yliopiston sinulle lähettämä kirje ei jätä

epäilykselle sijaa: sinut on hyväksytty opiskelemaan.

poner en duda epäillä *Nadie pone en duda que tú eres el mejor nadador.* Kukaan ei epäile, ettetkö ole paras uimari.

qué duda cabe epäilemättä *Antonio, qué duda cabe, ha sido quien más ha colaborado.* Antonio osallistui epäilemättä eniten.

salir de dudas saada varmuus *¿Por qué no le llamas? Si quieres salir de dudas lo mejor es llamarle y preguntárselo directamente.* Miksi et soita hänelle? Jos haluat saada varmuuden, parempi on soittaa ja kysyä suoraan häneltä.

sin duda [alguna] epäilemättä *Sin duda, no sabía que la reunión era hoy.* Hän ei epäilemättä tiennyt, että kokous oli tänään. *Sin duda alguna ella ha llegado, porque está aquí su bolso.* Hän on epäilemättä tullut, koska hänen laukkunsa on tässä.

ks. myös: en un **mar** de dudas; sin **lugar** a dudas

• **dudar**

no lo dudes usko pois *Si necesitas una persona que sepa cocinar, no lo dudes, Luis es el mejor.* Jos tarvitset jonkun, joka osaa laittaa ruokaa, Luis on paras, usko pois.

• **duende**

tener duende olla taikaa *La música de algunos guitarristas tiene duende.* Joidenkin kitaristien soitossa on taikaa.

• **dueño**

ser dueño de sí mismo hallita itsensä *Cuando salió de hablar con la directora, estaba temblando, pero a los pocos minutos ya era dueña de sí misma.* Kun hän tuli puhumasta johtajan kanssa, hän tärisi, mutta muutaman minuutin kuluttua hän jo hallitsi itsensä.

ser dueño y señor (*myös* ser muy dueño) olla jnk vallassa *El coche es suyo y él es dueño y señor de venderlo o dejarlo en el garaje si*

*quiere. Auto on hänen, ja hän yksin päättää, myykö sen vai pitääkö sen vaan tallissa.

• **dulce**

a nadie le amarga un dulce ei minunkaan suuni ole tuohesta *¿Apetece un güisquito? – Naturalmente, a nadie le amarga un dulce.* Maistuisiko viski? – Tottahan toki, ei minunkaan suuni ole tuohesta.

ks. myös: ser una **perita** en dulce

• **dúo**

a dúo kaksin *Cuando les pregunté si querían postre, los dos respondieron a dúo que sí.* Kun kysyin, halusivatko he jälkiruokaa, molemmat vastasivat yhdestä suusta "kyllä".

• **duplicado**

por duplicado kahtena kappaleena *La solicitud de beca tienes que enviarla por duplicado. Sinun täytyy lähettää apuraha-anomus kahtena kappaleena.

• **1 duro**

a las duras y a las maduras hyvässä ja pahassa *En la unidad familiar todos tienen que saber estar a las duras y a las maduras, si no, la unidad se rompe.* Perheyhteisössä kaikkien täytyy osata toimia niin hyvinä kuin huonoina päivinä, muuten yhtenäisyys hajoaa.

duro que te pego jatkuvasti *Los demás se fueron a casa, pero ella se quedó allí duro que te pego hasta que terminó el trabajo.* Muut lähtivät kotiin, mutta hän jäi sinnittelemään, kunnes sai työn valmiiksi.

ks. myös: duro de **roer**

• **2 duro**

cuatro duros muutama sentti *No es muy caro, sólo vale cuatro duros.* Se ei ole kallis, se maksaa vain muutaman sentin.

estar al tanto del duro venyttää penniä *Antes la gente sabía estar al tanto del duro.* Ennen osattiin venyttää penniä.

no dar un puto duro por ei uskoa ollenkaan *María se va a presentar al examen, pero no doy un puto duro por los resultados que saque.* Maria menee tenttiin, mutta en usko ollenkaan hänen pääsevän siitä läpi.

sin un duro rahaton *No puedo acompañarte en ese viaje porque estamos sin un duro.* En voi lähteä kanssasi sille matkalle, koska minulla ei ole senttiäkään.

EEEEEEE

• **echar**

echado para adelante (*myös* **ark** echao palante) rohkea *Es bueno que seas echado para adelante y no tengas miedo, pero debes tener cuidado.* Hyvä, että olet rohkea etkä pelkää, mutta sinun pitää olla varovainen.

echar a [inf.] alkaa *Como tenía mucha prisa, echó a correr.* Koska hänellä oli kova kiire, hän pinkaisi juoksuun.

echar/echarse a perder mennä pilalle *No andes por el barro o echarás a perder tus zapatos nuevos.* Älä astu kuraan tai uudet kenkäsi menevät pilalle. *Como hizo muy mal tiempo, se echó a perder la cosecha.* Koska oli ollut erittäin huono ilma, sato pilaantui.

echar abajo purkaa *Nos obligaron a que echásemos abajo la casa de la playa.* Meidän oli pakko purkaa rantatalo. *Como se nos había olvidado la llave, tuvimos que echar la puerta abajo de un empujón.* Koska olimme unohtaneet avaimen, meidän piti tyrkätä ovi sisään.

echar a rodar pilata *La presencia de la policía en la tienda echó a rodar los planes del ladrón.* Poliisin läsnäolo kaupassa pilasi rosvon suunnitelmat.

echar a volar lentää pesästä *Tienes treinta años, Carmen, ya es hora de que eches a volar.* Olet kolmekymmentä, Carmen, sinun on jo aika lentää pesästä.

echar de menos (*myös* echar a faltar) kaivata *Echo mucho de menos a mi hija cuando estoy de viaje.* Kaipaan kovasti tytärtäni, kun olen matkoilla.

echar mano de turvautua *Cuando se nos acabe el dinero, echaremos mano de los ahorros.* Kun meiltä loppuu rahat, turvaudumme säästöihin.

echarse a [inf.] ryhtyä *Todos se echaron a reír.* Kaikki alkoivat nauraa.

echarse atrás perääntyä, luovuttaa *No puedes echarte atrás ahora que estamos a punto de terminar el trabajo conjunto.* Et voi luovuttaa nyt, kun olemme jo saamassa päätökseen yhteisen työmme.

echarse encima tehdä tuloaan, olla lähellä *Si quieres practicar el esquí, hazlo pronto porque se te está echando encima la primavera y el calor.* Jos haluat harrastaa hiihtoa, toimi pian, koska kevät ja lämpimät ilmat ovat tulossa.

• **edad**

de cierta edad kypsässä iässä *Ya eres un señor de cierta edad y no puedes hacer cosas de jóvenes.* Olet jo kypsässä iässä oleva herra etkä voi tehdä samoja asioita kuin nuoret.

de edad avanzada iäkäs *Cuando ingresó en la residencia ya era un hombre de edad muy avanzada.* Päästessään palvelutaloon, hän oli jo hyvin iäkäs mies.

edad del pavo murrosikä *Ya sabes cómo son los hijos cuando están en la edad del pavo, todo es complicado, no están contentos con nada, etc.* Tiedäthän sinä, millaisia lapset ovat murrosiässä; kaikki on vaikeaa eikä olla tyytyväisiä mihinkään jne.

la edad de Cristo yli kolmekymppinen *Ya tiene la edad de Cristo y sigue viviendo en casa de los padres.* Hän on jo yli kolmekymppinen ja asuu yhä vanhempiensa luona.

mayor de edad täysi-ikäinen *Dentro de seis meses seré mayor de edad y podré entrar en las discotecas.* Puolen vuoden kuluttua olen täysi-ikäinen ja pääsen diskoon.

menor de edad alaikäinen *No puedes votar porque eres menor de edad.* Et voi äänestää, koska olet alaikäinen.

• **efectivo**

en efectivo käteinen *Me gusta llevar dinero en efectivo porque no en todas partes aceptan tarjeta bancaria.* Minä haluan pitää käteistä mukanani, koska pankkikortti ei kelpaa joka paikassa.

• **efecto**

a efectos tarkoituksessa *Puede que no haya estado nunca en la fábrica, pero a efectos legales ella es la directora.* Hän ei ehkä koskaan ole käynyt tehtaalla, mutta on laillisessa mielessä tehtaan johtaja.

a todos los efectos tosiasiassa *Puede que no haya estado nunca en la fábrica, pero a todos los efectos ella es la directora.* Hän ei ehkä koskaan ole käynyt tehtaalla, mutta on ihan virallisesti tehtaan johtaja.

bajo los efectos del alcohol alkoholin vaikutuksen alaisena *Por este motivo está prohibido conducir bajo los efectos del alcohol.* Tämän vuoksi ajaminen alkoholin vaikutuksen alaisena on kiellettyä.

en efecto itse asiassa, todellisuudessa, tosiaan *Yo no lo sabía, pero, en efecto, el concierto de esta tarde es gratis.* En tiennyt sitä, mutta konsertti on tosiaankin ilmainen. *En efecto, tenemos que hacerlo como tú dices y no como nos dijeron ayer.* Itse asiassa meidän täytyy tehdä kuten sanot eikä kuten meille sanottiin eilen.

hacer/surtir efecto tehota, vaikuttaa *El vino había empezado a hacer efecto y la cabeza me daba vueltas.* Viini oli jo alkanut vaikuttaa ja päässäni pyöri. *No todas las marcas de desodorantes surten el mismo efecto.* Kaikki deodoranttimerkit eivät tehoa samalla tavalla.

por efecto de vaikutuksesta *Tenía la piel curtida por efecto del sol.* Hänen ihonsa oli ahavoitunut auringon vaikutuksesta.

ser de mal efecto tehdä, antaa huono vaikutus *En España el tuteo es general, pero es de mal efecto tutear a personas mayores.* Espanjassa sinuttelu on yleistä, mutta antaa huonon vaikutuksen, jos sinuttelee vanhempia ihmisiä.

tener efecto 1 vaikuttaa, tehota *Esa medicina no tiene efecto.* Se lääke ei tehoa. **2** tapahtua *La reunión tendrá efecto a las 12 horas.* Kokous pidetään kello 12.

• **ejemplo**

dar ejemplo olla esimerkkinä, näyttää esimerkkiä *No puedes cruzar la calle con el semáforo en rojo, tienes que dar ejemplo a tus hijos.* Et voi ylittää katua päin punaista valoa, sinun täytyy olla esimerkkinä lapsillesi.

por poner un ejemplo esimerkiksi

Supongamos, por poner un ejemplo, que tiene usted un accidente; entonces el seguro le cubrirá todos los gastos. Oletetaan esimerkiksi, että teille tapahtuu onnettomuus; vakuutus korvaa silloin kaikki kulunne.

• **elefante**

como un elefante en una cacharrería kuin norsu posliinikaupassa *No quiero que me ayude Antonio en la mudanza porque su presencia sería como la de un elefante en una cacharrería* En halua Antonion auttavan minua muutossa, koska hän olisi kuin norsu posliinikaupassa.

• elemento
en su elemento elementissään *Puedes dejarle a tus hijos para que los cuide, con los niños él se encuentra en su elemento.* Voit jättää lapsesi hänelle hoitoon, hän on lasten kanssa omassa elementissään.

• embargo
sin embargo kuitenkin *Pueden haberte contado muchas cosas, sin embargo, puedo asegurarte que no ocurrió así.* Sinulle on voitu kertoa monia asioita, voin kuitenkin vakuuttaa, että niin ei tapahtunut. *Yo miraba y miraba, sin embargo, no veía nada.* Katsoin ja katsoin enkä kuitenkaan nähnyt mitään.

• eme (*myös* m)
irse a la eme mennä päin persettä *La economía se ha ido a la m.* Talous on mennyt päin persettä.
y una eme/m *alat* ja paskat *¿Me dejas tu falda roja? Es que la mía está sucia. – Y una eme; si no tienes falda, vete desnuda.* Saanko punaisen hameesi? Omani on nimittäin likainen. – Ja paskat. Jos sinulla ei ole hametta, niin mene alasti.
¡Vete a la eme/m! *alat* Haistaa paska!

• empellón
a empellones kovakouraisesti työntämällä *Conseguimos abrir la puerta a empellones.* Onnistuimme saamaan oven auki väkivalloin.

• empezar
no empieces/empecemos älä nyt taas / eipä nyt taas *No empieces con lo de tus dolores de espalda porque tenemos temas más importantes de los que hablar.* Älä nyt taas aloita niistä selkäkivuistasi, koska meillä on

paljon tärkeämpiä puheenaiheita. *No empecemos con lo de las vacaciones porque ahora no hay tiempo.* Eipä nyt taas höpötetä lomasta, koska nyt ei ole aikaa.
no tener ni para empezar 1 ei riittää alkuunkaan *Con los 100 euros que me has dado para el viaje no tengo ni para empezar.* Ne matkaa varten antamasi 100 euroa eivät riitä alkuunkaan. **2** voittaa mennen tullen *En cuestión de ping-pong, contigo no tengo ni para empezar.* Pöytätenniksessä voitan sinut mennen tullen.
para empezar aluksi, ensinnäkin *La tarta me la voy a comer yo. Para empezar, porque la he comprado yo, y en segundo lugar, porque tú eres diabético.* Minä aion syödä kakun. Ensinnäkin, koska olen ostanut sen ja toiseksi, koska sinä olet diabeetikko.
por algo se empieza jostakin on aloitettava *La niña ya sabe sumar, las otras operaciones matemáticas no las sabe hacer, pero por algo se empieza.* Tyttö osaa jo laskea yhteen, muita laskutoimituksia hän ei osaa, mutta jostakin on aloitettava.

• emplear
estar [le] bien empleado olla jollekulle oikein *¿Te has caído? Pues te está bien empleado, por subirte siempre a los árboles.* Putositko? No, se on sinulle oikein, koska kiipeilet aina puissa.

• emprender
emprenderla käydä kimppuun *La emprendió a golpes con la puerta y no cesó hasta que abrieron.* Hän alkoi hakata ovea eikä lakannut ennen kuin se avattiin.

• enano
como un enano mielettömästi *Ayer fui a ver una exposición de los expresionistas alemanes y disfruté como un enano.* Eilen kävin saksalaisten ekspressionistien

näyttelyssä ja nautin täysin siemauksin. *Necesita mucho dinero para irse de viaje alrededor del mundo y está trabajando como un enano.* Hän tarvitsee paljon rahaa maailmanympärimatkaansa varten ja tekee töitä kuin heikkopäinen.

• **encanto**
caer en los encantos de joutua pauloihin *Esperemos que nadie caiga en sus encantos porque es una mujer muy falsa.* Toivottavasti kukaan ei joudu hänen pauloihinsa, koska hän on tosi petollinen nainen.

• **encargo**
que ni mandado a hacer de encargo kuin tilauksesta *Si quieres alguien que te decore la casa, Luis es una persona que ni mandada a hacer de encargo.* Jos haluat jonkun sisustamaan kotisi, Luis on siihen kuin tehty.
por encargo tilauksesta *Normalmente en esta pescadería las ostras sólo las traemos por encargo.* Tästä kalakaupasta ostereita saa tavallisesti vain tilauksesta.

• **enchufe**
tener enchufe olla suhteita *Le han dado el trabajo porque tiene enchufe.* Hän sai työn suhteilla.

• **encima**
encima de 1 päällä *Los libros están encima de la mesa.* Kirjat ovat pöydällä. **2** lisäksi *Encima de no ayudar, tampoco deja trabajar a los demás.* Sen lisäksi, ettei hän auta, hän ei myöskään anna muiden tehdä töitä.
estar encima olla kimpussa *Su madre está siempre encima, vigilando que no hagamos nada prohibido.* Hänen äitinsä on aina kimpussa, vahtimassa, ettemme tee mitään kiellettyä.

estar por encima de olla yläpuolella *Nadie puede estar por encima de la ley.* Kukaan ei voi olla lain yläpuolella.
mearse encima tulla housuihin *Estaba muy nerviosa y a punto estuvo de mearse encima.* Hän oli hyvin hermostunut ja häneltä oli tulla housuihin.
pasar por encima de mennä yli *Ha pasado por encima de las dificultades con las que se ha encontrado.* Hän on päässyt kohtaamiensa vaikeuksien yli. *En esta reunión pasaremos por encima del programa del año que viene y hablaremos sobre los cambios de personal.* Tässä kokouksessa vain vilkaisemme ensi vuoden ohjelmaa ja puhumme henkilöstön muutoksista.
por encima päällisin puolin *Yo solamente he leído muy por encima el libro.* Olen lukenut kirjan vain päällisin puolin. *La película trata muy por encima el tema del racismo en Francia.* Elokuva käsittelee hyvin ylimalkaisesti rasismia Ranskassa.
por encima de ylitse *El avión volaba por encima de la ciudad.* Lentokone lensi kaupungin ylitse. *La economía nacional crecerá un 5,5 % por encima de la media europea.* Maan talous kasvanee 5,5 % yli Euroopan keskiarvon.
ks. myös: por encima de **todo**

• **encontradizo**
hacerse el encontradizo olla muka sattumalta jssk *A veces se escondía detrás de un árbol y cuando veía que se acercaba Santiago, salía haciéndose la encontradiza.* Joskus hän oli piiloutuneena puun taakse ja nähdessään Santiagon lähestyvän, tuli esiin kuin olisi osunut sattumalta paikalle.

• **encontrar**
encontrarse con tavata *Ayer me encontré con Fernando.* Tapasin Fernandon eilen.

encontrarse con que huomata yllätyksekseen *Al volver me encontré con que todos ya se había ido.* Kun palasin, huomasin yllätyksekseni kaikkien jo lähteneen.

● **encuentro**
al encuentro vastaan *En cuanto supo que había venido, corrió al encuentro de su enamorada.* Heti saatuaan tietää rakastettunsa tulleen, hän juoksi tätä vastaan. *El día que el maestro llegó al pueblo todos salieron a su encuentro.* Sinä päivänä, kun opettaja saapui kylään, kaikki menivät häntä vastaan.

● **energúmeno**
gritar como un energúmeno huuta kuin syötävä *El hombre salió corriendo de la tienda y gritaba como un energúmeno.* Mies juoksi ulos liikkeestä ja huusi kuin syötävä.

● **enésima**
por enésima vez monen monta kertaa *Te lo digo por enésima vez: no juegues con la comida.* Sanon sinulle ties monennenko kerran, että älä leiki sen ruoan kanssa.

● **enfermo**
caer enfermo sairastua *Ha caído enfermo y no sabemos cuándo volverá al trabajo.* Hän on sairastunut, emmekä tiedä, milloin hän palaa töihin.
poner [le] enfermo raivostuttaa *Las injusticias sociales me ponen enfermo.* Yhteiskunnalliset vääryydet raivostuttavat minua.
ponerse enfermo sairastua *El profesor se ha puesto enfermo y no podrá venir hoy a dar clase.* Opettaja on sairastunut eikä voi tulla opettamaan tänään.

● **enganchado**

estar enganchado olla kokussa *Está enganchado a los videojuegos.* Hän on koukussa videopeleihin.

● **engañar**
no nos engañemos hyväksyä tosiasiat *La solución de la hambruna en África no es enviar aviones con comida, no nos engañemos.* Pitää hyväksyä tosiasiat; Afrikan nälänhätää ei ratkaista lähettämällä sinne ruokaa lentokoneilla.
no te engañes usko minua *No te engañes, de nada sirve que le llames si ella no quiere hablar contigo.* Usko minua, että sinun ei todellakaan kannata soittaa hänelle, jos hän ei halua puhua kanssasi.
ks. myös: las **apariencias** engañan

● **enhorabuena**
dar la enhorabuena onnitella *Te doy mi más sincera enhorabuena por el excelente trabajo que has hecho.* Onnittelen sinua sydämestäni erinomaisesti tehdystä työstä.
estar de enhorabuena olla onnessaan *Están de enhorabuena, pues acaban de tener un hijo.* He ovat onnessaan, koska ovat juuri saaneet lapsen.

● **enrollarse**
enrollarse pälpättää *Vive solo pero no tiene problemas de comunicación porque se enrolla con cualquiera.* Hän asuu yksin, mutta hänellä ei ole ongelmia tulla toimeen ihmisten kanssa, koska hän puhua pälpättää kenen kanssa tahansa.
no te enrolles turhat löpinät pois *¡Venga, venga, no te enrolles! Deja de contar historias y continúa trabajando.* No niin, turhat löpinät pois! Lopeta juttujen kertominen ja jatka työtäsi.

● **ensueño**

de ensueño mahtava, upea *La fiesta que dieron los Simal fue de ensueño.* Simalit pitivät mahtavat juhlat.

• **entender**

a [pos.] **entender** mielestäni *A mi entender, no sería conveniente que comprases la casa ahora.* Mielestäni sinun ei olisi viisasta ostaa taloa nyt.

ahora entiendo ilmankos *Ahora entiendo el que a mí me parecía que había algo no va bien.* Ilmankos minusta tuntuikin, että jotain on vialla.

dar a entender antaa ymmärtää *Me dio a entender que no quería saber nada de mí.* Hän antoi minun ymmärtää, ettei halunnut tietää minusta mitään. *Con aquellas palabras quiso dar a entender que no veía bien la boda de su hijo.* Niillä sanoilla hän halusi vihjata, ettei katsonut hyvällä poikansa häitä.

hacerse entender tulla ymmärretyksi *Si quieres hacerte entender, habla despacio.* Jos haluat tulla ymmärretyksi, puhu hitaasti.

tener entendido olla käsittänyt *Tengo entendido que a ti no te gusta el pescado, así que hemos preparado carne.* Olen käsittänyt, että sinä et pidä kalasta, joten laitoimme lihaa.

ya me entiendes tiedäthän *Ella es un poco especial, mucho colorido, mucho maquillaje, ya me entiendes.* Hän on hieman erikoinen, hyvin värikäs, vahvasti meikattu, tiedäthän.

• **enterar**

darse por enterado ymmärtää yskä *Cuando notó que nadie le dirigía la palabra, se dio por enterado, y se fue de la fiesta.* Huomattuaan, ettei kukaan puhunut hänelle, hän ymmärsi yskän ja lähti juhlista.

para que te enteres / para que se entere ettäs tiedät/tiedätte *Yo, para que te enteres, no necesito tu dinero; con lo que tengo me basta.* Minä en tarvitse rahojasi, omani riittävät minulle, ettäs tiedät.

¿te enteras? tajuatko *Yo hago lo que me da la gana. ¿Te enteras? Y si no te gusta, vete.* Minä teen, mitä huvittaa. Tajuatko? Jos se ei käy sinulle, mene pois.

te vas a enterar / se va a enterar (de lo que vale un peine) saat kuulla kunniasi / saatte kuulla kunnianne *Si vuelves a cogerme el coche sin permiso, te vas a enterar (de lo que vale un peine).* Jos vielä otat autoni luvatta, saat kuulla kunniasi.

• **entero**

por entero kokonaan *El día que se casó se entregó por entero a su mujer y a su casa y dejó de salir con los amigos.* Päivänä, jona hän meni naimisiin, hän omistautui kokonaan vaimolleen ja kodilleen ja lakkasi seurustelemasta ystäviensä kanssa.

• **entierro**

más que un entierro todella masentava *Es un pueblo pequeño y más triste que un entierro.* Se on pieni kylä ja tosi masentava.

ks. myös: no dar [le] / tener **vela** en este entierro

• **entonces**

en/por aquel entonces siihen aikaan *Por aquel entonces era normal que los chicos jóvenes llevasen melena.* Siihen aikaan oli tavallista, että pojilla oli pitkä tukka. *En aquel entonces yo era muy joven.* Siihen aikaan olin hyvin nuori.

por entonces siihen aikaan *Los domingos nos reuníamos en una cafetería que había por entonces en la plaza.* Sunnuntaisin kokoonnuimme erääseen kahvilaan, joka siihen aikaan oli torin laidalla.

• **entrada**

de entrada ensinnäkin *Para ser profesor titular en un instituto, de entrada, tienes que saber finés o sueco.* Saadaksesi lukiosta lehtorin viran sinun täytyy ensinnäkin olla suomen- tai ruotsintaitoinen.
hacer entrada astua sisään *Primero entraron los secretarios, luego los ministros y por fin hizo su entrada el presidente.* Ensin tulivat sihteerit, sitten ministerit, ja lopuksi sisään astui presidentti.

• entraña
de mis entrañas rakas *Hijo de mis entrañas, ¿por qué lloras?* Rakas lapsi, miksi sinä itket?
no tener entrañas olla sydämetön *Puede parecer que los fotógrafos de guerra no tienen entrañas, pero probablemente no es cierto.* Sotakuvaajat voivat vaikuttaa sydämettömiltä, mutta niin ei luultavasti ole.

• entrar
entrar [le] tulla jk *Cuando me entra el sueño no hay manera de mantenerme despierto.* Kun minua alkaa nukuttaa, en millään pysy hereillä.

• entrecejo
arrugar el entrecejo rypistää otsaansa *Miró por la ventana, vio la nieve y arrugó el entrecejo pensando en la viña.* Hän katsoi ikkunasta, näki lunta ja rypisti otsaansa ajatellessaan viinitarhaa.

• entredicho
estar en entredicho asetettu kyseenalaiseksi *La terapia hormonal durante la menopausia está en entredicho.* Hormonihoito vaihdevuosien aikana on asetettu kyseenalaiseksi.
poner en entredicho kyseenalaistaa *Los nuevos aviones de combate ponen en entredicho las promesas de los populares sobre el recorte presupuestario militar.* Uudet taistelukoneet kyseenalaistavat oikeistopuolueen lupaukset puolustusvoimien budjetin leikkauksista.

• entrenar
No es más tonto porque no se entrena. Ei järki päätä pakota.

• entrepierna
pasarse por la entrepierna *alat* haistattaa paskat *Hay algunos y algunas que se pasan por la entrepierna las nuevas leyes sobre el tabaco.* On joitakin, jotka haistattavat paskat uusille tupakkalaeille.

• entretiempo
de entretiempo (vaatteesta) välikausi- *Es un abrigo de entretiempo que suelo usar en marzo.* Se on välikausitakki, jota tavallisesti käytän maaliskuussa.

• envidia
dar [le] **envidia** käydä kateeksi *Me dan envidia los que tienen coche.* Kateeksi käy niitä, joilla on auto.
muerto de envidia vihreä kateudesta *Sihvonen estará muerto de envidia.* Sihvonen lienee vihreä kateudesta.

• época
de los que hacen época ikimuistettava *El último concierto de Plástica fue de los que hacen época, el estadio estaba a rebosar y tocaron todos los clásicos de su repertorio.* Plástican viimeisin konsertti oli ikimuistettava, stadion oli pullollaan, ja he esittivät kaikki ohjelmistonsa klassikot.

• equívoco
llevar a equívocos johtaa harhaan *¿Por qué la conciencia a veces puede llevar a equívocos?* Miksi omatunto voi joskus johtaa harhaan?

• **errar**
Errar es humano. Erehtyminen on inhimillistä.

• **erre**
erre que erre itsepintaisesti *Te he dicho que me llames Tony, pero tú, erre que erre, siempre me llamas Don Antonio.* Olen pyytänyt sinua sanomaan minua Tonyksi, mutta sinä itsepintaisesti kutsut minua Don Antonioksi.

• **error**
por error erehdyksessä *El informe sobre el estado de la empresa se lo enviaron por error al secretario, en vez de al director.* Yrityksen tilasta kertova tiedote lähetettiin erehdyksessä sihteerille johtajan sijasta.

• **esa**
¿así que esas tenemos? niinkö *Me ha dicho que ella no vendrá porque no quiere ver a Doña Luisa. −¿Así que esas tenemos? Es igual, haremos la fiesta sin ella.* Hän sanoi minulle, ettei tule, koska ei halua tavata Doña Luisaa. − Niinkö? No, se on samantekevää, me pidämme juhlat ilman häntä.
salir/venir con ésas älä höpsi *No me vengas con ésas, sabías perfectamente que tú no habías sido invitado.* Älä höpsi. Tiesit vallan hyvin, ettei sinua oltu kutsuttu.

• **escala**
a escala tasolla *A escala regional, es una empresa importante, pero a escala nacional, no* Alueellisella tasolla se on merkittävä yritys, mutta kansallisella tasolla ei. *Me ha regalado una reproducción, a escala real, del Manneken Pis.* Hän lahjoitti minulle kopion Manneken Pis -patsaasta luonnollisessa koossa.
hacer escala poiketa *El avión hará escala en París antes de Roma.* Lentokone tekee välilaskun Pariisiin ennen tuloaan Roomaan.

El barco hace escala en Santander. Laiva poikkeaa Santanderissa.

• **escaldar**
salir escaldado saada tarpeekseen, saada näpeilleen *Estuvo trabajando medio año en una escuela y salió escaldado.* Hän oli töissä koulussa puoli vuotta ja sai tarpeekseen. *Invirtió en una empresa inmoviliaria, pero salió escaldado.* Hän sijoitti erääseen kiinteistöyritykseen, mutta sai näpeilleen.

• **escapada**
hacer una escapada pitää lyhyt loma *Como era el dueño de la fábrica, nunca tenía vacaciones, pero de vez en cuando hacía una escapada al chalet.* Koska hän oli tehtaan johtaja, hänellä ei ollut koskaan lomaa, mutta silloin tällöin hän kävi hengähtämässä mökillään.

• **escapado**
salir escapado lähteä luikkimaan *En cuanto me vio llegar, salio escapada.* Heti minut nähtyään, hän lähti luikkimaan.

• **escapar**
dejar escapar päästää käsistä *Ésa es una oportunidad que no puedes dejar escapar.* Se on tilaisuus, jota et voi päästää käsistäsi.

• **escape**
a escape kiireesti *Son las seis menos cuarto y la película empieza a en punto, así que vamos a escape.* Kello on varttia vaille kuusi, ja elokuva alkaa tasan kuudelta, joten lähdetään kiireesti.

• **escena**
entrar en escena astua kuvaan *En las discusiones ideológicas, el sentido común siempre entra en escena demasiado tarde.*

Aatteellisissa keskusteluissa terve järki astuu kuvaan aina liian myöhään.

montar una escena järjestää kohtaus *Fuimos a cenar a casa de unos amigos y el marido montó una escena porque a la mujer se le cayó la botella de vino.* Menimme illalliselle eräiden ystävien luokse, ja aviomies järjesti kohtauksen, koska vaimolta kaatui viinipullo.

• **esclavo**
trabajar como un esclavo raataa kuin orja *La casa me ha quedado perfecta, pero he tenido que trabajar como un esclavo durante todo el verano.* Talo tuli tiptopkuntoon, mutta minun piti raataa kuin orja koko kesä.

• **escoba**
no vender ni una escoba ei saada mitään aikaiseksi *Ahí donde le ves con tantas mujeres en torno, podría parecer un ligón, pero no vende ni una escoba.* Kun hänet näkee tuolla niin monta naista ympärillään, häntä voisi luulla naistenmieheksi, mutta ei hänestä ole mihinkään.

• **escollo**
ser un escollo olla kantona kaskessa *Chechenia es un escollo en las relaciones entre la UE y Rusia.* Tshetshenia on kantona kaskessa EU:n ja Venäjän suhteissa.

• **escondidas**
a escondidas salaa *Fumaba a escondidas porque no quería que lo supiesen sus padres.* Hän poltti salaa, koska ei halunnut vanhempiensa tietävän.

• **escondite**
jugar [le] **al escondite** olla hukassa, piilossa *De pequeños jugábamos al escondite en una casa abandonada.* Kun olimme pieniä, leikimme piilosta eräässä autiotalossa. *Después de vivir tantos años en el extranjero, las palabras le juegan al escondite y no siempre encuentra la adecuada.* Asuttuaan niin monta vuotta ulkomailla sanat ovat häneltä joskus hukassa, eikä sopivaa sanaa aina löydy.

• **escopeta**
fallar más que una escopeta de feria osua aina harhaan *Las previsiones de crecimiento del Banco Central Europeo fallan más que una escopeta de feria.* Euroopan keskuspankin kasvuennusteet osuvat aina harhaan.

• **escote**
ir/pagar a escote maksaa omansa *En Finlandia es normal que las rondas del bar entre los amigos se paguen a escote.* Suomessa on tavallista, että jokainen maksaa omansa baarikierroksella.

• **escribano**
El mejor escribano echa un borrón. Viisaskin menee vipuun.

• **escrito**
estar escrito que olla kirjoitettu tähtiin *Estaba escrito que volveríamos a vernos.* Oli kirjoitettu tähtiin, että me vielä kohtaisimme. **por escrito** kirjallisesti *El permiso para ausentarme del trabajo tres semanas lo necesito por escrito.* Ollakseni poissa töistä kolme viikkoa tarvitsen luvan kirjallisena.

• **escucha**
a la escucha kuulolla, korvat höröllään *No hables tan alto en la escalera porque los vecinos siempre están a la escucha.* Älä puhu niin kovaa rappukäytävässä, koska naapurit ovat aina kuulolla.

• **ese**
hacer eses mutkitella *Cuando salió del bar, avanzaba haciendo eses.* Tultuaan ulos baarista hän kulki mutkitellen.

• **esencia**

en esencia olennainen *Su mensaje, en esencia, es que no habrá aumento salarial.* Hän viestinsä pääsisältö on, että palkankorotusta ei tule.

• **eso**

a eso de paikeilla, aikoihin *A eso de las siete, la calle ya estaba llena de gente.* Seitsemän aikoihin katu oli jo täynnä ihmisiä.

con todo y con eso kuitenkin *Le han ofrecido un buen salario, piso céntrico y coche, pero con todo y con eso no quiere ir a vivir a Barcelona.* Hänelle tarjottiin kunnon palkka, asunto keskustassa ja auto, mutta hän ei kuitenkaan halua mennä asumaan Barcelonaan.

en eso silloin *Todos ya habían aceptado la repartición de la herencia y en eso se levantó mi hermano y dijo que no, que no la aceptaba.* Kaikki olivat jo hyväksyneet perinnönjaon, mutta silloin veljeni nousi ylös ja sanoi, että hän ei hyväksynyt sitä.

eso de que se, että *Eso de que Europa se meta demasiado en los asuntos de África me preocupa.* Minua huolestuttaa se, että Eurooppa puuttuu liikaa Afrikan asioihin. *No estoy de acuerdo contigo en eso de que nadie haya quedado contento con el trabajo.* En ole samaa mieltä kanssasi siinä, että kukaan ei ollut tyytyväinen työhön.

eso de se asia *Eso de gritar cuando se pone nervioso es típico de su carácter.* Huutaminen on hänelle luonteenomaista hänen hermostuessaan.

eso es aivan oikein, juuri niin *Carlos es el director, ¿no? – Eso es.* Carlos on johtaja, eikö niin? – Juuri niin.

eso es todo ei muuta, siinä kaikki *¿Desea alguna cosa más? – No, gracias, eso es todo.* Saako olla muuta? – Kiitos ei muuta.

eso sí myönnettäköön *Marco siempre llega tarde, pero eso sí, cuando llega, trabaja como el que más.* Marco myöhästyy aina, mutta myönnettäköön, että kun hän tulee, niin hän tekee töitä kuten muutkin.

no por eso se ei estä *Ya sé que este trabajo es muy difícil, pero no por eso lo voy a dejar.* Tiedän, että tämä työ on erittäin vaikea, mutta se ei estä minua ryhtymästä siihen. *Ellos están enfadados, pero no por eso vamos a dejar de saludarles.* He ovat vihaisia, mutta se ei estä meitä tervehtimästä heitä.

por eso sen vuoksi *Yo lo quería con toda mi alma y por eso me he casado.* Rakastin häntä kaikesta sydämestäni ja sen vuoksi menin naimisiin

¿Y eso? miten niin *Me parece que no te dejarán entrar. –¿Y eso? Yo tengo tanto derecho como el que más.* Minusta tuntuu, että sinä et pääse sisään. – Miten niin? Minulla on samanlainen oikeus kuin muillakin.

y eso que vaikka *Matti ya sabe leer cuentos infantiles, y eso que sólo tiene cinco años.* Matti osaa jo lukea satuja, vaikka on vasta viisivuotias.

• **espacio**

por espacio de ajan *Estuvimos esperándole por espacio de dos horas, y nos fuimos porque no llegaba.* Odotimme häntä kahden tunnin ajan ja lähdimme pois, koska hän ei tullut.

• **espada**

entre la espada y la pared puun ja kuoren välissä *Estábamos entre la espada y la pared, o apoyábamos las propuestas del director o nos despediría.* Olimme puun ja kuoren välissä; joko kannattaisimme johtajan ehdotuksia tai hän erottaisi meidät.

espada de doble filo kaksiteräinen miekka *Trabajar solo es una espada de doble filo, nadie te da órdenes, cierto, pero tampoco* *puedes pedir ayuda a nadie.* Työskentely yksin on kaksiteräinen miekka; kukaan ei tietenkään määräile, mutta ei voi myöskään pyytää apua keneltäkään.

Quien a espada hiere, a espada morirá. Joka miekkaan tarttuu, se miekkaan hukkuu.

ks. myös: defender a **capa** y espada

• **espalda**

a espaldas de 1 selän takana *La pantalla queda a espaldas del confereciante.* Valkokangas jää luennoitsijan selän taakse. **2** tietämättä *No puedes tomar esa decisión a espaldas de las expectativas y los deseos de tu familia.* Et voi tehdä sitä päätöstä ottamatta huomioon perheesi odotuksia ja toiveita.

a [pos.] espaldas 1 takana *Cerró la puerta a sus espaldas.* Hän sulki oven perässään. *Oí una voz a mis espaldas y me asusté.* Kuulin äänen takanani ja säikähdin. **2** selän takana, salaa *Eso tendremos que hacerlo a sus espaldas.* Meidän täytyy tehdä se salaa häneltä.

cubrirse/guardarse las espaldas turvata selusta *Pídele al jefe que te lo dé por escrito, así te cubres las espaldas si luego hay problemas.* Pyydä pomoa antamaan se sinulle kirjallisena, siten turvaat selustasi, jos myöhemmin tulee ongelmia.

dar/volver [le] la espalda kääntää selkänsä *La suerte le ha dado la espalda.* Onni on kääntänyt hänelle selkänsä. *Nada más verme, me volvió la espalda.* Heti minut nähtyään hän käänsi selkänsä.

de espaldas selällään *Estaba acostado de espaldas mirando al cielo.* Hän makasi selällään katsellen taivasta.

de espaldas a selin *Me senté de espaldas a su hermana.* Kävin istumaan selin hänen sisareensa. *Estaba acostado de espaldas mirando al cielo.* Hän makasi selällään katsellen taivasta.

donde la espalda pierde el nombre *ark* takapuoli, persaukset *Tiene una herida donde la espalda pierde el nombre, por eso no se puede sentar.* Hänellä on haava takapuolessaan eikä siksi voi istua.

espalda mojada meritse laittomasti maahan tuleva *EE.UU. ha construido un muro para evitar la entrada de espaldas mojadas.* Yhdysvallat on rakentanut muurin estääkseen meritse laittomasti tulevia pääsemästä maahan.

partirse la espalda tehdä niska limassa *Tendrás que partirte la espalda si quieres terminar los estudios.* Sinun pitää tehdä töitä niska limassa, jos haluat valmistua.

por la espalda takaapäin *El ladrón le había atacado por la espalda y no pudo verle el rostro.* Rosvo oli hyökännyt takaapäin eikä hän voinut nähdä tämän kasvoja.

tener las espaldas anchas olla paksunahkainen *Todas esas críticas le resbalan; tiene las espaldas anchas.* Kaikki ne arvostelut eivät häntä liikauta, hän on paksunahkainen.

tirar de espaldas tyrmistyttää *Cuando está enfadado pone una cara que tira de espaldas.* Kun hän on vihainen, hän näyttää hirvittävältä. *Annika hablaba un español tan perfecto que tiraba de espaldas.* Annika puhui ällistyttävän täydellistä espanjaa.

ks. myös: tener la **suerte** de espaldas

• **espantada**

dar la espantada ottaa jalat alleen *Primero estuvo esperando que María pasase por el parque, pero en cuanto la vio acercarse, dio la espantada.* Ensin hän odotti, että María kulkisi puiston kautta, mutta nähdessään tämän lähestyvän hän otti jalat alleen.

• **espanto**

de espanto kauhea *Delante de la taquilla había una cola de espanto.* Lippuluukun

edessä oli kauhea jono. ¡Qué calor hace hoy!
– Sí, hace un calor de espanto. Onpa tänään
kuuma! – Kyllä, kauhean kuuma.

estar curado de espantos olla nähnyt
pahempaakin, olla nähnyt kaiken *Puedes
enseñarme las fotos. No te preocupes, estoy
curada de espantos.* Voit näyttää minulle
valokuvat. Älä ole huolissasi, olen nähnyt
pahempaakin. *Mis padres llevan tanto tiempo
soportando mis locuras que ya están curados
de espanto.* Vanhempani ovat jo niin kauan
kestäneet minun hullutuksiani, että ovat jo
kaiken nähneet.

• **espárrago**
a freír espárragos/monas *alat* sinne missä
pippuri kasvaa *Si no quiere ayudarnos, que no
nos ayude y que se vaya a freír espárragos.* Jos
hän ei halua auttaa meitä, olkoon auttamatta
ja painukoon sinne, missä pippuri kasvaa.
delgado como un espárrago (*myös* más
delgado que un fideo) laiha kuin tikku *Los
chicos están delgados como un espárrago.*
Pojat ovat laihoja kuin tikut.

• **especial**
en especial erityisesti *Se queja de todo lo que
hago, en especial de mi forma de vestir.* Hän
valittaa kaikesta, mitä teen, erityisesti
pukeutumistavastani.

• **especie**
en especie luonnossa *Los obreros ya están
cansados de que se les pague en especie y no
en dinero.* Työläiset ovat jo kyllästyneet
siihen, että heille maksetaan luonnossa eikä
rahana.
una especie de eräänlainen *Le han regalado
una especie de máquina de escribir, pero que
no escribe.* Hän sai lahjaksi eräänlaisen
kirjoituskoneen, mutta sillä ei voi kirjoittaa.

• **espera**

estar a la espera de odottaa *Estamos a la
espera de que nos digan cuando podemos ir a
verlos.* Odotamme, että meille sanotaan,
koska voimme mennä tapaamaan heitä.

• **esperanza**
anidar esperanzas elätellä toiveita *EE.UU.
anidaba esperanzas de que Colombia fuese su
aliada.* USA elätteli toiveita, että Kolumbia
olisi sen liittolainen.
De esperanza también se vive. Toivossa on
hyvä elää.
más largo que la esperanza de un pobre pitkä
kuin nälkävuosi *Este curso es más largo que la
esperanza de un pobre.* Tämä kurssi on pitkä
kuin nälkävuosi.
ks. myös: mientras hay **vida**, hay esperanza

• **esperar**
de aquí te espero poikkeuksellinen *Esa chica
es de aquí te espero. No teme a nada ni a
nadie.* Tuo tyttö on omaa luokkaansa. Hän ei
pelkää mitään eikä ketään. *Era una egoísta de
aquí te espero.* Hän oli tavattoman itsekäs.
esperar sentado saada odottaa *Si crees que va
a devolverte el dinero que le has prestado,
espérala sentado.* Jos luulet hänen maksavan
takaisin, mitä olet lainannut hänelle, saat kyllä
odottaa.
ser de esperar olla odotettavissa *Es de esperar
que mañana haga un día excelente porque el
cielo está estrellado.* Huomenna on
odotettavissa erinomainen päivä, koska
taivaalla on tähtiä.
Quien espera desespera. Odottavan aika on
pitkä.

• **espina**
dar [le] mala espina haiskahtaa *Este asunto
me da mala espina y mucho me temo que
tengamos problemas.* Minusta tämä asia
haiskahtaa ja pelkään pahoin, että meille
tulee ongelmia.

sacarse la espina saada hyvitys, antaa takaisin *Alonso se sacó en Monza la espina del año pasado.* Alonso sai hyvityksen Monzassa viime vuoden häviölleen.

• **espinazo**
doblar el espinazo 1 tehdä selkä väöränä *No te pienses que esto se hace solo; para conseguirlo tendrás que doblar el espinazo.* Älä luule, että tämä onnistuu itsestään, sinun täytyy tehdä sen eteen töitä selkä väöränä. *2* taipua *Uno no puede tener la razón siempre; a veces hay que doblar el espinazo y reconocer que los demás están en los ciertos.* Aina ei voi olla oikeassa; joskus täytyy taipua ja tunnustaa muiden olevan oikeassa.

• **esponja**
como una esponja kuin sieni *No dejes las botellas a la vista porque Luis bebe como una esponja.* Älä jätä pulloja näkyville, koska Luis juo kuin sieni.
tirar la esponja *chl* heittää pyyhe kehään *Llevo ya dos horas intentando resolver el problema y no voy a tirar la esponja ahora.* Olen jo kaksi tuntia yrittänyt ratkaista ongelmaa enkä aio nyt heittää pyyhettä kehään.

• **espuerta**
a espuertas kasoittain, kosolti *En aquella empresa ganaba dinero a espuertas.* Siinä yrityksessä hän ansaitsi kasoittain rahaa.

• **espuma**
crecer como la espuma lisääntyä nopeasti *No encuentra un momento libre porque el trabajo le crece como la espuma.* Hänellä ei ole yhtään vapaata aikaa, koska työt lisääntyvät huimaa vauhtia.

• **esqueleto**

mover el esqueleto panna jalalla koreasti *Esta tarde tengo ganas de mover el esqueleto. ¿A dónde podríamos ir?* Tänä iltana haluan panna jalalla koreasti. Minne voisimme mennä?
quedarse en el esqueleto olla laiha kuin luuranko *Con el último régimen que ha llevado se ha quedado en el esqueleto.* Viimeisimmän laihdutuskuurin jälkeen hänestä on tullut laiha kuin luuranko.
ks. myös: tener un **muerto**/cadáver/ esqueleto en el armario

• **esquina**
doblar la esquina ylittää *Ese señor ya ha doblado la esquina de los 80 años.* Tuo mies on jo ylittänyt 80 vuoden iän.
en cada esquina joka kulmassa, joka paikassa *Tardamos mucho en hacer el viaje porque con los niños teníamos que pararnos en cada esquina.* Matkanteko kesti meillä kauan, koska lasten kanssa piti pysähtyä joka paikassa.
ks. myös: a la **vuelta** de la esquina

• **esquinazo**
dar [le] el esquinazo karistaa kannoiltaan *El conductor intentó darle el esquinazo a un paparazzi que los seguía.* Kuljettaja yritti karistaa kannoiltaan heitä seuranneen paparazzin.

• **esta**
¡por estas! *ark* vannon! *¿Vendrás? – Vendré. – ¿Me lo juras? – ¡Por estas!* Tuletko? – Tulen. – Vannotko? – Vannon.

• **estacada**
dejar en la estacada jättää pulaan *Hemos colaborado hasta ahora y no puedes dejarme en la estacada.* Olemme tehneet yhteistyötä tähän asti etkä voi jättää minua pulaan.

quedarse en la estacada jäädä lehdellä soittelemaan *Renny se quedó en la estacada.* Renny jäi lehdellä soittelemaan.

• **estado**

en estado raskaana *Hace ya seis meses que quedé en estado y no he sentido malestar físico alguno.* Tulin raskaaksi puoli vuotta sitten eikä minulla ole ollut minkäänlaista pahoinvointia.

en estado de buena esperanza siunatussa tilassa *Luisa, tienes que adelgazar porque pareces en estado de buena esperanza.* Luisa, sinun täytyy laihtua koska näytät siltä kuin olisit siunatussa tilassa.

en estado de gracia autuaana *Lleva una sonrisa como de quien se encuentra en estado de gracia.* Hän hymyili autuas ilme kasvoillaan.

• **estampa**

ser la viva estampa de olla ilmetty, olla kuin jkn kuva *Él era la viva estampa de su padre.* Hän oli kuin ilmetty isänsä.

• **estancado**

estar estancado *El proyecto está estancado.* Projekti polkee paikallaan.

• **estar**

estar a <päivämäärää ilmaistaessa> *¿A cuántos estamos hoy? – Hoy estamos a veinte de abril.* Moneso päivä tänään on? – Tänään on kahdeskymmenes huhtikuuta.

a lo que estar mennä takaisin asiaan *Es cierto que hace un día estupendo, pero a lo que estamos, ¿quién se encargará de limpiar hoy la casa?* Tänään on tosiaankin hieno päivä, mutta mennäänpä takaisin asiaan eli kenen vuoro on siivota tänään?

¿estamos? onko selvä *Esta es la última vez que te lo permito. ¿Estamos?* Tämä on

viimeinen kerta, kun saat tehdä niin. Onko selvä?

estar a lo que estar katsoa mitä tekee *Se me han quemado las alubias. – Es que no estás a lo que estás.* Pavut paloivat minulta pohjaan. – Katsoisit vähän mitä teet.

estar de 1 olla jssk tilanteessa *Pedro está de buen humor hoy.* Pedro on hyvällä tuulella tänään. *Ahora está de compras.* Hän on nyt ostoksilla. *Hemos estado de excursión y nos hemos divertido.* Olimme retkellä ja meillä oli hauskaa. **2** toimia jnak *Estuve de camarero en un bar en mi época de estudiante.* Olin tarjoilijana eräässä baarissa opiskeluaikanani. *Ángel Ganivet estuvo de cónsul en Finlandia.* Ángel Ganivet toimi konsulina Suomessa.

estar de más olla liikaa, tarpeeton *El pastel de chocolate que has hecho está muy bueno, pero la miel que has puesto encima está de más.* Leipomasi suklaakakku on erittäin hyvä, mutta sen päälle laittamasi hunaja on liikaa.

estar para 1 olla tekemäisillään *Estoy para salir, ¿puedes llamarme más tarde?* Olen lähdössä. Voitko soittaa minulle myöhemmin? *El tren está para llegar, no tardará mucho.* Juna tulee aivan kohta. *Estaba para llover, pero no obstante nos fuimos de paseo.* Sadetta oli ilmassa, mutta lähdimme silti kävelylle. **2** pystyä *No estoy yo para prestar dinero, sino para que me lo presten.* En pysty lainaamaan rahaa, vaan tarvitsen itse lainaa. *Después de cuatro horas de avión, no estamos para muchas fiestas.* Neljän tunnin lentomatkan jälkeen, emme ole oikein juhlatuulella.

estar por 1 olla puolesta *Mi madre está por el Tappara y yo por el Ilves.* Äitini kannattaa Tapparaa ja minä Ilvestä. **2** olla tekemäisillään *Luis estuvo por decirle cuatro verdades, pero se contuvo.* Luis oli vähällä sanoa hänelle suorat sanat, mutta hillitsi itsensä. *Cuando volvió a España, estaba por cumplir treinta años.* Palatessaan Espanjaan hän oli lähellä kolmeakymmentä. **3** olla tekemättä *La camas están todavía por hacer.* Sängyt ovat vielä sijaamatta.

estar que olla siinä kunnossa, että *Ya estoy que no me tengo ni de pie.* Olen siinä kunnossa, etten edes pysy pystyssä. *Se ha caído esta mañana y está que no puede ni caminar.* Hän kaatui tänä aamuna ja on siinä kunnossa, ettei pysty edes kävelemään.

y ya está ja sillä selvä *Tu tesina está muy bien; añádele una conclusión y ya está.* Sinun gradusi on oikein hyvä. Lisää siihen päätelmä, ja asia on sillä selvä.

ya está bien nyt riittää *Yo llevo tres años encargándome de todas las tareas de la casa; ya está bien, ¿no?* Olen kolme vuotta huolehtinut kaikista kotitöistä; nyt riittää, vai mitä?

• estatua

como una estatua välinpitämätön *En la fiesta unos reían, otros bromeaban, pero él permaneció como una estatua.* Juhlissa toiset nauroivat, toiset vitsailivat, mutta hänellä ei eväkään värähtänyt.

• estilo

por el estilo samantyylinen *Hacía cosas raras como subirse a los árboles y otras por el estilo.* Hän teki kummallisia asioita kuten kiipesi puihin ja muuta sen tapaista. *Novedades no hay muchas porque aquí todo sigue por el estilo.* Ei ole kovin paljoa uutta, koska täällä on kaikki kuten ennen. *Antes aquí fabricaban botas de goma y cosas por el estilo.* Ennen täällä tehtiin kumisaappaita ja sen sellaista.

• estima

tener en gran estima arvostaa suuresti *Tenía en gran estima a Felipe porque era un muchacho amable y responsable.* Hän arvosti Felipeä suuresti, koska tämä oli ystävällinen ja vastuuntuntoinen poika.

• estirón

pegar un estirón venähtää *Tengo que comprarle pantalones nuevos al niño porque en medio año ha pegado un estirón increíble.* Minun täytyy ostaa uusia housuja pojalle, koska hän on venähtänyt uskomattomasti puolessa vuodessa.

• esto

en esto siinä samassa *Estábamos saliendo de casa y en esto sonó el teléfono.* Olimme lähdössä kotoa, ja siinä samassa puhelin soi.

esto es eli *Hay que recordar que nadie es una isla; esto es, que todos dependemos de todos.* Täytyy muistaa, että kukaan ei ole yksin, eli me kaikki olemme riippuvaisia toisistamme.

• estómago

revolvérse [le] **el estómago** kuvottaa *Cuando oigo de las injusticias que se cometen en el mundo, se me revuelve el estómago.* Kun kuulen maailmassa tehdyistä vääryyksistä, minua kuvottaa.

echar el estómago antaa ylen *Comió, bebió y echoel estómago.* Söi, joi ja antoi ylen.

• estrago

hacer/causar estragos aiheuttaa tuhoa *Los piratas ingleses hacían estragos en los barcos españoles procedentes de América.* Englantilaiset merirosvot aiheuttivat tuhoa Amerikasta tuleville espanjalaisille laivoille. *Los recortes de personal han causado estragos en las universidades públicas.* Henkilöstön vähentäminen on saanut aikaan suurta vahinkoa yliopistoissa.

• estraperlo

de estraperlo musta pörssi *Todo el lujo de su casa lo ha comprado de estraperlo.* Kaikki luksuksen kodissaan hän on hankkinut mustan pörssin kautta.

• **estrecho**
hacerse el estrecho esittää tiukkapipoa *Se hace el estrecho, pero en realidad le gusta divertirse como a todo el mundo.* Hän esittää tiukkapipoa, mutta todellisuudessa haluaa pitää hauskaa kuten kaikki.
pasarlas estrechas olla tiukoilla *Las pasamos muy estrechas cuando los dos nos quedamos sin trabajo.* Olimme hyvin tiukoilla, kun jäimme molemmat työttömiksi.

• **estrella**
nacer con estrella syntyä onnellisten tähtien alla *En cuanto llegó a Finlandia y aunque no sabía nada de finés, encontró un trabajo estupendo. —Los hay que nacen con estrella.* Heti saavuttuaan Suomeen, vaikka ei osannut yhtään suomea, hän sai loistavan työpaikan. — Jotkut ovat syntyneet onnellisten tähtien alla.
tener buena estrella olla onnenpekka *Haberte conocido demuestra que tengo buena estrella.* Sinuun tutustuminen todistaa, että olen oikea onnenpekka.
ver las estrellas nähdä tähtiä *Me sacaron la muela sin anestesia y vi las estrellas.* Minulta poistettiin poskihammas puuduttamatta ja näin tähtiä.
Unos nacen con estrella, otros estrellados. Tasan ei käy onnenlahjat.

• **estrellado**
nacer estrellado syntyä onnettomien tähtien alla *Lleva diez años en Finlandia, habla perfectamente finés y es un gran arquitecto, pero no encuentra trabajo. Los hay que nacen estrellados.* Hän on ollut kymmenen vuotta Suomessa, puhuu suomea täydellisesti ja on loistava arkkitehti, mutta ei saa työtä. Jotkut ovat syntyneet onnettomien tähtien alla.

• **estribo**

perder los estribos menettää malttinsa *Recuerda que los maestros no pueden perder los estribos por muy revoltosos que sean los niños.* Muista, että opettajat eivät saa menettää malttiaan, vaikka lapset olisivat kuinka pahankurisia.

• **estropajo**
como un estropajo kuin santapaperia *Hace un calor increíble y no he bebido nada en toda la mañana; tengo la boca como un estropajo. ¿Me puedes poner una cerveza?* On uskomattoman kuuma, enkä ole juonut mitään koko aamuna, ja suuni on kuin santapaperia. Voitko antaa minulle oluen?

• **etcétera**
un largo etcétera ja paljon muuta *En las huertas castellanas puedes encontrar manzanas, peras, melocotones y un largo etcétera que no viene a cuento mencionar aquí.* Kastilian hedelmätarhoissa voi nähdä omenoita, päärynöitä, persikoita ja paljon muuta, mitä ei tässä kannata mainita.

• **etiqueta**
de etiqueta juhla-asussa *Para esa ceremonia tienes que ir vestido de etiqueta.* Siihen tilaisuuteen sinun täytyy mennä juhla-asussa.

• **evidencia**
dejar/poner/quedar en evidencia
1 osoittaa, todistaa *La guerra de Iraq ha puesto en evidencia que las intervenciones militares no son una solución.* Irakin sota on osoittanut,
että sotilaallinen puuttuminen asioihin ei ratkaise mitään. *2* paljastaa, saattaa noloon tilanteeseen *Ella pensaba que yo era el director, pero el jefe me puso en evidencia mandándome que le preparase un café.* Hän luuli minun olevan johtaja, mutta päällikkö paljasti minut käskemällä minun mennä

keittämään hänelle kahvia. *El periodista puso en evidencia al ministro cuando le preguntó por el uso particular que le daba al avión oficial.* Toimittaja saattoi ministerin noloon tilanteeseen kysyessään häneltä valtion koneen käyttämistä yksityismatkoihin.

● **exacto**
para ser exacto tarkalleen sanoen *Una vez me regaló una joya, un reloj de oro, para ser exactos.* Hän lahjoitti minulle kerran korun, kultakellon, tarkalleen sanoen.

● **excelencia**
por excelencia. ennen kaikkea, nimenomaan, juuri *El salmon ahumado es el plato por excelencia de la cocina finlandesa.* Savulohi on supisuomalainen ruoka.

● **excepción**
a/con excepción de lukuu nottamatta, paitsi *Todos deben pagar el impuesto de circulación, a excepción de aquellos cuyo coche tenga más de 20 años.* Kaikkien täytyy maksaa autovero, paitsi niiden, joiden auto on yli 20 vuotta vanha. *Con excepción de ése que ves ahí, todos los cuadros están vendidos.* Tuota tuolla lukuun ottamatta kaikki taulut ovat myynnissä.
La excepción confirma la regla. Poikkeus vahvistaa säännön.

● **exceso**
en exceso liikaa *Ayer comí en exceso y ahora me encuentro fatal.* Söin eilen liikaa ja nyt minulla on kauhea olo. *No es que sea avaro; es ahorrativo en exceso.* Ei hän ole saita, hän on vain liian säästäväinen.

● **exclusiva**
en exclusiva yksinomaan *La toma de esa decisión le corresponde en exclusiva al*

director. Sen päätöksen tekeminen kuuluu yksinomaan johtajalle.

● **excusa**
presentar [le] [pos.] **excusas** esittää anteeksipyyntö *Por favor, preséntele mis excusas a su esposo por no poder asistir a la cena.* Voisitteko esittää miehellenne anteeksipyyntöni, etten pääse tänään illalliselle.
poner mil excusas selittää ummet ja lammet *Ha llamado poniendo mil excusas. Total, que no va a venir hoy.* Hän soitti selitellen ummet ja lammet. Lyhyesti sanottuna hän ei tule tänään.

● **existir**
como si no existiera ei olla huomaavinaan *¿Has visto a Luis? Está allí hablando con la secretaria. – No mires, como si no existiera.* Näitkö Luisin? Hän puhuu tuolla sihteerin kanssa. – Älä katso, älä ole huomaavinasi.

● **expectativa**
estar a la expectativa olla odotus kannalla *¿Ya ha pasado Papá Noel o seguimos estando a la expectativa?* Onko pukki käynyt jo vierailulla vai ollaanko vielä odotus kannalla.

● **expediente**
cubrir el expediente tehdä vain välttämätön *No te esfuerces demasiado; es cuestión de cubrir el expediente, no de hacer algo maravilloso.* Älä yritä liikaa, pitää tehdä vain välttämätön eikä mitään ihmeellistä.

● **expensas**
a expensas de 1 kustannuksella *Había vivido a expensas de su tía hasta que murió ésta.* Hän oli elänyt tätinsä kustannuksella tämän kuolemaan saakka. *2* riippuen *Que me vaya de vacaciones está a expensas de que mis padres*

me envíen dinero. Lomalle lähtöni riippuu siitä, lähettävätkö vanhempani minulle rahaa.
vivir a expensas de otro elää toisen siivellä *Yo no querría vivir a expensas de otro.* Itse en haluaisi elää toisen siivellä.

• **explicar**
¿me explico? ymmärrätkö *Si quiere ganar el campeonato, el corredor tiene que ganar las dos próximas carreras y su máximo rival no sacar más de 5 puntos en total. ¿Me explico?* Jos kilpaajaja haluaa voittaa mestaruuden, hänen täytyy voittaa seuraavat kaksi kilpailua ja hänen pahin kilpailijansa ei saa saada yli viittä pistettä yhteensä. Ymmärrätkö?

• **extensivo**
hacer extensiva (onnittelusta, kutsusta) koskien kaikkia *Le damos nuestra más sincera felicitación que hacemos extensiva al resto del personal de su departamento.* Onnittelemme vilpittömästi Teitä ja samalla koko osastonne henkilökuntaa.

• **extranjis**
de extranjis salaa *Cuando de pequeño mis padres me castigaban sin postre, mi tía siempre me traía de extranjis algún dulce.* Kun olin pieni ja vanhempani rankaisivat minua jättämällä minut ilman jälkiruokaa, tätini toi minulle aina salaa jonkun makupalan.

• **extraño**
un perfecto extraño ventovieras *Lleva su tiempo antes de que un perfecto extraño se sienta aceptado.* Ottaa aikansa ennenkuin ventovieras saa kokea olevansa hyväksytty.

FFFFFFF

• **fábula**
de fábula uskomaton, satumainen *Fue un concierto de fábula. Nunca había dado un concierto tan bueno ese grupo.* Se oli uskomaton konsertti. Yhtye ei ollut koskaan pitänyt niin hyvää konserttia.
ir de fábula sujua kuin nappia painamalla *Todo fue de fábula en la reunión del departamento.* Kaikki sujui kuin nappia painamalla laitoksen kokouksessa.

• **facha**
hecho una facha kuin variksenpelätti *Se presentó a la entrevista de empleo hecho una facha y el entrevistador no quiso recibirle.* Hän tuli haastatteluun variksenpelättimen näköisenä ja haastattelija ei halunnut ottaa häntä vastaan.

• **fachada**
tras la fachada kulissien takana *La mayor parte del trabajo realizado por este equipo sucede tras la fachada.* Suurin osa kyseisen tiimin työstä tapahtuu kulissien takana.

• **facilidades**
dar facilidades antaa helpotuksia *A los clientes siempre tienes que darles facilidades.* Asiakkaille pitää aina antaa maksuhelpotuksia.

• **factura**
pasar [le] factura joutua maksamaan *Ten cuidado porque las noches sin dormir, el alcohol y todo lo demás pueden pasarte factura.* Varohan, koska unettomat yöt, alkoholi ja kaikki muu sellainen voivat kostautua sinulle.

• **facultad**
ks. myös: en pleno **uso** de sus facultades mentales y físicas

• **faena**
hacer [le] una faena tehdä törkeä temppu *Yo contaba con ella para preparar la boda, pero se ha ido de vacaciones. – ¡Vaya faena te ha hecho!* Luotin häneen häiden järjestelyssä, mutta hän lähti lomalle. – Voi, miten törkeän tempun teki sinulle!
entrar en faena panna tuulemaan *Trump ha entrado en faena: los aranceles golpean a México y Canadá.* Trump pani tuulemaan: Tullit iskevät Meksikoon ja Kanadaan.
meterse en faena käydä työn kimppuun *La UE se ha metido en faena.* EU on käynyt työn kimppuun.

• **fallar**
no falla poikkeuksetta *Siempre me trae chocolate cuando viene a verme; no falla.* Hän tuo minulle aina takuulla suklaata, kun tulee käymään.
ks. myös: fallar más que una escopeta de feria

• **fallo**
fallo garrafal paha moka *Eso sí que es un fallo garragal.* Toi on kyllä paha moka.

• **falso**
dar un paso en falso *1* astua harhaan *Cuando uno camina cerca de un precipicio no conviene dar ni un paso en falso.* Kun kulkee jyrkänteen reunalla, ei pidä astua yhtään harhaan. *2* tehdä virhe *Mi hermano era perfecto en todo y mí me habría gustado que alguna vez hubiese dado un paso en falso.* Veljeni oli täydellinen kaikessa ja minä olisin halunnut nähdä joskus hänen tekevän virheen.

• **falta**

a falta de puuttuessa *A falta de mejor cosa que hacer me puse a observar a los transeúntes.* Paremman tekemisen puutteessa ryhdyin katselemaan ohikulkijoita.
coger/pillar en falta saada kiinni virheestä *Durante los años que llevo de funcionario, nunca me han cogido en falta.* Näinä virkamiesvuosinani, minua ei ole koskaan saatu kiinni virheestä.
hacer falta (myös hacer [le] **falta**) tarvita, täytyä *Ahora hace falta que hagas un resumen de todo lo que has aprendido.* Nyt sinun täytyy tehdä yhteenveto kaikesta oppimastasi. *Lo que te hace falta es practicar y practicar.* Sinä tarvitset jatkuvaa harjoitusta.
ni falta que hace parempi niin *Matti no ha querido venir con nosotros. – Ni falta que hace.* Matti ei halunnut tulla kanssamme. – Parempi niin.
sin falta aivan varmasti *Mañana, sin falta, les escribiré una carta.* Huomenna aivan varmasti kirjoitan heille kirjeen. *A falta de pan, buenas son tortas.* Nälkäänsä syö mitä vaan.
Ks myös: A falta de **pan**, buenas son tortas.

• **faltar**
faltar poco [para] olla vähällä tai lähellä tehdä jtk *Poco faltó para que se cayese.* Hän oli vähällä kaatua. *Aunque me ha molestado, no le he dicho nada, pero ha faltado poco.* Vaikka hän kiusasi minua, en sanonut mitään, mutta läheltä piti.
¡faltaría más! *1* se nyt vielä puuttuisi *No permitiré que te quedes sin pastel. ¡Faltaría más!* Sinä et saa jäädä ilman leivosta. Se tästä nyt vielä puuttuisi! *2* ilman muuta *¿Me ayudas? – Faltaría más. Lo que tú quieras.* Autatko minua? – Ilman muuta. Ihan mitä vaan.
lo que faltaba se nyt vielä puuttui *Acaban de llegar los primos del pueblo. – ¡Lo que faltaba!* Maalaisserkut tulivat juuri. – Se tästä nyt vielä puuttui!

no faltaba más ilman muuta *¿Puedo tomar otro pastel? –¡No faltaba más!* Voinko ottaa toisen leivoksen. – Kaikin mokomin!

por si algo faltaba kaiken lisäksi *Por si algo faltaba, también les hacía la comida.* Kaiken lisäksi tein heille myös ruokaa.

sólo faltaba/faltaría que se tästä vielä puuttuisi *No creerás tú que soy culpable ¿verdad? Sólo faltaría que mi propia esposa no creyese en mi inocencia.* Ethän sinä usko minun olevan syyllinen, vai mitä? Se tästä vielä puuttuisi, että oma vaimoni ei uskoisi syyttömyyteeni.

ks. myös: faltar **agallas**; faltar [le] el **respeto**; faltar [le] **tiempo** para

• fama
Cría fama y échate a dormir. Tyhjät tynnyrit kolisevat eniten.

• familia
pasar en las mejores familias sattua paremmisakin perheissä *No te preocupes si has suspendido. Esas cosas pasan en las mejores familias.* Älä välitä, jos et päässyt läpi. Sellaista sattuu paremmissakin perheissä.

• farol
echarse/marcarse/tirarse un farol huiputtaa *No todo el mundo sabe marcarse un farol jugando al póquer.* Kaikki eivät osaa bluffata pelatessaan pokeria. *Mañana iré a cenar con el rey. – ¡Anda ya! No te eches esos faroles porque todos sabemos que este país es una república.* Huomenna menen illastamaan kuninkaan kanssa. – Joopa joo! Älä kerro satuja, koska me kaikki tiedämme, että tämä maa on tasavalta.

• farolillo
ser el farolillo rojo olla peränpitäjänä/ hännänhuippu *¿Es Finlandia el farolillo rojo de*

los deportes de invierno? Suomiko talviurheilun hännänhuippu?

• farra
irse de farra irrotella, hummailla *Hemos estado toda la semana trabajando de lo lindo y ahora tengo ganas de irme de farra.* Olemme koko viikon tehneet töitä tosissamme ja nyt minun tekee mieli irrotella.

• fastidiar
no fastidies ei kai sentään *La comunidad de vecinos ha decidido que quitarán los árboles del patio. – No fastidies; pero si son árboles preciosos.* Taloyhtiö on päättänyt, että pihan puut kaadetaan. – Ei kai sentään. Nehän ovat hienoja puita.

• favor
a favor (de) puolesta, kannalla *La mayoría de los socialistas votaron a favor de la nueva ley.* Suurin osa sosialisteista äänesti uuden lain puolesta. *Yo estoy a favor del jefe.* Minä olen johtajan kannalla.

estar como para hacerle un favor *alat* olla herkkupeppu *¿Has visto a ese rubio que acaba de pasar? – Sí, está como para hacerle un favor.* Näitkö tuon vaalean, joka juuri meni ohitse? – Joo, varsinainen herkkupeppu.

decir mucho a/en [pos.] favor puhua paljon puolesta *Que hayas estado dos años como cooperante en África dice mucho a tu favor.* Kahden vuoden työsi kehitystyöntekijänä Afrikassa puhuu paljon puolestasi.

hacer el favor olla hyvä ja tehdä jtk *¿Haría usted el favor de apartarse un poco para que pueda yo salir?* Voisitteko ystävällisesti väistyä hieman, jotta pääsen ulos?

hacer [le] un favor tehdä palvelus *¿Me puedes hacer un favor? – Sí, tú dirás.* Voitko tehdä minulle palveluksen? – Kyllä, mitä vain.

hacer [le] un flaco favor tehdä karhunpalvelus *La nueva ley sobre el derecho de huelga les* *hace un flaco favor a los obreros.* Uusi laki lakko-oikeudesta tekee karhunpalveluksen työläiselle.

por favor ole/olkaa hyvä *Siéntese, por favor.* Istukaa, olkaa hyvä. *¡Por favor, no molestes!* Ole kiltti, äläkä häiritse minua!

• fe

de mala fe tahallaan *Te ha roto el libro, sí, pero no ha sido de mala fe.* Hän rikkoi kirjasi, mutta ei hän tehnyt sitä tahallaan.

dar fe todistaa *Un notario debe dar fe de que la fotocopia coincide en su contenido con el original.* Notaarin täytyy todistaa, että kopio vastaa sisällöltään alkuperäistä asiakirjaa.

tener una fe ciega uskoa kuin kirveen silmään *Los alumnos tienen una fe ciega en el maestro.* Oppilaat uskovat opettajaan kuin kirveen silmään.

La fe mueve montañas. Usko siirtää vuoria.

• fecha

hasta la fecha tähän mennessä, toistaiseksi *Hasta la fecha hay diez inscritos para la excursión del domingo.* Toistaiseksi on kymmenen ilmoittautunutta sunnuntain retkelle.

pasarse la fecha mennä vanhaksi *Los productos pasados de fecha tienen un 30% de descuento.* Vanhentuneissa tuotteissa on 30% alennus.

• felicidad

estar rebosante de felicidad olla onnensa kukkuloilla *Al salir de la iglesia la novia estaba rebosante de felicidad.* Kirkosta poistuessa morsian oli onnensa kukkuloilla.

• feo

hacer [le] un feo loukata *Tendré que ir a la cena que da el jefe esta tarde, no quiero hacerle un feo.* Minun täytynee mennä pomon järjestämille illallisille tänä iltana, koska en halua loukata häntä.

No es más feo porque no se entrena. Hän ei ole kauneudella pilattu.

ks. myös: **bailar** con la más fea; más feo que **Picio**

• fetén

venir [le] fetén tehdä gutaa *Una victoria nos vendría fetén.* Voitto tekisi gutaa.

• fiado

al fiado luotolla *No vendemos al fiado porque todos nuestros clientes son turistas que están de paso.* Emme myy luotolla, koska kaikki asiakkaamme ovat turisteja, jotka ovat läpikulkumatkalla.

fiar

ser de fiar olla luotettava *Sólo tienes que ver sus ojos para saber que es de fiar.* Sinun tarvitsee vain nähdä hänen silmänsä ja tiedät hänen olevan luotettava.

fichar

tener fichado olla syynissä *Nunca he hecho nada mal en la oficina, pero noto que el jefe me tiene fichado.* En ole koskaan tehnyt mitään väärää töissä, mutta huomaan olevani pomon syynissä.

• fideo

como un fideo langanlaiha *¿Has visto a Jenni? Come como una fiera y está como un fideo.* Oletko nähnyt Jennin? Hän syö kuin hevonen, mutta on langanlaiha.

• fiera

como una fiera hullun lailla *¿Has visto a Jenni? Come como una fiera y está como un fideo.* Oletko nähnyt Jennin? Hän syö kuin hevonen, mutta on langanlaiha.

ponerse hecho una fiera raivostua

silmittömästi *Cuando vio que le habían robado el coche, se puso hecho una fiera.* Kun hän näki, että hänen autonsa oli varastettu, hän raivostui silmittömästi.

• **fiesta**

aguar la fiesta pilata ilo *No llames a Manolo para que no nos agüe la fiesta como siempre.* Älä kutsu Manoloa, jotta hän ei pilaa iloamme kuten tavallista.

estar de fiesta juhlia *Aquí estamos de fiesta por que es el día del padre.* Juhlimme nyt, koska on isänpäivä.

dar una fiesta pitää bileet *Va a dar una fiesta sin que lo sepan sus padres.* Hän pitää bileet salaa vanhemmisiltaan.

no estar para fiestas ei olla juhlatuulella *Me duele la cabeza y no estoy para fiestas.* Päätäni särkee, enkä ole juhlatuulella.

tener la fiesta en paz säilyä rauha maassa *Y cuando os diga que salgáis, hacéis lo que os digo, tengamos la fiesta en paz.* Kun käsken teitä lähtemään, tehkää kuten sanon, niin säilyy rauha maassa.

• **figurar**

¿qué se ha figurado usted? mitä oikein kuvittelitte *Esto es una universidad y no una escuela. ¿Qué se ha figurado usted?* Tämä on yliopisto eikä mikään koulu. Mitä oikein kuvittelitte?

• **figurín**

ir hecho un figurín *ark* olla kuin muotinukke *Hoy se ha puesto Ricardo el traje nuevo y va hecho un figurín.* Ricardo on pannut päälleen tänään uuden puvun ja on kuin muotinukke.

• **fijar**

fíjate lo que te digo usko pois *Prefiero no hacer nada, fíjate lo que te digo, a hacerlo rápido y mal.* Olen mieluummin tekemättä

mitään, usko pois, kuin teen nopeasti ja huonosti.

• **fijo**

de fijo ihan varmasti *Todavía no se sabe de fijo, pero parece ser que Jari Sillanpää va a dar una serie de conciertos en Laponia.* En vielä tiedä ihan varmasti, mutta vaikuttaa siltä, että Jari Sillanpää lähtee konserttikiertueelle Lappiin.

• **fila**

cerrar filas tiivistää rivit, koota voimat *Nuestra sección en la fábrica es la que está amenazada de cierre, por eso tenemos que cerrar filas y luchar para que no la cierren.* Meidän osastomme tehtaalla uhataan sulkea, sen vuoksi meidän täytyy tiivistää rivit ja taistella sulkemista vastaan.

de primera fila eturivin *Es un investigador de primera fila cuyas publicaciones son leídas en todo el mundo.* Hän on eturivin tutkija, jonka julkaisuja kaikki lukevat.

en doble fila kaksoispysäköinti *A los que aparcan en doble fila tendrían que quitarles el carnet.* Niiltä, jotka harrastavat kaksoispysäköintiä, pitäisi ottaa ajokortti pois.

en fila india peräkanaa *El sendero era muy estrecho y tuvimos que marchar en fila india.* Polku oli hyvin kapea ja meidän piti kulkea peräkanaa.

en filas armeijassa *Los 15 meses que pasé en filas no fueron los mejores de mi vida. Suerte que el servicio militar obligatorio ya no existe.* Armeijassa viettämäni 15 kuukautta eivät olleet elämäni parhaita. Onneksi pakollinen varusmiespalvelu on lakkautettu.

¡Rompan filas! Taakse poistu!

• **filete**

darse el filete *alat* nuoleskella *Detrás del árbol había dos jóvenes dándose el filete.*

Puun takana oli kaksi nuorta nuoleskelemassa toisiaan.

• **filo**

al filo de paikkeilla *Llegaron al filo de la media noche.* He saapuivat puoliltaöin. *Al filo de las cuatro de la mañana, la plaza seguía abarrotada de gente.* Neljän maissa aamulla aukio oli vielä tupaten täynnä ihmisiä.

el filo de la navaja veitsen terällä *Llevo muchos kilómetros recorridos por el filo de la navaja en mi vida, y esto no va a darme miedo ahora.* Olen elänyt monta vuotta elämästäni veitsen terällä, joten tämä ei minua nyt pelota.

ks. myös: ser **espada** de doble filo

• **filosofía**

tomárse [lo] **con filosofía** suhtautua tyynesti *Notó que le habían robado la cartera, pero se lo tomó con filosofía y siguió de fiesta con sus amigos.* Hän huomasi, että hänen lompakkonsa oli varastettu, mutta suhtautui siihen tyynesti ja jatkoi juhlimista ystäviensä kanssa.

• **fin**

a fin de jotta *Dejó las bolsas en el suelo a fin de poder ayudar a la anciana a cruzar la calle.* Hän laski kassit maahan voidakseen auttaa vanhaa rouvaa ylittämään kadun. *Tienes que hablar con más claridad a fin de que puedan comprenderte mejor tus alumnos.* Sinun täytyy puhua selkeämmin, jotta oppilaasi pystyisivät paremmin ymmärtämään sinua.

a/en fin de cuentas loppujen lopuksi *Déjale que se lleve el coche; a fin de cuentas, a ti qué más te da, si no sabes conducir.* Anna hänen ottaa auto; loppujen lopuksi, mitä sillä on väliä, jos sinä kerta et osaa ajaa. *En fin de cuentas, nada perdemos por probar.* Loppujen lopuksi emme menetä mitään, jos kokeilemme.

a fines de lopussa, lopulla *A fines de abril, todavía no habíamos recibido una respuesta.* Huhtikuun lopussa emme olleet vielä saaneet vastausta.

al/por fin lopulta, vihdoin *¡Ya lo he encontrado! – ¡Por fin!* Löysin sen jo! – Vihdoinkin! *Al fin pudimos entrar en el bar después de hacer cola una hora.* Lopulta pääsimme sisään baariin jonotettuamme tunnin. *Por fin, me voy a casar.* Vihdoinkin menen naimisiin.

al fin y a la postre (*myös* al fin y al cabo) loppujen lopuksi *Que llegues a las diez o a las once, al fin y a la postre, es lo mismo.* Tuletpa kymmeneltä tai yhdeltätoista on loppujen lopuksi ihan sama. *Al fin y al cabo el reloj no valía mucho, así que no me importa haberlo perdido.* Loppujen lopuksi kello ei ollut kovin arvokas, joten ei haittaa, että kadotin sen.

en fin 1 no niin, lopuksi, lyhyesti *En fin, dejémoslo como está y no nos preocupemos más del asunto.* No niin, annetaanhan olla eikä huolehdita enää asiasta. *Podríamos decir, en fin, que todo ha ido como se esperaba.* Voisimme sanoa lyhyesti, että kaikki meni kuten pitikin. **2** loppujen lopuksi *Ya sé que podría tener un mejor empleo, pero, en fin … ¡qué más da un trabajo que otro!* Tiedän kyllä, että voisin saada paremman työpaikan, mutta loppujen lopuksi...mitä väliä sillä on, työ kuin työ!

hasta el fin del mundo maailman tappiin asti *Las estufas se mantienen calientes hasta el fin del mundo.* Kiukaat pysyvät lämpiminä tästä maailman tappiin asti.

poner fin a tehdä loppu *La ciudad tiene que poner fin al gamberrismo.* Kaupungin täytyy tehdä loppu ilkivallasta. *Nunca se supo por qué puso fin a su vida.* Koskaan ei saatu tietää, miksi hän päätti päivänsä.

sin fin loputon *Pasaban las noches en charlas sin fin.* He viettivät illat käyden loputtomia keskusteluja.

tocar a su fin lähestyä loppua *La clase ya estaba tocando a su fin, pero el profesor se puso a hablar de un tema nuevo.* Tunti lähestyi jo loppuaan, mutta opettaja alkoi puhua uudesta aiheesta.

fin de la historia sikä söi eväät *Es lo que pasó, fin de la historia, y yo me quedé sin hacer el viaje.* Niin kävi, sika söi eväät, ja minulta jäi reissu tekemättä

El fin justifica los medios. Tarkoitus pyhittää keinot.

• final

a finales de jkn lopussa/lopulla *Vendrá a finales de mes.* Hän tulee kuun lopulla.

al final lopulta *Tuve que darle muchas explicaciones, pero al final me creyó.* Minun täytyi selitellä kovasti, mutta lopulta hän uskoi minua.

al final de lopussa, päässä *El servicio de caballeros está al final del pasillo.* Miestenhuone on käytävän päässä.

• finiquito

coger el finiquito ottaa loparit *Pena cogió el finiquito; no soportaba a su jefe.* Pena otti loparit, ei sietänyt pomoansa.

dar el finiquito antaa lähtöpassit *Rusia les da el finiquito a los diplomáticos de la UE.* Venäjä antaa lähtöpassit EU-diplomaateille.

• firmante

el abajo firmante allekirjoittanut *El documento mencionado le fue entregado en persona al abogado por el abajo firmante.* Allekirjoittanut luovutti henkilökohtaisesti mainitun asiakirjan asianajajalle.

• firme

en firme lopullinen *Los datos en firme de las elecciones legislativas de hoy se tendrán a las 10 de la noche.* Lopulliset tiedot tämänpäiväisistä eduskuntavaaleista saataneen illalla klo 10.

mantenerse firme pysyä lujana *Pero Agathokeia se mantuvo firme en su fe.* Mutta Agathokleia pysyi lujana uskossaan.

ponérse [le] **firmes** totella *Cree que todos tienen que ponérsele firmes porque es el hijo del dueño de la fábrica.* Hän luulee, että kaikkien täytyy totella häntä, koska hän on tehtaan omistajan poika.

• fisura

creer sin fisuras luottaa jhk kuin pukki sarviinsa *Todos creen en él sin fisuras.* Kaikki luottavat häneen kuin pukki sarviinsa.

• flai

por si las flais ark varmuuden vuoksi *Vimos llegar a la poli y nosotros, por si las flais, salimos por una puerta lateral.* Näimme pollareiden tulevan ja varmuuden vuoksi livahdimme ulos sivuovesta.

• flan

temblar como un flan vapista kuin haavanlehti *Faltaban dos minutos para que llegase el tren donde viajaba mi novio y yo temblaba como un flan.* Muutaman minuutin kuluttua tulisi juna, jolla poikaystäväni saapuisi ja minä vapisin kuin haavanlehti.

• flauta

por si suena la flauta käydä tuuri *Tengo pocas posibilidades de que me toque, pero voy a echar una quiniela por si suena la flauta.* Minulla on pienet mahdollisuudet voittaa, mutta aion kuitenkin veikata, jos vaikka kävisi tuuri.

La flauta puede sonar por casualidad. Sokeakin kana jyvän löyttä joskus.

ks. myös: entre **pitos** y flautas; por **pitos** o por flautas

• flecha

como una flecha kuin ammuttuna *Cuando supo que su mujer ya estaba de parto, corrió como una flecha al hospital.* Saatuaan tietää, että hänen vaimonsa oli jo synnyttämässä, hän juoksi kuin ammuttuna kohti sairaalaa.

más rápido que una flecha nopea kuin ajatus *Según la leyenda es blanco como la nieve y más rápido que una flecha.* Tarinan mukaan se on valkoinen kuin lumi ja nopea kuin ajatus.

• flor

a flor de agua/labios/piel pinnassa, pinnalla *Los escollos se veían a flor de agua cuando bajaba el nivel del mar.* Luodot näkyivät selvästi vedenpinnalla, kun merenpinta laski. *Su mirada era agradable porque siempre tenía una sonrisa a flor de labios.* Hän katseensa oli miellyttävä, koska hänellä oli aina hymy huulilla. *Tiene los nervios a flor de piel.* Hänellä on hermot pinnalla.

decir/echar flores imarrella *¿Te gusta María? Le has estado echando flores durante toda la reunión.* Pidätkö Mariasta? Olet imarrellut häntä koko kokouksen ajan. *A mí no hace falta que me digas flores porque no lo necesito.* Minua sinun ei tarvitse imarrella, koska en kaipaa sellaista.

de flor en flor kukasta kukkaan *No quiere casarse, sino ir de flor en flor.* Hän ei halua mennä naimisiin, vaan lennellä kukasta kukkaan.

en flor kukassa
Este año la primavera llega pronto porque todavía estamos en marzo y los crocos ya están en flor. Tänä vuonna kevät tulee aikaisin, koska olemme vielä maaliskuussa ja krookukset ovat jo kukassa.

en la flor de la vida paras nuoruus *¡Sólo tenía veinte años! – Sí, es muy duro cuando alguien muere en la flor de la vida.* Hän oli vasta kaksikymmentävuotias! – Niin, on erittäin kovaa, kun joku kuolee parhaimmassa nuoruudessa. *Está en la flor de la vida y no quiere pensar en el futuro.* Hän elää parasta nuoruuttaan, eikä halua ajatella tulevaisuutta.

la flor y nata kerma *A la recepción acudió la flor y nata de la ciudad.* Vastaanotolle saapui kaupungin kerma.

nacer con una flor en el culo/trasero *ark* olla onnenmyyrä *A Mariano siempre le toca el premio de la fiesta de la escuela. – ¡Jo! Es que algunos nacen con una flor en el culo.* Mariano saa aina palkinnon koulun juhlissa. – Jotkuthan ovat sellaisia onnenmyyriä.

ponerse como una flor tartua lillukanvarsiin *Si quieres salud, no te pongas como una flor.* Jos haluat terveyttä, älä tartu lillukanvarsiin.

ver crecer las flores desde abajo pukata koiranputkea *Ahora el abuelo ve crecer las flores desde abajo.* Nyt vaari sitten pukkaa koiranputkea.

• flote

a flote pinnalle *Logró sacar a flote la red que estaba a punto de desaparecer bajo las aguas.* Hän onnistui saamaan ylös verkon, joka oli painumassa veden alle. *Están al borde de la ruina y no ven la manera de salir a flote.* He ovat taloudellisen romahduksen partaalla, eivätkä keksi keinoa miten selviytyä.

• foca

como una foca *ark* läski, läskimaha *¿Has visto cómo se ha puesto Martina desde que dejó de fumar? – Sí, está como una foca.* Oletko nähnyt, millainen Martinasta on tullut, kun lopetti tupakanpolton? – Joo, se on tosi läski.

• follón

armarse un follón nousta hässäkkä *Se armó un follón en el afterparty del Día de la Independencia.* Linnan jatkoilla nousi hässäkkä.

• fondo

a fondo perin pohjin *La policía ha asegurado que investigará a fondo el asesinato del joven emigrante.* Poliisi vakuutti tutkivansa perin pohjin nuoren maahanmuuttajan murhan.

a fondo perdido ilman takaisinmaksuvelvoitetta *España le ha concedido a Nicaragua un préstamo a fondo perdido.* Espanja on myöntänyt lainan Nicaragualle ilman takaisinmaksuvelvoitetta.

al fondo perällä *Los servicios de señoras están al fondo del pasillo.* Naistenhuone on käytävän perällä. *Allí, al fondo de la calle encontrará usted una farmacia.* Tuolla kadun päässä on apteekki.

de fondo 1 tausta *La música de fondo estaba tan alta que no podíamos charlar.* Taustamusiikki oli niin kovalla, ettemme voineet jutella. **2** perus, ydin *El problema de fondo es que la preparación práctica de los nuevos ingenieros es mínima.* Ongelman ydin on se, että uusien insinöörien käytännön harjoittelu on erittän vähäistä.

emplearse a fondo tehdä töitä tosissaan *Tendrás que emplearte a fondo si quieres terminar la casa antes de que lleguen las lluvias.* Sinun täytyy tehdä töitä tosissasi, jos haluat saada talon valmiiksi ennen sateiden tuloa.

en el fondo 1 pohjalla *En el fondo del vaso encontraron restos de cianuro.* Lasin pohjalta löydettiin jäänteitä syanidista. **2** pohjimmiltaan *En el fondo, es buena persona, pero se irrita con facilidad.* Pohjimmiltaan hän on kiltti ihminen, mutta hermostuu helposti.

• **forma**

de cualquier forma 1 (*myös* de todas formas) joka tapauksessa, kuitenkin *Cierto es que Madrid no tiene playa, pero de cualquier forma es una ciudad maravillosa.* Tietenkään Madridissa ei ole hiekkarantaa, mutta se on kuitenkin ihana kaupunki. *De todas formas no iba a ir, así que no me molesta que no me*

hayan invitado. En joka tapauksessa aikonutkaan mennä, joten ei haittaa, etten ole saanut kutsua. **2** miten tahansa *La ventaja que tienen los extranjeros es que pueden hablar de cualquier forma y todos les entienden.* Ulkomaalaisilla on se etu, että voivat puhua miten tahansa ja kaikki ymmärtävät.

de forma que niin, että, joten *Cortarán el agua mañana a las diez, de forma que si quieres ducharte, hazlo antes.* Vesi katkaistaan huomisaamuna klo 10, joten, jos haluat käydä suihkussa, tee se ennen sitä.

de una forma u otra (*myös* de una u otra forma) tavalla tai toisella *De una forma u otra todos sabemos lo que es el amor, pero pocos pueden definirlo.* Tavalla tai toisella me kaikki tiedämme, mitä rakkaus on, mutta harvat osaavat määritellä sen.

en forma hyvässä kunnossa *¿Crees que podrás encargarte de las cajas de la mudanza? – No te preocupes, estoy en forma.* Luuletko, että voit huolehtia muuttolaatikoista? – Älä huoli, olen hyvässä kunnossa.

en plena forma olla iskussa *Mikko ha estado en plena forma desde principios de temporada.* Mikko on ollut iskussa kauden alusta alkaen.

guardar las formas käyttäytyä asiallisesti *En casa del jefe hay que guardar las formas.* Pomon luona täytyy käyttäytyä asiallisesti.

mantenerse en forma pitää itsensä kunnossa *Si quieres mantenerte en forma, deja de ir en coche al trabajo y vete en bici.* Jos haluat pitää itseäsi kunnossa, älä mene enää autolla töihin, vaan mene pyörällä.

ks. myös: de forma **patente**

• **foro**

retirarse por el foro poistua takavasemmalle *Si no tenéis nada más que contarme me retiro por el foro.* Ellei teillä ole muuta kerrottavaa minulle, poistun takavasemmalle.

• **forrado**

estar forrado olla upporikas *Es normal que gaste tanto dinero; está forrado.* On ihan normaalia, että hän tuhlaa niin paljon rahaa, hänhän on upporikas.

• **forro**

ni por el forro ei yhtään *A lo mejor es finlandesa, pero no lo parece ni por el forro.* Ehkä hän on suomalainen, mutta hän ei näytä siltä yhtään.

• **fortuna**

costar una fortuna maksaa omaisuuden *La mayoría de los ordenadores cuestan una fortuna, por eso tengo yo éste viejo.* Uusimmat tietokoneet maksavat omaisuuden, siksi minulla on tällainen vanha.

hacer fortuna 1 saada suosiota, vallata alaa, levitä *Está haciendo fortuna la idea de que la UE tiene que renovarse en profundidad.* Ajatus Euroopan perinpohjaisesta uudistumisesta valtaa alaa. *La terminología informática ha hecho fortuna en el lenguaje cotidiano y muchos de sus términos se han generalizado.* Tietokone-terminologia on levinnyt jokapäiväiseen kieleen ja monet termit ovat yleistyneet. **2** rikastua *Hizo fortuna en América.* Hän rikastui Amerikassa.

por fortuna onneksi *No llevaba el móvil, pero por fortuna encontré una cabina y pude llamarle.* Minulla ei ollut kännykkää mukana, mutta onneksi löysin puhelinkopin ja pystyin soittamaan hänelle.

probar fortuna koettaa onneaan *No le gusta su trabajo actual y va a probar fortuna como diseñador.* Hän ei pidä nykyisestä työstään ja aikoo koettaa onneaan suunnittelijana.

La fortuna ayuda a los osados. Rohkea rokan syö.

• **fosa**

cavar [pos.] **propia fosa** kaivaa omaa hautaa *No podemos bajar el precio del producto para darle publicidad, eso sería cavar nuestra propia fosa.* Emme voi laskea tuotteen hintaa sen mainostamiseksi, se olisi kuin kaivaisimme omaa hautaamme.

• **fosfatina**

hacer fosfatina murskata *El tren arrolló dos bicis abandonadas en la vía y las hizo fosfatina.* Juna ajoi kahden radalle jätetyn pyörän yli ja murskasi ne.

• **francesa**

irse/despedirse/marcharse a la francesa häipyä sanomatta mitään *¿Has visto a Marisa? – Seguro que ya se ha ido, es de las que se despiden a la francesa.* Oletko nähnyt Marisaa? – Hän on varmasti lähtenyt. Hän on niitä, jotka lähtevät sanomatta mitään.

• **frasco**

de frasco purkista, pullosta *No creas que su pelo rubio es natural. Puedo asegurarte que es de frasco.* Älä usko, että hän tukkansa on luonnostaan vaalea. Voin taata, että väri on peräisin purkista.

• **freno**

echar el freno lyödä jarrut päälle *Hay que echar el freno, recoger las cartas y volver a darlas.* Pitää lyödä jarrut päälle, kasata kortit ja jakaa ne uudestaan.

poner freno jarruttaa, hillitä *Tenemos que poner freno a los abusos que últimamente se están cometiendo.* Meidän on hillittävä viime aikoina tehtyjä väärinkäytöksiä.

• **1 frente**

con la frente [bien] alta (*myös* con la frente erguida) pystypäin *Somos pobres, pero podemos ir por el mundo con la frente muy* *alta.* Olemme köyhiä, mutta voimme kulkea elämässä pystypäin.

• 2 frente

al frente eteenpäin *Los que quieran hacer esta prueba, que den un paso al frente.* Ne, jotka haluavat suorittaa tämän testin, astukoot askeleen eteenpäin.

al frente de johdossa *Se encuentra al frente de un importante proyecto de investigación.* Hän johtaa huomattavaa tutkimushanketta.

de frente edestäpäin *Me miró de frente sin ningún titubeo.* Hän katsoi minua suoraan epäröimättä.

frente a vastapäätä *Hay una silla frente a la ventana.* Ikkunaa vastapäätä on tuoli.

frente a frente kasvotusten, vastatusten *Nos sentamos frente a frente.* Istuimme vastatusten.

hacer frente a pitää puolensa, kamppailla *El nuevo gobierno deberá tomar las medidas necesarias hacer frente a la crisis.* Uuden hallituksen pitää ryhtyä tarvittaviin toimenpiteisiin selviytyäkseen kriisistä. *A los niños hay que enseñarles cómo hacer frente a las situaciones difíciles.* Lapsille täytyy opettaa, kuinka pitää puolensa hankalissa tilanteissa.

frente por frente vastapäätä *El piso estaba muy bien situado, con una hermosa playa frente por frente.* Asunnon sijainti oli erittäin hyvä, vastapäätä kaunista rantaa.

ks. myös: tener dos **dedos** de frente

• fresco

decir/soltar [num.] **fresca** sanoa pari valittua sanaa *Una señora empezó a criticar mi forma de vestir y le habría soltado cuatro frescas, pero por respeto a una persona mayor, no lo hice.* Eräs rouva alkoi arvostella minun pukeutumistyyliäni ja olisin sanonut hänelle pari valittua sanaa, mutta kunnioituksesta vanhempaa ihmistä kohtaan en tehnyt niin.

estar/ir fresco kuvitella turhia *Vas fresco si crees que sin estudiar puedes pasar el examen.* Kuvittelet turhia, jos luulet, että opiskelematta pääset tentistä läpi.

tomar el fresco haukata raitista ilmaa *Me voy a tomar el fresco porque hace calor aquí.* Menen haukkaamaan raitista ilmaa, koska täällä on kuuma.

traer al fresco veisata viis *Le traía fresco lo que hubiera dicho Luis.* Hän veisasi viis Luisin sanomisista.

ks. myös: ser más fresco que una **lechuga**

• frío

dejar [le] **frío 1** tyrmätä *Su hermosura es de las que te dejan fría.* Hän on tyrmäävän kaunis. **2** jättää kylmäksi, ei välittää *Me deja frío que gane o que pierda el Real Madrid.* Minä en välitä yhtään voittaako vai häviääkö Real Madrid. **en frío 1** kylmänä *No puedes comer todos los días en frío.* Et voi syödä joka päivä kylmää ruokaa. *Sólo de pensar en ello ya me pongo a sudar en frío.* Pelkkä sen ajatteleminenkin saa kylmän hien nousemaan pintaan. **2** kylmiltään *Así, en frío, la idea no me parece interesante, tal vez dentro de un par de copas me resulte atractiva.* Näin kylmiltään ajatus ei vaikuta minusta mielenkiintoiselta, mutta ehkä parin lasillisen jälkeen se on houkutteleva.

• frito

quedarse frito nukahtaa kuin tukki *Estaba tan cansado que en cuanto me metí en la cama, me quedé frito.* Olin niin väsynyt, että kun menin sänkyyn, nukahdin kuin tukki.

poner/tener/traer frito ärsyttää *No consigo solucionarlo por más que lo intento. Me trae frito este problema de matemáticas.* En keksi ratkaisua vaikka kuinka yritän. Tämä matematiikan ongelma ottaa minua päähän. *Ya me tienes frita, Antonio, con tu pasión por el fútbol.* Olen aivan täynnä tuota jalkapallointoiluasi, Antonio. *En cuanto le veo encender la tele, ya me pongo frita porque sé que echan fútbol.* Heti kun hän avaa telkkarin, minulla alkaa jo keittää, koska tiedän, että sieltä tulee jalkapalloa.

• **fruto**

dar fruto kantaa hedelmää *Los esfuerzos de los últimos tres años están empezando a dar fruto.* Viimeisten kolmen vuoden ponnistelut alkavat kantaa hedelmää.

Por el fruto se conoce el árbol./ Por sus frutos los reconocerán Hedelmistään puu tunnetaan.

• **fu**

ni fu ni fa on se ja sama, ei hetkauta *Cierto es que la chica es guapa, pero, la verdad, a mí, ni fu ni fa.* Onhan hän toki kaunis tyttö, mutta totta puhuen ei hetkauta minua puoleen eikä toiseen.

• **fuego**

abrir fuego avat tuli *La policía de frontera abrió fuego cuando vio que el coche no se detenía.* Rajapoliisi avasi tulen, kun näki, ettei auto pysähtynyt.

a fuego lento/fuerte miedolla/ kovalla lämmöllä *Prefiero las comidas preparadas a fuego lento porque encuentras luego más sabores.* Pidän ruoista, jotka on valmistettu miedolla lämmöllä, koska ne ovat silloin maukkaampia.

¡alto el fuego! tuli seis! *¡Alto el fuego! Gritó el sargento al notar que el enemigo no disparaba.* Tuli seis, huusi kersantti huomatessaan, ettei vihollinen ampunut.

alto el fuego tulitauko *La ONU espera que el alto el fuego conseguido entre las partes beligerantes sea definitivo.* YK toivoo, että sotivien osapuolten välille saavutettu tulitauko olisi pysyvä.

echar fuego por los ojos silmät kipinöiden *Me miró echando fuego por los ojos.* Hän katsoi minua silmät kipinöiden.

estar entre dos fuegos olla kahden tulen välissä *Cuando visitaba a sus padres, éstos aprovechaban para pelearse, y él estaba allí, entre dos fuegos, sin saber qué hacer.* Kun hän meni käymään vanhempiensa luona, nämä käyttivät tilaisuutta hyväkseen ja riitelivät, ja hän oli sitten siinä kahden tulen välissä tietämättä, mitä tehdä.

hacer fuego ampua *Yo no hice fuego, sino que se me disparó la pistola sola.* En ampunut, vaan pistooli laukesi itsestään.

jugar con fuego leikkiä tulella *El entrenador sabía que con los cambios que había hecho en el equipo estaba jugando con fuego.* Valmentaja tiesi, että joukkueessa tekemillään vaihdoksilla hän leikki tulella.

meter/pegar fuego sytyttää tuleen *Pusimos todos los papeles viejos en un bidón y les pegamos fuego.* Laitoimme kaikki vanhat paperit tynnyriin ja sytytimme ne tuleen.

Donde hubo fuego, cenizas quedan. Vanha suola janottaa.

Salir del fuego para caer en las brasas. Kun menee sutta pakoon, tulee karhu vastaan.

• **fuente**

ser la fuente de todos los males olla kaiken pahan alku ja juuri *El dinero es la fuente de todos los males.* Raha on kaiken pahan alku ja juuri.

• **fuera**

fuera de 1 lisäksi *Fuera de eso, no tengo más que añadir.* Sen lisäksi minulla ei ole muuta lisättävää. **2** lukuun ottamatta *En la escuela no entendía nada fuera de las matemáticas.* En ymmärtänyt koulussa mitään matematiikkaa lukuun ottamatta.

fuera de lo común tavallisuudesta poikkeava *Tenía una inteligencia fuera de lo común.* Hän oli epätavallisen älykäs.

fuera de sí poissa tolaltaan *No des importancia a sus palabras, estaba fuera de sí cuando las dijo.* Älä välitä hänen sanomisistaan, hän oli poissa tolaltaan, kun sanoi niin.

por fuera ulkopuolelta *Por fuera parece madura esa manzana.* Tämä omena vaikuttaa päältä kypsältä. *Para que los niños no salgan a la calle, la puerta de la verja sólo se abre por fuera.* Jotta lapset eivät menisi kadulle, portin voi aukaista vain ulkopuolelta.

y fuera sillä selvä *No hace falta que limpies toda la casa, arregla un poco las habitaciones a la vista y fuera.* Ei tarvitse siivota koko taloa, laita huoneita vähän kuntoon päällisin puolin ja sillä selvä.

ks. myös: fuera del **alcance** de / fuera de [pos.] alcance

• **fuero**
campar por sus fueros tehdä mitä huvittaa *A todos nos gusta estar de vacaciones porque cada cual puede campar por sus fueros.* Meistä kaikista on mukava olla lomalla, koska jokainen voi tehdä mitä huvittaa.

volver por sus fueros näyttää taitonsa *TPS ayer volvió por sus fueros y derrotó a un débil Tappara.* TPS näytti taitonsa eilen ja kukisti heikon Tapparan.

• **fuerte**
El espíritu es fuerte, pero la carne es débil. Henki on altis, mutta liha on heikko.

• **fuerza**
a fuerza de avulla, tekemällä jtk *Hemos llegado hasta aquí a fuerza de muchos sacrificios.* Olemme päässeet tähän asti monien uhrausten ansiosta. *A fuerza de escuchar la música tecno de la niña, ahora me*

gusta a mí. Kuunneltuani tytön teknomusiikkia, minäkin pidän sitä nyt.

a la fuerza väkisin *A la niña la tengo que llevar a la fuerza al cine, si no, no va nunca.* Minun täytyy viedä tyttö väkisin elokuviin, muuten hän ei käy siellä koskaan.

a viva fuerza väkivalloin, väkisin *Me quiso arrancar el libro a viva fuerza.* Hän halusi ottaa minulta kirjan väkisin. *No se puede imponer la paz a viva fuerza.* Rauhaa ei saa aikaiseksi väkivalloin.

fuerzas vivas silmäätekevät *A la inauguración del monumento asistieron las fuerzas vivas de la ciudad: políticos, empresarios, académicos, etc.* Muistomerkin paljastustilaisuudessa olivat läsnä kaupungin silmäätekevät: poliitikot, yrittäjät, korkeakouluväki, jne.

írse [le] la fuerza por la boca puhua paljon *Cuando se trata de proponer ideas, a la gente se le va la fuerza por la boca, pero cuando hay que llevarlas a la práctica, nadie dice ni pío.* Kun pitää esittää ideoita, ihmiset kyllä puhuvat paljon, mutta kun pitää panna ne käytäntöön, kukaan ei puhu eikä pukahda.

por fuerza pakostakin *Por fuerza tiene que ser hijo de Ricardo porque se le parece muchísimo.* Hän täytyy pakostakin olla Ricardon poika, koska muistuttaa tätä niin paljon.

sacar fuerzas de flaqueza kerätä viimeiset voimansa *Estoy hecho polvo después de un día de trabajo como éste, pero sacaré fuerzas de flaqueza y me pondré a arreglarte el coche.* Olen rättiväsynyt tällaisen työpäivän jälkeen, mutta kerään viimeiset voimani ja alan korjata autoa.

A la fuerza, ni los zapatos entran. Ei kukko käskien laula.

• **fuga**
darse a la fuga pötkiä pakoon *Los ladrones se dieron a la fuga cuando oyeron la sirena de la*

policía. Rosvot pötkivät pakoon, kun kuulivat poliisin tulevan pillit soiden.

poner en fuga ajaa pakoon *La alarma sirve para poner en fuga a los atracadores.* Hälytyksen tarkoituksena on ajaa rosvot pakoon.

• función

en función de mukaan, riippuen *Esto puede durarte una o dos semanas en función del uso que le des.* Se voi kestää sinulla viikon tai kaksi riippuen, kuinka käytät sitä. *Primero haremos ensayos con ratones. Luego, en función de los resultados que obtengamos, haremos pruebas con seres humanos.* Ensin teemme hiirikokeita ja sitten saamiemme tulosten mukaan teemme kokeita ihmisillä.

en funciones virkaa toimittava *La reunión será presidida por el rector en funciones de la universidad.* Kokousta johtaa yliopiston virkaa toimittava rehtori.

• furia

ponerse como una furia raivostua *No me gusta Fernando porque se pone como una furia por cualquier cosa.* En pidä Fernandosta, koska hän raivostuu kaikesta.

• furor

causar furor olla suosiossa, huudossa, muodissa *Ha causado furor la última novela de Paasilinna.* Paasilinnan viimeisin romaani on kovassa huudossa.

GGGGG

• gacho

irse al gacho mennä mönkään *El matrimonio se fue al gacho por los celos de la esposa.*

Avioliitto meni mönkään vaimon mustasukkaisuuden takia.

• gaita

asomar la gaita *ark* näyttää naamaansa *Sabía que la ministra estaba de visita en la escuela, pero no asomó la gaita porque no quería saludarla.* Hän tiesi ministerin olevan vierailulla koululla, mutta ei näyttänyt naamaansa, koska ei halunnut tavata tätä.

qué [subst.] **ni qué gaitas** mikä hiton *¡Qué cuidado ni qué gaitas! ¿No sabes que soy un excelente conductor?* Mitä hittoa pitäsi varoa! Etkö tiedä, että olen erinomainen kuski?

templar gaitas pysyä rauhallisena *Aunque ella te grite, tú, templa gaitas, y así la cosa no pasará a mayores.* Vaikka hän huutaisi sinulle, pysy sinä rauhallisena, niin ei tapahdu mitään pahempaa.

• gaje

gajes del oficio työn haittapuolet, rapatessa roiskuu. *¡Pero Luis! ¿Cómo puedes tener el mono tan sucio? – Son gajes del oficio; si fuese enfermero en vez de mecánico, volvería a casa limpio.* Mutta Luis! Miten sinulla voi olla noin likaiset haalarit? – Tämä on niitä työn haittapuolia; jos olisin sairaanhoitaja mekaanikon sijasta, tulisin kotiin siistinä.

• gala

hacer gala näyttää, tuoda esiin *Es rico pero no le gusta hacer gala de serlo.* Hän on rikas, mutta ei halua näyttää sitä.

tener a gala ylpeillä *Tenía a gala haber sido en su día director de una escuela.* Hän ylpeili sillä, että oli aikanaan ollut koulun johtaja.

• galgo

correr más que un galgo juosta kuin hirvi *Cuando se pone a correr no hay quien lo coja,* *corre más que un galgo.* Kun hän lähtee juoksemaan, ei häntä saa kiinni, hän juoksee kuin hirvi.

echar [le] un galgo olla myöhäistä *Mi trabajo ya está terminado, así que me largo. Luego, si quieren, que me echen un galgo.* Olen jo tehnyt työni, joten minä häivyn. − Jos minua vielä tarvitaan, niin myöhäistä on. *¿No ves que te ha engañado el vendedor ambulante?* − *Pues voy a pedir que me devuelva el dinero.* − *Sí, échale un galgo, ahora.* Etkö näe, että kaupustelija huiputti sinua? − No, minä pyydän rahat takaisin. − Se on kyllä nyt myöhäistä.

• **gallega**

responder a la gallega vastata kysymyksellä *No hay forma de sacarle una respuesta porque siempre responde a la gallega.* Häneltä ei mitenkään saa vastausta, koska hän vastaa aina kysymyksellä.

• **gallina**

acostarse con las gallinas mennä aikaisin nukkumaan *Conmigo no contéis para la fiesta nocturna porque suelo acostarme con las gallinas.* Älkää laskeko minua mukaan iltajuhlaan, koska menen yleensä aikaisin nukkumaan.

cuando las gallinas tengan dientes sitten, kun velat muuttuu saataviksi *La UE ha prometido la igualdad de oportunidades, pero eso ocurrirá cuando las gallinas tengan dientes.* EU on luvannut tasa-arvoiset mahdollisuudet, mutta se tapahtuu sitten, kun velat muuttuu saataviksi.

levantarse con las gallinas nousta kukonlaulun aikaan *Se levanta con las gallinas y a las 6 ya está trabajando.* Hän nousee kukonlaulun aikaan ja kuudelta on jo töissä.

matar la gallina de los huevos de oro tappaa kultamunia muniva kana *En Baleares han comprendido que tienen que abandonar la idea de aumentar el número de plazas hoteleras; si no, puede que estén matando la gallina de los huevos de oro.* Baleaareilla on ymmärretty, että on luovuttava ajatuksesta lisätä hotellipaikkoja, muuten voi käydä niin, että siinä tapetaan kultamunia muniva kana.

ser un/una gallina olla jänishousu *Antonio no se quiere subir al árbol porque es un gallina.* Antonio ei haluta kiivetä puuhun, koska on jänishousu.

ser miedoso como las gallinas (*myös* ser más miedoso que las gallinas) olla arkalasta kotoisin *Los jóvenes ladrones no parecían ser miedosos como las gallinas.* Nuoret varkaat eivät näytä olleen arkalasta kotoisin,

ks. myös: más **puta** que las gallinas; ponérse [le] la **carne** de gallina

• **gallito**

ponerse gallito kukkoilla *Se ha puesto gallito porque ahora es el mejor de la clase.* Hän kukkoilee, koska on nyt luokan paras.

• **gallo**

en menos [de lo] que canta un gallo alta aikayksikkö, yhdessä hujauksessa *Las promesas se van volando a la basura en menos que canta un gallo.* Lupaukset lentävät romukoppaan alta aikayksikön. *Este niño crece con tal rapidez que en menos de lo que canta un gallo lo tendremos convertido en hombre.* Tämä poika kasvaa niin nopeasti, että hänestä tulee mies yhdessä hujauksessa.

otro gallo [le] cantara toinen ääni kellossa *Dice que es un premio sin importancia, pero si se lo hubiesen dado a él, otro gallo le cantara.* Hänen mielestään palkinto on mitätön, mutta jos hän olisi saanut sen, olisi toinen ääni kellossa.

A otro gallo con ese maíz. Ei vanha kettu myrkkyä syö.

• **galón**

ganarse los galones ansaita kannuksensa *Su esposo tiene que ganarse los galones él mismo.* Puolisonsa pitää itse ansaita kannuksensa.

• **galope**
al galope juoksujalkaa *Tras desayunar, los niños se fueron al galope a la playa.* Aamiaisen jälkeen lapset lähtivät juoksujalkaa rannalle.
a todo galope täyttä laukkaa *Los caballeros cruzaron a todo galope por delante del castillo sin detenerse a descansar.* Ratsumiehet porhalsivat täyttä laukkaa linnan editse pysähtymättä lepäämään.
a galope tendido minkä jaloistaan pääsee *Los ladrones huyeron a galope tendido cuando oyeron la alarma.* Rosvot pakenivat minkä jaloistaan pääsivät, kun kuulivat hälytyksen.

• **gamba**
meter la gamba tehdä paha moka *Le he enviado saludos para su esposo y luego me he enterado de que murió la semana pasada. He metido la gamba y mañana le pediré excusas.* Lähetin terveisiä hänen vaimolleen ja sitten kuulin, että hän kuoli viime viikolla. Tein pahan mokan ja huomenna pyydän anteeksi.

• **gamo**
como gamos (*myös* como un gamo; *más que un gamo*) kuin varsat *Entonces íbamos como gamos por el monte, saltando y corriendo; ahora con más años, vamos andando.* Silloin menimme kuin varsat pitkin mäkeä, hyppien ja juosten; nyt vanhempina kävelemme.

• **gana**
con ganas paljon *Hace frío con ganas.* On hirveän kylmä. *Come con ganas aunque está enfermo.* Hän syö hyvällä ruokahalulla, vaikka on sairas.
dar ganas de tehdä mieli *La piel de los bebés es tan suave que dan ganas de tocarlos.*

Vauvojen iho niin pehmeä, että tekee mieli koskettaa sitä.
dar [le] **la gana** huvittaa *No lo hago porque no me da la gana. ¿Y qué?* En tee sitä, koska minua ei huvita. Mitä sitten?
de buena/mala gana mielellään / vasten tahtoa *De buena gana me tomaría yo ahora un café.* Ottaisin mielelläni nyt kahvin. *Si lo vas a hacer de mala gana, no lo hagas.* Jos teet sen vasten tahtoasi, älä tee sitä.
entrar/venir [le] **ganas de** tehdä mieli *A veces Antonio se pone tan antipático que me entran ganas de darle una patada.* Joskus Antonio on niin inhottava, että minun tekee
mieli potkaista häntä. *Cuando la veía llorar, me venían ganas de cogerla en mis brazos.* Nähdessäni hänen itkevän minun teki mieli ottaa hänet syliin.
ganas de hablar pelkkää puhetta *No te importe lo que ha dicho; son ganas de hablar.* Älä välitä hänen sanomisistaan, se on vain pelkkää puhetta.
morirse de ganas palaa halusta *Me muero de ganas por conocer a esa nueva chica de la clase.* Palan halusta tutustua siihen meidän luokan uuteen tyttöön.
quedarse con las ganas jäädä haaveeksi *Este fin de semana había pensado ir al cine, pero me he quedado con las ganas.* Tänä viikonloppuna olin aikonut mennä elokuviin, mutta se jäi vain haaveeksi.
sin ganas väkinäisesti *Si no te gustan los caracoles, no los comas sin ganas.* Jos et pidä etanoista, älä syö niitä väkisin.
tener ganas de tehdä mieli *Tengo ganas de irme de vacaciones.* Minun tekee mieli lähteä lomalle.
tener [le] **ganas** kantaa kaunaa *Llevaba mucho tiempo soportando sus humillaciones y le tenía ganas.* Hän oli nöyryyttänyt minua pitkään ja kannoin hänelle kaunaa.
venir [le] **en gana** haluttaa *En mi trabajo tengo la libertad de ir cuando me viene en*

gana. Minulla on työssäni vapaus lähteä milloin minua haluttaa. *Cada cual es muy libre de decir lo que le venga en gana.* Jokainen voi aivan vapaasti sanoa mitä haluttaa.

ks. myös: juntarse el **hambre** con las ganas de comer

● **ganar**
ganársela kaivaa verta nenästään *Manolito, deja de molestar a tu hermano porque te la vas a ganar.* Manolito, lakkaa kiusaamasta veljeäsi, kaivat verta nenästäsi.
no ganar para [subst.] jatkuvasti *Desde que mi marido ha empezado a hacer deporte, no gano para sustos; siempre vuelve con algo roto.* Mieheni alettua urheilla saan jatkuvasti pelätä. Hän tulee aina kotiin joku paikka hajalla.
no haber quien [le] **gane** parempaa saa hakea *Si se trata de pintar retratos, no hay quien te gane.* Jos pitää maalata muotokuvia, sinua parempaa saa hakea.
salir ganando päästä voitolle *Sales ganando si te operas por lo privado porque el seguro te paga el 60% de los gastos y la seguridad social, el 50 %.* Pääset voitolle, jos sinut leikataan yksityispuolella, koska vakuutus maksaa sinulle 60 % kuluista ja KELA 50%. *De esa guerra nadie saldrá ganando.* Siitä sodasta kukaan ei selviä voittajana.
Fácilmente ganado, fácilmente perdido. Helposti saatu on helposti menetetty.

● **gancho**
echar [le] **el gancho** saada kiinni, koukkuun *La policía le echó el gancho al ladrón en cuanto éste empezó a gastar el dinero robado.* Poliisi sai rosvon kiinni, kun tämä yritti käyttää varastettua rahaa. *Ese chico me gusta y antes o después le echaré el gancho.* Pidän tuosta pojasta ja ennemmin tai myöhemmin saan hänet koukkuun.

● **ganga**
ser una ganga olla löytö *Si te han dicho que sólo cuesta 20.000 euros el piso, cómpratelo porque es una ganga.* Jos sinulle sanottiin, että asunto maksaa vain 20 000 euroa, osta se, sehän on todellinen löytö.

● **ganso**
hacer el ganso pelleillä *Deja de hacer el ganso, Antonio, ésta es una reunión seria.* Lopeta pelleily, Antonio, tämä on tärkeä kokous.

● **garbanzo**
ganarse los garbanzos ansaita leipänsä *Vera, hija, ya tienes 30 años y deberías empezar a ganarte los garbanzos.* Vera, tyttöseni, olet jo 30-vuotias, ja sinun pitäisi alkaa ansaita leipäsi.
Un garbanzo no hace puchero. Ei sota yhtä miestä kaipaa.
ks. myös: en toda **tierra** de garbanzos

● **garbeo**
darse un garbeo mennä kävelylle *Llevas toda la mañana encerrado en el despacho. ¿Por que no te vas a darte un garbeo por la ciudad?* Olet ollut koko aamun hautautuneena työhuoneeseesi. Miksi et lähtisi kävelylle kaupungille?

● **garete**
irse al garete mennä rempalleen *Si el gobierno no toma las medidas necesarias, la economía italiana puede irse al garete en dos años.* Jos hallitus ei ryhdy tarvittaviin toimenpiteisiin, Italian talous voi mennä kahdessa vuodessa rempalleen.

● **garganta**
aclararse la garganta selvittää kurkkuaan *El poeta miró alrededor, se aclaró la garganta y con una voz delicada comenzó a recitar el poema.* Runoilija katsoi ympärilleen, selvitti

kurkkuaan ja alkoi lausua runoa pehmeällä äänellä.

tener la garganta como papel de lija olla kurkku kuin riivinrauta *Por las mañanas tengo la garganta como papel de lija.* Aamuisin kurkkuni on kuin riivinrauta.

● **gárgaras**
enviar/mandar a hacer gárgaras käskeä/painua sinne missä pippuri kasvaa *Si no quiere ayudarnos, que no nos ayude y que se vaya a hacer gárgaras.* Jos et halua auttaa meitä, älä sitten auta ja painu sinne missä pippuri kasvaa. *Fue condenado a dos días de cárcel por mandar a hacer gárgaras al juez.* Hänet tuomittiin vankilaan kahdeksi päiväksi, koska oli käskenyt tuomarin mennä sinne missä pippuri kasvaa.

● **garrafa**
de garrafa irtomyyntialkoholi *Prefiero el vino de garrafa al vino de marca embotellado.* Pidän enemmän irtoviinistä, kuinka pullotetusta merkkiviinistä.

● **garrote**
tieso como un garrote jäykkä kuin seipään niellyt *Era muy tímido y en la reunión se encontraba tieso como un garrote.* Hän oli hyvin ujo, ja kokouksessa hän oli jäykkänä kuin seipään niellyt.

● **gas**
a todo gas täyttä vauhtia *El ladrón huyó a todo gas en cuanto oyó la sirena de la policía.* Rosvo pakeni täyttä vauhtia heti, kun kuuli poliisin tulevan pillit soiden.
a medio gas verkalleen *El proyecto avanza, es cierto, pero sólo a medio gas.* Hanke edistyy kyllä, mutta vain verkalleen.

● **gastar**

gastarlas olla tietyt tavat *Afortunadamente ya sé cómo las gasta ella, sino me habría parecido mal su comportamiento.* Onneksi tunnen jo hänen tapansa, muuten olisin pitänyt hänen käytöstään huonona.
gastar a lo grande panna rahaa haisemaan/menemään *El Gobierno puede gastar a lo grande los próximos cuatro años.* Hallitus voi panna rahaa haisemaan seuraavat neljä vuotta.
ks. myös: gastar **bromas**

● **gasto**
correr con los gastos maksaa kulut *Vamos a irnos todos de viaje y el departamento correrá con los gastos.* Aiomme kaikki lähteä matkalle, ja osasto maksaa kulut.

● **gatas**
a gatas nelinkontin *La niña ya ha aprendido a andar a gatas.* Tyttö on jo oppinut konttaamaan.
y los que anduvo a gatas ja vähän päälle *Dice que tiene 30 años pero me parece que tiene algunos más; unos 35 y los que anduvo a gatas.* Hän sanoo olevansa 30-vuotias, mutta minusta hän näyttää vanhemmalta; ehkä 35 ja vähän päälle.

● **gato**
coger [le] gato ottaa silmätikuksi *A mí me cogió gato un funcionario de Kela.* Minut otti silmätikuksi yksi Kela virkailija.
cuatro gatos vain muutama hassu *A la fiesta sólo vinieron cuatro gatos.* Juhliin tuli vain muutama hassu.
dar gato por liebre vetää nenästä *Mira, ayer me compré este reloj de oro. – Lo siento amigo, pero te han dado gato por liebre; de oro no tiene nada.* Katso, ostin eilen tämän kultakellon. Anteeksi vaan, ystäväiseni, mutta sinua on vedetty nenästä; se ei ole kultaa nähnytkään.

haber gato encerrado olla koira haudattuna *Me parece que en este asunto hay gato encerrado porque nadie me da una respuesta clara.* Minusta tuntuu, että tässä asiassa on koira haudattuna, koska en saa keneltäkään selvää vastausta.

hasta el gato jo kylän koiratkin *Si se lo has dicho a ella, ya lo sabe hasta el gato.* Jos kerroit sen hänelle, niin sen tietävät kohta jo kylän koiratkin.

lavarse a lo gato (*myös* lavarse como los gatos) pesaista *Si no les estuviese encima, los niños se lavarían a lo gato antes de ir a la escuela.* Jos en vahtisi, niin lapset vain pesaisivat itsensä ennen kouluun lähtöä.

llevarse el gato al agua vetää pisin korsi *Todas estaban enamoradas de Felipe, pero fue María la que se llevó el gato al agua.* Kaikki olivat rakastuneita Felipeen, mutta Maria veti pisimmän korren.

tener [le] gato inhota, vainota *Me parece que mi profesora me tiene gato porque siempre me suspende.* Opettajani taitaa vainota minua, koska hylkää minut aina tentissä.

tener más suerte que un gato olla onnenmyyrä *Haberte conocido demuestra que tengo más suerte que un gato.* Sinuun tutustuminen todistaa, että olen oikea onnenmyyrä.

ver menos que un gato de escayola sokea kuin lepakko *¡Cómprate gafas de una vez! Ves menos que un gato de escayola.* Mene ja osta nyt ne silmälasit! Sinähän olet sokea kuin lepakko.

Cuando el gato no está, los ratones hacen fiesta. Kun kissa on poissa, hiiret hyppii pöydällä.

El gato escaldado del agua fría huye. Siperia opettaa.

El hijo de la gata ratones mata. Omena ei putoa kauas puusta.

ks. myös: buscarle tres **pies** al gato; como el **perro** y el gato; de **noche** todos los gatos son pardos; jugar al **ratón** y al gato

• **gazapo**
soltar un gazapo päästää sammakko suustaan *En su discurso Elisabet soltó un gazapo.* Puhessaan Elisabet päästi sammakon suustaan.

• **gaznate**
mandarse al gaznate vetää napaan *Acabo de mandarme al gaznate 2 platos de pasta.* Just vedin napaan 2 lautasellista pastaa.

• **generación**
de última generación uusinta mallia *El aparato que le ofrezco es de última generación, pero también los tenemos más antiguos.* Teille tarjoamani laite on uusinta mallia, mutta on meillä myös vanhempiakin malleja.

• **general**
en general yleensä *A veces me sentía un poco cansado, pero en general, disfruté mucho del viaje.* Joskus tunsin hieman väsymystä, mutta yleensä nautin matkasta. *En general, los que mucho hablan tienen poco que decir.* Yleensä niillä, jotka puhuvat paljon, on vähän sanottavaa.

por lo general yleensä *Las reuniones las hacemos, por lo general, en la sala de profesores.* Pidämme kokoukset yleensä opettajainhuoneessa.

ks. myös: por **regla** general

• **genio**
tener mal genio olla pahansisuinen *María tiene muy mal genio y por nada se pone a gritar.* Maria on erittäin pahansisuinen ja alkaa huutaa ihan tyhjästä.

Genio y figura hasta la sepultura. Ei tiikeri juovistaan pääse.

• **gente**
buena gente kunnon ihmiset *Es buena gente, puedes confiar en él.* Hän on kunnon ihmisiä, voit luottaa häneen.
ks. myös: **don** de gentes

• **gentileza**
por gentileza ystävällisesti *Después de la reunión habrá un café ofrecido por gentileza de Kir-Tec Oy.* Kokouksen jälkeen Kir-Tec Oy ystävällisesti tarjoaa kahvit.

• **gerundio**
¡Andando/marchando que es gerundio! Liikettä kinttuihin/niveliin!

• **gesto**
torcer el gesto olla nenä nirpallaan *Torció el gesto cuando notó no le habían dado el primer premio.* Hän oli nenä nirpallaan, kun huomasi, ettei ollutkaan saanut ensimmäistä palkintoa.

• **gigante**
gigante con pies de barro hiekalle rakennettu *La Unión Soviética era un gigante con pies de barro y su desplome era lo único que se podia esperar.* Neuvostoliitto oli hiekalle rakennettu, ja sen romahtamista saattoi vain odottaa.

• **giro**
dar un giro de 180º heittää häränpyllyä *La economía de mercado parece haber dado un giro de 1801.* Markkinatalous tuntuu heittäneen häränpyllyä.

• **gitano**
estar/ir hecho un gitano olla kuin ryysyläinen *Mi vecina siempre va hecha una gitana* Naapurini on aina kuin ryysyläinen.

que no se lo salta un gitano mahtava *Me he comido un plato de mejillones que no se lo salta un gitano.* Söin mahtavan simpukkaannoksen.

• **gloria**
a gloria [bendita] taivaalliselta *Nos preparó un gazpacho que nos supo a gloria.* Hän valmisti meille gazpacho-keiton, joka maistui taivaalliselta.
en la gloria seitsemännessä taivaassa *Desde que se casó, se encuentra en la gloria.* Naimisiin mentyään hän on ollut kuin seitsemännessä taivaassa.
que en gloria esté (*myös* que gloria haya) edesmennyt, rauha hänen sielulleen *Mi difunto hermano, que gloria haya, me llevaba diez años.* Edesmennyt veljeni, rauha hänen sielulleen, oli minua kymmenen vuotta vanhempi. *Mi esposa, que en gloria esté, era una excelente ingeniera.* Puolisoni, rauha hänen sielulleen, oli erinomainen insinööri.
La gloria es para los valientes. Rohkea rokan syö.

• **gogó**
a gogó yllin kyllin *La fiesta que organizó Ramiro fue inolvidable; allí todo era a gogó.* Ramiro järjesti unohtumattomat juhlat; niissä oli kaikkea yllin kyllin.

• **gol**
meter [le] un gol viilata linssiin *Me han metido un gol.* Minua on viilattu linssiin.

• **goleada**
por goleada suurella maalierolla *Lo malo del fútbol italiano es que nunca ganan por goleada, sino que se conforman con resultados tipo 1–0.* Italian jalkapallossa huonoa on se, että koskaan ei voiteta suurella maalierolla, vaan tyydytään sellaisiin tuloksiin kuin 1–0.

• **gollete**
a gollete suoraan pullosta *No necesito vaso, gracias; la cerveza me la tomo a gollete.* En tarvitse lasia, kiitos. Juon oluen suoraan pullosta.

• **golondrina**
Una golondrina no hace verano. Ei yksi pääsky kesää tee.

• **golpe**
acusar el golpe saada kova isku *María acusó el golpe de la muerte de su padre, pero no se derrumbó.* Isän kuolema oli Marialle kova isku, mutta ei hän täysin romahtanut.
a golpes puuskittain *La sangre le salía a golpes por la herida.* Verta pulppusi hänen haavastaan. *A golpes de memoria empezó a reconocer el lugar donde había pasado su infancia.* Välähdyksittäin hän alkoi tunnistaa paikan, jossa oli viettänyt lapsuutensa.
cerrar de golpe työntää kiinni *Por favor, al salir, cierra de golpe.* Ole kiltti ja työnnä ovi kiinni lähtiessäsi.
darse golpes de pecho katua *De nada sirve ya darse golpes de pecho, lo que ahora necesitamos es mirar al futuro.* Ei kannata enää katua. Meidän täytyy nyt katsoa tulevaisuuteen.
de golpe [y porrazo] odottamatta, yllättäen *Se levantó de golpe y se fue.* Hän nousi ylös odottamatta ja lähti. *De golpe y porrazo me vi convertido en padre.* Minusta tuli yllättäen isä.
de un golpe kerralla *Cogió cinco aceitunas y se las metió en la boca de un golpe.* Hän otti viisi oliivia ja laittoi ne kerralla suuhunsa.
golpe bajo isku vyön alle *Un golpe bajo así le hace callarse a uno.* Tuollainen isku vyön alle pistää hiljaiseksi.
golpe de Estado vallankaappaus *En los años 70 eran frecuentes los golpes de Estado en Latinoamérica.* !970-luvulla Latinalaisessa Amerikassa tehtiin usein vallankaappauksia.
golpe de fortuna/suerte onnenpotku *Fue un golpe de suerte que le nombraron jefe de departamento.* Laitoksen johtajaksi nimittäminen oli hänelle onnenpotku.
no dar/pegar golpe ei panna tikkua ristiin *Mi hermana no daba golpe en la escuela y tuvo que repetir dos cursos.* Sisareni ei pannut tikkua ristiin koulussa ja hänen piti uusia kaksi kurssia. *¿De qué vivirá Alex si no pega golpe?* Millä Alex elää, jos hän ei kerran tee mitään?
sin dar golpe tumput suorina *El Estado no puede quedarse mirando sin dar golpe.* Valtion ei tule katsella tumput suorina.

• **gordo/-a**
armar la gorda nostaa meteli *Me la va a armar gorda cuando vea que le he rayado el coche.* Hän nostaa metelin, kun näkee, että olen naarmuttanut hänen autonsa.
armarse la gorda nousta meteli *Se va a armar la gorda si tu madre se entera de que has salido conmigo.* Nousee kyllä meteli, jos äitisi saa tietää, että olit ulkona minun kanssani.
caer [le] gordo inhota *Me caen gordos los pedantes.* Inhoan saivartelijoita.
no tener ni gorda ei olla senttiäkään *No puedo darte dinero porque no tengo ni gorda.* En voi antaa sinulle rahaa, koska minulla ei ole senttiäkään.
tocar [le] el gordo saada päävoitto *Me ha tocado el gordo en el último sorteo de la lotería.* Sain päävoiton viime lottoarvonnassa.
ks. myös: hacer la **vista** gorda

• **gorra**
con la gorra vaikka silmät kiinni *Eso lo haría yo con la gorra.* Minä tekisin sen, vaikka silmät kiinni.
de gorra ilmaiseksi *Como el jefe del restaurante era su tío, siempre comía de*

gorra. Koska ravintolan omistaja oli hänen setänsä, hän söi siellä aina ilmaiseksi.

pasar la gorra kerätä kolehti *Los niños de la escuela cantaron villancicos en la plaza y después pasaron la gorra.* Koululaiset lauloivat joululauluja torilla ja sitten laitettiin hattu kiertämään.

• **gorro**

calarse el gorro vetää lakki korville *Cálate el gorro porque hace mucho frío.* Vedä lakki korville sillä ulkona on todella kylmä.

hasta el gorro lopen kyllästynyt *Estoy hasta el gorro de que siempre llegues tarde a las citas.* Olen lopen kyllästynyt siihen, että myöhästyt aina treffeiltä.

poner [le] **el gorro** *arg, chl* olla uskoton *¿Nunca le has puesto el gorro a tu esposo?* Etkö ole koskaan ollut uskoton miehellesi?

sacarse del gorro temmata hatusta *El nombre no se ha sacado del gorro.* Nimeä ei ole hatusta temmattu.

• **gota**

cuatro gotas pari pisaraa *Están cayendo cuatro gotas, no necesitas paraguas.* Vettä tulee pari pisaraa, joten et tarvitse sateenvarjoa.

gota a gota tipoittain *Sí que me está devolviendo el dinero que me debe, pero gota a gota.* Kyllä hän maksaa minulle takaisin velkansa, mutta tipoittain.

ni gota ei tippaakaan *¿Hay café? – No queda ni gota.* Onko kahvia? – Ei tippaakaan.

ni una gota ei tipan tippaa *Desde que está su mujer embarazada Pepe no bebe ni una gota.* Siitä asti kun hänen vaimonsa tuli raskaaksi Pepe ei ole juonut tipan tippaa.

parecerse como dos gotas de agua olla kuin kaksi marjaa *Son sólo primos, pero se parecen como dos gotas de agua.* He ovat vain serkuksia, mutta ovat kuin kaksi marjaa.

ser la gota que colma el vaso olla viimeinen pisara *Sus excusas para no venir con nosotros este fin de semana ha sido la gota que colma el vaso. No volveré a hablarle.* Hänen tekosyynsä jäädä tulematta mukaan tänä viikonloppuna oli viimeinen pisara. En puhu hänelle enää.

sudar la gota gorda tehdä niska limassa *Tenemos una jefa muy exigente que nos hace sudar la gota gorda.* Meillä on erittäin vaativa pomo, joka panee meidät tekemään töitä niska limassa.

Como una gota en el océano. Kuin hyttysen liraus Itämereen.

• **gozar**

gozarla nautiskella *Los fines de semana que paso en el chalet, la gozo. No hay cosa que más que guste.* Mökillä viettäminäni viikonloppuina minä nautiskelen. Ei ole mitään sen ihanampaa.

• **gozo**

no caber en sí de gozo ratketa riemusta *Estaba tan contento de vernos que no cabía en sí de gozo.* Hän oli niin tyytyväinen nähdessään meidät, että oli ratketa riemusta.

mi gozo en un pozo olla katkera pettymys *Nos habíamos imaginado que vendríais a pasar el fin de semana con nosotros y no vendréis, así que nuestro gozo en un pozo.* Olimme kuvitelleet, että tulisitte viettämään viikonloppua kanssamme, mutta ette tulekaan, joten pettymyksemme on katkera.

• **gracia**

caer [le] **en gracia** miellyttää *¿Por qué es tan simpática contigo Felisa? – No lo sé; probablemente le habré caído en gracia.* Miksi Felisa on niin mukava sinulle? – En tiedä, luultavasti hän on mieltynyt minuun.

dar gracias kiittää *Demos gracias a Dios por estos alimentos que vamos a comer.* Kiittäkäämme jumalaa näistä pöydän antimista. *Puedes dar gracias a tu buena suerte que el accidente no haya sido más grave.* Voit kiittää hyvää onneasi, että onnettomuus ei ollut sen vakavampi.

dar las gracias kiittää *No sabía cómo darle las gracias, así que le compré un ramo de flores.* En tiennyt, miten kiittää häntä, joten ostin hänelle kukkakimpun.

hacer [le] gracia huvittaa, olla hauska *Eso no me hace ninguna gracia.* Tuo ei huvita minua yhtään. *¿No te ha hecho gracia el chiste?* Eikö vitsi ollut sinusta hauska?

gracias a ansiosta *Se capturó a los ladrones gracias a los transeúntes.* Ohikulkijoiden ansiosta ryöstäjät saatiin kiinni.

maldita la gracia que hace ei olla yhtään hauskaa *Maldita la gracia que me hace tener que ocuparme yo de las tareas más duras.* Minusta ei ole yhtään hauskaa, että minun pitää tehdä raskaimmat työt.

¡qué gracia! miten herttaista *¿Has visto cómo toca el piano ese niño? – Sí, ¡qué gracia! ¿Verdad?* Näitkö, miten tuo lapsi soittaa pianoa? – Kyllä, miten herttaista. Eikö totta?

tener gracia olla hauska *Ese chiste no tiene ninguna gracia.* Tuossa vitsissä ei ole mitään hauskaa. *Es una chica simpática. Tiene gracia.* Hän on mukava tyttö. Hänessä on jotakin.

ks. myös: estar en **estado** de gracia; por **obra** y gracia de

● **grado**
de buen grado mielellään *Por ti de buen gado haría cualquier cosa, pero por tu hermana, no.* Sinun puolestasi teen mielelläni mitä vain, mutta sisaresi puolesta en.

● **gramática**
tener mucha gramática parda olla kaiken nähnyt, kokenut *En temas de novios, hazle caso a Yolanda, ella tiene mucha gramática parda.* Käänny seurusteluasioissa Yolandan puoleen, hän on kaiken nähnyt ja kokenut.

● **grande**
a lo grande suurellisesti *Haremos una fiesta a lo grande para celebrar su regreso.* Pidämme suuren luokan juhlat hänen paluunsa kunniaksi. *Vive a lo grande. ¿Le habrá tocado la lotería?* Hän elää leveästi. Onkohan hän voittanut lotossa?

pasárselo en grande olla tosi hauskaa *Ven con nosotros de excursión; verás como nos lo pasamos en grande.* Tule meidän kanssamme retkelle, niin saat nähdä, että meillä on tosi hauskaa.

venir [le] grande olla iso *Esa camisa te va grande. Se paita on sinulle iso. Yo creo que ese proyecto en el que os habéis metido os va un poco grande.* Luulen, että se projekti, johon olette ryhtyneet, on teille hieman liian iso pala.

● **granel**
a granel irrallaan *Todavía es posible comprar vino a granel aunque casi todo el mundo lo compra embotellado.* On vielä mahdollista ostaa irtoviiniä, vaikka lähes kaikki ostavat sitä pullotettuna.

● **grano**
aportar/poner [pos.] grano/ granito de arena kantaa kortensa kekoon *No es importante lo que haces, sino que tú también pones tu grano de arena en la realización del proyecto.* Ei ole tärkeää, mitä teet, vaan että sinäkin kannat kortesi kekoon tämän projektin toteuttamiseksi.

ir al grano mennä asiaan *Déjate de rodeos y ve al grano.* Lopeta kiertely ja mene asiaan. *Todas esas cosas ya las sé. Así que, al grano, por favor.* Tiedän jo tuon kaiken. Joten asiaan, kiitos.

separar el grano de la paja erottaa jyvät akanoista *Cuando tienes 50 solicitantes para un curso, no es fácil separar el grano de la paja y elegir a los mejores.* Kun kurssille ilmoittautuneita on 50, ei ole helppoa erottaa jyviä akanoista parhaimpien valitsemiseksi.

un grano de arena pisara meressä *Nuestras acciones son un grano de arena.* Tekomme ovat vain pisara meressä.

Ser como un grano de arena en el desierto Olla kuin pisara valtameressä.

ks. myös: hacer una **montaña** de un grano de arena

• **greña**
andar a la greña olla tukkanuottasilla *Antonio y María andan todo el santo día a la greña, como el perro y el gato.* Antonio ja Maria ovat koko jumalan päivän tukkanuottasilla, kuin kissa ja koira.

• **gresca**
andar a la gresca olla toistensa tukassa (kiinni) *Media familia anda a la gresca.* Puoli sukua on toistensa tukassa kiinni.

• **grito**
a grito pelado/limpio kovaäänisesti, äänekkäästi *Empezó a increparme a grito pelado.* Hän alkoi sättiä minua kovaäänisesti. *Cuando estaba yo hablando, me interrumpió a grito limpio.* Kun olin puhumassa, hän keskeytti minut kovaäänisesti.

a gritos täyttä kurkkua *Te vi y te llamé a gritos, pero no me oíste.* Näin sinut ja huusin sinua täyttä kurkkua, mutta et kuullut.

poner el grito en el cielo nostaa äläkkä *Puso el grito en el cielo cuando supo que su tía había testamentado sus bienes a un hospital local.* Hän nosti äläkän saatuaan tietää, että hänen tätinsä oli testamentannut omaisuutensa paikalliselle sairaalalle.

último grito viimeistä huutoa *Se ha comprado un traje último grito, pero a mí no me gusta.* Hän osti viimeistä huutoa olevan puvun, mutta minä en pidä siitä.

• **grogui**
estar grogui olla taju kankaalla *Tómate ahora la medicina y dentro de tres minutos estarás grogui.* Ota nyt lääke ja kolmen minuutin päästä olet taju kankaalla.

• **grúa**
ni con grúa ei kirveelläkään *Cuando la niña se tumba a ver la televisión, no consigo que se levante ni con grúa.* Kun tyttö istuu katsomaan televisiota, en saa häntä nousemaan kirveelläkään.

• **guante**
arrojar el guante esittää haaste *No tengo ningún problema, no soy de los que se echan a temblar cuando le arrojan el guante.* Minulla ei ole minkäänlaisia ongelmia; en ole niitä, jotka alkavat tutisemaan, kun joku esittää haasteen.

colgar los guantes lyödä hanskat tiskiin/naulaan *Me gustaría colgar los guantes. Tekisi* mieli lyödä haskat naulaan.

como un guante kuin valettu, kuin nyrkki silmään *Esa camisa te queda como un guante* Tuo paita sopii sinulle kuin valettu. *El nuevo trabajo que me han dado me va como un guante.* Saamani uusi työ sopii minulle kuin nyrkki silmään.

con guante de seda silkkihansikkain *A esa chica tienes que tratarla con guante de seda porque es muy susceptible.* Tuota tyttöä sinun pitää kohdella silkkihansikkain, koska hän on hyvin herkkä.

de guante blanco valkokaulus *Los delincuentes de guante blanco no suelen ir a parar a la cárcel.* Valkokaulusrikolliset eivät tavallisesti joudu istumaan vankilaan.

echar [le] **el guante** saada käsiinsä, napata *Si alguna vez le echo el guante al que me ha robado la bici, le voy a decir cuatro verdades.* Jos joskus saan käsiini sen, joka varasti pyöräni, sanon sille suorat sanat.

suave como un guante sävyisä, säyseä *Últimamente está suave como un guante; no se ha irritado ni una vez.* Viime aikoina hän on ollut säyseä eikä ole hermostunut kertaakaan.

• **guapo**
¿quién es el guapo que [V]**?** kuka uskaltaa *Le hemos roto el coche al director. ¿Quién es el guapo que se lo dice ahora?* Rikoimme johtajan auton. Kuka

• **guardia**
bajar la guardia herpaantua, löysätä otetta *La situación es ahora mucho mejor, pero no podemos bajar la guardia.* Tilanne on nyt paljon parempi, mutta emme voi vielä löysätä otetta.

de guardia vartiossa *¿Quién está de guardia esta noche en el cuartel?* Kuka on tänä iltana vartiossa kasarmilla?

en guardia varuillaan *Es mejor que estés en guardia todo el tiempo porque no sabes por donde puede venir el peligro.* Kannattaa olla varuillaan koko ajan, koska ei voi tietää, missä vaara uhkaa.

pillar con la guardia baja lyödä päin näköä *El realismo socialista me pillo con la guardia baja y tuve algo así como un shock cultural.* Sosialistinen realismi löi päin näköä, ja sain jonkinasteisen kulttuurishokin.

poner en guardia varoittaa *Ya me ha puesto en guardia sobre la llegada de la nueva directora.* Hän varoitti minua jo uuden johtajan tulosta.

• **guasa**
tomar a guasa lyödä leikiksi *No te lo puedes tomar a guasa porque es un asunto muy serio.* Et saa lyödä leikiksi, koska se on hyvn vakava asia.

• **Guatemala**
salir de Guatemala y entrar en Guatepeor joutua ojasta allikkoon *Lo que propones no es una solución, sino salir de Guatemala y entrar en Guatepeor.* Se, mitä ehdotat, ei ole ratkaisu, vaan joudumme ojasta allikkoon.

• **guerra**
dar guerra häiritä, rasittaa, rassata *¡No veas la guerra que me da este niño cada vez que quiere que le compre algo!* Etkö näe, miten tuo lapsi rassaa minua aina kun hän haluaa minun ostavan hänelle jotakin.

declarar la guerra julistaa sota *El presidente le ha declarado la guerra a la delincuencia organizada.* Presidentti on julistanut sodan järjestäytynyttä rikollisuutta vastaan.

tener [le] **la guerra declarada** olla sodassa *Desde que dejó de fumar, le tiene declarada la guerra al tabaco y no soporta ver que nadie fume.* Lopetettuaan tupakanpolton hän käy sotaa tupakkaa vastaan, eikä siedä, että kukaan polttaa.

guerra sucia likainen peli *Esas noticias falsas son parte de la guerra sucia de la prensa conservadora contra los socialistas.* Nuo virheelliset uutiset ovat osa konservatiivilehdistön likaista peliä sosialisteja vastaan.

ks. myös: **en pie** de guerra; En **tiempos** de guerra, cualquier agujero es trinchera.

• **guinda**
la guinda del pastel sokerina pohjalla *Cuando se ha leído el texto, las fotos son la guinda del pastel.* Kun on lukenut kirjoituksen, kuvat ovat sokerina pohjalla.

• **guindo**

haber caído del guindo olla hyväuskoinen *No creas que me puedes engañar, hace ya mucho que he caído del guindo.* Älä luule pystyväsi huiputtamaan minua; en ole mikään eilisen teeren poika.

● **guiñapo**

hecho un guiñapo (*myös como un guiñapo*) kuin resupekka *Arréglate Felipe, tu novia está a punto de llegar y tú estás hecho un guiñapo.* Siistiydyhän Felipe, tyttöystäväsi on tulossa, ja sinä olet kuin resupekka.

● **guisa**

a guisa de tavoin, kuten *Se puso la toalla a guisa de falda para ir de la playa al hotel.* Hän laittoi pyyhkeen hameeksi mennäkseen rannalta hotellille.

de esa guisa tuolla tavalla *No me gusta que me hables de esa guisa.* En pidä siitä, että puhut minulle tuolla tavalla.

● **guisar**

guisárselo y comérselo tehdä kuten parhaaksi näkee *Soy el único trabajador del almacén y yo me lo guiso y me lo como sin darle explicaciones a nadie.* Olen varaston ainoa työntekijä ja teen kuten parhaaksi näen selittelemättä kenellekään.

● **gusanillo**

matar el gusanillo syödä pahimpaan nälkään *Son sólo las once; vamos a tomar unas tapas para matar el gusanillo.* Kello on vasta 11. Syödään jotakin pientä suolaista pahimpaan nälkään.

● **gustar**

como usted guste kuten haluatte *Siéntese, siéntese. – Como usted guste.* Istukaa pois. – Kuten haluatte.

cuando usted guste kun haluatte *Venga usted mañana. – Cuando usted guste.* Tulkaa huomenna. – Kun haluatte.

guste o no huolimatta jnk mielipiteestä *Él es el encargado del proyecto, ¿no? – Guste o no, lo es.* Hän on projektin johtaja, vai mitä? – Sanotaan mitä hyvänsä, se hän on. *Te guste o no te guste, ya no tienes veinte años.* Halusit tai et, mutta et ole enää 20-vuotias. *Nos guste o no, Franco hizo algunas cosas positivas.* Halusimme tai emme, Franco sai aikaan jotakin hyvää.

¿Usted gusta? maistuisiko *Llevo aquí unos bocadillos ¿Usted gusta? – No gracias.* Minulla on tässä muutamia voileipiä. Maistuisiko? – Ei, kiitos.

● **gustazo**

darse el gustazo nauttia *Me voy a Galicia para darme el gustazo de comer marisco recién pescado.* Menen Galiciaan hemmottelemaan itseäni tuoreilla äyriäisillä.

● **gustillo**

coger [le] **el gustillo** päästä makuun, alkaa maistua *Desde que le ha cogido el gustillo al ping-pong no practica ningún otro deporte.* Siitä lähtien kun hän pääsi pöytätenniksen makuun, hän ei ole harrastanut mitään muuta lajia.

● **gustirrinín**

dar gustirrinín *ark* tehdä poikaa/eetvarttia *El primer día que hice natación ártica, creí morirme, pero ahora me da un gustirrinín que no veas.* Ensimmäisenä päivänä, kun kävin avannossa uimassa, luulin kuolevani, mutta nyt se tekee niin eetvarttia.

● **gusto**

a gusto 1 mukavasti *Ésta es su habitación. Espero que se encuentren a gusto.* Tässä on huoneenne. Toivon, että viihdytte. **2**

mielellään *No hace falta que me dé las gracias; lo he hecho muy a gusto.* Sinun ei tarvitse kiittää, tein sen hyvin mielelläni.

a gusto de maun mukaan *En nuestra sastrería todo lo hacemos a*
gusto   del   cliente.   Meidän vaatturinliikkeessämme   kaikki   tehdään asiakkaan toivomusten mukaan.

al gusto maun mukaan *Después de haberlo frito, se le añade sal al gusto.* Paistettuasi sen lisää suolaa maun mukaan

coger [le] **el gusto** päästä makuun, alkaa maistua *Últimamente le estoy cogiendo el gusto al pescado.* Viime aikoina kala on alkanut maistua minulle. *Desde que le ha cogido el gusto al ping-pong no practica ningún otro deporte.* Siitä lähtien kun hän pääsi pöytätenniksen makuun, hän ei ole harrastanut mitään muuta lajia.

con gusto mielellään *Lo haré con mucho gusto.* Teen sen erittäin mielelläni.

dar gusto olla mukava *Da gusto estar aquí en el porche contemplando la puesta de sol.* On mukava olla tässä kuistilla katselemassa auringonlaskua. *¡Cuánto gusto me da que vengas a vernos!* Miten mukavaa, että tulet käymään meillä.

darse el gusto nauttia *Me voy a Galicia para darme el gusto de comer marisco recién pescado.* Menen Galiciaan hemmottelemaan itseäni tuoreilla äyriäisillä.

el gusto es mío ilo on kokonaan minun puolellani *Papá, te presento a mi amigo Luis. – Mucho gusto. – El gusto es mío.* Isä, tässä on ystäväni Luis. – Hauska tutustua. – Ilo on kokonaan minun puolellani.

mucho/tanto gusto hauska tutustua *Te presento a Pepe. – Mucho gusto.* Tässä on Pepe. – Hauska tutustua. *¿Tú eres Marisa? Tanto gusto.* Oletko sinä Marisa? Hauska tutustua.

que es un gusto kuin unelma *Mi coche funciona que es un gusto.* Autoni toimii kuin unelma.

para gustos, colores makuja on monenlaisia *Para gustos, colores, pero es la mayoría la que decide.* Makuja on monenlaisia. mutta enemmistö ratkaisee.

Sobre gustos no hay nada escrito. Makuasioista ei pidä kiistellä.

HHHHH

• **haber**

de lo que no hay mahdoton *Eres de lo que no hay, hijo mío. ¡A quién se le ocurre irse de casa y dejar la puerta abierta!* Olet mahdoton, poikaseni. Kenelle nyt tulisi mieleen lähteä ulos ja jättää ovi auki!

[adj.] **donde los/las haya** saa hakemalla hakea *Es un tipo trabajador donde los haya.* Hänen tapaistaan ahkeroitsijaa saa hakemalla hakea.

es lo que hay tällä mennään *No queda otra posibilidad, es lo que hay.* Ei ole muuta vaihtoehtoa, tällä mennään.

haber de [+ inf.] täytyä *Los países occidentales hemos de reconocer nuestras responsabilidades en los países africanos.* Länsimaiden tulee tunnustaa vastuunsa Afrikan maista.

habérselas con tua joutua tekemisiin *Si lo rompes, te las tendrás que haber con tu madre.* Jos rikot sen, joudut tekemisiin äitisi kanssa. *Es mejor que te informes bien sobre el juego de los rivales para saber con quién nos las habremos en ese campeonato.* Sinun kannattaa ottaa kunnolla selvää vastustajien pelistä, jotta tiedetään kenen kanssa ollaan tekemisissä niissä mestaruuskilpailussa.

habido y por haber kaikki mahdollinen *Había hecho todos los ensayos y experimentos* *habidos y por haber, pero no conseguía encontrar un antídoto.* Hän oli tehnyt kaikki mahdolliset kokeilut ja kokeet, mutta ei onnistunut löytämään vasta-ainetta.

hay que [+ inf.] täytyä *Hay que hacer deporte si se quiere adelgazar.* Täytyy harrastaa liikuntaa, jos haluaa laihtua.

no haber para tanto ei olla niin vakavaa *¡Por favor, cariño! Es sólo una herida superficial, no hay para tanto.* Voi, kultaseni! Sehän on vain pintanaarmu. Ei se ole niin vakavaa.

no hay de qué ei kestä *Muchas gracias. − No hay de qué.* Paljon kiitoksia. − Ei kestä.

¿qué hay? mitä kuuluu *¡Hola! ¿Qué hay?* Terve! Miten menee? *¿Qué hay, Antonio? − Bien, gracias. ¿Y tú?* Antonio, mitä kuuluu? − Hyvää, kiitos. Entä sinulle?

De donde no hay, no se puede sacar. Tyhjästä on paha nyhjäistä.

ks. myös: había una **vez**; hay que **ver**

• habichuela
buscarse/ganarse las habichuelas ansaita leipänsä *Ya eres mayor y tienes que empezar a buscarte las habichuelas.* Olet jo iso ja sinun pitää alkaa ansaita leipäsi.

• hábito
colgar los hábitos luopua pappeudesta, veljes- tai sisarkunnan jäsenyydestä *A los treinta años colgó los hábitos porque tuvo una crisis de fe.* Hän luopui pappeudesta 30-vuotiaana, koska hänelle tuli uskonkriisi.

tomar los hábitos (*myös* tomar el hábito) ryhtyä papiksi, liittyä veljes- tai sisarkuntaan *Su mayor ilusión era que alguno de sus hijos hubiera tomado los hábitos.* Hänen suurin haaveensa oli, että joku hänen pojistaan olisi ryhtynyt papiksi.

El hábito no hace al monje. Ei puku miestä tee.

• habla

estar al habla olla puhelimessa *Luis, al teléfono pregunta por ti. − Pregunta quién está al habla.* Luis, sinua kysytään puhelimessa. − Kysy kuka siellä on.

perder el habla mykistyä *Cuando supo lo que había pasado perdió el habla.* Saatuaan tietää, mitä oli tapahtunut, hän aivan mykistyi.

Hablando se entiende la gente. Puhuen asiat selkenee.

• hablado
ser mal hablado (*myös* malhablado) olla rivosuinen/ paha suustaan *Hoy en día muchas jóvenes son malhabladas.* Nykyään monet tytöt ovat rivosuisia.

• hablar
dar que hablar antaa puheenaihetta *Los últimos resultados de Nokia han dado que hablar.* Nokian viimeisimmät tulokset puhuttivat.

de eso ni hablar ei puhettakaan *No puedes volver a casa después de las 11. De eso ni hablar.* Et voi tulla kotiin yhdentoista jälkeen. Ei tule kuuloonkaan.

de qué estamos hablando mikä on homman nimi *¿Le vino algún ataque de enfermedad o de qué estamos hablando?* Tuliko hänelle jokin sairauskohtaus vai mikä on homman nimi?

hablando mal y pronto *ark* suoraan sanoen *Tu trabajo, hablando mal y pronto, es una pura mierda.* Sinun työsi on suoraan sanoen täyttä paskaa.

hablar por hablar pelkkää puhetta *No te importe lo que ha dicho; es hablar por hablar.* Älä välitä hänen sanomisistaan; se on vain pelkkää puhetta.

mira quién fue a hablar paraskin puhumaan *¿Has visto lo mal que juega tu primo? − ¡Mira quién fue a hablar! Pero si tú ni siquiera sabes jugar.* Näitkö, miten huonosti serkkusi pelaa?

– Paraskin puhumaan. Ethän sinä itse osaa edes pelata.

ni hablar [del peluquín] ei puhettakaan *¿Me lo dejas? – ¡Ni hablar!* Annatko sen minulle? – Ei puhettakaan.

ks. myös: hablando en **plata**

• **hacer**

ar por hecho olla taattu *Si él te ha dicho que mañana estará listo, dalo por hecho.* Jos hän sanoi sinulle sen olevan huomenna valmis, se tapahtuu.

hacer (ajallisesti) sitten *Llegó hace media hora.* Hän saapui puoli tuntia sitten.

hacer [+ inf.] saada tekemään, teettää *El atasco de tráfico nos hizo llegar tarde.* Liikenneruuhkan takia myöhästyimme. *Me hizo hacer todos los ejercicios de nuevo porque había algunos errores.* Hän teetti minulla kaikki harjoitukset uudelleen, koska niissä oli muutamia virheitä.

hacer como que olla kuin *Tú haces como que no ves ni oyes y así no tendrás problemas.* Olet kuin et näkisi etkä kuulisi, niin ei tule ongelmia.

hacer de 1 toimia jnak *La silla nos hacía de silla y de mesa.* Tuoli toimi meillä sekä tuolina että pöytänä. *Cuando necesita dinero, hace de canguro.* Kun hän tarvitsee rahaa, hän toimii lastenvahtina. **2** tehdä jtk jstk *Quiero hacer de ti un experto en mecánica, pero tienes que poner más de tu parte.* Haluan tehdä sinusta mekaniikan asiantuntijan, mutta sinun täytyy tehdä oma osasi.

hacer ... que [prees./impf.] jstk lähtien *Hace diez años que trabajo en esta fábrica.* Olen ollut kymmenen vuotta töissä tässä tehtaassa.

hacer ... que [pas.] (ajallisesti) sitten *Hace diez años que trabajé en esta fábrica.* Työskentelin tässä tehtaassa kymmenen vuotta sitten.

hacer que [V. ind.] olla tekevinään *Hacía que escuchaba, pero estaba pensando en el partido.* Hän oli kuuntelevinaan, mutta ajatteli

ottelua. *Hacen que no me ven cuando no quieren ayudarme.* He eivät ole minua näkevinään, kun eivät halua auttaa.

hacerse [subst.] tulla jksk *Se hicieron amigos durante las pasadas vacaciones.* Heistä tuli ystäviä viime lomalla. *Se ha hecho finlandés para poder votar en las elecciones municipales.* Hän hankki Suomen kansalaisuuden voidakseen äänestää kunnallisvaaleissa.

hacerse el/la [adj.] tekeytyä jksk *Se hizo la dormida para no tener que ir a la misa nocturna.* Hän oli nukkuvinaan, ettei tarvitsisi lähteä iltamessuun. *Se hace el estrecho, pero en realidad le gusta divertirse como a todo el mundo.* Hän esittää tiukkapipoa, mutta todellisuudessa haluaa pitää hauskaa kuten kaikki.

hacerse con hankkia *Tras hacerme con un minúsculo mapa de Madrid, me lancé a descubrir la capital del país.* Hankittuani pienen Madridin kartan, ryhdyin tutustumaan tähän maan pääkaupunkiin.

hacerse de nuevas teeskennellä tietämätöntä *No se haga usted de nuevas porque ésta es la cuarta vez que se lo decimos.* Älkää teeskennelkö tietämätöntä, koska tämä on neljäs kerta, kun sanomme sen Teille.

hacerse de rogar leikkiä vaikeasti tavoiteltavaa *Ven con nosotros y no te hagas de rogar.* Tule meidän mukaamme, äläkä leiki vaikeasti tavoiteltavaa.

hacérselo ark tulla housuihin *Estaba muy nerviosa y me lo estaba haciendo, pero no había ningún váter cerca.* Olin hyvin hermostunut ja minulta meinasi tulla housuihin, mutta lähellä ei ollut yhtään vessaa.

qué hacer minkäs teet *¿Ya te vas? – ¡Qué hacer! Mañana tengo que levantarme a las 8.* Joko sinä lähdet? – No, minkäs teet. Huomenna minun täytyy nousta ylös klo 8.

qué le ir [prees./impf.] **a hacer** minkä sille mahtaa *¿Y qué le vas a hacer? Ella es la directora de la empresa y sus decisiones no se cuestionan.* No minkä sille mahtaa. Hän on yrityksen johtaja ja hänen päätöksiään ei kyseenalaisteta. *Me di cuenta de que acababa de cometer un error, pero ... ¡Qué le ibas a hacer! Ya era demasiado tarde.* Huomasin tehneeni juuri virheen, mutta... minkäs teit, se oli jo liian myöhäistä.

• **hacha**
desenterrar el hacha de guerra kaivaa esiin sotakirves *Ha sido un sin mala intención. No hace falta desenterrar el hacha de guerra por tan poca cosa.* Se ei ollut tahallista. Ei tarvitse kaivaa sotakirvestä esiin niin pienen asian takia.
ser un hacha olla haka *Annika es un hacha jugando al tenis.* Annika on haka tenniksessä.

• **hambre**
de hambre tosi huono *Trabaja como un loco y le pagan un salario de hambre.* Hän tekee töitä hullun lailla ja hänelle maksetaan nälkäpalkkaa.
juntarse el hambre con las ganas de comer vakka löytää kantensa *Carlos es de derechas y María, conservadora, así que se han juntado el hambre con las ganas de comer.* Carlos on oikeistolainen ja Maria konservatiivi, joten vakka on löytänyt kantensa.
más listo que el hambre terävä kuin partaveitsi *A ésa no la engañas, es más lista que el hambre.* Tuota et pysty huiputtamaan, hän on terävä kuin partaveitsi.
matar el hambre syödä pahimpaan nälkään *Vamos a tomar unas tapas para matar el hambre.* Syödään jotakin pientä suolaista pahimpaan nälkään.
morirse de hambre kuolla nälkään *Me muero de hambre, vamos a comer.* Kuolen nälkään, syödään jo.

pasar hambre nähdä nälkää *Muchos niños africanos pasan hambre.* Monet afrikkalaiset lapset näkevät nälkää.
A buen hambre, no hay pan duro. Nälkäänsä syö mitä vaan.
ks. myös: ser **pan** para hoy y hambre para mañana

• **harina**
ser harina de otro costal olla eri juttu, olla toinen asia *Comprender una lengua es fácil, pero conocer sus estructuras es harina de otro costal.* Kielen ymmärtäminen on helppoa, mutta sen rakenteiden tunteminen onkin eri juttu. *Cierto es que Manuel es muy vago, pero Manuela es harina de otro costal.* Manuel on kyllä hyvin laiska, mutta Manuela on ihan toista.

• **hasta**
hasta que kunnes *Siguió bebiendo hasta que cayó en redondo.* Hän jatkoi juomista, kunnes kaatui pökertyneenä maahan.
no [V] **hasta que** vasta *No podréis salir al patio hasta que me digáis quién ha roto el florero.* Voitte mennä pihalle, vasta kun kerrotte, kuka rikkoi maljakon.
no [V] **hasta que no** ark vasta *No podréis salir al patio hasta que no me digáis quién ha roto el florero.* Voitte mennä pihalle vasta kun kerrotte, kuka rikkoi maljakon.

• **hebra**
pegar la hebra jäädä suustaan kiinni *Me he encontrado con la vecina en la calle y hemos estado media hora pegando la hebra.* Tapasin naapurin kadulla ja jäimme suustamme kiinni puoleksi tunniksi.

• **hecho**
¡bien hecho! 1 niin sitä pitää *Había pensado comprarme un coche. – ¡Bien hecho! Lo necesitas.* Olin ajatellut ostaa auton. – Niin

sitä pitää. Tarvitsetkin sen. **2** kypsä *El filete, tráigamelo bien hecho.* Haluan pihvini kypsäksi paistettuna.

de hecho itse asiassa, tosiasiassa *No ha aportado nada al fondo común. De hecho, ha cogido prestados 1000 euros de ese fondo.* Hän ei ole antanut mitään yhteiseen rahastoon. Itse asiassa hän on lainannut 1 000 euroa siitä rahastosta.

el hecho de que (*myös* el que) se, että *El hecho de que haya estado en Londres no significa que hable inglés.* Se, että hän on ollut Lontoossa, ei tarkoita, että hän puhuu englantia. *El que tenga dinero no significa que lo compre.* Se, että minulla on rahaa, ei tarkoita, että ostan sen.

estar hecho a olla tottunut *Ya estamos hechos a las costumbres locales.* Olemme jo tottuneet paikallisiin tapoihin.

hecho un [subst.] tulla jksk *María está hecha una mujer.* Mariasta on tullut nainen. *Salió del trabajo sin paraguas y llegó a casa hecha una sopa.* Hän lähti töistä ilman sateenvarjoa ja oli kotiin tullessaan likomärkä.

[subst.] **hecho y derecho** asiallinen, kunnon *Parece mentira que a un hombre hecho y derecho le siga gustando dormir con osito.* Ei kai ole totta, että aikuinen mies haluaa vielä nukkua nalle kainalossa. *Un partido hecho y derecho no puede hacer falsas promesas electorales.* Kunnon puolue ei voi antaa vääriä vaalilupauksia.

ks. myös: del **dicho** al hecho hay largo trecho

● **helado**
dejar helado lyödä ällikällä *La noticia me dejó helado.* Uutinen löi minut ällikällä.

quedarse helado olla äimän käkenä *Me quedé helado al oír la noticia.* Olin äimän käkenä kuullessani uutisen.

ks. myös: coger con el **carrito** de los helados

● **herida**

abrir viejas heridas repiä auki vanhat haavat *El divorcio abrió viejas heridas.* Ero repi auki vanhat haavat.

hurgar en la herida kääntää/vääntää veistä haavassa *Se supone que en la herida hurga el que la hizo.* Veistä haavassa kääntää oletettavasti sen, joka sen haavan jo teki.

lamerse las heridas nuolla haavansa *Kokoomus se retiró a lamerse las heridas.* Kokoomus vetäytyi nuolemaan haavojaan.

● **hermano**
ir a ver al hermano menor ark heittää kepillinen *Un momento que voy a ir a ver al hermano menor.* Hetkinen, käyn heittämässä kepillisen.

● **Herodes**
Ir de Herodes a Pilatos. Mennä sutta pakoon ja karhu tulee vastaan.

● **herrero**
En casa del herrero, cuchillo de palo. Suutarin lapsilla ei ole kenkiä.

● **hervor**
dar un hervor kiehauttaa *No cuezas mucho las verduras, sólo dales un hervor.* Älä keitä vihanneksia kauan, kiehauta ne vain.

faltar [le] **un hervor** ei olla terävin veitsi laatikossa *No le des importancia a lo que ha dicho porque le falta un hervor.* Älä välitä siitä mitä hän sanoi, sillä hän ei ole terävin veitsi laatikossa.

● **hielo**
romper el hielo murtaa jää *Todos estaban callados y Antonio, para romper el hielo, preguntó si alguien quería un café.* Kaikki olivat vaiti, ja Antonio murtaakseen jään kysyi, halusiko joku kahvia.

dejar de hielo → dejar helado, **quedarse de hielo** → quedarse helado

• hijo
Si a tu hijo no das castigo, será tu peor enemigo. Joka vitsaa säästää, se lastaan vihaa.

• hierba
ver crecer la hierba olla terävä *En cuestiones de informática veía crecer la hierba.* Tietotekniikkaasioissa hän oli terävä.
y otras hierbas *ark* ynnä muut *La fiesta que organizaron los jóvenes estaba vetada a directores, banqueros, empresarios y otras hierbas.* Nuorten järjestämiin juhliin oli pääsy kielletty johtajilta, pankkiireilta, yrittäjiltä yms.
Hierba mala nunca muere. (*myös* Mala hierba nunca muere.) Mikäs pahan tappaisi.

• hierro
quitar [le] **hierro** ei olla moksiskaan *Como queríamos seguir disfrutando de la fiesta, le quitamos hierro a lo que acababa de decir para molestarnos.* Koska halusimme nauttia edelleen juhlista, emme olleet moksiskaan siitä, mitä hän sanoi meitä kiusataksemme.
A hierro candente, batir de repente. On taottava, kun rauta on kuumaa.
Quien a hierro hiere/mata, a hierro muere. Ken miekkaan tarttuu, se miekkaan hukkuu.

• hígado
echar los hígados *1* heittää laattaa, yrjötä *Estuvo toda la noche bebiendo y luego se pasó la mañana siguiente echando los hígados.* Hän joi koko illan ja sitten seuraavan aamun heitti laattaa. *2* raataa hullun lailla *Este trabajo puedes hacerlo, pero tendrás que echar los hígados.* Voit tehdä sen työn, mutta sinun täytyy raataa hullun lailla.

• higo

de higos a brevas harvakseltaan *Viene a vernos de higos a brevas.* Hän käy meillä harvakseltaan.
como un higo seco kuin rusina *Tenía la piel del rostro como un higo seco.* Hänen kasvojensa iho oli ryppyinen kuin rusina.

• higuera
en la higuera muissa maailmoissa *¿No sabías que la reunión era hoy? Te lo dije mil veces, pero tú estás siempre en la higuera.* Etkö tiennyt, että kokous on tänään? Sanoin sen sinulle tuhat kertaa, mutta sinä olet aina muissa maailmoissa.

• hijo
cada hijo de vecino kuka tahansa *Como a cada hijo de vecino, lo primero que le pasó por la cabeza fue ponerse a salvo.* Kuten kellä tahansa, hänen ensimmäinen ajatuksensa oli päästä turvaan.
hijo de [la gran] puta (*myös* hijo de la grandísima) *alat* huoran penikka, vitun paskiainen *No quiero volver a ver a ese hijo de la gran puta.* En halua nähdä enää sitä paskiaista.

• hilacha
mostrar la hilacha *arg, chl* paljastaa oikea karvansa *La derecha, una vez más, ha mostrado la hilacha de su forma de hacer las cosas.* Oikeisto paljasti taas kerran oikean karvansa toimintatavoillaan.

• hilar
hilar fino/delgado halkoa hiuksia *Es cualquier cosa menos un ridículo hilar fino.* Se on kaikkea muuta kuin naurettavaa hiusten halkomista.

• hilo
al hilo de mitä jhk tulee, jstk puheen ollen *Al hilo de lo que decís sobre los salarios, ¿sabéis*

que van a subírnoslos? Palkoista puheen ollen, tiesittekö, että niitä nostetaan?

coger el hilo saada langan päästä kiinni *Después de una hora escuchando la conferencia todavía no había cogido el hilo, así que me fui para no perder más tiempo.* Kuunneltuani tunnin ajan luentoa en ollut vielä saanut langan päästä kiinni, joten lähdin pois, etten tuhlaisi enempää aikaa.

como un hilo langanlaiha *Con ese régimen se ha quedado como un hilo.* Sen laihdutuskuurin jälkeen hän on langanlaiha.

mover los hilos pitää langat käsissään *Quien mueve los hilos en la política cubana actual son los militares.* Sotilailla on langat käsissään Kuuban nykyisessä politiikassa.

pender de un hilo olla hiuskarvan varassa *El acuerdo de paz firmado entre los dos países pende de un hilo y ambos deben actuar con mucha cautela.* Näiden kahden maan välinen rauhansopimus on hiuskarvan varassa ja molempien pitää toimia hyvin varovasti.

perder el hilo pudota kärryiltä *¿Puedes repetir lo que has dicho? Es que he perdido el hilo.* Voitko toistaa, mitä sanoit? Putosin nimittäin kärryiltä.

tirar del hilo tonkia, penkoa *No quiero tirar del hilo porque no quiero descubrir cosas desagradables.* En halua tonkia asiaa, koska en halua saada selville epämiellyttäviä asioita.

• **hincapié**
hacer hincapié en korostaa, painottaa *Quiero hacer hincapié en que nuestros productos cumplen con la normativa actual.* Haluan korostaa, että tuotteemme täyttävät nykyiset vaatimukset.

• **hincha**
tener [le] hincha inhota *Le tengo hincha a tu primo. Me pongo malo sólo de verle.* Inhoan

serkkuasi. Voin pahoin pelkästään nähdessäni hänet.

• **hipo**
que quita el hipo *ark* henkeäsalpaava *Esa chica tiene unos ojos que quitan el hipo.* Tuolla tytöllä on henkeäsalpaavan kauniit silmät.

• **historia**
dejarse de historias lopettaa kiertely *Venga, dejaros de historias y decidme qué es lo que realmente ha pasado.* No niin, lopettakaa kiertely ja kertokaa minulle, mitä todella tapahtui.

esa es otra historia se on toinen juttu *El salón estaba lleno; algunos habían venido desde muy lejos, pero esa es ya otra historia.* Sali oli täynnä. Jotkut olivat tulleet hyvin kaukaa, mutta se on jo toinen juttu.

qué [subst.] **ni qué historias** *ark* mikä ihmeen *¡Qué huelga ni qué historias! Lo que usted tiene que hacer es venir y arreglarme las tuberías.* Mikä ihmeen lakko! Teidän pitää vain tulla ja korjata putket.

ks. myös: **fin de la historia** sikä söi eväät

• **hito**
de hito en hito silmä tarkkana *Vigilaba de hito en hito todo lo que ocurría a su alrededor.* Hän seurasi silmä tarkkana, mitä ympärillä tapahtui.

marcar un hito olla käännekohta *La llegada del hombre a la luna marcó un hito en la carrera por la conquista del espacio.* Ihmisen pääseminen kuuhun oli käännekohta avaruuden valloittamisessa.

• **hogar**
Hogar, dulce hogar. Oma koti kullan kallis.

• **hoja**
temblar como una hoja vapista kuin haavanlehti *Hacía tanto frío que temblaba*

como una hoja. Oli niin kylmä, että vapisin kuin haavanlehti.

ks. myös: **miel** sobre hojuelas; no tener **vuelta** de hoja

• **hombre**

el hombre de la calle kadunmies *El hombre de la calle no comprende por qué los soldados españoles tienen que ir a Afganistán.* Tavallinen kadunmies ei ymmärrä, miksi espanjalaisten sotilaiden täytyy mennä Afganistaniin.

el hombre del saco mörkö *Como no seas obediente, te llevará el hombre del saco.* Ellet tottele, mörkö vie sinut.

pero hombre no haloo *Pero hombre, ¿tendrían que pedirme permiso todos uno a uno?* No haloo, pitäiskö jokaisen erikseen pyytää multa lupa?

vamos hombre hyvänen aika *Pero cómo puedes imaginar que puedo hacerlo todo yo solo. ¡Vamos hombre!* Kuinka oikein voit kuvitella, että minä voin tehdä sen yksin. Voi, hyvänen aika.

De hombres es errar y de burros rebuznar. Erehtyminen on inhimillistä.

El hombre es forjador de su propio destino. Jokainen on oman onnensa seppä.

El hombre es un lobo para el hombre. Ihminen on ihmiselle susi.

El hombre propone y Dios dispone. Ihminen päättää, Jumala säätää.

El hombre se mide por su palabra. Sanasta miestä, sarvesta härkää.

Hombre apercibido, medio combativo. Parempi virsta vaaraan kuin vaaksa vaaraan

Hombre precavido/prevenido vale por dos. Ei vara venettä kaada.

• **hombro**

a/en hombros hartioilla, olkapäillä *Al máximo goleador lo llevaron a hombros hasta la tribuna de premios.* Paras maalintekijä kannettiin olkapäillä palkintokorokkeelle.

al hombro olkapäälle *Se echó la chaqueta al hombro y se fue.* Hän heitti takin olkapäälle ja lähti. *El cazador lleva la escopeta al hombro para evitar accidentes.* Metsästäjä kantaa haulikkoa olalla onnettomuuksien välttämiseksi.

arrimar el hombro kantaa kortensa kekoon, tehdä oma osansa *Todos arrimaron el hombro para organizar la fiesta.* Kaikki kantoivat kortensa kekoon juhlien järjestämiseksi. *Si no arrimas el hombro, no terminaremos nunca; necesitamos tu ayuda.* Jos et tee omaa osaasi, emme pääse loppuun koskaan, tarvitsemme apuasi.

encogerse de hombros kohauttaa olkapäitään *Caín se encogió de hombros cuando le preguntaron por su hermano.* Kain kohautti olkapäitään, kun kysyttiin hänen veljeään.

escurrir el hombro luistaa *Mientras todos los habitantes del bloque limpiaban los entornos, ella escurrió el hombro y se fue al cine.* Kun kaikki talon asukkaat siivosivat ympäristöä, hän luisti ja meni elokuviin.

hombro con hombro rinta rinnan, vieri vieressä *Hombres y mujeres trabajaron hombro con hombro en la plantación de nuevos árboles.* Miehet ja naiset tekivät töitä rinta rinnan puuntaimien istutuksessa.

mirar por encima del hombro 1 ylenkatsoa *El director era de los que miran por encima del hombro a todos los empleados.* Johtaja oli niitä, jotka ylenkatsovat kaikkia työntekijöitä. *2* katsoa olkansa yli *Miraba por encima del hombro mientras andaba porque sentía que alguien la seguía.* Hän katsoi olkansa yli kulkiessaan, koska hänestä tuntui, että joku seurasi.

tener la cabeza sobre los hombros olla järki päässä *Ella tiene la cabeza sobre los hombros y no creo que cometa ninguna locura.* Hänellä on järki päässä, enkä usko hänen tekevän mitään älytöntä.

ks. myös: estar **manga** por hombro

• **honor**

en honor de kunniaksi *En la escuela hemos dado una fiesta en honor del bedel.* Pidimme koulussa juhlat virastomestarin kunniaksi.

en honor de la verdad totuuden nimessä *Hemos de decir, en honor de la verdad, que todo se lo debemos a los mecenas que nos han ayudado.* Meidän on sanottava, totuuden nimessä, että saamme kiittää kaikesta tukijoita, jotka ovat auttaneet meitä.

hacer honor a olla kunniaksi *Hizo honor a su condición de italiano y preparó unos excelentes espaguetis.* Hän oli kunniaksi italialaisuudelleen ja valmisti erinomaista spagettia.

recibir con todos los honores ottaa vastaan valtiollisin menoin *El ministro fue recibido con todos los honores.* Ministeri otettiin vastaan valtiollisin menoin.

ks. myös: **palabra** de honor

• **honra**

a mucha honra ylpeä *Soy de un pueblo pequeño y a mucha honra. No me avergüenzo de ello.* Olen pienestä kylästä ja ylpeä siitä. En häpeä sitä.

tener a mucha honra olla suuri kunnia *Tengo a mucha honra haber podido asistir a sus clases, señor catedrático.* Minulle on suuri kunnia, että olen saanut olla oppitunneillanne, herra professori.

• **hora**

altas horas yömyöhä *Pese a las altas horas, los niños seguían despiertos.* Vaikka oli yömyöhä, lapset olivat vielä valveilla. *Llegó a casa a altas horas de la madrugada.* Hän tuli kotiin pikkutunneilla.

a buenas horas myöhäistä *Me parece que tengo que arreglar la bici. – ¡A buenas horas! Ya la ha arreglado tu hermano.* Minun pitänee korjata pyörä. – Myöhäistä! Veljesi korjasi sen jo.

a estas horas tähän aikaan *No creo que a estas horas encuentres un banco abierto.* En usko, että tähän aikaan mikään pankki on auki.

a mil por hora kiiren kaupalla *Los cristianos de Siria huyeron a mil por hora.* Syyrian kristityt pakenivat kiireen kaupalla.

anular/cancelar [os.)]**hora** perua aika *Puedes anular tu hora llamando al 390 555 555.* Voit perua aikasi soittamalla ajanvarausnumeroon: 390 555 555.

a todas horas kaiken aikaa, koko ajan *Está comiendo a todas horas.* Hän syö koko ajan. *Pienso en ti a todas horas.* Ajattelen sinua kaiken aikaa.

a última hora viime hetkellä *Si anula la reserva a última hora, no le devolverán el precio del billete.* Jos perutte varauksen viime hetkellä, ette saa takaisin lipun hintaa.

dar la hora lyödä *El reloj de la iglesia todavía no ha dado la hora.* Kirkon kello ei ole vielä lyönyt.

en hora buena (*myös* enhorabuena) onneksi olkoon *Les felicito por el nacimiento de su hijo, y que sea en hora buena.* Onnittelemme Teitä lapsenne syntymän johdosta, joten onneksi olkoon.

en mala hora harmi kun *En mala hora le dijiste que podía venir de visita.* Harmi kun sanoit hänelle, että hän voisi tulla käymään.

entre horas aterioiden välillä *Lo que a ti te engorda es que comes entre horas.* Sinua lihottaa se, kun syöt aterioiden välillä.

estar en hora olla ajassa *Este reloj ya está en hora, no la cambies.* Tämä kello on ajassa, älä muuta sitä.

hacer horas tehdä ylitöitä *Llevo ya varias semanas haciendo horas y estoy bastante* *cansado.* Olen jo monta viikkoa tehnyt ylitöitä ja olen melko väsynyt.

hacerse la hora tulla aika *María, se está haciendo la hora; creo que tendríamos que irnos.* Maria, luulen, että meille on tullut aika lähteä.

hora baja huono hetki *El pintor, en una de sus horas bajas, había tirado el caballete.* Taiteilija oli heittänyt eräänä huonona hetkenään maalaustelineen nurkkaan.

la hora de la verdad totuuden hetki *Tal vez en estos momentos no sea la hora de la verdad.* Ehkä se ei ole tällä hetkellä totuuden hetki.

la hora hache h-hetki *Quiero que cuando llegue la hora hache todo esté listo.* Haluan, että h-hetkellä kaikki on valmista.

la hora punta ruuhka-aika *Es imposible encontrar aparcamiento en Madrid en las horas punta.* Madridista on mahdotonta löytää parkkipaikkaa ruuhka-aikana.

llegar [le] **la hora** (*myös* llegar [pos.] **hora**) koittaa viimeinen hetki *A Kari le llegó su hora, dos años después de la jubilación.* Karille koitti viimeinen hetki kaksi vuotta eläkkeelle jäämisen jälkeen. *Creo que a esos pantalones ya les ha llegado la hora.* Luulen, että nuo housut vetävät jo viimeisiään.

no son horas ei ole sopiva aika *No le llames porque son las 10 de la noche y no son horas.* Ei ole sopiva aika soittaa hänelle, koska kello on kymmenen illalla.

pasarse las horas muertas kuluttaa aikaa *La vecina se pasa las horas muertas mirando por la ventana* Naapuri kuluttaa aikaansa katselemalla ikkunasta.

poner en hora laittaa aikaan *Este reloj está atrasado, tengo que ponerlo en hora.* Tämä kello jätättää, minun täytyy laittaa se aikaan.

pedir hora varata aika *Si te duele la muela, llámale al dentista y pídele hora.* Jos hammastasi särkee, soita hammaslääkärille ja varaa aika.

(ya) ser hora de olla korkea aika *Ya es hora de que nos vayamos a casa.* Meidän on korkea aika lähteä kotiin.

ks. myös: A buenas horas, **mangas** verdes.

• **horcajada**

a horcajadas hajareisin *Estaban sentadas sobre el muro a horcajadas.* He istuivat hajareisin aidan päällä.

• **horno**

no está el horno para bollos ei olla sopiva aika *No vayas a hablar con mamá todavía porque no está el horno para bollos.* Älä mene vielä puhumaan äidille, koska nyt ei ole sopiva aika.

recién salido del horno uunituore *Esta novela no se conoce todavía porque está recién salida del horno.* Tätä romaania ei vielä tunneta, koska se on uunituore.

• **hostia**

dar [le] **una hostia** vetää lärviin *Tenía ganas de darle una hostia al tipo.* Teki mieli vetää lärviin sitä äijää.

de la hostia *alat* helvetin [adj.] *Hacía un frío de la hostia cuando estuvimos en Rovaniemi.* Oli helvetin kylmä, kun oltiin Rovaniemellä. *Tiene un chalet de la hostia a diez metros de la playa.* Hänellä on helvetin hieno mökki 10 metrin päässä rannalta.

ir a toda hostia *alat* ajaa tuhatta ja sataa *No entiendo como no se mató en el accidente, aunque iba a toda hostia.* En ymmärrä, kuinka hän selvisi hengissä onnettomuudesta, vaikka ajoi tuhatta ja sataa.

moler a hostias *alat* pieksää pahanpäiväisesti *Si cojo al que me ha pinchado la rueda, lo voy a moler a hostias.* Jos saan kynsiini sen, joka puhkaisi renkaani, pieksän hänet pahanpäiväisesti.

qué hostias *alat* helvetti, piru vieköön *¿Qué hostias quieres ahora?* Mitä helvettiä sinä nyt haluat? *Si no se quiere casar, que no se case, ¡qué hostias! ¡Déjale que haga lo que quiera!* Jos hän ei halua mennä naimisiin, olkoon menemättä, piru vieköön. Anna hänen tehdä, mitä haluaa.

ser la hostia *alat* olla kaiken huippu *Eres la hostia, María. No eres tú la que decide cuándo se casa tu hija.* Olet kaiken huippu, Maria. Sinä et päätä, milloin tyttäresi menee naimisiin.

tener mala hostia *alat* olla paskamainen *El guarda del bosque tenía mucha mala hostia; por eso procuraban no toparse con él cuando iban a por setas.* Metsänvartija oli tosi paskamainen; sen vuoksi he varoivat törmäämästä häneen sieneen mennessään.

¡Me cago en la hostia! Voi perkele!

• **hoy**

a partir de hoy tästä päivästä lähtien *A partir de hoy voy a hacer lo que me dé la gana.* Tästä päivästä lähtien teen mitä huvittaa.

hoy [en] día nykyään *Hoy día es normal tener varios móviles en una familia.* Nykyään on tavallista, että perheessä on useita kännyköitä.

hoy por hoy tätä nykyä *Hoy por hoy, la situación en Iraq no tiene arreglo.* Tätä nykyä Irakin tilanteeseen ei ole ratkaisua.

• **hoyo**

creerse el hoyo del queque *chl* luulla olevansa maailman napa. *Desde que ganó el título de Miss Santiago se cree el hoyo del queque.* Voitettuaan Miss Santiago -tittelin, hän luulee olevansa maailman napa.

ks. myös: con un **pie** en el hoyo

• **huelga**

huelga de brazos caídos istumalakko *Las huelgas de brazos caídos son las que más daño le hacen al empresario.* Istumalakot vahingoittavat eniten yrittäjää.

huelga de celo jarrutuslakko *Las huelgas de celo suelen hacerlas los que tienen trabajos relacionados con la seguridad de otras personas.* Jarrutuslakkoihin ryhtyvät ne, joiden työ liittyy muiden ihmisten turvallisuuteen.

• **huella**

seguir las huellas seurata jälkiä *Ramón siguió las huellas de su madre y se hizo maestro.* Ramón seurasi äitinsä jälkiä ja ryhtyi opettajaksi.

desaparecer sin dejar huella kadota jälkeäkään jättämättä *A veces la relación de pareja puede ser tan complicada que la única opción es desaparecer sin dejar huella.* Joskus parisuhde voi olla niin hankala, että ainoana vaihtoehtona on kadota jälkeäkään jättämättä.

• **huerto**

llevar al huerto huijata *A mí no me llevas al huerto; no voy a comprarte la tele porque sé que está rota.* Minua et huijaa. En osta telkkariasi, koska tiedän, että se on rikki.

• **hueso**

calado hasta los huesos kuin uitettu koira *Cuando nos conocimos estaba yo calado hasta los huesos.* Olin tavatessamme kuin uitettu koira.

dar con sus huesos en päätyä, joutua *Los seis ladrones dieron con sus huesos en la cárcel.* Ne kuusi rosvoa päätyivät vankilaan.

estar en los huesos olla pelkkää luuta ja nahkaa. *Chiquilla, come más. Estás en los huesos.* Tyttö hyvä, syö enemmän. Olet pelkkää luuta ja nahkaa.

dar [le] a la sin hueso lörpötellä *No quiero pararme a hablar con ella porque le gusta darle a la sin hueso y tengo prisa.* En halua jäädä puhumaan hänen kanssaan, koska hän tykkää lörpötellä ja minulla on kiire.

hasta los huesos luihin ja ytimiin asti *La oscuridad se cala hasta los huesos.* Pimeys porautuu luihin ja ytimiin asti.

pinchar en hueso jäädä luu käteen *Habíamos pensado ganarles por goleada, pero pinchamos en hueso.* Olimme aikoneet ottaa heistä murskavoiton, mutta meille jäikin luu käteen.

ser un hueso olla kova luu *Ese profesor es un hueso, sólo aprueba el 10% de sus alumnos.* Tuo opettaja on kova luu, vain 10% hänen oppilaistaan pääsee tenteistä läpi.

tener los huesos molidos olla kuin tapettu mato, aivan poikki *Tengo los huesos molidos de tanto cargar sacos.* Olen kuin tapettu mato kannettuani säkkejä niin kauheasti.

ks. myös: a otro **perro** con ese hueso; de **carne** y hueso

• **huevo**

costar un huevo *alat* maksaa maltaita *¡Joder, tío! Me costó un huevo convencerle a la vieja para que me soltase pasta.* Voi paska! Multa kului helvetin paljon aikaa, ennen kuin sain meidän muorimme antamaan fyrkkaa.

estar hasta los huevos *alat* olla kyrpiintynyt *Estoy hasta los huevos de los que sólo vean la paja en el ojo ajeno.* Olen kyrpiintynyt niihin, joiden mielestä vain muissa on vika.

hinchárse [le] los huevos *alat* kyrpiintyä *Deja de molestarme porque ya se me están hinchando los huevos.* Lakkaa kiusaamasta minua, koska alan jo kyrpiintyä.

ir pisando huevos *ark* laahustaa *Si vais de paseo con Martina, tomároslo con calma porque ella va pisando huevos.* Jos menette kävelylle Martinan kanssa, ottakaa rauhalliseti, koska hän vain kulkea laahustaa.

ponérse [le] los huevos por corbata *alat* jäykistyä kauhusta *Vio que los asaltantes sacaban pistolas y se le pusieron los huevos por corbata.* Hän näki päällekarkaajien vetävän pistoolit esiin ja jäykistyi kauhusta.

tocarse los huevos *alat* vetelehtiä *Hay trabajos en los que te pasas el día tocándote los huevos y ganas un pastón.* On töitä, jossa voi viettää päivän vetelehtimällä ja saa helkkaristi fyrkkaa.

¡y un huevo! *alat* ja paskat *Me lo dejas ¿verdad? – Sí, ¡y un huevo!* Sinähän lainaat sen mulle, vai mitä? – Joo, ja paskat.

No pongas todos los huevos en la misma canasta. Älä laita kaikkia munia samaan koriin.

ks. myös: matar la **gallina** de los huevos de oro

• **humo**

esfumarse como el humo katoaa kuin pieru Saharaan *150 000 espectadores se esfumaron como el humo.* 150 000 katsojaa katosi kuin pieru Saharaan.

estar que echar humo kihistä kiukusta *¡Qué día lleva! Está que echa humo.* Mikä päivä hänellä onkaan takana! Hän kihisee kiukusta.

subírse [le] los humos a la cabeza nousta päähän *Cuando se sacó el doctorado se le subieron los humos a la cabeza.* Hänelle nousi päähän, kun hänestä tuli tohtori.

tener muchos humos olla olevinaan jotakin *Es un don nadie pero tiene muchos humos.* Hän ei ole yhtään mitään, mutta on olevinaan jotakin.

vender humo sahata silmään *¡Comprueba que no te estén vendiendo humo!* Tarkista, ettei sinua sahata silmään!

¡Menos humos! Älä esitä!

• **humor**

de buen/mal humor hyvällä/ huonolla tuulella *Es mejor que no hables con ella porque hoy no está de buen humor.* On parempi, ettet puhu hänen kanssaan, koska tänään hän ei ole hyvällä tuulella. *Se pone de mal humor por cualquier cosa.* Hän tulee huonolle tuulelle mitättömistä asioista.

• **hurtadillas**
a hurtadillas salavihkaa *Yo lo observaba a hurtadillas, intentando parecer desinteresada.* Minä tarkkailin häntä salavihkaa yrittäen näyttää välinpitämättömältä.

¡¡¡¡¡¡¡¡¡¡¡¡¡¡¡¡

• **idea**
a mala idea tahallaan *No lo hice a mala idea, fue sin querer.* En tehnyt sitä tahallani, se oli vahinko.
cogerle la idea päästä perille jstk *Sólo así podremos cogerle la idea a sus intenciones.* Vain niin voimme päästä perille niiden tarkoituksesta.
hacerse a la idea tottua ajatukseen, hyväksyä *Hazte a la idea de que no volverás a verla.* Hyväksy, ettet enää näe häntä. *Tenemos que empezar a hacernos a la idea de que el mundo ha cambiado, y de que nosotros también tenemos que cambiar.* Meidän täytyy tottua ajatukseen, että maailma on muuttunut ja että meidänkin pitää muuttua.
hacerse idea/una idea voida kuvitella, uskoa *Tendrías que haber visto en qué estado volvió Félix anoche. – Sí, me hago una idea.* Sinun olisi pitänyt nähdä, missä kunnossa Félix tuli kotiin eilen illalla. – Voin kyllä kuvitella.
ni idea ei hajuakaan *Yo de química, ni idea.* Minulla ei ole kemiasta hajuakaan.
no tener ni la más remota idea ei tietää hölkäsen pöläystä *En Amorillo no hace falta tener la más remota idea de cócteles.* Amorillossa ei tarvitse tietää cocktaileista höl käsen pöläystä.
no tener la más mínima idea ei olla harmainta aavistustakaan *No tengo la más mínima idea de dónde puedes haber dejado tus gafas.*

Minulla ei ole harmainta aavistustakaan, mihin olet voinut jättää silmälasisi.
tener ideas de bombero olla päättömiä ajatuksia *Nadie escucha las propuestas que hace porque tiene ideas de bombero.* Kukaan ei kuuntele hänen ehdotuksiaan, koska hänellä on ihan päättömiä ajatuksia.
tener una ligera idea [de] olla hajua *Tengo una ligera ida de cómo te sientes.* Minulla on hajua siitä miltä sinusta tuntuu.
No es mala idea. Ei ole hassumpi ajatus.

• **ídem**
ídem de ídem samoin *A mi padre no le gustan las fiestas familiares, y a mi madre, ídem de ídem.* Isäni ei pidä sukujuhlista, kuten ei äitinikään.

• **idiota**
idiota útil hyödyllinen idiootti *La idiota útil cree que actúa moralmente de manera justa.* Hyödyllinen idiootti uskoo toimivansa moraalisesti oikein.

• **iglesia**
casarse por la iglesia mennä kirkossa naimisiin *Hoy día son pocos los que se casan por la iglesia.* Nykyään harvat menevät naimisiin kirkossa.

• **ignorancia**
La ignorancia/ociosidad es la madre de todos los vicios. Laiskuus on kaikkien paheiden äiti.

• **igual**
al igual que kuten, samoin kuin *El gallego, al igual que el catalán, es una lengua romance.* Galician kieli on romaaninen kieli kuten katalaaninkin. *Hoy, al igual que el otro día, empezaremos con unos ejercicios de calentamiento.* Tänään, kuten joku aika sitten, aloitamme muutamilla lämmittelyharjoituksilla.

dar [le] **igual** olla yksi hailea**,** olla sama *Me da igual que llueva o que nieve.* Minulle on sama, sataako vettä vai lunta. *Le da todo igual.* Hänelle kaikki on yksi hailea. *Da igual a qué hora llegas.* On ihan sama, mihin aikaan tulet.
de igual a igual vertaisena *Dejemos a un lado nuestros rangos y hablemos de igual a igual.* Heitetään tittelit pois ja puhutaan kuin vertaiset keskenään.
igual a 1 samanlainen *Eres igual a tu madre.* Olet samanlainen kuin äitisi. *2* yhtä paljon *Cinco y cuatro igual a nueve.* Viisi ja neljä tekee yhdeksän.
igual de yhtä *Los dos chicos son igual de inteligentes* Nämä kaksi poikaa ovat yhtä älykkäitä. *El finés es igual de fácil de estudiar que cualquier otra lengua.* Suomea on yhtä helppoa opiskella kuin mitä tahansa muuta kieltä.
igual que kuten *Con los años Juan iba mejorando, igual que los buenos vinos.* vuosien mittaan Juan vain parani kuten vanha viini.
igual que si ikään kuin *Me miraba igual que si no hubiera visto un rubio en su vida.* Hän katsoi minua, ikään kuin ei olisi koskaan nähnyt vaaleaa ihmistä.
por igual yhtä paljon *La carne y le pescado me gustan por igual.* Pidän lihasta ja kalasta yhtä paljon. *Yo trato por igual a todos mis amigos.* Kohtelen kaikkia ystäviäni samalla tavalla. *La crisis no ha afectado por igual a todos los países.* Kriisi ei ole vaikuttanut yhtä paljon kaikkiin maihin.
ser [le] **igual** olla se ja sama *Me es igual lo que piensen los demás.* Mulle on se ja sama mitä muut ajattelee.

• **ilusión**
hacer ([il]**sión** odottaa innolla *Me hace ilusión volver a ver a los compañeros de escuela.* Odotan innolla koulukavereiden jälleennäkemistä.

hacerse ilusiones toivoa liikoja *Es posible que nos vayamos de vacaciones a Hawai, pero no te hagas muchas ilusiones.* On mahdollista, että lähdemme lomalle Havaijille, mutta älä toivo liikoja.

• **imagen**
la viva imagen ilmetty *Luis es la viva imagen de su abuelo.* Luis on ilmetty isoisänsä.
Una imagen vale más que mil palabras. Yksi kuva kertoo enemmän kuin tuhat sanaa.

• **imaginación**
ni por imaginación ei missään tapauksessa, ei unissaankaan, ei kirveelläkään *Es ateo y a la iglesia no va ni por imaginación.* Hän on ateisti eikä mene kirkkoon unissaankaan.

• **imaginaria**
de imaginaria valveilla *Estoy muerto de sueño porque me he pasado la noche de imaginaria.* Olen kuolemanväsynyt, koska vietin koko yön valveilla.

• **imitación**
a imitación de mukaisesti, kuten *Algunas familias españolas, a imitación de las centroeuropeas, ponen árbol de Navidad.* Jotkut espanjalaiset perheet keskieurooppalaisten perheiden tavoin laittavat joulukuusen.

importancia
dar importancia välittää *No di demasiada importancia a lo que decía porque me pareció borracho.* En välittänyt liiemmin siitä, mitä hän sanoi, koska hän vaikutti juopuneelta.
darse importancia olla olevinaan *Se da mucha importancia desde que se compró ese deportivo.* Hän on tosi olevinaan ostettuaan sen urheiluauton. *No te des tanta importancia.* Älä ole niin olevinasi.

quitar importancia painaa villaisella *El maestro le quitó importancia a la travesura que había hecho la niña y no la castigó.* Opettaja painoi villaisella tytön tekemän kolttosen eikä rankaissut häntä.

no tiene importancia ei haittaa, ei se mitään *Perdona por no haberte avisado. – No tiene importancia.* Anteeksi, etten ilmoittanut sinulle. – Ei se mitään.

• importar

no importa ei haittaa, ei ole väliä, ei se mitään *¡Oye! Se nos ha olvidado comprar carne. No importa, comeremos otra cosa.* Kuule, unohdimme ostaa lihaa. Ei se haittaa, syömme jotakin muuta.

¿[le] importa/importaría? voiko / voisiko *¿Le importaría cerrar la ventana?* Voisitteko sulkea ikkunan? *¿Os importa si me siento aquí?* Häiritseekö, jos istun tähän?

¿qué [le] importa? (*myös* **¿qué [le] importa a** [pron. tón.]?**)** olla väliä, kuulua *¿Qué os importa a vosotros lo que hago con mi dinero?* Mitä väliä teille on, mitä minä rahoillani teen? *¿Qué te importa a ti con quién sale Antonio si ya no es tu novio?* Mitä se sinulle kuuluu, kenen kanssa Antonio seurustelee, jos hän ei enää ole sinun poikaystäväsi?

• imposible

dejar por imposible luopua toivosta *Llevo mucho tiempo diciéndole que deje de fumar, pero lo voy a dejar por imposible.* Olen jo kauan kehottanut häntä lopettamaan tupakanpolton, mutta luovun toivosta.

hacer lo imposible tehdä kaikkensa, voitavansa *Haré lo imposible para que todo salga bien.* Teen kaikkeni, jotta kaikki sujuisi hyvin. *Todos hicimos lo imposible por salvarlo, pero no pudimos.* Me kaikki teimme voitavamme hänen pelastamisekseen, mutta emme pystyneet siihen.

• imprenta

dar a la imprenta julkaista *Deberías dar a la imprenta esa novela que has escrito. Vale la pena.* Sinun pitäisi julkaista kirjoittamasi romaani. Se on sen arvoinen.

• impresión

dar la impresión de vaikuttaa, tuntua *Da la impresión de ser buena persona.* Hän tuntuu olevan kiltti ihminen.

cambiar impresiones vaihtaa ajatuksia *Podemos vernos mañana para cambiar impresiones.* Voimme tavata huomenna ja vaihtaa ajatuksia.

causar impresión tehdä vaikutus *Cómo causar impresión en un hombre.* Miten tehdä vaikutus mieheen.

• imprevisto

surgir un imprevisto tulla mutkia matkaan *Decidió pedir unos productos, pero pronto surgió un imprevisto.* Hän päätti tilata tuotteita, mutta sitten tuli mutkia matkaan.

• improviso

de improviso odottamatta *De improviso se puso a llorar.* Hän alkoi itkeä odottamatta.

• impuesto

después de impuestos puhtaana käteen *¡Gana 10 000 e después de impuestos!* Voita 10 000€ puhtaana käteen!

• impulso

por impulso hetken mielijohteesta *Por impulso me preguntó si quería salir con ella.* Hetken mielijohteesta hän kysyi minulta, halusinko lähteä ulos hänen kanssaan.

tomar/coger impulso ottaa vauhtia *Tomó impulso y saltó la valla.* Hän otti vauhtia ja hyppäsi aidan yli.

• **incógnito**
de incógnito tuntemattomana *Los actores famosos suelen viajar de incognito.* Kuuluisat näyttelijät matkustavat tavallisesti tuntemat tomana.

• **indio**
hacer el indio pelleillä *Por favor, que vaya alguien a decirle que no haga tanto el indio.* Voisiko joku mennä sanomaan hänelle, ettei pelleilisi tuolla tavalla.

• **infarto**
dar [le] **un infarto** saada sydänkohtaus *Cuando vi el precio del coche, casi me da un infarto.* Kun näin auton hinnan, olin saada sydänkohtauksen.
de infarto tyrmäävä *Es una mujer de infarto.* Hän on tyrmäävä nainen.

• **infierno**
al infierno con *ark* helvettiin *Si no quieren venir, que no vengan; al infierno con ellos.* Jos he eivät halua tulla, olkoot tulematta; helvettiin koko porukka.
El camino al infierno está empedrado de buenas intenciones. Tie helvettiin on kivetty hyvillä aikomuksilla.

• **infinitamente**
ser infinitamente mejor lyödä laudalta *Las hortigas son infinitamente mejores que las demás hierbas naturales.* Nokkonen lyö laudalta kaikki muut luonnonyrtit.

• **in fraganti**
pillar "in fraganti" saada kiinni itse teossa *La policía pilló "in fraganti" a los ladrones mientras robaban en un chalet.* Poliisi sai rosvot kiinni itse teossa heidän ollessaan varkaissa eräällä mökillä.

• **ingeniar**
ingeniárselas keksiä keino *Se las ingeniaba para estar ausente cada vez que había que hacer limpieza.* Hän keksi keinon olla poissa joka kerta, kun piti siivota.

• **iniciativa**
por/bajo iniciativa de aloitteesta *Por iniciativa de un grupo de alumnos se ha revisado el contenido del curso.* ppilasryhmän aloitteesta kurssin sisältö on tarkistettu.
llevar/tomar la iniciativa ottaa aloite käsiinsä *La oposición quiere llevar la iniciativa en la nueva ley de ayudas sociales.* Oppositio haluaa ottaa aloitteen käsiinsä uudesta sosiaaliapulaista. *Cuando se quiere ganar un partido, lo mejor es llevar la iniciativa.* Kun haluaa voittaa ottelun, parasta on olla hyökkäyslinjalla.

• **inmediato**
de inmediato välittömästi, heti *Él se calló de inmediato.* Hän vaikeni heti.

• **inopia**
estar/seguir en la inopia olla tietämätön *Todos ya saben que hay una reunión a las 12 y tú sigues en la inopia.* Kaikki tietävät jo, että klo 12 on kokous, ja sinä vain et ole tiedä.

• **inri**
para más/mayor inri kaiken lisäksi *Es catedrático, pero no habla lenguas extranjeras y para más inri, no sabe hablar en público.* Hän on professori, mutta ei puhu kieliä, ja kaiken lisäksi hän ei osaa puhua yleisölle. *Durante el viaje se terminó la pila del móvil y para mayor inri no llevaba el cargador.* Matkan aikana kännykän akusta loppui virta, ja kaiken lisäksi minulla ei ollut mukana laturia.

• **insistir**
inútil insistir turha jauhaa *En la práctica el mensaje decía que era inútil insistir.* Käytännössä viesti oli, että asiasta on turha jauhaa.

• **instancia**
a instancias de pyynnöstä, vaatimuksesta *A instancias de los trabajadores, la empresa construyó saunas en las duchas.* Työntekijöiden vaatimuksesta yritys rakensi saunan pesutilojen yhteyteen.
en última instancia viime kädessä *Ella era, en última instancia, la única que podía ayudarme.* Hän oli viime kädessä ainoa, joka pystyi auttamaan minua.

• **instante**
a cada instante koko ajan, jatkuvasti *Como no está contento, está despotricando contra todos a cada instante.* Koska hän ei ole tyytyväinen, hän haukkuu kaikkia jatkuvasti.
al instante välittömästi *Poseía una inteligencia fuera de lo común que le permitía comprender cualquier cosa al instante.* Hän oli epätavallisen älykäs, minkä vuoksi hän ymmärsi kaiken välittömästi.
de un instante a otro tuota pikaa *Ha salido hace unos minutos y volverá de un instante a otro.* Hän lähti pari minuuttia sitten ja palaa tuota pikaa.
en un instante hetkessä *En un instante comprendimos que todo había sido inútil.* Ymmärsimme hetkessä, että kaikki oli ollut turhaa.
por un instante hetken aikaa *Por un instante pensé que hablaba en serio.* Hetken aikaa ajattelin, että hän puhui vakavissaan.

• **intemperie**
a la intemperie ulkosalla, taivasalla *Fuimos de camping, pero como se nos olvidó la tienda,* *tuvimos que dormir a la intemperie.* lähdimme telttailemaan, mutta koska unohdimme teltan, meidän piti nukkua taivasalla.

• **intención**
buena/mala intención tahattomasti/tahallaan *Cuando le serví el helado de nata, lo hice con buena intención; yo no sabía que era intolerante a la lactosa.* Kun tarjosin hänelle kermajäätelöä, tein sen hyvää tarkoittaen. En tiennyt, että hänellä oli laktoosi-intoleranssi. *Perdona, no lo he hecho con mala intención.* Anteeksi, en tehnyt sitä tahallani.
con intención tarkoituksella *Lo ha hecho con intención.* Hän teki sen tarkoituksella.
con toda la buena intención hyvää hyvyyttään *Y no se puede enfadar uno con el cuidador que con toda la buena intención me ayudó.* Eikä voi olla vihainen hoitajalle, kun hän hyvää hyvyyttään minua auttoi.
la firme intención (de) vakaa aikomus *Tengo la firma intención y el deseo de ir a Minsk en mayo.* Minulla on vakaa aikomus ja halu mennä toukokuussa Minskiin.
llevar segundas intenciones olla ketunhäntä kainalossa *Putin no lleva segundas intenciones.* Putinilla ei ole ketunhäntä kainalossa.
segunda intención taka-ajatus *No busques segunda intención en mi propuesta de ir a bailar porque no la hay.* Älä etsi taka-ajatusta minun ehdotuksestani mennä tanssimaan, koska sellaista ei ole.
sin mala intención pahaa tarkoittamatta *Es muy pequeño; las bromas las hace sin mala intención.* Hän on hyvin pieni; hän tekee pilojaan pahaa tarkoittamatta.

• **interés**
intereses creados oma lehmä ojassa *Quien pregunta suele ser un joven que tiene*

intereses creados. Kysyjä on yleensä nuori ja hänellä on oma lehmä ojassa.

• ínterin
en el ínterin sillä välin *Ella se fue a la peluquería y en el ínterin yo limpié la casa.* Hän meni kampaajalle, ja sillä välin minä siivosin.

• inverso
a la inversa päinvastoin *Todo sucedió a la inversa de cómo lo había imaginado.* Kaikki tapahtui päinvastoin, kuin olin kuvitellut.

• invierno
Ya vendrá el invierno. Köyden pää tulee vetävän käteen.

• ipso facto
ipso facto välittömästi *Las órdenes del capitán había que cumplirlas ipso facto.* Kapteenin käskyt piti toteuttaa välittömästi.

• ir
ahí va voi jestas *¡Ahí va! Se nos ha quedado la cámara en casa.* Voi jestas! Meiltä unohtui kamera kotiin. *¡Ahí va, qué bonito!* Voi jestas, miten kaunis! *¡Ahí va! ¡Qué tarde es ya!* Voi jestas, miten myöhä jo on!

a lo que iba/íbamos palataanpa asiaan *De eso hablaremos más tarde, pero a lo que iba, ¿quieres venir a nadar conmigo ahora?* Puhumme siitä myöhemmin, mutta palataanpa asiaan eli haluatko lähteä uimaan kanssani nyt? *A lo que íbamos, porque si no, luego se nos olvida, la sala tiene que tener cabida para 100 personas.* Palataanpa asiaan, koska muuten se unohtuu eli saliin täytyy mahtua 100 henkeä.

¿cómo [le] va? miten menee *¿Cómo os va? – Muy bien, gracias, ¿y a vosotros?* Miten teillä menee? – Oikein hyvin, kiitos. Entä teillä?

¿de qué vas?/ ¿tú de qué vas? mitä sinä oikein puhut/ meinaat? *¿A mí me vas a explicar cómo se conduce? Pero ¿tú de qué vas?* Selitätkö sinä minulle, kuinka ajetaan? Mitä sinä oikein puhut?

dónde va/vas a parar ei voi verrata *Ella es mucho más guapa que su hermana, dónde vas a parar.* Hän on paljon kauniimpi kuin sisarensa; heistä ei voi puhua edes samana päivänä.

el no va más paras, huippu *No es que sea el no va más de la pintura, pero sí que es un pintor famoso.* Hän ei ole maalaustaiteen huippuja, mutta on kyllä kuuluisa taiteilija. *Este ordenador es el no va más.* Tämä tietokone on paras.

en lo que va de semana/mes/año viikon/kuukauden/vuoden aikana *En lo que va de año ya hemos fabricado 2 millones de vehículos.* Vuoden aikana olemme jo valmistaneet kaksi miljoona ajoneuvoa. *Sólo he fumado un cigarrillo en lo que va de mes.* Olen polttanut yhden tupakan kuukauden aikana.

ir a [+ inf.] aikoa *¿Qué vais a hacer esta tarde? – Vamos a salir.* Mitä teette tänä iltana? – Menemme ulos. *Yo iba a decirle que se callase, pero se calló solo.* Aioin käskeä häntä olemaan hiljaa, mutta hän vaikeni itse. *Iba a llamarte cuando me llamaste tú.* Aioin soittaa sinulle, kun sinä soititkin minulle. *¿Qué vas a ser cuando seas mayor?* Mikä sinusta tulee isona?

ir a lo suyo tehdä oman päänsä mukaan *Todos intentan colaborar en el proyecto menos él que siempre va a lo suyo.* Kaikki yrittävät tehdä yhteistyötä projektissa paitsi hän, joka tekee aina oman päänsä mukaan.

ir con sopia jhk tai jkn kanssa, kuulua jhk *Con las comidas sencillas van bien los vinos blancos.* Yksinkertaisten ruokien kanssa sopii valkoviini. *La hipocresía no iba con mi carácter.* Tekopyhyys ei kuulunut luonteeseeni. *Esa camisa no va con esa falda roja.* Tuo paita ei sovi sen punaisen hameen kanssa.

ir/irse [ger.] <käytetään, kun jk tapahtuu asteittain, vähitellen tai hitaasti> *Vete acostumbrándote a vivir con poco dinero porque ahora sólo tenemos un salario.* Alahan totutella elämään vähällä rahalla, koska meillä on nyt vain yksi palkka. *Poco a poco el barril iba vaciándose.* Tynnyri tyhjeni vähitellen. *Se iba haciendo de noche y tuvimos que irnos.* Oli tulossa pimeä, ja meidän piti lähteä. *Id entregando los exámenes porque sólo os quedan 5 minutos.* Luovuttakaahan pikkuhiljaa tenttipaperinne, koska aikaa on enää viisi minuuttia.

ir para (ajallisesti) jstk lähtien *Va para dos años que terminé los estudios.* Lopetin opintoni kaksi vuotta sitten. *Iba para cinco años que trabajaba en la fábrica cuando lo echaron.* Hän oli ollut töissä viisi vuotta tehtaassa, kun hänet sanottiin irti.

irse por donde haber venido mennä sinne mistä on tullutkin *Como sólo había venido a ver cómo trabajamos nosotros, le he dicho que se vaya por donde ha venido.* Koska hän oli tullut vain katsomaan, miten työskentelimme, käskin häntä menemään sinne, mistä oli tullutkin.

ir tirando voida kohtalaisesti *¿Cómo estás? – Voy tirando; unos días mejor y otros peor.* Kuinka voit? – Kohtalaisesti, joinakin päivinä paremmin, joinakin huonommin.

ir/venir bien tehdä hyvää *Unos días de descanso me irían/vendrían bien.* Muutama päivä lepoa tekisi minulle hyvää.

ir y [V] mennä ja tehdä jtk *Después de haber firmado el contrato, va y dice que no está de acuerdo.* Allekirjoitettuaan sopimuksen hän menee ja sanoo, ettei olekaan samaa mieltä. *Te dije que no lo hicieses, pero tú fuiste y lo hiciste.* Sanoin sinulle, ettet tekisi sitä, mutta sinähän menit ja teit.

ir y venir rampata *He pasado toda la mañana yendo y viniendo de una oficina a otra.* Vietin koko aamun rampaten toimistosta toiseen.

no ir [le] **ni venir** [le] ei heilauttaa puoleen eikä toiseen *Ese asunto a mí no me va ni me viene.* Se asia ei heilauta minua puoleen eikä toiseen.

no vaya/fuera a ser que ettei *Ponte el abrigo, no vaya a ser que te resfríes.* Laita takki päälle, ettet vilustu. *Abrieron la puerta con cuidado, no fuera a ser que se despertasen los padres.* He avasivat oven varovaisesti, etteivät vanhemmat heräisi.

¿qué tal [le] **va?** miten menee *¿Qué tal os va? – Muy bien, gracias, ¿y a vosotros?* Miten teillä menee? – Oikein hyvin, kiitos. Entä teillä?

qué va ei suinkaan *¿Es Zlatan una superestrella arrogante? Qué va, me dice un colega.* Zlatan on ylimielinen supertähti? Ei suinkaan, väittää toveri. *Me han dicho que te vas a casar. – ¡Qué va!* Minulle kerrottiin, että menet naimisiin. – Ei suinkaan.

¡qué voy/vas/va a ...! miten niin *¡Qué voy a tener dinero yo! ¿Quién te ha dicho esa bobada?* Miten niin minulla on rahaa. Kuka sinulle sellaista on höpöttänyt? *¡Qué vas a ser tú! Seguro que el ganador ha sido otro.* Miten niin sinä. Voittaja oli kyllä joku muu.

¿quién va? kuka siellä *¿Quién va? – Soy el cartero, señora.* Kuka siellä? – Postinkantaja, rouva.

sin ir más lejos esimerkiksi *Suele venir a la ciudad con frecuencia, sin ir más lejos, la semana pasada.* Hänellä on tapana käydä kaupungissa usein, esimerkiksi viime viikolla.

¡vamos! (myös ¡vamos [imperat.]!) no, no niin, kas niin *¡Vamos, déjalo!* No, annahan olla! *¡Anda, vamos!* No, johan nyt!

¡vaya [subst.]**!** onpas, kylläpäs, mikä *¡Vaya día que llevo!* Onpas ollut melkoinen päivä! *¡Vaya calor está haciendo hoy!* Kylläpäs tänään on kuuma! *¿Has visto el coche de Luis? – Sí, ¡vaya* *coche!* Oletko nähnyt Luisin auton? − Kyllä, mikä auto!

¡vaya con/un ...! on siinäkin *¡Vaya con el vegetariano, en cuanto ha visto las chuletas, se las ha comido todas!* On siinäkin kasvissyöjä. Heti nähtyään kyljykset hän pisti ne kaikki poskeensa! *Papá, en el cole han prohibido las clases de educación sexual. −¿Sí? ¡Vaya con el colegio progresista!* Isä hei, koulussa on kielletty seksuaalivalistuksen tunnit. − Niinkö? On siinäkin edistyksellinen koulu! *Vaya un ingeniero.* On siinäkin insinööri.

¡vaya si ... ! (*myös* (¡vaya que si...!) tietenkin, totta kai *Él sabía que nos reuniríamos hoy. ¡Vaya que si lo sabía!* Hän tiesi meidän kokoontuvan tänään. Totta kai tiesi. *¡Vaya si iré! Esa fiesta no me la pierdo por nada del mundo.* Tietenkin minä menen. Niitä juhlia en jätä väliin mistään hinnasta.

¡vaya, vaya! kas vain, kappas vain, sillä lailla *¡Vaya, vaya! Así que se van a casar aunque decían que iban a cortar.* Kappas vain! Niinpä he menevät naimisiin, vaikka sanoivat eroavansa.

Donde fueres, haz como vieres. Maassa maan tavalla.

• izquierda
de izquierdas vasemmistolainen *No le nombraron catedrático por ser de izquierdas.* Häntä ei nimitetty professoriksi, koska hän on vasemmistolainen.

JJJJJJJJJJ

• jabón
dar [le] **jabón** nuoleskella *Ha llegado lejos, pero ha tenido que darle jabón a mucha gente.* Hän on päässyt pitkälle urallaan, mutta hänen on pitänyt nuoleskella monia ihmisiä. *ks. myös:* como una **pompa** de jabón

• jamás
jamás de los jamases ei ikipäivänä *Jamás de los jamases me había emocionado tanto como en la boda de mi hermana.* En ikipäivänä ollut liikuttunut niin paljon kuin sisareni häissä.

• jamón
estar jamón *ark* olla oikea namupala *Esa chica está jamón.* Tuo tyttö on oikea namupala.

y un jamón [con chorreras] *ark* ja katin kontit, kattia kanssa *Déjame el coche, mamá. − Y un jamón.* Lainaa minulle autoa, äiti. − Ja katin kontit.

• jaque
en jaque ahtaalla, ahtaalle *Los atentados en Iraq están poniendo en jaque a las tropas de EE.UU.* Irakin attentaatit panevat USA:n joukot ahtaalle. *Los incendios forestales han tenido en jaque a los bomberos todo el verano.* Metsäpalot ovat pitäneet palomiehiä ahtaalla koko kesän.

• jarabe
dar jarabe de palo antaa keppiä *Pórtate bien o te daré jarabe de palo.* Käyttäydy kunnolla tai annan keppiä.

• jarra
en jarras lanteilla, puuskassa *Se plantó delante de mí con los brazos en jarras, desafiándome.* Hän asettui eteeni kädet puuskassa, uhmaten minua.

• jarro
un jarro de agua fría kylmä suihku *La devaluación ha sido un jarro de agua fría para los inversores.* Devalvaatio oli kylmä suihku sijoittajille.

• **Jauja**
ser Jauja olla ihmemaa, onnela *No pienses que esto es Jauja; aquí, quien no trabaja, no come.* Älä luule tätä ihmemaaksi. Joka täällä ei tee työtä, ei saa ruokaakaan.

• **jaula**
una jaula de grillos hullunmylly *Los niños de los vecinos habían venido a jugar con los nuestros y la casa parecía una jaula de grillos.* Naapureiden lapset olivat tulleet leikkimään meidän lastemme kanssa,

• **jeringar**
¡no te jeringa! *ark* kyllä ottaa päähän *Pensaban que lo iba a hacer yo todo. ¡No te jeringa!* He kuvittelivat, että tekisin kaiken yksin. Kyllä ottaa päähän!

• **Jeroma**
¡Toma, Jeroma, [pastillas de goma, que son pa la tos]! Sitäs sait!

• **Jesús**
en un decir Jesús silmänräpäyksessä *Los niños se durmieron en un decir Jesús.* Lapset nukahtivat silmänräpäyksessä.
Jesús, María y José voi jeesus *¡Jesús, María y José! ¿Qué te ha pasado para estar manchado de sangre?* Voi jeesus! Mitä sinulle on tapahtunut, kun olet veren tahrima?

• **jeta**
por la jeta *ark* ilmaiseksi *La licenciatura en ingeniería no te la van a dar por la jeta; o estudias o no la sacas.* Insinöörintutkintoa et saa ilmaiseksi; joko opiskelet tai et saa sitä
tener jeta *ark* olla otsaa *¡Tendrá jeta la tía! Era la última de la cola y se ha puesto la primera.* On tuolla tytöllä otsaa! Hän oli jonossa viimeisenä ja meni ensimmäiseksi.

• **jirón**
a jirones riekaleina *El papel de la pared se caía a jirones.* Tapetit roikkuivat riekaleina.

• **joder**
hay que joderse *alat* että vituttaa *Sólo me han cambiado el aceite del coche y me han cobrado 200 euros. ¡Hay que joderse!* Autoon vaihdettiin vain öljyt ja multa kynittiin 200 euroa. Että vituttaa!
joderla *alat* tehdä emämunaus *Como no le interrumpas, la jodes, porque entonces no deja de hablar.* Jos et keskeytä häntä, teet kyllä emämunauksen, koska sitten hän vaan jatkaa puhumista. *Si has respondido así en el examen, la has jodido porque esa no era la respuesta correcta.* Jos vastasit sillä tavalla tentissä, olet munannut täysin, koska se ei ollut oikea vastaus.
joder vivo *alat* nylkeä elävältä *Si cojo al que me ha roto los faros del coche, lo jodo vivo.* Jos saan kynsiini sen, joka hajotti auton lamput, nyljen sen elävältä.
no jodas *alat* **1** älä helkkarissa *Mi padre me ha dejado el coche. – No jodas.* Isä antoi mulle auton. – Älä helkkarissa. **2** lopeta vittuilu *Déjame tranquilo. No jodas.* Jätä minut rauhaan. Lopeta se vittuilu.
¡no te jode! *alat* kyllä vituttaa, kyllä ottaa aivoon *Pensaban que lo iba a hacer yo todo. ¡No te jode!* He kuvittelivat, että tekisin kaiken yksin. Kyllä vituttaa!
que [le] jodan *alat* painu helvettiin *¡Que te jodan, tío, no quiero volver a verte!* Painu helvettiin siitä jätkä, en halua nähdä sua enää!
que se jodan los pobres köyhät kyykkyyn *La mentalidad de que se jodan los pobres sigue plenamente vigente.* Köyhät kyykkyyn, mentaliteetti on edelleen täysissä voimissaan.

• **jodidas**
pasarlas jodidas *alat* olla kusessa *Las pasamos jodidas aquel verano cuando los dos*

estuvimos en el paro. Olimme kusessa tuona kesänä, kun oltiin molemmat työttöminä.

• **jornada**
jornada de puertas abiertas avoimien ovien päivä *El departamento de física ha programado para mañana una jornada de puertas abiertas.* Fysiikan laitos on järjestänyt huomiseksi avoimien ovien päivän.

• **jorobar**
jorobarla *ark* tunaroida *Si has respondido así en el examen, la has jorobado porque esa no era la respuesta correcta.* Jos vastasit sillä tavalla tentissä, olet tunaroinut, koska se ei ollut oikea vastaus.
no jorobes *ark 1* älä ihmeessä *Mi padre me ha dejado el coche. – No jorobes.* Isä lainasi mulle auton. – Älä ihmeessä. *2* anna olla *Déjame tranquilo. No jorobes.* Jätä minut
rauhaan. Anna mun olla.

• **1 jota**
de jota juhlatuulella *No tengo el cuerpo de jota; vete tú sola a la fiesta.* En ole juhlatuulella. Mene sinä yksin niihin juhliin.

• **2 jota**
no entender ni jota ei ymmärtää tuon taivaallista *He estado en una clase de física y no he entendido ni jota.* Olin fysiikan tunnilla enkä ymmärtänyt tuon taivallista.

• **joven**
de joven nuorena *De joven no había nada que me pareciera imposible.* Nuorena mikään ei tuntunut minusta mahdottomalta.

• **judía**
buscarse/ganarse las judías ansaita leipänsä *Ya eres mayor y tienes que empezar a buscarte las judías.* Olet jo iso ja sinun pitää alkaa ansaita leipäsi.

• **juego**
a juego con yhteensopiva *Llevaba un jersey verde, a juego con el pañuelo marrón.* Hänellä oli päällään vihreä neule, joka sopi yhteen ruskean huivin kanssa.
entrar en juego vaikuttaa *Cuando uno se compra una casa, el precio no es el único criterio, sino que también entran en juego la ubicación, la estética, etc.* Taloa ostettaessa hinta ei ole ainoa peruste, vaan talon sijainti, kauneus jne. vaikuttavat myös.
estar en juego olla pelissä *Tengo que hacerlo porque está en juego mi prestigio.* Minun täytyy tehdä se, koska pelissä on minun maineeni.
estar fuera de juego olla paitsiossa *El gol fue anulado porque el delantero estaba fuera de juego.* Maali hylättiin, koska hyökkääjä oli paitsiossa.
hacer [le] **el juego** edesauttaa *Si no votamos, les hacemos el juego a los que se oponen a la democracia.* Jos emme äänestä, edesautamme demokratian vastustajia.
hacer juego con sopia yhteen *Esa camisa hace juego con el color de sus ojos.* Tuo paita sopii teidän silmienne väriin.
juego limpio reilu peli *El juego limpio debería ser lo más importante en cualquier deporte.* Reilun pelin pitäisi olla tärkein asia kaikessa urheilussa. *Es importante que los escolares aprendan la importancia del juego limpio.* On tärkeää, että koululaiset oppivat reilun pelin merkityksen.
poner en juego panna peliin *Pondremos en juego todos nuestros medios para conseguir la paz.* Panemme peliin kaikki keinomme rauhan saavuttamiseksi.
seguir [le] **el juego** myötäillä *Es un tipo que nunca les ha seguido el juego a los superiores o jefes.* Hän on sellainen ihminen, joka ei koskaan ole myötäillyt ylempiä tai pomoja. *A tu abuelo, es mejor que le sigas el juego, así*

estará contento. Sinun on parasta vain myötäillä isoisääsi, niin hän on tyytyväinen.
ks. myös: afortunado en el juego, desgraciado en amores.

• **juerga**
de juerga juhlia, bailata *Esta noche nos iremos de juerga, así que mañana pasaremos el día durmiendo.* Tänä iltana juhlitaan, joten huomenna nukutaan koko päivä. *Ese chico se va de juerga hasta con la pata rota.* Tuo poika se lähtee bailaamaan vaikka pää paketissa.
correrse una juerga juhlia, bilettää *Ayer nos corrimos una juerga estupenda con los amigos.* Eilen biletimme rajusti kavereiden kanssa.

• **jueves**
no ser nada del otro jueves olla tavallinen, ei mitenkään erikoinen *La canción que ha ganado el festival de Eurovisión no era nada del otro jueves.* Eurovision laulukilpailun voittanut laulu ei ollut mitenkään erikoinen.
estar siempre en medio, como el jueves olla tiellä, jaloissa *¡Quítate de ahí! Siempre estás en medio, como el jueves.* Mene pois siitä! Pyörit aina jaloissa.
aprendido en jueves sama vanha laulu *Lo de "Yo no puedo porque tengo sauna" lo has aprendido en jueves.* "En voi tulla, koska minulla on sauna", on sama vanha laulu.

• **jugar**
jugársela ottaa suuri riski *Este puente colgante no me parece muy fuerte; si intentamos cruzarlo, nos la jugamos.* Tämä riippusilta ei näytä minusta kovin vahvalta; jos yritämme mennä sen yli, otamme suuren riskin.
¿qué te juegas a que ...? lyön vetoa, että *¿Qué te juegas a que no nos invita a su boda?* Lyön vetoa, ettei kutsu meitä häihinsä.

• **jugo**
sacar [le] jugo saada paljon irti *Para tu tesis has elegido un tema al que se le puede sacar mucho jugo.* Olet valinnut väitöskirjaasi varten aiheen, josta voi saada paljon irti.

• **juguete**
de juguete leikki- *Al fondo del patio había una casa de juguete.* Pihan perällä oli leikkimökki.
no tener todos los juguetes en el ático ei olla kaikki muumit laaksossa *He empezado a pensar que no tiene todos los juguetes en el ático.* Olen alkanut epäillä, että hänellä ei ole kaikki muumit laaksossa.

• **juicio**
a [pos.] juicio jnk mielestä *Sofía tenía, a mi juicio, las propiedades de una excelente directora.* Sofialla oli mielestäni erinomaisen johtajan ominaisuudet.
en [pos.] juicio (*myös* en [pos.] **sano juicio**) täysissä järjissään *Tú no estás en tu juicio.* Sinä et ole täysissä järjissäsi.
perder el juicio menettää järkensä *Perdió el juicio cuando murió su esposa.* Hän menetti järkensä vaimonsa kuoltua.
ks. myös: poner en **tela** de juicio

• **junco**
delgado como un junco (*myös* más delgado que un junco) laiha kuin luuranko *Jarkko está delgado como un junco.* Jarkko un laiha kuin luuranko.

• **junto**
junto a vieressä *La mesa está junto a la pared.* Pöytä on seinän vieressä. *Me gustaría estar junto a ti.* Haluaisin olla sinun vieressäsi.
junto con kanssa, yhdessä *Si les pones luz artificial junto con algún fertilizante, verás cómo crecen las flores.* Jos annat kukille keinovaloa jonkun lannoitteen kera, saat nähdä kuinka ne kasvavat. *Lo que hiciste ayer*

junto con lo que has hecho hoy, es más que suficiente Eilen tekemäsi yhdessä tämänpäiväisen kanssa on enemmän kuin tarpeeksi.

• **jurar**
tenérsela jurada vannoa kostoa *Hace ya mucho que el jefe me hace la vida imposible, pero se la tengo jurada.* Pomoni on pitkään tehnyt elämästäni kestämätöntä, mutta vannon kostavani.

• **justicia**
hacer justicia por mano propia käyttää oman käden oikeutta *Pero me parece que alguien ha hecho justicia por mano propia.* Mutta joku taisi käyttää oman käden oikeutta.
tomarse la justicia por [pos.] **su mano** ottaa oikeus omiin käsiinsä *Si te tomas la justicia por tu mano, acabarás en la cárcel.* Jos otat oikeuden omiin käsiisi, päädyt vankilaan.

• **justo**
pagar justos por pecadores viattomat saavat kärsiä *No puede castigarnos a todos porque entonces pagan justos por pecadores.* Ette voi rangaista meitä kaikkia, koska silloin viattomatkin saavat kärsiä.

• **juzgar**
a juzgar por päätellen *A juzgar por lo que dices has cambiado de opinión.* Sanoistasi päätellen olet muuttanut mieltäsi.

KKKKKK

• **kiki**
echar un kiki *alat* vetää varvit *¿Quieres echar un kiki?* Haluatko vetää varvit?

LLLLLLLL

• **la**
la de suuri määrä *La de veces que le habré dicho que no coma tanto.* Kuinka monta kertaa lienenkään sanonut, ettei hän söisi niin paljon. *No puedes imaginarte la de clientes que tiene esa tienda.* Et voi kuvitella kuinka paljon asiakkaita siinä kaupassa käy.

• **labio**
de labios para fuera epäaito *Su amabilidad era sólo de labios para afuera.* Hänen ystävällisyytensä oli epäaitoa.
morderse los labios pitää suunsa kiinni *Iba a cantarle las cuarenta, pero preferí morderme los labios.* Aioin sanoa hänelle suorat sanat mutta pidin mieluummin suuni kiinni.
no despegar los labios olla avaamatta suutaan *En ocasiones es mejor no despegar los labios y así evitar una discusión.* Joskus on parempi olla avaamatta suutaan ja siten välttyä väittelyltä.
ks. myös: dejar/quedarse con la **miel** en los labios

• **labor**
estar por la labor keskittyä tekemään jtk *Se le olvidó traer patatas para la tortilla. — Es que no está por la labor. Estaría soñando con el novio.* Hän unohti tuoda perunoita perunamunakasta varten. — No, hänen ajatuksensa ovat muualla. Hän varmaankin ajatteli poikaystäväänsä. *Me ha dicho que por el momento no está por la labor de tener hijos.* Hän sanoi minulle, ettei häntä tällä hetkellä kiinnosta tehdä lapsia.

• **labrar**

Como labras, así segarás. Niin metsä vastaa kuin sinne huudetaan.

• **lado**
al lado 1 vieressä *Se sentaron el uno al lado del otro*. He istuutuivat vierekkäin. **2** lähellä *Vivo aquí al lado, son sólo 100 metros*. Asun tässä lähellä vain 100 metrin päässä. **3** verrattuna *Al lado de Antonio, Luis es maravilloso*. Antonioon verrattuna Luis on ihana. **4** puolella *Siempre estaré al lado de los pobres*. Olen aina köyhien puolella.
a un lado sivulla *La comida estaba a un lado y la bebida a otro*. Ruoka oli toisella reunalla ja juomat toisella. *Dejemos a un lado nuestros rangos y hablemos de igual a igual*. Heitetään tittelit syrjään ja puhutaan kuin vertaiset keskenään.
al otro lado de toisella puolella *Vive al otro lado de la ciudad*. Hän asuu toisella puolella kaupunkia.
cada cual por su cuenta kukin omin päin *Cada cual por su cuenta podrá solucionar cómo salir de esta*. Kukin omin pain saavat ratkaista, miten tasta eteenpain.
cada uno por su lado kukin tahollaan *Todos, cada uno por su lado, partimos en búsqueda del niño perdido*. Me kaikki lähdimme kukin taholleen etsimään kadonnutta lasta.
dar de lado olla välittämättä, vältellä *No le dan de lado, pero tampoco le hacen mucho caso*. He eivät välttele häntä mutta eivät myöskään välitä hänestä erityisemmin. *Cuando salimos en grupo, se pega a mí como una lapa y les da de lado a todos los demás*. Kun lähdemme ulos porukalla, hän takertuu minuun kuin iilimato eikä välitä muista.
de al lado viereinen *Su novio dormía en la habitación de al lado*. Hänen poikaystävänsä nukkui viereisessä huoneessa.
de lado sivuttain *Entró de lado porque la rendija era muy estrecha*. Hän meni sisään sivuttain, koska aukko oli hyvin ahdas.

de un lado a otro puolelta toiselle *De un lado a otro de la calle habían colgado farolas y banderas*. Kadun puolelta toiselle oli ripustettu lyhtyjä ja lippuja. *Andaba de un lado a otro sin saber a dónde ir*. Hän kulki edestakaisin tietämättä minne mennä. *Corrí de un lado a otro buscándote entre la gente, pero no te vi*. Juoksin suuntaan ja toiseen etsien sinua väkijoukosta, mutta en nähnyt sinua.
dejar de lado jättää sivuun *Podemos dejar de lado esos temas y centrarnos en el tema de hoy*. Voimme jättää sivuun ne aiheet ja keskittyä päivän aiheeseen.
hacerse a un lado siirtyä sivuun *¿Puede hacerse a un lado para que podamos pasar?* Voitteko siirtyä sivuun, jotta pääsemme kulkemaan?
mirar de medio lado katsoa halveksien *Se calló y me miró de medio lado*. Hän vaikeni ja katsoi minua halveksien.
mirar hacia otro lado ummistaa silmäänsä *Erfurth miró hacia otro lado ante el doble juego de Mannerheim*. Erfurth ummisti silmänsä Mannerheimin kaksoispeliltä.
por un lado ... por otro toisaalta... toisaalta *Por un lado querría ir, pero por otro, no*. Toisaalta haluaisin mennä, toisaalta en.

• **ladrón**
Piensa el ladrón que todos son de su condición. Pahantekijät ajattelevat aina toisten pahinta.

• **lágrima**
deshacerse en lágrimas puhjeta kyyneliin *Se deshizo en lágrimas cuando oyó la noticia*. Hän puhkesi kyyneliin kuultuaan uutisen.
lágrimas de cocodrilo krokotiilin kyyneleet *No me vengas con lágrimas de cocodrilo por mi fracaso porque sé que a ti no te importa*. Älähän vuodata krokotiilin kyyneleitä

epäonnistumiseni vuoksi, koska tiedän, ettet välitä yhtään.

llorar a lágrima viva itkeä lohduttomasti *Había más de uno que lloraba a lágrima viva en el entierro.* Monet itkivät lohduttomasti hautajaisissa.

saltárse [le] **las lágrimas** tulvahtaa kyyneleet silmiin *No puedo asistir a una boda sin que se me salten las lágrimas.* En voi olla häissä ilman, että kyyneleet tulvahtavat silmiin.

saltárse [le] **las lágrimas de risa** nauraa vedet silmissä *A los pocos segundos ya se le están saltando las lágrimas de risa.* Sekunteja myöhemmin hän nauraa vedet silmissä.

tener la lágrima fácil olla itku herkassa *El amigo de infancia del chico tenía la lágrima fácil.* Pojan lapsuudenystävällä oli itku herkässä.

ks. myös: costar **sangre**, sudor y lágrimas

• **lana**
ir por lana y volver trasquilado saada pitkä nenä *El gobierno pensaba reducir el número de accidentes con la nueva campaña de seguridad, pero fue por lana y volvió trasquilado.* Hallitus ajatteli vähentää onnettomuuksien määrää uudella turvallisuuskampanjalla mutta sai pitkän nenän.

• **lanza**
romper una lanza por puolustaa *He cometido muchos errores y si nadie rompe una lanza por mí, seguro que me despiden.* Olen tehnyt paljon virheitä, ja jollei kukaan puolusta minua, minut varmasti erotetaan.

• **lapa**
pegarse como una lapa takertua kuin iilimato *Cuando salimos en grupo, se pega a mí como una lapa y les da de lado a todos los demás.* Kun lähdemme ulos porukalla, hän takertuu minuun kuin iilimato eikä välitä muista.

• **lar**
por estos lares meillä päin *Por estos lares no llueve mucho, pero por tu tierra, sí.* Meillä päin ei sada paljoa, mutta teillä päin kyllä.

• **largo**
a la larga ajan mittaan, aikaa myöten *Es mejor que se lo digas, porque todo se sabe a la larga.* On parempi, että kerrot hänelle, koska kaikki tulee tietoon aikaa myöten.

a lo largo de pitkin *Había árboles caídos a lo largo del camino.* Kaatuneita puita oli pitkin tietä. *Me estuvo repitiendo el mismo chiste a lo largo de todo el viaje.* Hän kertoi minulle samaa vitsiä koko matkan ajan. *A lo largo de los años los métodos de enseñanza han evolucionado.* Vuosien mittaan opetusmenetelmät ovat kehittyneet.

a lo largo y a lo ancho de pitkin poikin *A lo largo y a lo ancho de España encontrarás paisajes sobrecogedores.* Ympäri Espanjaa näkee hätkähdyttäviä maisemia.

dar [le] **largas** vitkutella *El director de la empresa me iba dando largas para no tener que decirme que no había trabajo para mí.* Yrityksen johtaja vitkutteli, jottei tarvitsisi sanoa minulle, että työtä ei ollut.

de largo pitkä puku *Siempre dijo que si se casaba, lo haría de largo, no vestida de cualquier manera.* Hän sanoi aina, että jos hän menee naimisiin, hän pukeutuu pitkään pukuun eikä miten tahansa.

ir para largo venyä *Las negociaciones de Turquía con la UE van para largo; no creo yo que terminen esta década.* Turkin ja EU:n neuvottelut venyvät. En usko niiden päättyvän tällä vuosikymmenellä. *El recuento de votos va para largo, así que no esperéis los resultados antes de medianoche.* Ääntenlaskenta venyy, joten älkää odottako tuloksia ennen puoltayötä.

largo y tendido pitkään ja hartaasti *Ayer hablamos largo y tendido de nuestra futura boda.* Eilen puhuimme pitkään ja hartaasti tulevista häistämme.

pasar de largo mennä ohi *Mis vecinos vieron que estaba sentado en la terraza del bar, pero pasaron de largo.* Naapurini näkivät minun istuvan baarin terassilla mutta menivät vain ohi. *Afortunadamente las bombas lanzadas contra el monumento pasaron de largo y cayeron en el mar.* Onneksi muistomerkkiin suunnatut pommit menivät ohi ja putosivat mereen.

• **lástima**

dar [le] **lástima** säälittää *Aquel perro abandonado le dio lástima y se lo llevó a casa.* Se hylätty koira säälitti häntä, ja hän vei sen kotiinsa.

de lástima surkea *Le pagan un salario de lástima.* Hänelle maksetaan surkeaa palkkaa.

hecho una lástima surkeassa kunnossa *Vuelve a casa, hijo, porque estás hecho una lástima. Vivir solo no te conviene.* Palaa kotiin, hyvä lapsi, koska olet surkeassa kunnossa. Yksin eläminen ei sovi sinulle.

ser una lástima que olla sääli, vahinko *Es una lástima que no puedas venir con nosotros.* Vahinko, ettet voi tulla kanssamme.

¡Qué lástima! Harmin paikka!

• **lata**

comer de lata syödä purkkiruokaa *Algunos de mis amigos comen de lata porque no saben cocinar.* Jotkut ystävistäni syövät purkkiruokaa, koska eivät osaa laittaa ruokaa.

dar la lata kiusata, rasittaa, käydä hermoille *No des más la lata, ya te he dicho que no te compraré ese juego.* Älä rassaa minua enempää, minähän sanoin sinulle, etten osta sitä peliä. *He hecho todo el viaje con una persona que no ha dejado de hablar ni un minuto, ¡qué lata me ha dado!* Tein koko matkan erään henkilön kanssa, joka ei lakannut puhumasta hetkeksikään. Että se kävi hermoille.

ser una lata harmi, kiusa, riesa *¡Este asunto es una lata! No da más que problemas y molestias.* Tämä asia on varsinainen riesa. Siitä ei aiheudu muuta kuin ongelmia ja harmeja. *Dejé de salir con ella porque era una lata: aburrida, caprichosa, susceptible, etc.* Lopetin seurustelun hänen kanssaan, koska hän oli varsinainen riesa: tylsä, oikukas, epäluuloinen jne.

ks. myös: como **sardinas** en lata

• **latazo**

dar el latazo → dar la lata

• **latín**

saber mucho latín olla vanha kettu *No creo que consigas engañarle porque sabe mucho latín.* En usko, että pystyt huiputtamaan häntä, koska hän on sellainen vanha kettu.

• **latitud**

por estas latitudes näillä leveyksillä
Por estas latitudes, cenar a las 10 de la noche es algo muy normal. Näillä leveyksillä illallinen kymmeneltä on ihan normaalia.

• **laurel**

dormirse en los laureles levätä laakereilla *Desde que publicó la última novela de éxito hace diez años se ha dormido en los laureles y no ha publicado nada nuevo.* Julkaistuaan viimeisen menestysromaaninsa kymmenen vuotta sitten hän on levännyt laakereillaan eikä ole julkaissut mitään uutta.

• **lavandera**

Lavandera mala no encuentra jamás buena piedra. Kyllä sika syitä löytää, välillä on maa jäässä, välillä kärsä kipeä.

• **lazo**

echar [le] **el lazo** *ark* saada koukkuun *No te preocupes, hija, echarle el lazo a un hombre es fácil.* Älä ole huolissasi, tyttöseni, miehen saaminen koukkuun on helppoa.

ks. myös: más cursi que un **repollo** con lazos

• **lección**

dar lecciones antaa oppitunteja *A mí no me da lecciones de honestidad un ladrón como tú.* Minulle ei kyllä sinun kaltaisesi roisto anna oppitunteja rehellisyydestä.

dar [le] **una lección** antaa opetus, läksyttää *Al que me había ensuciado el coche le di una lección que no olvidará en su vida.* Annoin autoni töhrineelle sellaisen opetuksen, jota hän ei unohda koskaan.

• **leche**

a toda leche *ark* niin että hippulat vinkuu *Vio que venía el dueño y salió a toda leche de la tienda.* Hän näki omistajan tulevan ja syöksyi ulos kaupasta, niin että hippulat vinkuivat.

como la leche (*myös* más blanco que la leche) valkoinen kuin lakana *Tendrías que tomar el sol porque estás más blanco que la leche.* Sinun pitäisi ottaa aurinkoa, koska olet valkoinen kuin lakana.

dar [le] **una leche** *ark* antaa turpiin *Loiri le dio una leche a Virtanen.* Loiri antoi turoiin Virtaselle.

darse una leche *ark* törmätä *No miraba por dónde iba y me di una leche contra un poste.* En katsonut eteeni ja törmäsin pylvääseen.

de la leche *ark* mahtava *Raúl es un jugador de la leche* Raúl on mahtava pelaaja. *Hace un calor de la leche.* On pirun kuuma.

echando leches *ark* pää kolmantena jalkana *Dile que venga echando leches.* Kaske hänen tulla pää kolmantena jalkana.

estar de mala leche *ark* olla pahalla päällä *Estoy de mala leche porque he suspendido el examen.* Olen pahalla päällä, koska en päässyt tentistä läpi.

estar que echa leches *ark* kipinöidä *Lo de Palestina no lo veo claro. La situación está que echa leches.* En ymmärrä Palestiinan juttua. Tilanne on tulenarka. *Antonio está que echa leches porque no le dejan ir de viaje.* Antonio kihisee kiukusta, koska häntä ei päästetä matkalle.

ni [subst.] **ni leches** *ark* mikä hiton *Ni amigos ni leches: a jugar no sales hasta que hayas terminado los deberes.* Ja mitkä hiton kaverit: et lähde pelaamaan ennen kuin olet tehnyt läksysi.

poner de mala leche *ark* ottaa päähän *Las fiestas de sociedad le ponían de mala leche.* Seurapiirijuhlat ottavat häntä päähän.

ser la leche *ark* olla kaiken huippu *Eres la leche. ¿Cómo puedes imaginar que te van a dar a ti el premio si ni siquiera has participado?* Olet kaiken huippu. Miten voit kuvitella saavasi palkinnon, ellet ole edes osallistunut?

tener mala leche *ark* olla kelju *El guarda del bosque tenía mucha mala leche; por eso procuraban no toparse con él cuando iban a por setas.* Metsänvartija oli tosi kelju, ja sen vuoksi he varoivat törmäämästä häneen sieneen mennessään.

una/y una leche *ark* ja katin kontit *Déjame el coche, mamá. – Una leche.* Anna minulle auto, äiti. – Ja katin kontit. *Yo puedo llevarme las botellas de vino que han sobrado. – Sí, y una leche.* Minä voin ottaa yli jääneet viinipullot. – Joo, ja katin kontit.

• **lecho**

ser un lecho de rosas olla pelkkää ruusuilla tanssimista *Desde hoy tu vida será un lecho de rosas.* Tästä lähtien elämäsi on pelkkää ruusuilla tanssimista.

• **lechuga**

más fresco que una lechuga (*myös* como una lechuga) hävytön, julkea *Llegó el último, pero entró el primero. – Sí, es más fresco que una lechuga.* Hän tuli viimeisenä mutta meni sisään ensimmäisenä. – Niinpä niin. Hän on tosi hävytön.

• **legua**
a cien leguas (*myös* a la legua) todella kaukaa *Que no está preparado para ese trabajo se ve a cien leguas.* Näkyy kilometrin päästä, ettei hän ole valmistautunut tähän työhön.
Las botas de siete leguas Seitsemän peninkulman saappaat

• **lejos**
a lo lejos kaukana *Se oía a lo lejos el repique de unas campanas.* Kaukaa kului kellojen soittoa. *A lo lejos se veían montañas.* Kaukana näkyi vuoria.
de lejos kaukaa *De lejos, parece más joven.* Kaukaa hän näyttää nuoremmalta.
lejos de kaukana *El hecho de que usted sea extranjero, lejos de un inconveniente, es una ventaja para este tipo de trabajo.* Se, että olette ulkomaalainen ei suinkaan ole haitta; se on etu tämän tyyppisessä työssä.
llegar lejos pötkiä pitkälle *Me parece que no se puede llegar lejos sabiendo sólo inglés.* Pelkällä englannintaidolla ei taideta pötkiä pitkälle.
ni de lejos ei lähimainkaan *El contenido del programa no concordaba ni de lejos con la realidad.* Ohjelman sisältö ei vastannut lähimainkaan todellisuutta.
sin ir más lejos esimerkiksi *Tú, sin ir más lejos, podrías encargarte sin ningún problema de organizar la expedición.* Sinä, esimerkiksi, voisit aivan hyvin huolehtia retken järjestämisestä. *Ayer, sin ir más lejos, le envié una carta; así que no puede decir que nunca le escribo.* Eilen viimeksi lähetin hänelle kirjeen, joten hän ei voi sanoa, etten kirjoita koskaan.

• **lengua**
con la lengua fuera kieli vyön alla *Llegó a casa con la lengua fuera porque había venido corriendo.* Hän juoksi kotiin kieli vyön alla.
darle a la lengua lörpötellä *Se pasa horas y horas charlando con los vecinos. – Sí, le gusta darle a la lengua.* Hän viettää tuntikausia puhuen naapureiden kanssa. – Niin, hänestä on mukava lörpötellä.
haber comido lengua olla suupaltti *Pero niña, ¡calla un momento! Parece que has comido lengua.* Tyttö hyvä, ole hiljaa hetki. Sinä olet varsinainen suupaltti.
haber [le] comido lengua el gato kissa on vienyt kielen *¡Luisito! ¿No dices nada? ¿Te ha comido lengua el gato?* Luisito! Etkö sano mitään? Onko kissa vienyt kielen?
írse [le] la lengua puhua sivu suunsa *Se le ha ido la lengua a Julia y ahora lo saben todos.* Julia puhui sivu suunsa, ja nyt kaikki tietävät sen.
irse de la lengua puhua ohi suunsa *Se nos estropeó el plan secreto porque Antonio se fue de la lengua.* Salainen suunnitelmamme meni pilalle, koska Antonio puhui ohi suunsa.
lengua de víbora pahansuopa *No hagas caso de lo que te cuente él porque tiene lengua de víbora y sólo quiere crear problemas.* Älä välitä, mitä hän sinulle kertoo, koska hän on pahansuopa ja haluaa vain aiheuttaa ongelmia.
morderse la lengua sulkea suunsa *Iba a decirle lo que me parecía su nuevo vestido, pero me mordí la lengua.* Aioin sanoa hänelle, mitä mieltä olin hänen uudesta mekostaan, mutta suljin suuni.
sacar [le] la lengua näyttää kieltä *Cuando se dio la vuelta, todos le sacaron la lengua.* Kun hän kääntyi, kaikki näyttivät hänelle kieltään.
sin pelos enla lengua puhua suunsa puhtaaksi *Ha tenido la oportunidad de hablar sin pelos*

en la lengua. Hän sai tilaisuuden puhua suunsa puhtaaksi.

tener la lengua larga olla juorukello *No le digas nada a la secretaria porque tiene la lengua muy larga.* Älä kerro mitään sihteerille, koska hän on sellainen juorukello.

tener la lengua muy suelta soittaa suuta *¿Qué tiene de bueno que un niño blasfeme o tenga la lengua muy larga?* Mitä hienoa siinä on, että lapsi kiroilee tai soittaa suuta?

tenerlo en la punta de la lengua pyöriä kielellä, olla kielen päällä *¿Sabes como se dice "hisopo" en alemán? – Lo tengo en la punta de la lengua, pero no me sale.* Tiedätkö, mitä "vihkivedenpirskotin" on saksaksi? – Sana pyörii kielelläni mutta ei nyt tule mieleen.

tirar de la lengua saada puhumaan *Si quieres saber cómo será la boda, tendrás que tirarle de la lengua a la madre, porque los novios no te contarán nada.* Jos haluat tietää, millaiset häät ovat, sinun täytyy saada äiti puhumaan, koska morsiuspari ei kerro sinulle mitään.

trabárse [le] **la lengua/ lenguárse** [le] **la traba** mennä kieli solmuun *Ayer se le lenguó la traba.* Eilen hänellä meni kieli solmuun.

ks. myös: tener en la **punta** de la lengua

● **lenteja**
buscarse/ganarse las lentejas ansaita leipänsä *Ya eres mayor y tienes que empezar a buscarte las lentejas.* Olet jo iso ja sinun pitää alkaa ansaita leipäsi.

● **leña**
echar leña al fuego lisätä vettä myllyyn *Como la discusión está calentándose, no quisiera echarle más leña al fuego, sin embargo, deseo añadir mi granito de arena.* Koska keskustelu kiihtyy, en haluaisi lisätä vettä myllyyn, mutta haluan kuitenkin sanoa sanottavani aiheesta.

hacer leña del árbol caído lyödä lyötyä *Acaban de expulsarle del colegio y no quiero hacer leña de árbol caído expulsándolo*

también del equipo de baloncesto. Hänet erotettiin juuri koulusta enkä halua lyödä lyötyä erottamalta hänet myös koripallojoukkueesta.

leña al mono käydä jkn asian kimppuun *Si parece que no aprenden, no te preocupes, leña al mono hasta que aprendan.* Jos he eivät näytä oppivan, älä ole huolissasi; tao päähän kunnes oppivat.

● **leño**
dormir como un leño nukkua kuin tukki *Dormía como un leño aunque decía que era insomne.* Hän nukkui kuin tukki, vaikka sanoi kärsivänsä unettomuudesta.

● **león**
como un león (*myös* más valiente que un león) rohkea kuin leijona, kylmäpäinen *No tiene miedo de esas cosas, es valiente como un león.* Hän ei pelkää niitä asioita, hänen päätään ei palele.

● **leonera**
como una leonera hävityksen kaupunki *Estuvieron las niñas solas el fin de semana y la casa estaba como una leonera.* Tytöt olivat yksin viikonlopun, ja talo oli kuin hävityksen kaupunki.

● **Lepe**
saber más que Lepe olla pää kuin partaveitsi *A ésa no la engañas porque sabe más que Lepe.* Tuota et kyllä huijaa, koska hänellä on pää kuin partaveitsi.

● **letra**
a la letra (*myös* al pie de la letra) sanatarkasti, kirjaimellisesti *No es necesario que traduzcáis a la letra.* Sinun ei tarvitse kääntää sanatarkasti. *Las normas hay que cumplirlas al pie de la letra.* Sääntöjä täytyy noudattaa kirjaimellisesti.

poner cuatro letras kirjoittaa muutama rivi *Cuando estés de viaje, no te olvides de ponerle cuatro letras a tu madre para que pueda leer que te encuentras bien.* Kun olet matkoilla, muista kirjoittaa muutama rivi äidillesi, jotta hän tietää sinun voivan hyvin.

despacito y buena letra hiljaa hyvä tulee *No tengas prisa, despacito y buena letra.* Älä pidä kiirettä. Hiljaa hyvä tulee.

letra de médico koukero *No hay quien entienda esta letra de médico que tienes.* Kukaan ei ymmärrä noita sinun koukeroitasi.

letra menuda/pequeña pienellä kirjoitettu *En los contratos hay que leer detenidamente la letra menuda.* Sopimuksista täytyy lukea tarkkaan se, mitä on pienellä kirjoitettu.

ks. myös: de su **puño** y letra

• **ley**

con todas las de la ley ansaitusti *Se ha ganado el premio con todas las de la ley.* Hän voitti palkinnon ansaitusti.

ley del embudo puolueellinen laki *En lo que al tabaco se refiere, el jefe aplica la ley del embudo: él fuma donde quiere y nosotros, donde nos deja él.* Mitä tupakkaan tulee, pomo soveltaa lakia puolueellisesti: hän itse polttaa missä haluaa ja me saamme polttaa siellä, missä hän sen sallii.

ley de vida elämän laki *Ya no me queda ningún abuelo. Es ley de vida.* Minulla ei ole enää yhtään isovanhempaa. Se on elämän laki.

tener [le] ley olla kiintynyt *El gato no era suyo, pero le tenía mucha ley.* Kissa ei ollut hänen, mutta hän oli siihen erittäin kiintynyt.

Allá van leyes do quieren reyes. Laki on niin kuin se luetaan.

ks. myös: la **necesidad** carece de ley

• **liar**

liarse a [+ inf.] ryhtyä *Se lió a insultarme aunque yo no había hecho ni dicho nada.* Hän

alkoi haukkua minua, vaikken ollut tehnyt enkä sanonut mitään.

liarla aiheuttaa sotku *Si te critica, tú no digas nada. No vayamos a liarla ahora.* Jos hän arvostelee sinua, älä sano mitään. Ei nyt aiheuteta sotkua.

ks. myös: liar el **petate**

• **libertad**

salir en libertad päästä vapaalle jalalle *El anterior primer ministro de Israel ha salido en libertad.* Israelin entinen pääministeri pääsi vapaalle jalalle.

• **librar**

librarse de buena päästä pelkällä säikähdyksellä *¡De buena me he librado! Había perdido el billete y ha pasado el interventor, sin verme.* Pääsin pelkällä säikähdyksellä! Olin kadottanut lipun, ja tarkastaja kävi mutta ei huomannut minua.

• **libre**

por libre itsekseen, omin päin *Estudió todo el bachillerato por libre.* Hän opiskeli ylioppilaaksi itsekseen. *El viaje al congreso lo haremos todos juntos, menos María que va por libre.* Me teemme kongressimatkan kaikki yhdessä, paitsi Maria, joka menee omin päin.

ks. myös: al **aire** libre

• **libro**

como un libro abierto selkeästi *Es un placer escuchar sus conferencias porque habla como un libro abierto.* On ilo kuunnella hänen luentojaan, koska hän puhuu selkeästi.

No se puede juzgar un libro por su portada. Moni kakku päältä kaunis.

• **liebre**

como una liebre (*myös* más que una liebre) kuin kärppä *No hay manera de coger al niño porque corre como una liebre.* Tuota lasta ei

saa millään kiinni, koska hän on vikkelä kuin kärppä.
ks. myös: dar **gato** por liebre

• **ligero**
tomarse a la ligera suhtautua kevyesti *No puedes tomártelo a la ligera, es un asunto importante aunque a ti no te lo parezca.* Et voi suhtautua kevyesti, sillä asia on tärkeä, vaikkei se sinusta siltä näyttäisikään.
ks. myös: ser ligero de **cascos**

• **lija**
como la lija (*myös* más que la lija) kuin santapaperia *Tenía la piel como la lija.* Hänen ihonsa oli kuin santapaperia.

• **lima**
comer como una lima syödä kuin hevonen *Es que come como una lima, por eso está tan gordo.* Hän syö kuin hevonen ja on siksi niin lihava.
comer como lima nueva *arg, ven* syödä kuin hevonen *La boluda de tu vieja se ha quedado a vivir en casa y encima come como lima nueva.* Se sinun höperö äitisi jäi asumaan meille ja lisäksi hän syö kuin hevonen.

• **limbo**
irse al limbo mennä poskelleen *La fiesta se fue al limbo porque no vino nadie.* Juhlat menivät aivan poskelleen, sillä kukaan ei tullut niihin.

• **limpio**
en limpio puhtaana käteen *No sé cuánto gana, pero en limpio no creo que sea más de 1000 euros.* En tiedä, paljonko hän ansaitsee, mutta en usko, että puhtaana käteen yli 1 000 euroa.
estar limpio olla auki *¿Me prestas veinte euros? Es que no funciona el cajero automático y estoy limpio.* Lainaatko 20 euroa? Pankkiautomaatti ei nimittäin toimi, ja olen ihan auki.
pasar a limpio kirjoittaa puhtaaksi *Antes de pasar a limpio el texto, pídele a alguien que te revise la ortografía.* Ennen kuin kirjoitat tekstin puhtaaksi, pyydä jotakuta tarkistamaan oikeinkirjoitus.
sacar en limpio saada selkoa, selvää *Aunque escuché con atención toda la conferencia, no saqué nada en limpio.* Vaikka kuuntelin tarkkaavaisesti koko luennon, en saanut mitään selvää.

• **lince**
no hace falta ser un lince para ei tarvitse olla mikään ruudinkeksijä *No hace falta ser un lince para usar el móvil.* Ei tarvitse olla mikään ruudinkeksijä osataksesi käyttää kännykkää.
ks. myös: tener **vista** de lince

• **lindo**
de lo lindo kovasti, paljon *Le gusta bailar de lo lindo y por eso va frecuentemente a la discoteca.* Hän pitää kovasti tanssimisesta ja siksi käy usein diskoteekissa. *Estaba enfadado de lo lindo y no dijo ni hola.* Hän oli tosi vihainen eikä sanonut edes terve.

• **línea**
en línea recta suoraan *Siga usted en línea recta por esta calle hasta llegar a un cruce.* Menkää suoraan tätä katua, kunnes tulette risteykseen.
en líneas generales päällisin puolin *En líneas generales tu tesina está bien.* Päällisin puolin sinun gradusi on ihan hyvä.
en toda la línea täydellinen *Siempre fue un caballero en toda línea. Nunca se aprovechó de las circunstancias.* Hän oli aina täydellinen herrasmies. Hän ei koskaan käyttänyt tilaisuutta hyväkseen.

195

leer entre líneas lukea rivien välistä *Para entender bien este texto tenéis que leer entre líneas.* Ymmärtääksenne tämän tekstin teidän on luettava rivien välistä.

• lío

andar metido en líos joutua liemeen *No sé cómo se las arregla Pedro para andar siempre metido en líos.* En tiedä, kuinka Pedro onnistuu aina joutumaan liemeen.
estar en un buen lío olla kiipelissä *Estoy en un buen lío con esa lengua.* Olen kiipelissä sen kielen kanssa.
hacerse un lío mennä sekaisin *Tú, ¿quién eres? Lo digo porque como los hermanos os parecéis tanto, me hago un lío.* Kuka sinä olet? Kysynpä vain, koska te veljekset olette niin samannäköisiä, että menen sekaisin.
Lío, lío que yo no he sido. En minä, mutta pojat.

• lirón

dormir como un lirón nukkua kuin tukki *No te oí llegar anoche porque dormía como un lirón.* En kuullut tuloasi eilen illalla, koska nukuin kuin tukki.

• lisa

lisa y llanamente suoraan sanoen *Te lo digo lisa y llanamente: si sigues así, acabarás en la cárcel.* Sanon sinulle suoraan, että jos jatkat noin, päädyt vankilaan.

• lista

pasar lista pitää nimenhuuto *El profesor nunca pasa lista, así que no hay problema si hacemos novillos hoy.* Opettaja ei koskaan pidä nimenhuutoa, joten voimme aivan hyvin pinnata tänään.

• listo

dárselas de listo briljeerata *Quería dárselas de listo hablando de la visión estereofónica cuando quería decir estereoscópica.* Hän halusi briljeerata puhumalla stereofonisesta näkemisestä, vaikka tarkoittikin stereoskooppista.
estar/ir listo kaikkea kanssa *¿Prestarte dinero yo a ti? ¡Estás tú listo!* Että lainaisinko sinulle rahaa? Kaikkea kanssa!
pasarse de listo kieroilla *No te pases de listo; mamá ha dicho que un pastel para cada uno, y tú ya te has comido uno.* Älä kieroile. Äiti sanoi, että jokaiselle on yksi leivos, ja sinä olet jo syönyt yhden. *Eso les pasa a los que quieren pasarse de listos.* Niin käy niille, jotka yrittävät olla liian ovelia.
y listo/listos sillä selvä *Para que funcione la lavadora, sólo tienes que pulsar ese botón, y listo.* Jotta pesukone toimisi, sinun täytyy vain painaa tätä nappia ja sillä selvä.
ks. myös: más listo que una **ardilla**

• llamar

como que me llamo ... niin totta kuin nimeni on... *Mañana te lo devuelvo, de verdad, como que me llamo Antonio.* Huomenna palautan sen sinulle, niin totta kuin nimeni on Antonio.
llamar por kutsua *Me llamaron por mi nombre.* Minua kutsuttiin nimeltä. *Le llamé por teléfono.* Soitin hänelle.
lo que se llama varsinainen *No es que Luis sea lo que se llama un tío inteligente, pero tampoco es tonto.* Eihän Luis ole varsinaisen älykäs tyyppi mutta ei myöskään tyhmä.

• llanto

anegarse en llanto itkeä katkerasti *Mi hija pequeña, anegada en llanto, me contó lo que había pasado.* Pikkutyttäreni kertoi katkerasti itkien, mitä hänelle oli tapahtunut.
El llanto, sobre el difunto. Ei auta itku markkinoilla.
ks. myös: de la **risa** al llanto no hay más que un paso

• **llave**

bajo llave lukon takana *Guardo bajo llave todos los documentos importantes.* Pidän lukon takana kaikki tärkeät asiapaperit.

con llave lukkoon *Cierra la puerta con llave cuando salgas.* Laita ovi lukkoon, kun lähdet ulos.

echar la llave laittaa lukkoon, lukita *Echa la llave cuando salgas de casa para que no salga el gato.* Laita ovi lukkoon, kun lähdet, ettei kissa pääse ulos.

• **llegar**

¡hasta ahí podíamos/podríamos llegar! se vielä puuttuisi *Que me hagas trampas en el juego a mí, vale; pero que se las hagas a los niños ...¡Hasta ahí podríamos llegar!* Olkoonkin, että huijaat minua pelissä, mutta se vielä puuttuisi, että huijaat lapsiakin.

llegar a [+ inf.] jopa tehdä jtk *Estaba tan enfadado que llegó a decir que se arrepentía de habernos conocido.* Hän oli niin vihainen, että sanoi jopa katuvansa, että oli koskaan tuntenutkaan meitä.

llegar a [subst.] tulla jksk *Si sigues practicando, llegarás a ser un buen pianista.* Jos jatkat harjoittelua, sinusta tulee hyvä pianisti.

si llegar a [+ inf.] jos olisi *Si llego a saberlo, te habría llamado, pero no sabía que te habría gustado acompañarnos.* Jos olisin tiennyt, olisin soittanut sinulle, mutta en tiennyt, että olisit halunnut tulla mukaamme. *Si llegas a decirle la verdad, no te habría creído.* Jos olisit kertonut hänelle totuuden, hän ei olisi uskonut sinua.

ks. myös: llegar [le] a la altura del **betún**; llegar a **oídos**

• **lleno**

acertar de lleno osua nappiin *Con esta elección han acertado de lleno.* Valinta osui nappiin.

de lleno täysin, kokonaan *Ahora quiere dedicarse de lleno a sus estudios, luego ya verá lo que hace.* Nyt hän haluaa keskittyä täysin opintoihinsa, myöhemmin sitten näkee, mitä tekee.

• **llevar**

¿cómo lo llevas? miten menee *Hola, ¿cómo lo llevas? – Bien. ¿Y tú?* Terve, miten menee? – Hyvin. Entä sinulla?

llevar (ajallisesti) jstk lähtien *¿Cuánto tiempo llevas aquí? – Llevo dos horas.* Kauanko olet ollut täällä? – Kaksi tuntia. *Mi hijo lle aba tres años aprendiendo español cuando se fue a Chile.* Poikani oli opiskellut kolme vuotta espanjaa, kun lähti Chileen. *Llevo tres horas llamando y nadie contesta; se habrán ido.* Olen yrittänyt soittaa kolme tuntia, ja kukaan ei vastaa. He ovat varmaankin lähteneet. *Llevaban casados apenas dos años cuando se separaron.* He olivat olleet naimisissa tuskin kahta vuotta, kun erosivat.

llevar las de ganar/perder viedä voitto / jäädä häviölle *No quiero discutir contigo sobre ese tema porque tú llevas las de ganar.* En halua keskustella kanssasi siitä aiheesta, koska sinä viet voiton. *Si te enfrentas cuerpo a cuerpo con un oso, llevas todas las de perder.* Jos kohtaat karhun silmästä silmään, jäät häviölle.

llevarse bien/mal con tulla toimeen hyvin/huonosti *Se lleva bien con todos.* Hän tulee hyvin toimeen kaikkien kanssa. *Me llevo muy mal con mi suegro.* Tulen hyvin huonosti toimeen appeni kanssa.

llevar ... sin [+ inf.] (ajallisesti) olla ollut tekemättä jtk *Llevo tres horas sin comer y no aguanto más.* Olen ollut kolme tuntia syömättä enkä kestä enää.

no llevar a ninguna parte ei johda mihinkään *La solución que hemos elegido no lleva a ninguna parte, seguimos sin saber cómo avanzar.* Tekemämme ratkaisu ei johda mihinkään. Emme edelleenkään tiedä, miten etenisimme.

• llover

como quien oye llover ei ottaa kuuleviin korviin *Le dijeron que no hiciese esa expedición porque era demasiado arriesgada, pero él, como quien oye llover.* Hänelle sanottiin, ettei lähtisi sille tutkimusretkelle, koska se oli liian vaarallinen, mutta hän ei ottanut kuuleviin korviinsakaan.

haber llovido mucho desde olla kulunut aikaa *Ha llovido mucho desde que yo iba a las discotecas.* Siitä on jo aikaa, kun kävin diskoteekeissa.

llover sobre mojado <ironisesti käytetty ilmaus "aina vain paranee"> *Pedro, hoy me he quedado sin trabajo. – ¿Sí? Pues llueve sobre mojado porque a mí también me han despedido.* Pedro, jäin tänään työttömäksi. – Niinkö? No, aina vain paranee, koska minutkin sanottiin irti.

• lo

[subj.] **lo que** [subj.] tahansa *Cueste lo que cueste, conseguiré aprender chino.* Maksoi mitä maksoi, mutta pystyn oppimaan kiinaa. *Sea lo que sea, no me interesa.* Olipa se mitä tahansa, ei kiinnosta minua.

lo que es mitä tulee *De ella no digo nada, pero lo que es Mario, seguro que no vuelve a casarse.* Hänestä en sano mitään, mutta mitä Marioon tulee, olen varma, ettei hän mene enää naimisiin.

lo que es más vielä lisäksi *Las lluvias provocaron perdidas en la agricultura y, lo que es más, la destrucción de muchos hogares.* Sateet aiheuttivat menetyksiä maataloudelle ja vielä lisäksi monien kotien tuhoutumisen.

lo que sea mitä tahansa *¿Qué quiere tomar? – Cualquier cosa, lo que sea.* Mitä haluaisitte juoda? – Jotakin, mitä tahansa.

ks. myös: **para** lo que

• lobo

menos lobos kattia kanssa *Me han subido el salario en 500 euros. – ¡Menos lobos! No creo ni que sean 50.* Sain 500 euron palkankorotuksen. – Kattia kanssa! Tuskin sait edes 50 euroa.

ser un lobo vestido de cordero olla susi lampaiden vaatteissa *El cigarrillo eléctrico es un lobo vestido de cordero.* Sähkötupakka on susi lampaiden vaatteissa.

ks. myös: como **boca** de lobo; el **hombre** es un lobo para el hombre; meterse en la **boca** del lobo; verle las **orejas** al lobo

• loco

a lo loco (*myös* como un loco) hullun lailla *Algunos conducen a lo loco y luego pasa lo que pasa.* Jotkut ajavat hullun lailla, ja sitten sattuu mitä sattuu.

estar loco de contento olla onnesta sekaisin *Estaba loca de contenta porque había pasado el examen.* Hän oli onnesta sekaisin, koska pääsi kokeesta läpi.

hacerse el loco ei olla tietääkseen, leikkiä tietämätöntä *Se hicieron los locos cuando nos vieron y aunque les gritamos un saludo, fingieron no oírnos.* He eivät olleet tietääkseen, kun näkivät meidät, ja vaikka huusimme, eivät olleet kuulevinaan.

ni loco ei kuuna päivänä *Eso no lo hago yo ni loco.* Sitä en tee kuuna päivänä.

tener [le] **loco** tehdä hulluksi *Nos tiene locos con un juego que quiere que le compremos para Reyes y nos lo recuerda cada minuto.* Hän tekee meidät hulluksi pyytämällä ostamaan pelin hänelle joululahjaksi ja muistuttaa siitä jatkuvasti.

volver [le] **loco** tehdä hulluksi *La mirada que tiene Dolores me vuelve loco.* Doloresin katse tekee minut hulluksi. *Me vuelven loco los mariscos.* Pidän mielettömästi äyriäisistä.

Cada loco con su tema. Meitä on moneen junaan.
ks. myös: a **tontas** y a locas

• **lógica**
de lógica itsestään selvä *Es de lógica que esté enfadado contigo si le has insultado.* On itsestään selvää, että hän on suuttunut sinuun, jos olet loukannut häntä.
en buena lógica kaiken järjen mukaan *La obra, en buena lógica, debería haber tenido más éxito.* Näytelmän olisi pitänyt kaiken järjen mukaan menestyä paremmin.

• **lombriz**
más feliz que una lombriz iloinen kuin peipponen *Es más feliz que una lombriz.* Hän on väsyneenäkin iloinen kuin peipponen.

• **lomo**
a lomos de ratsastaen *Muchos llegan lejos a lomos del apellido familiar.* Monet pääsevät pitkälle ratsastamalla sukunimellään.

• **lona**
estar en la lona olla pa [pee aa] *Todos estábamos en la lona.* Me kaikki olimme pa.

• **longuis**
hacerse el longuis *ark* esittää tietämätöntä *Venga, tío, no te hagas el longuis y paga lo que me debes.* Kuule, kaveri, älä esitä tietämätöntä ja maksa minulle velkasi.

• **loro**
estar al loro olla perillä *En esta profesión tienes que estar al loro de todas las novedades.* Tässä ammatissa täytyy olla perillä kaikista uutuuksista.
como un loro (*myös* más que un loro) kuin papukaija *¡Cállate de una vez! Hablas más que un loro.* Ole jo hiljaa! Puhut kuin papukaija.

• **lorito**
¡cágate, lorito! ei vitsi! *¡Cágate, lorito! ¡Nunca lo habría creído!* Ei vitsi, en olisi ikina uskonut!

• **losa**
con una losa a la espalda apina selässä *Uno puede quitarse la losa de la espalda tirando al suelo el balón.* Apina saa selästään heittämällä pallon maahan.

• **lote**
darse el lote *alat* käpälöidä *Las jóvenes parejas aprovechaban la oscuridad del cine para darse el lote.* Nuoret parit käyttivät hyväkseen elokuvateatterin pimeyttä käpälöidäkseen.

• **lucir**
así le luce sen huomaa *El equipo ha vendido los jugadores buenos que tenía y así le luce ahora.* Joukkue möi hyvät pelaajansa, ja sen huomaa.

• **luego**
desde luego 1 tietysti, epäilemättä *¿Quepo yo también en el coche? –¡Desde luego! ¿Quieres sentarte delante o detrás?* Mahdunko minäkin autoon? – Tietenkin. Haluatko istua edessä vai takana? *Desde luego es una persona maravillosa, siempre dispuesta a ayudar a los demás.* Hän on epäilemättä ihana ihminen, aina valmis auttamaan muita. **2** ihan totta *Desde luego, Antonio, estás más loco que una cabra y tienes ideas de bombero.* Ihan totta, Antonio, olet pähkähullu, ja sinulla on päättömiä ajatuksia.
¡hasta luego! nähdään *Vale, colegas, yo me largo. ¡Hasta luego!* No niin, kaverit, minä häivyn. Nähdään!
luego de jälkeen *Luego del primer sorbo de café, se sintió mucho mejor.* Heti siemaistuaan kahvia hän tunsi olonsa paljon paremmaksi.

luego que jälkeen *Luego que hubo comido, se fue.* Syötyään hän lähti.

• **lugar**

dar lugar a aiheuttaa *Sus palabras dieron lugar a que todos abandonasen la sala.* Hänen sanojensa takia kaikki lähtivät salista. *Los últimos atentados han dado lugar a nuevas medidas de seguridad en las estaciones.* Viimeiset attentaatit ovat antaneet aihetta uusiin turvallisuustoimiin asemilla.

dejar en buen/mal lugar antaa hyvä/huono kuva *Recuerda Mario que vas en representación de todo el departamento y tienes que dejarnos en buen lugar.* Muista Mario, että menet edustamaan koko laitosta, ja sinun täytyy antaa meistä hyvä kuva. *Lo que has hecho nos deja en mal lugar a todos.* Se, mitä teit, antaa meistä kaikista huonon kuvan.

en lugar de sijasta *Cogió la revista en lugar del libro.* Hän otti aikakauslehden kirjan sijasta. *En lugar de solucionar los problemas, prefiere dejarlos en el aire.* Sen sijaan, että ratkaisisi ongelmat, hän mieluummin jättää ne roikkumaan.

en primer/segundo lugar ensiksi/ toiseksi *En primer lugar, yo no soy médico, y en segundo, esto es una escuela, no un hospital.* Ensiksi, en ole lääkäri, ja toiseksi tämä on koulu, ei sairaala. *En primer lugar, tienes que arreglar todo lo que has roto.* Ensi töiksesi sinun pitää korjata kaikki, mitä olet rikkonut.

en [pos.] lugar sijassa, asemassa *¿Qué harías tú en su lugar?* Mitä sinä tekisit hänen asemassaan? *En tu lugar, yo me iría a dormir.* Sinuna minä menisin nukkumaan. *Si estuvieras en mi lugar, ¿te casarías con ella?* Jos olisit minun sijassani, menisitkö naimisiin hänen kanssaan?

fuera de lugar sopimaton *Sus palabras estaban totalmente fuera de lugar.* Hänen sanansa olivat täysin sopimattomat.

no hay lugar a dudas epäilemättä *No hay lugar a dudas, ella es la mejor.* Hän on epäilemättä paras.

ponerse en [pos.] lugar asettua jkn sijaan *Ponte en mí lugar, ¿qué habrías hecho tú?* Asetu minun sijaani. Mitä sinä olisit tehnyt?

sin lugar a dudas epäilemättä *Sin lugar a dudas mi vecina es la más guapa.* Minun naapurini on epäilemättä kaunein.

tener lugar tapahtua *La reunión tuvo lugar el día 10 en Tokio.* Kokous pidettiin 10. päivä Tokiossa.

El saber no ocupa lugar. Oppia ikä kakki.

• **lujo**

darse/permitirse el lujo olla varaa *Gano lo suficiente para permitirme el lujo de viajar al extranjero.* Ansaitsen tarpeeksi, niin että minulla on varaa matkustaa ulkomaille. *Puede darse el lujo de vestir con elegancia.* Hänellä on varaa pukeutua tyylikkäästi.

con todo lujo de detalles pienintä yksityiskohtaa myöten *Me explicó con todo lujo de detalles lo que había pasado la noche anterior.* Hän selitti minulle pienintä yksityiskohtaa myöten, mitä edellisenä yönä oli tapahtunut.

• **lumbrera**

no ser una lumbrera ei olla mikään ruudinkeksijä *Eso demuestra que no es una lumbrera.* Tuo osittaa että hän ei ole mikään ruudinkeksijä.

• **luna**

cada luna de Valencia harvoin *Viene a vernos cada luna de Valencia.* Hän käy meillä harvoin.

estar en la luna olla muissa maailmoissa *¡Escúchame, que parece que estás en la luna!* Kuuntele minua, äläkä leiju muissa maailmoissa!

luna de miel kuherruskuukausi *La luna de miel la pasamos en París.* Vietimme kuherruskuukautemme Pariisissa.

pedir la luna pyytää kuuta taivaalta *Es inútil pedir la luna.* On turha pyytää kuuta taivaalta.

quedarse a la luna de Valencia jäädä nuolemaan näppejään *Llegamos demasiado tarde y nos quedamos a la luna de Valencia.* Tulimme liian myöhään ja jäimme nuolemaan näppejämme.

• **luz**

a la luz de valossa *El anillo brillaba a la luz del sol.* Sormus kimalteli auringonvalossa. *Tu enfado es fácil de comprender a la luz de lo que cuentas.* Suuttumuksesi on helppo ymmärtää kertomiesi asioiden valossa.

a todas luces ilmiselvä *Esa es una injusticia a todas luces.* Se on ilmiselvä vääryys.

arrojar luz sobre selventää *Su investigación arroja luz sobre el proceso que emplea el cerebro para recordar lo importante.* Hänen tutkimuksensa selventää prosessia, joka tapahtuu aivoissa jonkun tärkeä asian muistamiseksi.

con luz y taquígrafos täysin julkisesti *El nombramiento del nuevo director se hará con luz y taquígrafos.* Uuden johtajan nimitys tapahtuu täysin julkisesti.

dar a luz synnyttää *Mi hermana dio a luz el miércoles 25 a las 18.* Sisareni synnytti keskiviikkona 25. päivä klo 18.

dar luz verde näyttää vihreää valoa *El ayuntamiento ha dado luz verde a la construcción de la nueva carretera.* Kunnanhallitus on näyttänyt vihreää valoa uuden tien rakentamiselle.

entre dos luces aamuhämärissä, iltahämärissä *Saldremos de excursión entre dos luces.* Lähdemme retkelle aamuhämärissä *Así, entre dos luces, con las sombras de la noche, el lago que se ve desde mi ventana es muy hermoso.* Näin iltahämärissä ikkunastani näkyvä järvi on hyvin kaunis.

irse la luz mennä sähköt poikki *Hace ya cuatro horas que se fue la luz y lo que hay en el congelador empieza a deshelarse.* Sähköt menivät poikki jo neljä tuntia sitten, ja tavarat pakastimessa alkavat sulaa.

no tener muchas luces ei olla penaalin terävin kynä *Deja ya de molestar a Laura, es obvio que no tiene muchcas luces.* Älä kiusoittele Lauraa koko ajan, hän ei selvästikään ole penaalin terävin kynä.

sacar a la luz tuoda päivän valoon, julkaista *La primera gramática la sacó a la luz en 1991.* Hänen ensimmäinen kielioppinsa ilmestyi vuonna 1991. *¿Por qué no se puede sacar a la luz la verdad?* Miksi totuutta ei saada tuoda pivän valoon?

salir a la luz tulla julki *Todavía no ha salido a la luz el contenido del programa político de los populares.* Oikeistopuolueen poliittisen ohjelman sisältöä ei ole vielä ilmoitettu.

ver la luz syntyä *Juan Carlos I, rey de España, vio la luz el 5 de enero de 1938.* Espanjan kuningas Juan Carlos I syntyi 5. Tammikuuta 1938.

MMMM

• **machacar**

como si se la machaca *alat* ei vittu vois vähempää kiinnostaa *¿Te molesta que tu novio vaya a bailar con tu amiga? –Por mi como si se la machaca.* Häiritseekö sinua, että poikaystäväsi menee tanssimaan tyttökaverisi kanssa? – Ei vittu vois vähempää kiinnostaa.

• **madera**

echar más madera al fogón heittää lisää löylyä *Echaremos más madera al fogón.* Tulemme heittämään lisää löylyä.

ser madera de santo kiltteyden perikuva *Ciertamente Felipe es madera de santo.* Felipe on todella kiltteyden perikuva.

tocar madera koputtaa puuta *Nunca he tenido un accidente, pero toco madera.* En ole koskaan joutunut onnettomuuteen, mutta pitää koputtaa puuta.

● **madre**

de madre y muy señor mío että oksat pois *Papá Noel le trajo un regalo de madre y muy señor mío.* Sai joulupukilta sellaisen lahjan, että oksat pois.

de puta madre *alat* vitun hyvä *Nos los hemos pasado de puta madre en la fiesta.* Meillä oli niissä bileissä vitun hauskaa. *Tiene un chalet en la costa que es de puta madre.* Hänellä on rannikolla vitun hieno mökki.

la madre del cordero villakoiran ydin *Has suspendido porque no has estudiado. Ahí está la madre del cordero.* Et päässyt läpi, koska et opiskellut. Siinä on se villakoiran ydin.

la madre que [le] parió *alat* vitun paskiainen *El imbécil me ha rayado la puerta del coche. ¡La madre que lo parió!* Se idiootti naarmutti autoni ovea. Vitun paskiainen!

salirse de madre 1 tulvia yli äyräidensä *Es normal que en primavera los ríos de Ostrobotnia se salgan de madre.* On avallista, että keväällä Pohjanmaan joet tulvivat yli äyräidensä. **2** mennä överiksi *La moda del despate se salió de madre.* Paljastelutrendi meni överiksi.

ser madre tulla äidiksi *Mi abuela fue madre a los 45 años.* Isoäitini tuli äidiksi 45-vuotiaana.

valer [le] madres *mex* → **importar [le] un pepino**

¡Cagüen la madre que lo parió! Vittujen kevät!

● **madrugada**

de madrugada aamuvarhain *Salió de madrugada antes de que los demás se despertasen.* Hän lähti aamuvarhain, ennen kuin toiset heräisivät.

● **maestro**

Cada maestrillo tiene su librillo. Kukin taaplaa tyylillään.

● **Magdalena**

llorar como una Magdalena itkeä vollottaa *Es muy sensible, por nada llora como una Magdalena.* Hän on hyvin herkkä ja vähimmästäkin itkeä vollottaa.

● **maharajá** (*myös* marajá)

como un marajá kuin herra *Desde que se casó con esa chica rica, vive como un marajá.* Mentyään naimisiin sen rikkaan tytön kanssa hän elää herroiksi.

● **mal**

estar mal que olla väärin *Está mal que todo lo tenga que hacer el marido.* On väärin, että aviomies joutuu tekemään kaiken.

hacer mal (en) tehdä väärin *Hicimos mal en no creerte y nos arrepentimos ahora.* Teimme väärin, kun emme uskoneet sinua, ja nyt kadumme. *No le dije la verdad y sé que hice mal.* En kertonut hänelle totuutta ja tiedän tehneeni väärin.

hacer mal [ger.] tehdä väärin *Hice mal respondiéndole de aquella manera.* Tein väärin vastatessani hänelle sillä tavalla.

ir de mal en peor joutua ojasta allikkoon *Desde que fue nombrado director, la empresa ha ido de mal en peor.* Sen jälkeen, kun hänet nimitettiin johtajaksi, yritys on mennyt ojasta allikkoon.

mal que bien jotenkuten *Mal que bien, consiguieron hacer el viaje juntos.* Jotenkuten he onnistuivat tekemään matkan yhdessä.

menos mal que onneksi *Menos mal que tenía ahorros, porque con su salario no habría podido pagar todos los gastos.* Onneksi hänellä oli säästöjä, koska palkallaan hän ei olisi voinut maksaa kaikki kuluja.

salir mal epäonnistua *Intenté hacerle un retrato a la vecina, pero me salió mal.* Yritin tehdä muotokuvan naapurin rouvasta, mutta se epäonnistui.

tomarse [lo] **a mal** ottaa itseensä, panna pahakseen *Se ha tomado a mal que no le haya invitado a mi boda.* Hän otti itseensä, koska en kutsunut häntä häihini. *Pregunté si alguien se lo tomaría a mal en el caso de que no participase en la fiesta.* Kysyin, että paneeko joku pahakseen, jos minä en osallistu juhliin.

A grandes males, grandes remedios. Poikkeukselliset ajat vaativat poikkeuksellisia toimenpiteitä.

¡No está mal! Ei hassumpaa!

¡No está nada mal! Ei hullumpi!

No hay mal que por bien no venga. Ei niin pahaa, ettei jotain hyvääkin.

● **malabar**
hacer malabares kääntää kivet ja kannot *Me vi haciendo malabares para encontrar las llaves de casa.* Käänsin kivet ja kannot etsiessäni kodin avaimia.

● **Málaga**
salir de Málaga y meterse en Malagón joutua ojasta allikkoon *Salí de casa porque los niños hacían mucho ruido y en la calle había un desfile de motos. —Saliste de Málaga y te metiste en Malagón.* Lähdin ulos, koska lapset metelöivät kauheasti ja kadulla menikin sitten moottoripyöräkulkue. – Jouduit siis ojasta allikkoon.

● **maleta**
hacer las maletas pakata laukut *Si el jefe se entera del error que has cometido, ya puedes ir haciendo las maletas.* Jos pomo saa selville tekemäsi virheen, voit jo alkaa pakata laukkujasi.

● **malo**
el malo de la película tarinan konna *Si yo le digo al niño que no puede ir al cine, y tú le das dinero para que vaya, yo quedo como el malo de la película.* Jos minä sanon lapselle, ettei hän saa mennä elokuviin, ja sinä annat hänelle rahaa sitä varten, minä olen tarinan konna.

hacer malo olla huono sää *Me parece que no voy a salir porque hace malo.* Enpä taida lähteä ulos, koska on huono ilma.

poner [le] **malo** saada raivostumaan *Esa mujer me pone malo.* Tuo nainen saa minut raivostumaan.

Más vale malo conocido que bueno por conocer. Vanhassa vara parempi.

ks. myös: por las **buenas** o por las malas

● **malparado**
salir malparado käydä kalpaten/ohraisesti *La universidad de Kuopio salió malparada.* Kuopion yliopistolle kävi kalpaten.

● **malva**
criar malvas kasvaa koiranputkea *Si no me hubiese llevado rápidamente al hospital, yo estaría ahora criando malvas.* Jos hän ei olisi vienyt minua nopeasti sairaalaan, kasvaisin nyt koiranputkea.

● **mamado**
estar mamado olla maistissa *El párroco estaba mamado en el campamento de catequesis.* Kirkkoherra oli maistissa rippileirillä.

● **mamar**
mamársela *alat* ottaa suihin *Mamártela te costará 100 euros.* Suihin otto maksaa sinulle 100 euroa.

• **maná**
como maná caído del cielo kuin taivaanlahja *Aquel premio de la lotería fue como maná caído del cielo porque estábamos muy necesitados.* Se arpajaisvoitto oli kuin taivaanlahja, koska olimme todella rahan tarpeessa.

• **mandado**
ser un mandado olla käskyläinen *Mire, caballero, yo soy un mandado; no puedo dar descuentos.* Katsokaahan, hyvä herra; minä olen vain käskyläinen enkä voi antaa alennuksia.

• **mandanga**
qué [subst.] **ni qué mandangas** mikä ihmeen *¡Qué huelga ni qué mandangas! Lo que usted tiene que hacer es venir y arreglarme las tuberías.* Mikä ihmeen lakko! Teidän pitää vain tulla ja korjata putket.

• **mandar**
como está mandado kuten pitää *Las cosas hay que hacerlas como está mandado y no de cualquier manera.* Asiat on tehtävä kuten pitääkin eikä miten sattuu.
ks. myös: mandar al **cuerno**; mandar [le] al **diablo**; mandar a hacer **gárgaras**; mandar a la **mierda**; mandar a la **porra** *alat*; Quien **paga**, manda

• **mandíbula**
reír a mandíbula batiente nauraa katketakseen *Le hizo tanta gracia el chiste que se estuvo riendo a mandíbula batiente durante cinco minutos.* Vitsi oli hänestä niin hauska, että hän nauroi katketakseen viisi minuuttia.

• **manera**

de alguna manera. jotenkin *Aún no sé cómo pero de alguna manera lo conseguiré.* En tiedä vielä, mutta jotenkin minä saan sen.
de igual manera yhtä lailla *La mente, de la misma manera que el cuerpo, necesita entrenamiento.* Mieli tarvitsee treeniä yhtä lailla kuin kehokin.
de mala manera asiattomasti *A tus padres no debes contestarle de mala manera.* Et saa vastata vanhemmillesi asiattomasti.
de manera que 1 joten, niin että *A Noruega la economía le va estupendamente, de manera que no creo que tengan la intención de unirse a la UE.* Norjassa talous kukoistaa, joten en usko heidän aikovan liittyä EU:hun. **2** vai *¿De manera que has estado en Madrid y no has venido a verme?* Vai kävit Madridissa etkä tullut käymään minun luonani? **3** jotta, niin että *Habla de manera que te entiendan.*
Puhu niin, että kaikki ymmärtävät.
de ninguna manera ei mitenkään, ollenkaan *No lo comprendo de ninguna manera.* En ymmärrä häntä ollenkaan.
de tal manera que siten että *Se había emborrachado de tal manera, que tuvieron que llevarlo al hospital.* Hän oli juopotellut siinä määrin, että hänet piti viedä sairaalaan.
de todas maneras joka tapauksessa *De todas maneras te lo habría dado, no era necesario que me lo cogieses.* Olisin joka tapauksessa antanut sen sinulle, joten sinun ei olisi tarvinnut ottaa sitä minulta. *De todas maneras ya no pensaba ir a la fiesta.* Joka tapauksessa en enää aikonutkaan mennä juhliin.
de una manera o de otra (*myös* de una manera u otra) tavalla tai toisella *Solucionaremos el problema de una manera o de otra.* Ratkaisemme ongelman tavalla tai toisella.
en gran manera suuressa määrin *La opinión de su padre influyó en gran manera en su decisión de no casarse.* Isän mielipide vaikutti

suuressa määrin hänen päätökseensä olla menemättä naimisiin.

• manga
bajo manga pimeänä *Para evitar impuestos ha pedido que le paguen bajo manga.* Veroja kiertääkseen hän pyysi, että hänelle maksettaisiin pimeänä.
en mangas de camisa paitahihasillaan *No puedes ir a la recepción del alcalde en mangas de camisa.* Et voi mennä kaupunginjohtajan vastaanotolle paitahihasillasi.
estar manga por hombro olla huiskin haiskin *En la habitación de la chica todo estaba manga por hombro.* Tyttön huoneessa kaikki on huiskin haiskin.
más corto que las mangas de un chaleco tyhmä kuin saapas *Es normal que no haya aprobado ninguna asignatura; es más corto que las mangas de un chaleco.* Ei ole mikään ihme, ettei hän päässyt yhdestäkään aineesta läpi, koska hän on tyhmä kuin saapas.
más corto que la manga de un sosten lyhyt kuin tanka *La vida es corta como la manga de un sostén.* Elämä on lyhyt kuin tanka.
sacarse de la manga vetää hihasta *Juguemos a lo que juguemos, mi hermanita siempre se saca de la manga normas nuevas.* Pelasimmepa mitä tahansa, pikkusiskoni vetää aina hihasta uusia sääntöjä.
tener manga ancha olla avarakatseinen, vapaamielinen, salliva *Los abuelos suelen tener mucha manga ancha con sus nietos.* Isovanhemmat ovat yleensä hyvin sallivia lastenlastensa suhteen.
A buenas horas, mangas verdes. Myöhäistä itkeä kun paskat on jo housussa.
ks. myös: tener un **as** en la manga

• manía
coger/tomar [le] manía ottaa silmätikuksi *El jefe me ha cogido manía y no sé por qué.* Pomo on ottanut minut silmätikuksi, enkä tiedä miksi.

• manifiesto
poner de manifiesto tuoda esiin *El accidente puso de manifiesto los múltiples fallos del sistema de seguridad.* Onnettomuus toi esiin turvallisuusjärjestelmän monet puutteet.

• manita
hacer manitas käpälöidä *No sé si serán amigos o novios, pero ayer los vi haciendo manitas en un bar.* En tiedä, ovatko he ystäviä vai rakastavaisia, mutta eilen näin heidän käpälöivän toisiaan eräässä baarissa.

• mano
abrir la mano joustaa *Me parece que tendrás que abrir un poco la mano con este examen, si no, no lo pasa nadie.* Mielestäni sinun täytyy joustaa hieman tämän tentin suhteen, muuten kukaan ei pääse läpi.
a mano 1 käsin *Estos bordados están hechos a mano.* Nämä kirjailut on käsintehtyjä. *Si quieres que te salga bien la mayonesa, tienes que hacerla a mano.* Jos haluat majoneesin onnistuvan, sinun täytyy valmistaa se käsin. **2** käsillä, lähimpänä saatavilla *Me pidió un recuerdo y le di lo que tenía más a mano, un libro.* Hän pyysi minulta muistoa, ja annoin lähimpänä olevan eli kirjan. *Compra el pan en cualquier tienda; en la que tengas más a mano.* Osta leipä mistä tahansa kaupasta, mikä nyt sattuu olemaan lähimpänä. *No está bien eso de tener tan a mano los dulces, sería mejor esconderlos un poco.* Ei ole hyvä, että makeisia on noin helposti saatavilla, olisi parempi laittaa ne hieman piiloon.
a manos llenas avokätisesti *Cuando va de viaje no mira los precios, sino que gasta el dinero a manos llenas.* Ollessaan matkoilla hän ei katso hintoja vaan kuluttaa rahaa avokätisesti.
arriba las manos → manos arriba

bajarse una mano *ur* vetää hanskaan *Puedes bajarte una mano también los días de entrenamiento.* Saat vetää hanskaan myös treenipäivänä.

bajo mano pimeänä *A los trabajadores extranjeros les pagan bajo mano para evitar impuestos.* Ulkomaalaisille työntekijöille maksetaan pimeänä verojen kiertämiseksi.

buena mano (tener, darse) taitava *Se daba buena mano para las salsas.* Hän oli taitava tekemään kastikkeita. *Dile que te lo arregle ella porque tiene buena mano para los motores.* Käske häntä korjaamaan se, koska hän on taitava moottoreiden käsittelyssä.

coger con las manos en la masa saada kiinni itse teossa *Se puso nerviosa porque la cogí con las manos en la masa comiéndose los pasteles reservados para la fiesta.* Hän hermostui, koska sain hänet kiinni itse teossa, kun hän oli syömässä juhliin varattuja leivoksia.

conceder [le] la mano luovuttaa käsi *El duque le concedió al príncipe la mano de su hija.* Herttua luovutti tyttärensä käden prinssille.

con las manos vacías tyhjin käsin *Fueron a la repartición de la herencia con grandes esperanzas, pero volvieron con las manos vacías.* He menivät perinnönjakotilaisuuteen suurin odotuksin mutta palasivat tyhjin käsin.

con una mano atrás y otra delante tyhjin käsin *Fue a América buscando riquezas, pero volvió con una mano atrás y otra delante.* Hän lähti Amerikkaan rikkauksien perään, mutta palasi tyhjin käsin.

dar [le] la mano kätellä *Tienes que quitarte los guantes antes de darle la mano a alguien.* Sinun täytyy riisua käsineet, ennen kuin kättelet jotakuta. *La política fiscal del gobierno y los intereses de las multinacionales no se dan la mano.* Hallituksen veropolitiikka ja monikansallisten yhtiöiden edut eivät osu yksiin.

dejado de la mano de Dios Jumalan hylkäämä *Gadebuschan es un pueblo dejado de la mano de Dios.* Gadebuschan on Jumalan hylkäämä kylä.

dejar de la mano päästää irti kädestä *No dejes de la mano a la niña para que no vaya a la carretera.* Älä päästä tyttöä irti kädestä, jottei hän vaan mene tielle.

de la mano kädestä *Lo tomé de la mano.* Otin häntä kädestä.

de mano en mano kädestä käteen *La botella anduvo pasando de mano en mano hasta que se acabó.* Pullo kiersi kädestä käteen, kunnes se oli tyhjä.

de manos cruzadas kädet ristissä *Todos colaboraban en la preparación de la fiesta menos ella que estaba de manos cruzadas.* Kaikki osallistuivat juhlan valmisteluihin paitsi hän, joka istui kädet ristissä.

de primera mano ensi käden *Llama a Gerardo, él podrá darte información de primera mano.* Soita Gerardolle, niin saanet ensi käden tietoa.

de segunda mano käytetty *Hemos comprado un coche de segunda mano.* Ostimme käytetyn auton.

echar la mano encima saada käsiinsä *Cuando le eche la mano encima, le voy a decir cuatro verdades.* Kun saan hänet käsiini, sanon suorat sanat.

echar mano de turvautua *Cuando se acabó el carbón y la leña, echaron mano de los muebles viejos para calentar la casa.* Kun hiili ja puut loppuivat, he turvautuivat vanhoihin huonekaluihin lämmittääkseen taloa.

echar una mano auttaa *Le agradezco de veras que me haya echado una mano.* Kiitän Teitä todella, kun autoitte minua.

en buenas manos hyvissä käsissä *Nos vamos tranquilos al cine porque hemos dejado al niño en buenas manos.* Voimme mennä elokuviin rauhassa, koska jätimme lapsen hyviin käsiin.

estar mano sobre mano olla kädet ristissä *Todos los demás están trabajando y tú, mano sobre mano.* Kaikki muut tekevät töitä paitsi sinä, joka istut kädet ristissä.

estrechar la mano puristaa kättä *Es un honor poder estrechar su mano.* On kunnia saada puristaa kättänne.

frotarse las manos hykerrellä käsiään *No te frotes las manos porque todavía no has recibido la confirmación oficial de que te han dado la beca.* Älä hykertele käsiäsi, koska et ole vielä saanut vahvistusta apurahastasi.

irse [le] de las manos karata käsistä *La situación se nos ha ido de las manos.* Tilanne olisi karannut käsistä.

irse [le] la mano mennä liiallisuuksiin *Me parece que se te ha ido un poco la mano castigándola de esa manera.* Minusta sinä olet mennyt liiallisuuksiin rangaistessasi häntä tuolla tavalla.

lavarse las manos pestä kätensä *El trabajo te lo habían encargado a ti, así que yo me lavo las manos.* Työ on annettu sinun tehtäväksesi, joten minä pesen käteni asiasta.

levantar [le] la mano kohottaa kätensä jkta vastaan *Cuando era pequeño, mis padres nunca me levantaron la mano.* Kun olin pieni, vanhempani eivät koskaan kohottaneet kättään minua vastaan.

llegar a las manos käydä käsiksi *Estaban discutiendo con tanto acaloramiento que pensé que iban a llegar a las manos.* He keskustelivat niin kiihkeästi, että luulin heidän käyvän käsiksi toisiinsa.

llevarse/echarse las manos a la cabeza olla ihmeissään *Cuando lo vieron sus amigos se echaron las manos a la cabeza porque no podían creer lo que veían.* Kun ystävät näkivät hänet, he olivat ihmeissään, koska eivät voineet uskoa näkemäänsä.

mano a mano kahteen pekkaan *Esa botella de vino nos la beberemos mano a mano tú y yo.* Sen viinipullon me juomme kahteen pekkaan.

mano derecha oikea käsi *Mario es la mano derecha de la jefa.* Mario on pomon oikea käsi.

mano larga 1 herkkä lyömään *Tu abuelo tenía la mano muy larga y cuando se enfadaba, era mejor portarse bien.* Isoisäsi oli herkkä lyömään, ja kun hän suuttui, oli parempi käyttäytyä kunnolla. **2** pitkäkyntinen *No dejes la cámara en el asiento del tren porque algunos tienen mano larga.* Älä jätä kameraa junan penkille, koska joukossa on pitkäkyntisiä.

manos arriba (*myös* arriba las manos) kädet ylös *Manos arriba, le gritó la policía.* Kädet ylös, poliisi huusi hänelle.

morder la mano que [le] da de comer purra ruokkivaa kättä *El sindicato no puede morder la mano que le da de comer.* Liitto ei voi purra ruokkivaa kättä.

morir/fallecer a manos de kuolla jkn käden kautta *Murió a manos de un atracador borracho.* Hän kuoli juopuneen ryöstäjän käden kautta.

ni con cien manos ei kajoa sormellakaan *Los recortes han sido razonables, principalmente porque no tocaís ni con cien manos los grandes salarios.* Säästöt olivat kohtuullisia, varsinkin kun te ette kajoa sormellakaan hyvätuloisiin.

pedir la mano pyytää kättä *Si quieres casarte con ella, tendrás que pedirle la mano.* Jos haluat mennä naimisiin hänen kanssaan, sinun täytyy pyytää hänen kättään.

poner la mano en el fuego (por alguien) luottaa jkhun kuin kallion *Ponían la mano en el fuego por ti.* He luottivat sinuun kuin kallioon.

poner [le] las manos encima saada käsiinsä *Me gustaría ponerle las manos encima al que ha hecho esto.* Haluaisin saada käsiini sen, joka teki tämän.

ponerse manos a la obra panna hihat heilumaan, käydä asiaan *A la mañana* *siguiente se pusieron manos a la obra.* Seuraavana aamuna he panivat hihat heilumaan.

quitárse [lo] **de las manos** viedä käsistä *Los pasteles que hace son tan buenos que se los quitan de las manos.* Hänen tekemänsä leivokset ovat niin hyviä, että ne viedään häneltä käsistä.

salirse de las manos lähteä lapasesta *La fiesta se nos fue de las manos.* Meiltä lähti juhla lapasesta.

tender [le] **la mano** ojentaa auttava käsi *Cuando se quedó sin trabajo, sus amigos le tendieron la mano, pero no aceptó ninguna ayuda.* Hänen jäätyään työttömäksi, hänen ystävänsä ojensivat auttavan kätensä, mutta hän ei hyväksynyt minkäänlaista apua.

tener mano izquierda vetää oikeasta narusta *Deja que sea ella la que hable con tu madre; tu tía tiene mucha mano izquierda y sabrá convencerle.* Anna tätisi puhua äidillesi, koska hän osaa vetää oikeasta narusta ja saa hänet vakuuttuneeksi.

tener mucha mano olla taitava *Ojalá usted, que tiene mucha mano con los motores, consiga arreglarme el mío.* Toivottavasti Te, joka olette taitava käsittelemään moottoreita, onnistutte korjaamaan tämän minun moottorini.

traerse entre manos olla tekeillä *¿Qué te traes entre manos últimamente? –Me estoy construyendo una pista de tenis en el chalet.* Mitä olet hommaillut viime aikoina? – Rakentelen tenniskenttää mökille.

tratar con mano dura kohdella kovin kourin *La vida lo ha tratado con mano dura.* Elämä on kohdellut häntä kovin kourin.

untar [le] **la mano** voidella *A ese árbitro le han untado la mano, si no, no se entiende su actuación.* Tuo tuomari on lahjottu, muuten hänen toimintansa on käsittämätöntä.

Les das la mano y se toman el brazo. Jos antaa pahalle pikkusormen, se vie koko käden.

Muchas manos en un plato hacen mucho garabato. Mitä useampi kokki, sitä huonompi soppa.

Tener manos de manteca. Olla peukalo keskellä kämmentä.

ks. myös: atar de **pies** y manos; con el **corazón** en la mano; más vale **pájaro** en mano que ciento volando; tirar la **piedra** y esconder la mano

• **mansalva**
a mansalva runsaasti *En Iraq la gente está muriendo a mansalva.* Irakissa kuolee ihmisiä joukoittain.

• **manta**
a manta runsaasti, valtavasti *Ganaba dinero a manta.* Hän ansaitsi valtavasti.

liarse la manta a la cabeza ryhtyä tuumasta toimeen *Mi abuelo se lió la manta a la cabeza y se fue a vivir a Hawai.* Isoisäni ryhtyi tuumasta toimeen ja muutti asumaan Havaijille.

tirar de la manta tehdä paljastuksia *Cuando lo expulsaron del partido, podría haber tirado de la manta, pero fue un caballero y no dijo nada.* Kun hänet erotettiin puolueesta, hän olisi voinut tehdä paljastuksia, mutta hän oli herrasmies eikä sanonut mitään.

ks. myös: **carretera** y manta

• **mantilla**
estar en mantillas olla lapsenkengissä *En los años 60, la informática estaba todavía en mantillas.* 1960-luvulla tietotekniikka oli vielä lapsenkengissä.

• **manzana**
la manzana de la discordia kiistakapula *Gibraltar siempre ha sido la manzana de la*

discordia entre España y Gran Bretaña. Gibraltar on aina ollut kiistakapula Espanjan ja Iso-Britannian välillä.

sano como una manzana terve kuin pukki *No has estado enfermo en todo el año. Estas más sano que una manzana.* Et ole ollut kipeä koko vuonna. Olet terve kuin pukki.

¿A dónde vas? Traigo manzanas. Hyvää päivää kirvesvartta.

Una manzana al día mantiene al médico en la lejanía. Omena päivässä pitää lääkärin loitolla.

• **maña**

darse buena/mala maña olla taitava/taitamaton *Se da buena maña para hacer coronas de flores.* Hän on taitava tekemään kukkaseppeleitä. *Me doy mala maña para hacer descripciones, nunca encuentro palabras.* Olen huono kuvailemaan, sillä en löydä koskaan oikeita sanoja.

• **mañana**

a media mañana aamupäivällä *Me dijo que volvería a media mañana, antes de las 11.* Hän sanoi minulle palaavansa aamupäivällä ennen yhtätoista.

hasta mañana huomiseen *Adiós, hasta mañana.* Näkemiin huomiseen.

mañana será otro día huomenna on uusi päivä *Estate tranquilo y no te preocupes, mañana será otro día.* Ole rauhassa, äläkä huolehdi, huomenna on uusi päivä.

muy de mañana aamuvarhain *Me voy a dormir porque mañana tendré una reunión muy de mañana.* Menen nukkumaan, koska huomenna minulla on kokous aamuvarhain.

No dejes para mañana lo que puedas hacer hoy. Älä jätä huomiseen, minkä voit tehdä tänään.

Comamos y bebamos que mañana moriremos. Tartu hetkeen.

ks. myös: de la **noche** a la mañana

• **mapa**

borrar del mapa pyyhkäistä aailmankartalta *Muchos querrían borrar del mapa a los partidos nacionalistas.* Monet haluaisivat pyyhkäistä kansallismieliset puolueet maailmankartalta.

• **máquina**

a toda máquina täyttä höyryä *El barco salió del puerto a toda máquina en busca de los náufragos.* Laiva lähti täyttä höyryä satamasta pelastamaan haaksirikkoutuneita.

Sigue fumando a toda máquina. Hän tupruttaa tupakkaa minkä kerkiää.

pasar a máquina kirjoittaa puhtaaksi koneella *No puedo presentar este trabajo sin pasarlo a máquina.* En voi esittää tätä työtä kirjoittamatta sitä puhtaaksi koneella.

• **mar**

a mares runsain määrin *El rastro atraj a mares vendedores y compradores.* Kirppis veti runsain määrin myyjiä ja ostajia.

en un mar de dudas täysin ymmällä *No sé qué hacer con la casa; estoy en un mar de dudas.* En tiedä, mitä tehdä talon kanssa; olen täysin ymmälläni.

la mar de erittäin *Vera es la mar de simpática.* Vera on erittäin mukava. *Te entiendo la mar de bien.* Ymmärrän sinua oikein hyvin.

hacerse a la mar lähteä merelle *El barco se hizo a la mar.* Laiva lähti merelle.

llover a mares sataa kuin Esterin perseestä *Ayer estuvo lloviendo a mares.* Eilen satoi kuin Esterin perseestä.

• **maravilla**

a las mil maravillas mainiosti, loistavasti *Cuando le da por cocinar, lo hace a las mil maravillas.* Kun hän ryhtyy laittamaan ruokaa, hän tekee sen loistavasti.

de maravillas erittäin hyvin *La siesta me ha sentado de maravillas.* Siesta teki minulle erittäin hyvää.

funcionar a las mil maravillas toimia kuin junan vessa *La lavadora ya está arreglada y ahora funciona a las mil maravillas.* Pesukone on jo korjattu ja nyt toimii kuin junan vessa.

que es una maravilla erinomainen *Tiene un hijo que es una maravilla.* Hänellä on erinomainen poika. *Trabaja que es una maravilla.* Hän tekee erinomaista työtä.

• **marcha**

a marchas forzadas pikavauhtia *Tendremos que trabajar a marchas forzadas si queremos tenerlo todo listo a tiempo.* Meidän täytyy tehdä töitä pikavauhtia, jos haluamme saada kaiken valmiiksi ajoissa.

a toda marcha sata lasissa *¿A medio gas o a toda marcha?* Puoliteholla vai sata lasissa?

dar marcha atrás peruuttaa *Da marcha atrás porque nos hemos pasado la calle que teníamos que coger.* Peruuta, koska menimme sen kadun ohi, jolle meidän piti mennä.

en marcha liikkeelle *Si habéis descansado suficientemente, en marcha.* Jos olette levänneet tarpeeksi, lähdetään.

ir/gustar [le] la marcha olla meno päällä *Los libros no le interesan nada, pero le va la marcha en cantidad.* Hän ei ole yhtään kiinnostunut kirjoista, vaan hänellä on kova meno päällä.

poner en marcha panna käyntiin, käynnistää *Pon en marcha el ventilador.* Käynnistä tuuletin. *En esa oficina le informarán sobre cómo poner en marcha un negocio.* Tuossa toimistossa Teitä neuvotaan kuinka yritys pannaan alkuun.

ponerse en marcha lähteä käyntiin, käynnistyä *Para que el motor se ponga en marcha, no tienes más que pulsar este botón.* Moottorin käynnistämiseksi sinun tarvitsee

vain painaa tuota nappia. *El tren se puso en marcha cuando todavía la gente estaba subiendo.* Juna lähti liikkeelle, kun ihmisiä oli vielä nousemassa siihen.

sobre la marcha sitä mukaa kuin, tehdessään *Todavía no conoce el oficio, pero lo irá aprendiendo sobre la marcha.* Hän ei vielä osaa työtä, mutta oppii vähitellen sitä tehdessään.

• **marea**

aguantar marea kestää kaikki *Si te fuiste de juerga sin decirle nada a tu marido, ahora tendrás que aguantar marea.* Jos lähdit juhlimaan kertomatta miehellesi, nyt sinun täytyy kestää kaikki. *Es mejor que no digas nada; no le respondas y aguanta marea.* On parempi, kun et sano mitään. Älä vastaa hänelle ja pidä vaan pintasi.

ks. myös: contra **viento** y marea

• **margen**

al margen 1 lisäksi *Al margen de lo que le pasen sus padres, el estudiante recibe del Estado 500 euros.* Vanhempien antaman tuen lisäksi, opiskelija saa valtiolta 500 euroa. *Al margen de ese error, el árbitro estuvo perfecto.* Tuota virhettä lukuun ottamatta tuomari oli täydellinen. **2** ulkopuolelle, syrjään *Tú no puedes quedarte al margen de este proyecto.* Et voi jäädä tämän projektin ulkopuolelle. **3** reunassa *Me entregó el documento con notas al margen por si quería yo cambiar algo.* Hän antoi minulle reunahuomautuksilla varustetun asiakirjan, jos vaikka haluaisin tehdä joitakin muutoksia.

• **Maricastaña**

ks. myös: de **tiempos** de Maricastaña

• **marimorena**

armarse/montarse la marimorena syntyä riita *El cuñado insultó a la tía, el hermano* *criticó a la cuñada y al final se montó la marimorena.* Lanko loukkasi tätiä, veli arvosteli kälyä, ja lopulta syntyi riita.

● **marmota**
dormir como una marmota nukkua kuin tukki *Por las mañanas no hay forma de despertarlo porque duerme como una marmota.* Aamuisin häntä ei saa millään hereille, koska hän nukkuu kuin tukki.

● **marrana**
joder la marrana *alat* vittuilla *¡Anda, no jodas la marrana ahora! ¿No ves que estoy muy ocupado?* Hei, älähän vittuile siinä! Etkö näe, että mulla on kiire?

● **marras**
de marras kyseinen *La carpeta de marras no se había perdido, sino que estaba en el fondo del cajón.* Kyseinen kansio ei ollut kadonnut vaan se oli laatikon perällä.

● **marrón**
comerse el marrón tehdä ikävä asia *Si yo alquilo una casa unifamiliar, ¿quién se como el marrón de quitar la nieve en inverno, el dueño de la casa o yo?* Jos vuokraan omakotitalon, kuka huolehtii siitä ikävästä asiasta eli lumitöistä talvella, omistaja vai minä?
mártir hacerse el mártir näytellä marttyyria *No te hagas ahora la mártir porque tú has sido la que más ayuda ha recibido.* Älä näyttele marttyyria, koska sinähän se olet saanut eniten apua.
Esto ya pasa de marrón oscuro. Tämä menee jo liian pitkälle.

● **martillo**
Al que nace para martillo, del cielo le caen los clavos. Kaikki on vastaan, vain saha puoltaa.

● **más**
a lo más korkeintaan *A lo más que he llegado ha sido a acompañarla a casa.* En ole päässyt sen pitemmälle kuin saattamaan hänet kotiin. *Tendrá veinte años, a lo más.* Hän on korkeintaan kaksikymmentä.
a más de lisäksi *Los finlandeses a más de querer ser honestos, suelen serlo.* Suomalaiset, sen lisäksi, että haluavat olla rehellisiä, tavallisesti ovatkin.
como el que más jos kuka *El es devoto como el que más, pero no necesita aparentarlo.* Hän jos kuka on hurskas, mutta hänellä ei ole tarvetta näyttää sitä. *Yo he trabajado como el que más, así que me merezco la misma paga que los demás.* Minä jos kuka olen tehnyt töitä, joten ansaitsen saman palkan kuin muutkin.
cuando más korkeintaan *Cuando más, podrá haber escrito 20 páginas; así que aún le faltan muchas.* Hän lienee kirjoittanut korkeintaan 20 sivua, joten paljon puuttuu vielä.
cuanto más ..., más ... mitä enemmän... sitä... *Cuanto más trabajas, más ganas.* Mitä enemmän teet töitä, sitä enemmän ansaitset.
de lo más erittäin *Su novio era de lo más divertido.* Hänen poikaystävänsä on erittäin hauska.
de más liikaa *Yo estoy de más aquí, así que me voy.* Olen täällä liikaa, joten lähden pois. *No estará de más que veamos juntos todo el plan.* Ei liene liikaa, jos käymme läpi yhdessä koko suunnitelman. *Me han dado mil euros de más.* Sain 1 000 euroa liikaa.
de más está decir sanomatta selvä *De más está decir que la violencia no lleva a ninguna parte.* On sanomatta selvää, että väkivalta ei johda mihinkään.
el que más y el que menos melkein kaikki *El que más y el que menos ha engañado alguna vez al fisco.* Melkein kaikki ovat joskus huijanneet verottajaa. *De todos los estudiantes, el que más y el que menos*

comprende el uso del subjuntivo Melkein kaikki opiskelijat ymmärtävät subjunktiivin käytön.

es más tarkemmin sanottuna *Sé que no fue él quien lo hizo. Es más, sé quién lo hizo.* Tiedän, ettei hän tehnyt sitä. Ja tarkemmin sanottuna tiedän, kuka sen teki. *Nunca había visitado a su padre, es más, no sabía ni dónde vivía éste.* Hän ei ollut koskaan käynyt isänsä luona ja tarkemmin sanottuna ei edes tiennyt, missä tämä asui.

lo más ... que poder mahdollisimman *Se sentó lo más lejos que pudo de mí.* Hän istui mahdollisimman kauas minusta.

más de [num.] yli *Tengo más de diez mil euros.* Minulla on yli 10 000 euroa.

más de lo que kuin mitä *Soy más joven de lo que parezco.* Olen nuorempi kuin miltä näytän. *Era grande, mucho más de lo que la gente piensa.* Hän oli kookkaampi, paljon kookkaampi kuin mitä ihmiset luulivat.

más o menos jokseenkin, suunnilleen *Ella tendrá más o menos veinte años.* Hän on suunnilleen 20-vuotias.

más que 1 enemmän kuin *No quiero criticar, pero sus capacidades intelectuales me parecen más que dudosas.* En halua arvostella, mutta hänen älylliset kykynsä ovat minusta enemmän kuin epäilyttävät. **2** senkin *Tonto, más que tonto, ¿no ves que si no pasas el examen no puedes entrar en la universidad?* Tyhmyri, senkin tyhmyri, etkö tajua, että jollet läpäise tenttiä, et pääse yliopistoon? **3** pikemminkin *Más que Papá Noel parece un vagabundo.* Hän muistuttaa pikemminkin kulkuria kuin joulupukkia.

ni más ni menos ei enempää eikä vähempää, nimenomaan *Ella es ni más ni menos la directora de la empresa en Europa.* Hän on niinkin tärkeä kuin yrityksen Euroopan osaston johtaja.

no más que ainoastaan *Pero yo no bebo más que vino.* Mutta minä juon vain viiniä.

por más que vaikka kuinka *Por más que se lo repito, no lo entiende.* Vaikka kuinka tolkutan sitä hänelle, hän ei ymmärrä.

¡qué [subst.] **más** [adj.]! miten, kuinka *¡Qué niño más guapo!* Kuinka sievä lapsi!

poco más o menos jotakuinkin *Había unas mil personas, poco más o menos.* Paikalla oli jotakuinkin tuhatkunta henkeä.

sin más ni más ilman syytä, aiheetta *Estábamos todos tranquilos y sin más ni más se pusieron a gritar como locos.* Olimme kaikki ihan rauhassa, ja aivan ilman syytä he alkoivat huutaa kuin hullut. *No puedes esperar que te nombren a ti catedrático así, sin más ni más.* Et voi odottaa, että sinut nimitetään professoriksi tuosta vaan.

sus más y sus menos olla omat juttunsa *He tenido mis más y mis menos con el jefe.* Minulla on ollut omat ristiriitani pomon kanssa. *El primer actor tuvo sus más y sus menos con la actriz principal.* Miespääosan esittäjällä oli vispilänkauppaa naispääosan esittäjän kanssa.

todo lo más korkeintaan *Tardaré una hora, hora y cuarto todo lo más.* Viivyn tunnin, korkeintaan tunnin ja vartin.

¿y qué mas? mitä vielä *Mañana te subirán el sueldo. – Sí, ¿y qué mas?* Huomenna saat palkankorotuksen. – Niin, ja mitä vielä?

ks. myös: cada **vez** más; más **bien**; más **solo** que la una

• **masa**

en masa joukoittain *Los huéspedes salieron en masa del hotel cuando se declaró el incendio.* Asiakkaat tulivat joukolla ulos hotellista, kun tuli palohälytys.

ks. myös: coger con las **manos** en la masa

• **mascar**

tener mascado helppo nakki *Ese ejercicio lo tengo mascado.* Se harjoitus on minulle helppo nakki.

• **matar**

ir que se matar 1 olla enemmän kuin tarpeeksi *Papá, dame 100 euros. – Aquí tienes 20 y vas que te matas.* Isä, anna minulle 100 euroa. – Tässä on 20, ja siinä on enemmän kuin tarpeeksi. **2** ajaa/mennä kuin viimeistä päivää *Mueren muchos jóvenes en la carretera. –Sí, porque van que se matan.* Tien päällä kuolee paljon nuoria. – Aivan, koska he ajavat kuin viimeistä päivää.

llevarse a matar olla sotajalalla *No sé cuánto durarán casados porque se llevan a matar.* En tiedä, kuinka kauan he ovat naimisissa, koska he ovat aina sotajalalla.

matarse a [+ inf.] tehdä jtk hullun lailla *¿Por qué debo matarme a trabajar si el salario no lo compensa?* Miksi minun pitäisi raataa itseni kuoliaaksi, jos palkasta ei saa vastinetta?

que se mata hullun lailla *José trabaja que se mata.* José tekee töitä hullun lailla. *En Navidades la gente gasta que se mata, los ricos y los pobres.* Jouluna ihmiset tuhlaavat hullun lailla, niin rikkaat kuin köyhätkin.

ks. myös: aquí te **pillo**, aquí te **mato**

• **matemático**

ser matemático olla varma *Es matemático: si salgo sin paraguas, empieza a llover.* On varmaa, että jos lähden ilman sateenvarjoa, alkaa sataa.

materia entrar en materia mennä asiaan *Vista la introducción, creo que ya podemos entrar en materia.* Käytyämme johdannon läpi luulen, että voimme mennä jo asiaan.

• **matraca**

dar la matraca rasittaa, ärsyttää *Déjame en paz, no me des la matraca.* Jätä minut rauhaan, älä ärsytä minua.

• **matrimonio**

matrimonio de canveniencia kulissiavioliitto *No me atrae la idea de un matrimonio de conveniencia.* Kulissiavioliitto ei ole kiinnostava ajatus.

• **Matusalén** (*myös* Matusalem) **ser más viejo que Matusalén** vanha kuin taivas *¿Cómo no se ha jubilado el Sr. López? Tiene que ser más viejo que Matusalén.* Miksi hra López ei ole jäänyt eläkkeelle? Hänhän on vanha kuin taivas.

• **máximo**

como máximo korkeintaan *Muy viejo no puede ser, como máximo tendrá 40 años.* Hän ei voi olla kovin vanha, korkeintaan 40-vuotias.

• **mayor**

al por mayor tukuttain *Cuando va de compras, lo hace al por mayor y así tiene para varias semanas.* Kun hän menee ostoksille, hän ostaa suuria määriä, joten tavaraa riittää useiksi viikoiksi.

pasar a mayores pahentua *La discusión no pasó a mayores.* Väittely ei kärjistynyt. *Aunque ella te grite, tú, templa gaitas, y así la cosa no pasará a mayores.* Vaikka hän huutaa sinulle, pysy sinä rauhallisena, niin tilanne ei pahene.

ks. myös: ser mayor de **edad**

• **mecachis**

¡Mecachis! *ark* Hiton kuustoista!

¡mecachis en la mar! *ark* hitsi *¡Mecachis en la mar! Dijo la abuela cuando se le cayó el bolso.* Hitsi, sanoi isoäiti, kun pudotti laukkunsa.

• **mecha**

aguantar mecha sinnitellä *Cuando se divorció, llevaba 4 años aguantando mecha.* Kun hän erosi, hän oli sinnitellyt neljä vuotta.

a toda mecha 1 täyttä päätä *Le pedí que se parara, pero ella continuó a toda mecha.* Pyysin häntä pysähtymään, mutta hän jatkoi menoaan täyttä päätä. *2* täysillä *Me molesta que los vecinos siempre tienen la tele a toda mecha.* Minua häiritsee, kun naapureiden televisio huutaa aina täysillä.

• **medalla**
Cada medalla tiene dos caras. Mitalilla on kaksi puolta.

• **media**
chupar [le] **las medias** *arg* olla mielin kielin *Le chupa las medias a la directora.* Hän on mielin kielin johtajalle.

• **mediado**
a mediados de (ajallisesti) puolivälissä *A mediados de julio iremos a Irán.* Heinäkuun puolivälissä lähdemme Iraniin.

• **medicina**
dar [le] **de su propia medicina** maksaa potut pottuina *¡Es hora de darle de su propia medicina!* On aika maksaa potut pottuina!

• **medida**
a medida (*myös* a la medida) mittojen mukainen *El pantalón le sienta como hecho a medida.* Hänen housunsa ovat kuin mittojen mukaan tehdyt. *La ropa a la medida suele ser cara.* Mittatilausvaatteet ovat yleensä kalliita.
a la medida de mukaisesti *El curso se hará a la medida de las necesidades de los asistentes.* Kurssi pidetään osallistujien tarpeiden mukaisesti.
a medida que sitä mukaa kuin *La calle se iba volviendo más y más peligrosa a medida que avanzaba la noche.* Katu tuli yhä vaarallisemmaksi, mitä pitemmälle ilta ehti. *A medida que vaya entrando la gente, dale un programa a cada uno.* Sitä mukaan kuin ihmiset tulevat sisään, anna jokaiselle ohjelma.

en buena medida koko lailla *El cumplimiento de las normas es en buena media imposible.* Määräyksien noudattaminen on koko lailla mahdotonta.
en gran medida suuressa määrin *El futuro de su familia está ligado, en gran medida, a lo que usted haga con su dinero.* Perheenne tulevaisuus riippuu suuressa määrin siitä, mitä teette rahoillanne.
en cierta medida jossakin määrin *El dinero protege en cierta medida contra la pobreza.* Raha suojelee jossakin äärin köyhyydeltä.
en la medida de lo posible mahdollisuuksien mukaan *Yo te ayudaré, en la medida de lo posible, a que consigas lo que te propones.* Autan sinua mahdollisuuksien mukaan saamaan mitä haluat.

• **medio**
a medias puolittain *Es feliz pero sólo a medias.* Hän on vain puolittain onnellinen. *La anciana se levantó a medias.* Vanhus nousi ylös puolittain. *¿Cómo estás? –A medias.* Kuinka voit? – Siinähän se menee.
a medio [inf.] puoliksi *Sobre la mesa había un bocadillo a medio comer.* Pöydällä oli puoliksi syöty voileipä.
de medio a medio täysin *Te equivocas de medio a medio.* Erehdyt täysin.
de por medio välissä *Con tus padres de por medio, no podemos hacer una gran fiesta en tu casa.* Kun vanhempasi ovat läsnä, emme voi pitää suuria juhlia kotonasi. *Cuando te arrodilles para arreglar la cadena de la bici, pon un cartón de por medio.* Kun menet polvillesi maahan pyörän kettinkiä korjaamaan, laita polviesi alle joku pahvi.
en medio keskellä *En la plaza estaba el ayuntamiento con una torre en medio.* Aukiolla oli kaupungintalo, jossa oli torni keskellä. *Es una película cómica, pero en*

medio hay una escena en la que la reina llora. Elokuva on komedia, mutta keskellä on kohtaus, jossa kuningatar itkee.

en medio de keskellä *El coche se paró en medio de la calle.* Auto pysähtyi keskelle katua.

por el medio (*myös* por en medio) keskeltä *Por en medio de aquel bosque corría un sendero.* Tuon metsän halki kulki polku. / *albañil partió el azulejo por el medio.* Muurari leikkasi laatan keskeltä poikki.

por medio de välityksellä *Por medio de la presente carta le presento mi renuncia al puesto de profesor.* Tällä kirjeellä kieltäydyn opettajan virasta.

quitar de en medio hankkiutua eroon *El dictador se quitaba de en medio a todos los que le molestaban.* Diktaattori hankkiutui eroon kaikista, jotka olivat hänen tiellään.

quitarse de en medio mennä pois tieltä *¡Anda! ¡Quítate de en medio!* No niin! Mene pois tieltä!

ks. myös: el **fin** justifica los medios

• mejilla
poner la otra mejilla kääntää toinen poski *Prefiere poner la otra mejilla a enfrentarse a los que le tratan injustamente.* Hän kääntää mieluummin toisen posken kuin uhmaa niitä, jotka kohtelevat häntä väärin.

• médula
hasta la médula henkeen ja vereen *Mi madre es madridista hasta la médula.* Äiti kannattaa Real Madridia henkeen ja vereen.

• mejor
a lo mejor ehkä *A lo mejor no llueve mañana.* Ehkä huomenna ei sada.

ir a mejor mennä parempaan päin *Todavía no está curado, pero va a mejor.* Hän ei ole vielä parantunut mutta on parempaan päin.

mejor que mejor (*myös* tanto mejor) aina parempi *Si ella no viene, mejor que mejor.* Jos hän ei tule, aina parempi.

Mejor es no menearlo. Älä herätä nukkuvaa karhua.

Mejor me callo. Puhumatta paras.

• mejorar
mejorando lo presente kaikella kunnioituksella, luvalla sanoen *Profesor, usted sabe que los profesores, mejorando lo presente, no suelen estar interesados en las renovaciones.* Opettaja, Te tiedätte, että opettajat, kaikella kunnioituksella, eivät yleensä ole kiinnostuneita uudistuksista. *Los alumnos, mejorando lo presente, no suelen venir bien preparados a la universidad.* Oppilaat eivät luvalla sanoen tule yleensä hyvin valmistautuneina yliopistoon.

• mella
hacer mella jättää jälki, tehdä vaikutus *Las palabras de su madre le hicieron mella.* Hänen äitinsä sanat jättivät jälkensä häneen. *Los últimos acontecimientos están haciendo mella en la confianza de la gente en el gobierno.* Viimeaikaisten tapahtumien vaikutus näkyy ihmisten hallitusta kohtaan tuntemassa luottamuksessa.

hacer mella en la cartera tehdä lovi kukkaroon *El cambio de la ley hizo mucha mella en la catera.* Lakimuutos teki pahan loven kukkaroon.

• memoria
de memoria ulkomuistista, ulkoa *Los jóvenes suelen aprender de memoria poemas y canciones.* Nuoret oppivat yleensä ulkoa runoja ja lauluja.

hacer memoria muistella *Es importante que haga memoria, es usted un testigo presencial y necesitamos saberlo todo: quiénes, cómo, a qué hora, etc.* Teidän on tärkeää muistella.

Olette silminnäkijä ja meidän täytyy saada tietää kaikki: ketkä, miten, mihin aikaan jne.

si la memoria no me falla/engaña jos en väärin muista *Si la memoria no me engaña, tu te casaste muy joven ¿verdad?* Jos en väärin muista, sinä menit naimisiin hyvin nuorena, vai kuinka?

● **menda**
este menda meikäläinen *Este menda se va ahora mismo a casa a tomar una sauna.* Meikäläinen lähtee nyt kotiin saunaan.

● **meneallo**
peor es meneallo antaa olla *¿Y lo de mi aumento de sueldo? –Peor es meneallo.* Entä se minun palkankorotukseni? – Annetaan sen nyt olla.

● **menear**
de no te menees hitonmoinen *Tenía una casa de las de no te menees.* Hänellä oli hitonmoinen talo.

● **meneo**
dar [le] un buen meneo antaa kyytiä *El sol primaveral le da un buen meneo a la nieve.* Kevätaurinko antaa kyytiä lumille.

● **meninge**
estrujarse las meninges hieroa älynystyröitään *Déjalo, por mucho que te estrujes las meninges, no vas a dar con la solución.* Anna olla, vaikka kuinka hierot älynystyröitäsi, et löydä ratkaisua.

● **menor**
al por menor vähittäin *En negocios como éste, las ventas al por menor no son rentables.* Tällaisessa yrityksessä vähittäismyynti ei ole kannattavaa.
ks. myös: ser menor de edad

● **menos**
al menos ainakin *Los animales, al menos los perros, no le gustaban.* Hän ei pitänyt eläimistä, ainakaan koirista. *¿Quieres decirme, al menos, qué te ha ocurrido?* Voitko kertoa minulle ainakin, mitä sinulle on tapahtunut?

a menos que ellei *Las escuelas especializadas corren peligro de desaparecer a menos que el Gobierno tome las medidas adecuadas.* Erikoiskoulut ovat vaarassa hävitä, ellei hallitus ryhdy tarvittaviin toimenpiteisiin. *No podrás verlo bien, a menos que levantes la cabeza.* Et voi nähdä sitä kunnolla, ellet nosta päätäsi.

de menos liian vähän *Perdone, pero me ha devuelto dos euros de menos.* Anteeksi, mutta sain kaksi euroa liian vähän takaisin.

en menos de alle *En menos de un año ha escrito tres libros.* Hän on kirjoittanut kolme kirjaa alle vuodessa.

ir a menos mennä huonompaan päin *Antes, éste era un bar muy concurrido, pero ha ido a menos.* Ennen tämä oli hyvin menestyvä baari, mutta nyt se on mennyt huonompaan suuntaan.

lo de menos sivuseikka *Las palabras son lo de menos; lo importante es el mensaje.* Sanat ovat sivuseikka; tärkein on viesti. *Lo demás es lo de menos.* Muu on sivuseikka.

[por] lo menos vähintään *Lo menos hay mil personas en la sala.* Salissa on vähintään tuhat ihmistä. *En la sala hay por lo menos mil personas.* Salissa on vähintään tuhat ihmistä.

menos de vähemmän, alle *Su padre tiene menos de cuarenta años.* Hänen isänsä on alle neljäkymmentä.

menos mal onneksi *Menos mal que tú estabas aquí.* Onneksi sinä olit täällä.

ni mucho menos kaikkea muuta *¿Crees que estará enfadado? –¡Qué va! Ni mucho menos.* Luuletko hänen olevan suuttunut? – Vielä mitä! Kaikkea muuta.

no menos de [num.] vähintään *En la cartera había no menos de 1000 euros.* Lompakossa oli vähintään 1 000 euroa.

no ser menos ei olla pekkaa pahempi *Ella no quiso ser menos y se tomó una cerveza también.* Hän ei halunnut ollaa pekkaa pahempi ja otti myös oluen.

no ser para menos olla oikein *No quiere verte y no es para menos si es cierto que ayer le insultaste.* Hän ei halua nähdä sinua, ja se on oikein, jos kerran on totta, että loukkasit häntä eilen.

por lo menos ainakin, vähintään *Por lo menos, nos tenemos el uno al otro.* Ainakin meillä on toisemme. *En la cartera tengo por lo menos 100 euros.* Minulla on lompakossa ainakin 100 euroa.

venir a menos vähetä *Cuando su riqueza vino a menos, perdió muchos amigos.* Kun hänen omaisuutensa hupeni, hän menetti monta ystävää. *Pertenece a una familia venida a menos durante la guerra.* Hän kuuluu sodan aikana omaisuutensa menettäneeseen perheeseen.

ya será menos ei sentään *María, el niño se ha ido de casa para no volver. —Tranquilo, Antonio, ya será menos.* Maria, lapsemme on lähtenyt kotoa lopullisesti. – Ota rauhallisesti, Antonio, ei kai nyt sentään.

ks. myös: **echar** de menos; **más** o menos; **nada** menos que

• **mente**
mente sucia likainen mieli *Tu amigo tiene una mente tan sucia como la tuya.* Sun kavereilla on yhtä likainen mieli kuin sulla.
Mente sana en cuerpo sano. Terve sielu terveessä ruumiissa.

• **mentir**
mentir más que hablar valehdella niin että korvat heiluvat *No creas nada de lo que dice porque miente más que habla.* Älä usko mitään, mitä hän sanoo, koska hän valehtelee niin että korvat heiluvat.

• **mentira**
de mentira 1 epäaito, rihkama *El reloj de oro que te ha enseñado es de mentira.* Hänen sinulle näyttämänsä kello on rihkamaa. *2* leikisti *En las películas las personas se mueren de mentira.* Elokuvissa ihmiset kuolevat leikisti.
parecer mentira tuntua uskomattomalta *Parece mentira que a un hombre hecho y derecho le siga gustando el tecno.* Tuntuu uskomattomalta, että aikuinen mies yhä pitää teknosta. *Me parece mentira que seas la mujer con la que me casé hace un año.* Minusta tuntuu uskomattomalta, että olet se nainen, jonka kanssa menin naimisiin vuosi sitten.
La mentira tiene las patas cortas. Valheella on lyhyet jäljet.

• **mentirijilla**
de mentirijillas *ark 1* epäaito, rihkama *Mi hija nunca se pondría una joya de mentirijillas.* Minun tyttäreni ei koskaan käyttäisi rihkamakorua. *2* leikillään *Me lo dijo de mentirijillas.* Hän sanoi sen minulle leikillään.

• **mentiroso**
Se coge antes a un mentiroso que a un cojo. Valheella on lyhyet jäljet.

• **menudencia**
entraren menudencias viilata pilkkua *No querría entrar en menudencias, pero hay unos errores de ortografía en tu texto.* En haluaisi viilata pilkkua, mutta kirjoitelmassasi on pari kirjoitusvirhettä.

• **menudo**
a menudo usein *Cuando voy al trabajo, a menudo me paro a tomar un café en el bar.*

Töihin mennessäni pysähdyn usein baariin kahville.

por menudo yksityiskohtaisesti *Se pusieron a recordar por menudo el viaje que habían hecho juntos y así se pasaron tres horas.* He ryhtyivät muistelemaan yksityiskohtaisesti matkaa, jonka olivat tehneet yhdessä, ja saivat kulumaan näin kolme tuntia.

● **merced**
a merced de armoilla *Pasamos una hora a merced de la lluvia y el viento hasta que encontramos una cueva.* Olimme tunnin sateen ja tuulen armoilla, kunnes löysimme luolan.
merced a ansiosta *Terminaron de construir el hospital merced a los donativos de todos.* Sairaala saatiin rakennettua loppuun kaikkien antamien lahjoitusten ansiosta.

● **merecido**
dar [le] **su merecido** antaa ansionsa mukaan *Dejándole sin postre, la madre le dio su merecido al zángano de su hijo.* Jättämällä pojan ilman jälkiruokaa, äiti antoi tälle laiskurille ansionsa mukaan.
recibir [pos.] **merecido** saada palkkansa *Esperemos que todos los corruptos reciban su merecido.* Toivokaamme että kaikki korruptoituneet saavat palkkansa.
tener merecido olla ansainnut *El premio que te han dado lo tienes merecido.* Olet ansainnut saamasi palkinnon. *Tienes merecido ese castigo por desobediente.* Olet ansainnut sen rangaistuksen, koska et totellut.

● **merienda**
merienda de negros *alat* sekasorto *Me fui de la reunión porque aquello era una merienda de negros.* Lähdin kokouksesta, koska se oli täyttä sekasortoa.

● **mérito**
hacer méritos näyttää kykynsä *Tienes que hacer méritos, si quieres subir de categoría.* Sinun täytyy näyttää kykysi, jos haluat yletä.

● **merluza**
cogerse una merluza *ark* ottaa känni *Tanto vino tomó que se cogió una merluza morrocotuda.* Hän joi niin paljon viiniä, että otti änkyräkännin.
ir de merluzo mennä pummilla *Todos iban de merluzo o con bonos caducados.* Kaikki meni pummilla, tai vanhoilla korteilla.

● **mes**
de meses muutaman kuukauden *Llevaba en sus brazos un niño de meses.* Hänellä oli sylissään muutaman kuukauden ikäinen lapsi.
estar de [num.] **meses** <olla niin ja niin monennella kuulla raskaana > *Sí, se casó, pero fue de penalti porque ella estaba de cinco meses.* Kyllä hän meni naimisiin, mutta se oli pakkoavioliitto, koska nainen oli viidennellä kuulla.

● **mesa**
a mesa puesta muiden kustannuksella *Por el momento vivo a mesa puesta, pero pronto tendré que ponerme a ganarme las habichuelas.* Toistaiseksi elän muiden kustannuksella, mutta pian minun täytyy alkaa ansaita leipäni.
poner la mesa kattaa pöytä *¿Puedes ayudarme a poner la mesa?* Voitko auttaa minua kattamaan pöydän?
quitar la mesa raivata pöytä *Cuando hayamos terminado de comer, yo me encargaré de quitar la mesa.* Kun olemme syöneet, minä raivaan pöydän.

● **metálico**

en metálico käteisenä *No quiero cheques; págame en metálico.* En halua sekkejä. Maksa minulle käteisenä.

• **meter**
meterse a [+ inf.] ryhtyä *Después del café, se metieron a jugar a las cartas y no lo dejaron hasta la noche.* Kahvin jälkeen he ryhtyivät pelaamaan korttia ja pelasivat iltaan asti.
meterse con härnätä *No te metas conmigo o tendrás problemas.* Älä härnää minua tai tulee ongelmia.
meterse donde no lo llaman puuttua toisten asioihin, pistää nokkaansa joka paikkaan *Perdone señora si me meto donde no me llaman, pero creo que no debería tratar así a su perro.* Anteeksi, rouva, jos puutun asioihin, mutta mielestäni Teidän ei pitäisi kohdella koiraanne tuolla tavalla.
meterse en sekaantua, pistää nenänsä jhk *Métete en lo tuyo y déjame a mí en paz.* Pidä huoli omista asioistasi ja jätä minut rauhaan. *No te metas en mis asuntos, por favor.* Voisitko olla pistämättä nenääsi minua asioihini.
metérsela *alat* panna *A mí sólo me la mete quien yo quiero.* Minähän panen ketä minä haluan.
metérsela doblada *alat* kusta silmään *Yo pensé que era un vendedor honesto, pero me la ha metido doblada.* Luulin, että se oli rehellinen kauppias, mutta se kusi mua silmään.
meterse por donde [le] **quepa** *alat* työntää hanuriinsa *Si no me quieres dejar tu bici, no me la dejes; métetela por donde te quepa.* Jos et halua lainata mulle pyörääsi, ole lainaamatta, ja työnnä se vaikka hanuriisi.

• **miaja**
una miaja hiukan *No queda mucho, una miaja sólo.* Jäljellä ei ole paljoa, vain hiukan.

• **miedo**
dar miedo pelottaa *¿No te da miedo vivir solo?* Eikö sinua pelota asua yksin?
de miedo hirmuisen, kamalan, mielettömän *Su belleza es de miedo.* Hän on mielettömän kaunis.
El miedo es la madre del valor./ El miedo no es tonto. Elämä opettaa, jos ei muuta niin hiljaa kävelemään.
¡Uy, qué miedo! Hui kamalaa!

• **miel**
como la miel (*myös* más dulce que la miel) kuin hunajaa *Su mirada era como la miel.* Hänen katseensa oli kuin hunajaa.
dejar/quedarse con la miel en los labios (nautinnosta) jäädä lyhyeksi *Anda, cuéntamelo todo, no me dejes con la miel en los labios.* Hei, kerro minulle kaikki, äläkä siinä panttaa. *Era una conferencia muy interesante, pero tuvimos que irnos, así que nos quedamos con la miel en los labios.* Luento oli erittäin mielenkiintoinen mutta jouduimme lähtemään, joten hyvä loppui, ennen kuin kerkesi alkaakaan.
deshacerse en mieles makeilla *Cuando quiere conseguir algo, se deshace en mieles.* Kun hän haluaa saada jotakin, hän makeilee.
miel sobre hojuelas vielä parempi *Si viene ella, estupendo, y si la acompaña su marido, miel sobre hojuelas.* Jos hän tulee, mahtavaa, ja jos hänen miehensä tulee myös, vielä parempi.
ser pura miel erittäin makea *Estas uvas son pura miel.* Nämä rypäleet ovat erittäin makeita. *El concierto fue pura miel.* Konsertti oli tosi makea.
La miel no se hizo para la boca del asno. On kuin heittäisi helmiä sioille.

• **mientras**
mientras que kun taas, mutta *El hijo estudia arte mientras que la hija, ingeniería.* Poika

opiskelee taidetta, kun taas tyttö tekniikkaa. *No me parece bien que a ti te lo permitan mientras que a mí me lo prohíben.* Minusta ei ole oikein, että sinä saat tehdä niin, mutta minä en.

ks. myös: mientras **tanto**

• **mierda**

de la mierda *alat* paska *Ha venido ese muchacho de la mierda que no me gusta nada.* Se paska jätkä tuli, enkä tykkää siitä yhtään. *Tira ese abrigo de la mierda a la basura y cómprate uno nuevo.* Heitä roskiin se paska takki ja osta uusi.

estar hecho una mierda *alat* olla kuin märkä rätti *He estado toda la mañana reparando el coche y ahora estoy hecho una mierda.* Olen koko aamun korjannut autoa ja nyt olen kuin märkä rätti.

importar una mierda *alat* ei välittää paskan vertaa *Me importa una mierda lo que pienses.* En välitä paskan vertaa siitä, mitä sinä ajattelet.

irse a la mierda *alat* mennä päin helvettiä *Son muchas las cosas que últimamente se han ido a la mierda.* Moni asia on mennyt päin helvettiä viime aikoina.

mandar a la mierda *alat* käskeä helvettiin *Estuve a punto de mandarle a la mierda, pero me contuve y sólo le dije que se fuera.* Olin vähällä käskeä hänen painua helvettiin mutta hillitsin itseni ja käskin häntä vain lähtemään.

no valer una mierda *alat* ei olla paskankaan arvoinen *Dicen que este modelo de móvil es excelente, pero para mí no vale una mierda.* Tämän kännykkämallin sanotaan olevan erinomainen, mutta minusta se ei ole paskankaan arvoinen.

qué [subst.] **ni qué mierda** *alat* mikä helvetin *¡Qué huelga ni qué mierda! Lo que usted tiene que hacer es venir y arreglarme las tuberías.* Mikä helvetin lakko! Teidän pitää vain tulla ja korjata putket.

¡vete a la mierda! *alat* painu helvettiin *Ya has molestado suficiente, ¡anda y vete a la mierda!* Olet jo häirinnyt tarpeeksi, joten painu helvettiin siitä.

y una mierda *alat* ja paskat *Me han dicho que tú lo harás todo. – ¡Sí, y una mierda!* Minulle sanottiin, että sinä teet sen kaiken. – Joo, ja paskat!

ks. myös: alabanzas propias, mierda segura

• **miga**

hacer buenas migas olla hyvää pataa *Marta y María hacen buenas migas, por eso van todas partes juntas.* Marta ja Maria ovat hyvää pataa keskenään, siksi he menevät joka paikkaan yhdessä.

hacerse migas mennä pirstaleiksi *Se me ha caído el reloj y se me ha hecho migas.* Pudotin kellon, ja se meni pirstaleiksi. *Volví de la excursión hecho migas.* Olin aivan poikki palatessani retkeltä.

• **mil**

a las mil y quinientas hyvin myöhään *Anoche me acosté a las mil y quinientas.* Eilen illalla menin nukkumaan hyvin myöhään.

estar/poner a mil hiiltyä *Sólo con verlo ya me pongo a mil.* Pelkästään nähdessäni hänet minä hiillyn.

mil y uno tuhat, tuhannen *Los ricos tienen acceso a mil y una posibilidades a las que los pobres no tienen.* Rikkailla on tuhannen mahdollisuutta, joita köyhillä ei ole. *Hicimos mil y un proyectos que finalmente no llevamos a cabo.* Teimme tuhat suunnitelmaa, joita emme loppujen lopuksi saaneet toteutettua.

• **milagro**

de milagro kuin ihmeen kaupalla *Estamos vivos de milagro.* Olemme elossa kuin ihmeen kaupalla. *Ha aprobado el examen de milagro.* Hän pääsi tentistä läpi kuin ihmeen kaupalla.

• **mili**
cuando se hacía la mili con lanza kun isä
lampun osti *Esta bici es de los tiempos cuando
se hacía la mili con lanza.* Tämä pyörä on niiltä
ajoilta, kun isä lampun osti.
ir a la mili mennä inttiin *Nuestro benjamín fue
la mili el mes pasado. Nuorin lapsemme meni
inttiin viime kuussa.*

• **milímetro**
al milímetro millin tarkkuudella
*No te puedo dar datos al milímetro,
pero creo que serían unas mil
personas las que participaron.* En
voi antaa sinulle tietoja millin
tarkkuudella, mutta luulen, että osallistujia oli
tuhatkunta.

• **millar**
a millares tuhansittain *Los jóvenes
acudieron a millares al festival de rock.* Nuoria
saapui tuhansittain rockfestivaaleille.

• **mimo**
hacer [le] **mimos** hemmotella *No solía
hacernos mimos ni regalos.* Hänellä ei ollut
tapana hemmotella meitä eikä antaa lahjoja.

• **mínimo**
a la mínima vähimmästäkin *No puedes
cometer ningún error en este trabajo porque
a la mínima te echan.* Et saa tehdä tässä
työssä yhtään virhettä, koska vähimmästäkin
saat potkut.
como mínimo vähintään *Hay que llegar al
aeropuerto con dos horas de antelación como
mínimo.* Lentokentälle täytyy saapua
vähintään kaksi tuntia etukäteen.
lo más mínimo tippaakaan *No me interesa lo
más mínimo.* Se ei kiinnosta minua
tippaakaan.

• **mirada**

comerse con la mirada syödä silmillään *Sí, el
chico es guapo, pero tampoco hace falta que
te lo comas con la mirada.* Hän on kyllä komea
poika, mutta ei sinun tarvitse kuitenkaan
syödä häntä silmilläsi.
sostener la mirada tuijottaa *Le sostuve la
mirada hasta que ella miró a otra parte.*
Tuijotin häntä, kunnes hän käänsi katseensa
pois.

• **mirar**
a mí no me mires älä minua katso *Antes aquí
había dos pasteles. –A mí no me mires.* Tässä
oli aikaisemmin kaksi leivosta. – Älä minua
katso.
bien mirado oikeastaan *Bien mirado, no es
tan mala idea.* Se ei ole oikeastaan huono
ajatus.
de mírame y no me toques turhan hieno *Sale
con una chica de mírame y no me toques.* Hän
seurustelee hienostelevan tytön kanssa. *No
me gusta comer con vajilla de mírame y no me
toques.* Minusta ei ole mukava syödä turhan
hienoista astioista.
mirándolo bien (myös si bien se mira)
oikeastaan *Mirándolo bien, es más callado
que tímido.* Oikeastaan hän on pikemminkin
hiljainen kuin ujo.
mirar a ver si koettaa *Mira a ver si puedes
llegar antes.* Koeta tulla aikaisemmin.
¡Mira que ...! varo vain *¡Mira que me voy si no
te calmas!* Varo vain, minä kyllä lähden, jos et
rauhoitu. *¡Mira que como sigas así no vas a
pasar el curso!* Varo vain, jos jatkat tuolla
tavalla, niin et läpäise kurssia.
mira (tú) por dónde kappas vain *Yo pensaba
que había tirado el abrigo de pana y mira por
donde ayer, buscando un jersey, lo encontré
en el armario.* Luulin heittäneeni pois
samettitakkini. Kun etsin eilen villapuseroa,
niin kappas vain, löysinkin sen takin kaapista.
y mira que vaikka *Has perdido el avión. Y mira
que te había dicho yo miles de veces que*

llegases con dos horas de antelación. Myöhästyit lentokoneesta, vaikka olin sanonut sinulle tuhat kertaa, että sinun pitää olla kentällä kaksi tuntia ennen lähtöä.

• **miramiento**
echar sin más miramientos lentää kuin leppäkeihäs *Te pueden echar del trabajo sin más miramientos.* Työpaikasta voi lentää hetkessä kuin leppäkeihäs.

• **misa**
cantar misa tulla papiksi *Mi madre soñaba con que uno de sus hijos cantase misa.* Äitini unelmoi, että yhdestä hänen pojistaan tulisi pappi.
ir a misa olla totta, olla kirkossa kuulutettu *Créeme, lo que yo te diga va a misa.* Usko minua. Se mitä sanon on totta.
no saber de la misa la media ei tietää tuon taivaallista *Siempre se las está dando de listo y en el fondo no sabe de la misa la media.* Hän yrittää aina olla fiksu ja pohjimmiltaan ei tiedä mistään tuon taivaallista.
repicar y estar en misa revetä joka paikkaan *Tienes que elegir entre irte de fiesta o ir al cine con Luis. No puedes repicar y estar en misa.* Sinun täytyy valita menetkö juhliin vai Luisin kanssa elokuviin. Et voi revetä joka paikkaan.
A misa no se va con prisa. Hiljaa hyvä tulee.
No se puede estar en misa y repicando/predicando. Ei voi olla sekä lampaan että suden puolella.

• **mismo**
al mismo tiempo yhtä aikaa *No le gusta que los alumnos hablen todos al mismo tiempo.* Hän ei pidä siitä, että kaikki oppilaat puhuvat yhtä aikaa.
dar [le] lo mismo olla yhdentekevää *Hazlo como quieras; a mí me da lo mismo.* Tee miten haluat. Se on minulle yhdentekevää. *Me da lo mismo que vengas o te quedes en casa.*

Minulle on yksi ja sama, tuletko vai jäätkö kotiin.
en las mismas entisellään *¿Cómo está tu abuela? – Sigue en las mismas.* Kuinka isoäitisi voi? – Hän on entisellään.
es lo mismo on ihan sama *Que llegues a las diez o a las once, al fin y al cabo, es lo mismo.* Tuletko kymmeneltä vai yhdeltätoista on loppujen lopuksi ihan sama.
estar hasta los mismísimos *alat* olla täysin kyrpiintynyt *Ya estoy hasta los mismísimos de tener que ser siempre yo el que limpie la casa.* Olen jo täysin kyrpiintynyt siihen, että minun täytyy aina siivota.
lo mismo 1 samanlainen *Yo voy a tomar una cerveza. ¿Tú qué tomas? –Lo mismo.* Minä otan oluen. Mitä sinä otat? – Samanlaisen. **2** ehkäpä *Lo mismo ya ha llegado y nosotros estamos aquí esperándola.* Ehkäpä hän on jo tullut, ja me täällä vain odotamme häntä. *Lo mismo piensa que estás enamorado de ella porque le sonríes cuando te saluda.* Ehkäpä hän luulee sinun olevan rakastunut häneen, koska hymyilet, kun hän tervehtii sinua. **3** yhtä hyvin kuin *Lo mismo escribe un libro que te pinta una acuarela; sabe hacer de todo.* Hän kirjoittaa yhtä hyvin kirjan kuin maalaa akvarellin; hän osaa tehdä kaikkea. *Lo mismo escuchaba tecno que música clásica.* Hän kuunteli sekä teknoa että klassista musiikkia.
lo mismo que yhtä *Mido lo mismo que usted.* Olen yhtä pitkä kuin Te.
por sí mismo sinänsä, itsessään *Los movimientos del cuerpo humano son por sí mismos mensajes en muchas ocasiones.* Ihmiskehon liikkeet ovat usein jo sinänsä viestejä.
tú mismo omapa on asiasi *Tú mismo. Yo no te voy a decir qué es lo que tienes que hacer.* Omapa on asiasi. Minä en aio sanoa, mitä sinun pitää tehdä.
ks. myös: **ahora** mismo

• **mitad**

a mitad de puoliksi *Lo venden a mitad de precio.* Se myydään puoleen hintaan.

a mitad de camino puolivälissä *El bar está a mitad de camino entre su casa y la oficina.* Baari on hänen kotinsa ja työpaikkansa puolivälissä.

en mitad de keskellä *Había una pareja besándose en mitad de la calle.* Eräs pari suuteli keskellä katua. *Las bailarinas son tan ágiles que pueden cambiar de dirección en mitad de un salto.* Balettitanssijat ovat niin ketteriä, että pystyvät vaihtamaan suuntaa kesken hypyn.

mitad [subst.] **mitad** [subst.] puoliksi *El Minotauro es una criatura mitológica mitad hombre mitad toro.* Minotauros on mytologinen olento, joka on puoliksi mies ja puoliksi härkä.

por la mitad keskeltä *Tenía un grueso libro de gramática abierto por la mitad.* Hänellä oli paksu kielioppikirja keskeltä auki.

• **mochuelo**

cada mochuelo a su olivo kaikki kotiin *Son ya las tres de la mañana, así que cada mochuelo a su olivo porque la reunión se ha acabado.* Kello on kolme aamulla, joten kaikki kotiin, koska kokous on päättynyt.

cargar con el mochuelo sälyttää niskoille *Terminada la fiesta se fueron todos dejando el salón en desorden, así que Luis tuvo que cargar con el mochuelo y quedarse limpiando.* Juhlien jälkeen kaikki häipyivät ja jättivät salin sekaiseksi, joten Luisin piti ottaa niskoilleen sen siivoaminen.

• **moco**

llorar a moco tendido itkeä lohduttomasti *Había más de uno que lloraba a moco tendido en el entierro.* Monet itkivät lohduttomasti hautajaisissa.

llover a moco de pavo sataa kissoja ja koiria *Fuera está lloviendo a moco de pavo.* Ulkona sataa kissoja ja koiria

no ser moco de pavo ei olla pikkujuttu *El salario que tiene no es moco de pavo.* Hänen palkkansa ei ole mikään pikkujuttu.

• **moda**

a la [última] moda muodin mukaan *Le gustaba ir a la moda.* Hän tykkää kulkea muodin mukaan. *A la boda tienes que ir elegante, pero no hace falta que vayas a la última moda.* Sinun täytyy olla häissä tyylikäs, mutta ei tarvitse olla viimeisimmän muodin mukainen.

de moda muotiin, muodissa, muodista *Los colores claros están de moda esta primavera.* Vaaleat värit ovat muotia tänä keväänä. *No hace ni dos meses que me compré este vestido y ya se ha pasado de moda.* Ostin tämän mekon vasta kaksi kuukautta sitten, ja nyt se on jo pois muodista. *Se han puesto de moda los sistemas de telefonía por ordenador.* Tietokonevälitteinen puhelinliikenne on tullut muotiin.

• **moderación**

La moderación es hermana de la prudencia. Kohtuus kaikessa.

• **modestia**

modestia aparte vaatimattomuus sikseen *Modestia aparte, al pingpong no hay quien me gane.* Vaatimattomuus sikseen, pöytätenniksessä minua ei voita kukaan.

• **modo**

a modo de asemasta *Pronunció unas breves palabras a modo de presentación.* Hän sanoi muutaman sanan esittelyksi.

a [pos.] modo tavallaan *Yo hago las cosas a mi modo.* Minä teen asiat omalla tavallani.

a [pos.] **modo de ver** mielestä *A mi modo de ver la palabra "gitano" no es políticamente incorrecta.* Mielestäni sana mustalainen ei ole poliittisesti epäkorrekti.

de algún modo jotenkin *Aquella mujer era alta, morena y, de algún modo, majestuosa.* Se nainen oli pitkä, tumma ja jotenkin ylväs.

de modo que 1 joten *Ya está todo listo, de modo que podemos irnos.* Kaikki on jo valmista, joten voimme lähteä. *Donde yo nací también hacía mucho frío, de modo que estoy acostumbrado.* Siellä, missä minä synnyin, oli erittäin kylmä, joten olen tottunut. **2** jotta *Lo dijo con voz fuerte, de modo que todos pudiesen oírlo.* Hän sanoi sen kovalla äänellä, jotta kaikki voisivat kuulla. *Hazlo con mucho cuidado de modo que no tengas que volver a hacerlo.* Tee se hyvin huolellisesti, jotta sinun ei tarvitse tehdä sitä uudelleen.

de ningún modo ei missään tapauksessa *¡De ningún modo te lo permitiré!* En missään tapauksessa salli sinulle sitä.

de tal modo siinä määrin *La gente estaba de tal modo despolitizada durante la época de Franco que la ausencia de libertad política les importaba muy poco.* Ihmiset olivat siinä määrin epäpolitisoituneita Francon aikana, että poliittisen vapauden puuttuminen ei ollut heille kovinkaan tärkeä.

de todos modos kuitenkin, joka tapauksessa *Estoy muy ocupado pero, de todos modos, entra y siéntate.* Olen hyvin kiireinen, mutta tule kuitenkin sisään ja istu alas. *El alquiler tienes que pagarlo de todos modos.* Vuokra sinun täytyy maksaa joka tapauksessa.

de un modo u otro tavalla tai toisella *De un modo u otro tenemos que terminarlo antes de las diez.* Tavalla tai toisella meidän täytyy tehdä se loppuun ennen kymmentä.

en cierto modo tavallaan *Nunca convivió con sus padres, de ahí que, en cierto modo, los considerase unos extraños.* Hän ei koskaan asunut vanhempiensa kanssa, joten hän piti tavallaan heitä vieraina.

en modo alguno ei missään tapauksessa *No deseaba en modo alguno contraer matrimonio.* Hän ei halunnut missään tapauksessa solmia avioliittoa.

• **mogollón**
un mogollón *ark* tosi paljon *Esa chica me gusta un mogollón.* Pidän siitä tytöstä tosi paljon.

• **moho**
Piedra movediza nunca moho cobija. Vierivä kivi ei sammaloidu.

• **mojama**
más seco que la mojama rutikuiva *Tienes la piel más seca que la mojama.* Ihosi rutikuiva.

• **molde**
romper moldes rikkoa rajoja *Una de las características de Goya es que supo romper moldes.* Eräs Goyan ominaisuuksista on se, että hän osasi rikkoa rajoja.

• **molestar**
no te molestes/ se moleste älä vaivaudu / älkää vaivautuko *No se moleste usted, puedo ir solo porque conozco el camino.* Älkää vaivautuko, voin mennä yksin, koska tunnen tien.

• **molestia**
tomarse la molestia vaivautua, nähdä vaivaa *Cogeré un taxi, no hace falta que se tome usted la molestia de llevarme a la estación.* Menen taksilla, joten Teidän ei tarvitse vaivautua viemään minua asemalle.

• **mollera**

duro de mollera pölkkypää *Es buena persona, pero un poco duro de mollera.* Hän on mukava ihminen, mutta hieman sellainen pölkkypää.

entrar [le] **en la mollera** mahtua kalloon *No les entra en la mollera que deben responsabilizarse de sus acciones.* Heille ei mahdu kalloon, että heidän tulee olla vastuussa tekemisistään.

meterse en la mollera painaa kalloonsa *Al cliente no se le castiga, métetelo en la mollera.* Asiakkaita ei rankaista, paina kalloosi tämä.

no estar bien de la mollera ei olla kaikki inkkarit kanootissa *Me parece que el vecino no está bien de la mollera.* Meidän naapurilla ei taida olla kaikki inkkarit kanootissa.

quitarse de la mollera unohtaa *Quítate esa idea de la mollera porque no tiene pies ni cabeza.* Unohda se ajatus, koska siinä ei ole päätä eikä häntää.

• **momento**

a cada/todo momento koko ajan *A cada momento me preguntaba que cuándo íbamos a llegar.* Hän kysyi minulta koko ajan, milloin olisimme perillä. *No puedes estar comiendo dulces a todo momento.* Et voi syödä makeaa jatkuvasti.

al momento heti *Preferiría que me lo arreglase al momento porque no puedo quedarme a esperar.* Haluaisin, että korjaisitte sen heti, koska en voi jäädä odottamaan.

de momento toistaiseksi, tällä hetkellä *De momento no es mucho lo que le pagan.* Toistaiseksi hänelle ei makseta paljoa. *Quizá vuelva algún día a su pueblo, pero no de momento.* Ehkä hän palaa joku päivä kyläänsä, mutta ei tällä hetkellä.

desde el momento en que *1* sen jälkeen kun *No le he oído decir una palabra desde el momento en que llegó.* Hänen tultuaan en ole kuullut hänen sanovan sanaakaan *2* kun kerran *Desde el momento en que a ti el asunto no te concierne, no hace falta que hagas nada.*

Kun kerran asia ei koske sinua, sinun ei tarvitse tehdä mitään.

de un momento a otro minä hetkenä hyvänsä *Callaos porque el profesor puede entrar de un momento a otro.* Olkaa hiljaa, koska opettaja voi tulla minä hetkenä hyvänsä. *Todo me parecía un sueño del que de un momento a otro me fuera a despertar.* Kaikki tuntui minusta unelta, josta heräisin minä hetkenä hyvänsä.

en mal momento pahaan aikaan *Los vendedores telefónicos siempre llamaban en mal momento.* Puhelinmyyjät soittivat aina pahaan aikaan.

en el momento menos pensado minä hetkenä hyvänsä *Está muy enfermo y puede morir en el momento menos pensado.* Hän on hyvin sairas ja voi kuolla minä hetkenä hyvänsä.

en su momento ajallaan *No he pensado aún qué carrera estudiaré, ya lo decidiré en su momento.* En ole ajatellut vielä, mitä alaa opiskelen, päätän sen sitten aikanaan. *Hay cosas que no puedes hacerlas cuando quieres, sino que se han de hacer en su momento.* On asioita, joita ei voi tehdä milloin haluaa, vaan ne on tehtävä ajallaan.

en todo momento koko ajan *Sabes que puedes contar con los amigos en todo momento.* Tiedät, että voit luottaa ystäviin aina. *Necesitaba tener a mano el inhalador en todo momento.* Hänellä piti olla lääkesumutin kädessä koko ajan.

no ver el momento de ei malta odottaa *No veo el momento de poder abrazarte.* En malta odottaa sitä, että pääsen halaamaan sinua.

por el momento toistaiseksi, tällä hetkellä, tällä haava, tähän mennessä *Por el momento no puedo darte una respuesta.* Toistaiseksi en voi antaa sinulle vastausta. *Por el momento esto es suficiente.* Tämä riittää tällä haavaa.

por momentos vähitellen *Su mal humor iba creciendo por momentos.* Hän paha tuulensa voimistui vähitellen.

Un momento, que la están peinando. Hetkinen, sanoi Putkinen.

• **monda**

ser la monda *1* olla huippuhauska *Esto es la monda; nunca me había divertido tanto.* Tämä on huippu hauskaa. Minulla ei ole koskaan ollut niin kivaa. *2* olla huippu *Ese chico es la monda. No hay nadie como él.* Tuo poika on huippu. Hänelle ei löydy vertaa.

• **mondarse**

para mondarse ratkiriemukas *Hemos tenido una tarde como para mondarse.* Meillä oli ratkiriemukas iltapäivä.

• **mondo**

mondo y lirondo *1* paljas *Volvió de la peluquería mondo y lirondo.* Hän tuli parturista pää paljaaksi ajeltuna. *2* pelkkä *Sé que quieres un coche deportivo, pero tendrás que conformarte con un coche mondo y lirondo.* Tiedän sinun haluavan urheiluauton, mutta sinun täytyy tyytyä ihan tavalliseen autoon. *Esta es la verdad monda y lironda.* Se on puhdas totuus.

• **Mondongo**

tomar las de Mondongo lähkea livohkaan *Cuando vio que venía la maestra, tomó las de Mondongo.* Kun hän näki opettajan lähestyvän, hän lähti livohkaan.

• **moneda**

pagar con la misma moneda maksaa samalla mitalla, maksaa kalavelat *Siempre me trató mal y ahora me gustaría pagarle con la misma moneda, pero no puedo.* Hän kohteli minua aina huonosti, ja nyt haluaisin maksaa hänelle samalla mitalla takaisin mutta en pysty.

ser moneda corriente olla yleistä *Las malas relaciones entre hermanos son moneda más corriente de lo que se piensa.* Sisarusten huonot välit ovat luultua yleisempiä

• **mono**

cogerse una mona ottaa kaatokänni *Estuve de juerga por bares y tabernas con los amigotes y cogí una mona de aúpa; no me tenía de pie.* Olin juhlimassa baareissa ja kuppiloissa kavereiden kanssa ja vedin kauhean kaatokännin, etten pysynyt tolpillani.

como una mona kuin maalipytty *No puedes salir a la calle así, como una mona; quítate un poco de maquillaje.* Et voi mennä ulos tuollaisena kuin maalipytty; vähennä vähän meikkiäsi.

dormir la mona nukkua humala pois *No te doy más vino porque lo que tú ahora necesitas es irte a casa a dormir la mona.* En anna sinulle enempää viiniä, koska sinun täytyy nyt mennä kotiin nukkumaan tuo humalasi pois.

estar con el mono *ark* olla vieroitusoireita *Hace dos días que no fuma y ahora está con el mono.* Hän ei ole polttanut kahteen päivään ja nyt hänellä on vieroitusoireita.

machacársela como un mono vetää handuun *Yo tenía la costumbre de machacármela como un mono muy de mañana.* Minulla oli tapa vetää handuun hyvin varhain.

más cabreado que una mona kiukkuinen/vihainen kuin ampiainen *Estaba más cabreado que una mona con el chico, y en parte con toda la razón.* Olin pojalle kiukkuinen kuin ampiaisen ja osittain aivan syystä.

tener monos en la cara olla jotakin vikaa *Y tú ¿qué miras? ¿Es que tengo monos en la cara?* No, mitä sinä siinä katsot? Onko minussa jotakin vikaa, vai?

Aunque la mona se vista de seda, mona se queda. Ei puku miestä tee.

ks. myös: a freír **espárragos**/monas; **leña** al mono

• **monta**

de poca monta merkityksetön *Son cosas de poca monta por las que no vale la pena preocuparse.* Ne ovat merkityksettömiä asioita, joita ei kannata murehtia.

• **montaña**

hacer una montaña de un grano de arena tehdä kärpäsestä härkänen *Sólo es un rasguño en la piel, no hace falta que hagas una montaña de un grano de arena.* Se on vain pintanaarmu. Älähän tee kärpäsestä härkästä.
mover montañas joutua näkemään paljon vaivaa *Para conseguir la nacionalidad, movió montañas, pero se la concedieron.* Saadakseen kansalaisuuden hän joutui näkemään hirveästi vaivaa, mutta hän sai sen.

• **montar**

montárselo järjestää *Pero, ¿cómo te lo montas para tener una casa como ésta y ese coche de lujo si no trabajas?* Miten olet järjestänyt itsellesi tällaisen talon ja tuollaisen luksusauton, jos et tee töitä?
tanto monta sama *Ven tú o que venga tu hermana, tanto monta, lo importante es que me acompañe alguien.* Tuletpa sinä tai sisaresi, se on sama, tärkeää on, että joku tulee kanssani.
ks. myös: montar en **cólera**; montar una **escena**; montar un **cirio**; montar un **pollo**

• **monte**

echarse al monte ruveta mellakoimaan *No creo que los cambios en los horarios sea motivo suficiente para que nos echemos al monte.* Minusta aikataulumuutokset ei ole riittävä syy ruveta mellakoimaan.
ser todo el monte orégano olla ruusuilla tanssimista *¿Cómo es posible que tú vivas tan feliz? –No creas que todo el monte es orégano.* Miten sinä pystyt elämään niin onnellisena? –Älä usko, että kaikki on ruusuilla tanssimista.

• **montón**

a montones kasoittain *Tengo flores a montones; coge cuantas quieras.* Minulla on tukuttain kukkia. Ota niin monta kuin haluat.
del montón tavallinen *Llegará a ser un catedrático de campanillas, de muchas campanillas, no uno del montón.* Hänestä ei tule ihan tavallinen professori, vaan tärkeä, erittäin tärkeä.
un montón de suuri määrä *Tienes un montón de discos, ¿por qué no me regalas alguno?* Sinulla on valtava määrä levyjä. Miksi et lahjoittaisi minulle yhtä?
un montón de gente väkeä kuin pipoa *En la fiesta había un montón de gente.* Juhlassa oli väkeä kuin pipoa.

• **moño**

estar hasta el moño olla kurkkua myöten täynnä *Estoy hasta el moño de los políticos.* Olen kurkkua myöten täynnä poliitikkoja.
ponerse moños kukkoilla *Todas somos lo mismo, no hay que ponerse moños.* Olemme kaikki samanlaisia, ei pidä kukkoilla.
ponerse [le] en el moño *alat* pälkähtää päähän *Nosotras haremos huelga si se nos pone en el moño.* Menemme lakkoon, jos meitä sattuu huvittamaan.

• **mor**

por mor de vuoksi *Actualmente, por mor de tantas investigaciones contradictorias, la gente empieza a dudar del efecto invernadero.* Tätä nykyä ihmiset alkavat epäillä kasvihuoneilmiötä niin monien ristiriitaisten tutkimusten vuoksi.

• **morada**

Bienvenido a mi humilde morada. Tervetuloa matalaan majaani.

● **morado**
pasarlas moradas joutua kokemaan kovia *Los primeros años de nuestro matrimonio las pasamos moradas porque no teníamos un céntimo.* Avioliittomme alkuvuosina jouduimme kokemaan kovia, koska meillä ei ollut senttiäkään rahaa.

● **moral**
estar bajo de moral olla allapäin *De nada sirve estar constantemente estar bajo de moral.* Ei auta koko ajan vain olla alla päin.
tener más moral que el Alcoyano olla oikea sisupussi *Si no fuera porque yo tengo más moral que el Alcoyano, seguro que ya habría abandonado la idea.* Jos en olisi oikea sisupussi, olisin varmasti jo luopunut koko ajatuksesta.
tocar [le] la moral käydä luonnolle *El mínimo error le toca la moral.* Pienikin virhe käy hänen luonnolleen.

● **morcilla**
que [le] den morcilla alat painua helvettiin *De acuerdo, tú no quieres colaborar, ¿verdad? ¡Pues que te den morcilla!* Sinä et siis halua tehdä yhteistyötä, vai mitä? No, painu sitten helvettiin!

● **morder**
estar que muerde olla äkäinen *Hoy todo le ha salido mal y está que muerde.* Tänään kaikki on mennyt pieleen, ja hän on äkäinen.
ks. myös: morderse los **labios**

● **morir**
morirse por pitää, haluta kuollakseen *Ella se moría por tener una casa en la costa.* Hän himoitsi kuollakseen taloa rannikolta.

● **moro**
bajarse al moro <mennä Marokkoon huumeita hakemaan> *Se bajaba al moro una vez al mes, o más si había mucha demanda de hachís.* Hän kävi Marokossa huumeidenhakumatkalla kerran kuussa tai useammin, jos hasiksesta oli kova kysyntä.
hay moros en la costa vaara vaanii *Vete a la cocina a por helado ahora que no hay moros en la costa.* Mene hakemaan jäätelöä keittiöstä nyt, kun ei ole mitään vaaraa. *Traigo noticias, pero ya te las contaré; ahora hay moros en la costa.* Minulla on uutisia, mutta kerron ne sinulle myöhemmin; nyt on muita kuulemassa.
o todos moros o todos cristianos tasapuolisuus ennen kaikkea *No les puedes pagar más a las chicas que a los chicos, o todos moros o todos cristianos.* Et voi maksaa tytöille enempää kuin pojille; tasapuolisuus ennen kaikkea. *ks. myös:* el **oro** y el moro

● **morro**
beber a morro juoda pullonsuusta *Espera que te doy un vaso, no bebas a morro.* Odota kun annan sinulle lasin, älä juo pullonsuusta.
caerse de morros kaatua rähmälleen *Tropezó y se cayó de morros.* Hän kompastui ja kaatui rähmälleen.
estar de morros murjottaa *Todo el mundo está de morros conmigo y no sé por qué.* En tiedä, miksi kaikki murjottavat minulle.
por el morro ark ilmaiseksi *La licenciatura en ingeniería no te la van a dar por el morro; o estudias o no la sacas.* Insinöörintutkintoa et saa ilmaiseksi; joko opiskelet tai et saa sitä.
romper [le] los morros vetää turpiin *Su esposa le rompió los morros.* Vaimo veti turpiin.
tener mucho morro ark olla otsaa *Ha llegado el último y se ha puesto el primero en la fila. Tiene mucho morro.* Hän tuli viimeisenä ja meni ensimmäiseksi jonoon. On hänellä

otsaa.

tener un morro que se lo pisa olla tosi röyhkeä *Además de egoísta, tú lo que tienes es un morro que te lo pisas.* Itserakkautesi lisäksi olet röyhkeyden huippu.

• mosca

aflojar la mosca pulittaa rahaa *Pensé que iba a regalarme la chaqueta que no usaba, pero enseguida me pidió que aflojase la mosca.* Luulin hänen lahjoittavan minulle takin, jota hän ei käyttänyt, mutta sitten hän pyysikin minua pulittamaan siitä rahaa.

como las moscas (*myös* más pesado que las moscas) kiusanhenki *Déjame en paz, eres más pesado que las moscas.* Jätä minut rauhaan. Olet varsinainen kiusanhenki.

como moscas joukoittain *Antes la gente moría como moscas con la más mínima epidemia.* Ennen ihmisiä kuoli kuin kärpäsiä pienimmänkin epidemian takia. *Desde que construyeron el nuevo parque de diversiones, los turistas vienen como moscas.* Kun uusi huvipuisto rakennettiin, turisteja suorastaan parveilee siellä.

matar moscas a cañonazos ampua tykillä karpasta *¿Ahora quién es el que está matando moscas a cañonazos?* Kukahan tässä nyt ampuu tykillä kärpästä?

mosca muerta hiirulainen *De día parecía una mosca muerta, pero por las noches renacía de sus cenizas.* Päivällä hän näytti hiirulaiselta, mutta illalla hän puhkesi kukkaan. *A primera vista parece muy valiente, pero es un mosca muerta.* Ensi näkemältä hän vaikuttaa hyvin rohkealta, mutta onkin sellainen hiirulainen.

no oírse ni una mosca olla hiirenhiljaista *En la sala no se oía ni una mosca.* Salissa oli hiirenhiljaista.

por si las moscas kaiken varalta *Cuando uses los servicios públicos, limpia el asiento de la taza, por si las moscas.* Kun käyt yleisessä vessassa, puhdista pöntön reunat kaiken varalta.

¿qué mosca [le] ha picado? mikä sinua riivaa *¿Qué mosca te ha picado? Antes siempre te gustaban las juergas y ahora no sales de casa.* Mikä sinua riivaa? Ennen tykkäsit aina juhlia ja nyt istut vain kotona.

tener la mosca detrás de la oreja epäillä *Aún no sabe lo grave que está su padre, pero creo que ya tiene la mosca detrás de la oreja.* Hän ei vielä tiedä isänsä tilan vakavuutta, mutta luulen hänellä olevan jo omat epäilyksensä.

una mosquita muerta hiirulainen, puhdas pulmunen *Pistey parece una mosquita muerta, pero es todo lo contrario.* Pistey näyttää hiirulaiselta, mutta hän on kaikkea muuta.

ks. myös: en **boca** cerrada no entran moscas; No oírse (ni) el **vuelo** de una mosca.

• motivo

con motivo de johdosta *Ella me escribió una amable carta con motivo de la muerte de mi madre.* Hän kirjoitti minulle ystävällisen kirjeen äitini kuoleman johdosta. *Con motivo del segundo centenario de la fundación de la ciudad organizarán una serie de conciertos.* Kaupungin perustamisen 200-vuotisjuhlan johdosta. järjestetään sarja konsertteja.

ser motivo antaa aihetta *Los datos de afiliación de los sindicatos AKI es motivo de preocupación.* AKI-liittojen jäsentutkimus antaa aihetta huoleen.

• moto

vender la moto kustaa silmään *Soy una persona alegre salvo cuando el mundo me vende la moto.* Olen iloinen ihminen, paitsi kun maailma kusee silmään.

• motor

calentar motores alkaa lämmittely *Las elecciones no serán hasta dentro de un año,* pero los partidos ya empiezan a calentar motores. Vaalit ovat vasta vuoden kuluttua, mutta puolueet lähtevät jo lämmittelykierrokselle.

● **mu**
no decir ni mu ei sanoa sanaakaan *En toda la tarde no dijo ni mu.* Hän ei sanonut sanaakaan koko iltana.

● **mucho**
como mucho korkeintaan *No viene a vernos a menudo; como mucho, tres veces al año.* Hän ei käy meillä usein, korkeintaan kolme kertaa vuodessa.
con mucho paljon *Lo que me has dado supera con mucho lo que esperaba.* Se, mitä annoit minulle, on paljon enemmän kuin mitä odotin.
por mucho que vaikka kuinka *Por mucho que lo intentes, nunca llegarás a presidente.* Vaikka kuinka yrität, sinusta ei tule koskaan presidenttiä.

● **muelle**
flojo de muelles laskea housuihinsa *Anda un poco flojo de muelles y por eso lleva pañal.* Häneltä lirahtaa vähän housuihin, ja hänellä on sen vuoksi vaippa.

● **muerte**
a muerte kuollakseen *Aquello no era un partido de baloncesto, era una lucha a muerte entre dos contrincantes.* Se ei ollut mikään koripallo-ottelu vaan kahden vastustajan välinen verinen taistelu. *Se odiaban a muerte.* He inhosivat toisiaan kuollakseen.
cada muerte de obispo harvoin *Viene a vernos cada muerte de obispo.* Hän käy meillä harvoin.
de mala muerte surkea *Vivía en una casa de mala muerte que no tenía ni agua corriente.* Hän asui surkeassa talossa, jossa ei ollut edes vesijohtoa. *Había nacido en un pueblo de mala muerte cercano a Barcelona.* Hän oli syntynyt eräässä kyläpahasessa lähellä Barcelonaa.

● **muerto**
callar como un muerto pitää mölyt mahassa *Habría sido mejor callar como un muerto.* Olisi ollut parempi pitää mölyt mahassa.
cargar [le] **el muerto** sälyttää niskoille *El cálculo de presupuestos no lo quiere hacer nadie y me parece que le van a cargar el muerto a Pepe.* Talousarvion laskelmia ei halua tehdä kukaan, ja minusta tuntuu, että se sälytetään Pepen niskoille.
estar muerto de olla kuin kuollut *Estoy muerto de hambre.* Kuolen nälkään. *Está muerta de cansancio.* Hän on kuolemanväsynyt. *Estábamos muertos de aburrimiento y nos fuimos al cine.* Meillä oli kuolettavan tylsää, ja lähdimme elokuviin.
hacer el muerto kellua *Los niños jugaban en el lago, buceaban, hacían el muerto, etc.* Lapset leikkivät järvessä, sukeltelivat, kelluivat jne.
más pálido que un muerto kalpea kuin kalkkilaivan kapteeni *Había mucha sangre y el hombre estaba más pálido que un muerto.* Verta tuli paljon ja mies oli kalpea kuin kalkkilaivan kapteeni.
muerto de hambre surkimus, mitättömyys *No te cases con Enrique porque es un muerto de hambre.* Älä mene Enriquen kanssa naimisiin, koska hän on surkimus.
ni muerto ei missään tapauksessa *Mi coche no te lo dejo a ti ni muerto.* En anna autoani sinulle missään tapauksessa.
no tener donde caerse muerto olla rutiköyhä *Parece muy rico pero no tiene donde caerse muerto.* Hän näyttää rikkaalta, mutta on rutiköyhä.
pesar como un muerto painaa kuin synti *El bolso pesa como un muerto.* Laukku painaa kuin synti.

quitarse el muerto de encima päästä pälkähästä *Pensé que iba a ser yo el encargado de la mudanza, pero he conseguido quitarme el muerto de encima.* Luulin, että minun piti hoitaa muutto, mutta onnistuin pääsemään pälkähästä.

tener un muerto/cadáver/esqueleto en el armario olla luuranko kaapissa *Todos tenemos un muerto en el armario.* Jokaisella on luurankonsa kaapissa.

tus muertos *alat* paskat *¿Qué te parece si lo haces tú, Antonio? le preguntó el director. Tus muertos, pensó Antonio.* Antonio, mitä jos sinä tekisit sen? johtaja kysyi. Ja paskat, Antonio ajatteli.

ks. myös: ni qué **niño** muerto, muerto de **envidia**

• **mujer**
mujer de su casa kotihengetär *No quería casarse con una mujer de carrera, sino con una mujer de su casa.* Hän ei halunnut mennä naimisiin uranaisen vaan oikean kotihengettären kanssa.

ser mujer saada kuukautiset *Fue mujer a los 12 años.* Hänelle tuli kuukautiset 12-vuotiaana.

• **muleta**
corto como muleta de cocodrilo (*myös* más corto que muleta de cocodrillo) lyhyt kun kanan lento *La vida es corta como muleta de cocodrilo.* Elämä on lyhyt kuin kanan lento.

• **mulo**
estar hecho un mulo olla vahva kuin härkä *Desde que va al gimnasio cada día, está hecho un mulo.* Alettuaan käydä kuntosalilla joka päivä hänestä on tullut vahva kuin härkä.

más terco que una mula de feria itsepäinen kuin pässi *El hombre era más terco que una mula de feria.* Mies oli itsepäinen kuin pässi.

meter [le] la mula *arg* huijata *A vos no te quiero meter la mula porque sos mi amigo.* En halua huijata sinua, koska olet ystäväni.

terco como una mula (*myös* más terco que una mula) itsepäinen kuin muuli *Es más terco que una mula, no hay manera de hacerle cambiar de opinión.* Hän on itsepäinen kuin muuli, ja hänen mieltään ei saa mitenkään muuttumaan.

ks. myös: poner el **carro** delante de las mulas

• **mundo**
comerse el mundo valloittaa koko maailma *Yo a tu edad quería comerme el mundo.* Sinun iässäsi minä halusin valloittaa koko maailman.

como [pos.] madre [lo] trajo al mundo (*myös* como vino al mundo) aataminpuvussa *No puedes ir a la playa así, como tu madre te trajo al mundo.* Et voi mennä rannalle tuollaisena, aataminpuvussa.

correr/ver mundo nähdä maailmaa *Antes de empezar la carrera deberías ver mundo porque nunca has salido del pueblo.* Ennen opintojesi aloittamista sinun pitäisi nähdä maailmaa, koska et ole koskaan käynyt kylän ulkopuolella.

del otro mundo erikoinen, ihmeellinen *Me han dicho que te has comprado un coche fantástico. –No creas, no es nada del otro mundo.* Kuulin, että olet ostanut upean auton. – Älä usko, ei se ole mitenkään ihmeellinen. *El restaurante no es nada del otro mundo, pero se come bien.* Ravintola on ihan tavallinen, mutta siellä syö hyvin. *No es un coche del otro mundo. Sólo costó 3000 euros.* Se on ihan tavallinen auto. Se maksoi vain 3 000 euroa.

el mundo es un pañuelo maailma on pieni *Hola Luis, ¿tú por aquí? –Sí, ya ves, el mundo es un pañuelo.* Terve Luis, mitäs sinä täällä? – Niin, kyllä maailma on sitten pieni.

el otro mundo tuonpuoleinen *Si no se cuida en un año se va al otro mundo.* Jos hän ei huolehdi itsestään, niin vuodessa hän kyllä joutuu tuonpuoleiseen. *Fue una gripe la que lo mandó al otro mundo.* Se flunssa vei hänet tuonpuoleiseen.

¿en qué mundo vives? missä maailmassa elät *¿De verdad no tienes ordenador? ¿En qué mundo vives?* Eikö sinulla tosiaankaan ole tietokonetta? Missä maailmassa sinä oikein elät?

haber visto mucho mundo ei olla eilisen teeren poika *Pero, ¿tú crees que nos puedes engañar? Hemos visto mucho mundo.* Luuletko voivasi huiputtaa meitä? Emme ole mikään eilisen teeren poika.

hundírse [le] el mundo (*myös* venírse [le] el mundo encima) maailma romahtaa *Cuando supo que no había pasado el examen de entrada, se le hundió el mundo.* Saatuaan tietää, että ei ollut läpäissyt pääsykoetta, hänen maailmansa romahti.

nada del otro mundo peruskaura *Este tipo de situaciones no son nada del otro mundo.* Tällaiset tilanteet ovat peruskauraa.

ponerse el mundo por montera ei välittää vähääkään *Ya puedes decirle lo que quieras, ella se pone el mundo por montera y hace lo que le da la gana.* Voithan sinä sanoa hänelle mitä haluat, mutta hän ei välitä vähääkään ja tekee mitä huvittaa.

por nada del mundo ei mistään hinnasta maailmassa *No debes tomar asiento hasta que lo haga ella y por nada del mundo te levantes si ella no lo ha hecho antes.* Sinun ei pidä istua ennen häntä, ja älä mistään hinnasta maailmassa nouse ylös ennen kuin hän.

tener mucho mundo olla nähnyt maailmaa *Hay pocas cosas con las que puedes sorprenderle porque tiene mucho mundo.* On harvoja asioita, joilla hänet voi yllättää, koska hän on nähnyt maailmaa.

todo el mundo kaikki *Todo el mundo quiere ganar más dinero.* Kaikki haluavat ansaita enemmän rahaa.

traer al mundo synnyttää *Mi madre me trajo al mundo en la ambulancia camino del hospital.* Äitini synnytti minut ambulanssissa matkalla sairaalaan.

venir al mundo syntyä *Mi hermanito vino al mundo un miércoles de octubre.* Pikkuveljeni syntyi eräänä lokakuisena keskiviikkona.

● **murga**

dar la murga rasittaa, ärsyttää *¡Niña, deja de dar la murga! Ya te he dicho mil veces que te estés quieta.* Lakkaapas tyttö rassaamasta minua! Olen käskenyt tuhat kertaa sinua olemaan hiljaa. *Déjame en paz, no me des la murga.* Jätä minut rauhaan, älä ärsytä minua.

● **musaraña**

estar en las musarañas olla muissa maailmoissa *¿Has oído lo que te decía o estabas en las musarañas?* Kuulitko, mitä sanoin sinulle vai olitko muissa maailmoissa?

● **músculo**

no mover un músculo ei liikahtaa *La gente veía que el anciano se encontraba mal, pero nadie movió un músculo.* Ihmiset näkivät vanhuksen voivan huonosti, mutta kukaan ei liikahtanutkaan.

● **música**

irse con la música a otra parte panna pillit pussiin *Entras, preguntas si tienen trabajo para ti, y si no tienen, te vas con la música a otra parte.* Menet sisään, kysyt onko heillä tarjota työtä sinulle ja ellei ole, panet pillit pussiin ja lähdet.

música celestial musiikkia korville *El ruido de la llave en la puerta le sonaba a música celestial porque era signo de que estaba de vuelta su esposa.* Avaimen rapina ovessa oli

musiikkia hänen korvilleen, koska se merkitsi, että vaimo tuli kotiin.
La música amansa a las fieras. Musiikki rauhoittaa petoja.

• **mutis**
hacer mutis vaieta *El gobierno lleva dos meses haciendo mutis sobre el tema de los nuevos impuestos.* Hallitus on vaiennut kaksi kuukautta uusista veroista.
hacer mutis por el foro poistua vähin äänin *Cuando notó la presencia de su ex-esposo en el restaurante, hizo mutis por el foro.* Huomattuaan entisen miehensä ravintolassa, hän poistui vähin äänin.

• **mutuo**
de mutuo acuerdo yksissä tuumin *Hagámoslo de mutuo acuerdo.* Tehdään se yksissä tuumin.

NNNNN

• **na**
pa na *ark* ei mihinkään *Eso no es bueno pa na.* Siitä ei ole mihinkään.

• **nacer**
no haber nacido ayer ei olla eilisen teeren poika *No creas que me puedes engañar tan fácilmente, no he nacido ayer.* Älä luule, että voit huijata minua niin helposti; en ole mikään eilisen teeren poika.
no ha nacido quien sellaista ei ole syntynytkään *No ha nacido quien pueda superarle en la preparación de postres.* Sellaista ei ole syntynytkään, joka laittaisi parempia jälkiruokia kuin hän.
ks. myös: nacer con **estrella**

• **nacimiento**
de nacimiento syntymästä *Es bizco de nacimiento.* Hän on syntymästään saakka kierosilmäinen. *¿Eres loco de nacimiento o has tenido que estudiar?* Oletko syntymähullu vai ihan tahallaan hankkiutunut sellaiseksi?

• **nada**
cada nada (*myös* a cada nada) jatkuvasti *Cada nada están haciendo obras en la casa.* Talossa tehdään remonttia jatkuvasti.
antes de nada ensi sijassa *Antes de nada, quiero agradecerle a la señora directora su presencia en esta fiesta.* Ensi sijassa haluan kiittää Teitä, rouva johtaja, läsnäolostanne tässä juhlassa.
como si nada ihan kuin ei mitään *Les he dicho mil veces que cierren la puerta al salir, pero como si nada.* Olen käskenyt heitä tuhat kertaa laittamaan oven kiinni lähtiessään, mutta se on yhtä tyhjän kanssa. *Todos estaban sudando por el esfuerzo, y ella como si nada.* Kaikki hikoilivat ponnistuksesta, mutta hän oli kuin ei mitään.
de nada ei kestä *Gracias por su ayuda. – De nada.* Kiitos avustanne. – Ei kestä.
dentro de nada aivan kohta *Espera un minuto más, llegará dentro de nada.* Odota vielä hetkinen, hän tulee aivan kohta.
más que nada pääasiassa *Si viaja, es más que nada por ver a las nietas, si no, no se movería de casa.* Jos hän matkustaa, hän käy pääasiassa katsomassa lapsenlapsiaan, muuten hän ei lähtisi kotoa mihinkään.
nada de [subst.] ei yhtään *El anciano no tenía nada de dinero.* Vanhuksella ei ollut yhtään rahaa.
nada de nada ei yhtään mitään *¿Qué hay de particular? –Nada de nada.* Onko mitään erikoista? – Ei yhtään mitään. *De ese tema no sé nada de nada.* Siitä aiheesta en tiedä

yhtään mitään. *Ya no me importa nada de nada.* En välitä siitä enää sitten yhtään.

nada más ei muuta *Póngame también un kilo de peras y medio de naranjas. –¿Nada más?* Laittakaa kilo päärynöitä ja puoli kiloa appelsiineja. – Tuleeko muuta? *No tenemos nada más.* Meillä ei ole muuta. *Necesitas descansar, nada más.* Tarvitset vain lepoa.

nada más [inf.] heti *Encontré la cartera nada más empezar a buscarla.* Löysin lompakon heti alettuani etsiä sitä.

nada más y nada menos que peräti *El bolso perdido contenía nada más y nada menos que seis mil euros.* Kadonneessa laukussa oli peräti kuusi tuhatta euroa.

nada menos que peräti *A los vendedores les pagaron nada menos que 700 millones de euros.* Myyjille maksettiin peräti 700 miljoonaa euroa. *Ayer estuve cenando con nada menos que la directora.* Olin eilen illallisella itsensä johtajan kanssa.

ni nada 1 ei edes *Salí a la calle sin peinarme ni nada.* Menin ulos kampaamatta edes tukkaani. *No sabe escribir ni nada.* Hän ei osaa edes kirjoittaa. **2** vähänkö *¡No es inteligente ni nada tu hermano!* Vähänkö sun veljesi on fiksu. *No es caro ni nada el coche que tiene.* Vähänkö sen auto on kallis.

no es por nada muuten vaan *No es por nada, pero aquí el jefe soy yo.* Ihan muuten vaan, mutta minä olen täällä pomo.

no haber nada como ei olla parempaa, voittanutta *No hay nada como una cerveza para quitar la sed.* Janon sammuttamiseen ei ole oluen voittanutta.

para nada 1 ei mihinkään *Esos estudios no sirven para nada.* Niistä tutkimuksista ei ole mitään hyötyä. **2** ei ollenkaan, el alkuunkaan *Vinieron tus padres a ayudarte, ¿verdad? – ¿Mis padres? Para nada, lo hice yo solo.* Vanhempasi tulivat apuun, vai mitä? – Vanhempaniko? Ei ollenkaan, tein sen ihan

yksin. *Este abrigo no me queda para nada bien.* Tämä takki ei sovi minulle alkuunkaan.

por nada muuten vain *No, yo tampoco fui. ¿Por qué? – No, por nada.* Minäkään en mennyt sinne. Miksi? – Ihan muuten vain. *¿Por qué recuerdas eso ahora? – Por nada. – Por nada, no. Algún motivo tendrás.* Miksi muistutat siitä nyt? – Muuten vain. – Et mitään muuten vain, joku syy sinulla varmaan on.

por nada del mundo ei mistään hinnasta *Ese concierto no me lo perderé por nada del mundo.* Sitä konserttia en jätä väliin mistään hinnasta.

quedar(se) en nada kuivua kokoon *La revuelta de Mätsälä quedó en nada.* Mäntsälän kapina kuivui kokoon.

ks. myös: estar **como** si nada

• nadar
No se puede nadar y guardar la ropa. Ei voi syödä ja säästä kakkua.

• nadie
como nadie loistava *La canción me la había enseñado Marta, que para estas cosas era como nadie.* Marta oli opettanut minulle sen laulun, hän on loistava sellaisessa. *Conduce como nadie.* Hän ajaa loistavasti.

casi nadie ei juuri ketään *No vino casi nadie a la clase.* Tunnille ei tullut juuri ketään.

• nado
a nado uimalla *Muchos han intentado cruzar a nado al Canal de la Mancha.* Monet ovat yrittäneet ylittää uimalla Englannin kanaalin.

• naja
salir de naja lähteä luikkimaan *Los amigos salieron de naja y yo me tuve que quedar a*

arreglarlo todo. Kaverit lähtivät luikkimaan ja minun piti laittaa yksin kaikki järjestykseen.

• **naranja**
media naranja parempi puolisko *Aún no ha encontrado a su media naranja.* Hän ei ole vielä löytänyt itselleen parempaa puoliskoa.
¡naranjas de la China! ei tulla kuuloonkaan *Dile que te tiene que pagar el día especificado en el contrato y lo demás, ¡naranjas de la China!* Sano hänelle, että hänen on maksettava sinulle sopimuksessa määrättynä päivänä ja muu ei tule kuuloonkaan.

• **nariz**
arrugar/torcer la nariz nyrpistää nenäänsä/nokkaansa *Las chicas eran muy decentes y a poca cosa enseguida arrugaban la nariz.* Tytöt olivat hyvin säädyllisiä ja vähästäkin nyrpistivät heti nenäänsä.
dar [le] **con la puerta en las narices** (*myös* cerrar [le] la puerta en las narices) lyödä ovi nenän edestä kiinni *A los vendedores ambulantes se les suele dar con la puerta en las narices.* Kulkukauppiaille lyödään usein ovi nenän edestä kiinni.
dar [le] **en la nariz** tuntua *Me da en la nariz que ella ha estado de juerga toda la noche.* Minusta tuntuu, että hän on ollut juhlimassa koko illan.
darse de narices con/contra törmätä *Iba mirando al cielo y me di de narices contra un poste.* Katselin kulkiessani taivaalle ja törmäsin pylvääseen.
darse de narices contra el suelo kaatua turvalleen maahan *Tropezó y se dio de narices contra el suelo.* Kompastui ja kaatui turvalleen maahan.
delante de las narices nenän edessä *Lo tienes ahí mismo, delante de tus narices.* Sehän on ihan siinä nenäsi edessä.
de narices valtava *Yo le había pedido un folleto y me trajo un libro de narices.* Olin

pyytänyt häneltä pientä kirjasta ja hän toi minulle valtavan kirjan.
ganar por una nariz voittaa turvan mitalla *Así que tu caballo ganó por una nariz.* Hevosesi siis voitti turvan mitalla.
hasta las narices kurkkua myöten täynnä *Estamos hasta las narices de tener que trabajar tanto.* Olemme kurkkua myöten täynnä tätä työn paljoutta. *Estamos de exámenes hasta las narices.* Olemme kurkkua myöten täynnä tenttejä.
hincharse [le] **las narices** *ark* vetää herneet nenään *Deja de molestarle porque se le están hinchando las narices.* Lakkaa häiritsemästä häntä, koska hän vetää kohta herneet nenään.
importar [le] **tres narices** *ark* vähät välittää *Me importa tres narices lo que ella piense.* En välitä pätkääkään mitä hän ajattelee.
ir a polvearse/maquillarse la nariz mennä puuteroimaan nenänsä *Ha ido a maquillarse la nariz.* Hän on mennyt puteroimaan nenänsä.
manda narices → tócate las narices
meter las narices (*myös* meter la nariz) työntää nenänsä *No sé por qué siempre tienes que meter las narices en asuntos que no te incumben.* En tiedä, miksi sinun pitää aina työntää nenäsi asioihin, jotka eivät kuulu sinulle.
no haber más narices que ei auta muu kuin *Han dicho que tenemos que ir todos, así que no habrá más narices que ir.* Meidän kaikkien käskettiin lähteä, joten ei kai sitten auta muu kuin mennä.
no ver más allá de [pos.] **narices** ei nähdä nenäänsä pitemmälle *Su egoísmo le impide ver más allá de sus narices* Itsekkyytensä takia hän ei näe nenäänsä pitemmälle.
por narices ehdottomasti, välttämättä *Le dije que no abriese la ventana y él, por narices, tuvo que abrirla.* Sanoin hänelle, ettei avaisi

ikkunaa, ja hänenhän piti välttämättä aukaista se.

qué narices mitä/mikä hittoa *¿Qué narices significa eso?* Mitä hittoa tuo tarkoittaa?

qué [subst.] **ni qué narices** mikä hiton *¡Qué huelga ni qué narices! Lo que usted tiene que hacer es venir y arreglarme las tuberías.* Mikä hiton lakko! Teidän pitää vain tulla ja korjata putket.

salir [le] **de las narices** *ark* huvittaa *Lo hice porque me salió de las narices y no tengo que darle explicaciones a nadie.* Tein sen, koska minua sattui huvittamaan, eikä minun tarvitse selitellä kellekään.

sonarse la nariz (*myös* sonarse las narices) niistää nenä *Ten este pañuelo limpio y suénate la nariz.* Ota tämä nenäliina ja niistä nenäsi.

tocar [le] **las narices** *ark* härnätä *No me toques las narices, ¿no ves que estoy cansado?* Älä härnää minua. Etkö näe, että olen väsynyt?

tocarse las narices *ark* olla kädet ristissä *Me he pasado el verano tocándome las narices.* Vietin koko kesän kädet ristissä.

tócate las narices (*myös* manda narices) että ottaa päähän *Ya está hasta la abuela en el coche, y la niña todavía tiene que arreglarse. ¡Tócate las narices!* Isoäitikin on jo autossa, ja tyttö vaan vielä laittautuu. Että ottaa päähän! *¡Tócate las narices! Toda la noche esperando para comprar una entrada, y ahora dicen que se ha anulado el concierto.* Että ottaa päähän! Koko illan olen odottanut, että voin ostaa lipun, ja nyt konsertti on peruttu.

¡Narices! Kissä vieköön!

ks. myös: quedarse con un **palmo** de narices

● **natural**
ser natural de olla kotoisin jstk *Era natural de Burgos.* Hän oli kotoisin Burgosista.

● **naturaleza**

por naturaleza luonnostaan *El ser humano, por naturaleza, no es violento.* Ihminen ei ole luonnostaan väkivaltainen.

● **nave**
quemar las naves polttaa sillat takanaan *Cuando se fue a vivir a Suiza, quemó sus naves en Madrid y ahora que ha vuelto le será difícil partir de cero.* Muutettuaan asumaan Sveitsiin, hän poltti sillat takanaan Madridissa ja nyt kun hän on palannut, on vaikeaa aloittaa aivan alusta.

● **necesidad**
de primera necesidad välttämätön *Le faltaba de todo, incluso cosas de primera necesidad.* Häneltä puuttui kaikkea, välttämättömätkin asiat.

hacer [pos.] **necesidades** tehdä tarpeensa *Si quieres hacer tus necesidades, espera a que lleguemos a casa.* Jos haluat tehdä tarpeesi, odota, että päästään kotiin.

verse/encontrarse en la necesidad de olla tarve *Cuando se quedó sin trabajo, se vio en la necesidad de poner en venta su casa.* Kun hän jäi työttömäksi, hänen piti laittaa talonsa myyntiin.

La necesidad carece de ley. Hätä ei lue lakia.

● **negocio**
hacer negocio voittaa *Es capaz de hacer negocio con cualquier cosa.* Hän pystyy tekemään voittoa mistä tahansa. *Si tú le has dado un ordenador viejo y ella te ha dado una bicicleta nueva, has hecho negocio.* Jos annoit hänelle vanhan tietokoneesi ja hän antoi sinulle uuden polkupyöränsä, sinä voitit.

mal negocio huono asia *Su abuela se ha caído y se ha roto la cadera. —Mal negocio, porque a esa mujer le encanta pasear.* Hänen isoäitinsä kaatui ja häneltä murtui lonkka. — Huono juttu, koska hän rakastaa kävelemistä.

• negro

negro sobre blanco mustaa valkoisella *No me basta que me des de palabra la autorización, la quiero negro sobre blanco.* Minulle ei riitä suullinen lupaus, vaan haluan mustaa valkoisella.

vérselas negras (*myös* verse negro) joutua kokemaan kovia *Con el salario que tiene se las ve negras para llegar a fin de mes.* Nykyisellä palkallaan hän joutuu kokemaan kovia selvitäkseen kuun loppuun.

ponerse negro raivostua *Se ponía negro cada vez que volvía a casa y la encontraba desordenada.* Hän raivostui aina kun kotiin tullessaan näki siellä vallitsevan sekasotkun.

trabajar como un negro *ark* raataa kuin orja *Si quiero terminarlo antes del lunes, tendré que trabajar como un negro.* Jos haluan saada tehdyksi sen ennen maanantaita, minun täytyy raataa kuin orja.

ks. myös: en **blanco** y negro; **merienda** de negros *alat*

• nervio

con los nervios de punta hermot kireällä *Llevo ya varios días que estoy con los nervios de punta.* Minulla on jo monta päivää ollut hermot kireällä.

estar al borde de un ataque de nervios olla hermoromahduksen partaalla *El problema es que está al borde de un ataque de nervios.* Ongelmana on, että hän on hermoromahduksen partaalla.

estar de los nervios olla hermostunut *No le molestes porque está de los nervios y puede ponerse a dar voces.* Älä häiritse häntä, koska hän on hermostunut ja saattaa ruveta kiljumaan.

manojo de nervios hermokimppu *La mañana de la boda ella era un manojo de nervios.* Hääpäivänsä aamuna hän oli varsinainen hermokimppu.

perder los nervios menettää hermot *Me esforcé por no perder los nervios, pero no lo conseguí.* Yritin olla menettämättä hermojani mutta en onnistunut.

poner de los nervios käydä hermoille *Me pone de los nervios esperar al autobús.* Bussin odottaminen käy hermoille.

poner [le] los nervios a cien kiristää hermoja *La reunión con todos los jefes me había puesto los nervios a cien.* Kokous kaikkien pomojen kanssa sai hermoni kiristymään

tener los nervios a flor de piel olla hermot pinnalla *Tengo muchas preocupaciones y por eso tengo los nervios a flor de piel constantemente.* Minulla on paljon huolia, minkä takia minulla on hermot jatkuvasti pinnalla.

tener nervios de hierro olla rautaiset hermot *Juan tiene nervios de hierro. No se altera por nada.* Juanilla on rautaiset hermot. Hän ei hermostu mistään.

• ni

ni que [subj.] eihän *Ya voy, ya voy. ¡Ni que te estuvieras muriendo!* Tullaan, tullaan. Eihän hätä ole tämän näköinen! *Me ha dado de usted. ¡Ni que fuera una vieja!* Hän teitittelii minua! Enhän minä ole mikään vanha rouva! *Si quieres desayunar, baja a la cocina. ¡Ni que esto fuera un hotel!* Jos haluat aamiaista, mene laittamaan sitä keittiöön. Eihän tämä ole mikään hotelli!

ks. myös: ni **siquiera**

• nieve

blanco como la nieve (*myös* más blanco que la nieve) lumivalkoinen, vitivalkoinen *Tiene las sábanas más blancas que la nieve.* Hänellä on lumivalkoiset lakanat.

• niño

como un niño con zapatos nuevos innoissaan kuin pieni lapsi *Nunca había realizado un* *trabajo con tan interesante. Me encontraba como un niño con zapatos nuevos.* En ollut koskaan tehnyt niin mielenkiintoista työtä. Olin innoissani kuin pieni lapsi. *Estaba como un niño con zapatos nuevos porque le habían dicho que ella sería la encargada de organizar la fiesta.* Hän oli innoissaan kuin pieni lapsi, koska oli saanut kuulla, että saisi juhlat järjestettäväkseen.

la niña de [pos.] **ojos** silmäterä *A su coche lo cuida como a las niñas de sus ojos.* Hän hoitaa autoaan kuin silmäteräänsä. *El sobrino era la niña de sus ojos.* Sisarenpoika oli hänen silmäteränsä.

niño bonito lellikki *Aquí todos reciben el mismo trato, no hay niños bonitos.* Kaikkia kohdellaan täällä samalla tavalla, ei ole lellikkejä.

qué [subst.] **ni qué niño muerto** helkkarin *¡Qué frío ni qué niño muerto! ¡Ponte a correr y verás cómo entras en calor!* Helkkarin kylmä! Pistä juoksuksi, niin kohtapa lämpenet.

Botar/tirar al niño con el agua sucia de la bañera. Heittää lapsi pesuveden mukana

Dejad que los niños se acerquen a mí. Sallikaa lasten tulla minun tyköni.

Los niños vienen con un pan bajo el brazo. Lapsi tuo leivän tullessaan.

• **nivel**

a nivel [adj.] tasolla *A nivel mundial éste es un banco pequeño, pero a nivel europeo, es uno de los más importantes.* Maailmanlaajuisesti tämä on pieni pankki, mutta Euroopan tasolla se on yksi merkittävimmistä.

• **no**

no así mutta ei *Antonio se fue a las diez. No así Luis, que se quedó hasta las doce.* Antonio lähti kymmeneltä. Mutta Luis ei, vaan hän oli kahteentoista asti.

no bien heti kun *No bien hubo dicho esto, se fue.* Heti sen sanottuaan, hän lähti.

• **nobleza**

Nobleza obliga. Aateluus velvoittaa.

• **noche**

caer la noche tulla pimeä *Vamos a casa, la noche ya está cayendo.* Mennään kotiin, tulee jo pimeää.

como de la noche al día kuin yö ja päivä *Los dos son cocineros, cierto, pero entre Antonio y María hay una diferencia como de la noche al día.* Molemmat ovat kyllä kokkeja, mutta Antoniolla ja Marialla on eroa kuin yöllä ja päivällä.

dar las buenas noches toivottaa hyvää yötä *Como estaba cansado, dio las buenas noches a todo el mundo y se fue a su cuarto.* Koska hän oli väsynyt, hän toivotti hyvää yötä kaikille ja meni huoneeseensa.

de la noche a la mañana hetkessä *De la noche a la mañana "La sombra del viento" convirtió a Carlos Ruiz Zafón en un escritor famoso.* Yhdessä yössä kirja "Tuulen varjo" teki Carlos Ruiz Zafónista kuuluisan kirjailijan. *Tenemos que estar preparados porque la situación puede cambiar de la noche a la mañana.* Meidän täytyy olla valmiita, koska tilanne voi muuttua yhdessä hetkessä.

de la noche al día hetkessä *Lo que me has hecho no lo podré olvidar de la noche al día.* En voi unohtaa hetkessä sitä, mitä teit minulle.

de noche illalla *Nunca salgo de noche.* En koskaan mene ulos illalla.

hacer noche en yöpyä *No podemos hacer el viaje de un tirón, imposible. Haremos noche en algún hotel de carretera.* Emme voi tehdä matkaa yhtä soittoa, se on mahdotonta. Yövymme jossakin tienvarsihotellissa.

hacerse de noche tulla pimeä *Vámonos a casa antes que se haga de noche.* Mennään kotiin, ennen kuin tulee pimeä.

pasar la noche en blanco/claro viettää uneton yö *Me he pasado la noche en claro porque mis vecinos estaban de fiesta.* Vietin unettoman yön, koska naapureilla oli juhlat. *Ya llevas demasiadas noches pasadas en blanco, tienes que descansar.* Olet jo viettänyt monta unetonta yötä, sinun täytyy levätä.

ser de noche olla pimeä *Ya es de noche.* On jo pimeää.

De noche todos los gatos son pardos. Yöllä kaikki kissat ovat harmaita.

• **noción**
perder la noción del tiempo kadota ajantaju *Cuando escribo puedo perder totalmente la noción del tiempo.* Kirjoittaessa minulta voi kadota ajantaju ihan kokonaan.

• **nombre**
a nombre de (*myös* **a** [*pos.*] **nombre**) nimelle *Pon el cheque a mi nombre y así sólo lo podré cobrar yo.* Kirjoita sekki minun nimelleni, niin vain minä voin lunastaa sen. *La casa la he puesto a nombre de mi hijo.* Laitoin talon poikani nimiin.

conocer de nombre tuntea nimeltä *Nunca lo he visto, sólo la conozco de nombre.* En ole koskaan nähnyt häntä, tunnen hänet vain nimeltä.

en nombre de nimissä *En nombre de todos, le doy las gracias por su ayuda.* Kaikkien nimissä kiitän Teitä avustanne.

llamar las cosas por su nombre puhua asioista niiden oikeilla nimillä *Lo que tú tienes es celos. Llamemos a las cosas por su nombre.* Sinä olet mustasukkainen. Puhutaan asioista niiden oikeilla nimillä.

no tener nombre olla sanoin kuvaamaton *Lo que le has hecho no tiene nombre.* Tekosi on sanoin kuvaamaton.

• **norte**
perder el norte mennä sekaisin *El problema de los actores jóvenes es que tanto dinero y tanta fama pueden hacerles perder el norte.* Nuorten näyttelijöiden ongelma on, että he menevät sekaisin paljosta rahasta ja suuresta maineesta.

• **nota**
dar la nota erottua joukosta *Antonio es de los que dan la nota en todas partes, o por su forma de vestir o por su forma de comportarse.* Antonio erottuu joukosta kaikkialla joko pukeutumisellaan tai käytöksellään. *Con esa camisa, vas a dar la nota; el color verde chillón no se lleva mucho.* Tuolla paidalla kyllä erotut joukosta, kirkuvan vihreää väriä ei paljonkaan näe.

tomar nota ottaa onkeensa *Le dije que no quería volver a verle y tomó nota: no ha vuelto a venir.* Sanoin, etten halua enää nähdä häntä ja hän otti onkeena eikä ole tullut takaisin. *Kääriäinen tomo nota y adelgazó 20 kilos.* Kääriäinen otti onkeensa ja laihdutti 20 kiloa.

tomar buena nota painaa mieleensä *Toma buena nota de lo que te digo porque es muy importante.* Paina mieleesi mitä sanon sinulle, koska se on erittäin tärkeää.

• **novatada**
gastar una novatada simputtaa *El ejército ha prohibido que se gasten novatadas a los reclutas.* Armeija on kieltänyt simputtamasta alokkaita.

• **novillos**
hacer novillos pinnata koulusta *Cuando vuelva mamá y se entere de que has hecho novillos, seguro que te llama a capítulo.* Kun äiti palaa ja saa tietää sinun pinnanneen koulusta, hän toruu sinua.

• novio

echarse novio ryhtyä seurustelemaan vakavasti *Algún día me echaré novio, pero no por el momento.* Jonakin päivänä rupean seurustelemaan vakavasti, mutta en toistaiseksi.

• nube

andar/vivir en las nubes leijua pilvissä, olla muissa maailmoissa *Si estáis en la nubes, queridos estudiantes, no vais a entender las explicaciones.* Jos te rakkaat opiskelijat leijutte pilvissä, ette ymmärrä selityksiä. *Siempre está en las nubes, no se entera de nada.* Hän on aina muissa maailmoissa eikä ole selvillä mistään.

bajar de las nubes laskeutua maanpinnalle *Con esas fantasías no llegarás a ninguna parte. Ya es hora de que bajes de las nubes.* Noilla kuvitelmilla et pääse mihinkään. Sinun on jo aika laskeutua maanpinnalle.

estar en las nubes olla kuutamolla *El gobierno de Marin estaba en las nubes.* Marinin hallitus oli kuutamolla.

estar/ponerse por las nubes (hinnoista) kohota pilviin, olla pilvissä *En el centro de Helsinki hay pocos pisos libres y los que hay están por las nubes.* Helsingin keskustassa on vähän vapaita asuntoja, ja vapaina olevien hinnat on pilvissä. *El precio del marisco fresco se ha puesto por las nubes.* Tuoreiden äyriäisten hinta on kohonnut pilviin.

poner por las nubes ylistää maasta taivaaseen *Ya sabes que mi madre siempre te pone por las nubes.* Tiedäthän, että äitini ylistää sinua aina maasta taivaaseen.

nudo

nudo en la garganta pala kurkussa *Llevaba un nudo en la garganta cuando fui a pedir los resultados del análisis de sangre.* Minulla oli pala kurkussa mennessäni kysymään verikokeen tuloksia.

• nuevo

de nuevo uudestaan *Él se miró de nuevo en el espejo.* Hän katsoi itseään peilistä uudestaan.

coger/pillar [le] de nuevas yllättää täysin *Su respuesta no me ha pillado de nuevas, ya me la esperaba.* Hänen vastauksensa ei yllättänyt minua täysin, olin jo odottanutkin sitä.

hacerse de nuevas teeskennellä yllättynyttä *Cuando te diga que está embarazada, hazte de nuevas, para que no sospeche que te lo he dicho yo.* Kun hän kertoo olevansa raskaana, teeskentele yllättynyttä, jotta hän ei epäile minun sanoneen sitä sinulle.

¿qué hay de nuevo? mitä uutta *Hace dos días que no paso por la oficina. ¿Qué hay de nuevo?* En ole kahteen päivään käynyt työpaikalla. Mitä uutta kuuluu?

• número

hacer números tehdä laskelmia *He estado haciendo números y he visto que no podemos comprar esa casa.* Olen tehnyt laskelmia ja todennut, ettemme voi ostaa sitä taloa.

montar un número tehdä numero *Si te han pisado, no hace falta que montes un número.* Jos joku tallasi sinun varpaillesi, ei siitä tarvitse tehdä numeroa.

• nunca

nunca jamás ei enää ikinä *Lo que ha pasado hoy no volverá a suceder nunca jamás.* Mitä tapahtui tänään, ei tule ikinä toistumaan.

nunca más ei enää koskaan *Nunca más volveré a malgastar dinero en ropa.* En enää koskaan tuhlaa rahaa vaatteisiin.

casi nunca ei juuri milloinkaan *Casi nunca hablaba por iniciativa propia.* Hän ei juuri milloinkaan puhunut omasta aloitteestaan.

ks. myös: más vale **tarde** que nunca

OOOOO

• **1 o**
o bien joko tai *O bien vienes, o bien te quedas.* Joko tulet tai jäät.

• **2 o**
no saber ni hacer la o con un canuto ei tietää höykäsen pöläystä *Es tan tonto que no sabe ni hacer la o con un canuto.* Hän on niin tyhmä, ettei tiedä mistään höykäsen pöläystä.

• **óbice**
no ser óbice ei olla este *Que yo sea el hijo del jefe no es óbice para que trabaje en la empresa.* Se, että olen johtajan poika, ei estä minua työskentelemästä yrityksessä.

• **objeto**
con [el] **objeto de** (*myös* al objeto de) tarkoituksena *Nos hemos reunido con el objeto de programar la fiesta del departamento.* Kokoonnuimme tarkoituksena suunnitella osaston juhlien ohjelma. *Le escribo con objeto de comunicarle que su pedido se le enviará dentro de dos días.* Kirjoitan Teille ilmoittaakseni, että tilauksenne lähetetään kahden päivän kuluttua. *Me llamó al objeto de recordarme que la reunión era a las 6.* Hän soitti minulle muistuttaakseen, että kokous oli kuudelta.
ser objeto de olla kohteena *El autor ha sido objeto de críticas tras la publicación de su última novela.* Kirjailija joutui arvostelun kohteeksi julkaistuaan viimeisen romaaninsa.
tener por objeto olla tarkoitus *Este programa tiene por objeto la lucha contra la desigualdad de los sexos.* Tämän ohjelman tarkoituksena on taistella sukupuolten epätasa-arvoa vastaan.

ks. myös: ser objeto de **burlas**

• **obligación**
Antes es la obligación que la devoción. Ensin työ, sitten leikki.

• **obra**
en obras rakenteilla *Esta página web está en obras.* Tämä WEB-sivu on rakenteilla. *No puedo invitarte a casa porque estamos en obras y está todo sucio.* En voi kutsua sinua kylään, koska meillä on remontti meneillään ja kaikki on sotkuista.
por obra y gracia de ansiosta *Se hizo famoso por obra y gracia de los medios de comunicación.* Hänestä tuli kuuluisa tiedotusvälineiden ansiosta.
Obras son amores y no buenas razones. Ei suuret sanat suuta halkaise.
ks. myös: a **pie** de obra

• **obstante**
no obstante kuitenkin, siitä huolimatta *No obstante, prefiero que seas tú quien me acompañe.* Minusta on kuitenkin mukavampi, että sinä tulet kanssani.

• **ocasión**
con ocasión de johdosta *El Sr. Embajador nos invitó con ocasión de la fiesta nacional.* Suurlähettiläs kutsui meidät luokseen kansallispäivän johdosta.
de ocasión käytetty *Ha comprado un coche de ocasión por 1000 euros.* Hän osti käytetyn auton 1 000:lla eurolla.
en ocasiones toisinaan *La amaba, pero en ocasiones no podía soportarla.* Rakastin häntä, mutta toisinaan en voinut sietää häntä.
en otra ocasión joskus toiste *Tendremos que volver al tema en otra ocasión.* Täytyy varmaan palata asiaan joskus toiste.
grandes ocasiones suuri tilaisuus *Este traje sólo se lo pone en las grandes ocasiones.*

Tämän puvun hän laittaa vain suuriin tilaisuuksiin.

La ocasión hace al ladrón. Tilaisuus tekee varkaan.

La ocasión la pintan calva. On taottava, kun rauta on kuumaa.

● **ocho**

hecho un ocho mutkilla *Se cayó con la bici y ésta quedó hecha un ocho.* Hän kaatui pyörällä, ja pyörä meni ihan mutkille.

● **ocurrencia**

¡Qué ocurrencia! mikä älynväläys *Pedro está enamorado de ti. –¿Pedro? ¿De mí? ¡Qué ocurrencia!* Pedro on rakastunut sinuun. – Pedroko? Minuunko? Mikä älynväläys!

● **ocurrir**

a quién se le ocurre olla päätöntä *Estoy totalmente calado. –¿A quién se le ocurre salir sin paraguas un día lluvioso?* Olen likomärkä. – On ihan päätöntä lähteä ulos sadepäivänä ilman sateenvarjoa.

ni se te ocurra älä edes kuvittele *Mamá, ¿puedo cogerte el coche? –Ni se te ocurra.* Äiti, voinko ottaa autosi? – Älä edes kuvittele.

ocurrírse [le] tulla mieleen *A Mario se le ocurrió de pronto una idea.* Mariolle putkahti eräs ajatus mieleen.

● **oficio**

no tener oficio ni beneficio olla joutilas, toimeton *Seguro que él puede ayudarte a hacer la mudanza porque no tiene oficio ni beneficio.* Tietenkin hän voi auttaa sinua muutossa, koska hän on joutilas.

Machando se aprende el oficio. Työ tekijäänsä neuvoo.

● **ofrecer**

¿qué se le ofrece? miten voin auttaa *Buenos días, ¿que se le ofrece? –No, nada, sólo estoy* *mirando.* Hyvää päivää, miten voin auttaa? – Kiitos, mutta minä vain katselen.

Quien mucho ofrece, poco da. Joka paljon lupaa, se vähän antaa.

● **oídas**

de oídas kuulopuheiden perusteella *La conozco pero sólo de oídas.* Tunnen hänet vain kuulopuheiden perusteella. *Te estoy hablando de oídas porque todavía no he leído el texto de la nueva ley.* Puhun sinulle kuulopuheiden perusteella, koska en ole vielä lukenut uuden lain tekstiä.

● **oído**

agudizar el oído heristää korviaan *Agudicé el oído cuando Jyrki hablaba del tema.* Heristin korviani, kun Jyrki asiasta puhui.

dar/prestar oídos kallistaa korvaansa *No des oídos a esos rumores.* Älä kallista korvaasi niille huhuille.

de oído korvakuulolta *Ella toca el piano de oído, nunca ha ido a una escuela de música.* Hän soittaa pianoa korvakuulolta eikä ole koskaan käynyt musiikkikoulua.

decir/hablar/susurrar al oído kuiskata/suputtaa jkn korvaan *Para que los demás no le oyesen, se lo dije al oído.* Jotta muut eivät kuulisi, kuiskasin sen hänelle korvaan. *Le susurré al oído lo mucho que lo quería.* Kuiskasin hänen korvaansa kuinka paljon häntä rakastin.

duro de oído huonokuuloinen *Háblale mas alto porque es un poco duro de oído.* Puhu hänelle kovempaa, koska hän on hieman huonokuuloinen.

endulzar [le] **los oídos** nuoleskella jkn saappaita

entrar por un oído y salir por otro mennä toisesta korvasta sisään ja toisesta ulos *A mí esas historias no me molestan porque me entran por un oído y me salen por otro.* Minua ne jutut eivät häiritse, koska ne menevät toisesta korvasta sisään ja toisesta ulos.

hacer oídos sordos ei höristää korviaan *La policía hizo oídos sordos a los gritos de los que se estaban ahohando.* Poliisi ei höristänyt korviaan hukkuvien huudoille.

llegar a oídos kantautua korviin *Si llega a oídos de tu padre que fuiste tú quien rompió la ventana, vas a tener problemas.* Jos isäsi korviin kantautuu, että sinä rikoit ikkunan, joudut vaikeuksiin.

¡oído al parche! korvat tarkkana *Venga todos, oído al parche porque van a dar los números de la lotería.* Nyt kaikki, korvat tarkkana, koska lottonumerot kerrotaan.

romper [le] **los oídos** raastaa korvia *El ruido me rompe los oídos en verano.* Melu raastaa korvia kesällä.

ser todo oídos olla pelkkänä korvana *Cuenta, cuenta, soy toda oídos.* Kerro, kerro, olen pelkkänä korvana.

tener buen oído olla korvaa *Ella tiene muy buen oído para la música.* Hänellä on erittäin hyvä musiikkikorva.

zumbar [le] **los oídos** korvat soivat *Cuando me desperté, ambos oídos me zumbaban.* Kun heräsin, molemmat korvani soivat.

• oír

como lo oyes/oye usted (*myös* lo que oyes/oye usted) tosi on *Tuvo un hijo a los 50. – ¡No me lo puedo creer! – Como lo oye.* Hän sai lapsen 50-vuotiaana. – En usko tuota. – Tosi on.

me va a oír saa vielä kuulla *Otra vez se ha dejado las luces encendidas. Cuando vuelva, me va a oír.* Taas hän on jättänyt valot palamaan. Kun hän palaa, hän saa vielä kuulla siitä.

¡Lo que hay que oír! Anna minun kaikki kestää.

• ojeriza

tener [le] **ojeriza** kantaa kaunaa *Siempre le ha tenido ojeriza a mi tío.* Olen aina kantanut kaunaa sedälleni.

• ojo

andarse con ojo pitää silmät auki, olla varuillaan *Siempre tienes que andarte con ojo cuando vayas por esa zona de noche.* Sinun täytyy pitää aina silmät auki, kun kuljet sillä alueella pimeällä. Sinun kannattaa olla varuillaan tässä kylässä. *Deberías andarte con ojo en este pueblo.*

andarse con mil ojos olla silmä tarkkana *Es el momento de andarse con mil ojos en la tienda.* Nyt kannattaa olla silmä tarkkana kaupassa.

a ojo silmämääräisesti *Habrá unas 30. Es difícil calcular a ojo las manzanas que puede haber en cada caja.* Niitä lienee kolmisenkymmentä. On vaikea laskea silmämääräisesti kuinka monta omenaa jokaisessa laatikossa olisi.

a ojo de buen cubero silmämääräisesti *A ojo de buen cubero, podría decirte que pesa 40 kilos.* Silmämääräisesti arvioituna sanoisin sen painavan 40 kiloa.

a ojos cerrados tarkemmin ajattelematta *El trabajo le pareció tan interesante que firmó a ojos cerrados el contrato que le presentaron.* Työ vaikutti hänestä niin mielenkiintoiselta, että hän allekirjoitti tarjotun sopimuksen sen tarkemmin ajattelematta.

a ojos vistas silmin nähden *Su salud se está deteriorando a ojos vistas.* Hänen terveytensä heikkenee silmin nähden.

cerrar los ojos ummistaa silmänsä *Europa cierra los ojos ante una amanaza aguda.* Eurooppa ummistaa silmänsä akuutilta uhalta.

comérse [lo] **con los ojos** syödä silmillä *¡Luisa, mujer! Deja de mirar a ese chico así, te lo estás comiendo con los ojos.* Luisa hei! Lakkaa katselemasta tuota poikaa sillä tavalla, sinähän syöt häntä silmilläsi.

con los ojos cerrados silmät ummessa *Eso lo puedo hacer con los ojos cerrados.* Sen minä voin tehdä vaikka silmät ummessa.

costar más que un ojo de la cara (*myös* costar un ojo de la cara) maksaa itsensä kipeäksi *Te habrá costado un ojo de la cara celebrar la boda en ese restaurante.* Maksoit varmaan itsesi kipeäksi siinä ravintolassa viettämästäsi hääjuhlasta.

crecer a ojos vistas kasvaa silmissä *El primogénito de Mario crece a ojos vistas.* Marion esikoispoika kasvaa silmissä.

dar un ojo de la cara por antaa mitä vain *Daría un ojo de la cara por no tener que ir a trabajar hoy.* Antaisin mitä vain, ettei tarvitsisi mennä tänään töihin.

¡dichosos los ojos! hauska nähdä *¡Dichosos los ojos que te ven!* Hauska nähdä taas!

el ojo del huracán myrskyn silmä *Estamos en el ojo del huracán.* Olemme myrskyn silmässä.

echar [le] **el ojo** iskeä silmänsä *Cuando le echa el ojo a una chica, no cesa hasta que consigue salir con ella.* Kun hän iskee silmänsä johonkin tyttöön, hän ei anna periksi ennen kuin on ollut ulkona hänen kanssaan.

en un abrir y cerrar de ojos
silmänräpäyksessä *Preparó la comida en un abrir y cerrar de ojos.* Hän laittoi ruoan tuossa tuokiossa. *Eso te lo arreglo yo en un abrir y cerrar de ojos.* Minä korjaan sen sinulle käden käänteessä.

entrar [le] **por los ojos** vangita katse *Las prendas bonitas nos entran por los ojos.* Kauniit vaatteet vangitsevat katseemme. *Cuando al cliente la mercancía no le entra por los ojos, luego tú tienes que metérsela por los oídos.* Kun tavara ei ensi näkemältä miellytä asiakasta, hänet täytyy sitten puhua ympäri.

guiñar [le] **el ojo** iskeä silmää *Intenta captar la mitada de algún jugador y guiñarle el ojo.* Hän yrittää tavoittaa jonkun leikkijän katseen ja iskeä silmää.

meter [le] **por los ojos** kehua maasta taivaaseen *El vendedor me metió el coche por los ojos.* Myyjä kehui auton maasta taivaaseen.

¡mucho ojo! varo *Mucho ojo cuando salgas a la calle.* Varo, kun menet ulos! *Mucho ojo con las copas, no se te vayan a caer.* Varo niitä laseja, ettei ne putoa!

no pegar ojo ei ummistaa silmäänsä *Llevo una semana que no pego ojo.* En ole viikkoon ummistanut silmääni. *Nadie ha podido pegar ojo y esta mañana se le nota el cansancio en la cara a todo el mundo.* Kukaan ei ole pystynyt ummistamaan silmäänsä, ja tänä aamuna väsymys näkyy kaikkien kasvoilta.

no quitar [le] **el ojo de encima** (*myös* no quitar [le] **los ojos de encima**) **1** ei päästää silmistä *No le quitó los ojos de encima a su novia en toda la noche.* Hän ei päästänyt tyttöystäväänsä silmistään koko iltana. **2** ei saada silmiä irti *La chica era tan guapa que no podía quitarle los ojos de encima.* Tyttö oli niin kaunis, etten saanut hänestä silmiäni irti.

ojo con varo *Ojo con él.* Varo häntä. *Ojo con beber demasiado porque luego te pones tonta.* Varo juomasta liikaa, koska sitten hölmöilet.

ojos como platos silmät pyöreinä *Cuando oyó la noticia, se le pusieron los ojos como platos.* Kuultuaan uutisen hän oli aivan silmät pyöreinä.

poner los ojos en blanco kääntyä silmät nurin *Ponía los ojos en blanco cada vez que oía el nombre de su amada.* Hänellä kääntyivät silmät nurin aina kun kuuli rakastettunsa nimen.

tener los ojos vidriosos olla tippa silmässä *Durante la película todos teníamos los ojos vidriosos.* Elokuvan aikana kaikilla oli tippa silmässä.

tener ojo clínico olla silmää *Para los negocios tienes tú mucho ojo clínico.* Sinulla on todella silmää liikeasioille.

ver con buenos ojos katsoa hyvällä, katsella suopein silmin *La familia no veía con buenos ojos el matrimonio de su hijo con una bailarina de striptease.* Perhe ei katsonut hyvällä poikansa avioliittoa stripparin kanssa.

Los ojos son el espejo del alma. Silmät ovat sielun peili.

Ojo por ojo, diente por diente. Silmä silmästä, hammas hampaasta.

Ojos que no ven, corazón que no siente. Poissa silmistä, poissa sydämestä.

ks. myös: caérse [le] la **venda** de los ojos; como a las **niñas** de [pos.] sus ojos; parecerse en el **blanco** de los ojos

• **ole** (myös olé)

ole ahí hyvä, hurraa *Bravo, bravo, ¡ole ahí!* Hyvä, hyvä, hurraa!

• **óleo**

echar óleo al fuego lisätä vettä myllyyn *Si sigues echando óleo al fuego, acabará enfadándose. Deja de explicar los detalles de lo que hizo anoche.* Jos lisäät vettä myllyyn, hän lopulta suuttuu. Lakkaa kertomasta yksityiskohtaisesti hänen eilisiltaisia tekemisiään.

• **oler**

no olerlas ei tajuta *Sus compañeros le están comiendo todos los caramelos, pero él es tan inocente que no las huele.* Kaverit syövät kaikki hänen karamellinsa, mutta hän on niin sinisilmäinen, ettei tajua.

oler a podrido haista kuin rankkitynnyri *Las zapatillas de ballet han empezado a oler a podrido.* Ballerinat on alkaneet haista kuin rankkitynnyri.

ks. myös: oler a **chamusquina**; oler [le] a **cuerno** quemado

• **olla**

haberse [le] ido la olla viiraa päässä *Se le ha ido la olla.* Hänellä viiraa päässä.

írse [le] la olla mennä pää sekaisin *Desde la muerte de su esposo, se le ha ido un poco la olla.* Puolisonsa kuoleman jälkeen häneltä meni pää sekaisin.

parar la olla *arg, chl* ansaita elanto *Cuando murió mi viejo, los hijos tuvimos que parar la olla trabajando por las tardes.* Kun isäpappani kuoli, meidän lasten piti ansaita elantomme iltatöillä.

• **olvidar**

olvídame jätä pois laskuista *Esto tiene que limpiarlo alguien. –A mí, olvídame.* Jonkun täytyy siivota tämä. – Jätä minut laskuista pois.

• **olvido**

caer en el olvido vaipua unohduksiin/unholaan *No queremos que las obras de nuestro padre caigan en el olvido.* Emme halua, että isämme työt vaipuvat unohduksiin.

• **ombligo**

creerse el ombligo del mundo luulla olevansa maailman napa *No todos te admiran. No te creas el ombligo del mundo.* Kaikki eivät ihaile sinua! Älä luule olevasi mikään maailman napa.

mirarse el ombligo tuijottaa omaa napaansa *Hay que pensar en el bien común y dejar de mirarse el ombligo.* Täytyy ajatella yhteistä hyvää eikä tuijottaa omaa napaansa.

• **onda**

coger/captar la onda saada juonesta kiinni, ymmärtää yskä *Estoy asistiendo a un curso de biomecánica, pero como no consigo coger la onda me parece que lo voy a dejar.* Olen biomekaniikan kurssilla, mutta koska en onnistu saamaan juonesta kiinni, luulen jättäväni sen kesken. *Cuando el camarero* *empezó a hablarle de su esposa mi amiga cogió la onda y comprendió que no estaba interesado en conocerla.* Kun tarjoilija alkoi puhua vaimostaan, ystävättäreni ymmärsi yskän ja tajusi, ettei tämä ollut kiinnostunut hänestä.

estar en la misma onda olla samalla aaltopituudella/aallonpituudella *Es fácil trabajar con ellas porque estamos en la misma onda.* Heidän kanssaan on helppo työskennellä sillä olemme samalla aaltopituudella.

• **opinión**
cambiar de opinión/parecer tulla toisiin ajatuksiin *Si alguien ha cambiado de opinión, ahora es el momento de irse.* Jos joku tuli toisiin ajatuksiin, nyt on aika lähteä.

• **óptica**
desde mi óptica nähdäkseni *Desde mi óptica Kotka es un lugar excelente.* Nähdäkseni Kotka on erinomainen paikka.

• **oposición**
hacer oposiciones 1 hakea virkaa *Hizo oposiciones a inspector de Hacienda, pero no las ganó.* Hän haki verotarkastajan virkaa, mutta ei saanut sitä. **2** hakemalla hakea *Los bebedores hacen oposiciones a todo tipo de enfermedades hepáticas.* Juomarit hakemalla hakevat kaikenlaisia maksasairauksia.

• **opulencia**
nadar en la opulencia olla varoissa *Si no nadamos en la opulencia, comamos gachas.* Jos ei olla varoissa laitetaan puuroa.

• **órdago**
de órdago mahtava *Si alguna vez me caso, mi boda será de órdago.* Jos joskus menen naimisiin, järjestän mahtihäät.

• **1 orden**
en orden a varten *Se han tomado las medidas necesarias en orden a conseguir una mayor seguridad en las carreteras.* On ryhdytty tarvittaviin toimenpiteisiin paremman tieturvallisuuden saavuttamiseksi.

llamar al orden panna aisoihin *No puedes dejar que la niña haga lo que quiere, tienes que llamarla al orden.* Et voi antaa tytön tehdä, mitä huvittaa, sinun täytyy panna hänet aisoihin.

por orden järjestyksessä *Aquí tienes por orden alfabético los nombres de los invitados.* Tässä on sinulle kutsuttujen nimet aakkosjärjestyksessä.

sin orden ni concierto miten sattuu *Están construyendo la casa sin orden ni concierto y no me extrañaría que se les hubiese olvidado algo importante.* He rakentavat taloa, miten sattuu, eikä minua ihmetyttäisi, jos heiltä olisi unohtunut jotakin tärkeää.

• **2 orden**
a las órdenes de käskyläisenä *Yo aquí estoy a las órdenes de quien me paga, no a las tuyas.* Olen täällä palkanmaksajani käskyläisenä, en sinun.

a sus órdenes käskystä *A sus órdenes, mi sargento.* Käskystä, herra kersantti.

estar a la orden del día olla tavallista *Antes no eran frecuentes los viajes al extranjero, pero actualmente están a la orden del día.* Ennen ulkomaanmatkat eivät olleet yleisiä, mutta nykyään ne ovat ihan tavallisia.

• **ordinario**
de ordinario tavallisesti *De ordinario mi equipo juega bien.* Tavallisesti minun joukkueeni pelaa hyvin.

• **oreja**

aguzar la oreja terästää kuuloa *Para captar esos sonidos tienes que aguzar la oreja.* Niiden äänien kuulemiseksi sinun täytyy terästää kuuloasi.

• **oreja**
calentar [le] las orejas pitää kunnon saarna *Tu padre te va a calentar las orejas cuando sepa que has roto la bici.* Isäsi pitää sinulle kunnon saarnan, kun saa tietää sinun rikkoneen pyörän.
con las orejas gachas korvat luimussa, häntä koipien välissä *Lo único que espero es no tener que dejar este trabajo con las orejas gachas.* Toivon ainoastaan, ettei minun tarvitse lähteä tästä työstä korvat luimussa. *Cuando vio que había suspendido el examen se fue con las orejas gachas.* Nähtyään ettei ollut päässyt tentistä läpi, hän lähti häntä koipien välissä.
de oreja a oreja suu korvissa *Veikko anda estos días con una sonrisa de oreja a oreja porque le dieron el domingo el primer premio.* Veikko kulkee tätä nykyä suu korvissa, koska voitti sunnuntaina ensimmäisen palkinnon.
planchar la oreja painaa pää tyynyyn *Estoy demasiado cansado, me voy a planchar la oreja.* Olen liian väsynyt, on aika painaa pää tyynyyn.
poner la oreja olla kuulolla *Pon la oreja porque la entrevista radiofónica empieza en dos minutos.* Ole kuulolla, koska radiohaastattelu alkaa parin minuutin kuluttua.
poner [le] las orejas coloradas nuhdella *Le he tenido que poner las orejas coloradas al niño porque no puedo permitir que se porte así.* Minun piti nuhdella poikaa, koska en voi sallia häneltä sellaista käytöstä.
verle las orejas al lobo katsoa vaaraa silmästä silmään *Antes yo iba a mil con el coche, pero cuando tuve el accidente le vi las orejas al lobo y ahora voy más despacio.* Ennen ajoin tuhatta ja sataa, mutta kun minulle sattui onnettomuus, jouduin katsomaan vaaraa silmästä silmään ja nyt ajan hitaammin.

• **orejeras**
llevar orejeras kulkea laput silmillä *No conseguirás hacerle cambiar de opinión; lleva orejeras desde que nació.* Et saa häntä muuttamaan mieltään, hän on kulkenut laput silmillä koko elämänsä.

• **orgullo**
tragarse el orgullo ottaa lusikka kauniiseen käteen *El gobierno tiene que tragarse el orgullo e iniciar las negociaciones.* Hallituksen pitää ottaa lusikka kauniiseen käteen ja aloittaa neuvottelut.

• **origen**
dar origen aiheuttaa *Las protestas de los trabajadores dieron origen a que la empresa reconsiderase los despidos.* Työntekijöiden vastalauseet saivat yrityksen harkitsemaan uudelleen irtisanomisia.
de origen peräisin *La patata es de origen suramericano.* Peruna on peräisin Etelä-Amerikasta.

• **orilla**
a la orilla de partaalla *Está a la orilla de la muerte.* Hän on kuoleman partaalla.
a orillas de rannalla *Paseaba con ella a orillas del mar.* Kuljin hänen kanssaan meren rannalla. *Nuestro chalet se alza a orillas de un lago.* Meidän mökkimme on järven rannalla.

• **oro**
como oro en paño kuin aarre *Tenía un autógrafo de Elvis que guardaba como oro en paño.* Hänellä oli Elviksen nimikirjoitus, jota hän säilytti kuin aarretta.
prometer el oro y el moro luvata maat ja taivaat *Luisa le prometió el oro y el moro para que mi hermano se casase con ella.* Luisa

lupasi maat ja taivaat veljelleni, jotta tämä menisi hänen kanssaan naimisiin.

hacerse de oro rikastua, vuolla kultaa *Se hizo de oro vendiendo agua mineral a los países árabes.* Hän rikastui myymällä kivennäisvettä arabimaihin.

ni por todo el oro del mundo ei mistään hinnasta *Mi chalet no lo vendo ni por todo el oro del mundo.* En myy mökkiäni mistään hinnasta.

pintar oros olla otollinen hetki *Si quieres un aumento de sueldo, vete a hablar con el jefe ahora porque acaba de nacer su primer hijo y pintan oros.* Jos haluat palkankorotuksen, mene puhumaan pomon kanssa nyt, koska hänen ensimmäinen lapsensa syntyi juuri ja on otollinen hetki.

prometer el oro y el moro luvata yhdeksän hyvää ja kahdeksan kaunista *A los políticos les es fácil prometer el oro y el moro.* Poliitikkojen on helppo luvata yhdeksän hyvää ja kahdeksan kaunista.

No es oro todo lo que reluce. Ei kaikki kultaa, mikä kiiltää.

ks. myös: como un **ascua** de oro; como los **chorros** del oro; el **tiempo** es oro; **pico** de oro; valer su **peso** en oro

• **oscuro**

a oscuras pimeässä *Ayer hubo un corte de luz y estuvimos una hora a oscuras.* Eilen oli sähkökatko ja olimme tunnin pimeässä. *Nos han tenido a oscuras de los cambios habidos.* Tehdyt muutokset on pidetty meiltä pimennossa.

• **oso**

despertar al oso durmiente sohaista ampiaispesää, herättää nukkuvaa karhua *Puede ser que despierte al oso durmiente, pero pregunto, no obstante.* Taidan sohaista ampiaispesää, mutta kysyn nyt kuitenkin. *Dejemos ese tema. No despirtes al oso durmiente.* Jätetään aihe sikseen. Älä herätä nukkuvaa karhua.

• **ostra**

como una ostra (*myös* más que una ostra) ikävystyä kuoliaaksi *Los días de lluvia se aburrían más que una ostra porque no podían ni salir de paseo.* Sadepäivinä he ikävystyivät kuoliaaksi, koska ei voineet lähteä edes kävelylle.

• **otro**

el otro día (*myös* la otra mañana; la otra tarde; la otra noche) äskettäin *A Antonio lo vi el otro día.* Näin Antonion äskettäin.

como cualquier otro kuin kuka tahansa, tavallinen *No tiene nada de especial, es un hombre como cualquier otro.* Hänessä ei ole mitään erikoista, hän on ihan tavallinen mies.

entre otras cosas muun muassa *En este tipo de fiestas, se suele beber jerez, vinos blanco y tinto, zumos y aguas minerales, entre otras cosas.* Sellaisissa juhlissa juodaan tavallisesti sherryä, valko- ja punaviiniä, mehua ja kivennäisvettä muun muassa.

ks. myös: otro **tanto**

• **ovario**

hasta los ovarios *alat* olla vittuuntunut *Ya estoy hasta los ovarios de mi colega sabelotodo.* Olen vittuuntunut kaikkitietävään työkaveriini.

tener un par de ovarios *alat* olla munaa *Es una mujer que tiene un par de ovarios y puede enfrentarse a todos los jefes del mundo si es necesario.* Sillä naisella on munaa, ja hän pystyy kohtaamaan kaikki maailman johtajat, jos tarve vaati.

• **oveja**

Cada oveja con su pareja. Vakka kantensa valitsee.

oveja negra musta lammas *Muchas familias tienen una oveja negra.* Monessa perheessä on musta lammas.

• **ovillo**
en ovillo sykkyrässä *Le gusta dormir en ovillo.* Hänestä on mukavanukkua sykkyrässä.

• **oxte (myös oste)**
sin decir oxte/oste ni moxte sanomatta sanaakaan *Tomé el abrigo, y sin decir oxte ni moxte, me fui de su casa.* Otin takkini ja sanaakaan sanomatta lähdin ulos. *Sin decir oxte ni moxte se sentó a comer.* Sanomatta sanaakaan hän istui syömään.

PPPPPP

• **pábulo**
dar pábulo ruokkia, edesauttaa *Si alguien te critica a un compañero, no le des pábulo y verás que las críticas terminan pronto.* Jos joku arvostelee kaveriasi, älä yllytä häntä lisää, niin arvostelu varmaan loppuu pian. *El boom de la construcción ha dado pábulo a la corrupción.* Rakennusbuumi on edesauttanut korruptiota.
cortarles el pábulo a los rumores katkaista huhuilta siivet *Cortémosles de una vez el pábulo a los rumores.* Katkaistaan nyt huhuilta siivet kertaheitolla.

• **pachá**
como un pachá leveästi *¿Cómo puedes vivir como un pachá si eres estudiante?* Kuinka pystyt elämään leveästi, jos olet opiskelija?

• **paciencia**
tener más paciencia que Job olla hyvin kärsivällinen *Es un profesor muy bueno, tiene*

más paciencia que Job. Hän erittäin hyvä opettaja, hyvin kärsivällinen.

• **pacotilla**
de pacotilla kehno *Le dolió la pérdida de aquel reloj aunque era de pacotilla.* Hän suri kadottamaansa kelloa, vaikka se oli arvoton. [sust.] **de pacotilla** juosten kustu [sust.] *Este es un ejercicio de pacotilla.* Täähän on juosten kustu harjoitus.

• **padre**
de padre y muy señor mío valtava *Me llevé un susto de padre y muy señor mío cuando la vi tumbada en el pasillo.* Säikähdin kauheasti nähdessäni hänet kaatuneena käytävällä. *Me di un tortazo de padre y muy señor mío por no llevar ruedas de invierno.* Koin melkoisen rysäyksen, koska autossani ei ollut talvirenkaita. *No es un resfriado lo que tengo, sino una gripe de padre y muy señor mío.* En ole vilustunut, vaan minulla on ihan kamala flunssa.
estar para hacerle padre *ark* olla herkkupeppu *¿Has visto al nuevo jefe? –Sí, María. Lo he visto y está para hacerle padre.* Oletko nähnyt uuden pomon? – Kyllä, Maria, olen nähnyt hänet, ja hän on oikea herkkupeppu.
más feo que pegar a un padre ruma kuin apinan kainalo *Su hermana es muy mona, pero Antonio es más feo que pegar a un padre.* Hänen sisarensa on hyvin sievä, mutta Antonio itse on ruma kuin apinan kainalo.
más malo que pegar a un padre paha kuin perkele *Su hermana es muy buena persona, pero Pedro es más malo que pegar a un padre.* Hänen sisarensa on kunnon ihminen, mutta Antonio itse on paha kuin perkele.
no tener padre ni madre ni perro que le ladre olla ypöyksin *Desde que se le murió la abuela*

que lo cuidaba no tiene ni padre ni madre ni perro que le ladre. Hänestä huolehtineen isoäidin kuolemasta alkaen hän on ollut ypöyksin.

Cual padre, cual hijo Minkälainen isä, sen lainen poikakin

• **padrino**
El que tiene padrinos se bautiza. Suhteilla saa.

• **página**
pasar página kääntää lehti *Lo pasado, pasado; ya es hora de que pasemos página y nos olvidemos de víctimas y culpables.* Se on ollutta ja mennyttä; on jo aika kääntää lehteä ja unohtaa syytteleminen.
ks. myös: a **pie** de página

• **pago**
por estos pagos meillä päin *Es costumbre, por estos pagos, ayudarle al futuro vecino a construir su casa.* Meillä päin on tapana auttaa tulevaa naapuria talon rakentamisessa.

• **paisano**
de paisano siviiliasussa *Perdone que no le hiciese el saludo, mi coronel; como va usted de paisano, no le reconocí.* Anteeksi, etten tervehtinyt, herra eversti, mutta en tuntenut teitä siviiliasussa.

• **paja**
hacerse una paja *alat* vetää käteen *Yo de joven me hacía una paja todas las noches.* Nuorena vedin käteen joka yö.
no caber [le] **una paja en el culo** *alat* paskantärkeä *Desde que le han nombrado subdirector, no le cabe una paja en el culo.* Saatuaan nimityksen apulaisjohtajaksi, hänestä on tullut paskantärkeä.

un quítame allá esas pajas aivan tyhjästä *Es una persona que puede ponerse a gritar por un quítame allá esas pajas.* Hän on sellainen ihminen, että voi alkaa huutaa aivan tyhjästä. *Se suicidó por un quítame allá esas pajas.* Hän teki itsemurhan aivan tyhjän takia.
Más fácil ver la paja en el ojo ajeno que la viga en el propio. Helpompi on nähdä rikka toisen silmässä, kuin malka omassa silmässä.
Mucha paja y poco grano (es por vicio del verano). Paljon huutoa ja vähän villoja (sanoi piru kun sikaa keritsi).
ks. myös: separar el **grano** de la paja

• **pajarito**
comer como un pajarito syödä kuin lintu *Está muy delgado Felipe. —Sí, come como un pajarito.* Felipe on tosi laiha. – Niin on, hän syö kuin lintu.
contar/decir [le] **un pajarito** pikkulinnut lauloivat *Me ha dicho un pajarito que te vas a casar. ¿Es verdad?* Pikkulinnut lauloivat, että menet naimisiin. Onko se totta?
escapárse [le] **el pajarito** hevoset karkaavat tallista *Cuidado, Matti, se te va a escapar el pajarito.* Varo, Matti, sinulta karkaa hevoset tallista.

• **pájaro**
llenar [le] **la cabeza de pájaros** sekoittaa pää *No quiero que pase tanto tiempo con su tío porque le llena la cabeza de pájaros al niño.* En halua pojan viettävän niin paljon aikaa setänsä kanssa, koska tämä sekoittaa hänen päänsä.
matar dos pájaros de un tiro tappaa kaksi kärpästä yhdellä iskulla *Vas al congreso y de paso vas a ver a los abuelos, así matas dos pájaros de un tiro.* Kun menet kongressiin ja samalla käyt isovanhempiesi luona, niin tapat kaksi kärpästä yhdellä iskulla.

pájaro de cuenta kelmi *Ten cuidado con Felipe porque es un pájaro de cuenta.* Varo Felipeä, koska hän on sellainen kelmi.

pájaro de mal agüero pahanilmanlintu *No quiero ser pájaro de mal agüero, pero si no has recibido la carta, significa que no has sido admitido.* En halua olla pahanilmanlintu, mutta ellet ole saanut kirjettä, se tarkoittaa, ettei sinua ole hyväksytty.

A cada pajarillo le gusta su nidillo. Oma maa mansikka, muu maa mustikka

Más vale pájaro en mano que ciento volando. Parempi pyy pivossa kuin kymmenen oksalla.

• **pala**

que … recoger con pala loppuun kulunut puhki *Estoy tan cansado que me podéis recoger con pala.* Olen todella väsynyt ja loppuun kulunut

ks. myös: a **punta** pala

• **palabra**

buenas palabras tyhjiä lupauksia *El jefe me ha dicho que soy buen trabajador y que mirará lo de mi sueldo, pero a mi me han parecido sólo buenas palabras.* Johtaja kehui minua hyväksi työntekijäksi ja sanoi miettivänsä palkkaani, mutta minusta se kaikki oli yhtä tyhjän kanssa. *Los ciudadanos ya están cansados de las buenas palabras del alcalde y exigen soluciones a los problemas de tráfico.* Kaupunkilaiset ovat jo kyllästyneitä kaupunginjohtajan tyhjiin lupauksiin ja vaativat ratkaisuja liikenneongelmiin.

coger/tomar [le] **la palabra** ottaa jkn sanat kirjaimellisesti *Yo le ofrecí mi ayuda por cumplir, pero ella me cogió la palabra y me pidió que le limpiase yo el coche.* Tarjosin hänelle apua kohteliaisuudesta mutta hän otti sanani kirjaimellisesti ja pyysi minua pesemään auton. *Mi suegra dijo que podía ocuparse de los niños. Así que le cogimos la palabra y nos fuimos una semana de vacaciones.* Anoppini sanoi voivansa hoitaa lapsiamme. Niinpä otimme hänen sanansa kirjaimellisesti ja lähdimme lomalle viikoksi.

conceder la palabra antaa puheenvuoro *En las reuniones, el presidente sólo concede la palabra a los que opinan como él.* Kokouksissa puheenjohtaja antaa puheenvuoron vain niille, jotka ovat yhtä mieltä hänen kanssaan.

con/en otras palabras toisin sanoen *Este coche es demasiado lujoso, con otras palabras, no puedo comprarlo.* Tämä auto on liian loistelias, toisin sanoen en voi ostaa sitä.

cumplir con [pos.] **palabra** pitää sanansa *Deberías portarte como un caballero y cumplir con tu palabra.* Sinun pitäisi käyttäytyä herrasmiehen tavoin ja pitää sanasi.

dar [pos.] **palabra** antaa sanansa *Te doy mi palabra de que fue así como sucedió.* Annan sanani, että asiat menivät näin.

decir cuatro palabras bien dichas sanoa suorat sanat *He hablado con el chico que te insultó ayer y le he dicho cuatro palabras bien dichas.* Puhuin sen sinua eilen loukanneen pojan kanssa ja sanoin hänelle suorat sanat.

dejar [le] **con la palabra en la boca** lähteä kesken lauseen *En la última reunión, de golpe y porrazo se levantó y le dejó al presidente con la palabra en la boca.* Viime kokouksessa hän yhtäkkiä nousi ja lähti kesken puheenjohtajan lauseen.

de palabra 1 suullisesti *No me basta que me des de palabra la autorización, la quiero negro sobre blanco.* Minulle ei riitä, että annat luvan suullisesti, haluan sen mustaa valkoisella. *Ella, de palabra, mucho, pero cuando llega la hora de arrimar el hombro, desaparece.* Hän kyllä osaa puhua, mutta kun on aika tehdä jotakin, hän häipyy. **2** sanansa mittainen *Es una mujer de palabra.* Hän on sanansa mittainen nainen.

dirigir [le] **la palabra** puhua *Si no vienes a verme, no volveré a dirigirte la palabra.* Jos et

251

tule käymään luonani, en puhu enää sinulle sanaakaan.

en cuatro palabras muutamalla sanalla *En cuatro palabras me puso al día de los cambios habidos.* Muutamalla sanalla hän tiedotti minulle tehdyistä muutoksista.

en pocas palabras lyhyesti *Te voy a contar mi vida en pocas palabras.* Kerron sinulle elämästäni lyhyesti.

en una palabra sanalla sanoen *En una palabra, lo que habéis hecho está muy mal.* Sanalla sanoen teitte todella pahasti.

faltar a su palabra syödä sanansa *Me prometió que vendría a ayudarme. −No te preocupes; ella no suele faltar a su palabra.* Hän lupasi tulla auttamaan minua. − Älä ole huolissasi. Hän ei yleensä syö sanaansa.

faltar [le] las palabras ei löytää sanoja *Me faltan las palabras para expresaros mi agradecimiento.* En löydä sanoja ilmaisemaan teille kiitollisuuttani.

mascullar las palabras puhua partaansa *No me gusta esa presentadora porque masculla las palabras.* En pidä tuosta kuuluttajasta, koska hän puhuu pataansa.

ni una sola palabra ei halaistua sana *Aple no dijo ni una sola palabra.* Aple ei sanonut halaistua sanaa.

no dirigir [le] la palabra pitää mykkäkoulua *Hace ya muchos años que mi hermana no me dirige la palabra.* Siskoni on pitänyt mykkäkoulua jo monta vuotta.

no saber ni [media] palabra ei tietää yhtään mitään *No sé ni una palabra de ortografía.* En tiedä oikeinkirjoituksesta yhtään mitään.

palabra de honor kunniasana *Prométeme que no le dirás nada a nadie. ¿Me das tu palabra de honor?* Lupaa, ettet kerro kenellekään mitään. Annatko kunniasanasi?

palabra por palabra sanasta sanaan *¿Puedes repetir palabra por palabra lo que acabo de decirte?* Voitko toistaa sanasta sanaan sen, mitä sanoin juuri?

pedir la palabra pyytää puheenvuoro *Antes de poder hablar, tienes que pedir la palabra.* Ennen kuin voit puhua, sinun täytyy pyytää puheenvuoro.

quedarse con la palabra en la boca jäädä lause kesken *Estaba explicándole al turista cómo ir a la estación y me quedé con la palabra en la boca porque se fue antes de que yo terminase.* Selittäessäni turistille, kuinka asemalle pääsee, minulta jäi lause kesken, koska hän lähti, ennen kuin pääsin loppuun.

quedarse sin palabras mennä jauhot suuhun *Parece ser que Janus se ha quedado sin palabras.* Taisi Januksella mennä jauhot suuhun.

quitar [le] la palabra de la boca viedä sanat suusta *Lo que esta ciudad necesita es parques. −Me has quitado la palabra de la boca.* Tähän kaupunkiin tarvitaan puistoja. − Veit sanat suustani.

tener la palabra olla puheenvuoro *Ahora tiene la palabra el señor director. Los demás asistentes a la reunión, la tendrán después.* Nyt puheenvuoro on herra johtajalla ja muilla kokouksen osanottajilla sen jälkeen.

tomar la palabra käyttää puheenvuoro *Durante la reunión, además del presidente, sólo tomó la palabra el secretario.* Kokouksessa puheenjohtajan lisäksi vain sihteeri käytti puheenvuoron.

una palabra más alta que otra korottaa ääntä *Nuestras reuniones son muy tranquilas, nunca se oye una palabra más alta que otra.* Meidän kokouksemme ovat rauhallisia, ääntä ei koroteta koskaan.

A palabras necias, oídos sordos. Ei haukku haavaa tee.

ks. myös: hacer **uso** de la palabra; tener el **don** de la palabra; Las **cosas** no se arreglan con palabras elocuentes.

• **palada**

a paladas Porvoon mitalla *Los minicipios se han puesto a comprar viviendas a paladas.* Kunnat ryhtyivät ostamaan asuntoja Porvoon mitalla.

● **palanca**
tener palanca *am* olla suhteita *Si no tienes palanca, no consigues trabajo.* Jos sinulla ei ole suhteita, et saa töitä.

● **palestra**
salir/saltar a la palestra nostaa esiin *Ese tema salió a la palestra hace unos meses, tras la invasión de Iraq.* Tämä asia nousi esiin muutama kuukausi sitten, Irakin valtaamisen jälkeen. *Luego saltó a la palestra la pregunta de cuánto costaría hacer las reparaciones del edificio.* Sitten nousi esiin kysymys, paljonko rakennuksen remontti maksaisi.

● **paletadas**
a paletadas kasoittain *Gana dinero a paletadas.* Hän ansaitsee tukuttain rahaa.

● **palillo**
como un palillo (*myös* más delgado que un palillo) kuin tikku *Con ese régimen de comidas se ha quedado como un palillo.* Sen laihdutuskuurin jälkeen hän on laiha kuin tikku.

● **palique**
estar de palique jutella *Lo que más le gusta es estar de palique con las amigas.* Hän rakastaa juttelemista ystävättäriensä kanssa.

● **paliza**
dar la paliza ärsyttää, härnätä *Anda, niña, vete a jugar y no des la paliza.* No niin, tyttöseni, mene leikkimään äläkä härnää siinä.
darse una paliza raataa selkä väränä *No intentes hacer todo el trabajo tú sola porque te vas a dar una paliza de órdago.* Älä yritä tehdä kaikkea työtä yksin, koska saat raataa todella selkä väränä.
dar una soberana paliza antaa isän kädestä *Hace ya tiempo que yo le habría dado una soberana paliza.* Olisin antanut hänelle isän kädestä jo aikoja sitten.

● **palma**
conocer como la palma de su mano tuntea kuin viisi sormeaan *Conoce la ciudad como la palma de su mano.* Hän tuntee kaupungin kuin viisi sormeaan.
llevarse la palma viedä voitto, olla yliveto *En ese restaurante todas las comidas son excelentes, pero los mejillones a la marinera se llevan la palma.* Tuossa ravintolassa kaikki ruoat ovat erinomaisia, mutta simpukat merimiehen tapaan ovat yliveto.

● **palmar**
palmarla *ark* heittää veivinsä *La palmó en un accidente de tráfico.* Hän heitti veivinsä auto-onnettomuudessa.

● **palmario**
ser palmario paistaa läpi *Es difícil describir su importancia, pero su pasión es palmaria en el texto.* Sen merkitystä on vaikea sanoin kuvata, mutta intohimo paistaa läpi tekstistä.

● **palmita**
llevar/traer en palmitas lelliä *Sólo tenían un hijo, por eso lo llevaban en palmitas.* Hän oli ainoa lapsi, ja sen vuoksi häntä lellittiin.

● **palmo**
dejar/quedarse con un palmo de narices saada pitkä nenä *El gobierno pensaba reducir el número de accidentes con la nueva campaña de seguridad, pero se ha quedado con un palmo de narices.* Hallitus ajatteli vähentää onnettomuuksien määrää uudella

turvallisuuskampanjalla mutta sai pitkän nenän.

hacer [le] **un palmo de narices** näyttää pitkää nenää *Les hicicmos un palmo de narices a los críticos.* Näytimme kriitikoille pitkää nenää.

no levantar un palmo olla lyhyenläntä *Tu hermano es muy alto, pero tu hermana no levanta un palmo.* Veljesi on hyvin pitkä, mutta sisaresi on lyhyenläntä.

palmo a palmo tuuma tuumalta *Recorrieron palmo a palmo todo el parque buscando el reloj que había perdido.* He kävivät puiston läpi tuuma tuumalta etsiessään hänen kadottamaansa kelloa.

• **palo**

a palo seco sellaisenaan, kuivana *No suelo tomar güisqui, pero cuando lo tomo, siempre a palo seco.* En juo viskiä, mutta kun juon, niin otan sen kuivana.

dar [le] **palos** lyödä *Los vigilantes nocturnos atraparon al ladrón y le dieron palos.* Yövartijat ottivat rosvon kiinni ja löivät häntä.

dar palos de ciego poukkoilla *Tenía que informarse con un abogado sobre cómo recuperar a su hijo; llevaba ya dos años dando palos de ciego por oficinas y consulados sin ningún resultado.* Hänen täytyi kysyä neuvoa asianajajalta, kuinka saada lapsensa takaisin, sillä hän oli jo kaksi vuotta poukkoillut tuloksetta eri toimistoissa ja konsulaateissa.

echar un palo *alat* vetää viikseen, *Ha ido a un prostíbulo a echar un palo.* Hän meni ilotaloon vetämään viikseen.

más sucio que el palo de un gallinero likainen kuin sikolätti *Su casa estaba más sucia que el palo de un gallinero.* Hänen kotinsa oli likainen kuin sikolätti.

moler a palos mukiloida *Los atracadores habían molido a palos al dueño de la joyería antes de huir.* Rosvot olivat mukiloineet koruliikkeen omistajan ennen pakenemistaan.

no dar un palo al agua olla tekemättä mitään *Gana un montón sin dar un palo al agua.* Hän ansaitsee tosi paljon tekemättä mitään.

no tocar ni con un palo ei koskea pihdeilläkään *Siempre ha tenido un teléfono Nokia, los Apple no los toca ni con un palo.* Hänellä on aina ollut Nokian puhelin, hän ei koskisi Appleen pihdeilläkään.

poner palos en las ruedas laittaa kapuloita rattaisiin *El tiempo fresco te pone palos en las ruedas.* Viileä sää laittaa kapuloita rattaisiin.

que cada palo aguante su vela hoitakoon jokainen oman osansa *Yo sólo pagaré la parte que me corresponde, que cada palo aguante su vela.* Minä maksan vain sen, mitä minun kuuluu, hoitakoon jokainen oman osansa.

seguir el palo tunnustaa maata *Los otros jugadores tienen que sesguir el palo.* Muiden pelaajien on pakko tunnustaa maata.

ser un palo kuiva, tylsä *No quiero ir de fiesta con él porque es un palo.* En halua mennä juhliin hänen kanssaan, koska hän on niin kuiva tyyppi.

tieso como el palo de la escoba jäykkä kuin seipään niellyt *Era muy tímido y en la reunión se encontraba tieso como el pelo de la escoba.* Hän oli hyvin ujo, ja kokouksessa hän oli jäykkänä kuin seipään niellyt.

De tal palo, tal astilla. Ei omena kauas puusta putoa.

Que cada palo aguante su vela. Kukin vastatkoon omista teoistaan

ks. myös: **jarabe** de palo

• **palomo**

más que un palomo cojo *alat* tosi hintti *Es más marica que un palomo cojo.* Hän on oikea hintin perikuva.

• **palote**

no entender ni palote ei ymmärrä pätkääkään *He estado en una clase de física y* *no he entendido ni palote.* Olin fysiikan tunnilla enkä ymmärtänyt pätkääkään.

• pampa
en medio de la Pampa jossain puskan takana *¡Pero eso está en medio de la Pampa!* Mutta sehän on jossain puskan takana!
estar en pampa y la vía *arg* → estar sin blanca

• ni Pamplona ei sanaakaan *Desde el momento en que llegó, no ha dicho ni Pamplona.* Hänen tultuaan ei ole sanonut sanaakaan.

• pan
al pan, pan, y al vino, vino oikeilla nimillä *Dilo claramente, al pan, pan, y al vino, vino. No hace falta que me dores la píldora.* Sano selvästi, puhu asioista niiden oikeilla nimillä. Ei sinun tarvitse kaunistella.
con [pos.] **pan comérselo** olla oma asia *Si quieres seguir bebiendo, con tu pan te lo comas, no soy yo el que luego va a sufrir las consecuencias.* Jos haluat jatkaa juomista, omapa on asiasi; enpähän minä kärsi seurauksia.
contigo pan y cebolla pelkällä rakkaudella *No me importa lo que ganes, Luisa; yo contigo pan y cebolla.* En välitä siitä, mitä ansaitset, Luisa, tulemme toimeen pelkällä rakkaudella.
de toma pan y moja syötävä *Ella es guapa, pero su hermana es de toma pan y moja.* Hän on kaunis, mutta hänen sisarensa on syötävän hyvännäköinen.
el pan nuestro de cada día jokapäiväinen *Antes no tenía problemas con el ordenador, pero ahora son el pan nuestro de cada día.* Ennen minulla ei ollut ongelmia tietokoneen kanssa, mutta nyt se on ihan jokapäiväistä.
ganarse el pan ansaita leipänsä *Ya eres mayor y tienes que empezar a ganarte el pan.* Olet jo iso ja sinun täytyy alkaa ansaita leipäsi.

más bueno que el pan tosi hyvä *Mi tía no está mal, pero mi tío es más bueno que el pan.* Tätini ei ole hassumpi, mutta setäni on tosi hyvä.
pan comido helppo nakki *Ese problema es pan comido.* Tämä ongelma on helppo nakki.
ser pan para hoy y hambre para mañana väliaikainen, tilapäinen *La solución que me das es sólo pan para hoy y hambre para mañana.* Minulle tarjoamasi ratkaisu on vain väliaikainen.
A falta de pan, buenas son tortas. Nälkäänsä syö mitä vain.
Dame pan y dime tonto. Kenen leipää syöt, sen lauluja laulat.
Llamar al pan, pan y al vino, vino. Sanoa kissaa kissaksi.
No se puede hacer pan sin harina. Ei tyhjä säkki pystyssä pysy.
No sólo de pan vive el hombre. Ihminen ei elää ainoastaan leivästä.
ks. myös: a buen **hambre**, no hay pan duro; más largo que un **día** sin pan; ser un **cacho/pedazo** de pan

• pandereta
como una pandereta riemuiten *Vino a casa como una pandereta porque había sacado un sobresaliente en el examen.* Hän tuli kotiin riemusta kiljuen, koska oli saanut kiitettävän tentissä.

• pantalón
bajarse los pantalones *ark* antaa periksi *Intentó mantener su opinión ante el jefe, pero acabó bajándose los pantalones.* Hän yritti pitää oman päänsä pomon edessä mutta antoi lopulta periksi.
llevar los pantalones sanoa missä kaappi seisoo *En su casa, los pantalones los lleva la esposa.* Heidän kotonaan vaimo sanoo, missä kaappi seisoo.

ponerse los pantalones saada tahtonsa läpi *Estuvo insistiendo toda la mañana hasta que se puso los pantalones.* Hän intti koko aamun, kunnes sai tahtonsa läpi.

• **panza**
panza arriba *ark* ylösalaisin *Tras el naufragio, el barco quedó panza arriba.* Haaksirikon kärsittyään laiva oli ylösalaisin.

• **pañal**
estar en pañales olla lapsenkengissä *La tecnología para la enseñanza virtual está muy en pañales.* Virtuaaliopetustekniikka on vielä lapsenkengissä.

• **paño**
en paños menores alusvaatteisilla *No puedes entrar todavía porque estoy en paños menores.* Et voi tulla vielä sisään, koska olen alusvaatteisillani.
conocerse el paño olla kirjansa lukenut *Fue interrogado por más de 10 robos con allanamiento, pero es un hombre que se conoce el paño y no se econtraron pruebas.* Häntä kuultiin yli kymmenestä murtovarkaudesta, mutta hän on kirjansa lukenut mies, eikä näyttöä saatu.

• **pañuelo**
El mundo es un pañuelo. Kyllä maailma on pieni.

• **1 papa (myös Papa)**
más papista que el papa tiukkapipo *Cuando se trata de cumplir con las normas, Antonio es más papista que el Papa.* Kun on kyse sääntöjen noudattamisesta, Antonio on tiukkapipo.

• **2 papa**
ni papa ei yhtään mitään, ei höykäsen pöläystä *Este cuarto está tan oscuro que no se ve ni papa.* Tämä huone on niin pimeä, ettei täällä näe yhtään mitään.

• **papagayo**
como un papagayo kuin papukaija *Te puede repetir como un papagayo todo lo que ha leído, pero no ha comprendido nada.* Hän voi toistaa kuin papukaija kaiken lukemansa muttei ole ymmärtänyt mitään.

• **papel**
cogérsela con papel de fumar *alat 1* nyrpistää nokkaansa *Cuando uno tiene mucha hambre no vale la pena cogérsela con papel de fumar. Todo es sabroso.* Kun on kova nälkä, ei kannata nyrpistää nokkaansa. Kaikki ruoka on maittavaa. *2* halkoa hiuksia *Hay que reconocer que también esto es un poco cogérsela con papel de fumar.* Täytyy tunnustaa, että tämäkin on vähän hiusten halkomista.
hacer el papel *1* esittää osa *Uno de los alumnos hace el papel de rey.* Yksi oppilaista esittää kuninkaan osan. *2* teeskennellä *Pues claro que te ha visto; ella sólo está haciendo el papel.* No, tietenkin hän näki sinut, hän vain teeskentelee.
más pálido que un papel kalpea kuin lakana *¿Sigues teniendo una piel más pálida que un papel?* Onko ihosi yhä kalpea kuin lakana?
papel mojado mitätön *La nueva ley ha dejado en papel mojado el contrato laboral que tenía.* Uuden lain mukaan hänen työsopimuksensa on mitätön.
perder los papeles palaa hihat *Papá Noel perdió los papeles y alguna cosa más.* Pukilta paloi hihat ja vähän muutakin

• **papeleta**
tener todas las papeletas olla kaikki mahdollisuudet *Buscan a una persona que se encargue del proyecto y tú tienes todas las papeletas.* Projektille etsitään vetäjää, ja sinulla on kaikki mahdollisuudet. *Alguien se va*

a llevar una hostia y ella tiene todas las papeletas. Joku saa kohta korville, ja hän on todennäköinen ehdokas.

• **papilla**
echar/devolver hasta la primera papilla oksentaa sisukset pellolle, heittää yrjöt *Empecé a sentir mareos y luego eché hasta la primera papilla.* Aloin voida pahoin ja sitten oksensin sisukset pellolle.
hacer papilla murskata *Le dejé el coche y me lo hizo papilla* Lainasin hänelle autoni, ja hän ajoi sen mäsäksi.

• **paquete**
marcar paquete *alat* etumus pullottaa *Le gusta llevar pantalones que marquen paquete.* Hän haluaa käyttää housuja, joissa etumus pullottaa.

• **par**
abrir de par en par avata selälleen *Abrió los ojos de par en par.* Hän räväytti silmänsä selälleen. *Abrió la ventana de par en par para que entrase el aire.* Hän aukaisi ikkunan selälleen, jotta tulisi raitista ilmaa.
a la par yhtä aikaa *Los dos llegamos a casa a la par.* Tulimme molemmat kotiin yhtä aikaa.
a la par que samanaikaisesti *Me miró a los ojos a la par que abría el regalo que le había hecho.* Hän katsoi minua silmiin samalla kun avasi minulta saamaansa lahjaa.
a pares kasoittain *En la Costa del Sol, los campos de golf se van a construir a pares.* Aurinkorannikolle rakennetaan golfkenttiä läjäpäin. *Le hicieron regalos a pares.* Hän sai kasoittain lahjoja.
echar/jugar a pares y nones heittää arpaa *Tu futuro no es algo que puedes echar a pares y nones.* Et voi heittää arpaa tulevaisuudestasi.
estar de par en par olla sepposen selällään *La puerta de la habitación de los niños estaba de par en par.* Lasten huoneen ovi oli sepposen

selällään. **sin par** verraton *La sin par belleza de la novia causó la admiración de todos.* Kaikki ihailivat hänen verrattoman kaunista tyttöystäväänsä. *Le agradecemos su sin par contribución a la construcción de este hospital.* Kiitämme Teitä vertaansa vailla olevasta panoksestanne sairaalan rakentamisessa.
tener un par de cojones/huevos/ ovarios/pelotas *alat* olla munaa *Hace falta tener un par de pelotas para hacer eso.* Täytyy olla munaa, jotta pystyy tekemään sen.

• **para**
para con suhteen, kohtaan *Tu deber para con los jóvenes es ayudarles en todo lo posible.* Sinun velvollisuutesi nuoria kohtaan on auttaa heitä kaikessa mahdollisessa. *Es simpático para con los que le caen simpáticos.* Hän ystävällinen niitä kohtaan, jotka ovat hänestä mukavia.
para lo que nähden *Para lo que nos va a ayudar, mejor que no venga.* Siihen nähden, mitä apua hänestä on, niin parempi kun ei tule. *Para lo que te va a servir, mejor tirarlo si está roto.* Kun se ei kerran kelpaa enää mihinkään, niin parempi on heittää se pois.

• **paradero**
estar/ encontrarse en paradero desconocido olla teillä tietymättömillä *El padre de Eli se encuentra en paradero desconocido.* Elin isä on teillä tietymättömillä.

• **parado**
salir bien/mal parado käydä hyvin/ huonosti *Se peleó con uno más fuerte que él y salió mal parado.* Hän tappeli itseään vahvemman kanssa, ja hänelle kävi huonosti.

• **paralelo**
en paralelo yhdensuuntaisesti, samanaikaisesti *La casa que busca*

está en la calle que va en paralelo con ésta donde estamos ahora. Etsimänne talo on kadulla, joka on tämän kadun kanssa yhdensuuntainen. *Como el dinero no le alcanza, tiene que hacer varios trabajos en paralelo.* Koska rahat eivät riitä, hänen täytyy tehdä monta työtä samanaikaisesti.

• **parar**

ir a parar päätyä, joutua *¿A dónde habrán ido a parar mis gafas?* Minnehän silmälasini ovat joutuneet? *El papel de "Virgen María" fue a parar a manos de Natalia.* Natalia sai esitettäväksi Neitsyt Marian osan.

¿a dónde quieres ir a parar? mitä tarkoitat, mitä ajat takaa *No entiendo lo que me dices. ¿A dónde quieres ir a parar?* En ymmärrä, mitä sanot. Mitä oikein tarkoitat?

dónde vas a parar verrattomasti, verrattoman *Ella es mucho más elegante que él, dónde vas a parar.* Hän on verrattomasti paljon tyylikkäämpi kuin hän.

sin parar jatkuvasti *Las sirenas de las ambulancias estuvieron sonando sin parar toda la noche.* Ambulanssien pillit soivat jatkuvasti läpi koko yön.

venir a parar päätyä *Después de vivir en muchas partes de España, vinieron a parar a León.* Asuttuaan eri puolilla Espanjaa he päätyivät Leóniin.

y para de contar ei muuta *No cenaba mucho; tal vez una sopa y para de contar.* Hän ei syönyt paljoa illallista; ehkä keittoa, eikä muuta.

• **parca**

llevarse [lo] la parca siirtyä rajan tuolle puolen *Recibí una llamada en la que me decían que a mi tío se lo había llevado la parca.* Sain puhelun missä kerrottiin, että setäni oli siirtynyt rajan tuolle puolelle.

• **parche**

estar atento al parche olla tarkkana kuin porkkana *Estaremos atentos al parche porque no queremos perdernos lo más interesante.* Olemme tarkkana kuin porkkana koska emme halua menettää kaikista mielenkiintoista asiaa.

ponerse el parche antes de/que la herida *chl*, *cuba*, *mex* huolehtia etukäteen *Todavía no sabemos lo que pasará, no te pongas el parche antes de la herida.* Emme tiedä vielä, mitä tapahtuu. Älä huolehdi etukäteen.

ks. myös: ¡**oído** al parche!

• **pardillo**

ser un pardillo olla sinisilmäinen *Todo el mundo se aprovecha de él porque es un pardillo.* Kaikki käyttävät häntä hyväkseen, koska hän on sinisilmäinen.

• **parecer**

al parecer nähtävästi *Al parecer, ya estaba muerto cuando llegó la ambulancia.* Hän oli nähtävästi jo kuollut, kun ambulanssi saapui.

¿no le/te parece? vai kuinka/mitä *Lo importante es tener buena salud, ¿no le parece?* Hyvä terveys on tärkeä, vai kuinka?

por lo que parece nähtävästi *Los cambios climáticos, por lo que parece, son más normales de lo que los científicos piensan.* Ilmastonmuutos on nähtävästi yleisempää kuin tiedemiehet arvelevat.

parecerle olla mieltä *¿Qué te parece si nos tomamos una cerveza?* Mitä mieltä olet, jos ottaisimme oluet?

según parece näköjään, kaiketi *La hepatitis, según parece, ya se la habían detectado antes.* Häneltä oli kaiketi löydetty hepatiitti aikaisemmin. *Según parece, en este tipo de fiestas todo está permitido.* Näköjään kaikki on sallittua tämän tyyppisissä juhlissa.

si [le] parece jos sopii *Ahora mismo podemos ir a casa, si te parece.* Voimme lähteä kotiin nyt heti, jos sinulle sopii. *Podemos hacer unos* *minutos de descanso si os parece.* Voimme levätä muutaman minuutin, jos haluatte. *Si le parece, mañana puedo enseñarle mi tesina.* Jos Teille sopii, voin näyttää graduani huomenna.

• **pared**
entre cuatro paredes neljän seinän sisällä *Llevo ya una semana entre cuatro paredes y necesito ir a divertirme.* Olen ollut viikon neljän seinän sisällä, ja nyt on päästävä pitämään hauskaa.
hablar con la pared puhua seinille *Hablar contigo es como hablar con la pared.* Sinun kanssasi puhuminen on kuin puhuisi seinille.
pared con pared vieressä *Vivíamos en la misma calle, pared con pared.* Asuimme samalla kadulla viereisissä taloissa.
pared por medio seinänaapurina *Su casa estaba pared por medio con la de un famoso artista.* Hän asui erään kuuluisan taiteilijan seinänaapurina.
subirse por las paredes hyppiä seinille *Hace dos semanas que no ve a su novio y está que se sube por las paredes.* Hän ei ole nähnyt poikaystäväänsä kahteen viikkoon ja melkein hyppii jo seinille.
Las paredes oyen. Seinilläkin on korvat.
ks. myös: entre la **espada** y la pared

• **paredón**
mandar al paredón määrätä teloitettavaksi ampumalla *El juez que le declaró culpable lo mandó al paredón.* Tuomari totesi hänet syylliseksi ja määräsi hänet teloitettavaksi ampumalla.

• **paréntesis**
entre paréntesis sivumennen sanoen *Entre paréntesis, ¿quién te lo dijo?* Ihan sivumennen sanoen, kuka sinulle sen kertoi? *Su hija estaba casada con el director quien, entre paréntesis, era primo de su esposa.* Hänen tyttärensä oli

naimisissa johtajan kanssa, joka sivumennen sanoen oli hänen vaimonsa serkku.

• **paripé**
hacer el paripé teeskennellä *No había ninguna cosa graciosa, sólo hacían el paripé de reírse para llamar la atención del chico.* Ei ollut mitään hauskaa juttua, he nauroivat ihan muuten vaan kiinnittääkseen pojan huomion.

• **parir**
conocer como si lo hubiese parido tuntea kuin kotikylänsä *Lo conocía como si lo hubiese parido.* Tunsi hänet kuin kotikylänsä.
poner a parir haukkua maanrakoon *Haz lo que quieras con tu libro, pero si luego las críticas te ponen a parir, no me digas que no te lo advertí.* Tee, mitä haluat kirjallesi, mutta jos sitten arvosteluissa sinut haukutaan maanrakoon, älä tule sanomaan minulle, etten varoittanut.

• **parrafada**
echar una parrafada jutella *Me voy a casa de Luis a echar una parrafada.* Menen Luisin luokse juttelemaan.

• **parranda**
andar/ir/salir de parranda hummata, hummailla *No suelo ir de parranda, pero una noche es una noche.* Minulla ei ole tapana hummailla, mutta menköön yksi ilta.

• **1 parte**
a partes iguales yhtä paljon *Repartiremos el dinero a partes iguales.* Jaamme rahat tasan. *Entonces sentí, a partes iguales, temor, deseo y placer.* Tunsin silloin yhtä paljon pelkoa, halua ja mielihyvää. **de** [pos.] **parte 1** puolesta *Dale este libro de mi parte.* Anna tämä kirja hänelle minun puolestani. *Muchos recuerdos de nuestra parte.* Paljon terveisiä meiltä. **2** puolella *La razón está de tu parte, pero no sé*

si el juez pensará lo mismo. Oikeus on puolellasi, mutta en tiedä, onko tuomari samaa mieltä. *Ella está de nuestra parte.* Hän on meidän puolellamme.

de parte a parte 1 päästä toiseen *Mientras esperaba el nacimiento de su hija, recorría de parte a parte el pasillo del hospital.* Odottaessaan tyttärensä syntymistä hän kulki sairaalaan käytävää päästä toiseen. **2** täysin *Se había equivocado de parte a parte en los cálculos.* Hän oli erehtynyt täysin laskuissaan.

¿de parte de quién? kuka kysyy, kenet saan ilmoittaa *¿Está el señor Morrondo? –¿De parte de quién?* Onko herra Morrondo tavattavissa? – Kenet saan ilmoittaa?

de un tiempo a esta parte jonkin aikaa *De un tiempo a esta parte vengo sintiendo dolores en el costado.* Jonkin aikaa olen tuntenut kipua kyljessä.

en parte osittain *La nueva carretera solucionará en parte los problemas de trafico de la ciudad.* Uusi tie ratkaisee osittain kaupungin liikenneongelmat.

en gran parte suureksi osaksi *Nuestra misión en este mundo, en gran parte, no es otra que la de transmitir a los que nos siguen lo que nosotros sabemos.* Meidän tehtävämme tässä maailmassa on suureksi osaksi vain välittää tietojamme jälkipolville.

en parte ... y en parte yhtäällä... toisaalla *En parte debido a que no sabe expresarse y en parte también a que su letra es ilegible, el caso es que su solicitud fue rechazada.* Yhtäältä sen vuoksi, että hän ei osaa ilmaista itseään ja toisaalta myös siksi, että hänen käsialansa on mahdoton lukea, hän anomuksensa hylättiin.

formar parte olla osa *¿Quiénes forman parte del comité?* Ketkä muodostavat toimikunnan? *La casa no forma parte de la herencia.* Talo ei kuulu perintöön.

ir por partes käydä läpi kohta kohdalta *Son muchas cosas las que tenemos que analizar, pero vayamos por partes.* Meidän täytyy

tutkia monia asioita, mutta mennään kohta kohdalta.

no ir a ninguna parte ei päästä puusta pitkään *Sin saber lenguas, no se va a ninguna parte.* Jos ei osaa kieliä, ei pääse puusta pitkään.

no llevar a ninguna parte ei johtaa mihinkään *Esta discusión no nos lleva a ninguna parte.* Tämä keskustelu ei johda mihinkään.

poner algo de [pos.] parte tehdä oma osansa *Yo puedo ayudarte a comprender las matemáticas, pero tienes que poner algo de tu parte tú también.* Voin auttaa sinua ymmärtämään matematiikkaa, mutta sinunkin täytyy tehdä oma osasi.

por otra parte toisaalta *Por otra parte tampoco tenía yo muchas ganas de salir.* Toisaalta en halunnutkaan erityisemmin lähteä ulos.

por parte de puolesta, takia *Mi abuela por parte de madre era rusa.* Äidinpuoleinen isoäiti oli venäläinen. *Dejé los estudios con gran disgusto por parte de mis padres.* Lopetin opiskelun vanhempieni suureksi suruksi.

por todas partes joka puolella, kaikkialla *Las colinas cerraban el valle por todas partes.* Kukkulat ympäröivät laaksoa joka puolelta. *Hoy en día hay guerras por todas partes.* Nykyään sotia on kaikkialla.

por una parte/ por otra parte toisaalta *Por una parte es bueno que trabajes, pero por otra no lo es porque no podrás estudiar.* Toisaalta on hyvä, että käyt töissä, mutta toisaalta ei, koska et pysty opiskelemaan.

salva sea la parte persuukset *Ella le propinó una patada en salva sea la parte.* Hän potkaisi häntä persuuksille.

tocar [le] la peor parte vetää lyhyemmän tikun *Cuando la ONU reparte ayudas, a la cultura siempre le toca la peor parte.* Kun YK jakaa avustuksia, kulttuuri vetää aina lyhyemmän tikun.

tomar parte en osallistua *No quiero tomar parte en controversias ideológicas.* En halua osallistua aatteellisiin kiistoihin.
Por todas partes se va a Roma. Kaikki tiet vievät Roomaan.

• 2 parte
dar parte ilmoittaa *Le preguntó a Lola si había dado parte a la policía.* Kysyin Lolalta, oliko hän ilmoittanut poliisille.

• particular
algo/nada de particular jotakin/ ei mitään erityistä *¿Hay algo de particular? –No, nada de particular que hayamos notado.* Onko jotakin erityistä? – Ei, ei mitään erityistä nähdäksemme.
en particular erityisesti *Yo voy a hablar de mi caso en particular.* Aion puhua nimenomaan omasta tapauksestani. *De ese retrato me agrada, en particular, su sonrisa.* Tässä muotokuvassa minua miellyttää erityisesti hymy.
sin otro particular <kirjeessä käytettävä lopetus: kunnioittavasti > *Sin otro particular, me despido de usted hasta su próxima.* Kunnioittavasti jään odottamaan vastaustanne.

• partido
buen partido hyvä kauppa *Cásate con él, es buen partido.* Mene naimisiin hänen kanssaan, hän on hyvä kauppa.
sacar partido hyötyä *Yo a la vida intento sacarle el mejor partido posible.* Yritän saada elämästä kaiken mahdollisen irti. *Como la cámara es nueva, todavía no sé como sacarle el máximo partido.* Koska kamera on uusi, en osaa ottaa siitä vielä kaikkea hyötyä irti.
tomar partido asettua puolelle, ottaa kantaa *Los profesores no pueden tomar partido en las disputas de los alumnos.* Opettajat eivät voi asettua kenenkään puolelle oppilaiden

välisissä kiistoissa. *La Comisión Europea no quiere tomar partido en el tema.* Euroopan komissio ei halua ottaa kantaa siihen.

• partir
a partir de lähtien *A partir de mañana las tiendas estarán abiertas también los domingos.* Huomisesta lähtien kaupat ovat auki myös sunnuntaisin.
ks. myös: partir de **cero**; partir [le] la **cara**; partirse de **risa**; partirse [le] el **corazón**; partirse la **cabeza**

• pasa
como una pasa (*myös* más arrugado que una pasa) kurttuinen kuin rusina *Tenía la piel como una pasa.* Hänen ihonsa oli kurttuinen kuin rusina.

• pasada
de pasada ohimennen *Así, de pasada, me dijo que había subido el alquiler.* Hän vain tuossa ohimen nen kertoi korottaneensa vuokraa. *En el programa de estudios, la fonética sólo la estudiamos de pasada.* Opinto-ohjelmassa fonetiikkaa opiskellaan vain pikaisesti.
dar una pasada pyyhkäistä *No es necesario fregar el suelo, dale una pasada con el cepillo y listos.* Ei tarvitse jynssätä lattiaa, pyyhkäise harjalla ja sillä selvä.
jugar [le] una mala pasada tehdä kepponen *A veces el destino nos juega una mala pasada.* Joskus kohtalo tekee meille temppoja. *Les gustaba jugarles malas pasadas a los estudiantes nuevos.* Heistä oli kivaa tehdä jekkua uusille opiskelijoille. *No te perdonaré la mala pasada que me has jugado.* En anna sinulle anteeksi tekemääsi kepposta.

• pasaporte
dar pasaporte antaa kenkää *La empresa da pasaporte a 9000 trabajadores.* Yritys antaa kenkää 9000 työntekijälleen.

• pasar

hacerse pasar por tekeytyä *Ha sido condenado por hacerse pasar por policía.* Hänet tuomittiin poliisina esiintymisestä.

lo pasado, pasado está menneet ovat menneitä *Olvídate del asunto; lo pasado, pasado.* Unohda se asia, menneet ovat menneitä.

lo que pasa es que asia on niin, että *Lo que pasa es que estoy un poco nervioso.* Asia on niin, että olen hieman hermostunut. *Podría dejarte dinero. Lo que pasa es que me he dejado la cartera en casa.* Voisin lainata sinulle rahaa, mutta kun lompakko on jäänyt kotiin.

no pasar de ser olla vain *Para otro, no pasaría de ser una mujer normal, pero para Antonio era una mujer que te pasas.* Jollekulle toiselle hän olisi vain tavallinen nainen, mutta Antoniolle hän oli jotakin poikkeuksellista.

pasar a ser tulla jtk *El ordenador ha pasado a ser algo indispensable.* Tietokoneesta on tullut välttämätön.

pasar de olla välittämättä *Ella se toma la vida con calma y pasa de todo.* Hän ottaa elämän rauhallisesti ja vähät välittää kaikesta.

pasarlo/pasárselo bien pitää hauskaa *Adiós. ¡Que te lo pases bien!* Hei vaan ja pidä hauskaa. *A pesar de Sarita, que estuvo de mal humor, lo pasamos muy bien el fin de semana.* Huonolla tuulella olleesta Saritasta huolimatta, meillä oli oikein hauska viikonloppu.

pasar por 1 käydä, poiketa *Si pasas por el departamento, ¿podrías mirarme los horarios de exámenes?* Jos käyt huomenna laitoksella, voitko katsoa tenttiaikataulun minulle? *Mañana pasaré por tu casa a eso de las 12.* Poikkean luonasi huomenna puolilta päivin. **2** pitää jnk *Pasaba por ser antipático porque nunca iba a las fiestas de la empresa.* Häntä pidettiin epämiellyttävänä, koska hän ei tullut koskaan firman juhliin.

pasar por alto sivuuttaa *Mario pasó por alto la pregunta y siguió dando la conferencia.* Mario sivuutti kysymyksen ja jatkoi luentoa. *No se puede pasar por alto lo que han hecho los vecinos, tenemos que comunicárselo al administrador.* Ei voi vain sivuuttaa sitä, mitä naapurit ovat tehneet, vaan meidän on ilmoitettava isännöitsijälle.

pasarse 1 [ger.] (ajallisesti) kuluttaa, viettää *Mari se pasa las noches leyendo.* Mari viettää illat lukemalla. **2** mennä liiallisuuksiin *Le dije a Pepe que cogiese un pastel de la bandeja, pero se los comió todos. – ¡Hombre! Eso es pasarse.* Pyysin Pepeä ottamaan leivoksen tarjottimelta, mutta hän söi ne kaikki. – Voi hyvä tavaton! Se on jo liikaa! *Me han dicho que le has gritado a la vecina, y por muy antipática que sea, creo que te has pasado.* Kuulin, että olit huutanut naapurille. Olet mennyt mielestäni liiallisuuksiin, vaikka hän olisi kuinka epämiellyttävä.

pasarse de olla liian *No se puede uno pasar de bueno porque acaban tomándote el pelo.* Ei pidä olla liian kiltti, koska joutuu nenästä vedetyksi.

pase lo que pase (*myös* pasase lo que pasase) kävi miten kävi *Me dijo que pasase lo que pasase, siempre me amaría.* Hän sanoi minulle, että kävi miten kävi, hän rakastaisi minua aina.

que te pasas poikkeuksellinen *Para otro, no pasaría de ser una mujer normal, pero para Antonio era una mujer que te pasas.* Jollekulle toiselle hän olisi vain tavallinen nainen, mutta Antoniolle hän oli jotakin poikkeuksellista.

y aquí no ha pasado nada ja se siitä *Venga, niños, daos la mano y aquí no ha pasado nada.* No niin, lapset, paiskatkaa kättä ja se siitä.

• pascua

de pascuas a ramos harvoin *Viene a vernos de pascuas a ramos.* Hän käy meillä harvoin.

hacer [le] **la pascua** aiheuttaa harmia *Si no puedes venir a ayudarme a preparar la cena para los 20 invitados, me haces la pascua.* Jos et voi tulla auttamaan minua illallisen valmistamisessa 20 vieraalle, joudun liriin. *Se me ha olvidado traer vino. –Pues nos has hecho la pascua.* Unohdin tuoda viiniä. – No, nyt kyllä tempun teit.

más contento que unas pascuas onnesta litteänä, soikeana *El lunes empieza a trabajar en un banco y está más contenta que unas pascuas.* Hän aloittaa työt maanantaina pankissa ja on onnesta litteänä.

[y] santas pascuas ja sillä siisti/sipuli *Si te molesta la programación de la tele, con no mirarla, santas pascuas.* Jos televisio-ohjelmat eivät sinua miellytä, ole katsomatta ja sillä siisti. *Nos hemos divertido ¿no? Pues lo demás, santas pascuas.* Meillä oli hauskaa, vai mitä? Ja muulla ei ole mitään väliä. *Haz lo que consideres correcto y santas pascuas.* Tee kuten sinusta oikealta tuntuu ja sillä siisti.

• **paseo**
dar/darse un paseo käydä kävelyllä *Nos hemos dado un paseo por el parque.* Kävimme kävelyllä puistossa.

irse a paseo mennä pyllylleen *El examen de matemáticas se fue a paseo.* Matikankoe meni pyllylleen.

mandar a paseo käskeä häipymään *Estaba tan hasta el moño de ellos que les mandé a todos a paseo.* Olin heitä niin kurkkua myöten täynnä, että käskin heitä häipymään.

• **paso**
abrir paso raivata, avata tietä *Los guardias de seguridad le abrieron paso por entre la multitud.* Turvamiehet raivasivat hänelle tietä väkijoukon läpi.

abrirse paso saada jalansijaa *Últimamente se ha abierto paso la idea de que los cambios climáticos no se deben totalmente a la actividad humana.* Viime aikoina on yleistynyt ajatus, että ilmastonmuutos ei aiheudu kokonaan ihmisen toiminnasta.

a buen paso hyvää vauhtia *Si vas a buen paso, llegarás en 10 minutos.* Jos menet hyvää vauhtia, olet perillä kymmenessä minuutissa.

a cada paso jatkuvalla syötöllä *Los niños se peleaban a cada paso.* Lapset riitelivät jatkuvalla syötöllä.

a dos pasos kivenheiton päässä *Vive a dos pasos, en la calle de al lado.* Hän asuu kivenheiton päässä viereisellä kadulla. *Estábamos a dos pasos de hallar una solución al problema.* Olimme löytämässä ratkaisun ongelmaan.

a este paso (*myös* al paso que ir) tätä menoa *Sólo hemos limpiado dos ventanas y a este paso estaremos aquí hasta la noche.* Olemme pesseet vasta kaksi ikkunaa, ja tätä menoa olemme täällä iltaan asti. *Al paso que vas no llegarás nunca.* Tätä menoa et pääse perille koskaan.

a paso de tortuga etanan vauhtia *Si vas a paso de tortuga, no llegaremos nunca.* Tuolla sinun etanan vauhdillasi emme pääse perille koskaan.

a pasos de gigante jättiharppauksin *El número de usuarios de internet aumenta a pasos de gigante.* Internetin käyttäjien määrää lisääntyy jättiharppauksin.

apretar el paso kiirehtiä *Aprieta más el paso si quieres llegar a tiempo.* Pidähän kiirettä, jos haluat olla perillä ajoissa.

cerrar [le] **el paso** estää pääsy *Intentó entrar en la fiesta, pero los guardias de seguridad le cerraron el paso.* Hän yritti mennä juhliin, mutta turvamiehet estivät häneltä pääsyn.

coger/pillar de paso olla matkan varrella *Puedo llevarte la carta si quieres, voy al centro y Correos me pilla de paso.* Voin viedä kirjeesi, jos haluat, koska menen keskustaan, ja posti on matkan varrella.

dar un paso en falso tehdä virheliike *Es tan prudente y cauteloso que jamás dará un paso en falso.* Hän on niin järkevä ja varovainen, ettei koskaan tee virheliikettä.

dar los primeros pasos ottaa ensiaskeleet *La NASA da sus primeros pasos hacia Marte.* NASA ottaa ensiaskeleet kohti Marsia.

dicho sea de paso sivumennen sanottuna *Ese actor del que me hablas, dicho sea de paso, era compañero mío en la escuela.* Näyttelijä, josta puhut, oli sivumennen sanottuna koulukaverini.

estar/ir de paso olla läpikulkumatkalla *No vivo aquí, sólo estoy de paso.* En asu täällä, olen vain läpikulkumatkalla.

paso a paso askel askeleelta, vähitellen *Paso a paso están negociando todos los puntos del contrato.* He neuvottelevat vähitellen kaikista sopimuskohdista. *Aprendemos/aprendiendo a dibujar paso a paso.* Opimme piirtämään askel askeleelta.

pasito a pasito hissun kissun *Los coches eléctricos hacen su llegada pasito a pasito.* Sähköautot tulevat hissun kissun.

salir al paso oikaista *Hay que salir al paso de esos rumores para que la gente no se forme ideas equivocadas.* Täytyy oikaista ne huhut, jotta ihmiset eivät saa väärää käsitystä.

seguir los pasos seurata jälkiä *No creo que mi hijo siga mis pasos porque no le interesa dirigir una fábrica.* En usko poikani seuraavan jälkiäni, koska häntä ei kiinnosta tehtaan johtaminen.

• **pasta**

ir a toda pasta ajaa nasta laudassa *Decidle que no hace falta ir a toda pasta.* Kertokaa sille ettei tartte ajaa nasta laudassa.

ser de buena pasta olla rehti *Es de buena pasta, puedes confiar en ella.* Hän on rehti, voit luottaa häneen.

soltar la pasta ark kaivaa kuvetta *Primero, suelta la pasta y luego te daré el disco.* Kaiva ensin kuvetta, ja sitten annan levyn sinulle.

una pasta gansa paljon rahaa *La moto le ha costado una pasta gansa.* Moottoripyörä maksoi hänelle maltaita.

• **pastel**

descubrirse el pastel tulla julki, paljastua *Cuando se descubrió el pastel de las licencias de construcción, varios concejales ingresaron en prisión.* Kun rakennuslupahuijaus tuli julki, useat valtuuston jäsenet joutuivat vankilaan.

• **pastilla**

a toda pastilla täyttä vauhtia *El ladrón huyó a toda pastilla en cuanto oyó la sirena de la policía.* Rosvo pakeni täyttä vauhtia, kun kuuli poliisien tulevan pillit soiden.

• **pasto**

ser pasto de las llamas joutua liekkien ruoaksi *Su colección de libros fue pasto de las llamas en un incendio.* Hänen kirjakokoelmansa joutui tulipalossa liekkien ruoaksi.

• **pastón**

un pastón paljon rahaa *Este abrigo me ha costado un pastón.* Tämä takki maksoi minulle maltaita. *Gana un pastón.* Hän hankkii tolkuttomasti.

• **pata**

a cuatro patas nelinkontin *Estaba a cuatro patas sobre el suelo.* Hän oli nelinkontin lattialla.

a la pata coja yhdellä jalalla *Me caí y me hice daño en la rodilla, así que volví a casa a la pata coja.* Kaaduin ja löin polveni, joten minun piti kinkata kotiin. *Se puso a la pata coja para poder rascarse un tobillo.* Hän seisoi yhdellä jalalla ja nosti toisen ilmaan raapiakseen nilkkaa.

a pata jalkaisin, jalan *Si has perdido el autobús, tienes que ir a pata.* Jos myöhästyit bussista, sinun täytyy mennä jalan.

cagarse por la pata abajo *ark* tulla löysät housuun *Cuando lo supe, casi me cago por la pata abajo.* Sen kuultuani meinasi tulla löysät housuun.

estirar la pata *ark* oikaista koipensa *El viejo de la casa de al lado estiró la pata ayer.* Naapurintalon papparainen oikaisi koipensa eilen.

hacer [le] **la pata** *chl* olla mielin kielin *Es inútil que le hagas la pata porque es una persona muy equitativa.* Sinun ei kannata olla mielin kielin, koska hän on hyvin oikeudenmukainen.

meter la pata munata, mokata, möhliä *Has metido la pata preguntándole por los estudios de su hija porque ésta acaba de morir.* Mokasit kysyessäsi hänen tyttärensä opinnoista, koska tyttö kuoli äskettäin.

meter la pata hasta el fondo iskeä kirveensä kiveen *Hasta la misma Nokia ha metido la pata hasta el fondo en el asunto.* Jopa itse Nokia on iskenyt kirveensä kiveen asiassa.

patas arriba mullin mallin *Los ladrones dejaron la casa patas arriba.* Rosvot jättivät talon mullin mallin.

ponerse de patas nousta takajaloilleen *El sindicato se puso de patas en defensa de las cajas de desempleo.* Ay-liike nousi takajaloilleen työttömyyskassojen puolesta.

tener mala pata olla huono säkä *¡Qué mala pata tengo! Todo me sale mal.* Miten huono säkä minulla onkaan! Kaikki menee pieleen.

ks. myös: la **mentira** tiene las patas cortas

• **patada**

a patadas *1* kovakouraisesti *Lo echaron a patadas a la calle.* Hänet heitettiin kovakouraisesti ulos. *2* roppakaupalla *Con las dos licenciaturas que tienes encontrarás trabajos a patadas.* Kahdella maisterin tutkinnollasi saat töitä roppakaupalla.

caerle/irle/sentarle como una patada en el estómago sopia kuin hajuvesi lihapulliin *Esa camisa te va como una patada en el estómago go. ¿Por que no te cambias?* Tuo paita sopii sinulle kuin hajuvesi lihapulliin. Mikset mene vaihtamaan sitä?

dar [le] **cien patadas** ottaa pattiin *Le daba cien patadas que nadie le escuchase.* Häntä otti pattiin, kun kukaan ei kuunnellut.

dar [le] **la patada** antaa potkut *En la oficina han dicho que el año que viene darán la patada a la mitad.* Töissä sanottiin, että ensi vuonna puolelle väestä annetaan potkut.

• **pataleta**

coger(se) una pataleta vetää herneen nenään *Los americanos se cogieron una pataleta por el anuncio de vodka.* Amerikkalaiset vetivät herneen nenään vodkamainoksesta.

• **patata**

patata caliente ikävä tehtävä *A Felipe le ha caído la patata caliente de decidir a quiénes darán la patada en la oficina.* Felipelle lankesi ikävä tehtävä päättää, ketkä saavat potkut töistä.

¡Di patata! Sano muikku!

• **patatín**

que si patatín, que si patatán ja niin edelleen ja niin edelleen *Siempre tenía quejas de todo el mundo, que si María no limpiaba, que si su madre era egoísta, que si patatín que si patatán.* Hän valitti aina kaikista, että Maria ei siivonnut, että äiti oli itsekäs ja niin edelleen ja niin edelleen. *Apaga la luz porque que luego dicen que si gastamos mucho y que si patatín, que si patatán.* Sammuta valot, koska muuten sanotaan, että tuhlaamme paljon ja niin edelleen ja niin edelleen.

• **patena**

como una patena (*myös* más limpio que una patena) putipuhdas *Su habitación está como una patena.* Hänen huoneensa oli putipuhdas.

• **patente**

de forma patente silminpistävästi *La población de liebres se ha reducido de forma patente.* Metsäjäniskanta on pienentynyt silmiinpistävästi.

hacerse patente tulla selväksi *Las diferencias de nivel de los solicitantes se hicieron patentes a las primeras de cambio.* Hakijoiden tasoerot tulivat selväksi heti kättelyssä.

patente de corso vapaat kädet *Parece que la empresa KGT tiene patente de corso en este país.* KGT-yrityksellä näyttää olevan vapaat kädet tässä maassa.

• **patilla**

por la patilla kuin Manu illallinen *En mi trabajo anterior la paga me la ganaba por la patilla.* Entisessä työssä palkkani tuli kuin Manulle illallinen.

• **patio**

cómo está el patio onpa kireä tunnelma, ilmapiiri *Ha llegado el director y no ha saludado al subdirector. –Sí, ya lo he visto. ¡Cómo está el patio!* Johtaja saapui eikä tervehtinyt apulaisjohtajaa. – Näin sen kyllä. Onpas kireä ilmapiiri!

• **patita**

poner [lo] de patitas en la calle antaa fudut *Pronto después Matti me puso de patitas en la calle.* Pian sen jälkeen Matti antoi minulle fudut.

• **patito**

los dos patitos 22 *Quiero un número de la lotería que termine en los dos patitos. –¿El 34522? – Sí, ése.* Haluan arpanumeron, jossa viimeisenä on 22. – 34522? Kyllä, se käy.

patito feo ruma ankanpoikanen *A veces pasaba las vacaciones en casa del duque, pero al él no le gustaba porque se sentía el patito feo.* Hän vietti joskus lomansa herttuan luona mutta hänellä oli vaivautunut olo, koska hän tunsi itsensä rumaksi ankanpoikaseksi.

• **pato**

echar [le] el pato vierittää syy toisten niskoille *Es muy práctico echarle el pato a otro y ponerse en el papel de víctima.* On kätevää vierittää syy toisen niskoille ja asettua uhrin asemaan.

pagar el pato joutua syntipukiksi *Perdona que te gritase ayer. Tenía un mal día y pagaste el pato tú.* Anteeksi, että huusin sinulle eilen. Minulla oli huono päivä, ja sinä jouduit syntipukiksi.

estar/andar pato *chl* olla rahaton, auki *Mi polola gana mucho, pero yo siempre ando pato.* Tyttöystäväni hankkii hyvin mutta minä olen aina auki.

• **patoso**

ser un patoso olla peukalo keskellä kämmentä *A Ana no se le dan bien los trabajos manuales porque es una patosa.* Ana on todella huono käsitöissä, hänellä on peukalo keskellä kämmentä.

• **patria**

hacer patria pitää maansa lippua korkealla *Los estudiantes de Erasmus tienen que hacer patria además de interesarse por la cultura el país donde están.* Monien Erasmus-opiskelijoiden täytyy pitää kotimaansa lippua korkealla sen lisäksi, että ovat kiinnostuneita oleskelumaansa kulttuurista.

patria chica kotiseutu *Hace ya muchos años que no paso por mi patria chica, pero sé que sólo quedan 1500 habitantes.* En ole moneen vuoteen käynyt kotiseudullani, mutta tiedän siellä olevan enää vain 1 500 asukasta.

• patrón

de patrona täysihoidossa *Cuando estudiaba en Madrid, estuve de patrona meses. Luego me fui a vivir a con un amigo.* Opiskellessani Madridissa asuin täysihoidossa kolme kuukautta ja sitten muutin asumaan erään ystäväni luokse.

cortados por el mismo patrón samasta puusta veistetty *Se nota que son hermanos y que están cortados por el mismo patrón.* Huomaa, että he ovat veljeksiä ja samasta puusta veistetty.

• pavo

como un pavo real kuin riikinkukko *Va por el mundo como un pavo real.* Hän on pöyhkeä kuin riikinkukko.

pelar la pava puhua hempeitä, luritella lemmestä *Los novios llevan más de una hora pelando la pava a la puerta.* Rakastavaiset ovat ovensuussa puhuneet hempeitä yli tunnin.

subírse [le] **el pavo** punastua *Es tan tímida que fácilmente se le sube el pavo.* Hän on niin ujo, että punastuu helposti.

ks. myös: la **edad** del pavo; no ser **moco** de pavo; llover a **moco** de pavo

• paz

descansar en la paz del Señor päästä taivaan kotiin *Doña Rosario Moral descansó en la paz del Señor el pasado mes de febrero.* Rouva Rosario Moral pääsi taivaan kotiin viime helmikuussa.

en paz olla sujut *Te he devuelto lo que te debía así que ahora estamos en paz.* Maksoin sinulle velkani, joten nyt olemme sujut.

hacer las paces tehdä sovinto *Venga, niñas, haced las paces en lugar de pelearos todo el tiempo.* No niin, tytöt, tehkääpäs sovinto, älkääkä tapelko koko ajan.

que en paz descanse/esté rauha sielulle *Tu abuela, que en paz descanse, siempre me daba buenos consejos.* Isoäitisi, rauha hänen sielulleen, antoi aina hyviä neuvoja.

y en paz sillä siisti *Si se quiere quedar con mi libro, que se lo quede y en paz.* Jos hän haluaa pitää kirjani, pitäköön ja sillä siisti.

• pe

de pe a pa läpikotaisin, juurta jaksain *Las lecciones se las sabe de pe a pa.* Hän osaa läksyt läpikotaisin. *Te contaré de pe a pa todo lo que ha sucedido.* Kerron sinulle juurta jaksain kaiken, mitä tapahtui.

• pecador

ks. myös: pagar **justos** por pecadores

• pecho

a pecho descubierto avoimesti *Este tipo de cosas hay que hacerlo a pecho descubierto, sin engaños ni mentiras.* Tällaiset asiat täytyy tehdä avoimesti, petkuttamatta ja valehtelematta.

dar el pecho antaa rintaa *Cuanto más tiempo des el pecho al bebé, más sano estará.* Mitä kauemmin annat vauvalle rintaa, sitä terveempi hän on.

echarse a pechos kumota kurkkuunsa *En cuanto vio la jarra de agua fresca, se la echó a pechos.* Nähtyään kannun, jossa oli raikasta vettä, hän kumosi sen kurkkuunsa.

echar pecho olla rinta rottingilla *Durante varios años Jyväskylä ha podido echar pecho por sus buenas cifras de empleo.* Jyväkylä on useana vuonna voinut olla rinta rottingilla hyvistä työllisyysluvuistaan.

echar [le] **pecho** kohdata *Había llegado la hora de echarle pecho al problema.* Oli tullut aika kohdata ongelma.

echarse/meterse entre pecho y espalda vetää napaan *Todos los días se echa unas cervezas entre pecho y espalda.* Joka päivä hän vetää napaan muutaman oluen. *De buena gana me metería entre pecho y espalda una paella, pero soy alérgico al pimiento.* Vetäisin kyllä napaani paellaa mutta olen allerginen paprikalle.

sacar pecho röyhistää rintaansa. *Aunque todos le han criticado, él saca pecho y sigue con su plan.* Vaikka kaikki arvostelivat häntä, hän röyhistää rintaansa ja jatkaa suunnitelmansa mukaisesti.

tomar [lo] **a pecho** ottaa itseensä *Le dije que su forma de vestir me parecía un poco rara, pero ella lo tomó a pecho y no me ha vuelto a hablar desde entonces.* Sanoin, että hänen pukeutumistyylinsä oli minusta hieman outo, mutta hän otti itseensä eikä ole sen jälkeen enää puhunut minulle. *No lo tomes tan a pecho, Luis; no eres el único a quien no dejan entrar en pantalón corto en la catedral.* Älä ota niin kovasti itseesi, Luis. Et ole ainoa, joka ei saa mennä sortseissa kirkkoon.

¡A lo hecho, pecho! Tehty mikä tehty.

ks. myös: dar el **do** de pecho; darse **golpes** de pecho

• pedazo

caerse a pedazos romahtaa *O bien la tiras, o bien la arreglas, pero algo tienes que hacer porque se te está cayendo la casa a pedazos.* Joko purat talon tai korjaat sen, mutta jotakin sinun on tehtävä, koska se on romahtamaisillaan.

hacerse pedazos mennä palasiksi *Se cayó el jarrón al suelo y se hizo pedazos.* Kannu putosi lattialle ja meni palasiksi.

pedazo de senkin *Pero, ¿cómo puedes escribir goma con ce? ¡pedazo de burro!* Miten ihmeessä sinä voit kirjoittaa kumin g:llä? Senkin tollo!

un pedazo de pan hyvä, kultainen *Tu hermana es un poco egoísta, pero tu hermano es un pedazo de pan.* Sisaresi on hieman itsekäs, mutta veljesi on kultainen.

• pedestal

bajarse del pedestal laskeutua jalustalta *Para comprender los problemas de los trabajadores, los jefes deberían bajarse del pedestal y pasar un tiempo en los talleres.* Ymmärtääkseen työntekijöiden ongelmia johtajien pitäisi laskeutua jalustaltaan ja mennä joksikin aikaa sorvin ääreen.

en un pedestal jalustalla *No sé si será muy inteligente, pero su mamá lo tiene en un pedestal.* En tiedä, onko hän kovinkaan älykäs, mutta hänen äitinsä nostaa hänet jalustalle.

• pedir

Por pedir nada se pierde. Kannattaa pyytää, vaikka ei saisikaan.

• pedo

cogerse un pedo vetää lärvit *El último día de vacacciones y el tío va a cogerse un pedo.* Viimeinen lomapäivä ja mies aikoo vetää lärvit.

estar pedo olla pöllyssä *No creo que se haya levantado porque anoche estaba pedo cuando lo dejé en casa.* En usko hänen vielä nousseen ylös, koska eilisiltana hän oli pöllyssä, kun vein hänet kotiin.

llevar un buen pedo olla hokkarit vinossa *Topi ha actuado en estos lares tanto sobrio como llevando un buen pedo.* Topi on näillä nurkilla esiintynyt hokkarit vinossa sekä selvinpäin.

• pedrada

como pedrada en ojo de boticario kuin nyrkki silmään *¿Dónde has comprado esa cazadora? Te va como pedrada en ojo de boticario.* Mistä olet ostanut tuon pusakan? Se sopii sinulle kuin nyrkki silmään.

• **pedro**
estar/andar como Pedro por su casa olla kuin kotonaan *En la oficina ella está como Pedro por su casa, llega cuando quiere, se va a la cafetería cuando le apetece y a veces si le da por no trabajar, no trabaja.* Töissä hän on kuin kotonaan eli tulee milloin haluaa, menee kahville, milloin mieli tekee, ja joskus, jos ei huvita tehdä töitä, ei tee.

• **pega**
de pega epäaito *Sí, lleva muchos collares, pero todos son de pega.* Kyllä hänellä on monta kaulakorua, mutta kaikki ovat epäaitoja.

• **pegar**
pegar fuerte *1* menestyä hyvin *Hay una canción de un cantante sueco que está pegando muy fuerte este otoño.* Erään ruotsalaisen laulajan laulu on menestynyt erittäin hyvin tänä syksynä. *2* olla paahtavan kuuma *No quiero salir a la calle porque está pegando fuerte.* En halua mennä ulos, koska on paahtavan kuuma.
pegársela *1 ark* huiputtaa *¡Qué inocente eres Luis! ¿Es que no ves que te la está pegando?* Oletpas sinä sinisilmäinen, Luis! Etkö tosiaan näe, että hän huiputtaa sinua? *2* törmätä *Deja de ir tan rápido si no quieres pegártela contra un árbol.* Älä aja niin lujaa tai törmäät puuhun.
ks. myös: no ir/pegar ni con **cola**; pegar un **estirón**

• **pego**
dar el pego petkuttaa *No creo que a tu madre consigas darle el pego de que te has gastado el dinero en comida.* En usko, että onnistut petkuttamaan äitiäsi sanomalla käyttäneesi rahat ruokaan.

• **pegote**

tirarse/echarse el pegote teeskennellä *Quería impresionar a la chica y se tiró el pegote de que estudia medicina.* Hän halusi tehdä vaikutuksen tyttöön ja teeskenteli opiskelevansa lääketiedettä.

• **peine**
enterarse/saber lo que vale un peine saada tuntea nahoissaan *Si yo fuese el encargado de la obra se iban a enterar de lo que vale un peine esos vagos.* Jos olisin työnjohtaja, nuo laiskurit saisivat tuntea nahoissaan.

• **peineta**
hacer [le] la peineta näyttää keskisormea *Una anciana le hace la peineta al interventor.* Vanha nainen näyttää keskisormea konduktöörille.

• **pelar**
duro de pelar kova pala *No creo que le convenzas fácilmente porque es duro de pelar.* En usko sinun saavan häntä taivutelluksi helposti, koska hän on kova pala. *Algunos buscan sustituto al viejo presidente, pero no creo que este vaya a dimitir porque es duro de pelar.* Jotkut etsivät korvaajaa vanhalle presidentille, mutta en usko hänen luopuvan virasta, koska hän on sitkeä.
pelársela *alat* runkata *Por los ruidos parecía que alguien se la estaba pelando en el váter.* Äänistä päätellen joku oli runkkaamassa vessassa.
que pela hyytävä *Hace un frío que pela.* On hyytävän kylmä.
ks. myös: correr que se las pelar

• **pelea**
buscar pelea haastaa riitaa *El hombre no hace más que buscar pelea.* Mies haastaa riitaa jatkuvasti.

• **pelear**

Dos no se pelean si uno no quiere. Ei ole yhden syy, jos kaksi tappelee.

• **película**
de película upea *Nuestros amigos nos dieron una cena de película.* Ystävämme tarjosivat meille ylellisen illallisen.
saber de qué va la peli/película tietää missä mennään *Anda, cállate, porque no sabes de que va la película.* Hei, ole hiljaa, koska et tiedä missä mennään.
ks. myös: ser el **malo** de la película

• **peligro**
poner en peligro saattaa vaaraan *La conductora puso en peligro tanto a los viajeros como a un peatón.* Kuljettaja saattoi vaaraan sekä kyytiläisensä että yhden jalankulkijan.

• **pelillo**
Pelillos a la mar. Mitäs pienistä.

• **pelín**
un pelín hiuskarvan verran *Los libros de la estantería estaban un pelín mal colocados.* Kirjat hyllyllä olivat hiuskarvan verran väärin sijoitetut.
ni un pelín ei hitustakaan *No es que haya comido poco es que no ha comido ni un pelín* Hän ei syönyt vähän, vaan hän kun ei syönyt muruakaan.

• **pellejo**
dejarse el pellejo 1 tehdä kovasti töitä *Si quieres que la empresa tenga éxito, tendrás que dejarte el pellejo.* Jos haluat yrityksen menestyvän, sinun täytyy tehdä kovasti töitä. **2** melkein kuolla *Me caí por una pendiente pedregosa y casi me dejo el pellejo.* Kaaduin kivikkoisella rinteellä ja melkein kuolin.
estar en el pellejo de (*myös* estar en [pos.] pellejo**)** olla jkn housuissa *Si estuviera en el pellejo de Petra, no aceptaría ese trabajo.* Jos

olisin Petran housuissa, en ottaisi sitä työtä vastaan.
jugarse el pellejo vaarantaa henkensä *Si tú quieres escalar esa montaña, hazlo; yo no quiero jugarme el pellejo.* Jos haluat kiivetä vuorelle, sen kun kiipeät; minä en vaaranna henkeäni. *No me quiero jugar el pellejo por tan poca cosa.* En halua vaarantaa henkeäni niin pienen asian takia.
no caber en el pellejo ei pysy nahoissaan *Cuando supo que su novio vendría a casa por Navidad, no cabía en su pellejo.* Kuultuaan poikaystävänsä tulevan kotiin jouluksi hän ei ollut pysyä nahoissaan.
salvar el pellejo pelastaa nahkansa *Ha estado en situaciones más difíciles y siempre ha salvado el pellejo.* Hän on ollut vaarallisemmissakin tilanteissa mutta on aina pelastanut nahkansa.

• **pelo**
al pelo sopivasti *El dinero que me han regalado por Navidades me ha venido al pelo.* Joululahjaksi saamani rahat tulivat minulle sopivasti.
a pelo ilman satulaa *Aunque sabe cabalgar a pelo, prefiere hacerlo con silla de montar.* Vaikka hän osaa ratsastaa ilman satulaa, hän mieluummin käyttää satulaa.
caérse [le] **el pelo** saada selkään *Se te va a caer el pelo cuando tu madre sepa que no has ido a la escuela hoy.* Saat selkään äitisi saatua tietää, ettet ollut koulussa tänään.
con pelos y señales juurta jaksain *¡Por favor, María! Soy tu mejor amiga y tienes que explicarme con pelos y señales todo lo referente a tu nuevo novio.* Maria, kiltti! Olen paras ystäväsi, ja sinun täytyy kertoa minulle juurta jaksain kaikki uudesta poikaystävästäsi.
cortar un pelo en el aire olla terävä *No tengo miedo por el viaje de mi hijo por Europa porque es de los que cortan un pelo en el aire.*

En pelkää poikani matkaa Euroopan halki, koska hän on teräväpäinen.

de medio pelo vaatimaton *Era un hotel de medio pelo, pero era el más barato.* Hotelli oli vaatimaton, mutta se oli halvin.

de pelo en pecho vahva *Esos juegos no son para hombres de pelo en pecho.* Nämä pelit eivät ole tosi miehille tarkoitettuja.

lucir [le] **el pelo** mennä huonosti *Durante las clases de matemáticas jugábamos a las cartas y así nos lucía el pelo luego en los exámenes.* Matematiikan tunneilla pelasimme korttia, ja niinpä sitten tentit menivät huonosti. *El 30% de los europeos va al cine de vez en cuando. Así le luce el pelo a la industria cinematográfica.* 30 % eurooppalaisista käy elokuvissa silloin tällöin, joten elokuvateollisuudella menee huonosti.

no dejarse ver el pelo ei näkyä jälkeäkään *Hace mucho que no se deja ver el pelo José. ¿Dónde andará?* Pedrosta ei ole näkynyt jälkeäkään pitkään aikaan. Mitähän hänelle kuuluu?

no tener pelos en la lengua olla suorapuheinen *Su madre no tenía pelos en la lengua y le dijo cuatro verdades a la maestra.* Hänen äitinsä oli suorapuheinen ja sanoi suorat sanat opettajalle.

no tener un pelo de tonto ei olla ihan tyhmä *Su hermana no tenía un pelo de tonta y enseguida comprendió que su presencia molestaba.* Hänen sisarensa ei ollut ihan tyhmä, ja ymmärsi heti, että oli parasta poistua.

ponérse [le] **los pelos de punta** nousta karvat pystyyn *Sólo de verla entrar ya se me ponían los pelos de punta.* Pelkästään jo se, että näin hänen tulevan sisään, sai minulta karvat nousemaan pystyyn. *Cuando ve en la tele los efectos de los ataques terroristas se le ponen los pelos de punta.* Kun hän näkee telkkarissa terroristien hyökkäysten seuraukset, häneltä nousee karvat pystyyn.

por el pelo de una gamba niukin naukin *El examen lo hemos pasado por el pelo de una gamba.* Pääsimme kokeen läpi niukin naukin.

por los pelos (myös por un pelo) nipin napin *Consiguió esquivar el coche y se salvó por los pelos.* Hän onnistui väistämään autoa ja pelastui napin napin.

tirarse de los pelos repiä hiuksiaan *Cada vez que lo pienso, me tiro de los pelos. Me ganó por 2 décimas de segundo.* Joka kerran, kun ajattelen sitä, revin hiuksiani. Hän voitti minut kahdella sekunnin kymmenyksellä.

tocar [le] **un pelo de la ropa** koskea, hipaista *Si le vuelves a tocar acordarás de mí.* Jos vielä kerran hipaisetkaan poikaani, saat kuulla minusta.

tomadura de pelo pila *Te juro que no es una tomadura de pelo: el primer premio te lo han concedido a ti.* Vannon, ettei tämä ole pila. Sinä olet voittanut ensimmäisen palkinnon.

tomar [le] **el pelo** pilailla jnk kustannuksella *Es muy inocente y todos le toman el pelo.* Hän on hyvin sinisilmäinen, ja kaikki pilailevat hänen kustannuksellaan.

no ... un pelo ei pätkääkään *No te fíes un pelo de lo que te diga él.* Älä usko pätkääkään hänen puheitaan.

y yo con estos pelos kaikki levällään *Están a punto de llegar los inspectores y yo con estos pelos. —Tranquilo, Luis, seguro que es una inspección rutinaria.* Tarkastajat ovat tulossa, ja kaikki on levällään. — Rauhoitu, Luis, se on varmasti vain rutiinitarkastus.

ks. myös: cuando las **ranas** críen pelos; hasta la **raíz** del pelo

• **pelón**
comer como pelón de hospicio mex ➙ comer como una lima

• **pelota**
chupar pelota hautoa palloa *No queremos jugar con él porque le gusta demasiado*

chupar pelota. Emme halua pelata hänen kanssaan, koska hän tykkää hautoa liikaa palloa.

de las pelotas *alat* paska *Ha venido ese muchacho de las pelotas que no me gusta nada.* Se paska jätkä tuli, enkä tykkää siitä yhtään. *Tira ese abrigo de las pelotas a la basura y cómprate uno nuevo.* Heitä roskiin se paska takki ja osta uusi.

devolver [le] **la pelota** maksaa samalla mitalla *Ella ha sido injusta conmigo, pero si ahora le devuelvo la pelota, yo seré también injusto.* Hän teki väärin minulle, mutta jos nyt maksan samalla mitalla takaisin, minäkin teen väärin.

en pelotas *alat* ilkosillaan *No puedo abrir la puerta porque estoy en pelotas.* En voi avata ovea, koska olen ilkosillani.

estar la pelota en el tejado olla auki *Todavía no se sabe si vendrán o no, está la pelota en el tejado.* Ei vielä tiedetä, tulevatko he vai eivät; kaikki on auki.

hacer [le] **la pelota** *ark* olla mielin kielin *Es inútil que le hagas la pelota porque es una persona muy equitativa.* Sinun ei kannata olla mielin kielin, koska hän on hyvin oikeudenmukainen.

hasta las pelotas *alat* kyrpiintynyt *Estoy hasta las pelotas de que los dueños de los perros no limpien lo que sus animales hacen.* Olen kyrpiintynyt siihen, että koiranomistajat eivät siivoa elukoidensa jätöksiä.

hincharse [le] **las pelotas** *alat* vittuuntua *Estuvo callado media hora hasta que se le hincharon las pelotas y explotó.* Se oli hiljaa puoli tuntia, kunnes vittuuntui ja sai raivarin.

importar [le] **tres pelotas** *alat* vitut välittää *Me importa tres pelotas lo que tú pienses.* Vitut minä välitän siitä, mitä ajattelet.

pasarse por las pelotas *alat* haistattaa vitut *La ley del tabaco me la paso yo por las pelotas.* Tupakkalaille mä haistatan vitut.

pelota envenenada kuuma peruna *El matrimonio de las parejas homosexuales es una pelota envenenada que el gobierno no quiere tocar.* Homoseksuaaliparien avioliitto on kuuma peruna, johon hallitus ei tahdo koskea.

por pelotas *alat* vittuuksissaan *Les habían prohibido aparcar allí, pero ellos, por pelotas, allí aparcaron.* Heitä oli kielletty pysäköimästä siihen, mutta ihan vittuuksissaan vaan pysäköivät.

ser un pelota mielistelijä *No le hagas mucho caso porque es un pelota y sus palabras no son sinceras.* Älä välitä hänestä erityisemmin, koska hän on sellainen mielistelijä eikä ole vilipitön.

tocarse las pelotas *alat* istua perse homeessa *Se piensa que el único que trabaja es él y que los demás nos tocamos las pelotas.* Hän luulee olevansa ainoa, joka tekee töitä, ja että me muut vaan istutaan perse homeessa.

ks. myös: **y punto** pelota

● **peluquín**

¡ni hablar del peluquín! ei tulla kuuloonkaan *Si estás enfermo, quédate en casa. −¡Ni hablar del peluquín! Yo me voy de fiesta contigo.* Jos olet sairas, jää kotiin. − Ei tule kuuloonkaan. Minä lähden juhliin sinun kanssasi.

● **pena**

a duras penas töin tuskin, juuri ja juuri *A duras penas consiguió no llorar.* Töin tuskin hän pystyi olemaan itkemättä. *A duras penas le entiendo.* Ymmärrän häntä juuri ja juuri.

a malas penas hädin tuskin *El examen de geografía lo pasé a malas penas.* Pääsin hädin tuskin läpi maantiedon kokeesta.

ahogar las penas hukuttaa murheensa *He visto a Félix en el bar de la esquina ahogando las penas. No acaba de recuperarse del divorcio.* Näin Félixin lähibaarissa hukuttamassa murheitaan. Hän ei ota toipuakseen avioerosta.

allá penas oma vika *Si se ha gastado todo el dinero, allá penas.* Jos hän on tuhlannut kaikki rahansa, omapa on vikansa.

dar pena surettaa, säälittää *Me da pena dejar al perro solo tanto tiempo* Minua säälittää jättää koira yksin niin kauaksi aikaa.

estar de pena olla surkeassa kunnossa *Esta cocina está de pena, tenemos que hacer reformas.* Tämä keittiö on surkeassa kunnossa, meidän täytyy tehdä remontti.

hecho una pena surkeassa kunnossa *Desde que lo había dejado su novia, estaba hecho una pena, ni comía, ni se aseaba.* Tyttöystävän jätettyä hänet hän oli surkeassa kunnossa; ei syönyt eikä peseytynyt.

merecer/valer la pena kannattaa, maksaa vaivan *El viaje les había salido caro, pero había merecido la pena.* Matka oli tullut heille kalliiksi, mutta se oli ollut vaivan arvoinen. *No vale la pena que les invites porque no van a venir.* Sinun ei kannata kutsua heitä, koska he eivät tule.

que da pena surkean näköinen *Tiene un aspecto que da pena.* Hän on surkean näköinen.

¡qué pena que ...! mikä vahinko, harmi *¡Qué pena que no pudieses venir! Te habrías divertido.* Harmi, kun et voinut tulla. Sinulla olisi ollut hauskaa.

Si vale la pena hacerlo, vale la pena hacerlo bien. Tee hyvin mitä teet, tai elä tee ollenkaan.

• **penalti**
casarse de penalti *ark* solmia pakkoavioliitto *Sí, se ha casado, pero ha sido de penalti; ella estaba de cinco meses.* Kyllä hän meni naimisiin, mutta se oli pakkoavioliitto, koska nainen oli viidennellä kuulla.

• **pensado**
bien pensado tarkemmin ajatellen *Bien pensado, sería mejor que fuese yo solo.* Tarkemmin ajatellen minun olisi parempi mennä yksin.

mal pensado häijy, ilkeä *Antonio ha dicho que le duele la cabeza para no tener que quedarse a trabajar. —No seas mal pensado; seguro de verdad le duele.* Antonio sanoi, että hänen päätänsä särkee, ettei tarvitsisi jäädä töihin. —Älä ole ilkeä; varmaan hänen päätään oikeasti särkee.

menos pensado mikä tahansa *Si no arreglas el coche, el día menos pensado vas a tener un accidente.* Jos et korjaa autoa, minä päivänä tahansa sattuu onnettomuus.

• **pensamiento**
leer el pensamiento lukea ajatuksia *Fexeus cree que se puede leer el pensamiento.* Fexeus uskoo siihen, että ajatuksia voi lukea.

• **pensar**
cuando menos se piensa kun vähiten odottaa *Las cosas pasan cuando menos se lo piensa uno.* Asioita tapahtuu silloin, kun niitä vähiten odottaa.

dar que pensar antaa ajattelemisen aihetta *La verdad es que el hecho de que salgan tanto juntos da que pensar.* Heidän käymisensä yhdessä ulkona niin usein antaa todella ajattelemisen aihetta.

estar pensando en otra cosa olla muissa ajatuksissa *Los síntomas aparecían sólo cuando estaba pensando en otra cosa, de forma que valía la pena concentrarse.* Oire tuli vain silloin, kun olin muissa ajatuksissa, eli keskittyminen autoi.

no pensar más que olla aina mielessä *No pienso más que en él.* Hän on mielessäni aina. *No piensa más que en las vacaciones.* Hänellä on aina loma mielessä.

¡y pensar que! ajatella *¡Y pensar que pronto serás padre!* Ajatella, että sinusta tulee kohta isä! *¡Y pensar que antes no tenía ni un*

céntimo! Ajatella, että ennen minulla ei ollut senttiäkään rahaa!
Ni pensarlo. Ei tulle kuuloonkaan.
ks. myös: sin pensarlo dos **veces**

• **peor**
ponerse en lo peor ajatella pahinta *Está tan enfermo que podría morirse. −Bueno, bueno, no te pongas en lo peor.* Hän on niin sairas, että saattaisi kuolla. − No, no, älä ajattele pahinta.
peor que peor (*myös* tanto peor) aina pahempi *Mañana vendrá el nuevo director y no tiene experiencia. −Peor que peor.* Uusi johtaja tulee huomenna, ja hän on kokematon. − Aina pahempi.
temerse mucho/lo peor aavistaa pahaa
ks. myös: ir de **mal** en peor

• **pepino**
importar [le] un pepino (*myös* importar [le] **tres pepinos**) ei välittää pätkääkään *Me importa un pepino lo que piense él de mi nuevo coche.* En välitä pätkääkään siitä, mitä mieltä hän on uudesta autostani.
irse por donde amargan los pepinos lähteä lipettiin *Cuando vio que venía la maestra, se fue por donde amargan los pepinos.* Kun hän näki opettajan lähestyvän, hän lähti lipettiin.
repetirse más que el pepino jauhaa samoja asioita *Es un buen profesor, pero se repite más que el pepino.* Hän on hyvä opettaja mutta jauhaa aina samoja asioita.

• **pequeño**
en pequeño pienoiskoossa *Es igual que su padre, pero en pequeño.* Hän on kuin isänsä, mutta pienoiskoossa.

• **pera**
pedir peras al olmo ei voi kauhalla ottaa kun on lusikalla annettu *María ha suspendido el examen tres veces. −Normal. No se puede*
pedir peras al olmo. Maria on reputtanut tentissä kolme kertaa. − Ei mikään ihme. Kun on lusikalla annettu, ei voi kauhalla ottaa.
ser la pera olla mahdoton *Eres la pera, Luisa. No hay quien te entienda.* Olet mahdoton, Luisa. Kukaan ei tajua sinua. **ser una perita en dulce** olla houkutteleva *Muchos piensan que el trabajo de maestro es una perita en dulce.* Monet ovat sitä mieltä, että opettajan työ on houkutteleva.
el año de la pera vuonna yks ja kaks *Sigo siendo el mismo que era en el año de la pera.* Mä oon edelleen sama kakara joka olin vuonna yks ja kaks.
tocarse la pera *alat* istua perse homeessa *Se piensa que el único que trabaja es él y que los demás nos tocamos la pera.* Hän luulee olevansa ainoa, joka tekee töitä, ja että me muut vaan istutaan perse homeessa.
ks. myös: de **uvas** a peras

• **percal**
conocer el percal tietää mistä puhuu
Vosotros mucho hablar y poco hacer. Ya conozco yo el percal. Te kyllä puhutte paljon mutta teette vähän. Tiedän kyllä, mistä puhun.

• **perder**
habérse [le] perdido olla tekemistä, virkaa *A mí no se me ha perdido nada aquí; así que me largo.* Minulla ei ole mitään virkaa täällä, joten minä häivyn.
llevar/tener las de perder olla alakynnessä *No vale la pena que discutas con el jefe porque llevas todas las de perder.* Sinun ei kannata kiistellä johtajan kanssa, koska joudut alakynteen.
tú te lo pierdes omapa on asiasi *Si no quieres probar la tortilla, tú te lo pierdes.* Jos et halua maistaa munakasta, omapa on asiasi.

• **pérdida**

no tener pérdida ei voi erehtyä *Siga todo recto por esta calle y encontrará la agencia de viajes. No tiene pérdida.* Menkää suoraan tätä katua, niin löydätte matkatoimiston. Siitä ei voi erehtyä.

ser una pérdida de tiempo olla ajan haaskausta *Ya verás que/cómo no es una pérdida de tiempo.* Tulet näkemään, että se ei ole ajan haaskausta.

sin pérdida de tiempo viipymättä *Oyó que necesitábamos ayuda y sin pérdida de tiempo vino a ayudarnos.* Hän kuuli meidän tarvitsevan apua ja tuli viipymättä auttamaan.

● **perdido**

ponerse perdido sotkea itsensä *Cada vez que le dejo cenar sola a la niña se pone perdida.* Aina kun annan pikkutyttösen syödä yksin, hän sotkee itsensä.

De perdidos, al río. Aloitettu on vietävä loppuun.

● **perdiz**

marear la perdiz pyöritellä asiaa *Teníamos una reunión de dos horas y se pasó hora y media mareando la perdiz, así que no pudimos llegar a ningún acuerdo.* Meillä oli kahden tunnin kokous, ja puolitoista tuntia kului asian pyoritelyyn, joten emme päässeet minkäänlaiseen sopuun.

ser feliz como una perdiz ei olla köyhä eikä kipeä *Todo el mundo sabe que el borracho es feliz como una perdiz.* Tunnetustihan humalainen ei ole köyhä eikä kipeä.

y fueron felices y comieron perdices elää onnellisena elämänsä loppuun asti *El príncipe se casó con la princesa y fueron felices y comieron perdices.* Prinssi meni naimisiin prinsessan kanssa ja he elivät onnellisina elämänsä loppuun asti.

● **perdón**

con perdón luvalla sanoen *Primero no me supo arreglar el coche y luego el hijo puta, con perdón, me quería cobrar 300 euros.* Ensinnäkään hän ei osannut korjata autoani, ja sitten se paskiainen, luvalla sanoen, halusi minun pulittavan 300 euroa.

no tener perdón de Dios olla anteeksiantamatonta *Llevas dos años sin escribir a tus padres. Tú no tienes perdón de Dios.* Et ole kahteen vuoteen kirjoittanut vanhemmillesi. Se on anteeksiantamatonta.

● **perdonar**

perdona que te lo diga jos saan sanoa *Te has portado como una cerda, perdona que te lo diga.* Käyttäydyit sikamaisesti, jos saan sanoa.

● **perfección**

a la perfección täydellisesti *Este ordenador funciona a la perfección.* Tämä tietokone toimii täydellisesti. *Cumple con sus obligaciones a la perfección.* Hän täyttää velvollisuutensa moitteettomasti.

● **perfil**

de perfil sivulta *Visto de perfil se parece mucho a su madre.* Sivultapäin hän muistuttaa kovasti äitiään.

● **perico**

Cada perico a su estaca. *mex* Suutari pysyköön lestissään.

● **perilla**

venir de perilla tulla sopivasti *Las últimas lluvias le han venido de perillas a la agricultura.* Äskettäiset sateet tulivat parahiksi viljelyksille. *Tu viejo ordenador me ha venido de perillas porque se me había roto el mío.* Sain vanhan tietokoneesi sopivasti, koska omani oli mennyt rikki.

● **periquete**

en un periquete tuossa tuokiossa *Esta coche lo arreglo yo en un periquete.* Tämän auton korjaan tuossa tuokiossa.

● **perjuicio**
sin perjuicio de huolimatta *Quiero dejar claro que, sin perjuicio de vuestra colaboración, el responsable del proyecto soy yo.* Haluan tehdä selväksi, että teidän tekemästä osuudesta huolimatta minä vastaan projektista.

● **perla**
de perlas erittäin hyvä *La idea de repartir las tierras abandonadas entre los necesitados me parece de perlas.* Ajatus jakaa joutomaat tarvitseville on minusta erittäin hyvä. *El nuevo trabajo le ha venido de perlas.* Uusi työ tuli minulle parahiksi. *Espero que sus negocios le vayan de perlas.* Toivon liiketoimienne sujuvan parhain päin.

● **pero**
no hay pero que valga *ark* ei mitään muttia *Tienes que hacer la cama antes de ir al colegio. Y no hay pero que valga.* Sinun täytyy sijata vuoteesi ennen kouluun lähtöä. Eikä mitään muttia.
ni pero, ni leches *ark* ei mitään muttia *Pero, mamá ... — ¡Ni pero, ni leches! La cama la haces antes de salir de casa.* Mutta, äiti... — Ei mitään muttia! Sinä sijaat vuoteesi, ennen kuin lähdet.
[adj./adv.], pero que muy [adj./ adv.] tosi *Allí se lo pasaba bien, pero que muy bien.* Siellä oli hauskaa, tosi hauskaa. *Era aún muy temprano, pero que muy temprano, tanto que casi era de noche.* Oli vielä hyvin aikaista, tosi aikaista, oli melkein vielä yö. *Es bueno, pero que muy bueno.* Se on hyvä, parempi kuin hyvä.
poner peros panna vastaan *Mi padre me ha puesto muchos peros al viaje a Inglaterra. No sé si me dejará ir.* Isäni on pannut kovasti vastaan Englannin-matkaani. En tiedä, päästääkö hän minut lähtemään.

● **perplejo**
quedarse perplejo olla kuin puulla päähän lyöty *Mieto: me he quedado perplejo.* Mieto: Olen kuin puulla päähän lyöty.

● **perro**
atar los perros con longaniza elää yltäkylläisyydessä *En Escandinavia el nivel de vida es alto, pero no atan los perros con longanizas.* Skandinaviassa elintaso on korkea, mutta ei eletä yltäkylläisyydessä.
coger una perra saada raivari *Como no le compré el juguete que quería, cogió una perra tremenda.* Koska en ostanut hänen haluamaansa lelua, hän sai raivarin.
como el perro del hortelano kiusankappale *No seas como un perro del hortelano, y déjale tu bici a tu hermano mientras tú tienes la pierna escayolada.* Älä ole kiusankappale ja lainaa pyöräsi veljellesi, kun jalkasi on kipsissä.
como el perro y el gato kuin kissa ja koira *Tenían caracteres totalmente incompatibles y por eso andaban siempre como el perro y el gato.* He olivat täysin eriluonteisia ja siksi olivat aina kuin kissa ja koira.
como un perro en misa väärässä paikassa *Cuando voy a casa de los padres de mi novia, me siento como un perro en misa.* Kun menen tyttöystäväni vanhempien luokse, tunnen olevani väärässä paikassa.
como un perro verde (*myös* más raro que un perro verde) outo lintu *No le hagas caso a Marisa; es más rara que un perro verde.* Älä välitä Marisasta, hän on sellainen outo lintu.
dos/cuatro perras gordas muutama sentti *Era muy barato, me ha costado dos perras gordas.* Se oli erittäin halpa, maksoin siitä vain muutaman sentin.

de perros koiran- *No voy a salir porque hace un tiempo de perros.* En lähde ulos tällaisella koiranilmalla.

echar [le] **los perros** *col, mex, ven* → **tirar los tejos**

más contento que un perro con dos colas olla läpeensä tyytyväinen *Todos los presentes estaban más contentos que un perro con dos colas.* Kaikki läsnäolijat olivat läpeensä tyytyväisiä.

no tener ni perro que [le] **ladre** ypöyksin *El problema es que los que no tienen ni perro que les ladre, pueden recurrir a la violencia para sobrevivir.* Ongelma on se, että
ypöyksin olevat voivat turvautua väkivaltaan pysyäkseen hengissä.

no tener una perra ei olla pennin hyrrää *No puedo pagarte el café porque no tengo una perra.* En voi tarjota sinulle kahvia, koska minulla ei ole pennin hyrrää.

no valer una perra ei olla penninkään arvoinen *El tráfico es un caos y la vida de los peatones no vale una perra.* Liikenne on kaoottinen ja jalankulkijan henki ei ole penninkään arvoinen.

perro viejo vanha kettu *Cuidado con él, porque es un perro viejo.* Varo häntä, koska hän on sellainen vanha kettu.

para/pa ti la perra gorda ihan miten vaan *Créeme, porque tengo razón yo. –Vale, pa ti la perra gorda.* Usko pois, sillä minä olen oikeassa. – Ihan miten vaan.

quedar como un perro abandonado jäädä kuin nalli kalliolle *Después de cinco años de relaciones Vera ha quedado como un perro abandonado.* Vera on jäänyt kuin nalli kalliolle viiden vuoden avioliiton jälkeen.

ser un perro faldero mammanpoika *El niño es un poco perro faldero, pero ya se independizará.* Poika on pikkuisen mammanpoika, mutta kyllä hän siitä itsenäistyy.

ser un viejo perro/zorro olla vanha kettu *Churchill es un viejo zorro.* Churchill on vanha kettu.

A perro flaco todo son pulgas. Kaikki on vastaan, vain saha puoltaa.

A perro viejo no hay tus tus. Vanha koira ei opi istumaan.

A otro perro con ese hueso. Puhu pukille.

El perro viejo no ladra en balde (a la luna, en tocón). Ei vanha koira valetta hauku.

Perro ladrador, poco mordedor. Haukkuva koira ei pure.

• **persiana**
bajar la persiana laittaa lappu luukulle *Algunas tiendas han tenido que bajar la persiana.* Joidenkin kauppojen on pitänyt laittaa lappu luukulle.

enrollarse como las persianas (*myös* más que las persianas) puhua puhumistaan *Ella es muy simpática pero no quiero pararme a hablar con ella porque se enrolla más que las persianas.* Hän on erittäin mukava, mutta en halua jäädä puhumaan hänen kanssaan, koska hän puhuu puhumistaan.

• **persona**
en persona 1 henkilökohtaisesti *Tu carta me la trajo en persona un amigo.* Ystäväsi toi henkilökohtaisesti kirjeesi minulle. *No lo había visto nunca en persona.* En ollut tavannut häntä koskaan henkilökohtaisesti. *2* ihka elävänä *Cientos de personas hacían cola para ver a Catt en persona.* Sadat ihmiset jonottivat nähdäkseen Catin ihka elävänä [art.] [subst.] **en persona** itse *Ella es la bondad en persona.* Hän on itse hyvyys. *No es orgulloso, es el orgullo en persona.* Hän ei ole ylpeä, hän on ylpeyden perikuva.

• **personal**
tomar [lo] **como algo personal** ottaa henkilökohtaisesti *No te lo tomes como algo*

personal, no estaba hablando de ti. Älä ota henkilökohtasesti, en puhunut sinusta.

● **perspectiva**
en perspectiva näkyvissä *Tienes una prometedora carrera en perspectiva; no dejes escapar esa oportunidad.* Sinulla on lupaava ura edessäsi, älä päästä sitä tilaisuutta käsistäsi.

● **pésame**
dar el pésame esittää surunvalittelu *Si vas al entierro, no te olvides de darle el pésame al viudo.* Jos menet hautajaisiin, muista esittää surunvalittelusi leskelle.

● **pesar**
a pesar de huolimatta *Mucha gente paseaba por la calle a pesar de que hacía frío.* Kadulla oli liikkeellä paljon ihmisiä kylmästä säästä huolimatta.
mal que [le] **pese** halusi tai ei *Mal que le pese, ella es la que tiene que hacerlo.* Halusi tai ei, hänen on tehtävä se. *Las clases altas son las que, mal que nos pese, más practican la ceremonia de la hipocresía.* Halusimmepa tai ei, niin
yläluokat   harrastavat   eniten kaksinaamaisuutta.
pese a huolimatta *Los libaneses quieren volver a sus hogares, pese al peligro de nuevos ataques israelíes.* Libanonilaiset haluavat palata koteihinsa huolimatta vaarasta, että israelilaiset tekevät uusia hyökkäyksiä. *Pese al aumento de las temperaturas, algunos científicos aseguran que caminamos hacia una era glacial.* Huolimatta lämpötilojen kohoamisesta,   jotkut   tiedemiehet vakuuttavat, että olemme menossa kohti jääkautta.
pese a quien pese sanokoot muut mitä tahansa *Quiero irme de vacaciones y lo haré, pese a quien pese.* Haluan lähteä lomalle ja

minähän lähden, sanokoot muut mitä tahansa. *Voy a hacer el trabajo así, pese a quien pese.* Teen työn tällä lailla, sanokoot muut mitä tahansa.

● **pesca**
y toda la pesca ja kumppanit *Allí estaban el obispo, el alcalde, el rector y toda la pesca.* Paikalla olivat piispa, kaupunginjohtaja, rehtori ja kumppanit. *Ha escrito un artículo sobre los derechos humanos y toda la pesca.* Hän on kirjoittanut artikkelin ihmisoikeuksista ja muusta sellaisesta.

● **pescado**
estar todo el pescado vendido olla selvää kauraa *A los 10 minutos de partido ya estaba todo el pescado vendido.* Ottelu oli selvää kauraa 10 minuutin jälkeen.
Así está el pescado. Näin on marjat/näreet.

● **pescuezo**
retorcer el pescuezo vääntää niskat nurin *Corrían el riesgo de que si no pagaban, les retorcieran el pescuezo.* He ottivat riskin, että elleivät maksaisi, heiltä väännettäisiin niskat nurin.

● **peseta**
dos/cuatro pesetas muutama sentti *Era muy barato, me ha costado cuatro pesetas.* Se oli hyvin halpa; maksoin siitä vain muutaman sentin.
mirar la peseta olla tarkka rahoistaan *Como no gana mucho, mira mucho la peseta.* Koska hän ei ansaitse paljoa, hän on tarkka rahoistaan.

● **peso**
caerse/caer por/de su propio peso olla itsestään selvä *Cae por su propio peso que si tú tienes mucho dinero, tú pagues la cena.* On

itsestään selvää, että jos sinulla on paljon rahaa, sinä maksat illallisen.

de peso painava, tärkeä *Es un motivo de peso que no podemos olvidar.* Se on painava syy, jota emme voi unohtaa. *Se ha casado con un hombre de peso.* Hän meni naimisiin merkittävän miehen kanssa.

en peso ilmaan *Tomé la hamaca en peso y la llevé al interior de la casa para que no se mojase.* Nostin aurinkotuolin ylös ja kannoin sen sisälle, ettei se kastuisi. *Las enfermeras tienen que tener músculos para llevar en peso a las ancianas de una cama a otra.* Sairaanhoitajilla täytyy olla voimaa pystyäkseen kantamaan vanhukset sängystä toiseen.

llevar el peso olla vastuussa *Nosotros sólo somos ayudantes, la que lleva el peso de la obra es Martina.* Me olemme vain apulaisia. Martina on vastuussa tästä työstä.

quitarse [le] **un peso de encima** pudota kivi sydämeltä *Cuando oí que la niña ya había vuelto a casa, se me quitó un peso de encima.* Kuultuani tytön palanneen kotiin kivi putosi sydämeltäni.

valer su peso en oro olla painonsa arvoinen kultaa *Tenemos una niñera que vale su peso en oro.* Meillä on lastenhoitaja, joka on painonsa arvoinen kultaa.

• **pestaña**
alegrar la pestaña miellyttää silmää *Marta decía que iba al fútbol porque le alegraba la pestaña.* Marta sanoi käyvänsä jalkapallo-otteluissa, koska niissä oli silmänruokaa.

quemarse/dejarse las pestañas päntätä *Ha pasado el examen, pero durante dos semanas se ha quemado las pestañas.* Hän pääsi tentistä läpi, mutta hän pänttäsikin kaksi viikkoa.

• **peste**

echar/decir pestes haukkua, parjata *Mal hacen los que, sin estar bien enterados, echan pestes de las nuevas tecnologías.* Ne, jotka eivät ole asioista perillä, tekevät väärin parjatessaan uutta tekniikkaa. *Siempre está diciendo pestes de todos.* Hän haukkuu aina kaikkia.

• **petado**
estar petado olla tulvillaan *En Muurame el otoño está petado de conciertos y películas.* Muuramessa syksy on tulvillaan konsertteja ja elokuvia.

• **petate**
liar/agarrar/coger el petate koota kimpsut ja kampsut *Agárrate el petate y vente conmigo a Madrid.* Kokoa kimpsusi ja kampsusi ja lähde kanssani Madridiin.

• **petenera**
salirse por peteneras poiketa aiheesta *Ahora estamos hablando de salarios, no te salgas por peteneras.* Puhumme nyt palkoista, älä poikkea aiheesta.

• **1 pez**
como pez en el agua kuin kala vedessä *En las fiestas donde hay mucha gente Marisa se encuentra como pez en el agua.* Juhlissa, joissa on paljon ihmisiä, Marisa on kuin kala vedessä.

como pez fuera del agua kuin kala kuivalla maalla *Me siento como pez fuera del agua en las corridas de toros.* Härkätaisteluissa olen kuin kala kuivalla maalla.

estar pez olla täysi nolla *Estoy pez en matemáticas.* Olen täysi nolla matematiikassa.

pez gordo isokenkäinen *Para que la noticia de la reunión salga en la prensa, tendría que asistir algún pez gordo.* Jotta uutinen kokouksesta pääsisi lehteen, pitäisi jonkun isokenkäisen olla läsnä.

• 2 pez
como la pez (*myös* más que la pez) pikimusta *Tiene unos hermosos ojos negros como la pez.* Hänellä on kauniit pikimustat silmät.

• piano
como un piano aikamoinen, melkoinen *Lo que te he dicho es una verdad como un piano.* Sinulle kertomani on täyttä totta. *Ha cogido una gripe como un piano.* Hän on saanut melkoisen flunssan.

• pica
poner una pica en Flandes olla tehnyt jotakin ihmeellistä *No es que haya puesto una pica en Flandes, pero hay que reconocer que su investigación es muy valiosa.* Hän ei ole tehnyt mitään ihmeellistä, mutta on tunnustettava, että hänen tutkimuksensa on hyvin arvokasta.

• picadillo
hacer picadillo tehdä hakkelusta *No sólo me ganaron, sino que me hicieron picadillo.* He eivät vain voittaneet minua vaan suorastaan hakkasivat minut.

• picado
en picado syöksyen *El avión bajó en picado.* Lentokone syöksyi alas. *Han caído en picado los precios de las materias primas.* Raaka-aineiden hinnat ovat syöksyneet alas.

• picar
picar alto tähdätä korkealle *No se contenta con el puesto de secretario general, pica alto y quiere ser ministro.* Hän ei tyydy pääsihteerin virkaan vaan tähtää korkealle ja haluaa ministeriksi.
ks. myös: ¿qué **mosca** te ha picado?

• picio
más feo que Picio ruma kuin mikä *Es un muchacho simpático, pero más feo que Picio.* Hän on kiva poika, mutta on ruma kuin mikä.

• pico
abrir el pico avata suu *Cuando venga la inspectora, no abras el pico, déjame hablar a mí.* Kun tarkastaja tulee, älä sinä avaa suutasi vaan anna minun puhua.
andar/ir/salir de picos pardos *alat* käydä huorissa *Me han dicho que tu vecino se va de picos pardos una vez al mes.* Kuulin, että naapurisi käy huorissa kerran kuussa.
cerrar el pico panna suu nappiin, pitää turpansa kiinni *Mejor cerrar el pico si no hay más que grandes palabras.* Parempi panna suu nappiin vaan jollei ole muuta kuin suuret puheet.
darle al pico lörpötellä *No quiero pararme a hablar con ella porque le gusta darle al pico y tengo prisa.* En halua jäädä puhumaan hänen kanssaan, koska hän tykkää lörpötellä ja minulla on kiire.
irse del pico puhua ohi suunsa *Se nos estropeó el plan secreto porque Antonio se fue del pico.* Salainen suunnitelmamme meni pilalle, koska Antonio puhui ohi suunsa.
pico de oro puhua hyvin *Sólo tiene cuatro años, pero es un pico de oro.* Hän on vasta nelivuotias, mutta puhuu hyvin.
y pico ja rapiat, vähän yli *A las doce y pico llega el tren.* Juna tulee vähän yli kaksitoista. *Tendrá treinta años y pico.* Hän on kolmekymmentä ja risat.
¡Cierra el pico! Kita kiinni!

• picota
en la picota kovan arvostelun kohteena *La prensa ha puesto en la picota al presidente palestino.* Lehdistö on arvostellut kovin sanoin palestiinalaisten presidenttiä.

• **pie**

a los pies de jalkojen juuresa *Siempre es un placer sentarse a los pies de esta leyendas.* On aina ilo istua näiden legendojen jalkojen juuressa.

al pie de juurella *Se quedaron dormidos al pie de un árbol.* He nukkuivat puun juurella. *Al pie de una ventana encontró una carta.* Hän löysi kirjeen erään ikkunan alta.

al pie de la letra kirjaimellisesti *Cumplieron su promesa al pie de la letra.* He täyttivät lupauksensa kirjaimellisesti. *No te tomes la prohibición del médico al pie de la letra.* Älä ota lääkärin antamaa kieltoa kirjaimellisesti.

al pie del cañón työn touhussa, työssä kiinni *Cuando el negocio es tuyo, siempre tienes que estar al pie del cañón.* Kun yritys on sinun, joudut aina olemaan työssä kiinni.

a pie jalan *Pueden ustedes ir a pie, el monumento que buscan está muy cerca.* Voitte mennä jalan. Etsimänne muistomerkki on hyvin lähellä.

a pie de fábrica paikan päällä *El control de la calidad de los productos debe hacerse a pie de fábrica.* Tuotteiden laatutarkastus täytyy suorittaa jo tehtaalla.

a pie de obra paikan päällä *Les recomendé que preparasen el hormigón a pie de obra, en vez de traerlo con camiones.* Kehotin valmistamaan betonin paikan päällä sen sijaan, että se tuotaisiin kuorma-autoilla. *El lenguaje televisivo lo aprendí en TVE. A pie de obra.* Televisiokielen opin TVE -kanavalla, ihan paikan päällä.

a pie de página sivun alareunassa *A pie de página hay una nota con la traducción de la frase.* Sivun alareunassa on huomautus, jossa on lauseen käännös.

a pie firme paikallaan, liikkumatta *En la acera, a pie firme, dos señoras llevan hablando media mañana.* Nuo kaksi rouvaa ovat jo puoli päivää seisseet jutustelemassa jalkakäytävällä.

atar de pies y manos sitoa kädet ja jalat *Encontraron una fosa con cadáveres atados de pies y manos.* Löytyi kuoppa, jossa oli ruumiita kädet ja jalat sidottuina. *No iré a una negociación atado de pies y manos. Quiero poder decir lo que pienso.* En mene neuvotteluun niin, että käteni ovat sidotut. Haluan voida sanoa oman mielipiteeni.

buscarle tres pies al gato mennä merta edemmäs kalaan *El problema ya está solucionado, no te pongas tú ahora a buscarle tres pies al gato.* Ongelma on jo ratkaistu, joten älä nyt mene merta edemmäs kalaan.

cojear del mismo pie olla sama vika *No me gusta ninguno de los candidatos porque todos cojean del mismo pie.* En pidä yhdestäkään ehdokkaasta, koska kaikissa on sama vika.

con los pies en el suelo/tierra jalat maassa *Su proyecto puede parecer un sueño, pero él siempre actúa con los pies en la tierra.* Hänen projektinsa voi vaikuttaa haihattelulta, mutta hänellä on aina jalat maassa.

sacar/salir con los pies por delante lähteä jalat edellä *Estuvo trabajando en la misma tienda hasta que lo sacaron con los pies por delante.* Hän oli töissä samassa liikkeessä, kunnes lähti jalat edellä.

con pies de plomo varovaisesti *En las negociaciones hay que andar con pies de plomo si queremos evitarnos problemas.* Neuvotteluissa täytyy edetä varovaisesti, jos haluamme välttyä ongelmilta.

con mal pie (*myös* con el pie izquierdo) väärällä jalalla *Me parece que me he levantado con mal pie porque no doy pie con bola.* Minusta tuntuu, että olen noussut ylös väärällä jalalla, koska mikään ei onnistu.

con un pie en el hoyo (*myös* con un pie en la tumba) toinen jalka haudassa *Durante aquella enfermedad estuve con un pie en el hoyo, pero me curé.* Sen sairauden aikana olin jo toinen jalka haudassa, mutta paranin.

creer a pie/pies juntillas uskoa sokeasti *No puedes esperar que me crea a pie juntillas las fantasías que me cuentas.* Et voi odottaa, että uskon sokeasti nuo kertomasi tarinat. *La gente se cree a pies juntillas lo que afirman los científicos.* Ihmiset uskovat sokeasti, mitä tiedemiehet sanovat.

dar pie a/para antaa aihetta *Su comportamiento y las maletas que ha traído dan pie a pensar que quiere quedarse a vivir con nosotros.* Hän käytöksensä ja mukanaan tuomansa matkalaukut antavat olettaa, että hän haluaa jäädä asumaan meille. *Intenté hablar con algunas, pero los temas eran tan aburridos que no daban pie para seguir hablando.* Yritin puhua joidenkin kanssa, mutta aiheet olivat niin tylsiä, etteivät antaneet aihetta jatkaa keskustelua.

de a pie keskiverto *Los finlandeses de a pie siguen pensando que no necesitan estar en la OTAN.* Keskivertosuomalaiset ovat edelleen sitä mieltä, ettei tarvitse kuulua Natoon.

de pie seisaallaan *Cuando hables con ella, estate de pie, no te sientes.* Puhuessasi hän kanssaan, seiso, älä istu. *Se puso de pie para dejar su asiento a una embarazada.* Hän nousi seisomaan antaakseen paikan raskaana olevalle naiselle. *De pie frente a la ventana, observaba los juegos de los niños en el patio.* Ikkunan luona seisten hän katseli lasten leikkejä pihalla. *Estaba tan borracho que no se tenía de pie.* Hän oli niin juovuksissa, ettei pysynyt tolpillaan.

de pies a cabeza (*myös* de la cabeza a los pies) päästä jalkoihin, kiireestä kantapäähän *Soy amor de pies a cabeza.* Olen rakkautta kiireestä kantapäähän.

en pie 1 seisaalleen *El presidente se puso en pie para hablar.* Presidentti nousi seisaalleen puhumaan. **2** voimassa *¿Sigue en pie la invitación que me hiciste ayer?* Onko eilinen kutsusi vielä voimassa?

en pie de guerra sotajalalla *Las tropas israelíes están en pie de guerra.* Israelin joukot ovat sotajalalla. *Se veía que los dos chicos de la barra habían salido en pie de guerra.* Näki, että baaritiskillä olevat kaksi poikaa olivat haku päällä.

hacer pie yltää pohjaan *En la piscina sólo nado por la parte donde se puede hacer pie.* Uin uimaaltaassa vain siinä päässä, jossa jalka yltää pohjaan.

levantarse con mal pie (*myös* levantarse con el pie izquierdo) nousta väärällä jalalla *Me he levantado con el pie izquierdo. Se me ha estropeado el día.* Minä nousin ylös väärällä jalalla. Nyt on päivä pilalla.

nacer de pie syntyä kultalusikka suussa *Tú has nacido de pie, todo te sale bien.* Olet syntynyt kultalusikka suussa, sinulta onnistuu kaikki.

no dar pie con bola tehdä kaikki väärin *Estaba tan nerviosa durante el examen que no dio pie con bola.* Hän oli niin hermostunut tentissä, että teki kaikki väärin.

no tener ni pies ni cabeza ei olla päätä eikä häntää *No esperes que crea la historia que me has contado porque no tiene ni pies ni cabeza.* Älä odota minun uskovan kertomaasi tarinaa, koska siinä ei ole päätä eikä häntää.

no tenerse en pie olla kanttuvei *Ninguno de los dos parece tenerse en pie.* Molemmat taitavat olla kanttuvei.

parar [le] los pies panna suitsiin *No puedes permitir que siga tirando el dinero, tienes que pararle los pies.* Et voi antaa hänen tuhlata rahaa jatkuvasti, sinun pitää panna hänet suitsiin.

pies de barro hutera pohja *No creo que dure mucho esa empresa porque tiene los pies de barro.* En usko tuon yrityksen toimivan kauan, koska se on huteralla pohjalla.

poner los pies astua jalalla *Al principio no ponía los pies en la sauna, pero luego acabó gustándole.* Alussa hän ei astunut jalallaankaan saunaan mutta sitten lopulta tottui siihen.

poner pies en polvorosa (*myös* salir por pies) lähteä käpälämäkeen *En cuando vieron que se acercaba la policía, pusieron pies en polvorosa.* Nähdessään poliisin tulevan he lähtivät käpälämäkeen.

por su propio pie omin jaloin *Después del accidente fue hasta el hospital por su propio pie.* Onnettomuuden jälkeen hän meni sairaalaan omin jaloin.

saber de qué pie cojea tietää heikko kohta *He comprado muchos pasteles de chocolate porque ya sé de qué pie cojea tu primo.* Ostin paljon suklaaleivoksia, koska tiedän jo, mikä on serkkusi heikko kohta.

saber el pie que calza tietää mihin pystyy *No esperaba que tuviera excelentes resultados porque sé el pie que calza.* En odottanut häneltä erinomaisia tuloksia, koska tiedän mihin hän pystyy.

sacar los pies del plato tehdä suuri numero *Sé que sus palabras te han ofendido, pero no es necesario que tú saques los pies del plato.* Tiedän hänen sanojensa loukanneen sinua, mutta ei sinun tarvitse tehdä siitä suurta numeroa.

sin pies ni cabeza ei päätä eikä häntää *No me gustan estas obras de teatro sin pies ni cabeza.* En pidä näistä näytelmistä, joissa ei ole päätä eikä häntää.

un pie tras otro kävellä *Perdimos el autobús y tuvimos que volver a casa un pie tras otro.* Myöhästyimme bussista, ja meidän piti palata kotiin kävellen.

A quien le dan el pie, se toma la mano. Kun pahalle antaa pikkusormen ...

ks. myös: caérse [le] el **alma** a los pies

• **piedra**

cerrar a piedra y canto naulata ovet ja ikkunat umpeen *Tras la muerte de su madre, cerro la casa a piedra y canto y no volvió nunca más.* Äitinsä kuoleman jälkeen, hän naluasi talon ovet ja ikkunatkin umpeen eikä palannut sinne enää koskaan.

buscar debajo de las piedras etsiä/kaivaa kiven alta *La información hay que buscarla debajo de las piedras.* Tieto pitää kaivaa kiven alta.

como una piedra (*myös* más duro que una piedra) kova kuin kivi *La almohada es más dura que una piedra.* Tyyny on kova kuin kivi.

estar callado como una piedra (*myös* estar más callado que una piedra) olla hiljaa kuin mykkä paskalla *Ahora esos descerebrados están más callados que una piedra.* Nyt nuo vähäjärkiset on hiljaa kuin mykkä paskalla.

menos da una piedra tyhjää parempi *Dinero nunca nos daba, pero consejos, a montones. − Algo es algo; menos da una piedra.* Hän ei antanut meille koskaan rahaa, mutta neuvoja tukuttain. − Onhan sekin jotakin, tyhjää parempi.

no ser de piedra ei olla kivestä *Te has quedado miran do fijamente a esa chica que pasaba. −Sí, es que no soy de piedra.* Sinä jäit tuijottamaan tuota ohikulkenutta tyttöä. − Kyllä, enhän minä ole kivestä.

no dejar piedra sobre piedra ei jättää kiveä kiven päälle *Los últimos bombardeos no han dejado piedra sobre piedra en la ciudad.* Viimeisten pommitusten jälkeen kaupungista ei jäänyt kiveä kiven päälle.

piedra angular kulmakivi *El sistema educativo finlandés es la piedra angular del bienestar nacional.* Suomalainen koulutusjärjestelmä on kansallisen hyvinvoinnin kulmakivi.

quedarse de piedra jähmettyä *Me quedé de piedra cuando supe que me habían elegido.* Jähmetyin paikalleni saadessani tietää, että minut oli valittu.

tirar la piedra y esconder la mano ei vastata teoistaan *Ella puso a todos los compañeros contra el jefe y el día de la manifestación no* vino. –*Es de las que tiran la piedra y esconden la mano.* Hän usutti kaikki työkaverit johtajaa vastaan ja mielenosoituspäivänä ei sitten tullut paikalle. – Hän on niitä, jotka eivät vastaa teoistaan.

tirar piedras contra su tejado liata oma pesä *Los profesores no pueden criticar el sistema escolar porque sería tirar piedras contra su propio tejado.* Opettajat eivät voi arvostella koulujärjestelmää, koska he likaisivat siinä oman pesänsä.

Piedra movediza nunca moho cobija. (*myös* Piedra movediza no coge moho.) Vierivä kivi ei sammaloidu.

Quien esté libre de culpa, que tire la primera piedra. Joka synnitön on, se viskatkoon ensimmäisen kiven.

ks. myös: a **tiro** de piedra

• **piel**

cambiar/mudar de piel luoda nahkansa *Facebook intenta cambiar de piel.* Facebook yrittää luoda nahkansa.

dejarse la piel en tehdä selkä vääränä töitä *Me he dejado la piel en este trabajo, pero ha valido la pena.* Tein töitä selkä vääränä, mutta se kannatti.

meterse en la piel de eläytyä *Para ser un buen actor tienes que saber meterte en la piel de tus personajes.* Ollakseen hyvä näyttelijä täytyy pystyä eläytymään roolihahmoihin.

vender la piel del oso antes de cazarlo nuolaista ennen kuin tipahtaa *Espera hasta que se confirme el aumento de sueldo, no vendas la piel del oso antes de cazarlo.* Odota, kunnes palkankorotuksesi vahvistetaan. Älä nuolaise ennen kuin tipahtaa.

ks. myös: a **flor** de piel

• **pierna**

dormir a pierna suelta nukkua kuin tukki *Me lo encontré durmiendo a pierna suelta, ajeno a los problemas que había en la casa.* Löysin

hänet nukkumasta kuin tukki, kotiongelmat poissa mielestä.

estirar las piernas oikoa koipiaan *Fue divertido estirar las piernas a la orilla del Garda.* Oli kiva oikoa koipiaan Gardan rannalla.

hacer piernas kulkea jalan *Hoy hemos hecho muchas piernas buscando un restaurante.* Tänään kävelimme paljon etsiessämme ravintolaa.

irse por la pierna abajo *ark* tulla pissat housuun *Se llevó un susto tan tremendo que se fue por la pierna abajo.* Hän säikähti niin kauheasti, että tuli pissat housuun.

salir por piernas ottaa jalat alleen *Los ladrones salieron por piernas cuando oyeron la sirena de la policía.* Rosvot ottivat jalat alleen, kun kuulivat poliisin tulevan pillit soiden.

katso: con el **rabo** entre las piernas

• **pieza**

quedarse de una pieza ällistyä *Se quedó de una pieza cuando oyó su nombre entre los de los elegidos.* Hän ällistyi, kun kuuli nimensä valittujen joukossa.

• **pifiar**

pifiarla töpätä *La has pifiado, tío; tendrías que haber girado a la derecha.* Töppäsit, kaveri; sinun olisi pitänyt kääntyä oikealle.

• **pijo**

salir [le] del pijo *alat* vittu haluta *Lo he hecho porque me ha salido del pijo, ¿y qué?* Mä tein sen, koska mä vittu halusin, entä sitten?

• **1 pila**

una pila monta monituista *Fuiste profesor durante una pila de años.* Olit opettaja monta monituista vuotta.

• **2 pila**

sacar de pila syntymästä asti *No se había lavado desde que lo sacaron de pila*. Hän ei ole peseytynyt ikuisuuksiin.

• **3 pila**
cargar pilas ladata akkuja *Vamos a descansar un poco para cargar pilas*. Levätään vähän, niin saadaan ladatuksi akkuja.
ponerse las pilas valmistautua, ottaa itseään niskasta kiinni *Vete poniéndote las pilas porque nos espera una noche de mucho trabajo*. Mene valmistautumaan, koska meillä on edessämme yöntäyteinen ilta.

• **píldora**
dorar [le] **la píldora** kaunistella *Marta tendrá que encargarse de todo el trabajo cuando estemos de viaje; todavía no lo sabe y yo no encuentro la manera de dorarle la píldora para que no se enfade*. Martan pitää hoitaa kaikki työt meidän ollessa matkoilla. Hän ei vielä tiedä sitä, enkä keksi, miten esittäisin sen kauniisti, ettei hän suutu. *Dilo claramente, al pan, pan, y al vino, vino. No hace falta que me dores la píldora*. Sano selvästi, puhu asioista niiden oikeilla nimillä. Ei sinun tarvitse kaunistella.
tragarse la píldora niellä valhe *El juez se tragó la píldora de que el fallecido y yo éramos amigos*. Tuomari nieli valheen, että vainaja ja minä olimme olleet ystäviä.

• **pillar**
aquí te pillo, aquí te mato halki, poikki ja pinoon *Son ejemplos típicos de la ideología de aquí te pillo, aquí te mato*. Ne edustavat tyypillistä halki, poikki ja pinoon -ajattelua.

• **pimiento**
como un pimiento (*myös* más rojo que un pimiento) tulipunainen, punainen kuin paloauto *Cuando vio entrar a la chica de sus sueños, se puso más rojo que un pimiento.*

Nähdessään unelmiensa tytön astuvan sisään hänen kasvonsa lehahtivat punaisiksi kuin paloauto.
importar [le] **un pimiento** olla yksi hailea *Me importa un pimiento lo que piense él de mi nuevo coche*. Minulle on yksi hailea, mitä mieltä hän on uudesta autostani.

• **pinchar**
no pinchar ni cortar ei olla mitään virkaa *En su casa, Antonio ni pincha ni corta; la que manda es su mujer*. Antoniolla ei ole kotona mitään virkaa, vaan hänen vaimonsa määrää kaikesta.
ks. myös: pinchar **hueso**

• **pingajo**
como un pingajo kuin märkä rätti *El abrigo de Armani le colgaba como un pingajo*. Armanin takki roikkui kuin märkä rätti hänen yllään.

• **pingar**
poner pingando (*myös* poner como un pingo) puhua pahaa, haukkua *La prensa ha puesto pingando al ministro del interior tras las últimas manifestaciones*. Lehdet haukkuivat sisäministeriä viimeaikaisten mielenosoitusten jälkeen.

• **pingüino**
ir/vestir de pingüino olla hännystakissa/ pingviinipuvussa *Nunca asisto a las fiestas a las que hay que ir de pingüino*. En koskaan mene sellaisiin juhliin, joissa pitää olla hännystakissa.

• **pinitos**
hacer [pos.] **pinitos 1** ottaa ensiaskeleet *Hizo sus pinitos como profesor en una escuela de Madrid*. Hän otti ensiaskeleensa opettajana eräässä madridilaisessa koulussa. *Mis pinitos como modelo los hice en Turku*. Otin ensiaskeleeni mallina Turussa. **2** olla

harrastelija *No soy un excelente pintor pero hago mis pinitos.* En ole erinomainen maalari, mutta harrastan maalausta. *Poirot le preguntó a Miss Marple: ¿Es usted detective privado? – No, pero hago mis pinitos.* Poirot kysyi neiti Marplelta: Oletteko yksityisetsivä? – En, olen vain harrastelija.

● **pino**

en el quinto pino hevon kuusessa *Antes vivía en el centro, pero ahora vive en el quinto pino, a 20 km. del centro.* Ennen hän asui keskustassa, mutta asuu nyt hevon kuusessa, 20 kilometriä keskustasta.
hacer el pino seisoa käsillä *Se ha hecho daño en la nuca porque se ha caído haciendo el pino.* Hän loukkasi niskansa, kun käsillä seisoessaan rojahti alas.
ks. myös: como la **copa** de un pino

● **pintado**

el más pintado kuka tahansa *En Finlandia la gente habla muchas lenguas, el más pintado te habla tres o cuatro.* Suomessa ihmiset osaavat monia kieliä; kuka tahansa puhuu kolmea neljää kieltä.
no querer ver [lo] **ni pintado** ei sietää silmissään, inhota *Al estúpido de tu primo no quiero verlo ni pintado.* En voi sietää typerää serkkuasi silmissäni.
que ni pintado *1* kuin valettu *¿Cómo te va la camisa? –Me va que ni pintada.* Miten paita sopii sinulle? – Sopii kuin valettu. *2* kreivin aikaan *La ayuda nos llegó que ni pintada.* Apu tuli meille kreivin aikaan.

● **pintar**

como no lo pinte ellei tapahdu ihmettä *Dice que se va a comprar el coche con el dinero ahorrado. –Como no lo pinte, con el dinero ahorrado no se compra nada.* Hän sanoo ostavansa auton säästöillään. – Ellei hän taio

rahaa jostakin, niin säästöillään hän ei saa yhtään mitään.
no pintar nada ei olla mitään virkaa *Podéis iros a casa, aquí no pintáis nada.* Voitte mennä kotiin, täällä teillä ei ole mitään virkaa. *Mi padre no pinta nada en esta historia.* Isälläni ei ole mitään virkaa tässä tarinassa. *¿Tú qué pintas aquí? –Nada, ya me iba.* Mitä tekemistä sinulla on täällä? – Ei mitään, olinkin jo lähdössä.

● **pinto**

entre Pinto y Valdemoro kahden vaiheilla *Está entre Pinto y Valdemoro, no sabe si hacerse comunista o socialista.* Hän on kahden vaiheilla eli ei tiedä olisiko kommunisti vai sosialisti.

● **pintura**

no poder ver a alguien ni en pintura
→ **no querer ver** [lo] **ni pintado**

● **pinza**

con pinza silkkihansikkain *Algunos hombres son tan frágiles que hay que cogerlos con pinza.* Jotkut miehet ovat niin herkkiä, että heitä pitää käsitellä silkkihansikkain.

● **1 piñón**

estar a partir un piñón olla erottamattomat ystävykset *Desde que las conozco, Luisa y María siempre han estado a partir un piñón.* Siitä asti, kun olen tuntenut Luisan ja Marian, he ovat aina olleet erottamattomat ystävykset.
no caber [le] **un piñón en el culo** *1* ei mahtua housuihinsa *El niño jugaba tan bien al fútbol que a su padre no le cabía un piñón en el culo.* Poika pelasi jalkapalloa niin hyvin että isä ei ollut mahtua housuihinsa. *2* olla kauhusta jäykkänä *A la entrada de la oscura cueva, a Tomás no le cabía un piñón en el culo.* Pimeän luolan suulla Tomás oli kauhusta jäykkänä

• **2 piñón**
a piñón fijo kaavoihinsa kangistunut *No le hables de cambios en sus costumbres porque es de esas personas que va a piñón fijo.* Älä puhu hänelle tapojen muuttamisesta, koska hän on niitä kaavoihinsa kangistuneita.

• **pío**
no decir ni pío ei hiiskua sanakaan *Antes protestaba por todo, pero ahora no dice ni pío.* Ennen hän sanoi kaikesta vastaan mutta nykyään ei hiisku sanaakaan.

• **1 pipa**
pasarlo pipa olla kivaa *En la fiesta de ayer lo pasamos pipa.* Eilisissä juhlissa meillä oli kivaa.

• **2 pipa**
ni para pipas ei mitään *No gano ni para pipas.* Hän ei ansaitse paljon mitään.

• **pipí**
hacer pipí pissata *Niño, si quieres hacer pipí, ponte detrás de ese árbol.* Lapsi kulta, jos haluat käydä pissalla, mene tuon puun taakse.

• **pique**
irse a pique upota, mennä myttyyn *Tres naves españolas se han ido a pique.* Kolme espanjalaista laivaa on uponnut. *Temía que su boda se fuera a pique.* Hän pelkäsi häidensä menevän myttyyn.

• **pira**
irse de pira panna elämä risaiseksi *He estado trabajando toda la semana, así que esta noche me voy de pira.* Olen tehnyt töitä koko viikon, joten tänä iltana panen elämän risaiseksi.

• **pirar**

• **pirárselas** (*myös* darse el pire/ piro) häipyä *Yo me las piro, aquí se ha terminado el trabajo.* Minä häivyn, työt täällä on tehty.

• **piripi**
estar piripi olla monot vinossa *Estaba piripi porque había estado bebiendo toda la noche.* Hänellä oli monot vinossa, koska hän oli juonut koko illan.

• **pisar**
pisárselos *alat* kupata *Llevo tres horas esperándote; tú eres de los que se los pisan.* Olen odottanut sinua kolme tuntia. Sinä olet yksi varsinainen kuppaaja.

• **piscina**
tirarse a la piscina mennä all in *¿Valdría la pena tirarse a la piscina con ethereum?* Kannattasko nyt mennä all-in ethereumiin?

• **piso**
poner [le] **piso** hankkia asunto rakastajattarelle *El director le puso piso a la secretaria.* Johtaja hankki sihteerilleen asunnon.

• **pispás**
en un pispás käden käänteessä *Me arregló el coche en un pispás.* Hän korjasi autoni käden käänteessä.

• **pisto**
darse pisto leveillä *Es director de una gran empresa, pero no se da pisto.* Hän on erään suuren yrityksen johtaja, mutta ei leveile.

• **pistón**
bajar el pistón asettaa rima matalammalle *Si quieres que te den ese trabajo, tendrás que bajar el pistón de tus pretensiones salariales.*

Jos haluat saada sen työn, sinun täytyy alentaa palkkavaatimuksiasi.

• pito
entre pitos y flautas kaikki yhteenlaskettuna *Entre pitos y flautas la fiesta nos vino a costar cinco mil euros.* Kaikki yhteenlaskettuna juhlat tulivat maksamaan meille 5 000 euroa.
por pitos o por flautas syystä tai toisesta *Siempre hablamos de ir a cenar juntos un día, pero por pitos o por flautas nunca encontramos una fecha adecuada.* Puhumme aina menosta yhdessä illalliselle, mutta syystä tai toisesta emme löydä koskaan sopivaa aikaa.
importar [le] **un pito** ei välittää tippakaan *Me importa un pito lo que piense él de mi nuevo coche.* En välitä tippaakaan siitä, mitä hän on mieltä uudesta autostani.
tomar por el pito del sereno pitää pilkkanaan, hyppiä nenille *Es muy buen jefe, pero como no sabe exigir, las secretarias le toman por el pito del sereno.* Hän on hyvä johtaja mutta ei osaa vaatia, ja sihteerit pitävät häntä pilkkanaan. *Los escolares nos toman por el pito del sereno.* Ala-asteen oppilaat hyppivät nenille.

• pitorreo
tomar a pitorreo ottaa leikin kannalta *No te lo tomes a pitorreo, te estoy hablando en serio.* Älä ota tätä leikin kannalta, puhun sinulle vakavissani.

• pizca
ni pizca ei tippakaan *Los animales domésticos no le gustaban ni pizca.* Hän ei pitänyt tippaakaan lemmikkieläimistä. *Hoy no hace ni pizca de frío.* Tänään ei ole yhtään kylmä.
ni una pizca ei karvan vertaa *A mí no me molesta ni pizca el tema.* Minua ei karvan vertaa haittaa tuollainen asia.

• placer

a placer mielin määrin *Allí se podía beber a placer.* Siellä saattoi juoda mielin määrin.
causar placer a la vista olla silmäruokaa *Queremos apoyar a las mujeres cuya tarea principal no es causar placer a la vista de los otros.* Me haluamme tukea naisia, joiden ensisijainen tehtävä ei ole olla silmäruokaa muille.
los placeres de la carne lihan himot *Con ayuda de las oraciones venció a los placeres de la carne.* Rukouksen avulla hän lannisti lihan himot.
tener el placer de olla ilo *El embajador de España tiene el placer de invitarle a la cena oficial que se celebrará con motivo de la fiesta nacional.* Espanjan suurlähettiläällä on ilo kutsua Teidät kansallispäivän kunniaksi järjestettäville virallisille illallisille.

• plan
en plan jkn ominaisuudessa *Si Andrés no quiere hablarme, a mí, plin; la verdad es que está en plan tonto últimamente.* Jos Andrés ei halua puhua minulle, ei sen väliä. Hänhän on käyttäytynyt typeryksen lailla viime aikoina. *Tienes que empezar a pintar en plan profesional y así harás dinero.* Sinun täytyy alkaa maalata ammatiksesi, ja niin teet rahaa. *No te pongas en plan de jefe porque sólo eres tesorero.* Älä leiki johtajaa, koska olet vain taloudenhoitaja.
en plan de jsskn ominaisuudessa *Lo dije en plan de broma y ellos lo tomaron en serio.* Sanoin sen vitsinä, ja he ottivat sen todesta.
no ser plan ei sopia, käydä *Ya son las tres de la mañana, no es plan que os vayáis a casa ahora.* Kello on jo kolme aamulla, joten teidän ei kannata enää lähteä kotiin.

• plana
a toda plana koko sivun juttu *La noticia fue tratada a toda plana en la prensa nacional.*

Uutinen julkaistiin koko sivun juttuna maan lehdistössä.

enmendar [le] **la plana** moittia *Su trabajo es bueno y no es mi intención enmendarle la plana, pero desearía hacerle algunos comentarios.* Hän tekee hyvää työtä, eikä tarkoitukseni ole moittia, mutta haluaisin huomauttaa muutamasta asiasta.

plana mayor johto *La plana mayor de la ciudad salió a recibir al ministro a la estación.* Kaupungin johto meni asemalle ottamaan ministerin vastaan.

• **plancha**

en plancha mahallaan *Si tiró a la piscina y entró en plancha en el agua, por eso le duele.* Jos hän hyppäsi uima-altaaseen mahalleen, niin sen takia häneen sattuu.

llevarse una plancha saada pitkä nenä *Estaba segura de que la elegirían a ella, pero se llevó una plancha cuando vio que su nombre no estaba en la lista.* Hän oli varma, että tulisi valituksi, mutta sai pitkän nenän nähdessään, ettei hänen nimeään ollut listassa.

• **planta**

de nueva planta uudisrakennus *Las construcciones de nueva planta tienen las mismas normas de seguridad que las de reforma.* Uudisrakennuksia koskevat samat turvallisuusmääräykset kuin remontoitaviakin.

• **plantado**

bien plantado hyvännäköinen *Es un muchacho bien plantado, por eso tiene tanto éxito.* Hän on hyvännäköinen poika ja on siksi niin suosittu.

dejar plantado jättää pulaan, tehdä oharit *Habíamos quedado en vernos a las 7 en la esquina, pero me dejó plantado.* Olimme sopineet tapaamisesta seitsemältä kadunkulmassa, mutta hän teki oharit. *El*

novio la ha dejado plantada para casarse con una china.* Poikaystävä teki hänelle oharit ja aikoo naimisiin kiinattaren kanssa. *Esperemos que no se canse y nos deje plantados en la mitad del proyecto.* Toivottavasti ette väsy ja jätä meitä pulaan kesken projektin.

listo y bien plantado fiksu ja filmaattinen *No me gusta Matti por muy listo y bien plantado que es.* En Pidä Matista, vaikka kuinka fiksu ja filmaattinen hän onkin.

ks. myös: plantar [le] **cara plantón** dar/un plantón → dejar plantado

• **plata**

hablar en plata puhua suoraan *Hablando en plata, lo que acabas de decir es una idiotez.* Suoraan sanoen se, mitä juuri sanoit, on typerää.

ks. myös: servir/poner en **bandeja** de plata

• **plato**

no haber roto un plato en su vida ei olla koskaan tehnyt väärin *Es muy buena persona, de los que no han roto un plato en su vida.* Hän on kunnon ihminen, hän ei ole koskaan tehnyt mitään väärää.

pagar los platos rotos joutua syntipukiksi *La empresa no funciona y él ha tenido que pagar los platos rotos.* Yritys ei toimi, ja hänestä on tehty syntipukki.

plato fuerte pääasia *El plato fuerte de la reunión será el discurso del presidente.* Kokouksen pääasia on puheenjohtajan puhe.

ks. myös: sacar los **pies** del plato

• **plaza**

como una plaza de toros (*myös* más que una plaza de toros) hyvin laaja *Es un lugar inmenso, más que una plaza de toros.* Se on valtavan laaja paikka, laaja kuin erämaa.

• **plazo**

a corto plazo lyhyellä tähtäimellä *Lo más probable es que, a corto plazo, nos veamos obligados a cerrar la fábrica.* On todennäköisintä, että lyhyellä tähtäimellä meidän on pakko sulkea tehdas.

a largo plazo pitkällä tähtäimellä *Los planes a largo plazo no suelen llevarse a cabo.* Pitkän tähtäimen suunnitelmat eivät yleensä toteudu. *El cambio climático es un problema que nos afectará a todos a largo plazo.* Ilmastonmuutos on ongelma, joka vaikuttaa meihin pitkällä tähtäimellä.

a medio plazo keskipitkällä tähtäimellä *Los escépticos no dan un duro por la paz en Oriente Próximo a medio plazo.* Epäilijät eivät usko rauhan palaavan lähaikoina Lähi-Itään.

a plazo fijo määräaikainen *Tiene ahorros en depósitos a plazo fijo.* Hänellä on säästöjä määräaikaistalletuksina.

a plazos osamaksulla *Mi amiga ha comprado el coche a plazos.* Ystävättäreni osti auton osamaksulla.

dar de plazo antaa aikaa *Les doy de plazo hasta mañana para que tomen una decisión.* Anna heille aikaa huomiseen tehdä päätös.

● **pleno**
en pleno 1 kokonaisuudessa *En la sala me esperaba todo el departamento en pleno.* Koko laitoksen väki odotti minua salissa. **2** keskellä *Un extraño ruido me despertó en plena noche.* Outo ääni herätti minut kekskellä yötä. *Su casa está en pleno centro de la ciudad.* Hänen talonsa on aivan kaupungin keskustassa.

● **plin**
a mí, plin hälläkö väliä, ei sen väliä *Si Andrés no quiere hablarme, a mí, plín.* Jos Andrés ei halua puhua minulle, niin hälläkö väliä.

● **plomada**

a plomada suoraan alas *Como no había aire, las banderas caían a plomada, inmóviles.* Koska ei tuullut, liput roikkuivat liikkumattomina.

● **plomo**
caer a plomo kohtisuoraan *Es mediodía y el sol cae a plomo, sería mejor que buscásemos una sombra.* On keskipäivä ja aurinko paistaa kohtisuoraan, joten meidän kannattaisi hakeutua varjoon.

como el plomo (*myös* más que el plomo) tosi rasittava *Tu prima es más pesada que el plomo.* Sinun serkkusi on oikea maanvaiva.

de plomo lyijynraskas *Estaba tan cansado que las piernas le parecían de plomo.* Hän oli niin väsynyt, että jalat tuntuivat lyijynraskailta.

fundírse [le] los plomos mennä pää sekaisin *Es normal que después de tantas desgracias se la hayan fundido los plomos.* On normaalia, että niin monien vastoinkäymisten jälkeen hänellä on mennyt pää sekaisin.

ser un plomo olla rasittava *No me gusta salir con ella porque es un plomo.* En halua seurustella hänen kanssaan, koska hän on todella rasittava.

ks. myös: con **pies** de plomo

● **pluma**
como una pluma (*myös* más ligero que una pluma) kevyt kuin höyhen *Este abrigo de invierno es como una pluma, no sientes el peso.* Tämä talvitakki on kevyt kuin höyhen, tosi kevyt päällä.

La pluma es más poderosa que la espada. Kynä on miekkaa mahtavampi.

● **plumazo**
de un plumazo kertaheitolla *No quería pararse a pensar en el problema y lo resolvió de un plumazo.* Hän ei halunnut jäädä pähkäilemään ongelmaa ja ratkaisi sen kertaheitolla.

• **plumero**
vérse [le] **el plumero** näkyä, paistaa läpi *Dice que le hace de canguro al profe porque le gustan los niños, pero se le ve el plumero.* Hän sanoo toimivansa maikan lastenvahtina, koska tykkää lapsista, mutta totuus paistaa läpi.

• **pobreza**
Pobreza no es vileza. Köyhyys ei ole synti.
Cuando la pobreza entra por la puerta, el amor salta por la ventana. Kun köyhyys astuu ovesta sisään, rakkaus karkaa ikkunasta ulos.

• **poco**
a cada poco vähän väliä *A cada poco está pidiéndome dinero.* Hän on vähän väliä pyytämässä minulta rahaa.
al poco vähän ajan kuluttua *Se fue gritando, pero al poco volvió y pidió perdón.* Hän lähti pois huutaen mutta palasi vähän ajan kuluttua ja pyysi anteeksi.
a poco que jos vähän *A poco que lo estudiéis, lo aprenderéis.* Jos vähän opiskelette, opitte sen.
como poco vähintään *Tendrá, como poco, cuarenta millones.* Hänellä on vähintään 40 miljoonaa.
como pocos (*myös* como hay pocos) harvinainen *Era guapo y agradable como pocos.* Hän oli harvinaisen kaunis ja miellyttävä.
dentro de poco vähän ajan kuluttua La clase empezará dentro de poco. *Luento alkaa vähän ajan kuluttua.*
más que otro poco paljon *El chocolate me gusta más que otro poco.* Pidän suklaasta paljon.
ni poco ni mucho ei mitään *Se fue contento sin sospechar ni poco ni mucho que le habían engañado.* Hän lähti tyytyväisenä epäilemättä yhtään, että häntä oli huijattu. *No come ni poco ni mucho.* Hän ei syö mitään.
poco a poco (*myös* poquito a poco) vähitellen, vähä vähältä *Poco a poco fue aprendiendo a realizar su trabajo.* Vähitellen hän oppi tekemään työnsä. *Poco a poco, fuimos comprendiéndolo todo.* Vähitellen ymmärsimme kaiken.
poco más o menos suunnilleen *Llegó poco más o menos a las 10.* Hän tuli suunnilleen klo 10.
por poco [V pres.] vähällä *Por poco me caigo ayer cuando subía las escaleras.* Olin vähällä pudota eilen noustessani portaita. *¡Ten cuidado Luis! Por poco me tiras el café* Ole varovainen, Luis! Olit kaataa kahvini.
por si era/fuese poco päälle päätteeksi *Iba a tener que ocuparse de la vieja casa y, por si fuera poco, también de la gente que la habitaba.* Hänen piti huolehtia vanhasta talosta ja päälle päätteeksi myös siinä asuvista ihmisistä.
ks. myös: poca **cosa**

• **1 poder**
a/hasta más no poder viimeiseen asti *La sala estaba llena a más no poder.* Sali oli täynnä viimeistä sijaa myöten. *Inútilmente se esforzó hasta más no poder.* Hän yritti turhaan viimeisen asti.
a poder ser jos mahdollista *Le ruego me arregle el traje con la mayor celeridad, a poder ser antes del fin de semana.* Pyydän Teitä korjaamaan pukuni mahdollisimman nopeasti, ennen viikonloppua, jos mahdollista.
como no puede ser menos kuten olettaa saattaa *La hija, como no puede ser menos, adoraba a su madre.* Kuten olettaa saattaa, tytär jumaloi äitiään.
no poder con ei mahtaa mitään *Lo ha intentado todo, pero no puede con su hijo; éste hace lo que le da la gana.* Hän on yrittänyt

kaikkea mahdollista mutta ei mahda mitään pojalleen, koska tämä tekee mitä huvittaa.

no poder más ei jaksaa enempää *Ya no puedo más, tengo que sentarme.* En jaksa enää, minun täytyy istua.

no poder por menos de ei voida muuta kuin *La situación era tan cómica que no pude por menos de reírme.* Tilanne oli niin huvittava, etten voinut muuta kuin nauraa.

poder que ehkä *Puede que vuelva antes de las 10, pero también puede ser que no venga hasta mañana.* Hän tulee ehkä ennen kymmentä mutta saattaa tulla vasta huomenna.

poder ser (*myös* poder ser que) olla mahdollista *Puede que vuelva antes de las 10, pero también puede ser que no venga hasta mañana.* Hän tulee ehkä ennen kymmentä mutta saattaa tulla vasta huomenna. *Lo hemos intentado todo, pero no ha podido ser.* Me yritimme kaikkemme, mutta se ei onnistunut.

¿se puede? voiko tulla *¿Se puede? –Adelante, adelante.* Voiko tulla? – Sisään vain.

todo lo que poder kaikin tavoin *Le ayudé todo lo que pude, pero no fue suficiente.* Autoin häntä kaikin tavoin, mutta se ei riittänyt.

• 2 poder

en poder vallassa, hallussa *España estuvo en poder de los musulmanes durante muchos años.* Espanja oli muslimien vallassa monien vuosien ajan.

obrar en poder olla hallussa *Cuando fue detenido, obraban en su poder varios objetos de valor.* Pidätettäessä hänellä oli hallussaan useita arvoesineitä.

• poema

ser todo un poema sanoin kuvaamaton *Llegamos a las 12.30 de la noche a Burgos. Buscar hotel fue todo un poema.* Saavuimme Burgosiin puoli yhdeltä yöllä ja hotellin

etsiminen oli sanoin kuvaamaton juttu. *La cara que puse debió de ser todo un poema porque enseguida empezó a disculparse.* Ilmeeni oli varmaan sanoin kuvaamaton, koska hän alkoi heti pyydellä anteeksi.

• polizón

viajar/ir de polizón matkustaa jäniksenä *¿Qué sucede si uno viaja de polizón?* Mitä tapahtuu, jos jää kiinni siitä, että matkustaa jäniksenä?

• polla

estar hasta la polla *alat* olla kyrpiintynyt *Estaba hasta la polla de gente como ella.* Olin kyrpiintynyt hänen kaltaisiinsa ihmisiinsä. *Como nació en la costa, está hasta la polla de ver el mar.* Koska hän oli syntyisin rannikolta, meren näkeminenkin kyrpi häntä.

pollas en vinagre *alat* sellaista paskaa *Organizó la fiesta con flores, manteles blancos y pollas en vinagre.* Hän järjesti juhlat, joissa oli kukkia, valkoiset liinat ja muuta sellaista paskaa.

salir [le] de la polla *alat* vittu haluta *Lo he hecho porque me ha salido de la polla, ¿y qué?* Mä tein sen, koska mä vittu halusin, entä sitten?

y una polla como una olla *alat* ja paskat *Me han dicho que tú lo harás todo. – ¡Sí, y una polla como una olla!* Minulle sanottiin, että sinä teet sen kaiken. – Joo, ja paskat!

• pollo

como un pollo sin cabeza kuin päätön kana *Martti anda por ahí como un pollo sin cabeza.* Martti kulkee ympäriinsä kuin päätön kana.

montar un pollo tehdä numero *Valdría la pena montar un pollo por todo.* Joka asiasta kannattaisi tehdä numero.

sudar como un pollo (*myös* sudar más que un pollo) hiki virtaa *Hacía tanto calor que sudaba como un pollo.* Oli niin kuuma, että hiki virtasi.

• polvo

dejar hecho polvo *ark* olla kanttuvei, aivan puhki *El trabajo nos ha dejado hechas polvo a las dos.* Olimme työn jälkeen ihan kanttuvei.

echar un polvo (*myös* echar un polvete) *alat* panna, naida *Le gustaba echar un cigarro después de echar un polvo.* Hän tykkäsi polttaa tupakan naimisen jälkeen.

estar hecho polvo olla ihan rätti *Estoy hecho polvo después de ese viaje alrededor del mundo.* Olen ihan rätti sen maailmanympärimatkan jälkeen.

hacer polvo tuhota *Cuando abandonó a su novia por otra, la hizo polvo.* Jätettyään tyttöystävänsä toisen takia, hän tuhosi tämän täysin.

limpio de polvo y paja puhtaana käteen *Como profesor ganará unos mil euros limpios de polvo y paja.* Opettajana hän ansainnee noin tuhat euroa puhtaana käteen.

morder el polvo kärsiä tappio *En el tercer asalto, el boxeador más joven mordió el polvo.* Kolmannessa erässä nuorempi nyrkkeilijä kärsi tappion.

sacudirse el polvo de los pies karistaa pölyt jaloistaan *Algunos de nosotros pensamos que ahora sería conveniente sacudirse el polvo de los pies y dirigir sus pasos más hacia el sur de Europa.* Osa meistä katsoo, että nyt on viisainta karistaa pölyt jaloistaan ja suunnata alemmas Eurooppaa.

tener un polvo *alat* olla herkkuperse *¿Has visto lo atractivo que es Pekka? – Sí, ¡qué polvo tiene!* Oletko huomannut, miten vetävän näköinen Pekka on? – Joo, tosi herkkuperse.

• pólvora

como la pólvora kulovalkean tavoin *La noticia se propagó como la pólvora.* Uutinen levisi kulovalkean tavoin.

con pólvora ajena muiden kustannuksella *No puedes vivir siempre con pólvora ajena, tienes que trabajar y ganarte tu dinero.* Et voi elää ikuisesti muiden kustannuksella, sinun täytyy tehdä töitä ja ansaita elantosi.

no haber inventado la pólvora ei olla mikään ruudinkeksijä *La hija era inteligente, pero el hijo no había inventado la pólvora.* Tyttö oli älykäs, mutta poika ei ollut mikään ruudinkeksijä.

Mucha pólvora y pocos tiros. Paljon porua, vähän villoja.

ks. myös: como un **reguero** de pólvora

• pompa

como una pompa de jabón hetkellinen *El dinero le duraba como una pompa de jabón.* Rahat kestivät hänellä vain hetken.

• poner

poner que olettaa, kuvitella *Pongamos que alguna vez he bebido más de la cuenta, ¿y qué?* Oletetaan, että olen joskus juonut liikaa, niin entä sitten? *Pon que estamos tú y yo en Roma, ¿qué te gustaría hacer?* Kuvittele, että olemme Roomassa. Mitä haluaisit tehdä?

ponerse [adj.] tulla jksk *María se pone roja cuando tiene que hablar en público.* Maria punastuu, kun hänen täytyy puhua yleisölle. *Cuando vi los resultados del análisis, se puso pálido.* Nähtyään tutkimustulokset, hän kalpeni.

ponerse a mal suuttua *Dejé correr el asunto porque no valía la pena ponerse a mal con ellos.* Annoin asian olla, koska ei kannattanut suuttua heihin.

tenerlos bien puestos *alat* pitää olla munaa *Si uno quiere llegar lejos, hay que tenerlos bien puestos, porque el mundo de los negocios es difícil y está lleno de trampas.* Jos haluaa päästä pitkälle, täytyy olla munaa, koska liikemaailma on vaikea ja täynnä ansoja.

ya puestos a [inf.] kun kerran *Ya puestos a exigir, exijamos también nuevas lámparas* *para las aulas.* Kun kerran vaaditaan, niin vaaditaan myös uudet lamput luokkiin.

• popó
hacer popó vääntää tortut *Carrey hace popó en el patio del vecino.* Carrey vääntää tortut naapurin pihaan.

• por
[V] **por** [inf.] muuten vaan *Trabaja por trabajar, pero no necesita hacerlo.* Hän tekee töitä muuten vaan, ei rahan vuoksi.
por acá/aquí/allá/allí kautta *Pasen por acá, por favor.* Tätä kautta, olkaa hyvä. *¿Puedes pasar por aquí cuando vayas a la tienda?* Voitko tulla tätä kautta, kun menet kauppaan? *Si vais por allí, llegaréis antes.* Jos menette sitä kautta, pääsette perille aiemmin.
por ahí 1 jossakin siellä *¿A dónde vas? —Al centro, a dar un paseo, no sé, por ahí.* Minne menet? – Kävelylle keskustaan, en tiedä, jonnekin sinne. *2* niillä main *El traje me ha costado unos mil euros o por ahí.* Maksoin puvusta tuhat euuroa tai niillä main. *Creo que su madre nació en el 51 o por ahí.* Luulen hänen äitinsä syntyneen 1951 tai niillä main. *3* sitä kautta *Por ahí llegaréis antes que por ese otro camino.* Sitä kautta pääsette perille aiemmin kuin tuota toista tietä.
por mí minun puolestani *Por mí, viviría en el campo.* Jos minusta olisi kiinni, asuisin maalla. *Por mí, como si te los comes todos.* Minun puolestani syö vaikka kaikki.
por [muy] [adj./adv.] **que** niin... kuin *Por muy tarde que llegues, no dejes de llamarme.* Niin myöhään kuin tuletkin, muista soittaa minulle. *Me dijo que el problema, por difícil que pareciese, tenía solución.* Hän sanoi minulle, että niin hankalalta kuin ongelma näyttikin, hänellä oli ratkaisu siihen.
ks. myös: no por **eso**; por **más/ mucho** que; por **poco**

• porcelana
de porcelana hauras *No le puedes criticar porque es de porcelana.* Et saa arvostella häntä, koska hän on herkkä. *Tiene un cutis de porcelana.* Hänellä on kuultava iho.

• porque
porque no siksi *¿Por qué dices que no podemos hacerlo? – ¡Porque no! Lo digo yo y basta.* Miksi sanot, ettemme voi tehdä sitä? – Siksi. Sanon niin ja se siitä.
porque sí muuten vaan *¿Por qué lo dijo? – Porque sí. No tenía ningún motivo especial.* Miksi hän sanoi niin? – Muuten vaan. Ei hänellä ollut mitään erityistä syytä. *No pienses que las cosas pasan porque sí, siempre hay un motivo.* Älä luule, että asioita tapahtuu ihan muuten vaan, aina on joku syy. *Comer bien no es algo que se hacer porque sí, sino porque es necesario.* Ihminen ei syö ihan huvikseen, vaan koska se on välttämätöntä. *Si lo ha dicho, sus motivos tendrá; nunca dice nada porque sí.* Jos hän sanoi niin, hänellä lienee syynsä. Hän ei koskaan sano mitään muuten vaan.

• porra
irse a la porra mennä läskiksi *Todo el otoño se ha ido a la porra por una gripe persistente.* Koko syksy meni läskiksi sitkeän flunssan takia.
mandar a la porra *alat* haistattaa pitkät [paskat] *En vez estresarte tanto, podrías mandar a la porra el trabajo y venirte de fiesta conmigo.* Tuollaisen stressaamisen sijaan voisit haistattaa työlle pitkät ja lähteä juhlimaan minun kanssani.
qué [subst.] **ni qué porras** *ark* mikä hiivatti *¿Qué te parece una ensalada para cenar? – ¡Qué ensalada ni qué porras! Lo que yo quiero es carne.* Miten olisi salaatti illalliseksi? – Mikä hiivatin salaatti! Minä haluan syödä lihaa.

y una porra *ark* katin kontit *Déjame el coche, mamá. – Y una porra.* Anna auto minulle, äiti. – Ja katin kontit.
¡Vete a la porra! Suksi kuuseen!

• **porrada**
a porradas kasoittain *Tengo flores a porradas; coge cuantas quieras.* Minulla on tukuttain kukkia. Ota niin monta kuin haluat.

• **porreta**
en porretas *alat* → **en pelotas** *alat*

• **porrillo**
a porrillo kasoittain *Tengo flores a porrillo; coge cuantas quieras.* Minulla on tukuttain kukkia. Ota niin monta kuin haluat.

• **porrón**
a porrón pilvin pimein *Este año hemos tenido setas a porrón.* Tänä vuonna meillä on ollut sieniä pilvin pimein.
hace un porrón de años *Nos conocemos desde hace un porrón de años.* Olemme tunteneet toisemme ihan älyttömän kauan.

• **porsiacaso** (*myös* por si acaso)
por si acaso kaiken varalta *Vale la pena hacer el contrato por si acaso.* Sopimus kannattaa tehdä kaiken varalta.
Más vale un porsiacaso que cien penséques. Parempi virsta väärää kuin vaaksa vaaraa.

• **portazo**
dar portazo antaa kieltävä vastaus *El director ha dado portazo a la petición de mejoras en la seguridad laboral.* Johtaja antoi kieltävän vastauksen pyyntöön parantaa työturvallisuutta.
dar un portazo paukauttaa *Se levantó enfadado, y al salir dio un portazo.* Hän nousi ylös vihaisena ja lähtiessään paukautti oven kiinni.

• **pos**
en pos de perässä *No conviene correr en pos de la fama.* Ei ole hyvä juosta maineen perässä.

• **posesión**
entrar en posesión saada haltuunsa *A la muerte de sus padres, entró en posesión de una fortuna.* Vanhempiensa kuoltua hän sai haltuunsa omaisuuden.
tomar posesión astua virkaan *Mañana tomará posesión de su cargo el presidente de EE.UU.* USA:n presidentti astuu virkaan huomenna.

• **posible**
de posibles varakas *Se comprende su coche de lujo porque es una mujer de posibles.* Hänen loistoautonsa on ymmärrettävä, koska hän on varakas nainen.
a ser posible jos mahdollista *Prefería una cerveza, a ser posible alemana.* Haluaisin oluen, saksalaisen jos mahdollista.
con el/la mayor [subst.] **posible** mahdollisimman *Si no empiezas tus estudios este año, debes comunicarlo en secretaría con la mayor antelación posible.* Ellet aloita opintojasi tänä vuonna, sinun on ilmoitettava toimistoon mahdollisimman pian. *Le respondí con el mayor entusiasmo posible, pero pensó que no me gustaba la idea.* Vastasin hänelle niin innostuneesti kuin taisin, mutta hänen mielestään en pitänyt ajatuksesta.
dentro de lo posible mahdollisuuksien mukaan *Intentaremos que, dentro de lo posible, todos sus deseos se vean cumplidos.* Yritämme mahdollisuuksien mukaan täyttää hänen toiveensa.
en la medida de lo posible mahdollisuuksien rajoissa *En la medida de lo posible cumpliremos sus deseos.* Täytämme hänen toiveensa mahdollisuuksien rajoissa.

en lo posible mahdollisuuksien mukaan *Arreglaremos su coche en lo posible, pero no hacemos milagros.* Korjaamme autonne mahdollisuuksien mukaan mutta emme tee ihmeitä.

hacer lo posible tehdä voitavansa *Haré lo posible para ayudarte.* Teen voitavani auttaakseni sinua. *El deber de los hijos es hacer todo lo posible por sus padres.* Lasten velvollisuus on tehdä kaikki voitava vanhempiensa hyväksi.

• posición
una posición clave avainasema *La paciencia tiene una posición clave en el mercado accionarial.* Kärsivällisyys on avainasemassa osakemarkkinoilla.

• posta
a posta tahallaan *No lo he hecho a posta, ha sido sin querer, perdona.* En tehnyt sitä tahallani, niin vain kävi, anteeksi.

• postín
darse postín pröystäillä *Como era el más rico del pueblo, se daba mucho postín.* Koska hän oli kylän rikkain, hän pröystäili melkoisesti.

de postín merkittävä, hieno *Conocí a un señor de postín, un director de una empresa importante.* Tutustuin erääseen merkittävään herraan, suuren yrityksen johtajaan. *Era un bar de postín, pero no tenía precios excesivos.* Se oli hieno baari, mutta hinnat eivät olleet kohtuuttomat. *No puedes ponerte los vaqueros para la fiesta de esta tarde, ponte algo de más postín.* Et voi laittaa farkkuja tämäniltaisiin juhliin. Laita jotakin hienompaa.

• postor
mejor postor eniten tarjoava *Se lo venderé al mejor postor.* Myyn sen eniten tarjoavalle.

• 1 postre

a los postres lopussa *Ya estábamos a los postres de la reunión cuando notamos que no había quórum.* Olimme jo päättämässä kokousta huomatessamme, ettei se ollut päätösvaltainen.

• 2 postre
a la postre lopulta *A la postre, siempre hace lo que yo quiero.* Hän tekee aina lopulta, mitä minä haluan.
ks. myös: al **fin** y a la postre

• pota
echar la pota heittää laattaa *Jokke echó la pota en el recibidor.* Jokke heitti laattaa eteisessä.

• pote
darse pote → darse postín

• potencia
en potencia mahdollinen *Los fundamentalismos son una amenaza en potencia.* Ehdottomat ideologiat ovat mahdollinen uhka.

• potosí
costar un potosí maksaa mansikoita *Ir al veterinario cuesta un potosí.* Eläinlääkärillä käynti maksaa mansikoita.

• potra
tener potra käydä mäihä *¡Qué potra he tenido!* Onpa mulla käynyt maiha!

• práctica
en la práctica käytännössä *En la práctica, las medidas antiterroristas han sido ineficaces.* Terrorismin vastaiset toimenpiteet ovat olleet käytännössä tehottomia.

llevar a la práctica (*myös* poner en práctica) panna täytäntöön *Europa ha puesto en práctica la unión monetaria.* Eurooppa on toteuttanut rahaliiton. *No podemos llevar a la práctica tu plan.* Emme voi panna suunnitelmaasi täytäntöön.

La práctica hace al maestro. Kertaus on opintojen äiti.

● **preámbulo**

sin más preámbulo muitta mutkitta *Sin más preámbulos dijo que iba a pedir la mano de la hija mayor de la casa.* Muitta mutkitta sanoi aikovansa kosia talon vanhinta tytärtä.

● **precario**

poner en precario vaarantaa *Las abundantes lluvias de este verano han puesto en precario las cosechas.* Tämän kesän runsaat sateet ovat vaarantaneet sadon.

● **precedente**

sentar precedente tulla tavaksi *Hoy podéis quedaros hasta las 10 viendo la tele, pero que no siente precedente.* Tänään voitte katsoa telkkaria kymmeneen asti, mutta se ei saa tulla tavaksi.

sin precedentes ennennäkemätön *El partido de fútbol de ayer arrojó un resultado sin precedentes: 12 a 1.* Eilinen jalkapallo-ottelu päättyi ennennäkemättömään tulokseen: 12–1.

● **precepto**

de precepto pakollinen *La tienda está cerrada los domingos y días de precepto.* Liike on suljettu sunnuntaisin ja juhlapäivinä. *Llegó, repartió los saludos de precepto entre los conocidos y se fue.* Hän saapui, suoritti pakolliset tervehdykset tutuille ja lähti.

● **preciar**

que se precie arvonsa tunteva *Todo profesor que se precie debe tener en cuenta las opiniones de sus alumnos.* Jokaisen arvonsa

tuntevan opettajan täytyy huomioida oppilaidensa mielipiteet.

● **precio**

a precio de oro huippukalliilla hinnalla *En invierno los tomates se ponen a precio de oro.* Talvella tomaatit ovat huippukalliita.

a cualquier precio hinnalla millä hyvänsä *A ese concierto tenemos que ir a cualquier precio.* Meidän täytyy päästä konserttiin hinnalla milla hyvänsä.

no tener precio olla korvaamaton *Su ayuda no tiene precio.* Hänen apunsa on korvaamaton.

poner precio a la cabeza luvata palkkio jkn päästä *EE. UU. ha puesto precio a la cabeza de un conocido disidente de la CIA.* USA:ssa on luvattu palkkio erään tunnetun CIA:n toisinajattelevan päästä.

● **pregunta**

estar a la cuarta pregunta olla auki *Este año no podemos cambiar de coche porque estamos a la cuarta pregunta.* Tänä vuonna ei voida vaihtaa autoa, koska ollaan ihan auki.

la pregunta del millón tuhannen taalan kysymys *¿Hasta que punto el ser humano influye en los cambios climáticos? –Ésa es la pregunta del millón.* Missä määrin ihminen vaikuttaa ilmastonmuutokseen? – Se on tuhannen taalan kysymys.

¡La pregunta ofende! Vielä kysyt!

● **prenda**

en prenda vakuudeksi *Yo le di mil euros y ella me dejó en prenda su reloj de oro.* Lainasin hänelle tuhat euroa ja hän antoi minulle kultakellonsa vakuudeksi.

no doler [le] prendas ei olla ongelma jklle *No me duelen prendas reconocer que ella es mejor que yo.* Minulle ei ole ongelma tunnustaa, että hän on minua parempi.

no soltar prenda ei puhua eikä pukahtaa *Algo había pasado, pero nunca lo supe, porque ella* es de las que no sueltan prenda. Jotakin oli tapahtunut, mutta en koskaan saanut tietää sitä, sillä hän on niitä, jotka eivät puhu eikä pukahda.

• **prendido**
estar prendido de olla lätkässä *Está prendida de María.* Hän on lätkässä Maríaan.

• **prensa**
dar a la prensa julkaista *Tiene escrita la novela, pero no quiere darla a la prensa todavía.* Hän on kirjoittanut romaanin, mutta ei halua julkaista sitä vielä.
tener buena/mala prensa olla hyvä/huono maine *La UE no tiene buena prensa en Noruega.* EU on huonossa huudossa Norjassa.

• **presencia**
presencia de ánimo mielenmaltti *En momentos tan tristes como éste, es difícil conservar la presencia de ánimo.* Näin surullisina hetkinä on vaikeaa säilyttää mielenmalttinsa.
ks. myös: hacer **acto** de presencia

• **presente**
hacer presente tehdä tiettäväksi *Hice presente a todos que los resultados habían sido negativos.* Ilmoitin kaikille, että tulokset olivat olleet huonot.
tener presente pitää mielessä, ottaa huomioon *Hay que tener presentes en todo momento las circunstancias especiales en las que nos encontramos.* On pidettävä koko ajan mielessä vallitsevat erikoiset olosuhteet.

• **prestado**
dejar prestado lainata *Me ha dejado prestado su traje de novio.* Hän lainasi minulle hääpukunsa.
pedir/tomar prestado lainata *Si necesito coche, se lo pediré prestado a algún amigo.*

Jos tarvitsen autoa, pyydän lainaksi joltakin kaverilta. *Tuve que tomar prestado dinero para pagar al tendero.* Minu piti lainata rahaa maksaakseni kauppiaalle.

• **presumir**
Dime de qué presumes y te diré de qué careces (myös Dime de qué alardeas y te diré lo que no tienes.) Siitä puhe, mistä puute.

• **prevención**
en prevención de varotoimenpiteenä *En prevención de futuras riadas, la ciudad está construyendo canales de desagüe.* Varotoimenpiteenä tulevia tulvia vastaan kaupunki rakentaa vedenpoistokanavia.
por prevención varotoimenpiteenä *Lo que se aconseja, por prevención, es desconectar los ordenadores cuando hay tormenta.* Varotoimenpiteenä neuvotaan irrottamaan tietokoneet sähköverkosta ukonilmalla.

• **prevenir**
Más vale prevenir que curar. Parempi katsoa kuin katua.

• **primero**
a primeros alussa *Nos iremos a Madrid a primeros de mayo.* Menemme Madridiin toukokuun alussa.
de primera erinomainen *El trabajo nos ha salido de primera.* Työ onnistui meiltä erinomaisesti. *Es una alumna de primera.* Hän on erinomainen oppilas.
de primeras alussa, aluksi *El trabajo me pareció difícil de primeras.* Työ tuntui minusta aluksi vaikealta.
ks. myös: a la/las primera/-as de **cambio**; de **buenas** a primeras

• **primo**
hacer el primo antaa vedättää *No hagas siempre el primo y diles a tus amigos que*

alguna vez podéis hacer las fiestas en casa de ellos. Älä anna aina vedättää itseäsi ja sano kavereillesi, että juhlat voisi pitää joskus heidänkin luonaan.

ser primo hermano liittyä läheisesti *La injusticia social es prima hermana de la violencia.* Yhteiskunnallinen epäoikeudenmukaisuus ja väkivalta kulkevat käsi kädessä.

• primor

que es un primor erittäin kaunis, siisti *Mi hermana me ha hecho un jersey que es un primor.* Sisareni neuloi minulle erittäin kauniin villapaidan. *La nueva asistenta me deja la casa que es un primor.* Uusi apulaiseni tekee tosi siistiä jälkeä.

• príncipe

príncipe azul satuprinssi *No esperes a que llegue un príncipe azul para casarte.* Älä odota, että satuprinssi saapuu ottamaan sinut puolisoksesi.

• principio

al principio (*myös* en el/un principio) aluksi, alussa *Al principio no me escuchaba.* Aluksi hän ei kunnellut minua. *Al principio de llegar a Finlandia, Fátima no comprendía que las mujeres bebiesen.* Alussa Suomeen tultuaan Fatima ei ymmärtänyt, että naiset joivat alkoholia.

a principios alussa *A principios de septiembre empiezan las clases.* Opetus alkaa syyskuun alussa.

en principio periaatteessa *La fecha de la boda es, en principio, el próximo 26 de marzo.* Hääpäivä on periaatteessa 26. maaliskuuta.

por principio pääsääntöisesti *Los tímidos son, por principio, desconfiados.* Arat ihmiset ovat yleensä epäluuloisia. *Por principio, el examen lo hacen todos el mismo día.* Pääsääntöisesti kaikki suorittavat tentin samana päivänä.

• pringar

pringarla *ark* kuolla kupsahtaa *La vieja de tu amigo la pringo la semana pasada.* Ystäväsi äitimuori kuola kupsahti viime viikolla.

• priori

a priori ennalta, suoralta kädeltä *A priori no podemos saber cuántos vendrán a la boda.* Emme voi tietää ennalta, kuinka paljon ihmisiä häihin tulee.

• prioridad

dar prioridad suosia *En los países pobres, se debe dar prioridad a los programas de desarrollo agrícola.* Köyhissä maissa tulee suosia maatalousohjelmia.

• prisa

a toda prisa täyttä vauhtia, vauhdilla *Comió a toda prisa.* Hän söi vauhdilla. *Me eché encima el abrigo a toda prisa.* Vedin takin niskaan vauhdilla.

correr prisa olla kiire *¿Puede arreglarme estos zapatos para esta tarde? Es que me corren mucha prisa.* Voitteko korjata nämä kengät täksi iltapäiväksi? Niillä on nimittäin kiire.

no correr [le] **ninguna prisa** ei olla jäniksen selässä *Déjalo para mañana, no nos corre ninguna prisa.* Jätä se huomiseksi, ei olla jäniksen selässä.

darse prisa kiirehtiä, pitää kiirettä *El tren sale dentro de diez minutos. Date prisa.* Juna lähtee kymmenen minuutin kuluttua. Pidä kiirettä.

meter prisa hoputtaa *No me metas prisa porque me pongo nervioso.* Älä hoputa minua, koska minä hermostun.

sin prisa pero sin pausa pikkuhiljaa *Poco a poco, sin prisa pero sin pausa, va terminando sus estudios.* Vähitellen, pikkuhiljaa hän saa opintonsa päätökseen.

Despacio que llevo prisa. Ei ole hoppu hyväksi, eikä kiire kunniaksi
Lo que se hace con prisas con prisas sale. Hosumalla ei tule kuin kusipäisiä kakaroita.
ks. myös: a **misa** no se va con prisa; casarse por el **sindicato** de las prisas

• **privado**
en privado yksityisesti *En algunas culturas sólo se puede amamantar en privado.* Joissakin kulttuureissa ei voi imettää julkisesti.

• **pro**
de pro kunnon *La gente de pro no suele acudir a tabernas como ésta.* Kunnon ihmiset ei käy tällaisissa kuppiloissa.
en pro de puolesta, hyväksi *Todo lo que he hecho, queridas hijas, ha sido en pro de vuestra felicidad.* Rakkaat tyttäret, kaiken tekemäni olen tehnyt, jotta olisitte onnellisia.

• **proa**
poner proa a/hacia suunnata kohti *Antes de poner proa a La Habana el barco había sido reparado.* Laiva oli korjattu, ennen kuin se suuntasi kohti Havannaa.

• **probable**
lo más probable es que todennäköisesti *Lo más probable es que ya haya vuelto a casa.* Todennäköisesti hän on palannut kotiin.

• **probar**
probar [le] **bien/mal** sopia hyvin/ huonosti *¿Qué tal te prueba el nuevo trabajo? –Bien, gracias.* Miltä uusi työsi tuntuu? – Hyvältä, kiitos kysymästä. *¿Cómo le prueba el clima de Finlandia a tu mujer? –No muy bien. No le gusta el frío.* Miten Suomen ilmasto sopii vaimollesi? – Ei oikein hyvin. Hän ei pidä kylmästä.
Por probar, nada se pierde. Yrittänyttä ei laiteta.

ks. myös: probar **fortuna**

• **problema**
no hay problema ei hätää *Necesito que me arregle el coche para mañana. –No hay problema, mañana lo tiene usted listo.* Teidän täytyy korjata autoni huomiseksi. – Ei hätää, huomenna se on valmis.

• **procesión**
ir por dentro la procesión käydä läpi mielessä *¿Cómo puede estar tan tranquilo si acaban de despedirle? –La procesión va por dentro.* Kuinka hän voi olla noin rauhallinen, jos on saanut potkut? – Hänen mielessään kyllä myllertää.
repicar y andar en procesión → repicar y estar en misa

• **profeso**
exprofeso varta vasten *Sólo fuma un tipo de tabaco que le traen ex profeso de Cuba.* Hän polttaa ainoastaan sellaista tupakkalaatua, jota hänelle tuodaan varta vasten Kuubasta. *¿Crees que lo ha hecho exprofeso?* Luuletko hänen tehneen sen tahallaan?

• **profeta**
Nadie es profeta en su propia tierra. Kukaan ei ole profeetta omalla maallaan.

• **prometer**
prometérselas felices olla toiveikas *Se las prometía muy felices esperando la llegada de su novio, sin saber que nunca vendría.* Hän oli erittäin toiveikas odottaessaan poikaystäväänsä tietämättä, ettei tämä koskaan tulisi. *Cuando un día todo sale mal, lo mejor es prometérselas felices para el día siguiente.* Kun jonakin päivänä kaikki menee pieleen, kannattaa olla toiveikas seuraavan päivän suhteen.

Lo prometido es deuda. Minkä lupaa, se on pidettävä.

● **pronóstico**
contra todo pronóstico odotusten vastaisesti *Contra todo pronóstico, su nueva esposa se convirtió en la mejor amiga de su hija.* Aivan odotusten vastaisesti hänen uudesta vaimostaan tuli hänen tyttärensä paras ystävä.
de pronóstico melkoinen *Lucio es un tipo de pronóstico.* Lucio on melkoinen tyyppi.

● **pronto**
de pronto yhtäkkiä, äkkipäätä *De pronto cambió el tiempo y apareció un sol precioso.* Sää muuttui yhtäkkiä, ja aurinko alkoi paistaa ihanasti. *Así, de pronto, no sabría explicártelo, pero dame un par de días y podré hacerlo.* Näin äkkipäätä en oikein osaa selittää sitä sinulle, mutta parin päivän päästä voin sen tehdä.
hasta pronto pikaisiin näkemiin *Hasta pronto. Ha sido un placer conocerle.* Pikaisiin näkemiin. Oli ilo tutustua Teihin.
lo más pronto posible ensi tilassa *El certificado médico se ha de enviar lo más pronto posible al director.* On toimitettava lääkärintodistus ensi tilassa johtajalle.
más pronto o más tarde (*myös* pronto o tarde) ennemmin tai myöhemmin *Más pronto o más tarde tendrás que decírselo.* Ennemmin tai myöhemmin sinun täytyy kertoa se hänelle. *Pronto o tarde me lo contará todo.* Hän kertoo kaiken minulle ennemmin tai myöhemmin.
por de/lo pronto tällä hetkellä, nyt, toistaiseksi *Por de pronto recortaremos nuestros gastos; luego ya veremos.* Nyt leikkaamme menojamme, katsotaan sitten, mitä myöhemmin tapahtuu.
pronto o tarde ennemmin tai myöhemmin *Sabía que pronto o tarde lo volvería a ver.*

Tiesin näkeväni hänet taas ennemmin tai myöhemmin.
tan pronto heti kun *Tan pronto hubo comido, salió de casa.* Heti syötyään hän lähti ulos.
tan pronto ..., tan pronto joskus... joskus *Tan pronto es tu mejor amigo, tan pronto te odia a muerte.* Joskus hän on paras ystäväsi, joskus taas hän inhoaa sinua kuollakseen.

● **propiedad**
en propiedad tarkalleen *Si no hay ningún tipo de investigación en tu tesina, no podemos hablar en propiedad de un trabajo científico* Jos gradussasi ei ole minkään vertaa tutkimusta, emme voi puhua varsinaisesti tieteellisestä työstä. *Tus argumentos, hablando en propiedad, son subjetivos.* Jos tarkkoja ollaan, perustelusi ovat subjektiivisia.

● **propina**
de propina lisäksi, kaupan päälle *Tendré que preparar solo la cena de esta noche y, de propina, limpiar la casa.* Minun täytyy laittaa yksin tämäniltainen illallinen ja kaupan päälle vielä siivota.

● **propio**
propios y extraños omat ja vieraat *El valor de sus investigaciones ha sido reconocido por propios y extraños.* Omat ja vieraat arvostivat hänen tutkimuksiaan.
ks. myös: en **carne** propia

● **proporción**
proporciones bíblicas raamatulliset mittasuhteet *El hambre puede alcanzar proporciones bíblicas este año.* Nälänhätä voi saada tänä vuonna raamatulliset" mittasuhteet.

● **propósito**
a propósito *1* muuten *A propósito, ¿qué quieres que hagamos esta noche?* Mitä

muuten haluat, että tehtäisiin tänä iltana? *2* sopiva *¿Cuál sería el lugar más a propósito para una comida de colegas?* Mikä olisi sopivin paikka mennä syömään työkavereiden kanssa? *En aquel pueblo no había ningún colegio a propósito para mí.* Siinä kylässä ei ollut yhtään minulle sopivaa koulua. *3* tarkoituksella *Hacienda multará duramente a quienes, a propósito, olviden mencionar ingresos.* Verottaja sakottaa kunnolla niitä, jotka tarkoituksella unohtavat mainita tuloja.

a propósito de suhteen *Estaban hablando a propósito del viaje del Papa y no parecían ponerse de acuerdo.* He puhuivat paavin matkasta eivätkä tuntuneet pääsevän yhteisymmärrykseen. *Me parece que tu padre quiere decirte algo a propósito de ese viaje que vas a hacer.* Minusta tuntuu, että isäsi haluaa sanoa sinulle jotakin matkasta, jolle aiot lähteä.

• **provecho**

de provecho hyödyllinen *Estas palabras te serán de provecho en el futuro.* Näistä sanoista on hyötyä sinulle tulevaisuudessa. *Sería mejor que estudiases algo de provecho y no arte.* Olisi parempi, jos opiskelisit jotakin hyödyllistä taiteen sijaan.

sacar [le] provecho hyödyntää *El actor ha sabido sacarle provecho a su fama.* Näyttelijä osasi hyödyntää mainettaan. *Nunca tiro nada, a todo le saco provecho.* En koskaan heitä mitään pois, vaan otan kaikesta hyödyn irti.

• **prueba**

a prueba de kestävä *Los policías llevan coches a prueba de balas.* Poliiseilla on luodinkestävät autot. *El nuevo sistema informático ha sido diseñado a prueba de inútiles.* Uusi ATK-järjestelmä on suunniteltu idioottivarmaksi. *Mi madre tiene una salud a prueba de bomba.* Äidilläni on raudanluja terveys.

poner/someter a prueba panna koetukselle *Pusieron a prueba su paciencia gastándole bromas pesadas.* He panivat hänen kärsivällisyytensä koetukselle heittämällä pahaa herjaa.

• **púa**

agarrarse una buena púa vetää perseet olalle *Necesitamos olvidarnos de todo y agarrarnos una buena púa.* Meidän täytyy unohtaa kaikki ja vetää perseet olalle.

enterarse de las púas que tiene un peine → enterarse de/saber lo que vale un peine

• **público**

dar al público julkaista, julkistaa *Los resultados de estas investigaciones no se pueden dar al público porque no son definitivos.* Näiden tutkimusten tuloksia ei voi julkaista, koska ne eivät ole lopullisia.

hacer público julkaista, julkistaa *Han hecho público su compromiso matrimonial.* He julkaisivat kihlauksensa.

sacar al público tulla myyntiin *El nuevo modelo de móvil no se sacará al público hasta el próximo verano.* Uusi kännykkämalli tulee myyntiin vasta ensi kesänä.

• **pucheros**

hacer pucheros ruveta vääntämään itkua *Cuando el niño hacía pucheros, su padre hacía lo que fuera para alegrarle.* Kun lapsi alkoi vääntämään itkua, isä teki kaikkensa ilahduttaakseen häntä.

• **pudrir**

ahí te pudras haistakoon hapanta *Las reformas del gobierno benefician a las clases altas; a las bajas, ahí te pudras.* Hallituksen uudistukset hyödyttävät yläluokkia, ja alemmat luokat haistakoot hapanta.

• **pueblo**

de pueblo maalainen *María no quiere casarse con Pedro porque dice que es muy de pueblo.* Maria ei halua mennä Pedron kanssa naimisiin, koska tämä on hänen mielestään täysi juntti.

pasarse dos pueblos lähteä lapasesta *La gente se ha pasado dos pueblos empinando el codo durante las vacaciones de verano.* Kesälomalla tissuttelu on lähtenyt lapasesta.

pasarse 6 pueblos (y el siguiente) karata mopo käsistään *Las NN.GG. se han pasado 6 pueblos.* Kokoomusnuorilta on karannut mopo täysin käsistä.

• **puente**

hacer puente pitää välipäivä vapaata *Como el martes es fiesta, el lunes haremos puente.* Koska tiistai on juhlapäivä, maanantaina pidetään vapaata.

• **puerta**

abrirse [le] las puertas aueta ovet *Comportándote así, conseguirás que se te abran muchas puertas.* Toimiessasi noin sinulle aukenevat monet ovet.

ahí tienes la puerta tuossa on ovi *Si no te gusta trabajar aquí, ahí tienes la puerta.* Jos ei huvita tehdä töitä täällä, tuossa on ovi.

a las puertas de tulossa, kynnyksellä *La última crisis ocurrió a las puertas del nuevo milenio.* Viimeinen kriisi tuli uuden vuosituhannen kynnyksellä. *Cuando veas nubes como ésa, puedes estar seguro de que hay chaparrón a las puertas.* Nähdessäsi tuollaisia pilviä voit olla varma, että on tulossa rankka sadekuuro.

a puerta cerrada suljetuin ovin *La reunión será a puerta cerrada.* Kokous pidetään suljetuin ovin.

coger la puerta lähteä lätkimään *Si no me suben el sueldo, yo cojo la puerta.* Jos palkkaani ei nosteta, lähden lätkimään.

dar con la puerta en las narices lyödä ovi nenän edestä kiinni *A todos los vendedores ambulantes les daba con la puerta en las narices.* Hän löi kaikille kulkukauppiaille oven nenän edestä kiinni.

dar [le] puerta potkia/panna pellolle *Como siempre llegaba tarde al trabajo, me dieron puerta.* Koska minä myöhästyin aina töistä, minut potkittiin pellolle.

de puertas adentro seinien sisäpuolella *Ese matrimonio parecía muy feliz, pero no se puede saber lo que pasa de puertas adentro.* Avioliitto vaikutti hyvin onnelliselta, mutta ei sitä voi tietää, mitä tapahtuu seinien sisäpuolella.

irse por la puerta de atrás poistua takavasemmalle *Dio las gracias al público y se fue por la puerrte de atrás.* Kiitti yleisöä ja poistui takavasemmalle.

llamar a la puerta koputtaa ovelle, soittaa ovikelloa *Habían llamado a la puerta, pero no había nadie cuando abrí.* Ovikello soi, mutta kun avasin oven, siellä ei ollut ketään.

poner puertas al campo sulkea karsinaan *A los jóvenes hay que darles libertad, no se le puede poner puertas al campo.* Nuorille täytyy antaa vapautta, heitä ei voi sulkea karsinaan.

puerta a puerta ovelta ovelle *No hace falta que lleves el paquete a Correos porque tienen servicio puerta a puerta.* Sinun ei tarvitse viedä pakettia postiin, koska heillä on ovelta ovelle -palvelu.

¡Ahí tienes la puerta! Tuosta on viisi hiirttä poikki!

¡Cierra la puerta, que se escapa el gato! Ovi kii, ostolämmin ja lainapuut!

puerta con puerta → **pared con pared**

ks. myös: durar menos que un **caramelo** a la puerta de un colegio

• **pues**

pues bien no *Me había prometido venir, pues bien, a las 12 todavía no había llegado.* Hän oli luvannut tulla, mutta kahdeltatoista hän ei ollut vielä tullut. *Pues bien, ¿qué hacemos ahora?* No, mitä teemme nyt?

pues sí kyllä, aivan *Te gusta mi coche, ¿eh? – Pues sí.* Sinä pidät autostani, vai mitä? – No joo.

• **puesto**
con lo puesto vain vaatteet yllä *Huyeron de su país con lo puesto.* He pakenivat maastaan vain vaatteet yllään.

puesto que kun kerran *Puesto que tú estás aquí, podemos trabajar los dos juntos.* Kun kerran olet paikalla, voimme tehdä töitä yhdessä.

• **pulga**
buscar [le] **las pulgas** härnätä *No digo que ella sea peligrosa, pero por si acaso, no le busques las pulgas.* Eihän hän ole vaarallinen, mutta kaiken varalta, älä härnää häntä.

malas pulgas pahansisuinen, pahantuulinen *Cuando lo vi entrar con cara de malas pulgas, supe que algo malo había pasado.* ähdessäni hänen tulevan sisään pahantuulisena, tiesin jotakin ikävää tapahtuneen. *Es de trato difícil, tiene malas pulgas.* Häntä on vaikea lähestyä, hän on pahansisuinen.

más pequeño que una pulga pieni kuin pippuri *La sauna es más pequeña que una pulga.* Sauna on pieni kuin pippuri.

• **pulgar**
estar con los pulgares en alto pyöritellä peukaloitaan *Luisa ha estado con los pulgares en alto todo el día.* Luisa on pyöritellyt peukaloitaan koko päivän.

• **pulmón**
a pleno pulmón kurkku suorana *Estaba gritando a pleno pulmón.* Hän huusi kurkku suorana.

• **pulpo**
como un pulpo en un garaje väärässä paikassa *Tienes que orientarme sobre el cómo, el cuándo etc. de lo que puedo hacer; en estas cenas oficiales me encuentro como un pulpo en un garaje.* Sinun täytyy perehdyttää minua siinä, miten minun pitää milloinkin toimia, sillä noilla virallisilla päivällisillä tunnen olevani väärässä paikassa.

caer [le] **la del pulpo** ei kunnian kukko laulaa *A Rusia le va a caer la del pulpo.* Venäjälle ei kunnian kukko laulaa.

• **pulso**
echar un pulso vääntää kättä *Si quieres saber la fuerza que tiene esa mujer, échale un pulso.* Jos haluat tietää millaiset voimat sillä naisella on, sinun täytyy vääntää kättä hänen kanssaan. *La reiterada negativa de Turquía a permitir el tráfico procedente de Chipre es un pulso que le está echando a la UE.* Turkin toistuva kielto sallia Kyprokselta tuleva liikenne on kädenvääntöä EU:n kanssa.

ganarse a pulso saada kovalla työllä *El premio no se lo han regalado, sino que se lo ha tenido que ganar a pulso.* Hän ei saanut palkintoa ilmaiseksi, vaan hänen on täytynyt tehdä kovasti töitä sen eteen. *Todos los accidentillos que tienes te los ganas a pulso porque nunca tienes cuidado.* Kaikki sinulle sattuvat pikkuonnettomuudet ovat hankkimalla hankittuja, koska et koskaan varo.

sostener a pulso kannatella *Le dolía el brazo de sostener a pulso el cuadro para que lo viesen los posibles compradores.* Hän käteensä sattui hänen kannatellessaan ilmassa taulua, jotta mahdolliset ostajat näkisivät sen.

temblar [le] **el pulso** epäröidä *Es un buen jefe, pero si tiene que despedir a alguien, no le tiembla el pulso.* Hän on hyvä johtaja, mutta jos hänen täytyy erottaa joku, hän ei epäröi.

tomar [le] **el pulso** tunnustella *La enfermera le tomó el pulso al paciente.* Sairaanhoitaja tunnusteli potilaan pulssia. *Turquía le está tomando el pulso a la UE.* Turkki tunnustelee EU:n maaperää.

• **pum (myös pun)**
ni pum yhtään mitään *De ese asunto no sé ni pum.* Siitä asiasta en tiedä yhtään mitään.

• **punta**
a punta de avulla *El atraco fue cometido a punta de pistola.* Ryöstö tehtiin pistoolilla. *Conquistaba a las mujeres a punta de conversaciones interesantes.* Hän valloitti naiset mielenkiintoisilla keskusteluilla.
a punta pala läjäpäin *No te preocupes por haberme roto el reloj, en casa tengo relojes a punta pala.* Älä välitä, jos rikoit kelloni, minulla on niitä kotona läjäpäin.
de punta [en blanco] tälläytyneenä *Se habían puesto de punta para la fiesta.* He olivat tälläytyneet juhlia varten. *Se pone de punta en blanco incluso cuando va a clase.* Hän tälläytyy jopa kouluun mennessään.
de punta a punta päästä päähän *Ha cruzado la piscina de punta a punta.* Hän ui uima-altaan päästä päähän.
la punta del iceberg jäävuoren huippu *Y como podemos imaginar, estas son sólo la punta del iceberg.* Ja kuten voimme arvata, nämä ovat vasta jäävuorenhuippu.
ponerse [le] **en la punta del capullo** alat vittu tehdä *No lo hago porque no se me pone en la punta del capullo.* Minä en tee sitä, koska minähän en sitä vittu tee.
sacar punta teroittaa *Voy a dibujar, pero antes tengo que sacar punta al lápiz.* Aion piirtää, mutta ensin minun täytyy teroittaa kynä.
sacar [le] **punta** löytää jotkain sanomista *Es un quisquilloso y a todo le saca punta; por eso está siempre enfadado.* Hän on pikkumainen

ja löytää kaikesta jotakin sanomista ja on siksi aina vihainen. *No está contento con nada; a todo le saca punta* Hän ei ole tyytyväinen mihinkään, vaan löytää kaikesta jotakin sanomista.
tener en la punta de la lengua olla, pyöriä kielellä *Tenía el nombre de aquella chica en la punta de la lengua, pero no le salía.* Sen tytön nimi pyöri hän kielellään mutta ei vain tullut ulos.
tocar con la punta de los dedos olla saamaisillaan *Aquel puesto de trabajo lo toqué con la punta de los dedos.* Olin saamaisillani sen työpaikan.
tocar [le] **la punta de un pelo** →
tocar [le] **un pelo de la ropa**
una punta de hitunen *En sus palabras puede verse una punta de escepticismo.* Hänen sanoissaan voi kuulla hitusen epäilystä.
ks. myös: caer **chuzos** de punta;
ponérse [le] los **pelos** de punta

• **puntada**
sin perder puntada herkeämättä *Parecía mirar por la ventana, pero escuchaba sin perder puntada la conversación de sus vecinos de mesa.* Hän näytti katselevan ikkunasta ulos mutta kuunteli herkeämättä pöytänaapureidensa keskustelua.

• **puntapié**
a puntapiés potkien *Me echaron de casa a puntapiés.* Minut potkaistiin kotoa pihalle. *Los mozos borrachos perseguían a los perros a puntapiés y a pedradas.* Känniset pojat kiusasivat koiraa potkimalla ja kivittämällä.

• **puntilla**
dar [le] **la puntilla** olla viimeinen niitti *La subida del precio de los combustibles le han dado la puntilla a la maltrecha economía nacional.* Polttoaineiden hinnankorotus oli viimeinen niitti maan huonolle taloudelle.

de puntillas varpaillaan *Se puso de puntillas para ver mejor lo que pasaba en el escenario.* Hän nousi varpailleen nähdäkseen paremmin, mitä lavalla tapahtui.

• punto

al punto nopeasti, heti *Nos pusimos a buscar el perro y al punto lo encontramos.* Aloimme etsiä koiraa ja löysimmekin sen heti.

a punto 1 sopiva *La paella está ya a punto.* Paella on jo sopivan kypsä.

2 sopivasti *Llegas a punto para ayudarme.* Tulet juuri sopivasti auttamaan minua. *Mi hermana siempre tiene las lágrimas a punto, llora por cualquier cosa.* Sisarellani on itku herkässä, ja hän itkee mistä tahansa syystä.

a punto de 1 olla tekemäisillään *Durante su época de estudiante, a punto de cumplir los veinticinco, Luis conoció a María.* Opiskeluaikanaan, juuri 25-vuotispäivän kynnyksellä, Luis tutustui Mariaan. *Tienes que retirar la cazuela del fuego cuando esté a punto de hervir el agua.* Sinun täytyy ottaa kattila pois hellalta, kun vesi on kiehumispisteessä. **2** vähällä *Estuvo a punto de morir.* Hän oli vähällä kuolla.

a punto de caramelo kypsä *Llevo un mes haciéndole la pelota al abuelo y ya lo tengo a punto de caramelo para pedirle la bici.* Olen ollut kuukauden isoisälle mielin kielin, ja nyt hän on kypsä, jotta voin pyytää pyörää.

a punto fijo tarkalleen *No sé a punto fijo con quién sale, pero sé que no es española.* En tiedä tarkalleen, kenen kanssa hän seurustelee, mutta tiedän, ettei hän ole espanjalainen.

con puntos y comas pilkulleen *Todavía recuerdo con puntos y comas lo que me dijiste aquel día.* Muistan vielä pilkulleen, mitä sanoit minulle tuona päivänä.

de todo punto kaikin tavoin, ehdottomasti *Hay que reconocer que sus opiniones son de todo punto interesantes.* Täytyy tunnustaa,

että hänen mielipiteensä ovat ehdottoman kiinnostavia.

estar/tener en el punto de mira olla kiikarissa/tähtäimessä *Ese coche lo tengo en el punto de mira; algún día me lo compraré.* Minulla on se auto kiikarissa, ja jonakin päivänä ostan sen.

poner en el punto de mira nostaa tikun nokkaan *Al alumno no se le puede poner en el punto de mira como ejemplo para los demás.* Oppilasta ei pidä nostaa tikun nokkaan esimerkkinä muille.

en punto tasan *Son las tres en punto.* Kello on tasan kolme. *Nos veremos a las cinco en punto, no a y pico.* Näemme tasan viideltä, eikä vähän yli.

en su punto parhaimmillaan *Probé la sopa para ver si estaba en su punto.* Maistoin keittoa nähdäkseni, oliko se juuri sopivaa.

hacer punto 1 neuloa *La abuela se entretenía haciendo punto.* Isoäiti harrasti neulomista. **2** keskeyttää *Cuando vieron entrar al encargado hicieron punto y se pusieron a trabajar.* Nähdessään pomon tulevan he keskeyttivät juttunsa ja alkoivat tehdä töitä.

hasta cierto punto jossakin määrin *Hasta cierto punto, tienes razón* Olet jossakin määrin oikeassa.

hasta el punto [de] que siinä määrin *Dejó abandonada la empresa hasta el punto de que tuvo que venderla.* Hän hoiti yritystä siinä määrin huonosti, että joutui myymään sen. *Se puso enfermo hasta el punto de que tuvieron que ingresarlo en el hospital.* Hän sairastui niin pahasti, että hänet piti viedä sairaalaan.

hasta tal punto que siinä määrin *Las relaciones internacionales le interesan hasta tal punto que ha decidido hacerse iplomático.* Kansainväliset suhteet kiinnostavat häntä siinä määrin, että hän on päättänyt ryhtyä diplomaatiksi.

hasta los puntos de las íes erittäin huolellisesti *Hablaba despacio y claramente,* *pronunciando hasta los puntos de las íes.* Hän puhui hitaasti ja selvästi, ääntäen erittäin huolellisesti.

ni punto de comparación ei voi verrata *La comida inglesa no tiene ni punto de comparación con la italiana.* Englantilaista ruokaa ei voi verratakaan italialaiseen.

poner a punto panna kuntoon *Ocúpate tú de poner a punto todo lo necesario para la reunión.* Pane sinä kaikki tarvittava kuntoon kokousta varten.

poner los puntos sobre las íes tehdä selväksi *Estuvieron discutiendo varias horas y Antonio supo ponerle los puntos sobre las íes a su cuñada.* He keskustelivat monta tuntia, ja Antonio sai tehtyä asiat selväksi kälylleen.

poner punto final päättää *El concierto que dará la orquesta de la ciudad pondrá punto final a la semana de fiestas.* Kaupunginorkesterin konsertti päättää juhlaviikon.

por puntos nipin napin *Se salvó por puntos.* Hän pelastui nipin napin.

punto débil (*myös* punto flaco) heikko kohta *Hazle muchos regalos porque ese es su punto débil y así estará contento.* Anna hänelle paljon lahjoja, koska se on hänen heikko kohtansa, ja niin hän on tyytyväinen. *El orgullo es su punto débil.* Ylpeys on hänen heikko kohtansa.

punto de vista näkökulma *Desde el punto de vista gramatical tu redacción está bien hecha, pero utilizas un léxico muy limitado.* Kieliopillisesta näkökulmasta katsoen aineesi on hyvä, mutta käyttämäsi sanasto on suppea.

punto en boca suu suppuun *No te metas en sus asuntos. Cada cual a lo suyo, y tú, punto en boca.* Älä puutu hänen asioihinsa. Jokainen hoitakoon omat asiansa, ja sinä, suu suppuun nyt.

punto menos que lähes *Siento decirle, señor médico, que su letra es punto menos que ilegible.* Olen pahoillani, herra tohtori, mutta

täytyy sanoa, että käsialanne on lähes lukukelvotonta.

punto muerto tyhjäkäynti *No quería apagar el motor, así que lo dejó en punto muerto.* Hän ei halunnut sammuttaa moottoria, joten hän jätti sen tyhjäkäynnille.

punto negro vaarallinen kohta *El ministro de transportes ha asegurado que se solucionarán los puntos negros de nuestras carreteras.* Liikenneministeri on vakuuttanut, että teidemme vaarallisille kohdille etsitään ratkaisu.

punto redondo sillä hyvä *Si lo ha dicho tu madre, punto redondo.* Jos äitisi kerran sanoi niin, se on sillä hyvä.

punto por punto kohta kohdalta *Le expliqué punto por punto las ventajas del nuevo ordenador y le convencí para que lo instalase en nuestra oficina.* Selitin hänelle kohta kohdalta uuden tietokoneen hyvät puolet ja sain hän asentamaan sen toimistoomme. *Cuéntamelo todo. ¡Todo! Punto por punto.* Kerro minulle kaikki. Aivan kaikki! Viimeistä piirtoa myöten.

punto y aparte asia erikseen *Las negociaciones tienen como objetivo el fin de la violencia. La amnistía de presos es punto y aparte.* Neuvottelujen tarkoitus on väkivallan lopettaminen. Vankien armahtaminen on asia erikseen.

y punto ja piste *Si te ha dicho que no te quiere, no te quiere y punto.* Jos hän sanoi, ettei rakasta sinua, niin hän ei rakasta ja piste. *Nada, no hay pero que valga; lo haces y punto.* Ei mitään muttia. Sinä teet sen ja piste.

y punto pelota ja sillä siisti *Si se quiere quedar con mi libro, que se lo quede y punto pelota.* Jos hän haluaa pitää kirjani, pitäköön ja sillä siisti.

ks. myös: **puesta** a punto

• **puñado**

a puñados yllin kyllin, runsaasti *En el río de mi pueblo había cangrejos a puñados.* Kotikyläni joessa oli rapuja pilvin pimein.

puñalada
puñalada trapera selkään puukotus *Ha sido una puñalada trapera que le hayas dicho al jefe que no vine ayer.* Puukotit minua selkään kertomalla johtajalle, etten tullut eilen.

• **puñeta**
hacerle la puñeta a alguien *ark* kiusata, härnätä *No es una persona muy simpática; siempre le tiene que hacer la puñeta a alguien.* Hän ei ole kovinkaan mukava ihminen; hänen pitää aina härnätä jotakuta.
en la quinta puñeta Jumalan selän takana *Eso estará en la quinta puñeta.* Sehän on jossain Jumalan selän takana.
importar [le] tres puñetas *ark* →
importar [le] tres narices *ark*
qué [subst.] ni qué puñetas
ark → **qué [subst.] ni qué ocho cuartos** *ark*
¡Vete a hacer puñetas! *alat* haista home *Ya estoy hasta las narices de ti, ¡vete a hacer puñetas!* Olen kurkkuani myöten täynnä sinua. Haista home!

• **puño**
de su puño y letra omakätisesti *El documento fue firmado de su puño y letra por el presidente.* Presidentti allekirjoitti asiakirjan omakätisesti.
tener en un puño pitää ottessaan, armoillaan *La única que tomaba decisiones era ella, los tenía a todos en un puño.* Hän ainoastaan teki päätöksiä, joten kaikki olivat hänen armoillaan.
ks. myös: una **verdad** como un puño/ verdades como puños

• **pupa**

hacer pupa satuttaa *¿Te has hecho pupa al caerte, Luisito?* Tuliko pipi, kun kaaduit, Luis? *La crítica le ha hecho pupa a más de uno.* Arvostelu satutti monia.

• **puré**
hacer puré musertaa *Su muerte nos hizo puré a todos.* Hänen kuolemansa mursi meidät kaikki. *Marta está hecha puré y apenas puede levantarse.* Marta on ihan repo rankkana ja tuskin jaksaa nousta ylös.

• **puridad**
en puridad itse asiassa, tosiasiassa *Mi puesto, en puridad, no es de catedrático, pero hago todo lo que de un catedrático se espera.* Minun virkani ei itse asiassa ole professorin virka, mutta teen kaikkea, mitä professorille kuuluu.

• **1 puro**
de puro pelkästään *La casa se vino abajo de puro vieja.* Talo romahti pelkkää vanhuuttaan. *Se durmió de puro aburrimiento porque la conferencia no tenía nungún interés.* Hän nukahti silkasta ikävystymisestä, koska luento oli tosi tylsä.

• **2 puro**
meter [le] un puro rangaista *El sargento le metió un puro al recluta por no tener limpio el fusil.* Kersantti rankaisi alokasta, koska tämän ase ei ollut puhdas.

• **puta**
como putas en cuaresma *alat* perse auki *Estamos a fin de mes y yo estoy como putas en cuaresma.* Ollaan kuun lopussa, ja olen perse auki.
ir de putas *alat* mennä huoriin *Sus compañeros se fueron de putas, pero él se*

quedó en el cuartel. Hänen kaverinsa menivät huoriin, mutta hän jäi kasarmille.

ser más puta que las gallinas *alat* varsinainen huora *¿Cómo has podido hacerle eso? Eres más puta que las gallinas.* Miten saatoit tehdä hänelle niin? Senkin huora.

pasarlas putas *alat* olla kusessa *Caímos con el coche en el lago y las pasamos putas para salir.* Putosimme autolla järveen ja olimme kusessa ulos pääsemisen kanssa.

¡Me cago en la puta! Voi satana!

ks. myös: ser/estar de puta **madre** *alat*

• **putada**

ser una putada olla ihan perseestä *Es una putada que todo el fin de semana se haya ido al garete.* Se on ihan perseestä, että koko viikonloppu meni pieleen.

• **putón**

putón verbenero *alat* huora *Luisa es un putón verbenero, no te recomiendo que salgas con ella.* Luisa on huora, en suosittele, että seurustelet hänen kanssaan.

QQQQQ

• **1 que**

a lo que *ark* heti kun *A lo que terminó de comer, se fue a jugar.* Heti syötyään hän meni leikkimään.

en lo que *ark* sillä aikaa kun *En lo que tú haces la comida, voy a limpiar la casa.* Sillä aikaa kun sinä laitat ruokaa, minä siivoan.

ks. myös: [V subj.] **lo** que [V. subj.]; el que **más** y el que menos

• **2 que**

¿a que ... ? eikö niin *¿A que estaba muy buena la sopa? Eikö keitto ollutkin hyvää? ¿A que te ha gustado?* Sinä pidit siitä, eikö niin?

¿a que no [V]**?** lyön vetoa, että *¿A que no sabes cómo se llama mi vecino?* Lyön vetoa, ettet tiedä naapurini nimeä. *¿A que no puedes abrir la caja con una mano?* Lyön vetoa, ettet saa laatikkoa auki yhdellä kädellä.

¿a que sí? (*myös* ¿a que no?) eikö niin/totta *Las bebidas las traerán ellos ¿a que sí?* He tuovat juomat, eikö niin? *Nosotros no llevaremos las bebidas ¿a que no?* Me emme tuo juomia, eikö niin?

[adj.]**, pero que muy** [ad].) tosi *Su casa era grande, pero que muy grande.* Hänen talonsa oli suuri, tosi suuri. *que para qué* tosi hyvin *Sabía dibujar que para qué.* Hän osasi piirtää tosi hyvin.

que si ..., que si ... milloin...milloin *Siempre tenía algo de lo que quejarse, que si el ruido, que si los coches.* Hänellä oli aina jotakin valittamisen aihetta, milloin melu, milloin autot.

[V] **que te** [V] ei tehdä muuta kuin *Se pasaron toda la mañana habla que te habla.* He eivät tehneet koko aamuna muuta kuin puhuivat ja puhuivat. *Mientras los demás jugaban, ella come que te come.* Muiden pelatessa hän vain söi ja söi.

• **qué**

¿el qué? *ark* siis mikä *¿Te ha gustado? –¿El qué?* Piditkö siitä? – Siis mistä?

¡qué va! vielä mitä *¿Sois novios? – ¡Qué va! Sólo conocidos.* Seurusteletteko? – Vielä mitä! Olemme vain tuttavia. *¿Todos saben lo de tu accidente? – ¡No, qué va!* Tietävätkö kaikki sinun onnettomuudestasi? – Ei, vielä mitä! *¿Viene mucho a veros? – No, ¡qué va! De uvas a peras.* Käykö hän usein teillä? – Ei, vielä mitä! Hyvin harvakseltaan. *¿y a mí qué?* entä sitten, mitä sitten *Si no pintas paisajes, no venderás ni un cuadro. – ¿Y a mí qué?* Ellet maalaa maisemia, et saa myydyksi yhtään taulua. – Entä sitten?

¿y qué? entä sitten *Sí, la tele la he roto yo, ¿y qué?* Kyllä, minä rikoin telkkarin, entä sitten?

• **quedar**
¿en qué quedamos? miten on *Me lo das a mí o se lo das a ella, ¿en qué quedamos?* Annatko sen minulle vai hänelle, miten on?
no quedar así ei jäädä tähän *Ustedes me han engañado, pero esto no quedará así.* Te huijasitte minua, mutta asia ei jää tähän. *quedar bien* tehdä hyvä vaikutus *Si le envías un regalo para su cumpleaños, quedarás bien.* Jos lähetät hänelle syntymäpäivälahjan, teet hyvän vaikutuksen.
quedar [le] bien sopia *Esa chaqueta te queda bien.* Tuo takki sopii sinulle hyvin. *quedar con* sopia tapaamisesta, treffeistä *Perdona, tengo que marcharme porque he quedado con mi novio.* Anteeksi, mutta minun on mentävä, koska minulla on treffit poikaystäväni kanssa.
quedar en sopia *Quedamos en que nos veríamos en tu casa ¿no?* Sovimme tapaavamme sinun luonasi, vai mitä? *Hemos quedado en que ellos traerán todo lo necesario.* Sovimme, että he tuovat kaiken tarvittavan.
quedarse con 1 ottaa itselleen *No querían que Marta hiciese el reparto porque siempre se quedaba con la mayor parte.* He eivät halunneet Martan suorittavan jakoa, koska hän otti aina itselleen suurimman osan **2** vetää huulesta *¿Estás diciendo idioteces o te estás quedando conmigo?* Puhutko höpöjä vai vedätkö minua huulesta?
quedar por ver jäädä nähtäväksi *Queda por ver cómo se demantelan las restricciones.* Jää nähtäväksi, miten rajoitukset purkautuvat.
quedárselo ottaa *Si te gusta, quédatelo.* Jos pidät siitä, ota se. *Este jersey me va bien; me lo quedo.* Tämä neule sopii minulle hyvin, otan sen.

• **quema**
librarse de la quema päästää pälkähästä *Algunos siempre se libran de la quema.* Toiset ne vain aina pääsevät pälkähästä.

• **quemarropa**
a quemarropa suoraan *Perdona si te lo pregunto así, a quemarropa, pero ¿estás casado?* Anteeksi, jos kysyn näin suoraan, mutta oletko naimisissa? *El cajero le disparó a quemarropa a la delincuente y ésta murió en el acto.* Kassanhoitaja ampui aivan lähietäisyydeltä rikollista, ja tämä kuoli heti.

• **queque**
cortar el queque chl määrätä kaapin paikka *En asuntos de niños, mi mujer es la que corta el queque en nuestra casa.* Lapsia koskevissa asioissa vaimoni on meillä se kuka määrää kaapin paikka.

• **querer**
como querer oikein hyvin *Aquí estamos como queremos, no hace falta cambiar de asiento.* Meillä on tässä oikein hyvä olla, ei tarvitse vaihtaa paikkaa. *Su casa era bonita, tenía un buen salario; vivía como quería.* Hän kotinsa oli kaunis, hänellä oli hyvä palkka; hänellä oli asiat elämässä oikein hyvin.
como quiera que kun kerran, koska *Como quiera que ya se había hecho tarde, decidimos volver a casa.* Koska oli jo myöhä, päätimme palata kotiin. *Como quiera que este problema no tiene solución, es mejor que pasemos al siguiente.* Kun kerran tälle ongelmalle ei ole ratkaisua, on parempi siirtyä seuraavaan asiaan.
no querer nada con ei haluta olla tekemisissä *Con ese tipo de perso nas no quiero nada.* En halua olla tekemisissä tuollaisten ihmisten kanssa.

por lo que más quieras ole kiltti *¡Antonia, por lo que más quieras, espérame!* Antonia, ole kiltti ja odota minua! *¡Por lo que más quieras, déjame ir contigo a la fiesta!* Ole kiltti ja ota minut mukaasi juhliin!

qué más quisiera yo/él (*myös* qué más quisieras tú) kunpa olisikin *Te han dado el primer premio a ti. – ¡Qué más quisiera yo!* Sinä sait ensimmäisen palkinnon. – Kunpa olisinkin! *Ha sacado sobresaliente. – ¡Qué más quisiera ella!* Hän sai erinomaisen arvosanan – Kunpa olisikin! *Tienes 20 millones ¿verdad? – ¡Qué más quisiera yo!* Sinullahan on 20 miljoonaa, vai kuinka? – Kunpa olisikin!

qué quieres [que le haga] minkä sille voi *No puede dejar de fumar, ¿qué quieres que le haga?* Hän ei pysty lopettamaan tupakanpolttoa, minkä sille voi? *Ella es así, ¿qué quieres?* Hän on sellainen, minkä sille voi?

qué quieres que te diga minkä minä sille voin *No quiere acompañarte a ver a tus padres, ¿qué quieres que te diga?, me parece normal si siempre le critican.* Hän ei halua lähteä mukaasi vanhempiesi luo, minkä minä sille voin? Minusta se on ihan normaalia, jos he aina arvostelevat häntä.

querer decir tarkoittaa *¿Qué quiere decir esa palabra?* Mitä se sana tarkoittaa?

quieras que no halusitpa tai et *Quieras que no, tengo que irme a casa.* Halusitpa tai et, minun on lähdettävä kotiin. *Quieras que no, todo se acaba.* Halusitpa tai et, kaikki loppuu.

sin querer tahtomatta, vahingossa *Ya sé que lo has hecho sin querer, pero tienes que tener más cuidado* Tiedän toki, että teit sen vahingossa, mutta sinun täytyy olla varovaisempi.

Querer es poder. Ken tahtoo, niin voi.

Quien bien te quiere, te hará llorar. Rakkaudesta se hevonenkin potkii.

ks. myös: que si quieres **arroz** Catalina

● **queso**
dársela con queso vetää höplästä *Es que te la han dado con queso. ¿Cómo esperabas tú que por 200 euros te vendiesen un coche bueno?* Sinua on vedetty höplästä. Kuinka saatoit odottaa, että sinulle myytäisiin hyvä auto 200 eurolla?

● **quicio**
fuera de quicio sekaisin, poissa tolaltaan *Ese tipo de música me pone fuera de quicio.* Tuollainen musiikki saa minut sekaisin. *sacar de quicio* ärsyttää, saada sekaisin *¡Me sacas de quicio!* Sinä saat minut sekaisin!

sacar de quicio saada raiteiltaan *De alguna forma me sacó de quicio.* Jotenkin mut sai raiteiltaan.

salirse de quicio karata käsistä *Calmémonos, antes de que esto se salga de quicio.* Rauhoitutaanpa, ennen kuin tämä karkaa käsistä.

● **quien**
cada quien jokainen *Cada quien hace con su vida lo que mejor le parece.* Jokainen elää kuten parhaaksi näkee.

hay quien jotkut *Hay quienes sólo piensan en el dinero.* Jotkut ajattelevat vain rahaa. *Hay quien dice que la nueva ley nunca entrará en vigor.* Jotkut sanovat, että uusi laki ei tule voimaan koskaan.

no hay quien ei kukaan *No hay quien comprenda a tu hermano.* Kukaan ei ymmärrä veljeäsi. *Esta sopa no hay quien la coma.* Kukaan ei pysty syömään tätä keittoa. *No hay quien haga este trabajo en diez días.* Kukaan ei pysty tekemään tätä työtä kymmenessä päivässä.

quien más quien menos yksi ja toinen *Quien más quien menos tiene algún secretillo.* Yhdellä ja toisella on joku pikku salaisuus.

ks. myös: como quien no quiere la **cosa**; como quien oye **llover**

• quién

no ser quién ei olla jkn asia, tehtävä *Tú no eres quién para decirme lo que tengo que hacer yo.* Ei ole sinun asiasi sanoa minulle, mitä minun pitää tehdä.

quién sabe kuka tietää *A lo mejor nos toca la lotería, quién sabe.* Ehkä voitamme lotossa, kuka tietää.

quién sabe si... mahtaako *¡Quién sabe si Pedro habrá cambiado!* Mahtaakohan Pedro olla muuttunut!

¿quién eres tú para ...? mikä sinä olet *¿Quién eres tú para decirme lo que tengo que hacer?* Mikä sinä olet sanomaan minulle, mitä minun pitää tehdä?

¿Quién va? Kuka siellä?

• quina

tragar quina niellä mukisematta *En el discurso de agradecimiento no mencionaron su nombre, pero ella tragó quina y no dijo nada.* Kiitospuheessa ei mainittu hänen nimeään, mutta hän nieli sen mukisematta eikä sanonut mitään.

• quinta

meter la quinta laittaa/panna iso vaihde päälle *Ahora es el momento de meter la quinta.* Nyt on aika laittaa iso vaihde päälle.

ser de la misma quinta olla samanikäinen *Si naciste en 1980 debemos ser de la misma quinta.* Jos olet syntynyt 1980, olemme varmaankin samanikäisiä.

• quintal

a quintales suuria määriä *Tengo flores a quintales; coge cuantas quieras.* Minulla on vaikka kuinka paljon kukkia. Ota niin monta kuin haluat.

• quisque

todo quisque joka ikinen *Aquí tiene que pagar todo quisque; nadie entra gratis.* Täällä joka ikisen täytyy maksaa, kukaan ei pääse sisään ilmaiseksi.

to quisque joka iika *¡To quisque a bailar!* Joka iikka tanssimaan!

• quitar

donde ..., que se quite olla parempi, lyödä laudalta *Donde haya una buena sopa, que se quite toda la carne del mundo.* Hyvä keitto lyö laudalta kaikki maailman lihat.

esto/ello no quita que ei sulje pois *Todos pagamos impuestos, pero eso no quita que ayudemos también a los pobres.* Me kaikki maksamme veroja, mutta se ei sulje pois sitä, ettemmekö auttaisi myös köyhiä.

quitarse de encima päästä eroon *Quería quitarme de encima las labores administrativas y lo he conseguido.* Halusin päästä eroon hallinnollisista töistä ja onnistuin.

• quite

estar al quite olla valppaana, varuillaan *Yo creía que estaba dormida, pero estaba al quite, y cuando dije que me compraría un coche, dijo que no.* Luulin hänen nukkuvan, mutta hän olikin valveilla, ja kun sanoin ostavani auton itselleni, hän sanoi ei. *Subir al árbol era peligroso, pero sabía que mi padre estaba al quite y no me daba miedo.* Puuhun kiipeäminen oli vaarallista, mutta tiesin isäni olevan valppaana enkä pelännyt.

salir al quite tulla hätiin *Ante las críticas que le hacían a Pedro, María salió al quite diciendo que nadie había comprendido nada.* Kun Pedroa arvosteltiin, Maria tuli hätiin sanoen, ettei kukaan ollut ymmärtänyt mitään.

RRRRRR

• **rábano**
coger/tomar el rábano por las hojas käsittää, tulkita väärin *No cojas el rábano por las hojas, te lo estoy diciendo por tu bien.* Älä käsitä väärin, sanon tämän sinun parhaaksesi.
importar [le] un rábano ei välittää pätkääkään *Me importa un rábano lo que piense él de mi nuevo coche.* En välitä pätkääkään siitä, mitä mieltä hän on uudesta autostani.
qué [subst.] ni qué rábanos mikä hiivatti *¿Qué te parece una ensalada para cenar? – ¡Qué ensalada ni qué rábanos! Lo que yo quiero es carne.* Miten olisi salaatti illalliseksi? – Mikä hiivatin salaatti! Minä haluan syödä lihaa.
y un rábano ja katin kontit *Déjame el coche, mamá. – Y un rábano.* Anna auto minulle, äiti. – Ja katin kontit.
ks. myös: dejar para **simiente** de rábanos

• **rabia**
hervir de rabia kiehua sappi *¿Cómo puedo hervir tanto de rabia aunque no hay motivo?* Kuinka voi kiehua sappi näin kovin vaikka ei ole syytäkään?

• **rabiar**
a rabiar hullun lailla *Lo quería a rabiar.* Rakastin häntä hullun lailla.

• **rabillo**
con el rabillo del ojo syrjäsilmällä *Si quieres mirarme, mírame directamente y no con el rabillo del ojo.* Jos haluat katsoa minua, katso suoraan, älä syrjäsilmällä.

• **rabo**

como el rabo de una lagartija hermokimppu *Es nervioso como el rabo de una lagartija.* Hän on varsinainen hermokimppu.
corto como el rabo de un conejo lyhyt kuin lapsella paita *La vida es corta como el rabo de un conejo.* Elämä on lyhyt kuin lapsella paita.
con el rabo entre las piernas häntä koipien välissä *El perro se fue con el rabo entre las piernas.* Koira lähti häntä koipien välissä. *Cuando llegó, lo hizo muy seguro de sí mismo, muy valiente, pero abandonó la sala con el rabo entre las piernas.* Tullessaan hän oli hyvin itsevarma, hyvin rohkea, mutta lähti salista häntä koipien välissä.
más corto que el rabo de un conejo tyhmä kuin saapas *Es normal que no haya aprobado ninguna asignatura; es más corto que el rabo de un conejo.* Ei ole mikään ihme, ettei hän päässyt läpi yhdestäkään aineesta, koska hän on tyhmä kuin saapas.
ks. myös: de **cabo** a rabo

• **rabona**
hacer rabona lintsata *Papá nos castigaba cada vez que hacíamos rabona.* Isä rankaisi meitä joka kerta kun lintsasimme koulusta.

• **racha**
pasar una mala racha elää vaikeaa vaihetta *Estoy pasando una mala racha, todo son problemas ahora.* Minulla menee nyt huonosti, on vain ongelmia.

• **ración**
a ración rajoitetusti *La televisión, los niños pueden verla a ración y sólo en compañía de los padres.* Lapset voivat katsoa televisiota rajoitetusti ja vain vanhempiensa seurassa.

• **radio**
radio macuto puskaradio *Lo de tu boda lo he sabido por radio macuto.* Kuulin häistäsi puskaradion kautta.

• **raíz**

a raíz de 1 lähtien, alkaen *A raíz de su jubilación, empezó a viajar por Europa.* Jäätyään eläkkeelle, hän alkoi matkustella ympäri Eurrooppaa. *2* johtuen *La venta de sus discos han aumentado considerablemente a raíz de su concierto en Finlandia.* Hänen Suomessa pitämästään konsertista johtuen hänen levyjensä myynti on kasvanut huomattavasti.

de raíz kokonaan, täysin *Todo cambiará de raíz cuando estéis casados.* Kaikki muuttuu täysin, kun olette naimisissa.

echar raíces asettua *Me gusta esta ciudad y creo que echaré raíces aquí.* Pidän tästä kaupungista ja luulen asettuvani tänne.

hasta la raíz del pelo hiusmartoaan myöten *Se sonrojó hasta la raíz del pelo.* Hän punastui hiusmartoaan myöten.

• **rajá**

como un rajá kuin ruhtinas *Desde que se casó con esa millonaria, vive como un rajá.* Mentyään naimisiin miljonäärin kanssa hän elää kuin ruhtinas.

• **rajatabla**

a rajatabla kirjaimellisesti *Las normas de seguridad hay que cumplirlas a rajatabla; si no, de nada sirven.* Turvallisuusmääräyksiä on noudatettava kirjaimellisesti, muuten niistä ei ole mitään hyötyä.

• **ralentí**

al ralentí tyhjäkäynnillä *Puse el motor al ralentí.* Jätin moottorin tyhjäkäynnille. *Las reformas de la casa están ahora al ralentí pero pronto volveremos a trabajar.* Talon remontissa on nyt tauko, mutta pian ryhdymme taas töihin.

• **rama**

andarse/irse por las ramas kierrellä *¡No te andes por las ramas y dime claramente lo que ha pasado!* Älä kiertele vaan sano selvästi, mitä on tapahtunut!

• **rana**

cuando las ranas críen pelos sitten kun lehmät lentävät *¿Cuándo podremos vivir sin preocupaciones económicas? –Cuando las ranas críen pelos.* Milloinkahan voimme elää ilman taloudellisia huolia? – Sitten kun lehmät lentävät.

salir [le] rana tuottaa pettymys, epäonnistua *Esperaba mucho de sus hijos, pero los dos le salieron rana.* Hän odotti paljon lapsistaan, mutta molemmat tuottivat pettymyksen. *El retrato que le hizo a su amigo le salió rana.* Hänen ystävästään tekemänsä muotokuva epäonnistui.

• **rapapolvo**

echar [le] un rapapolvo pitää puhuttelu *Ya verás el rapapolvo que te echará mamá cuando sepa que has roto el jarrón.* Saatpa nähdä, millaisen puhuttelun äiti pitää sinulle, kun saa tietää sinun rikkoneen maljakon.

• **rape**

al rape hyvin lyhyt *Está de moda entre los jóvenes llevar el pelo al rape.* Nuorten keskuudessa siilitukka on muotia. *Lo primero que me hicieron en la mili fue pelarme al rape.* Ensimmäiseksi minulta armeijassa ajettiin pää klaniksi.

• **ras**

a ras de lähellä pintaa *El avión pasó volando a ras del suelo.* Lentokone lensi maata hipoen. *En mis sueños, mi alma pasa a ras de las copas de los árboles revoloteando como un pájaro.* Unissani sieluni kulkee puunlatvoja hipoen liidellen kuin lintu. *Por suerte el catalizador* *pasó a ras de la piedra.* Onneksi katalysaattori ei ihan osunut kiveen.

• **rasero**
con el mismo rasero tasapuolisesti *A todos los trabajadores los trata con el mismo rasero.* Hän kohtelee kaikkia työntekijöitä tasapuolisesti.

• **rasgo**
a grandes rasgos pääpiirteissään *Ésta es, a grandes rasgos, la historia de mi vida.* Tällainen on pääpiirteissään minun elämäntarinani.

• **raso**
al raso taivasalla *No quería que el pobre perro se quedase al raso, así que me lo traje a casa.* En halunnut koiraparan jäävän taivasalle, joten toin sen kotiin. *Fuimos de camping sin tienda y dormimos al raso.* Lähdimme retkeilemään ilman telttaa ja nukuimme taivasalla.

• **rastra**
a rastras 1 raahaten *Lo sacaron a rastras de la casa porque no quería salir.* Hänet raahattiin kotoa, koska hän ei halunnut lähteä ulos. *A esa discoteca tendréis que llevarme a rastras.* Siihen diskoon teidän täytyy raahata minut. **2** väkisin *Si no lo quieres comer, no lo comas, pero no lo hagas a rastras.* Älä syö sitä, jollet halua. Älä pakota itseäsi.

• **rastro**
desaparecer sin dejar rastro hävitä kuin mummo sumuun *En cuanto recibio la herencia, desapareció sin dejar rastro.* Heti kun hän sai perinnön, hän hävisi kuin mummon sumuun.

• **rata**

pobre como las ratas (*myös* más pobre que las ratas) köyhä kuin kirkonrotta *Es más pobre que las ratas.* Hän on köyhä kuin kirkonrotta.

• **rato**
a cada rato yhtenään *Anda pidiéndome dinero a cada rato; piensa que soy un pozo sin fondo.* Hän käy yhtenään pyytämässä minulta rahaa; hän luulee minun olevan ehtymätön rahalähde.
al poco rato hetken kuluttua, kohta *Al poco rato llegó también la madre.* Hetken kuluttua saapui myös äiti.
a ratos hetkittäin *Sólo puede leer a ratos porque enseguida se le cansa la vista.* Hän voi lukea vain hetken kerrallaan, koska silmät rasittuvat heti.
para rato kauan *Lo del nuevo palacio de conciertos va para rato.* Uuden konserttitalon toteutuminen vie kauan aikaa.
pasar el rato tehdä jtk ajankuluksi *Para pasar el rato se puso a ver la tele.* Hän alkoi katsella telkkaria ajankuluksi.
pasar un buen rato olla mukavaa *Pasamos un buen rato en la fiesta.* Meillä oli juhlissa mukavaa.
todo el rato kaiken aikaa *Todo el rato está comiendo chocolate.* Hän syö suklaata kaiken aikaa.
un buen rato tovin, melko kauan *Estuvimos charlando un buen rato.* Juttelimme tovin.
un rato [adj.] *ark* hyvin, tosi *Tu hermana es un rato guapa.* Sisaresi on tosi kaunis.

• **ratón**
más listo que los ratones colorados ovela kuin kettu *Mi hermana es más lista que los ratones colorados.* Siskoni on ovela kuin kettu.
jugar al ratón y al gato leikkiä kissaa ja hiirtä *La pareja jugaba al ratón y al gato con la policía.* Pariskunta leikki kissaa ja hiirtä poliisin kanssa.

• **ratoncito**
el ratoncito Pérez hammaskeiju *Se le había caído un diente y el ratoncito Pérez le trajo 2 euros.* Häneltä lähti hammas, ja hammaskeiju toi hänelle 2 euroa.
ks. myös: cuando el **gato** no está, los ratones hacen fiesta

• **raudal**
a raudales runsaasti, tulvimalla *La luz entraba a raudales.* Valoa tulvi sisään.

• **raya**
a rayas raidallinen *Tiene una camiseta a rayas* Hänellä on raidallinen T-paita.
cruzarse de la raya mopo keulii *Ahora también los adultos se cruzan de la raya.* Nyt aikuisillakin mopo keulii.
dar ciento y raya olla sata kertaa parempi *En matemáticas, no, pero en química le doy ciento y raya a tu hermano.* Kemiassa olen sata kertaa parempi kuin veljesi mutta matematiikassa en.
mantener/poner/tener a raya pitää aisoissa/kurissa *A los adolescentes hay que tenerlos a raya para que no piensen que todo es posible.* Nuoria täytyy pitää aisoissa, jotteivät he ajattele, että kaikki on sallittua.
pasarse de la raya mennä liian pitkälle *Te has pasado de la raya llevándote el coche de tu padre sin permiso.* Menit liian pitkälle otettuasi luvatta isäsi auton.
ks. myös: **cruz** y raya

• **rayo**
como un rayo 1 salamannopeasti *Le dije que viniera enseguida y vino como un rayo.* Käskin häntä tulemaan heti, ja hän tuli salamannopeasti. **2** pahasti *Sus palabras me sentaron como un rayo.* Hänen sanansa sattuivat minuun pahasti.

echar rayos kihistä kiukusta *Cuando salió de la reunión, echaba rayos.* Tultuaan kokouksesta hän kihisi kiukusta.

• **razón**
a razón de [num.] **por** määrässä *Las empresas han aumentado sus exportaciones a razón de un 5 por ciento anual entre 1993 y 2006.* Yritysten vienti on lisääntynyt 5 %:n vuosivauhdilla vuosina 1993–2006. *Compraba libros de segunda mano que luego revendía o cambiaba a razón de dos por uno.* Ostin käytettyjä kirjoja ja sitten möin ne eteenpäin tai vaihdoin kaksi vanhaa yhteen uuteen.
atender a razones (*myös* avenirse/ darse a razones) kuunnella järkipuhetta *Cuando se enfada no atienda a razones y es mejor no hablar con ella.* Suuttuessaan hän ei kuuntele järkipuhetta, ja on parempi olla puhumatta hänen kanssaan.
con razón syystä *Con razón te llaman Comilón; no paras de comer.* Sinua kutsutaan syystä ahmatiksi, koska syöt jatkuvasti.
dar [le] **la razón** olla yhtä mieltä *En eso no puedo darte la razón.* Siinä asiassa olen yhtä mieltä kanssasi.
entrar en razón tulla järkiinsä *No hay manera de hacerle entrar en razón porque es muy tozudo.* Häntä ei saa järkiinsä, koska hän on hyvin itsepäinen.
hacer [le] **entrar en razón** hakata/takoa järkeä päähän *Es una suerte tener un entrenador que te hace entrar en razón.* Onni on kyllä valmentaja, joka jaksa hakata järkeä päähän.
por una razón o por otra syystä tai toisesta *Pensé estudiar medicina pero, por una razón o por otra, lo fui demorando hasta que fue demasiado tarde.* Ajattelin opiskella lääketiedettä, mutta syystä tai toisesta vitkastelin, kunnes oli liian myöhäistä.

tener/llevar razón olla oikeassa *Tú tienes razón*. Olet oikeassa. *Creo que llevas toda la razón*. Luulen, että olet täysin oikeassa.

• **1 real**
dar [le] **la realísima** *ark* viitsiä *No me da la realísima de acompañarte, ¿me entiendes?* En viitsi tulla mukaasi, tajuatko?

• **2 real**
no tener un real ei olla pennin hyrrää *No puedo prestarte dinero porque no tengo un real*. En pysty lainaamaan sinulle rahaa, koska minulla ei ole pennin hyrrää.

• **realidad**
en realidad itse asiassa, oikeastaan *En realidad, no lo sé*. Itse asiassa en tiedä sitä.

• **rebosar**
a rebosar tupaten täynnä *El último concierto de Katri Helena fue de los que hacen época, el estadio estaba a rebosar*. Katri Helenan viime konsertti oli ikimuistoinen; stadion oli tupaten täynnä.

• **rebote**
de rebote epäsuorasti *Su decisión nos causó problemas a todos de rebote*. Hänen päätöksestään aiheutui epäsuorasti ongelmia meille kaikille. *El puesto se lo dieron de rebote, porque nadie quería ocuparlo*. Hän sai sattumalta paikan, koska kukaan muu ei halunnut sitä.
rebote del gato muerto kuolleen kissan pomppu *¿Puede continuar el crecimienbto o se tratará de un rebote del gato muerto?* Voiko nousu jatkua, vai onko tämä sittenkin vain kuolleen kissan pomppu?

• **recaudo**

poner a buen recaudo laittaa varmaan talteen *Pusieron a buen recaudo las joyas de la familia*. Perheen korut laitettiin varmaan talteen.

• **rechupete**
de rechupete oikein hyvin *Me viene de rechupete que quieras acompañarme a Moscú porque necesito un intérprete*. Minulle käy oikein hyvin, että tulet kanssani Moskovaan, koska tarvitsen tulkin.

• **recibo**
acusar recibo ilmoittaa saaduksi *Acusamos recibo de su solicitud y le comunicamos que no podemos tramitarla por faltar algunos documentos*. Ilmoitamme saaneemme hakemuksenne ja samalla ilmoitamme, ettemme voi käsitellä sitä muutamien asiakirjojen puuttumisen vuoksi.
de recibo kelvollinen *Había muchos aspirantes al puesto, pero ninguno era de recibo*. Paikkaan oli monia hakijoita, mutta ei yhtään kelvollista.

• **recordar**
si mal no recuerdo (*myös* que yo recuerde) muistaakseni *Tú me debes mil euros, si mal no recuerdo*. Muistaakseni olet velkaa minulle tuhat euroa *Que yo recuerde, nunca salió con ninguna chica*. Muistaakseni hän ei koskaan käynyt ulkona kenenkään tytön kanssa.

• **recto**
todo recto suoraan eteenpäin *Si va todo recto por aquí, llegará al hotel en dos minutos*. Jos menette suoraan eteenpäin, tulette hotellille parissa minuutissa.

• **recurso**
recurso al/del pataleo turha vastalause *Su solicitud de indemnización no ha sido aceptada y sólo le queda el recurso al pataleo*.

Hänen korvausanomustaan ei hyväksytty, ja hän voi vain esittää vastalauseen, joka ei kuitenkaan johda mihinkään.

● **red**

● **caer en las redes** joutua verkkoon *Ten cuidado con ella o puedes caer en sus redes.* Varo häntä tai joudut hänen verkkoonsa.

● **tender las redes** virittää verkko *Los escaparates de las pastelerías son como monstruos tendiéndoles las redes a los que quieren adelgazar.* Konditorioiden ikkunat ovat kuin hirviöitä, jotka virittävät verkkojaan laihdutuskuurilla olijoille.

● **rededor**

en rededor ympärillä *Los bosques en rededor de la casa son míos.* Talon ympärillä olevat metsät ovat minun.

● **redil**

volver al redil palata omiensa luo *La dirección del partido espera que los disidentes vuelvan pronto al redil.* Puolueen johto toivoo, että toisinajattelevat palaavat pian omiensa luo.

● **redondo**

a la redonda säteellä *Era el joven más guapo y simpático en 10 kilómetros a la redonda.* Hän oli komein ja mukavin nuori mies 10 km:n säteellä.

caer redondo kellahtaa maahan *Siguió bebiendo hasta que cayó redondo.* Hän jatkoi juomista, kunnes kellahti maahan.

girar en redondo kääntyä ympäri *Cuando notó que se le había olvidado el pasaporte, giró en redondo y volvió a casa.* Huomattuaan passin unohtuneen hän kääntyi ympäri ja palasi kotiin.

negar(se) en redondo kieltä/ kieltäytyä ehdottomasti, jyrkästi *El cura se negó en redondo a que entrasen turistas mal vestidos*

en la iglesia. Pappi kielsi jyrkästi huonosti pukeutuneita turisteja tulemasta kirkkoon.

quedar redondo onnistua oikein hyvin *¡Qué armario tan bonito! Te ha salido redondo.* Voi kuinka kaunis kaappi! Se on oikein hyvää työtä.

salir redondo mennä putkeen *Dinos lo que ha salido redondo y lo que se ido por la borda.* Kerro meille, mikä meni putkeen, mikä taas metsään.

● **redundancia**

valga la redundancia anteeksi toisto *Él es español, de España, valga la redundancia, y conoce las costumbres españolas.* Hän on espanjalainen, Espanjasta, anteeksi toisto, ja tuntee espanjalaiset tavat.

● **reembolso**

contra reembolso postiennakolla *El pedido que hizo ya se lo hemos enviado y podrá usted pagarlo contra reembolso.* Olemme lähettäneet jo tilauksenne, ja voitte maksaa sen postiennakolla.

● **referir**

en/por lo que se refiere a mitä minuun tulee *Por lo que a mí se refiere, todo lo que te ha dicho es cierto.* Mitä minuun tulee, kaikki, mitä hän on kertonut sinulle, on totta.

● **refilón**

de refilón vinosti *No me mires de refilón, mírame a los ojos.* Älä katso minua syrjäsilmällä, katso minua silmiin. *El sol daba también en nuestra casa, aunque sólo de refilón.* Aurinko paistoi myös meidän taloomme, vaikkakin vain vinosti.

● **regadera**

como una regadera päästä vialla *Tú estás como una regadera. ¿Cómo va a ser nuevo el coche si sólo vale 500 euros?* Olet päästäsi vialla. Kuinka auto voi olla uusi, jos se maksaa vain 500 euroa?

• **regalar**
ni regalado ei vaikka maksettaisiin *Esa casa no la quiero ni regalada.* Tuota taloa en ota, vaikka maksettaisiin.

• **regañadientes**
a regañadientes pitkin hampain *Si alguna cosa vas a hacerla a regañadientes, es mejor que no la hagas.* Jos teet jotakin pitkin hampain, parempi olla tekemättä.

• **regañina**
echar [le] una regañina torua *Si papá te ha echado una regañina, seguro que te la merecías.* Jos isä torui sinua, varmaankin ansaitsit sen.

• **régimen**
a régimen dieetillä *Si quieres adelgazar, ponte a régimen.* Jos haluat laihtua, rupea dieetille.

• **registrar**
a mí que me registren ei ole mitään tekemistä asian kanssa *Has sido tú el que le ha dicho que era antipática. −¿Yo? A mí que me registren.* Sinäkö se sanoit hänelle, että hän on inhottava? – Minäkö? Minulla ei ole mitään tekemistä sen asian kanssa.

• **regla**
en regla kunnossa *Asegúrate de que tienes todos los documentos en regla.* Varmista, että kaikki asiapaperisi ovat kunnossa.
en toda regla täydellinen *Lo que hace EE.UU. con Cuba no es un bloqueo, sino una injusticia en toda regla.* Se, mitä USA tekee Kuuballe, ei ole saarto vaan täydellinen vääryys.
por regla general yleensä *La gente, por regla general, se viste elegantemente los domingos.* Ihmiset pukeutuvat yleensä tyylikkäästi sunnuntaisin. *Por regla general nos levantamos a las siete.* Me nousemme yleensä ylös seitsemältä.
regla de tres keksitty sääntö *Cada vez que no encuentra argumentos, se saca de la manga una regla de tres que lo justifica todo.* Aina kun hänellä ei ole perustelua, hän vetää hihasta oman säännön, joka oikeuttaa kaiken.
ks. myös: la **excepción** confirma la regla

• **reglamento**
de reglamento sääntöjen määräämä *Le he comprado al niño un balón de reglamento para Navidades.* Ostin lapselle sääntöjen mukaisen pallon joululahjaksi.

• **reguero**
como un reguero de pólvora kulovalkean tavoin *La noticia de su muerte se extendió por la ciudad como un reguero de pólvora.* Uutinen hänen kuolemastaan levisi kaupungissa kulovalkean tavoin.

• **regular**
por lo regular yleensä *Por lo regular no suelo comer mucho.* En syö yleensä paljoa.

• **rehostia**
ser la rehostia olla kaiken huippu *¡Sois la rehostia! ¿Cómo habéis podido iros sin avisarme?* Olette kaiken huippu! Kuinka saatoitte lähteä ilmoittamatta minulle?

• **reír**
no me hagas reír älä naurata *¿Tú, jefe del departamento? No me hagas reír.* Sinäkö osastopäällikkö? Älä naurata.
Quien ríe el último, ríe mejor. Joka viimeksi nauraa, se parhaiten nauraa.

• **reja**

entre rejas telkien takana *Estuvo algunos años entre rejas.* Hän oli muutaman vuoden telkien takana.

• **relación**
en relación a/con liittyen, katsoen, suhteen *En relación a España, el estudio subraya que se lee muy poco.* Mitä Espanjaan tulee, tutkimuksessa näkyy, että siellä luetaan erittäin vähän. *Han detenido a dos delincuentes en relación con el atraco de ayer.* Kaksi rikollista on pidätetty eiliseen ryöstöön liittyen.
ponerse en relaciones aloittaa suhde, ryhtyä seurustelemaan *Hace ya tres años que Mario y María se pusieron en relaciones.* Mario ja Maria ryhtyivät seurustelemaan jo kolme vuotta sitten.
romper relaciones pistää välit poikki *Fue mejor romper relaciones.* Oli parempi pistää välit poikki.

• **relacionado**
estar bien relacionado olla suhteita *Seguro que encontrará trabajo pronto porque está muy bien relacionado.* Hän löytää varmasti töitä, koska hänellä on paljon suhteita.

• **relámpago**
como un relámpago salamannopeasti *Sabía que el café estaba enfriándose y volvió como un relámpago.* Hän tiesi kahvin jäähtyvän ja palasi salamannopeasti.

• **releche**
ser la releche olla kaiken huippu *¡Sois la releche! ¿Cómo habéis podido iros sin avisarme?* Olette kaiken huippu! Kuinka saatoitte lähteä ilmoittamatta minulle?

• **relieve**
poner de relieve korostaa *Si quieres que te cojan para ese trabajo, tienes que saber poner de relieve tus cualidades.* Jos haluat saada sen työn, sinun täytyy osata korostaa hyviä ominaisuuksiasi.

• **religiosamente**
pagar/cumplir religiosamente maksaa tai tehdä tunnollisesti *Es una mujer que cumple religiosamente con sus obligaciones.* Hän on nainen, joka täyttää velvollisuutensa tunnollisesti. *Ese inquilino me paga religiosamente el alquiler.* Tuo vuokralainen maksaa tunnollisesti vuokransa.

• **relleno**
de relleno täyte *No, yo no conozco a nadie en la fiesta. Sólo estoy de relleno.* Minä en tunne ketään näissä juhlissa. Olen vain joukon jatkona. *No leas el último capítulo de la tesis porque está sólo de relleno.* Älä lue väitöskirjan viimeistä kappaletta, koska se on vain siinä täytteenä.

• **reloj**
como un reloj kellon tarkkuudella *¿Tiene problemas de estreñimiento? – Voy como un reloj; después de levantarme, fijo.* Onko Teillä ummetusta? – Ei, vatsani toimii kellon tarkkuudella heti ylös noustuani. **contra reloj** aika-ajo *Mañana se celebrará una carrera ciclista contra reloj.* Huomenna on pyöräilykilpailun aika-ajo.
pararse [le] el reloj jämähtää paikalleen *Tiene muchos años y no quiere saber de nuevas metodologías; a él ya se le ha parado el reloj.* Hänellä on paljon ikää, eikä hän halua oppia uusia menetelmiä; hän on jo jämähtänyt paikalleen.
Hasta un reloj parado da bien la hora dos veces al día. Metsässäkin kuu paistaa joskus.

• **relucir**

sacar a relucir ottaa esille *No es éste el momento adecuado para sacar a relucir esos temas.* Tämä ei ole oikea hetki ottaa esille noita aiheita.
ks. myös: No es **oro** todo lo que reluce.

• **remanguillé**
a la remanguillé *ark* vinksin vonksin *Tuvo un accidente hace unos años y el brazo le quedó a la remanguillé.* Hänelle sattui onnettomuus muutama vuosi sitten ja käsivarsi jäi vinksin vonksin. *Tienes que aprender a vestirte, hija, no puedes ir a la fiesta a la remanguillé.* Sinun on opittava pukeutumaan, tyttö hyvä. Et voi mennä juhliin homssuisena.

• **remate**
dar remate tehdä loppuun, viimeistellä *La casa la comenzó mi abuelo, pero fue mi padre quien le dio remate.* Isoisäni aloitti tämän talon rakentamisen, mutta isäni teki sen loppuun.
de remate toivottomasti, auttamattomasti *Es tonto de remate.* Hän on täysi tonttu. *Está loco de remate.* Hän on pähkähullu.
para remate kaiken huipuksi *Durante el viaje se terminó la pila del móvil y para remate no llevaba el cargador.* Matkalla kännykän akusta loppui virta, ja kaiken huipuksi minulla ei ollut laturia mukana.

• **remedio**
no haber/quedar/tener otro/más remedio ei auta muu kuin *Si lo has comprado, no te queda más remedio que pagar.* Jos olet ostanut sen, sinun ei auta muu kuin maksaa. *La vida es así y no hay más remedio que aceptarlo.* Elämä on tällaista, eikä auta muu kuin hyväksyä se.
no tener remedio olla toivoton *Es la quinta vez que se te olvida en casa la llave; no tienes remedio.* Tämä on viides kerta, kun unohdat avaimen kotiin. Olet toivoton tapaus.

sin remedio toivottomasti *Estaba enamorado sin remedio de ella.* Olin toivottomasti rakastunut häneen.
remiendo echar un remiendo paikata *Ya no vale la pena echarles un remiendo a las sábanas, es más barato tirarlas.* Lakanoita ei enää kannata paikata, koska tulee halvemmaksi heittää ne pois.
Lo que no tiene remedio, remediado está. Joka menneitä muistelee, sitä tikulla silmään.
Más vale remedio conocido que ciento por conocer. Vanha konsti on parempi kuin pussillinen uusia.
Ser peor el remedio que la enfermedad. Suo siellä vetelä täällä.

• **remisión**
sin remisión auttamatta, väkisinkin *Es una ciudad tan complicada que si no la conoces, te pierdes sin remisión.* Se on niin sekava kaupunki, että jollet tunne sitä, eksyt väkisinkin.

• **remo**
flojo de remos huonojalkainen *He notado que Tomás anda flojo de remos. Creo que debería ir al médico.* Olen huomannut, että Tomás kävelee huonosti. Minusta hänen pitäisi mennä lääkäriin.
meter el remo munata, mokata *Has metido el remo preguntándole por los estudios de su hija porque ésta acaba de morir.* Mokasit kysyessäsi hänen tyttärensä opinnoista, koska tyttö kuoli äskettäin.

• **remojo**
a/en remojo likoon *Mañana voy a hacer sopa de guisantes, así que voy a ponerlos en remojo esta noche.* Teen huomenna hernekeittoa, joten laitan herneet likoon tänä iltana.

• **remolón**

hacerse el remolón vetkutella *Levántate de la cama, no te hagas la remolona.* Nouse ylös siitä sängystä, äläkä vetkuttele. *No quería pelar las patatas y se hacía el remolón.* Hän ei halunnut kuoria perunoita ja vain vetkutteli.

• **remolque**
a remolque perässä *España siempre ha ido a remolque de los países centroeuropeos.* Espanja on aina kulkenut Keski-Euroopan maiden vanavedessä. *Se ha quedado viuda y no sabe lo que hacer porque siempre iba a remolque de su marido.* Hän jäi leskeksi eikä tiedä, mitä tehdä, koska hänen miehensä oli aina hoitanut kaiken

• **remotamente**
ni remotamente ei unissaankaan *El regalo que me hizo no me lo habría podido imaginar ni remotamente.* En olisi voinut kuvitella unissanikaan sitä lahjaa, jonka häneltä sain.

• **renglón**
a renglón seguido hetken kuluttua, heti kohta *Primero dijo que la empresa iba bien, pero, a renglón seguido, añadió que habría despidos.* Ensin hän sanoi yrityksellä menevän hyvin, mutta heti kohta lisäsi, että tulisi irtisanomisia.

• **renta**
vivir de las rentas elää tuotoilla *Publicó un libro muy famoso hace muchos años y ahora vive de las rentas.* Hän julkaisi hyvin kuuluisan kirjan vuosia sitten ja elää nyt sen tuotoilla.

• **renuncio**
coger en renuncio saada valheesta kiinni *Me parece que tu abuelo hacía trampas con las cartas, pero nunca lo cogí en renuncio.* Minusta tuntuu, että isoisäsi huijasi korttipelissä, mutta en koskaan saanut häntä kiinni. *Ten cuidado con lo que dices en la entrevista para que no te cojan en renuncio.* Varo sanojasi haastattelussa, jottet jää kiinni valheesta.

• **reñido**
estar reñido con olla yhteen sopimaton *Algunas prendas modernas están reñidas con el buen gusto.* Jotkut nykyajan vaatteet eivät ole hyvän maun mukaisia.

• **reoca**
ser la reoca olla kaiken huippu *¡Sois la reoca! ¿Cómo habéis podido iros sin avisarme?* Olette kaiken huippu! Kuinka saatoitte lähteä ilmoittamatta minulle?

• **reojo**
de reojo syrjäsilmällä *Nunca hablaba con él, me contentaba con mirarle de reojo.* En koskaan puhunut hänelle, tyydyin vain katselemaan häntä syrjäsilmällä.

• **repañocha**
ser la repanocha → **ser la reoca**

• **reparo**
dar reparo nolottaa *Me da reparo ir a su casa porque ellos son muy elegantes.* Minua nolottaa mennä hänen kotiinsa, koska siellä on niin hienoa.
poner reparos olla sanomista *No hay nada que le guste; a todo le tiene que poner reparos.* Hän ei pidä mistään, vaan hänellä on aina sanomista kaikesta. *Cuando va de compras nunca pone reparos a los precios.* Käydessään ostoksilla hän ei koskaan narise hinnoista.
sin reparo alguno ongelmitta *A mi hermano puedo contarle mis cosas sin reparo alguno.* Voin kertoa ihan ongelmitta veljelleni asioistani. *Miente sin reparo alguno.* Hän valehtelee sumeilematta.

sin reparos ongelmitta *A mi hermano puedo contarle mis cosas sin reparos.* Voin kertoa ihan ongelmitta veljelleni asioistani. *Habla sin reparos, estás entre amigos.* Puhu avoimesti, tässähän ollaan ystävien kesken.

• **repaso**
dar [le] **un repaso 1** käydä läpi uudestaan *Tengo que darle un repaso a este tema antes de presentarme al examen.* Minun täytyy käydä tämä asia läpi uudestaan ennen tenttiin menoa. **2** rökittää *HJK le dio un repaso a Haka.* HJK rökitti Hakan.

• **repente**
de repente yhtäkkiä *Estábamos cenando en la terraza cuando de repente empezó a llover.* Olimme illallisella terassilla, kun yhtäkkiä alkoi sataa.
en un repente hetkessä *Se puso a arreglarme el coche y en un repente ya lo había arreglado.* Hän alkoi korjata autoani ja saikin jo hetkessä sen valmiiksi.

• **repera**
ser la repera olla kaiken huippu *¡Sois la repera! ¿Cómo habéis podido iros sin avisarme?* Olette kaiken huippu! Kuinka saatoitte lähteä ilmoittamatta minulle?

• **repollo**
más cursi que un repollo con lazos hienostelija *Tu prima es más cursi que un repollo con lazos.* Serkkusi on varsinainen hienohelma.

• **reprimenda**
echar [le] **una reprimenda** saada kuula kunniansa *A Rusia le ehcaron una reprimenda.* Venäjä sai kuulla kunniansa.

• **repuesto**

de repuesto vara *Llévate una camisa de repuesto por si se te ensucia la que llevas.* Ota mukaasi varapaita siltä varalta, että pääläsi oleva likaantuu.

• **reserva**
con reservas varauksella *Los partidos de izquierda han aceptado con reservas la nueva ley laboral.* Vasemmistopuolueet hyväksyivät varauksella uuden työlain.
sin reservas varauksetta *Los estudiantes pueden opinar sin reservas sobre la calidad de la enseñanza.* Opiskelijat voivat avoimesti ilmaista mielipiteensä opetuksen laadusta.

• **resguardo**
al resguardo de suojassa *Nos sentamos en un lugar apartado, al resguardo de las miradas de los transeúntes.* Istuimme syrjäiseen paikkaan, suojaan ohikulkijoiden katseilta.
poner a buen resguardo laittaa varmaan talteen *Pusieron a buen resguardo las joyas de la familia.* Perheen korut laitettiin varmaan talteen.

• **resorte**
como movido/impulsado por un resorte hyvin nopeasti *Cuando oyó el despertador, se levantó como impulsado por un resorte.* Kuultuaan herätyskellon soivan hän pomppasi ylös sängystä.

• **respectar**
en/por lo que respecta a mitä tulee *Por lo que respecta a los resultados, hemos de decir que han sido estupendos.* Mitä tuloksiin tulee, on sanottava, että ne olivat loistavat.

• **respecto**
a este respecto (*myös* al respecto) tämän asian suhteen *Tú puedes ilustrarme al respecto.* Voit valistaa minua tässä asiassa. *A este respecto, hay varias opinones*

discordantes que hay que tener en cuenta. Tässä kohdin on useita ristiriitaisia mielipiteitä, jotka täytyy ottaa huomioon.
con respecto a suhteen, liittyen *Con respecto a las elecciones pasadas, los socialistas han ganado más de 800.000 votos.* Mitä viime vaaleihin tulee, sosialistit saivat yli 800 000 ääntä. *No todos están de acuerdo con respecto a lo que ha dicho la directora.* Kaikki eivät ole samaa mieltä siitä, mitä johtaja sanoi.
respecto a suhteen, liittyen *Respecto a ti, tengo otros planes.* Sinun suhteesi minulla on muita suunnitelmia. *¿Cuáles son las normas que tienen respecto a la comida en este hospital?* Millaiset ovat ruokaan liittyvät määräykset tässä sairaalassa?

• **respeto**
campar por sus respetos tehdä mitä huvittaa *Cuando hizo el servicio militar, tuvo algunos problemas porque estaba acostumbrado a campar por sus respetos y no aceptaba las órdenes.* Armeijassa ollessaan hänellä oli hieman ongelmia, koska oli tottunut tekemään mitä huvittaa eikä totellut käskyjä.
faltar [le] al respeto loukata *Aunque tu tía no esté muy bien de la cabeza, no puedes faltarle al respeto.* Vaikka tädilläsi ei ole päässä kaikki kohdallaan, et voi loukata häntä. *La castigaron por faltarle al respeto a la profesora.* Häntä rangaistiin opettajan loukkaamisesta.
dicho sea con todos los respetos kaikella kunnioituksella *Dicho sea con todos los respetos, usted está mintiendo, señora rectora.* Kaikella kunnioituksella, mutta rouva rehtori kyllä nyt valehtelee.
presentar [pos.] respetos esittää parhaat terveiset *Preséntele mis respetos a su esposo.* Viekää parhaat terveiseni puolisollenne.

• **respirar**
no dejar ni respirar ei antaa hetkenkään rauhaa *Como quieren que les termine la casa pronto, no me dejan ni respirar.* Koska he haluavat minun saavan talonsa valmiiksi pian, he eivät anna minulle hetkenkään rauhaa.

• **respiro**
darse un respiro vetää henkeä *Sólo necesita darse un respiro.* Hänen tarvitsee vain vetää henkeä.

• **resto**
echar el resto panna kaikkensa peliin *En el partido de mañana Haka tendrá que echar el resto si quiere ganarle a HJK.* Huomisessa ottelussa Hakan pitää panna kaikkensa peliin, jos mieli voittaa HJK:n.

• **resulta**
de/a resultas de johtuen *De resultas de las lluvias, el tren llegó con retraso.* Sateen vuoksi juna saapui myöhässä. *Los incendios han desaparecido de Galicia a resultas de la política aplicada por el actual Gobierno.* Galician tulipalot saatiin hallintaan nykyisen hallituksen harjoittaman politiikan ansiosta.

• **resultado**
dar resultado osoittautua *Estos zapatos me han dado buen resultado.* Nämä kengät ovat osoittautuneet hyväksi hankinnaksi. *Las negociaciones han dado excelentes resultados.* Neuvottelut onnistuivat erinomaisesti.

• **resultar**
resultar que mutta *Pensábamos que era un gato y resultó que era una cría de león.* Luulimme sitä kissaksi, mutta se olikin leijonanpentu. *Hemos llegado a las 6 y resulta que la fiesta es a las 9.* Saavuimme kuudelta, mutta juhlat alkavatkin yhdeksältä.

• **resumen**

en resumen lyhyesti *En resumen, vosotros os encargaréis de todo.* Lyhyesti sanottuna, te huolehditte kaikesta.

• **retrato**

ser el vivo retrato olla ilmetty kuva *María es el vivo retrato de su madre.* Maria on äitinsä ilmetty kuva.

• **reunión**

Reunión de pastores, oveja muerta. Kahden kauppa on kolmannen korvapusti.

• **revancha**

dar [le] la revancha antaa hyvitys *Me has ganado, pero tienes que darme la revancha.* Voitit minut, mutta sinun täytyy antaa minulle uusintamahdollisuus.

tomarse la revancha saada hyvitys *Hoy has ganado la partida tú, pero mañana me tomaré la revancha.* Sinä voitit erän tänään, mutta huomenna minä saan hyvityksen.

• **reventar**

a reventar täpötäynnä *La sala estaba a reventar.* Sali oli täpötäynnä.

si no [V], revienta olla pakko *Cuando está en una reunión, si no habla, revienta.* Kun hän on jossakin kokouksessa, hänen on pakko saada puhua.

• **revés**

al/del revés nurinpäin *Llevas la camiseta del revés, póntela del derecho.* Sinulla on paita nurinpäin päällä, laita se oikeinpäin. *Lo entiende todo al revés.* Hän ymmärtää kaiken väärin. *La mayoría de los finlandeses, al revés que los españoles, piensa que el servicio militar es positivo.* Päinvastoin kuin espanjalaiset, suurin osa suomalaisista pitää armeijaa hyvänä asiana.

• **revista**

pasar revista 1 tarkastaa *El coronel pasó revista a los soldados.* Eversti tarkasti joukot. **2** tutkia *El policía pasaba revista a los objetos de la habitación del crimen esperando encontrar algo interesante.* Toivoen löytävänsä jotakin mielenkiintoista poliisi tutki esineet huoneesta, jossa rikos oli tapahtunut.

• **revolcón**

darse un revolcón *ark* vetää varvit *Los amantes se fueron al bosque para darse un revolcón.* Rakastavaiset menivät metsään vetämään varvit.

dar [le] un revolcón selättää *En las últimas elecciones los socialistas les han dado un revolcón a los populares.* Viime vaaleissa sosialistit selättivät oikeistolaiset.

• **revolver**

no poder revolverse ei mahtua kääntymään *Necesitamos un piso más grande porque aquí no podemos revolvernos.* Tarvitsemme isomman asunnon, koska täällä ei mahdu edes kääntymään.

ks. myös: revolver **Roma** con Santiago; revolvérse [le] el **estómago**

• **rey**

el rey de la casa kullanmuru, pikkuinen *El rey de la casa acaba de tomar el pecho y pronto se irá a dormir.* Pikkuinen sai juuri rintaa ja menee pian nukkumaan. *El rey de la casa ha vuelto del colegio y todos le preguntan cómo le ha ido.* Kullanmuru tuli koulusta, ja kaikki kyselivät, miten päivä oli mennyt.

el rey del mambo herra ja hidalgo, kaiken keskipiste *¿Tú qué te crees, el rey del mambo? Ponte a limpiar con tus hermanos.* Mikäs herra ja hidalgo sinä olet? Mene siivoamaan sisarustesi kanssa.

A rey muerto, rey puesto. Ei sota yhtä miestä kaipaa.

Cada cual es rey en su casa. Oma tupa, oma lupa.

Hablando del rey de Roma, por la puerta asoma. Siinä paha missä mainitaan.

ks. myös: a **cuerpo** de rey

• **ricamente**

tan ricamente mukavasti *Yo vivo tan ricamente con lo que gano; no necesito más.* Elän mukavasti sillä, mitä ansaitsen; en tarvitse enempää.

• **ridículo**

dejar/poner en ridículo tehdä naurunalaiseksi, panna halvalla *No era mi intención dejarlo en ridículo; lo siento.* Tarkoitukseni ei ollut tehdä häntä naurunalaiseksi, olen pahoillani. *Me has puesto en ridículo delante de mi novia.* Teit minut naurunalaiseksi tyttöystäväni edessä.

hacer el ridículo joutua/tehdä itsensä naurunalaiseksi *A los españoles nos inculcan desde pequeños el pánico a hacer el ridículo.* Espanjalaisille teroitetaan mieliin jo pienestä pitäen, että on kauheaa joutua naurunalaiseksi.

• **riel**

sobre rieles luistavasti *Este semestre todo ha ido sobre rieles.* Tänä lukukautena kaikki on luistanut hyvin.

• **rienda**

aflojar las riendas löysätä ohjaksia *Me parece que les exiges demasiado a tus estudiantes, deberías aflojar las riendas un poco.* Minusta vaadit liikaa opiskelijoiltasi. Sinun pitäisi hieman löysätä ohjaksia.

a rienda suelta pidättelemättä *Hemos estado charlando a rienda suelta toda la mañana.* Olemme jutelleet sydämen kyllyydestä koko

aamun. *No te preocupes de lo que ha costado y disfruta a rienda suelta de la fiesta.* Älä välitä siitä, mitä tämä on tullut maksamaan, ja nauti täysin siemauksin juhlista.

coger/tomar las riendas ottaa ohjat käsiinsä *Al hombre le gusta cuando la mujer de pronto coge las riendas.* Mies tykkää jos nainen yhtäkkiä ottaa ohjat käsiinsä.

dar rienda suelta päästää valloilleen *El padre, cuando se fueron los acompañantes del entierro, dio rienda suelta a sus lágrimas.* Saattoväen lähdettyä isä antoi kyynelten tulvia. *En tus sueños puedes dar rienda a tus fantas as.* Unissasi voit päästää mielikuvituksesi valloilleen.

llevar las riendas pitää ohjakset käsissään *El que firma los documentos es el director, pero la que lleva las riendas del negocio es la subdirectora.* Johtaja allekirjoittaa paperit, mutta yrityksen ohjaksia pitää käsissään apulaisjohtaja.

• **riesgo**

a riesgo de uhalla *Las cosas las quiero perfectas, aun a riesgo de que me tilden de meticulosa.* Asioiden pitää olla täydellisiä, silläkin uhalla, että minut leimataan pikkumaiseksi.

a todo riesgo kaiken varalta *Si le vas a dejar el coche a tu marido, será mejor que lo asegures a todo riesgo.* Jos lainaat autosi miehellesi, kannattaa ottaa kasko.

correr riesgos (*myös* correr el riesgo) olla vaarana, ottaa riski *Si no envía pronto su solicitud, corre el riesgo de quedarse sin plaza de estudios.* Ellei hän lähetä pian hakemustaan, hän on vaarassa jäädä ilman opiskelupaikkaa. *No se operó porque no quería correr riesgos.* Hän ei mennyt leikkaukseen, koska ei halunnut ottaa riskiä.

• **rigor**

de rigor sääntöjen määrämä, välttämätön *Después de los saludos de rigor, empezamos inmediatamente la reunión.* Pakollisten tervehdysten jälkeen aloitimme kokouksen välittömästi.

el rigor de las desdichas epäonnen huippu *Tu tía es el rigor de las desdichas. Todas lo malo le pasa a ella.* Tätisi on oikea epäonnen huippu. Kaikki mahdollinen paha sattuu hänelle.

en rigor itse asiassa *Luis no suele opinar sobre asuntos de gastronomía, en rigor no creo que opine sobre asunto alguno.* Luisilla ei yleensä ole mielipidettä gastronomiaan liittyvistä asioista. Itse asiassa luulen, ettei hänellä ole mielipidettä mistään.

• riñón

costar [le] **un riñón** maksaa hunajaa *Esta moto me ha costado un riñón, pero ha valido la pena.* Maksoin hunajaa tästä moottoripyörästä, mutta se kannatti.

tener el riñón bien cubierto olla paksu lompakko *No le preocupa cuánto ganará cuando se jubile porque tiene el riñón bien cubierto.* Hän ei välitä, paljonko saa eläkettä, koska hänellä on paksu lompakko.

• río

correr ríos de tinta kirjoittaa paljon jstk aiheesta *Sobre ese tema han corrido muchos ríos de tinta.* Tästä aiheesta on kirjoitettu paljon.

río revuelto sekava tilanne *No conviene invertir ahora en Iraq; está el río muy revuelto.* Nyt ei kannata sijoittaa Irakiin, koska tilanne on sekava.

Cuando el río suena, agua lleva. Ei savua ilman tulta.

De perdidos al río. Mennä syteen tai saveen.

ripio

no perder ripio ei mennä mikään ohi korvien *Parece que no escucha, pero no pierde ripio.* Näyttää siltä, ettei hän kuuntele, mutta häneltä ei mene mikään ohi korvien.

• risa

cagarse de risa nauraa vatsansa kuralle *No tiene los efectos deseados ya que mi marido se caga de risa.* Sillä ei oo toivottuja vaikutuksia, kun mun mies nauraa vatsansa kuralle.

de risa naurettava *Me río porque algunas de tus opiniones son de risa.* Minua naurattaa, koska jotkut sinun mielipiteesi ovat naurettavia.

morirse de risa kuolla nauruun *Casi me muero de risa escribiéndolo.* Olin kuolla nauruun kirjoittaessani sitä.

partirse de risa nauraa katketakseen *Aitor se parte de risa cuando Mama le hace cosquillas.* Aitor nauraa katketakseen, kun Mama kutittaa häntä. *Me parto de risa con los chistes de Luis.* Nauran katketakseni Luisin vitseille.

desternillarse de risa nauraa kippurassa *He podido desternillarme de risa con las historias de Perttu.* Olen saanut
nauraa kippurassa Pertun jutuille.

mondarse/ troncharse de risa tikahtua nauruun, *Cuando vamos de juerga con ella nos tronchamoss de risa.* Kun menemme hurvittelemaan hänen kanssaan, tikahdumme nauruun.

dar/entrar [le] **la risa** tulla nauru/ alkaa naurattaa *Cuando le da la risa, no hay forma de hacer que pare.* Kun häntä alkaa naurattaa, siitä ei tule loppua.

muerto de risa käyttämätön, tyhjän panttina *En los 90 se construyeron muchas viviendas que ahora están muertas de risa.* 90-luvulla rakennettiin paljon asuntoja, jotka nyt ovat ihan tyhjän panttina. *Me compré un traje carísimo y lo tengo en el armario muerto de risa* Ostin erittäin kalliin puvun, ja nyt se on kaapissa käyttämättömänä.

De la risa al llanto no hay más que un paso.
Itku pitkästä ilosta.

• **ristre**
en ristre esillä *Se acercó al enemigo cuchillo en ristre.* Hän lähestyi vihollista veitsi ojossa.

• **rita**
Rita la cantaora äitis *¿Me puedes ayudar a limpiar la casa? –Que te ayude Rita la cantaora.* Voitko auttaa minua siivoamaan? – Äitis auttakoon sinua.

• **rizo**
rizar el rizo 1 tehdä silmukka *El piloto sufrió un accidente al intentar rizar el rizo.* Lentäjä joutui onnettomuuteen yrittäessään tehdä silmukkaa. **2** yrittää liikaa *Eso te pasa por querer rizar el rizo. Si te hubieras conformado con una torre de arena más baja, no se te habría caído todo el castillo.* Näin siinä käy, kun yrität liikaa. Jos olisit tyytynyt matalampaan hiekkatorniin, linna ei olisi kokonaan romahtanut. **3** mutkistaa asioita *No hace falta que rices el rizo, si no quieres verla, se lo dices y punto.* Älä mutkista asioita. Jos et halua nähdä häntä, sano se hänelle ja piste.

• **roble**
estar más fuerte que un roble olla ruista ranteessa *Mi tío se conserva muy bien, está más fuerte que un roble.* Setäni on erittäin hyvässä kunnossa. Hänella on ruista ranteessa.
Grandes robles crecen de pequeñas bellotas. *Maasta se pienikin ponnistaa.*

• **roca**
como una roca kuin kallio *La situación era embarazosa, pero ella permaneció firme como una roca.* Tilanne oli hankala, mutta hän pysyi lujana kuin kallio.

• **rodeo**
con rodeos peitetyin sanoin *Con rodeos le había pedido perdón a su hijo.* Hän oli pyytänyt peitetyin sanoin anteeksi pojaltaan.
dar un rodeo kulkea mutkan kautta *El viaje de vuelta decidí hacerlo dando un rodeo.* Paluumatkalla päätin kulkea mutkan kautta.
dejarse de rodeos mennä suoraan asiaan *Déjate de rodeos.* Mene suoraan asiaan.
sin rodeos kiertelemättä *Díme exactamente lo que ha pasado y no me hables con rodeos.* Kerro minulle ihan tarkkaan, mitä tapahtui, äläkä kiertele. *Fui donde el director y le expuse sin rodeos mi caso.* Menin johtajan luokse ja esitin asiani hänelle kiertelemättä.

• **rodilla**
de rodillas polvillaan *No te pongas de rodillas porque te vas a manchar el pantalón.* Älä mene polvillesi, koska housusi likaantuvat. *De rodillas le suplicó clemencia.* Hän rukoili polvillaan armoa.
hincarse de rodillas polvistua *Luis se hincó de rodillas para pedirle que se casara con él.* Luis polvistui pyytääkseen tyttöä menemään naimisiin kanssaan.
rodilla en tierra polvillaan *Me cogió de la mano y, rodilla en tierra, me preguntó si quería casarme con él.* Hän tarttui minua kädestä ja polvistuneena eteeni kysyi, tahdoinko mennä naimisiin hänen kanssaan.

• **rodríguez**
estar de rodríguez olla [kesä] leskenä *Se ha ido la familia al campo, así que este fin de semana estoy de rodríguez.* Perhe lähti maalle, joten olen leskenä tämän viikonlopun.

• **roer**
duro de roer vaikea sulattaa *De todos los profesores del instituto, don Blanes era el más duro de roer.* Kaikista lukion opettajista don Blanes oli hankalin. *No le importaba trabajar*

mucho, pero no tener nunca vacaciones le era muy duro de roer. Hän ei välittänyt erityisemmin tehdä töitä, mutta se, ettei ollut lomaa koskaan, oli tosi kova pala niellä.

• rogar

hacerse de rogar vaatia suostuttelua *El zapatero se ha hecho de rogar un poco, pero al final me ha prometido que tendrá los zapatos listos el viernes.* Suutari vaati hieman suostuttelua mutta lupasi lopulta kenkieni olevan valmiit perjantaina.

• rojo

al rojo vivo 1 kuuma peruna *Este tema está al rojo vivo.* Tämä aihe on kuuma peruna. *2* tulipunainen *Tenía la punta de la nariz al rojo vivo.* Hänen nenänpäänsä oli tulipunainen.

• rollo

a su rollo omaa tietään *No le importa lo que los demás digan, ella va a su rollo.* Hän ei välitä muiden sanomisista vaan kulkee omia teitään.

apuntarse al rollo tulla messiin *Vale la pena apuntarse al rollo para ver lo que pasa.* Kannattaa tulla messiin katsomaan mitä tapahtuu.

buen/mal rollo 1 hyvä/huono fiilis *En esa discoteca hay muy buen rollo.* Tässä diskossa on tosi hyvä fiilis. *2* läheinen/etäinen suhde *No somos novios, pero tenemos buen rollo.* Emme seurustele mutta olemme läheisiä.

cortar el rollo vaihtaa levyä *Llevas media hora dándome excusas. Corta el rollo y dime si vas a venir o no.* Olet puoli tuntia selitellyt. Vaihda jo levyä ja sano, tuletko vai et.

ser un rollo tylsä *Las mates son un rollo.* Matikka on tylsää.

ser un rollo macabeo olla tuulesta temmattu juttu, keksitty juttu *Es un rollo macabeo eso de que le han nombrado jefe.* Hänen johtajaksi

nimittämisensä on ihan tuulesta temmattu juttu.

soltar el mismo rollo soittaa samaa levyä *Rusia suelta el mismo rollo cuando se le prehunta por el tema.* Venäjä soittaa samaa levyä kysyessään asiaa.

tener rollo osata puhua ympäri *Cuidado con Martínez porque tiene mucho rollo y al final te convence de cualquier cosa.* Varo Martínezia, koska hän osaa puhua ympäri ja lopulta saa sinut uskomaan mitä tahansa.

tener un rollo *ark* olla suhde *Hace muchos años tuve un rollo con ella, pero no la he vuelto a ver.* Minulla oli vuosia sitten suhde hänen kanssaan, mutta en ole nähnyt häntä sen jälkeen.

• roma

revolver Roma con Santiago hakea kissojen ja koirien kanssa *La policía removió Roma con Santiago buscando una solución.* Poliisi haki kissojen ja koirien kanssa ratkaisua.

Preguntando se va Roma. Kysyvä ei tieltä eksy.

ks. myös: hablando del **rey** de Roma, por la puerta asoma

• romano

de romano puku päällä *El catedrático de historia nunca va de romano porque detesta las corbatas.* Historian professori ei koskaan ole puku päällä, koska hän inhoaa solmioita.

• romper

de rompe y rasga lannistumaton, sisukas *No creas que la vas a hacer cambiar de opinión, es una mujer de rompe y rasga.* Älä luule, että saat hänet muuttamaan mieltään. Hän on tosi sisukas nainen.

ks. myös: romper **aguas**; romper el **hielo**; romperse la **cabeza**

• roncha

levantar ronchas ärsyttää *El nuevo sistema salarial está levantando muchas ronchas.* Uusi palkkausjärjestelmä ärsyttää melkoisesti.

• **rondón**

de rondón muina miehinä *Ayer me colé de rondón en una boda.* Eilen menin kuokkimaan eräisiin häihin. *No era mecánico, pero se metió de rondón a trabajar en un taller.* Hän ei ollut mekaanikko mutta meni muina miehinä töihin erääseen verstaaseen.

• **ropa**

ropa vieja pyttipannu *No hay comida que más me guste que la ropa vieja.* Mieliruokani on pyttipannu.

Haber ropa tendida. Pienilläkin padoilla on korvat.

ks. myös: tocar [le] un **pelo** de la ropa

• **roque**

estar roque nukkua *¿Ya se ha dormido el niño? –Sí, ya está roque.* Joko lapsi nukahti? – Kyllä, hän nukkuu jo.

• **rosa**

como una rosa loistava *¿Te encuentras bien? –Como una rosa.* Voitko hyvin? – Loistavasti.

irse de rositas päästä kuin koira veräjästä *Por un momento creí poder irme de rositas.* Hetken jo luulin, että pääsin kuin koira veräjästä.

ks. myös: **lecho** de rosas; verlo todo del **color** de rosa

• **rosario**

acabar como el rosario de la aurora päättyä huonosti *Dos de los jugadores empezaron a pelear y aquello acabó como el rosario de la aurora.* Kaksi pelaajaa alkoi tapella, ja se päättyi huonosti.

• **rosca**

hacer [le] la rosca mielistellä *No me hagas la rosca porque de todas formas no te voy a prestar el coche.* Älä mielistele siinä minua, koska en kuitenkaan lainaa autoa sinulle.

no comerse una rosca ark *1* ei saada ketään *Como es muy tímido, cuando sale, no se come una rosca.* Koska hän hyvin ujo, niin käydessään ulkona ei saa ketään iskettyä. *2* ei ymmärtää *Si hablamos de fútbol, yo no me como una rosca, pero si hablamos de ping-pong ...* Jos puhutaan jalkapallosta, en ymmärrä mitään, mutta jos puhutaan pöytätenniksestä...

pasarse de rosca mennä yli, liiallisuuksiin *Dejadlo ya porque vuestra discusión ya se está pasando de rosca.* Antakaahan olla jo, koska teidän väittelynne menee jo liian pitkälle.

• **rositas**

de rositas tekemättä mitään *No puedes seguir viviendo así, de rositas; tienes que ponerte a trabajar en algo.* Et voi elää enää tuolla tavalla, tekemättä mitään. Sinun täytyy mennä jonnekin töihin.

• **rosquillas**

vender como rosquillas mennä kuin kuumille kiville *En Navidades los juguetes se venden como rosquillas.* Jouluna lelut menevät kuin kuumille kiville.

• **rostro**

rostro resplandeciente como el sol naama loistaa kun Naantalin aurinko *Después de dos horas de maquillaje tenía un rostro resplandeciente como el sol.* Kahden tunnin jälkeen meikkaamisesta naama loistaa kuin Naantalin aurinko.

• **roto**

servir/valer lo mismo para un roto que para un descosido missä/ mihin tahansa *No tiene profesión, pero es muy mañoso, lo mismo vale* *para un roto que para un descosido.* Hänelle ei ole ammattia, mutta hän on erittäin kätevä ihan millä tahansa alalla. *Hay palabras como "globalización" que a los políticos les sirven lo mismo para un roto que para un descosido.* On sellaisia sanoja kuten globalisaatio, joita poliitikot käyttävät missä tahansa yhteydessä.

• rúe

a la rúe *ark* ulos, pihalle *Tú, tío, o te calmas o te vas a la rúe.* Kuules, kundi, joko sä rauhotut tai lähet pihalle.

• rueda

a la rueda 1 kannoilla *El segundo ciclista le seguía a la rueda al primero para evitar que se escapase.* Toinen pyöräilijä ajoi ensimmäisen kannoilla, ettei tämä pääsisi karkuun. **2** perässä *En algunas culturas, la mujer debe ir a la rueda del marido.* Joissakin kulttuureissa naisen täytyy kulkea miehen perässä.
chupar rueda 1 olla peesissä *Estuvo chupando rueda toda la carrera hasta que faltaba un kilómetro para la meta.* Hän oli koko kilpailun peesissä, kunnes maaliin oli kilometri. **2** mennä virran mukana *No quiere esforzarse por que las cosas cambien; se contenta con chupar rueda y esperar tiempos mejores.* Hän ei halua ponnistella asioiden muuttamiseksi, vaan tyytyy menemään virran mukana ja odottamaan parempia aikoja.
ir sobre ruedas sujua kuin rasvattu, rullata *Todo iba sobre ruedas hasta que llegaste tú.* Kaikki rullasi hyvin, kunnes sinä tulit.

• ruedo

lanzarse al ruedo toimia hetken mielijohteesta *No hay reunión en la que ella no se lance al ruedo.* Ei ole sellaista kokousta, jossa hän ei puuttuisi puheeseen. *Si le dices a María que vamos a la luna, ella se lanza al ruedo.* Jos ehdotat Marialle matkaa kuuhun, hän on valmis lähtemään, vaikka heti.

• ruido

Mucho ruido y pocas nueces Paljon melua tyhjästä
ruido de sables sapelinkalistelu *Los gobiernos de la segunda república no supieron oír el ruido de sables que salía de los cuarteles.* Toisen tasavallan hallitukset ei kyenneet ymmärtämään sapelinkalistelun merkitystä.
Mucho ruido y pocas nueces Paljon melua tyhjästä

• ruina

buscarse la ruina joutua perikatoon *Los constructores tenemos que tener mucho cuidado porque al menor descuido nos buscamos la ruina.* Meidän rakentajien pitää olla hyvin varovaisia, koska pieninkin virheliike johtaa perikatoon.

• 1 rumbo

rumbo a suuntana *Cansado de vivir en Sevilla, puso rumbo a Madrid.* Kyllästyttyään asumaan Sevillassa, hän otti suunnan kohti Madridia. *Iban rumbo a la playa cuando tuvo el accidente.* He olivat menossa rannalle, kun onnettomuus tapahtui.

• 2 rumbo

de rumbo komea, upea *La boda de mi hijo tiene que ser una boda de rumbo.* Poikani häiden pitää olla mahtihäät.

SSSSSS

• sábado

hacer sábado tehdä suursiivous *En casa hacemos sábado antes de San Juan y antes de*

Navidad. Meillä tehdään suursiivous ennen juhannusta ja joulua.

● **sábana**

pegarse [le] **las sábanas** nukkua pommiin *Hoy se me han pegado las sábanas y he llegado tarde al trabajo.* Nukuin tänään pommiin ja myöhästyin töistä.

● **sabañón**

comer como un sabañón syödä kuin hevonen *Es que come como un sabañón, por eso está tan gordo.* Hän syö kuin hevonen ja on siksi niin lihava.

● **1 saber**

a saber 1 saa nähdä *Luisito, pronto tendrás un hermanito, o una hermanita. A saber.* Luisito, pian saat pikkuveljen tai pikkusiskon. Saa nyt nähdä. **2** toisin sanoen *Esta botella de champán la abriré cuando ocurra un milagro, a saber, termine de escribir la tesis.* Tämän samppanjapullon avaan sitten, kun tapahtuu ihme; toisin sanoen saan väitöskirjani valmiiksi.

¡cómo lo sabes! älä muuta sano/virka! *Pareces muy cansado. —¡Cómo lo sabes!* Näytät hyvin väsyneeltä. – Älä muuta sano.

hacer saber ilmoittaa *Me hizo saber por su padre que no quería casarse.* Hän ilmoitti minulle isänsä välityksellä, ettei halunnut mennä naimisiin.

no sé qué jotakin sinnepäin *Dijo no sé qué de venir a las 11, pero no le entendí muy bien.* Hän sanoi jotakin sinnepäin, että tulee yhdeltätoista, mutta en kuullut oikein kunnolla.

no sé qué te diga mitä siihen voisi sanoa *¿Crees que debo comprar la casa? – No sé qué te diga, a mí no me parece bien, pero la compra la haces tú.* Luuletko, että minun pitää ostaa se talo? – Mitäpä siihen voisi sanoa.

Minusta se ei ole oikein hyvä, mutta sinähän sen ostat.

no sé quién joku *Ya lo decía no sé quién, errar es humano.* Joku sanoi jo, että erehtyminen on inhimillistä.

no sé yo enpä tiedä *Podemos invitar también a Mario. —¿A Mario? No sé yo. Siempre bebe demasiado.* Voimme kutsua myös Marion. – Marionko? Enpä tiedä. Hän juo aina liikaa.

para que lo sepas ettäs tiedät *No me parece muy inteligente. —Pues es el primero de la clase; para que lo sepas.* Hän ei ole minusta kovinkaan älykäs. – Hän on kuitenkin luokan priimus, ettäs tiedät. *¡Ni me escribe! ¡Para que lo sepas!* Hän ei edes kirjoita minulle. Ettästiedät!

¿puede saberse? (myös ¿se puede saber?) mikähän *Ya sé que no quieres verlo; pero, ¿puede saberse que es lo que te molesta en él?* Tiedän kyllä, ettet halua nähdä häntä, mutta mikähän hänessä ärsyttää sinua? *¿Se puede saber qué es lo que haces tú aquí?* Mitähän sinä teet täällä?

¡qué sé yo! (myös ¡yo qué sé!) mistä minä tiedän *¿Está casada la jefa? ¡Yo qué sé!* Onko pomo naimisissa? Mistä minä tiedän!

que yo me sé nimeltä mainitsematon *Le di una patada en un lugar que yo me sé.* Potkaisin häntä erääseen nimeltä mainitsemattomaan paikkaan. *Esto lo ha hecho uno que yo me sé y sería mejor que lo reconociese.* Tämän on tehnyt joku nimeltä mainitsematon, ja hänen kannattaisi tunnustaa.

que yo sepa tietääkseni *Que yo sepa, a ti no te han invitado.* Tietääkseni sinua ei ole kutsuttu.

¡quién sabe! kuka tietää *A lo mejor viene a las 10 o a las 11, ¡quién sabe!* Ehkä hän tulee klo 10 tai 11, kuka tietää.

saber de memoria osata ulkomuistista *Me sé de memoria la lección.* Osaan läksyn ulkoa.

saber más que Lepe olla pää terävä kuin partaveitsi *Ese chico sabe más que Lepe, no creo que puedas engañarle.* Tuolla pojalla on pää terävä kuin partaveitsi. En usko, että pystyt huijaamaan häntä.

sabérselas todas olla vanha kettu *A ese profesor no le puedes engañar, se las sabe todas.* Tuota opettajaa et pysty huijaamaan, hän on vanha kettu.

¿sabes una cosa? (*myös* ¿sabes lo que te digo?, ¿sabes qué?) tiedätkö mitä *¿Le esperamos cinco minutos más? – ¿Sabes una cosa? Le dejamos una nota y nos vamos.* Odotetaanko häntä vielä viisi minuuttia? – Tiedätkö mitä? Jätetään hänelle lappu ja lähdetään. *¿Cuándo abriremos esta botella de champán? – ¿Sabes qué? La vamos a abrir ahora mismo.* Milloin avaamme tämän samppanjapullon? – Tiedätkö mitä? Me avaamme sen nyt heti.

si lo sabré yo älä muuta sano/virka *Oye, tu hija es un poco desordenada, ¿no? – Sí lo sabré yo.* Kuulehan, tuo sinun tyttäresi on hieman sotkuinen, vai mitä? – Älä muuta sano.

tú sabrás omapa on asiasi *¡A mí qué me cuentas! Tú sabrás.* Mitä se minua liikuttaa? Omapa on asiasi.

un no sé que jotakin *Hay mujeres que tienen un no sé qué que me fascina.* On naisia, joissa on jotakin, mikä viehättää minua.

vete a saber mene ja tiedä/ Tiedä häntä! *Dijo que llegaría a las 12, pero vete a saber.* Hän sanoi tulevansa klo 12, mutta mene ja tiedä.

El saber no estorba. Ei oppi ojaan kaada.

• 2 saber

saber a poco olla riittämätön *Tu visita me ha sabido a poco; tendrías que haberte quedado más tiempo.* Olit käymässä vain lyhyen aikaa; sinun olisi pitänyt viipyä kauemmin.

saber [le] **mal** tuntua pahalta *Me sabe mal no poder ayudarte, pero tengo muchas cosas que hacer. Olen pahoillani, etten voi auttaa sinua, mutta minulla on paljon tekemistä. No tuvo en cuenta mis opiniones y eso me supo mal.* Hän ei huomioinut mielipiteitäni, ja se tuntui minusta pahalta.

• sabiendas

a sabiendas tieten tahtoen *Perdona, lo dije sin querer. —No, lo has dicho a sabiendas.* Anteeksi, se oli lipsahdus. – Ei ollut, sanoit sen tieten tahtoen.

a sabiendas de que tietäen *Lo hicimos a sabiendas de que nos castigarían.* Teimme sen tietäen, että meitä rangaistaisiin. *Felix le dio a Marta su número de teléfono a sabiendas de que ésta podría malinterpretarlo.* Felix antoi puhelinnumeronsa Martalle tietäen, että tämä voisi tulkita sen väärin.

• sabio

Hasta los sabios se equivocan. Viisaskin menee vipuun.

• sablazo

dar/pegar [le] **un sablazo** pummata *Cuando se quedaba sin dinero, le daba un sablazo a su abuelo.* Aina kun hän oli rahaton, hän pummasi isoisältään.

sable

haberse tragado un sable olla kuin seipään niellyt *Camina totalmente recto, parece que se ha tragado un sable.* Hän kävelee aivan suorana, kuin olisi seipään niellyt.

ks. myös: **ruido** de sables

• sabor

buen/mal sabor de boca hyvä/ paha maku suussa *Los comentarios que le hizo el profesor le habían dejado mal sabor de boca.* Opettajan tekemät huomautukset olivat jättäneet hänelle pahan maun suuhun.

• **sacacorchos**

sacar con sacacorchos nyhtää esiin *Mi hija no me cuenta nada; si quiero saber algo de su vida, se lo tengo que sacar con sacacorchos.* Tyttäreni ei kerro minulle mitään. Jos haluan tietää jotakin hänen elämästään, minun täytyy nyhtää se hänestä esiin.

• **sacamuelas**

como un sacamuelas (*myös* más que un sacamuelas) kuin papupata *Habla más que un sacamuelas.* Hän puhuu kuin papupata.

• **sacar**

sacar a bailar 1 vetää mukaan, sotkea *Todos los hombres son iguales, hasta tu marido. – A mi marido no lo saques a bailar, por favor.* Kaikki miehet ovat samanlaisia, jopa sinunkin. – Äläpäs sotke minun miestäni tähän.
sacar a bailar 2 hakea tanssimaan
sacar adelante viedä eteenpäin *No te imaginas los esfuerzos que hemos tenido que hacer para sacarte adelante.* Et voi kuvitella, kuinka paljon työtä sinun kasvattamisesi on meiltä vaatinut. *Lo que trabajamos no es suficiente para sacar adelante el proyecto.* Tekemämme työ ei riitä viemään projektia eteenpäin.
sacar a relucir tuoda esiin *En todas las reuniones tenía que sacar a relucir que ella era la de mayor antigüedad de la empresa.* Kaikissa kokouksissa piti tuoda esiin, että hän oli ollut kauimmin töissä yrityksessä.
ks. myös: de donde no **hay**, no se puede sacar

• **saciedad**

hasta la saciedad kyllästymiseen asti *Se lo he repetido hasta la saciedad, pero no me hace caso.* Jankutin hänelle kyllästymiseen asti, mutta hän vähät välitti.

• **1 saco**

caer en saco roto kaikua kuuroille korville, mennä hukkaan *Les advertí repetidamente que no se acercasen a la orilla, pero mis advertencias caían en saco roto.* Varoitin heitä monta kertaa menemästä rannalle, mutta varoitukseni kaikuivat kuuroille korville.
dar por el saco *alat* vittuila *Deja de dar por el saco y ponte a trabajar.* Lopeta vittuilu ja rupea töihin.
dar [le] por el saco *alat* haistaa huilu *¡Que te den por el saco, tío, no quiero volver a verte!* Haista kuule kaveri huilu, en halua enää nähdä sinua.
echar en saco roto heittää hukkaan *Puede estar segura de que sus consejos no los echaré en saco roto.* Voitte olla varma, etten heitä neuvojanne hukkaan.
en el saco pehmitetty *A mi padre ya lo tengo en el saco, ahora sólo hay que convencerle a mi madre.* Isäni on jo pehmitetty, nyt täytyy vain saada äiti taivutelluksi.
¡Vete a tomar por el saco! *alat* Haistaa huilu!
ks. myös: la **avaricia/codicia** rompe el saco

• **2 saco**

entrar a saco ryöstää *La Policía busca a una banda de ladrones que entran a saco en las residencias costeras catalanas.* Poliisi etsii rosvojoukkoa, joka ryöstelee Katalonian rannikon asuntoja.

• **safari**

ir de safari lähteä iskureissulle *Hace mucho que no ligo, así que esta noche voy de safari.* En ole pitkään aikaan iskenyt ketään, joten tänä iltana lähden iskureissulle.

• **sal**

echar sal en las llagas hieroa suolaa haavoihin *Voy a preguntarle a Pepe por su ex-novia. –No le eches sal en las llagas.* Minäpäs kysyn Pepeltä hänen entisestä tyttöystävästään. – Älä hiero suolaa haavoihin.

de sal gorda karkea *No tengo ningún problema con las bromas, pero las que tú haces son de sal gorda.* Minulla ei ole mitään pilajuttuja vastaan, mutta nuo sinun ovat tökeröitä.

hacerse sal y agua raueta tyhjiin *Sus planes se hicieron sal y agua porque no encontró financiación.* Hänen suunnitelmansa raukesivat tyhjiin, koska hän ei saanut rahoitusta.

• **salida**

salida de tono töykeys *Me parece una salida de tono que le hayas respondido "a ti qué te importa" a la abuelita que te preguntaba por tu salud.* Minusta oli töykeää, kun vastasit mummollesi "mitä se sinulle kuuluu" hänen kysyessään vointiasi.

ks. myös: un **callejón** sin salida

• **salir**

a lo que salga mitä sattuu *No tiene trabajo fijo; anda a lo que salga.* Hänellä ei ole vakinaista työtä, joten hän tekee mitä sattuu saamaan.

salir a [subst.] tulla jhk *Ha salido a su madre en muchas cosas.* Hän on tullut äitiinsä monissa asioissa.

salir adelante päästä eteenpäin, selviytyä *No habríamos salido adelante sin la ayuda de nuestros familiares.* Emme olisi selviytyneet ilman sukulaistemme apua. *Han sido dos años difíciles, pero poco a poco vamos saliendo adelante.* Nämä kaksi vuotta ovat olleet vaikeita, mutta vähitellen pääsemme eteenpäin.

salir a relucir tulla ilmi *Cuando salió a relucir que no había terminado la carrera, se enfadó y se fue.* Kun tuli ilmi, ettei hän ollut suorittanut tutkintoa loppuun, hän suuttui ja lähti tiehensä.

salir caro tulla kalliiksi *El viaje nos ha salido muy caro.* Matka tuli meille hyvin kalliiksi.

salirse con la [pos.] saada tahtonsa läpi *Insistimos tanto en que nos aumentase el sueldo que acabamos saliéndonos con la nuestra.* Vaadimme niin sitkeästi palkankorotusta, että lopulta saimme tahtomme läpi. *No creas que por llorar vas a salirte con la tuya.* Älä luule, että itkemällä saat tahtosi läpi.

• **saliva**

gastar saliva puhua turhaan *No gastes saliva; de todas formas no te va a escuchar.* Älä puhu turhaan; hän ei kuitenkaan kuuntele sinua.

tragar saliva *1* nielaista tyhjää *No llevaba billete y cuando vio que se acercaba el interventor, tragó saliva.* Hänellä ei ollut lippua, ja nähdessään tarkastajan tulevan hän nielaisi tyhjää. *2* pysyä hiljaa *No quería ponerse a discutir, así que tragó saliva.* Hän ei halunnut ryhtyä riitelemään, niinpä hän pysyi hiljaa.

• **salsa**

en su salsa elementissään *Es un hombre muy formal y en las reuniones oficiales se encuentra en su salsa.* Hän on hyvin asiallinen mies ja on elementissään virallisissa kokouksissa.

• **saltar**

a la que salta mitä sattuu *No tiene trabajo fijo, está a la que salta.* Hänellä ei ole vakinaista työtä, joten hän tekee mitä sattuu saamaan.

ks. myös: que no se lo salta un **gitano**; saltar por los **aires**

• **salto**

a salto de mata *1* salaa *No quería verse con ella a salto de mata, quería casarse.* Hän ei halunnut tapailla häntä salaa vaan halusi naimisiin. *2* satunnaisesti *No tiene trabajo fijo; anda a salto de mata.* Hänellä ei ole vakinaista työtä, joten hän tekee mitä sattuu saamaan.

dar saltos hyppiä, pomppia *Un canguro se alejó dando saltos.* Kenguru loittoni pomppien.
de un salto yhdellä hyppäyksellä *El joven se puso en pie de un salto.* Nuori mies pomppasi pystyyn.
salto en el vacío hyppy pimeään *Tumbar el proyecto Sote sería un salto en el vacío.* Soten kaataminen olisi hyppy pimeään.

• **salud**
a [pos.] **salud** terveydeksi *Bebamos a nuestra salud.* Nostetaan maljat terveydeksemme. *¡A su salud!* terveydeksenne!
curarse en salud varautua ennakolta
No esperes a tener un accidente para arreglar los frenos, mejor te curas en salud y lo llevas hoy mismo al mecánico. Älä odota, että sattuu onnettomuus korjataksesi jarrut; parempi varautua etukäteen ja viedä auto heti tänään korjaamolle.
salud de hierro rautainen terveys *Mi padre tenía una salud de hierro.* Isälläni oli rautainen terveys.

• **saludo**
dirigirse el saludo tervehtiä *Cuando se cruzaban en el pasillo no se dirigían el saludo.* Kohdatessaan käytävällä he eivät tervehtineet.
retirar [le] **el saludo** katkaista välit *Ángel le ha retirado el saludo a Rosario porque está enfadado con ella.* Ángel on katkaissut välinsä Rosarion kanssa, koska on suuttunut häneen.

• **salvar**
Sálvese quien pueda. Pelastukoon ken voi.
ks. myös: salvar el **pellejo**

• **salvo**
a salvo turvassa *Las víctimas del naufragio han sido puestas a salvo en otro barco.* Haaksirikon uhrit saatiin turvaan toiseen laivaan. *Te encuentro muy joven, pareces estar a salvo del paso del tiempo.* Olet hyvin nuorennäköinen, aika näyttää säästäneen sinua.
salvo que ellei *Lo haremos así, salvo que tú opines lo contrario.* Teemme niin, ellet sinä ole toista mieltä.
ks. myös: en salva sea la **parte**; **sano** y salvo

sambenito
colgar/cargar [le] **el sambenito** leimata *Le han colgado el sambenito de bufón de Bush y no hay quien se lo quite.* Hänet on leimattu Bushin narriksi, eikä hän pääse siitä irti.

• **sandez**
decir sandeces puhua läpiä päähän(sä) *¿Puede decir tantas sandeces una persona con estudios?* Voiko koulutettu ihminen puhua näin läpiä päähänsä?

• **sandwich**
hacer sandwich *arg, chl* → hacer puente

sangrar
estar sangrando päivänpolttava *El cambio climático es un tema que está sangrando.* Ilmastonmuutos on päivänpolttava aihe.

• **sangre**
a primera sangre lyhyeen loppuva *Las disputas con su marido eran a primera sangre: si uno se ofendía, dejaban de hablar.* Hänen riitansa miehensä kanssa loppuivat lyhyeen: jommankumman loukkaantuessa he lakkasivat puhumasta.
a sangre fría kylmäverisesti *Ha sido asesinada, a sangre fría, una de las mejores escritoras rusas.* Eräs Venäjän parhaimmista kirjailijoista murhattiin kylmäverisesti.
a sangre y fuego tulella ja miekalla *Bush quería acabar el trabajo que empezó su padre*

y entrar en Bagdad a sangre y fuego. Bush halusi saattaa loppuun isänsä aloittaman työn ja kukistaa Bagdadin tulella ja miekalla.

chorrear sangre uunituore *¿Tienes un ordenador nuevo? –¿Nuevo, dices? Chorrea sangre.* Onko sinulla uusi tietokone? – Uusiko? Sehän on uunituore.

costar sangre, sudor y lágrimas
vuodattaa verta, hikeä ja kyyneleitä *Me costó sangre, sudor y lágrimas convencerle, pero lo conseguí.* Jouduin vuodattamaan verta, hikeä ja kyyneleitä taivutellakseni hänet mutta onnistuin.

hacerse sangre tulla haava *Mira mamá, me he hecho sangre en el dedo.* Äiti, katso, minulle tuli haava sormeen.

hacerse mala sangre suuttua *No vale la pena hacerse mala sangre por tan poca cosa.* Ei kannata suuttua niin pienestä.

hervir [le] **la sangre** nähdä punaista *Me hierve la sangre cuando oigo la palabra "recortes".* Näen punaista, kun kuulen sanan "leikkaukset".

llevar [subst.] **en la sangre** olla verissä *Lleva los negocios en la sangre.* Hänellä on liikeasiat verissä.

pura sangre puhdasverinen *Ha comprado una pura sangre para participar en la próxima carrera de caballos.* Hän on ostanut puhdasverisen
hevosen osallistuakseen seuraaviin hevoskilpailuihin.

quemar [le] **la sangre** saada veri kiehumaan *Sus chistes idiotas me quemaban la sangre.* Hänen typerät vitsinsä saivat vereni kiehumaan.

sangre de horchata viilipytty *No hay nada que le irrite o moleste, tiene la sangre de horchata.* Mikään ei ärsytä eikä häiritse häntä, hän on kuin viilipytty.

subírse [le] **la sangre a la cabeza** nähdä punaista *Se me subía la sangre a la cabeza*

cada vez que lo veía. Näin punaista joka kerran hänet nähdessäni.

La sangre tira.
Veri on vettä sakeampaa.

La primavera la sangre altera. Kevät keikkuen tulevi.

ks. myös: **baño** de sangre

• **sano**
cortar por lo sano tehdä heti loppu *Sabía que como capitán que era tenía que cortar por lo sano al primer indicio de indisciplina de sus soldados.* Hän tiesi, että kapteenina hänen piti tehdä heti loppu sotilaiden ensimmäisestä kurittomuuden osoituksesta.

sano y salvo ehjin nahoin *Mis amigas regresaron sanas y salvas a casa.* Ystävättäreni palasivat kotiin ehjin nahoin.

• **san Quintín**
armarse la de San Quintín syntyä riita *El cuñado insultó a la tía, el hermano criticó a la cuñada y al final se armó la de San Quintín.* Lanko loukkasi tätiä, veli arvosteli kälyä, ja lopulta syntyi riita.

• **sanseacabó**
y sanseacabó sen pituinen se *Vale, jugamos una partida más y sanseacabó.* Hyvä on, pelataan yksi erä ja se siitä.

• **santiamén**
en un santiamén hetkessä, silmänräpäyksessä *Te llevaré en un santiamén a la estación.* Vien sinut tuossa tuokiossa asemalle. *Arregló la máquina en un santiamén.* Hän korjasi koneen hetkessä.

• **santo**
¿a santo de qué? mistä syystä *¿A santo de qué voy a ser yo el que se encargue de todo?* Mistä syystä minun pitää huolehtia kaikesta?

dormir como un santo nukkua kuin tukki *Dormía como una santa aunque tenía 83 años.* Hän nukkui kuin tukki, vaikka ikää oli 83 vuotta.

írse [le] el santo al cielo haihtua mielestä karata ajatus *Te iba a decir algo, pero se me ha ido el santo al cielo.* Aioin sanoa sinulle jotakin, mutta se haihtui jo mielestä. *Me parece que se me ha ido un poco el santo al cielo.* Mulla tais karata ajatus vähän.

no es santo de mi devoción ei ole minun juttuni *El basquet no es santo de mi devoción.* Koripallo ei ole minun juttuni.

por lo más santo olla kiltti *No le digas nada a mi madre, te pido por lo más santo.* Ole kiltti, äläkä kerro mitään äidilleni. *Luisa, por lo más santo, ¡no digas esas cosas!* Luisa, kiltti, älä puhu tuollaisia. *Mamá, déjame que me case, ¡por lo más santo!* Äiti, kiltti, anna minun mennä naimisiin.

por todos los santos taivaan tähden *Por todos los santos, Luis, no puedes salir a la calle así con el frío que hace.* Taivaan tähden Luis, et voi mennä ulos tuollaisena tällä pakkasella.

quedarse para vestir santos jäädä vanhaksipiiaksi *Siempre fue muy exigente con los hombres y tal vez por eso se quedó para vestir santos.* Hän oli aina hyvin vaativainen miesten suhteen ja ehkä siksi jäi vanhaksipiiaksi.

santo y seña tunnussana *Los amantes tenían un santo y seña especial para decirse si podían verse.* Rakastavaisilla oli tietty tunnussana voidakseen sopia tapaamisesta.

(ser) mano de santo toimia kuin tauti *Si quieres adelgazar, toma tres vasos de agua antes de las comidas. Mano de santo.* Jos haluat laihtua, ota kolme lasillista vettä ennen ruokaa. Toimii kuin tauti.

ser santo de [pos.] devoción mieleinen *El pescado no era santo de su devoción.* Kala ei ollut hänen mieliruokaansa. *Las personas que hablan a gritos no son santos de mi devoción.* En pidä huutamalla puhuvista ihmisistä.

ks. myös: ser de **madera** de santo; todo el santo **día**; [y] santas **pascuas**

• **sapo**

echar/soltar sapos y culebras puhua rumia, ärräpäitä lentelee *Cuando se ponen a discutir, echan sapos y culebras.* Kun he alkavat kiistellä, suusta pääsee rumia.

tragarse un sapo pitää mölyt mahassaan *Con el jefe es mejor tragarse un sapo y no decir nada.* Pomon kanssa on parempi pitää mölyt mahassaan, eikä sanoa mitään.

• **saque**

tener buen saque 1 hyvä syöttö *Ese tenista tiene buen saque, pero es lo único.* Tuolla tenniksenpelaajalla on hyvä syöttö, mutta ei muuta. **2** hyvä ruokahalu *¡Qué gordo está! – Tiene buen saque.* Onpas hän lihava! – Hänellä on hyvä ruokahalu.

• **sardina**

como sardinas en lata kuin sillit suolassa *No me gusta el metro parisino porque se viaja como sardinas en lata.* En pidä Pariisin metrosta, koska siellä ollaan kuin sillit suolassa.

ks. myös: arrimar el **ascua** a su sardina

• **sarna**

como la sarna (myös *más malo que la sarna*) tosi ilkeä, paha *¡Qué malo es! – Más que la sarna.* Kyllä hän on sitten ilkeä! – Läpeensä paha.

• **sartén**

salir de la sartén y caer en las brasas joutua ojasta allikkoon *Lo que propones no es una solución, sino salir de la sartén y caer en las brasas.* Se, mitä ehdotat, ei ole ratkaisu, vaan joudumme ojasta allikkoon.

tener la sartén por el mango olla ohjakset käsissä *Como el dinero lo llevaba ella, tenía la sartén por el mango.* Koska hänellä oli rahaa, hän piti myös ohjaksia käsissään.

• sazón

a la sazón silloin, siihen aikaan *Contaba a la sazón cuarenta y dos años.* Hän oli silloin 42-vuotias.

en sazón sopivan kypsä *Nunca había comido un solomillo tan en sazón como éste.* En ole koskaan syönyt näin sopivaksi paistettua sisäfilettä.

• secano

de secano kuiva *Las tierras de secano producen menos que las de regadío.* Kuivien alueiden maat tuottavat vähemmän kuin keinokastelumaat. *¿Pero no sabes navegar? – No, soy de secano.* Etkös sinä osaa purjehtia? – En, olen sisämaasta.

• seco

a secas pelkästään, yksistään, sellaisenaan *Al profesor Antonio Rodríguez le llamamos Toni a secas.* Opettaja Antonio Rodríguezia me kutsumme pelkästään Toniksi. *¿Cómo quieres el ron: con coca-cola o a secas?* Miten haluat rommisi, coca-colalla vai sellaisenaan?

en seco 1 yhtäkkiä *Frenó en seco y a punto estuvo de volcar.* Hän jarrutti yhtäkkiä ja oli mennä ympäri. **2** ilman vettä *Este abrigo hay que lavarlo en seco.* Tämä takki pitää pestä kuivapesussa.

estar seco *arg* → **estar sin blanca secreto**

en secreto salaa *Los novios tenían que verse en secreto.* Rakastavaisten piti tavata salaa.

secreto a voces julkinen salaisuus *¿Sabías que se va a casar Raimo? – Sí, es un secreto a voces.* Tiesitkö, että Raimo menee naimisiin? – Kyllä, sehän on julkinen salaisuus.

• seda

como la seda 1 vaivattomasti *¿Qué tal funciona el nuevo coche? –Como la seda.* Miten uusi autosi kulkee? – Kuin unelma. **2** lempeä *Se levantaba de mal humor, pero después de desayunar ya estaba como la seda.* Hän nousi ylös pahantuulisena, mutta aamiaisen jälkeen oli jo pelkkää hymyä. **3** kuin silkkiä *Tiene el pelo como la seda.* Hänen hiuksensa ovat kuin silkkiä.

hacer seda vetää hirsiä *Dice que no duerme, pero yo veo que se pasa el día haciendo seda.* Hän sanoo, ettei nuku, mutta hänhän vetää hirsiä koko päivän.

ks. myös: con **guante** de seda

• seguir

a seguir bien hyvää jatkoa *Nosotros ya nos vamos a casa. Muchas gracias y a seguir bien.* Me lähdemme jo kotiin. Paljon kiitoksia ja hyvää jatkoa.

seguir [adj.] olla edelleen *Sus ojos seguían fijos en Pablo.* Hän tuijotti Pabloa yhä. *Seguía cansado.* Hän oli edelleen väsynyt.

seguir [ger.] edelleen *Sigo viviendo en el centro.* Asun edelleen keskustassa. *Seguía pensando que era la mujer más hermosa.* Ajattelin yhä, että hän oli kaunein nainen.

seguir sin [inf.] ei vieläkään *Sigo sin entender una palabra de la que dice.* En vieläkään ymmärrä sanaakaan hänen puheestaan. *Sigue sin gustarme el chocolate.* En vieläkään pidä suklaasta.

Dime a quién sigues y te diré quién eres. Vakka kantensa valitsee.

• según

según como riippuen *El médico le dará el alta según como lo encuentre cuando le haga los análisis.* Lääkäri päästää hänet kotiin riippuen siitä, millaiset koetulokset ovat.

según y como sellaisena *Puedes usar mi coche este verano, pero tienes que devolvérmelo según y como está ahora.* Saat käyttää autoani tänä kesänä, mutta sinun pitää palauttaa se sellaisena kuin se nyt on.

según que [subj.] riippuen *El primer premio te lo darán a ti según que tengas más puntos que los demás concursantes.* Sinä saat ensimmäisen palkinnon riippuen siitä, saatko enemmän pisteitä kuin muut kilpailijat.

según qué joitakin *De jóvenes, según qué días, hacíamos novillos.* Kun olimme nuoria, joinakin päivinä pinnasimme koulusta. *No muchas, pero según qué veces, nos invitaba a café.* Ei kovinkaan usein, mutta joskus hän kutsui meidät kahville.

• **segundo**

casarse de segundas mennä toisiin naimisiin *Se casó de segundas a los dos meses de muerto el marido* Hän meni toisiin naimisiin kaksi kuukautta miehensä kuoleman jälkeen.

con segundas pahuuttaan *Lo de que eres muy inteligente te lo ha dicho con segundas.* Sanoin sinua älykkääksi pahuuttani.

• **seguro**

a buen seguro varmasti *A buen seguro ya se habrán ido cuando lleguemos.* He ovat varmasti lähteneet, kun me saavumme.

de seguro varmasti *Su delgadez se debía de seguro a que no comía bien.* Hänen laihuutensa johtui varmasti siitä, ettei hän syönyt kunnolla.

• **semana**

entre semana viikolla *Nunca vamos al restaurante entre semana.* Emme koskaan käy ravintolassa viikolla.

• **sembrar**

Lo que siembres recogerás. Mitä ihminen kylvää sitä hän myös niittää.

ks. myös: sembrar **cizaña**

• **semejanza**

a semejanza de kaltaisesti, samoin *El amor, a semejanza del odio, hace que uno se sienta vivo.* Rakkaus, samoin kuin viha, saa ihmisen tuntemaan elävänsä.

• **seno**

en el seno de la naturaleza luonnon helmassa *¿Te gustaría trabajar en el seno de las naturalezas?* Haluaisitko tehdä töitä luonnon helmassa?

• **sentada**

de una sentada yhdellä istumalla *Se comió 20 flanes de una sentada.* Hän söi 20 paahtovanukasta yhdellä istumalla.

hacer una sentada panna persetta penkiin *Si no hay más pasta, haremos una sentada.* Jos ei liksaa tuu lisää, mee pannaan persettä penkkiin.

• **sentado**

dar por sentado pitää varmana *Daba por sentado que le dejarían coger el coche cuando lo necesitase, por eso se sorprendió cuando le dijeron que no.* Hän piti varmana, että saisi auton käyttöönsä tarvitessaan, ja oli sen vuoksi yllättynyt, kun ei saanutkaan.

• **sentar**

sentar [le] **bien/mal** sopia hyvin/ huonosti *Te sienta bien esa falda.* Se hame sopii sinulle hyvin. *Me sienta mal levantarme pronto.* Aikainen ylösnousu ei sovi minulle.

sentar bien/mal pysyä pystyssä hyvin/huonosti *Esta mesa no sienta bien.* Tämä pöytä keikkuu.

ks. myös: sentar **cabeza**

• **sentencia**

visto para sentencia täysin valmis *A este paso, para febrero tendrá su nuevo libro visto para sentencia.* Tätä menoa hän saa uuden kirjansa täysin valmiiksi helmikuuhun mennessä.

• sentido

de sentido común järkevä *Por la noche, es de sentido común no andar por ciertas calles.* Illalla ei ole järkevää mennä tietyille kaduille. *Es una cuestión de sentido común.* Se on ihan järkevä kysymys.

los cinco sentidos keskittyneesti *Cuando hace algo, lo hace con los cinco sentidos.* Kun hän tekee jotakin, hän tekee sen keskittyneesti.

que quita el sentido järjettömän *Es una mujer hermosa, de esas que quita el sentido.* Hän on järjettömän kaunis nainen.

perder el sentido menettää tajuntansa *Perdió el sentido en un camino muy transitada.* Hän menetti tajuntansa keskellä vilkasta tietä.

sentido común terve järki *Para solucionar ese problema sólo se necesita tener sentido común.* Sen ongelman ratkaisemiseksi tarvitaan vain tervettä järkeä.

tener sentido olla järkeä *No tiene sentido que me pidas perdón si no lo sientes de verdad.* Ei ole järkeä pyytää minulta anteeksi, jos et tarkoita sitä todella.

• sentimiento
acompañar en el sentimiento

ottaa osaa *Te acompaño en el sentimiento. ¿Cuándo será el entierro?* Otan osaa. Milloin hautajaiset pidetään? *Este año no voy a poder tomar vacaciones. –Te acompaño en el sentimiento.* Tänä vuonna en voi pitää lomaa. – Otan osaa.

• sentir
lo siento pahoillaan *He llegado tarde. Lo siento.* Anteeksi, että olen myöhässä.

sintiéndolo mucho kovin pahoillaan *Nosotros, sintiéndolo mucho, ya tenemos que irnos.* Olemme kovin pahoillamme, mutta meidän pitää jo lähteä.

ks. myös: sentirlo en el **alma**

• seña
por señas merkkikielellä *Después de la operación no podía hablar, así que teníamos que comunicarnos por señas.* Leikkauksen jälkeen hän ei pystynyt puhumaan, joten meidän täytyi keskustella merkkikielellä.

para más señas tarkemmin sanottuna *Además es vecino nuestro, para más señas.* Tarkemmin sanottuna hän on lisäksi naapurimme. *Se ha casado con un banquero, castellano, para más señas.* Hän meni naimisiin pankkiiriin, tarkemmin sanottuna kastilialaisen pankkiirin kanssa.

ks. myös: **santo** y seña

• señal
dar señales de vida antaa elonmerkkejä *¡Tú por aquí! Hacía tiempo que no dabas señales de vida.* Sinäkö se siinä! Etpä ole aikoihin antanut mitään elonmerkkejä.

en señal de osoituksena *Se frotó el índice y el pulgar, en señal de que quería más dinero.* Hän hieroi yhteen etusormeaan ja peukaloaan näyttääkseen, että halusi lisää rahaa. *Le dio un abrazo en señal de bienvenida.* Hän halasi toivottaakseen hänet tervetulleeksi.

ks. myös: con **pelos** y señales

• señor
descansar/dormir en el Señor saada kutsu taivaan kotiin *Descansó en el Señor el mes pasado.* Hän sai kutsun taivaan kotiin viime kuussa.

muy señor mío arvoisa *La carta empezaba así: Muy señor mío: ...* Kirje alkoi seuraavasti: Arvoisa...

quedar como un señor tehdä hyvä vaikutus *Si le envías un pequeño regalo, quedarás como un señor.* Teet hyvän vaikutuksen, jos lähetät hänelle pienen lahjan.

visitar al señor Roca *ark* käydä heittämässä vettä *¿Hay por aquí unos urinarios? Es que* *tengo que ir a visitar al señor Roca.* Onko täälläpäin pisuaaria? Minun täytyy nimittäin käydä heittämässä vettä.

vivir como un señor elää herroiksi *No sé de dónde sacará el dinero, pero vive como un señor.* En tiedä, mistä hän saa rahaa, mutta hän elää herroiksi.

ks. myös: de **padre** y muy señor mío; de todo hay en la **viña** del Señor; ser dueño y **señor**

• **separado**
por separado erikseen *El trabajo de fin de curso tenemos que hacerlo por separado, no lo podemos hacer juntos.* Kurssin lopputyö meidän täytyy tehdä erikseen, emme voi tehdä sitä yhdessä. *Estos asuntos hay que tratarlos por separado porque no tienen nada que ver con el tema de hoy.* Nämä asiat täytyy käsitellä erikseen, koska niillä ei ole mitään tekemistä tämänpäiväisen aiheen kanssa.

• **sepultura**
dar sepultura haudata *Murió ayer y le darán sepultura mañana.* Hän kuoli eilen, ja hänet haudataan huomenna.

• **ser**
a no ser ellei *A no ser tu hermano, no creo que otro pueda hacerlo.* Ellei veljesi pysty tekemään sitä, mielestäni ei kukaan muukaan.
a no ser que ellei *Tendrás que trabajar a no ser que te toque la lotería.* Sinun täytyy tehdä töitä, ellet voita lotossa.
así sea niin tapahtukoon *Quiero que toda mi herencia vaya destinada a los pobres. –Así sea.* Haluan koko perintöni menevän köyhille. – Niin tapahtukoon.
como no sea ellei *Como no sea para pedir dinero, su hijo no pasa por casa.* Hänen poikansa ei käy kotona, ellei sitten pyytämässä rahaa.
como sea keinolla millä hyvänsä *¡Hay que salir de aquí como sea!* Tästä on selvittävä keinolla

millä hyvänsä. *Yo te defenderé siempre, cuando sea y como sea.* Puolustan sinua aina, milloin tahansa ja keinolla millä hyvänsä.

como sea que koska *Como sea que no estaré presente mañana, presidirá la reunión el subdirector.* Koska en ole huomenna paikalla, apulaisjohtaja toimii kokouksen johtajana.

de no ser por ellei *De no ser por la intervención de la policía, la manifestación habría terminado mal.* Ellei poliisi olisi puuttunut asiaan, mielenosoitus olisi päättynyt huonosti.

érase una vez (*myös* érase que se era) olipa kerran *Érase una vez una princesa casada con un príncipe.* Olipa kerran prinsessa, joka oli naimisissa prinssin kanssa.

lo que sea mitä tahansa *Puedes pedir lo que quieras, lo que sea.* Voit pyytää, mitä tahansa haluat. *Estoy dispuesto a hacer lo que sea para conseguir entradas para el concierto.* Olen valmis tekemään mitä tahansa saadakseni konserttiliput.

¿no es eso? (*myös* ¿no es así?) eikö niin *Tú te llamas Aitor, ¿no es eso?* Sinun nimesi on Aitor, eikö niin? *Llegaremos a Madrid a las 10, ¿no es así?* Saavumme Madridiin klo 10, eikö niin?

no sea/fuese/fuera que ettei vaan *Voy a volver a contar, no sea que haya cometido algún error.* Aion laskea uudelleen, etten vain ole tehnyt mitään virhettä. *Le llamé primero antes de ir a la oficina, no fuera que estuviese ocupado.* Soitin hänelle ennen töihin menoa, ettei hän vain olisi varattu.

no ser lo que era ei olla niin kuin ennen *Los profesores de hoy no son lo que eran.* Nykyajan opettajat eivät ole niin kuin ennen.

o sea que eli, toisin sanoen *El avión sale a las 10, o sea que hay que levantarse a las 8.* Lentokone lähtee kymmeneltä eli täytyy nousta ylös kahdeksalta.

que sea lo que sea menköön syteen tai saven *He decidido irme y que sea lo que sea.* Olen päättänyt lähteä, menköön syteen tai saveen.

ser de tulla, käydä *Entonces todavía no sabía lo que sería de su hijo.* Silloin ei vielä tiedetty, mikä hänen pojastaan tulisi. *Cuando le falte su padre, no sé lo que va a ser de la pobre chica.* Kun isää ei enää ole, mitenkähän tyttöparalle käy? *¿Qué va a ser de nosotras?* Mitähän meistäkin tulee?

ser de [inf.] <käytetään kun jk on odotettavissa tai ennustettavissa> *No es de extrañar que no te hablen si les has ofendido.* Ei siinä ole mitään ihmettelemistä, etteivät he puhu sinulle, jos olet loukannut heitä. *La elección de Tarja Halonen era de esperar.* Tarja Halosen valinta oli odotettavissa.

sea ..., sea ... joko…tai *Sea que tiene suerte, sea que sabe trabajar, el caso es que vive a cuerpo de rey.* Joko hänellä on onnea tai hän osaa tehdä töitä mutta hän elää kuin ruhtinas.

ser [subj.] **lo que ser** [subj.] mikä tahansa *Sea lo que sea, no me interesa.* Olipa mitä tahansa, ei kiinnosta minua.

ser de lo que no hay olla mahdoton *¡María, eres de lo que no hay! ¿Cómo es posible que no te preocupe la hambruna africana?* Maria, olet mahdoton! Kuinka on mahdollista, ettei Afrikan nälänhätä huolestuta sinua?

ser que (*myös* no ser que) nimittäin, asia on niin *Es que no tengo dinero, por eso no voy.* Asia on niin, että minulla ei ole rahaa. Sen vuoksi en lähde. *No era que no quisiera ir, era que no tenía tiempo.* Se ei johtunut siitä, ettenkö olisi halunnut mennä, minulla vaan ei ollut aikaa.

si no es/fuese/hubiera sido por ellei *Si no es por ti, no me habría enterado de la reunión.* Ellet sinä olisi kertonut, en olisi tiennyt kokouksesta. *Todo habría salido bien si no fuese por Antonio.* Kaikki olisi mennyt hyvin, ellei Antonio olisi töpeksinyt. *Si no fuera por el*

hijo, ya se habrían divorciado. Ellei heillä olisi ollut lasta, he olisivat eronneet.

si por [pron. tón.] **fuera** riippua *Si por ti fuera, el dinero se lo daríamos a los pobres.* Jos sinusta riippuisi, antaisimme rahat köyhille.

también sería se vielä puuttuisi *Se me ha roto un brazo y tengo que andar con cuidado; también sería que se me rompiese ahora el otro.* Minulta meni käsi poikki, ja täytyy olla varovainen; se vielä puuttuisi, että toinen käsi menisi nyt poikki.

• **serenata**

dar la serenata häiritä *¡Deja de dar la serenata! Ya te he dicho mil veces que te estés quieta.* Lopeta se häiriköinti! Olen käskenyt sinua tuhat kertaa olemaan hiljaa. *Déjame en paz, no me des la serenata.* Jätä minut rauhaan, äläkä rassaa minua.

• **serie**

fuera de serie omaa luokkaansa *Fernando Alonso es un fuera de serie y ganará más campeonatos mundiales.* Fernando Alonso on aivan omaa luokkaansa ja voittaa lisää maailmanmestaruuksia.

• **serio**

en serio 1 vakavissaan *Te estoy hablando muy en serio.* Puhun sinulle ihan vakavissani. **2** tosissaan *Si queremos pasar el examen, tenemos que estudiar en serio.* Jos haluamme päästä tentistä läpi, meidän täytyy lukea tosissamme.

¿en serio? tosiaanko *Mañana me voy de vacaciones a Canarias. –¿En serio?* Minä lähden huomenna lomalle Kanarialle? – Tosiaanko?

tomar en serio ottaa vakavasti *Es una pena que nadie tome en serio sus investigaciones.* On vahinko, ettei kukaan ota hänen tutkimuksiaan vakavasti.

• **serpiente**

Criar la serpiente en el pecho. Elättää kyytä povella.

• **servicio**

de servicio 1 palveluun tarkoitettu *Salió por la puerta de servicio para no encontrarse con la prensa.* Hän poistui henkilökunnan ovesta, ettei joutuisi lehdistön eteen. *Cojamos el ascensor de servicio porque allí caben más paquetes.* Mennään tavarahissillä, koska siihen mahtuu enemmän paketteja. **2** virantoimituksessa *¿Sabe usted donde hay una farmacia de servicio?* Tiedättekö, missä on päivystävä apteekki? *Nunca bebo cerveza cuando estoy de servicio.* En juo koskaan olutta, kun olen työvuorossa.

• **servido**

ir servido passata *Dijo que iba servido porque tenía una escalera de color* Hän sanoi passaavansa, koska hänellä oli värisuora.

• **servilleta**

doblar la servilleta vaihtaa hiippakuntaa *Matti dobló la sesrvilleta la semana pasada.* Matti vaihtoi hiippakuntaa viime viikolla.

• **servir**

¿en qué puedo servirle? voinko auttaa, kuinka voin palvella *¿En qué puedo servirle? – Hola, ¿tienen camisetas de color negro?* Voinko auttaa? – Päivää vaan, onko teillä mustia T-paitoja?

no servir para nada olla kelvoton *Este aparato no sirve para nada; tíralo.* Tästä laitteesta ei ole mihinkään, heitä se pois.

servir de toimia *La silla nos sirve de mesa.* Tuoli toimii meillä pöytänä.

servirse [inf.] olla hyvä ja... *Sírvanse tomar algo.* Olkaa hyvä ja ottakaa!

ks. myös: servir/valer lo mismo para un **roto** que para un descosido

• **sesera**

metérse [le] **en la sesera** *ark* saada päähänsä *Se le había metido en la sesera que quería irse a China y no paró hasta conseguirlo* Hän oli saanut päähänsä, että haluaa lähteä Kiinaan, ja toteuttikin aikeensa. *A Luis se le ha metido en la sesera adoptar a una niña.*

quitarse de la sesera *ark* unohtaa *Quítate de la sesera esa idea.* Unohda se ajatus.

• **sesgo**

al sesgo vinosti *Para que la escalopa salga bien, la carne tiene que haber sido cortada al sesgo.* Jotta leike onnistuisi hyvin, liha täytyy leikata poikkisyin.

• **seso**

devanarse los sesos vaivata päätään *No te devanes más los sesos, es sólo una tarjeta de Navidad, ponle cuatro letras.* Älä vaivaa päätäsi; sehän on vain joulukortti, joten kirjoita siihen muutama sana.

hacérse [le] **los sesos agua** mennä pää sekaisin *Vámonos de fiesta porque de tanto pensar se te van a hacer los sesos agua.* Lähdetään juhlimaan, koska moisesta ajattelemisesta pääsi menee sekaisin.

perder el seso mennä sekaisin, menettää järkensä *Perdió el seso cuando se le murió el padre.* Hän meni sekaisin isänsä kuoltua. *El seso no lo tengo perdido del todo.* Olen ihan täysijärkinen.

tener sesos de mosquito olla kananaivo *Tiene menos sesos que un mosquito, pero es muy buena persona.* Hän on varsinainen kananaivo mutta hyvin kiltti ihminen.

• **seta**

como setas en otoño kuin sieniä sateella *Se están encontrando exoplanetas como setas en otoño.* Eksoplaneettoja löytyy kuin sieniä sateella.

- **setenta**

setenta veces siete tuhat kertaa *Setenta veces siete pensó pedirle que se casase con ella, pero nunca se atrevió.* Hän aikoi tuhat kertaa pyytää poikaa menemään kanssaan naimisiin, mutta ei koskaan uskaltanut.

- **sexo**

discutir sobre el sexo de los ángeles riidellä paavin parrasta *Tenéis cosas más importantes que discutir que sobre el sexo de los ángeles.* Teillä on tärkeämpiäkin asioita kuin riidellä paavin parrasta.

show

montar el show järjestää kohtaus *Ten cuidado con lo que dices porque a la mínima te monta un show.* Varo sanomisiasi, koska hän järjestää kohtauksen vähimmästäkin.

- **si**

pero si -han, -hän *¡Pero si nunca vas al extranjero! ¿Para qué necesitas pasaporte?* Ethän sinä koskaan käy ulkomailla. Mihin sinä passia tarvitset? *¡Pero si es broma, mujer! No te enfades.* Sehän on vain pila, hyvä ihminen. Älä suutu.

por si [ind.] (*myös* por si [subj. impf.]) mikäli, siltä varalta *Por si no lo sabes, te diré que van a concederte la beca.* Mikäli et tiedä, kerron sinulle, että saat apurahan. *Prepararé también unos filetes por si no les gustase el pescado.* Valmistan myös muutamia pihvejä siltä varalta, etteivät he pidä kalasta.

si no muuten *Estaría cansada, si no, habría ido de compras contigo.* Hän oli varmaankin väsynyt, muuten hän olisi lähtenyt ostoksille kanssasi.

ks. myös: ¡a **ver** si!; por si **acaso**; **tanto** si como si

- **1 sí**

¿a que sí? eikö niin *Te gusta la tortilla, ¿a que sí?* Sinä pidät munakkaasta, eikö niin? *Eso ya lo sabías tú. ¿A que sí?* Sinähän tiesit sen, eikö niin?

dar el sí vastata myöntävästi *No creo que nunca dé el sí; no le gusta el matrimonio.* Hän ei varmaan vastaa koskaan myöntävästi, koska hän ei ole kiinnostunut avioliitosta. *No le puedo dar el sí a la primera que me pide en matrimonio.* En voi vastata myöntävästi ensimmäiselle, joka pyytää minua puolisokseen.

sí que kyllä *¡Eso sí que no puedes hacerlo! – ¿Cómo que no?* Sitä et voi kyllä tehdä! – Miten niin? *Tú sí que eres joven.* Kylläpäs sinä olet nuori. *Ahora sí que veo lo que quieres decir.* Nyt kyllä tajuan, mitä tarkoitat.

un sí es no es hieman *Tiene una forma de vestir un sí es no es llamativa.* Hänen pukeutumistyylinsä on hieman huomiota herättävä.

ks. myös: **porque** sí; **pues** sí

- **2 sí**

de por sí sinänsä *Sus ojos azules, de por sí tristes, adquirieron una expresión ausente.* Hän sinisissä, sinänsä surullisissa silmissään oli poissaoleva katse. *Ocultar pruebas de un crimen constituye de por sí un delito.* Rikoksen todisteiden salaaminen on sinänsä rikos.

fuera de sí suunniltaan *Todos parecían fuera de sí de entusiasmo.* Kaikki näyttivät olevan suunniltaan innosta.

en sí sinänsä *El hecho en sí no tiene nada de especial, es sólo la interpretación que le dan.* Asiassa sinänsä ei ole mitään erikoista, vaan siinä, miten sen tulkitsee.

ks. myös: **dar** más de sí; por sí **mismo**; por sí **solo**

- **siembra**

Como es la siembra, así es la cosecha. Sitä niittää mitä kylvää

• siempre

de siempre 1 sama kuin ennen *Vive en la casa de siempre.* Hän asuu siinä entisessä talossaan. *Vas muy elegante hoy. –Tal vez, pero éste es el traje de siempre.* Oletpas sinä tyylikäs tänään. – Ehkä, mutta tämä on se sama vanha puku. **2** aina *Esta carretera ha sido, de siempre, la calle principal.* Tämä tie on ollut aina pääkatu. *De siempre me han gustado las ensaladas.* Olen aina pitänyt salaateista.

para siempre ainiaaksi, ikuisiksi ajoiksi *Se marchó de su casa para siempre.* Hän lähti kotoa ainiaaksi. *La gente del Donbass se convertirá para siempre en rusa.* Donbassin ihmisistä tulee Venäjän kansalaisia ikuisiksi ajoiksi.

por siempre jamás aina ja iankaikkisesti *Soñaba que se casarían y serían felices por siempre jamás.* Hän uneksi, että he menisivät naimisiin ja olisivat onnellisia elämänsä loppuun asti.

siempre que edellyttäen *Te dejo mi traje siempre que me lo devuelvas intacto.* Lainaan sinulle pukuni edellyttäen, että palautat sen ehjänä.

siempre y cuando jos ja kun *Puedes presentarte al examen final siempre y cuando hayas aprobado los parciales.* Voit mennä lopputenttiin, jos ja kun olet suorittanut osatentit.

• siesta

siesta del carnero pienet torkut *Mientras preparas la comida, me echo la siesta del carnero.* Sillä välin kun sinä laitat ruokaa, minä otan pienet torkut.

• siglo

por los siglos de los siglos ikuisesti *Estaremos unidos por los siglos de los siglos.* Olemme yhdessä ikuisesti.

• silla

a la silla de la reina kultatuoli *Lo llevábamos a la silla de la reina porque no podía andar.* Kannoimme häntä kultatuolissa, koska hän ei pystynyt kävelemään.

simiente para simiente de rábanos elää ikuisesti, olla kuolematon *La muerte no me da miedo porque sé que nadie se queda para simiente de rábanos.* Kuolema ei pelota minua, koska tiedän, että kukaan ei elä ikuisesti.

Quien fue a Sevilla perdió la silla. Joka pyllynsä nostaa, paikkansa menettää.

• simple

simple y llano pelkkä *Es la simple y llana verdad.* Se on puhdas totuus.

• sin

no sin kanssa *Lo terminaron no sin gran esfuerzo.* He saivat sen suurella vaivalla loppuun.

• sine

sine die epämääräiseksi ajaksi *Lo han expulsado sine die de la asociación.* Hänet erotettiin yhdistyksestä epämääräiseksi ajaksi.

sine qua non välttämätön *Era una condición sine qua non para poder ser admitirlo.* Se oli välttämätön ehto hyväksytyksi tulemiselle.

• sindicato

casarse por el sindicato de las prisas solmia pakkoavioliitto *La chica estaba de 6 meses y se casaron por el sindicato de las prisas.* Tyttö oli kuudennella kuulla, ja he solmivat pakkoavioliiton.

• sinhueso

darle a la sinhueso puhua pälpättää *No se habían sentado aún todos y ya estaba ella* *dándole a la sinhueso.* Kaikki eivät olleet vielä päässeet istumaan, kun hän jo puhua pälpätti.

• **sinnumero**
un sinnúmero de vaikka milla mitalla *Tienes un sinnúmero de discos, ¿por qué no me regalas alguno?* Sinulla on levyjä vaikka milla mitalla. Miksi et lahjoittaisi minulle yhtä?

• **sino**
no hacer sino ei tehdä muuta kuin *En todos estos meses, no he hecho sino pensar en ti.* Viime kuukausina olen vain ajatellut sinua.
sino que vaan *No nos han dado dinero, sino que nos lo han prestado.* Emme saaneet rahaa, vaan se annettiin lainaksi.

• **siquiera**
ni [tan] siquiera ei edes *Ni siquiera quiere verme.* Hän ei edes halua nähdä minua. *No han comido ni tan siquiera un bocado.* He eivät syöneet edes suupalakaan.

• **sistema**
por sistema periaatteessa *Por sistema, me opongo a todas las leyes de la UE.* Minä vastustan periaatteessa kaikkia EU:n lakeja.

• **sintonía**
tener buena sintonía olla hyvissä väleissä *Si hubiésemos podido tener buena sintonía, no me había divorciado.* Jos olisimme voineet olla hyvissä väleissä, en olisi eronnut.

• **sitio**
poner en [pos.] sitio panna ojennukseen *Habría que poner en su sitio a los que maltratan a los niños.* Lapsia rääkkäävät raakalaiset pitäisi panna ojennukseen.
hacer sitio tehdä tilaa *Haz sitio para que quepan todos.* Tee tilaa, jotta mahtuvat kaikki.

• **sobaco**

pasarse por debajo del sobaco *alat* ei välittää pätkääkään *Lo que él diga me lo paso yo por debajo del sobaco.* En välitä pätkääkään hänen sanomisistaan.

• **sobar**
sobarla koisia *Me voy a casa a sobarla.* Menen kotiin koisimaan.

• **sobra**
de sobra liikaa, yllin kyllin *Si tengo tiempo de sobra, te llamo y vamos de copas.* Jos minulla on ylimääräistä aikaa, soitan sinulle, niin mennään lasilliselle. *Hay agua de sobra en Galicia.* Galiciassa on vettä yllin kyllin.

• **sobre**
de sobre pussista *La salsa no la he hecho yo sino que es de sobre.* En ole tehnyt kastiketta itse, vaan se on pussista.

• **socaire**
al socaire de 1 suojassa *Aquí estaréis al socaire de las miradas indiscretas.* Täällä olette suojassa uteliaiden katseilta. **2** sillä varjolla *Al socaire de que estaba cansada se fue a dormir mientras nosotros limpiábamos la casa.* Sillä varjolla, että oli väsynyt, hän meni nukkumaan, kun me muut siivosimme.

• **sociedad**
presentar en sociedad esitellä seurapiireille *Ayer fueron presentadas en sociedad las hijas de la marquesa de Requelme.* Eilen markiisitar Requelmen tyttäret esiteltiin seurapiireille.

• **soga**
con la soga al cuello olla tiukoilla *Desde que ella se quedó sin trabajo, están con la soga al cuello.* Hänen jäätyään työttömäksi he ovat tiukoilla.
echar [le] la soga al cuello vetää jojoon/ kaulakiikkuun *A esas tías habría que echarles*

la soga al cuello. Sellaset muijat pitäis vetää jojoon.

mentar/nombrar la soga en casa del ahorcado kaivella menneitä *Le pregunté cómo se encontraba su ex-marido. – Pero María, ¿cómo puedes mentar la soga en casa del ahorcado?* Kysyin häneltä, kuinka hänen ex-miehensä jakselee. – No mutta, Maria, kuinka sinä voit kaivella menneitä!

Echar la soga tras el caldero. Heittää lapsi pesuveden mukana.

• **sol**
acercarse/arrimarse al sol que más calienta vetää oikeasta narusta *¿Has visto lo simpática que está con el jefe? – Sí, se arrima al sol que más calienta.* Oletko huomannut, kuinka hän mielistelee johtajaa? – Kyllä, hän osaa vetää oikeasta narusta. *Muchos políticos se han hecho ecologistas para arrimarse al sol que más calienta.* Monet poliitikot ovat ruvenneet luonnonsuojelijoiksi voidakseen vetää oikeasta naurusta.

de sol a sol aamusta iltaan *Estuvimos dos meses trabajando de sol a sol, pero lo terminamos a tiempo.* Teimme kaksi kuukautta töitä aamusta iltaan ja saimmekin valmista aikaan.

hermoso como el sol (myös *más hermoso que el sol*) kaunis kuin kuva *Lulu es alegre y hermosa como el sol.* Lulu on iloinen ja kaunis kuin kuva.

no dejar ni a sol ni a sombra ei antaa hetkenkään rauhaa *Me persigue a todas partes, no me deja ni a sol ni a sombra.* Hän seuraa minua kaikkialle eikä anna hetkenkään rauhaa.

sol de justicia auringonpaahde *Caía un sol de justicia y nos pusimos a la sombra de unos árboles.* Aurinko paahtoi, ja menimme puiden varjoon.

sol y sombra konjakkianis *¿Me pone un sol y sombra? –Lo siento, no servimos bebidas*

alcohólicas. Saisinko yhden konjakkianiksen? – Olen pahoillani, mutta meillä ei tarjoilla alkoholia.

trabajar de sol a sol tehdä pyöreitä päiviä *Es el mismo trabajador quien quiere trabajar de sol a sol.* Työntekijä haluaa itse tehdä pyöreitä päiviä.

El sol sale para todos/todo el mundo. Paistaa se päivä risukasaankin.

No hay nada nuevo bajo el sol. Ei mitään uutta auringon alla.

• **soldado**
Nadie es soldado al nacer. Ei kukaan ole seppä syntyessään.

• **solfa**
poner en solfa arvostella kovin sanoin *En el artículo se pone en solfa al gobierno por reducir las ayudas sociales.* Artikkelissa arvostellaan kovin sanoin hallitusta sosiaaliavun supistamisesta.

• **solitario**
en solitario yksin *Recorrió media España a pie en solitario.* Hän patikoi puoli Espanjaa yksin.

tener la solitaria olla lapamato *¿Cómo no engordas con lo que comes? Seguro que tienes la solitaria.* Miksi et liho, vaikka syöt noin paljon? Sinulla on varmaan lapamato.

ks. myös: hacerse **trampas** al solitario

• **solo**
a solas 1 yksin *No me dejas a solas ni un momento.* Älä jätä minua yksin hetkeksikään. **2** kahdestaan *Cuando estuve a solas con él noté que aún me amaba.* Ollessani kahdestaan hänen kanssaan huomasin hänen rakastavan minua vielä.

como [pron. pers. S] solo tosi *Es pesado como él solo, pero es muy buena persona.* Hän on tosi rasittava, mutta oikein kiltti ihminen. *Ya sabes cómo son los jóvenes. Soñadores como* *ellos solos.* Tiedäthän sinä millaisia nuoret ovat. Todellisia uneksijoita.

más solo que la una ypöyksin *Desde que se le murió el perro, Marisa se encuentra más sola que la una.* Koiransa kuoltua Marisa on ypöyksin.

por sí solo yksin, itsekseen *El anciano se levantó por sí solo.* Vanhus nousi ylös omin voimin. *El niño tiene que aprender a cuidarse por sí solo.* Lapsen täytyy oppia pitämään huolta itsestään. *La ventana se abrió por sí sola.* Ikkuna avautui itsekseen.

solo que mutta *Podría acompañarte al cine, solo que he quedado con un amigo.* Voisin lähteä kanssasi elokuviin, mutta minulla on treffit erään ystävän kanssa.

• **somanta**

dar una somanta de palos viedä saunan taakse *¿Habría que darles una somanta de palos a los que no están sindicados?* Pitäisikö liittoon kuulumattomat viedä saunan taakse?

• **sombra**

a la sombra 1 varjossa, varjoon *Solemos dormir la siesta a la sombra de ese árbol.* Meillä on tapana viettää siestaa tuon puun varjossa. *Ponte a la sombra porque al sol te quemarás.* Mene varjoon, koska palat auringossa. **2** kiven sisässä *Ha estado un par de años a la sombra por robo.* Hän on ollut ryöstöstä pari vuotta kiven sisässä.

escurrirse como una sombra hävitä kuin tuhka tuuleen *El abuelo se había escurrido como una sombra en el bosque.* Pappa oli kadonnut kuin tuhka tuuleen metsässä.

hacer [le] **sombra** olla parempi *Es un experto en ordenadores y no hay quien le haga sombra en la oficina.* Hän on tietokoneiden asiantuntija, eikä töissä ole hänen voittanutta.

mala sombra 1 pahat aikeet *Lo he hecho sin querer, no ha sido con mala sombra.* En tehnyt sitä tahallani, minulla ei ollut pahoja aikeita. **2**

huono tuuri *¡Qué mala sombra tengo! Todo me sale mal.* Miten huono tuuri minulla onkaan! Kaikki menee pieleen.

no haber/quedar ni sombra de ei yhtään mitään *Tras el paso del huracán no quedaba ni sombra de la hermosa ciudad que había conocido.* Hurrikaanin jälkeen hänen tuntemastaan kauniista kaupungista ei jäänyt jäljelle yhtään mitään.

no fiarse ni de su sombra ei luottaa kehenkään *No se fía ni de su sombra.* Hän ei luota kehenkään.

seguir [le] **como una sombra** seurata kuin hai laivaa *¿Por qué te sigue Luis como una sombra?* Miksi Luis seuraa sinua kuin hai laivaa?

tener alargada la sombra olla vaikutusvaltaa *Es un político de nombre poco conocido, pero que tiene una sombra muy alargada.* Hän on melko tuntematon poliitikko, mutta hänellä on paljon vaikutusvaltaa.

no ser ni la sombra de lo que era olla vain varjo entisestään *Desde que se divorció no es ni la sombra de lo que era.* Avioeronsa jälkeen hän on vain varjo entisestään.

ks. myös: no dejar [le] ni a **sol** ni a sombra

• **sombrero**

quitarse el sombrero nostaa hattua *Ante ese tipo de deportistas me quito el sombrero.* Tuollaisille urheilijoille nostan hattua.

• **son**

al son säestämänä *Bailaban al son de unos violines.* He tanssivat viulujen tahdissa.

bailar al son que [le] **toca** tanssia jkn pillin mukaan *No siempre se puede hacer lo que uno quiere, a veces hay que bailar al son que le toca a uno.* Aina ei voi tehdä kuten haluaa, vaan joskus on tanssittava muiden pillin mukaan.

en son de paz sovinnollisesti *He venido en son de paz, sólo quiero que hablemos.* Tulin ihan rauhan aikein, haluan vain meidän puhuvan.
ks. myös: sin **ton** ni son

• **sonar**
así/tal como suena *1* ihan noin vain *Se acercó y me dijo que era la mujer más hermosa que había visto, tal como suena.* Hän tuli luokseni ja sanoi minun olevan kaunein hänen näkemänsä nainen, ihan noin vain. *2* ihan miltä se kuulostaa *¿Cómo se escribe el nombre de la ciudad? – Tampere, así como suena.* Miten kaupungin nimi kirjoitetaan? – Tampere, ihan miltä se kuulostaa.

• **soñar**
¡ni lo sueñes! (*myös ¡ni soñarlo!*) älä unta näe! *¿Puedo ir con vosotras? – Ni lo sueñes.* Voinko tulla mukaanne? – Älä unta näe.

• **sopa**
comer la sopa boba elää muiden siivellä *Nuestro hijo lleva demasiado tiempo comiendo la sopa boba y ya es hora de que se busque un trabajo.* Poikamme on elänyt liian kauan muiden siivellä, ja nyt hänen on jo aika etsiä töitä.
como/hecho una sopa litimärkä *Llovía a cántaros y llegue a casa hecho una sopa.* Satoi kaatamalla, ja tulin kotiin litimärkänä.
dar [le] sopas con honda olla parempi *En otros temas no digo nada, pero en temas de gastronomía italiana puedo darte sopas con honda.* Muusta en sano mitään, mutta italialaisesta ruoasta puhuttaessa päihitän sinut.
estar para sopitas olla raihnainen *No lo he visto yo muy fuerte. Ya está para sopitas.* Hän ei näyttänyt kovinkaan vahvalta. Hän on jo raihnainen.
soltar la sopa *mex* → **irse de la lengua**

• **sopapo**
dar [le] un sopapo antaa korvapuusti *A los niños no hay que darles nunca un sopapo.* Lapselle ei koskaan pidä antaa korvapuustia.

• **sopetón**
de sopetón yhtäkkiä, äkkipäätä *De sopetón me dijo que quería casarse conmigo.* Hän sanoi yhtäkkiä haluavansa mennä naimisiin kanssani.

• **soplar**
soplársela *alat* olla yks vitun hailee *Lo que ella piense me la sopla.* Mulle on yks vitun hailee, mitä hän ajattelee.
ks. myös: No se puede **sorber** y soplar al mismo tiempo.

• **soplido**
de un soplido yhteen menoon *Estuvo hablando al teléfono cuatro horas de un soplido.* Hän puhui puhelimessa yhteen menoon neljä tuntia.

• **soplo**
dar el soplo vasikoida *Alguien le había dado el soplo a la policía y allí estaba cuando llegaron los ladrones.* Joku oli vasikoinut poliisille, joka oli paikalla rosvojen ilmestyessä.

• **sorber**
No se puede sorber y soplar al mismo tiempo. Ei voi istua kahdella tuolilla.

• **sorbo**
a sorbos pienin kulauksin *El café hay que tomarlo a sorbos.* Kahvi pitää nauttia siemaillen.
de un sorbo yhdellä kulauksella *Me bebí de un sorbo el vaso, pero seguía sediento.* Join lasin yhdellä kulauksella, mutta minulla oli yhä jano.

• sordina
poner [le] sordina vaimentaa, lieventää *China y la UE intentarán mañana ponerles sordina a sus problemas comerciales.* Kiina ja EU yrittävät huomenna lieventää kaupallisia ongelmiaan.

• sordo
más sordo que una tapia umpikuuro *Es inútil que grites; no te oirá porque está más sordo que una tapia.* Ei kannata huutaa. Hän ei kuule sinua, koska on umpikuuro.
hacerse el sordo ei ottaa kuuleviin korviinsa *El Parlamento se hizo el sordo con los dictámenes de los expertos.* Eduskunta ei ottanut kuuleviin korviinsakaan asiantuntijoiden lausuntoja.
No hay peor sordo que el que no quiere oír. Ei kukaan ole kuurompi kuin se, joka ei tahdo kuulla.
ks. myös: **diálogo** de sordos

• sorpresa
coger/pillar por sorpresa yllättää *Su belleza le cogió por sorpresa y no supo qué decir.* Hänen kauneutensa yllätti hänet ja hän jäi sanattomaksi. *Nada me pilló por sorpresa que no viniese.* En yllättynyt yhtään, ettei hän tullut.

• soslayo
de soslayo vinosti *Miró de soslayo el reloj y vio que era muy tarde.* Hän katsoi kelloa syrjäsilmällä ja näki, että oli hyvin myöhä.

• sotana
colgar la sotana lopettaa papin työ *Se enamoró de una mujer y colgó la sotana.* Hän rakastui erääseen naiseen ja ripusti papinkaavun naulaan.

• standing

de alto standing korkean tason *No puedo permitirme hoteles de alto standing.* Minulla ei ole varaa korkean tason hotelleihin.

• súbito
de súbito yhtäkkiä *De súbito reinó un silencio sepulcral.* Yhtäkkiä oli haudanhiljaista.

• suceder
por lo que pueda suceder kaiken varalta *Si vas a pescar con la barca, ponte el chaleco salvavidas, por lo que pueda suceder.* Jos menet veneellä kalastamaan, laita pelastusliivi päälle kaiken varalta.

• sucesivo
en lo sucesivo vastedes, jatkossa *En lo sucesivo, para ser periodista se exigirá una carrera de cinco años.* Vastedes toimittajaksi vaaditaan viiden vuoden opinnot. *En lo sucesivo tendréis que arreglároslas con la mitad de lo que tenéis ahora.* Jatkossa teidän on selviydyttävä puolella nykyisestä.

• sucio
en sucio alustava *Hago las anotaciones en sucio y luego las paso a limpio.* Teen alustavia muistiinpanoja ja kirjoitan ne sitten puhtaaksi. *Al devolver el examen, se deben entregar también las hojas en sucio.* Kun palauttaa tenttivastaukset, täytyy luovuttaa myös suttupaperit.

• sudar
sudársela *alat* olla yks vitun hailee *Lo que ella piense me la suda.* Mulle on yks vitun hailee, mitä hän ajattelee.
ks. myös: sudar la **camiseta**; sudar la **gota** gorda

• sueco
hacerse el sueco ei olla tietävinään/huomavinaan *Se lo he pedido muchas veces,*

pero se hace el sueco y no me devuelve lo que me debe. Olen pyytänyt häneltä monta kertaa, mutta hän ei ole tietävinäänkään, eikä maksa velkaansa.

• **suela**

no llegar [le] **a la suela del zapato** (*myös* **no llegar** [le] **a la suela de los zapatos**) ei olla veroinen *Ninguno de ellos me llegaba a la suela de los zapatos, pero tenían más posibilidades que yo porque no eran extranjeros.* Kukaan heistä ei ollut minun veroiseni, mutta heillä oli paremmat mahdollisuudet, koska eivät olleet ulkomaalaisia.

• **sueldo**

a sueldo palkalla *Se ganaba la vida como asesino a sueldo.* Hän ansaitsi elantonsa palkkamurhaajana.

• **suelo**

besar/medir el suelo kaatua rähmälleen *Tropezó con una piedra y besé el suelo.* Hän kompastui kiveen ja kaatui rähmälleen.

besar el suelo que pisa suudella maata jalkojen alla *Besa el suelo que pisa su mujer.* Hän suutelee maata vaimonsa jalkojen alla.

dejar por los suelos lyödä laudalta *Esa nueva investigación deja por los suelos las teorías de los años 90.* Se uusi tutkimus lyö laudalta 90-luvun teoriat.

echar por los suelos tehdä tyhjäksi *La nueva ley ha echado por los suelos su sueño de construirse un chalet en la playa.* Uusi laki teki tyhjäksi hänen haaveensa rakentaa mökki rannalle.

no salir del suelo olla lyhyenläntä *Su hermana es muy alta, pero Carlos no sale del suelo.* Hänen sisarensa on hyvin pitkä, mutta Carlos itse on lyhyenläntä.

por los suelos maassa *El tiene los ánimos por los suelos por la muerte de su padre.* Hänellä on mieli maassa isänsä kuoleman takia.

tocar suelo olla alimmillaan *Espera a que el dólar toque suelo para cambiar los euros que tiene.* Hän odottaa dollarin laskevan alimmilleen vaihtaakseen euronsa.

venirse al suelo romahtaa *La pared se les ha venido al suelo.* Heidän seinänsä romahti.

ks. myös: con los **pies** en el suelo; tener los **ánimos** por los suelos

• **suelta**

dar suelta päästää valloilleen *Cuando vio que había barra libre, dio suelta a su gusto por la bebida.* Hän intoutui juomaan nähdessään tarjolla olevan ilmaista juotavaa.

• **sueño**

caerse de sueño kuolla väsymyksestä *Me voy a dormir porque me estoy cayendo de sueño.* Menen nukkumaan, koska kuolen väsymyksestä.

coger el sueño nukahtaa, saada unenpäästä kiinni *Yo suelo coger el sueño sobre las 12 de la noche.* Nukahdan yleensä puolenyön aikoihin.

conciliar el sueño saada unta *Es difícil conciliar el sueño cuando se tiene muchas preocupaciones.* On vaikeaa saada unta, kun on paljon huolia.

descabezar/echar un sueño torkahtaa *Descabezó un sueño en el sillón mientras esperaba que ellos volviesen del cine.* Hän torkahti nojatuolissa odottaessaan heidän palaavan elokuvista.

dormir el sueño eterno nukkua ikiunta *La madre duerme el sueño eterno en el cementerio local.* Äiti nukkuu ikiunta paikallisella hautausmaalla.

en sueños unelmissa *Viajé en sueños por un maravilloso país lejano.* Matkasin unelmissani ihanaan kaukaiseen maahan.

ni en sueños ei unissaankaan *Eso no lo haces tú ni en sueños.* Sitä sinä et tee edes unissasikaan. *¿Puedo usar tu ordenador? – ¡Ni en sueños!* Voinko käyttää tietokonettasi? – Älä unta näe!

quitar [le] **el sueño** viedä yöunet *No hay problemas que a él le quiten el sueño.* Mitkään ongelmat eivät vie häneltä yöunia.

• **suerte**

abandonar/dejar a su suerte jättää oman onnensa nojaan *La UE ha prometido que no dejará a su suerte al pueblo palestino.* EU on luvannut, ettei jätä Palestiinan kansaa oman onnensa nojaan.

con mucha suerte hyvässä lykyssä *Con mucha suerte podré jugar en julio.* Hyvässä lykyssä pääsen pelaamaan heinäkuussa.

con un poco de suerte jos on onni myötä *Con un poco de suerte lo habremos acabado dentro de dos meses.* Jos on onni myötä, se on valmis kahden kuukauden kuluttua.

echar a suertes heittää arpaa, arpoa *En la distribución de la herencia echamos a suertes los objetos de valor y a mí me tocó el piano.* Perinnönjakotilaisuudessa arvoimme arvoesineet ja minä sain pianon.

estar de suerte olla onnea *¡Hoy estoy de suerte! Me han tocado 1000 euros.* Tänään onni suosi minua. Sain 1 000 euroa. *Aquel día no estábamos de suerte.* Tuona päivänä meillä ei ollut onni matkassa.

por suerte onneksi *Por suerte el examen no era demasiado difícil.* Onneksi tentti ei ollut liian vaikea.

por suerte o por desgracia olkoon niin tai näin *Por suerte o por desgracia eres tú quien debe hacer el discurso inaugural.* Olkoon niin tai näin, mutta sinun täytyy pitää avajaispuhe.

probar suerte koettaa onneaan *No creo que me toque la lotería, pero voy a probar suerte.* En usko voittavani lotossa mutta koetan onneani.

suerte del diablo moukan tuuri *Nuestro éxito se basa en la suerte del diablo.* Menestyksemme takana on vain moukan tuuri.

suerte que onneksi *Suerte que en el accidente no hubo heridos.* Onneksi kukaan ei loukkaantunut onnettomuudessa.

tener la suerte de cara olla hyvä tuuri *Compra la casa ahora que tienes la suerte de cara.* Osta talo nyt, kun sinulla on hyvä tuuri.

tener la suerte de espaldas olla huono tuuri *No tomaré ninguna decisión importante mientras tenga la suerte de espaldas.* En tee mitään tärkeää päätöstä, niin kauan kun minulla on huono tuuri.

tentar a la suerte uhmata kohtaloaan *Ese puente no parece muy resistente, será mejor que no tentemos a la suerte y busquemos otro.* Tuo silta ei näytä kovin lujatekoiselta. Meidän ei varmaankaan kannata uhmata kohtaloamme, vaan etsitään toinen silta.

tocar/caer [le] **en suerte** osua kohdalle, tulla osalle *Os han tocado en suerte los mejores vecinos del mundo.* Teidän kohdalle on osunut maailman parhaat naapurit.

toda suerte de kaikenlaisia *Tiene toda suerte de herramientas, pero no sé si tiene llave inglesa.* Hänellä on kaikenlaisia työkaluja, mutta en tiedä, onko hänellä jakoavainta.

¡Buena suerte! Lykkyä tykö!

La suerte está echada. Arpa on heitetty.

• **suficiente**

lo suficiente... como para... tarpeeksi *Las universidades públicas no son lo suficiente buenas como para merecer mi respeto.* Valtion yliopistot eivät ole tarpeeksi hyviä, jotta arvostaisin niitä. *Es lo suficiente alta como para trabajar de modelo.* Hän on tarpeeksi pitkä työskennelläkseen mallina.

• **sultán**

vivir como un sultán elää kuin ruhtinas *Se ha casado con una millonaria y ahora vive como un sultán.* Hän meni naimisiin miljonäärin kanssa ja elää nyt kuin ruhtinas.

• **suma**
en suma lyhyesti sanoen, kaiken kaikkiaan *Era, en suma, el momento ideal para invertir.* Se oli, lyhyesti sanoen, paras ajankohta sijoittamiselle.

• **sumo**
a lo sumo korkeintaan *Ganará a lo sumo dos mil euros al mes.* Hän ansainnee korkeintaan 2 000 euroa kuukaudessa. *No ponga vinagre en la ensalada, a lo sumo un chorrito.* Älä laita viinietikkaa salaattiin tai korkeintaan pieni loraus.

• **suponer**
ser de suponer olla todennäköistä *Es de suponer que vendrá toda la familia.* Todennäköisesti koko perhe tulee.

• **supuesto**
en el supuesto de que siinä tapauksessa, että *En el supuesto de que tú llegases antes, hazme el favor de preparar la cena.* Siinä tapauksessa, että tulet aikaisemmin, ole kiltti ja valmista illallinen.
por supuesto tietenkin, totta kai *¿Estás de acuerdo? –Por supuesto.* Oletko samaa mieltä? – Tietenkin. *Esta casa, por supuesto, no es como la que teníamos antes, pero es amplia.* Tämä talo ei tietenkään ole entisen veroinen, mutta se on tilava.

• **suspenso**
en suspenso 1 jännityksessä *No me tengas en suspenso y dime lo que me vas a regalar para mi cumpleaños.* Älä pidä minua jännityksessä, vaan kerro, mitä annat minulle syntymäpäivälahjaksi. **2** keskeneräinen *El contrato queda en suspenso hasta que nos hayamos asegurado de que todo está en regla.* Sopimus on auki, kunnes olemme varmistaneet kaiken olevan kunnossa.

• **suspiro**
como un suspiro kuin henkäys *Las horas que pasaba con ella eran como un suspiro para él.* Hänen kanssaan viettämänsä aika oli hänelle kuin ohikiitävä hetki.
en un suspiro hetkessä *Era capaz de entablar amistad con cualquiera en un suspiro.* Hän pystyi ystävystymään hetkessä kenen kanssa tahansa.

• **susto**
llevarse un susto säikähtää, saada sätky *La señora se llevó un susto de muerte cuando vio a su marido sangrando.* Rouva säikähti kuoliaaksi nähdessään miehensä vuotavan verta.
quedar todo en un susto päästä pelkällä säikähdyksellä *Por suerte esta vez todo quedó en un susto.* Tällä kerralla onneksi pääsi pelkällä säikähdyksellä.

• **suyo**
cada cual/uno a lo suyo jokainen huolehtikoon omista asioistaan *No te metas en sus asuntos. Cada cual a lo suyo, y tú, punto en boca.* Älä sekaannu hänen asioihinsa. Jokainen huolehtikoon omista asioistaan ja sinä, suu suppuun nyt.
de suyo luonnostaan *La madre de María era de suyo poco cariñosa.* Marian äiti oli luonnostaan melko kova.
hacer de las suyas tehdä pahojaan *Luisito ha vuelto a hacer una de las suyas, se ha comido todos los pasteles que teníamos para la fiesta.* Luisito on taas tehnyt pahojaan. Hän on syönyt kaikki juhliin varatut leivokset.
los suyos perhe, läheiset *Para él los suyos son lo más importante.* Hänelle perhe on tärkein.

No contéis con su voto, seguro que vota con los suyos. Älkää luottako hänen ääneensä, koska hän äänestää varmasti omiaan.

lo suyo/tuyo kauheasti *Se han aburrido lo suyo.* Heillä oli kauhean tylsää. *Es que tú roncas lo tuyo.* Sinä kyllä kuorsaat kamalasti.

ser muy suyo omaperäinen, erikoinen *Tu madre es muy suya y así será siempre.* Äitisi on omaperäinen.

• taba

menear las tabas *ark* laittaa tossua toisen eteen *Deja el coche en casa y menea las tabas. Te vendrá bien.* Jätä auto kotiin ja sitten vaan laitat tossua toisen eteen. Se tekee sinulle hyvää.

• tabarra

dar la tabarra häiritä *¡Deja de dar la tabarra! Ya te he dicho mil veces que te estés quieta.* Lopeta se häiriköinti. Olen käskenyt sinua tuhat kertaa olemaan hiljaa. *Déjame en paz, no me des la tabarra.* Jätä minut rauhaan, äläkä rassaa minua.

• tabla

en tablas tasapeli *La partida de ajedrez terminó en tablas.* Shakkiottelu päättyi tasapeliin.

hacer tabla rasa (*myös* hacer tábula rasa) aloittaa puhtaalta pöydältä *Es mejor que te olvides de todo y hagas tabla rasa del asunto.* On parempi, että unohdat kaiken menneen ja aloitat puhtaalta pöydältä.

más fácil que la tabla del cero helppoa kuin heinäntekoa *Cambiar de banco es más fácil que la tabla del cero.* Pankin vaihto on helppoa kuin heinäntekoa.

tabla de salvación pelastusrengas *El trabajo ha sido su tabla de salvación tras la muerte de su esposa.* Työ on ollut hänen pelastuksensa puolisonsa kuoleman jälkeen.

• tacho

irse al tacho mennä päin mäntyä *La entrevista de trabajo se fue al tacho.* Työhaastattelu meni päin mäntyä.

• tajada

llevarse la mejor tajada saada suurin osa *En la repartición de la herencia, ella se llevó la mejor tajada.* Perinnönjaossa hän sai suurimman osan.

sacar tajada saada hyötyä *Si ha dicho que va a ayudarte en el negocio, seguro que espera sacar tajada.* Jos hän sanoi auttavansa sinua yrityksessä, hän varmasti odottaa hyötyvänsä siitä.

• tal

como si tal muina miehinä *Todos lo miraban, pero él siguió andando como si tal.* Kaikki katsoivat häntä, mutta hän vain meni eteenpäin muina miehinä.

con tal de jos vain *Estoy dispuesto a pagar cualquier precio con tal de vivir en el centro.* Olen valmis maksamaan mitä tahansa, jos vain saan asua keskustassa. *Era capaz de buscar cualquier excusa con tal de no trabjar.* Hän pystyi keksimään minkä tahansa tekosyyn, jottei tarvitsisi tehdä töitä.

con tal [de] que mikäli *Lola irá con tal que yo sea quien la acompañe.* Lola lähtee, mikäli minä lähden hänen kanssaan.

estar como si tal cosa ei olla millänsäkään *Es Finlandia todos se enfadarían,ero en Pori están como si tal cosa.* Suomessa kaikki pahoittaisivat mielensä, mutta Porissa ei olla millänsäkään.

que si tal y que si cual sitä ja tätä *Me dijo que estaba cansado, que tenía mucha prisa y que* *si tal y que si cual.* Hän sanoi olevansa väsynyt, että oli kiire ja sitä sun tätä.

¿qué tal? mitä kuuluu *¿Qué tal? – Bien, gracias. ¿Y tú?* Mitä kuuluu? – Hyvää, kiitos. *Entä itsellesi? ¿Qué tal habéis dormido?* Miten olette nukkuneet?

¿qué tal sí? entä jos, mitä jos *¿Qué tal si nos vemos este fin de semana en mi casa?* Entä jos tulisit meille tänä viikonloppuna?

tal [y] como kuten *Tal como había prometido, volvió a casa a las 10.* Kuten oli luvannutkin, hän palasi kotiin klo 10. *Tal y como teníamos previsto, fuimos al parque de atracciones.* Kuten olimme suunnitelleetkin, menimme huvipuistoon. *Vivir lejos del trabajo, tal y como está el tráfico, es casi una locura.* Asuminen kaukana työpaikasta on lähes sulaa hulluutta, kun liikenne on mitä se on.

tal cual 1 muutama, jokunen *Los domingos solía tomar tal cual vasito de vino.* Sunnuntaisin minulla oli tapana nauttia muutama lasillinen viiniä. **2** sellaisenaan *Hay algunas setas que se pueden comer tal cual, sin hervirlas ni freírlas.* On joitakin sieniä, joita voi syödä sellaisenaan keittämättä tai paistamatta. **3** juuri sellainen *Es tal cual lo había imaginado.* Hän on juuri sellainen kuin olin kuvitellut.

tal o cual tietty, eräs, se ja se *Estas perlas fueron propiedad de tal o cual reina que dejó la cabeza en un cesto.* Nämä helmet omisti eräs kuningatar, joka mestattiin. *Antes se decía que tal o cual película podía herir la sensibilidad de los televidentes.* Ennen sanottiin, että joku tietty elokuva saattaisi olla vahingoksi herkille televisionkatselijoille.

tal para cual samanlainen, samasta puusta *Los dos hermanos son tal para cual.* Nämä kaksi veljestä ovat samasta puusta.

tal que sellainen kuin *En España hay artistas famosos tal que Goya o El Greco.* Espanjassa on kuuluisia taiteilijoita kuten Goya tai El Greco.

tal y cual sitä ja tätä, yhtä ja toista *Los hijos pueden ser tal y cual, pero son los hijos.* Lapset voivat olla sitä ja tätä, mutta he ovat lapsia. *Si tu padre puede hacer mejor tal y cual cosa, ¿por qué no te vas a vivir con él?* Jos kerran isäsi osaa tehdä paremmin yhtä ja toista, mikset mene asumaan hänen luokseen?

y tal *ark* ja muuta sellaista *Me dio un poco de pena, rabia y tal.* Minua säälitti, raivostutti ja muuta sellaista.

● **talante**

de buen/mal talante hyvällä/huonolla tuulella *Había que aprovechar que estaba de buen talante para pedirle que nos llevase al cine.* Täytyi käyttää hyväksi hänen hyvää tuultaan pyytääksemme häntä viemään meidät elokuviin.

● **talla**

dar la talla pystyä, hallita asia *No se le puede encargar ese trabajo porque no da la talla.* Hänelle ei voi antaa sitä työtä, koska hänestä ei ole siihen. *Aunque el equipo contrario era de tercera división, el Barcelona no dio la talla.* Vaikka vastustaja oli kolmannen divisioonan joukkue, Barcelona ei mahtanut mitään.

● **talón**

girar sobre sus talones kääntyä kannoillaan *Giró sobre sus talones y se fue a la calle.* Hän kääntyi kannoillaan ja meni ulos.

pegado a los talones kintereillä *Tenían al enemigo pegado a los talones.* Vihollinen oli heidän kintereillään.

pisar [le] los talones olla kannoilla *La policía les está pisando los talones a los atracadores.* Poliisi on ryöstäjien kannoilla.

talón de Aquiles akilleenkantapää *El vino es su talón de Aquiles.* Viini on hänen akilleenkantapäänsä.

● **tangente**

salirse/escapar/irse por la tangente
vastata vältellen *Cuando se le pregunté si iba a casarse, se salió por la tangente.* Hän vastasi vältellen kysyessäni häneltä, aikoiko hän mennä naimisiin.

andar por la tangente joutua huonoille teille, *El chico andaba por la tangente y cometía pequeños delitos.* Poika oli joutunut huonoille teille ja teki pikkurikoksia.

• **tanto**
al tanto de 1 olla perillä, tietoinen *No hace falta que me contéis nada porque ya estoy al tanto de ese asunto.* Ei tarvitse kertoa minulle mitään, koska olen jo tietoinen siitä asiasta. *Ahora ya estás al tanto de todo.* Nyt oletkin perillä kaikesta. **2** tarkkaan *Tenéis que estar muy al tanto de lo que dice.* Teidän täytyy kuunnella tarkkaan, mitä hän sanoo.

apuntarse un tanto kerätä pisteitä *Se ha apuntado un tanto preguntándole al jefe por la salud de su madre.* Hän keräsi itselleen pisteitä kysyessään johtajalta tämän äidin vointia.

dar [le] **tanto ... como** olla samantekevää *Tanto me da que lo hagas tú como que lo haga él.* Minulle on samantekevää, teetkö sinä sen vai tekeekö hän. *Tanto le da en copa como en vaso; lo que él quiere es una cerveza.* Hänelle on samantekevää saako sen pikarissa vai lasissa. Hän haluaa vain oluen.

de tanto en tanto/cuanto silloin tällöin *Luisa se palpaba el bolsillo de tanto en cuanto para asegurarse de que llevaba las llaves.* Luisa kokeili silloin tällöin taskuaan varmistaakseen, että avaimet olivat mukana. *Antes venía a las clases con regularidad, ahora viene de tanto en tanto.* Ennen hän kävi tunneilla säännöllisesti, nykyään silloin tällöin.

en el mientras tanto sillä välin *En el mientras tanto, la chica se le había ido.* Sillä välin tyttö oli lähtenyt pois.

en tanto sillä aikaa *En tanto sus familiares tomaban el aperitivo, él preparó la comida.* Hän laittoi ruoan sillä aikaa, kun sukulaiset nauttivat aperitiivin.

en tanto que 1 kun taas *Las importaciones de EE.UU. han disminuido en tanto que las de Japón han aumentado.* USA:n tuonti on vähentynyt, kun taas Japanin tuonti on kasvanut. **2** jossakin ominaisuudessa *En tanto que médico, mi obligación es ocuparme de su salud.* Lääkärinä velvollisuuteni on huolehtia terveydestänne.

entre tanto sillä välin *Voy a tomarme una ducha; entre tanto, prepara tú el desayuno.* Käyn suihkussa. Laita sinä sillä välin aamiaista.

hasta/a las tantas pikkutunneille *Si no te hubieras acostado a las tantas, no te habrías dormido durante la conferencia.* Jos et olisi mennyt nukkumaan pikkutunneilla, et olisi nukahtanut luennolla. *Cada noche estudiaba hasta las tantas.* Hän opiskeli joka ilta pikkutunneille asti.

mientras tanto sillä aikaa *Voy ahora a la tienda y mientras tanto puedes hacer las camas.* Menen nyt kauppaan. Sinä voit sillä aikaa sijata vuoteet. *Llevaba muchos años viviendo en la capital y mientras tanto había perdido contacto con la gente del pueblo.* Hän oli asunut monta vuotta pääkaupungissa ja oli sinä aikana kadottanut yhteyden kotikylänsä ihmisiin.

no ser para tanto ei olla niin iso asia *Al fin y al cabo, no ha sido para tanto.* Loppujen lopuksi se ei ollut niin iso asia.

otro tanto samoin, toinen mokoma *Vi que él alzaba la copa y yo hice otro tanto.* Näin hänen kohottavan lasinsa ja tein samoin. *Nuestra intención es recoger dos kilos de setas cabrillas y otros tantos de lenguas de gato.* Aiomme kerätä kaksi kiloa kantarelleja ja toisen mokoman orakkaita.

poner al tanto kertoa missä mennään *Llevo dos meses ausente y tienes que ponerme al* *tanto de las novedades.* Olen ollut kaksi kuukautta poissa, ja sinun täytyy kertoa minulle missä nyt mennään.

por [lo] tanto siksi, sen vuoksi, siis, näin ollen *Has pasado el examen, por lo tanto, no hace falta que vuelvas a estudiar el libro.* Pääsit tentistä läpi, siispä sinun ei tarvitse lukea kirjaa uudestaan. *Somos muchos primos; por tanto, no es de extrañar que no me acuerde de todos.* Meitä on monta serkusta, siksi ei ole ihme, etten muista kaikkia.

tanto da olla yhdentekevää *Me paró un policía o un guardia, tanto da, y me pidió la documentación.* Minut pysäytti poliisi tai vartija, samapa tuo kumpi, ja pyysi papereitani. *Trae algo de beber: refrescos o cervezas, tanto da.* Tuo jotakin juotavaa: limsaa tai olutta, ihan sama.

tanto [le] da ei olla väliä *Tanto me da que me elijan a mí o que elijan a otro.* Minulle ei ole väliä, valitaanko minut vai joku toinen.

tan [adj.] que niin... että *La lluvia fue tan intensa que se inundaron las calles.* Sade oli niin rankka, että kadut lainehtivat.

tan [adv.] como poder mahdollisimman *Descendió tan rápidamente como pudo.* Hän tuli alas mahdollisimman nopeasti.

tan pronto como heti kun *Tan pronto como me vio, corrió hacia mí.* Heti minut nähtyään hän juoksi minua kohti.

tanto [subst.] como [subst.] sekä...että *Tanto tú como yo tenemos los mismos derechos.* Sekä sinulla että minulla on samanlaiset oikeudet.

tanto es así que niin että *Ahora gana el doble que antes: tanto es así que su esposo ha decidido dejar su trabajo.* Hän hankkii nyt kaksi kertaa enemmän kuin ennen, niin että hänen miehensä on päättänyt lopettaa työnsä.

tanto si [V] como si [V] jstk huolimatta *Tanto si vienes como si no vienes, nosotros nos vamos de juerga esta noche.* Tuletpa tai et,

me lähdemme kuitenkin juhlimaan tänä iltana. *Lo haremos, tanto si nos gusta como si no.* Teemme sen, pidimmepä siitä tai emme.

un tanto 1 hieman *Ten cuidado con lo que le dices porque es un tanto susceptible.* Varo sanojasi, koska se on hieman epäilyttävää. *2* tietty summa, osuus *Tu me ayudas a construir y yo cada mes te pago un tanto.* Sinä autat minua rakentamisessa, ja joka kuukausi minä maksan sinulle tietyn summan.

¡No es para tanto! Ei hätä ole tämän näköinen!

● **tapete**
poner (el tema) sobre el tapete nostaa kissa pöydälle *Esta primavera lo pusimos sobre el tapete y hablamos seriamente del tema.* Tänä keväänä sitten nostimme kissa pöydälle ja puhuimme vakavasti siitä.

● **tapujo**
hablar sin tapujos puhua suoraan *Hablando sin tapujos, este trabajo no es para todos?* Jos puhutaan suoraan, tämä työ ei sovi kaikille.

el año de la Tarara vuonna käpy ja nakki *Sigo siendo el mismo que era en el año de la Tarara.* Mä oon edelleen sama kakara, joka olin vuonna käpy ja nakki.

● **tardar**
a más tardar viimeistään *El coche lo tendrá arreglado, a más tardar, el lunes próximo.* Autonne on korjattu viimeistään ensi maanantaina.

● **tarde**
de tarde en tarde harvakseltaan *A mis primos americanos los veo de tarde en tarde.* Näen amerikkalaisia serkkujani harvakseltaan.

hacerse tarde olla myöhässä *Se me está haciendo tarde, tengo que irme.* Olen myöhässä, minun täytyy lähteä.

más tarde o más temprano ennen pitkää *Más tarde o más temprano el amor muere.* Rakkaus kuolee ennen pitkää.
tarde o temprano ennemmin tai myöhemmin *Tarde o temprano se casará y nos dará nietos.* Ennemmin tai myöhemmin hän menee naimisiin, ja meille tulee lapsenlapsia.
Más vale tarde que nunca. Parempi myöhään, kun ei milloinkaan.
ks. myös: tocar [le] las **tres** de la tarde *alat*

● **tarro**
comer [le] **el tarro** *ark* aivopestä *En las sectas les comen el tarro a todos los   seguidores.* Kaikki lahkoihin liittyneet aivopestään.

● **teatro**
hacer teatro teeskennellä *No te preocupes, no le pasa nada, está haciendo teatro.* Älä ole huolissasi, ei hänellä mikään ole, hän vain teeskentelee.

● **tebeo**
más visto que el tebeo vanha, tuttu, kulunut *No me hables de ese tema porque lo tengo más visto que el tebeo.* Älä puhu minulle siitä, koska se on jo vanha juttu.

● **techo**
sin techo koditon *El ayuntamiento ha construido un local para que los sintecho puedan pasar las noches de invierno.* Kaupunki on rakentanut tilan, jotta kodittomat voivat yöpyä siellä talviöinä.
comer techo pyöriä sängyssä *Muchos se pasan horas comiendo techo itentando conciliar el sueño.* Moni pyörii sängyssä tuntikaupalla koittaen saada unta.

● **teja**
de tejas arriba yliluonnollinen *Las apariciones, los ovnis y demás temas de tejas arriba no me interesan.* Ilmestykset, ufot ja muu yliluonnollinen ei kiinnosta minua.

● **tejo**
tirar los tejos vikitellä *Deja de tirarle los tejos a la novia de tu mejor amigo porque estás jugando con fuego.* Lakkaa vikittelemästä parhaan ystäväsi tyttöystävää, koska leikit tulella.

● **1 tela**
tela marinera 1 mahtava *¿Qué te ha parecido el concierto? –Tela marinera.* Mitä mieltä olit konsertista? – Se oli mahtava. **2** tosi paljon *La casa nos costó tela marinera.* Talo maksoi maltaita.

● **2 tela**
poner en tela de juicio epäillä *No pongo en tela de juicio tus intenciones, pero los resultados no son nada buenos.* En epäile tarkoitusperiäsi, mutta tulokset ovat huonot.

● **teléfono**
ponerse al teléfono tulla puhelimeen *Ahora se pone al teléfono tu padre, espera un momento.* Isäsi tulee nyt puhelimeen, odota hetki. *¿Puede ponerse al teléfono el Sr. Ricardo?* Voinko puhua herra Ricardon kanssa?

● **telele**
dar [le] un telele pökertyä *No comes nada bien; cualquier día te da un telele.* Et syö kunnolla, joku päivä vielä pökerryt. *Cuando le vi entrar, casi me da un telele porque pensaba que se había muerto.* Nähdessäni hänen tulevan sisään melkein pökerryin, koska luulin hänen kuolleen. *Cuando el jefe vea los resultados de la empresa, le va a dar un telele.* Kunhan johtaja näkee yrityksen tuloksen, hän pökertyy.

• **telón**

bajar el telón lyödä pensselit santaan *¿No sería ya hora de que AC/DC bajara el telón?* Olisiko AC/DC:n jo korkea aika iskeä pensselit santaan?

telón de fondo tausta *Sácame una foto con esos montes de telón de fondo.* Ota minusta kuva nuo vuoret taustalla. *Hoy se reunirán los líderes palestinos con las últimas manifestaciones violentas como telón de fondo.* Palestiinan johtajien tämänpäiväistä kokousta varjostavat viimeaikaiset rajut mielenosoitukset.

• **tema**

cambiar de tema vaihtaa puheenaihetta *No intentes cambiar de tema, sabemos que fuiste tú.* Älä yritä vaihtaa puheenaihetta, tiedämme että se olit sinä.

• **temblar**

mira cómo tiemblo hui kamalaa *Prepárate porque el jefe está cabreado y quiere verte. - Mira cómo tiemblo.* Valmistaudu, koska johtaja on käärmeissään ja haluaa tavata sinut. – Hui kamalaa.

ks. myös: temblar como una **hoja**

• **témpano**

como un témpano (*myös* más frío que un témpano) jääkylmä *¡Camarero! Este café está como un témpano. ¿Puede traerme otro?* Tarjoilija, tämä kahvi on jääkylmää. Toisitteko minulle uuden?

• **temperatura**

a temperatura ambiente huoneenlämpöinen *Este vino se debe servir a temperatura ambiente.* Tämä viini pitää tarjoilla huoneenlämpöisenä.

• **tempestad**

tempestad en un vaso de agua myrsky vesilasissa *La polémica sobre el nuevo impuesto es una tempestad en un vaso de agua ya que sólo le concierne a un 0,02 por ciento de la población.* Kiista uudesta verosta on myrsky vesilasissa, sillä vero koskee vain 0,02 %:a väestöstä.

ks. myös: Quien siembra **vientos** recoge tempestades.

• **templo**

como un templo hyvin suuri *Esta es una verdad como un templo.* Tämä on täyttä totta. *Lo que acabas de contarme es una mentira como un templo.* Se, mitä kerroit minulle juuri, on oikea emävalhe. *Todo el trabajo lo ha hecho ella y eso es una realidad como un templo.* Hän on tehnyt kaiken työn yksin, ja se on tosi kuin vesi.

ks. myös: Ser una **verdad** como un templo.

• **temporada**

a temporadas ajoittain *A temporadas, sobre todo por las noches, tengo fuertes dolores de espalda.* Minulla on ajoittain, varsinkin öisin, kovia selkäkipuja.

de temporada tilapäinen, kausittainen *Ha encontrado un trabajo, pero no es fijo, es de temporada.* Hän sai työpaikan, mutta se ei ole vakinainen, vaan tilapäinen. *El postre era siempre fruta de temporada.* Jälkiruoka oli aina kauden hedelmiä.

• **temporal**

capear el temporal hoitaa tilanne *A las 10 llega el jefe para echarnos una bronca. –No te preocupes, ya capearé yo el temporal.* Päällikkö tulee kymmeneltä nuhtelemaan meitä. – Älä huoli, minä

• **tenaza**

sacar con tenaza nyhtää esiin *Mi hija no me cuenta nada; si quiero saber algo de su vida,* *se lo tengo que sacar con tenaza.* Tyttäreni ei kerro minulle mitään. Jos haluan tietää jotakin hänen elämästään, minun täytyy nyhtää se hänestä esiin.

• **tendón**
tendón de Aquiles → **talón de Aquiles**

• **tenedor**
estirar el tenedor kuolla kupsahtaa *La abuela estiró el tenedor a los 93 años.* Mummo kuolla kupsahti 93 v.

• **tener**
aquí tienes/tiene tässä on, ole/olkaa hyvä *Aquí tiene usted la llave de la habitación.* Tässä huoneen avain, olkaa hyvä. *Me puede usted servir un café, ¿por favor? –Aquí tiene.* Saisinko kahvin, kiitos. – Olkaa hyvä.
como tiene que ser kuten pitää *Él dice lo que piensa, como tiene que ser.* Hän sanoo, mitä ajattelee, kuten pitääkin. *Sus hijos ya habían abandonado el hogar familiar, como tiene que ser.* Heidän lapsensa olivat jo lähteneet kotoa, kuten pitääkin.
no tenerlas todas consigo olla päreitä kainalossa *Últimamente Antonio no las tiene todas consigo.* Antoniolla on ollut viime aikoina päreitä kainalossa.

no tener más que tarvitsee vain *Para que se ponga en marcha, no tienes más que pulsar este botón.* Jotta se lähtee käyntiin, sinun tarvitsee vain painaa tätä nappia.
no tener nada que objetar ei olla nokan koputtamista *Esta vez no tenemos nada que objetar sobre el premio.* Tällä kertaa palkinnosta ei ole nokan koputtamista.
tener a bien katsoa sopivaksi, oikeaksi *Les agradeceremos cualquier ayuda que ustedes tengan a bien prestarnos.* Kiitämme Teitä kaikesta avusta, jonka katsotte sopivaksi antaa meille.

tener algo/nada que ver con olla jotakin/ei mitään tekemistä jkn kanssa *Esto no tiene nada que ver contigo.* Tällä ei ole mitään tekemistä sinun kanssasi.
tener por pitää jnak *Mis compañeros de trabajo me tienen por reservado.* Työkaverini pitävät minua varauksellisena.
tener que [inf.] täytyä *Tengo que ir al médico* Minun täytyy mennä lääkäriin. *Tuvimos que entrar por la ventana porque se nos había olvidado la llave.* Meidän piti mennä sisään ikkunasta, koska olimme unohtaneet avaimen.
tener [selo] **creído** luulla liikoja itsestään *Tuomas se lo tiene creído.* Tuomas luulee liikoja itsestään.
tenga usted olkaa hyvä *Tenga usted. Son unos regalos para sus hijos.* Olkaa hyvä. Tässä on muutamia lahjoja lapsillenne.

• **teniente**
estar teniente olla kuuro *No oye nada de nada, está teniente total.* Hän ei kuule yhtään mitään, hän on umpikuuro.

• **tenor**
a tenor de mukaan *A tenor de los datos aportados por la sociedad, los beneficios pueden ser muy elevados.* Yhtiön antamien tietojen mukaan, voitto voi olla hyvinkin suuri. *A tenor de lo que se puede leer en la prensa, no creo que el tema palestino se solucione pronto.* Sen mukaan, mitä lehdistä voi lukea, Palestiinan asia ei ratkea pian.

• **teología**
meterse en teologías ryhtyä filosofoimaan *No me gusta hablar con Marta porque ella siempre se mete en teologías.* Minusta ei ole kiva puhua Martan kanssa, koska hän aina ryhtyy filosofoimaan.

• **tercero**

A la tercera va la vencida. Kolmas kerta toden sanoo.

• **tercio**
cambiar de tercio vaihtaa aihetta *Como el tema de la conversación no le gustaba, cambió de tercio.* Koska hän ei pitänyt keskustelunaiheesta, hän vaihtoi aihetta.

• **terciopelo**
de terciopelo sametinpehmeä *Tenía las manos de terciopelo.* Hänellä oli sametinpehmeät kädet.

• **terminar**
terminar [ger.] (*myös* terminar por [inf.]) lopulta tehdä jtk *Por más vueltas que le des, terminarás comprándotelo.* Vaikka kuinka pähkäilet siinä, ostat sen lopulta. *Por más vueltas que le des, terminarás por comprártelo.* Vaikka kuinka pähkäilet siinä, ostat sen lopulta.

• **término**
al término de loputtua *Al término de la reunión, sirvieron café.* Kokouksen loputtua tarjottiin kahvit.
en otros términos toisin sanoen *En otros términos, no nos queda otra opción que hacerlo nosotros mismos.* Toisin sanoen, meillä ei ole muuta vaihtoehtoa kuin tehdä se itse.
en términos generales yleisesti ottaen *En términos generales, estoy contento con el resultado.* Yleisesti ottaen olen tyytyväinen tulokseen.
en último término viime kädessä *En último término, si no encuentras piso, puedes quedarte a vivir conmigo.* Jollet löydä asuntoa, voit viime kädessä asua minun luonani.
estar en buenos términos olla hyvissä väleissä *No son amigos, pero están en buenos*

términos. He eivät ole ystäviä mutta ovat hyvissä väleissä.
llevar a término viedä loppuun *Cuando comienza algo, siempre lo lleva a término.* Kun hän aloittaa jotakin, hän vie sen yleensä loppuun.
poner término päättää, lopettaa *Puso término a su relación cuando supo que estaba casada.* Hän lopetti suhteen saatuaan tietää naisen olevan naimisissa.
por término medio keskimäärin *Un profesor trabaja 10 horas diarias por término medio.* Opettaja tekee töitä keskimäärin 10 tuntia päivässä.

• **terreno**
sacar terreno olla etumatka *En las revisiones de voto, el partido socialista le saca mucho terreno al partido de la oposición.* Vaaliennusteissa sosialistipuolueella on suuri etumatka oppositiopuolueeseen.
sobre el terreno paikan päällä *No puedo decirle al teléfono qué le pasa a su calefacción, pero podré darle una opinión sobre el terreno.* En pysty sanomaan puhelimessa, mikä vika lämmityksessänne on, mutta voin kertoa mielipiteeni paikan päällä.
todo terreno kaikkeen pystyvä *Su mayor ilusión es comprarse un todo terreno.* Hänen suurin haaveensa on ostaa maastoauto. *Luis es un todo terreno, lo mismo redacta un informe que repara el ordenador o prepara café para todos.* Luis on varsinainen yleismies Jantunen; häneltä käy toimintakertomuksen laatiminen siinä missä hän korjaa tietokoneen tai keittää kahvia kaikille.

• **teta**
dar la teta *ark* antaa tissiä *Le dio la teta hasta los 14 meses.* Hän antoi lapselle tissiä 14-kuukautiseksi.
dar la teta al asno heittää helmiä sioille *Si el concierto es de música clásica, no saques*

entrada para Eugenio. Sería dar la teta al asno. Jos se on klassisen musiikin konsertti, älä osta lippua Eugeniolle; se on kuin heittäisi helmiä sioille.

estar hasta las tetas *alat* olla vittuuntunut *Yo estoy hasta las tetas de andar todo el día dale que te pego lavando lo que ensuciáis vosotros.* Olen vittuuntunut kulkemaan koko päivän jatkuvasti pesemässä, mitä te sotkette.

Teta y sopa no caben en la boca. Ei voi ratsastaa kahdella hevosella.

• **tiberio**

armarse un tiberio nousta hälinä/hässäkkä *Con la llegada del grupo de rock a la ciudad se armó un tiberio increíble en la zona centro.* Rockyhtyeen saapuminen kaupunkiin aiheutti uskomattoman hässäkän keskustassa.

• **tiempo**

al tiempo que samanaikaisesti *Se casaron al tiempo que bautizaron al hijo.* He menivät naimisiin samalla kun heidän poikansa kastettiin.

al poco tiempo vähän sen jälkeen *Fue a trabajar a Roma, pero al poco tiempo volvió a Madrid.* Hän lähti töihin Roomaan mutta vähän sen jälkeen palasi Madridiin.

antes de tiempo ennen aikojaan. *Los resultados aparecieron antes de tiempo.* Tulokset tulivat julki ennen aikojaan.

a su debido tiempo aikanaan *Eso te lo diré a su debido tiempo.* Kerron sen sinulle aikanaan.

a tiempo ajoissa *Tienes que llegar a tiempo si no quieres perder el tren.* Sinun täytyy tulla ajoissa, ellet halua myöhästyä junasta. *Si no te gusta la camisa, todavía estás a tiempo de cambiarla.* Ellet pidä paidasta, ehdit vielä vaihtaa sen.

a un tiempo yhtä aikaa *Sentía frío y calor a un tiempo.* Hänellä oli kylmä ja kuuma yhtä aikaa.

cada cosa a su tiempo kaikki ajallaan *Necesitaremos nuevos datos dentro de unos años, pero cada cosa a su tiempo.* Tarvitsemme uusia tietoja muutaman vuoden päästä, mutta kaikki ajallaan.

con el tiempo ajan mittaan *Con el tiempo su relación fue mejorando.* Ajan mittaan heidän suhteensa parani.

con más tiempo paremmalla ajalla *Hablaremos con más tiempo otro día.* Puhutaan joskus toiste paremmalla ajalla.

con tiempo hyvissä ajoin *Tienes que llegar al aeropuerto con tiempo.* Sinun täytyy olla hyvissä ajoin lentokentällä.

¡cuánto tiempo! pitkästä aikaa! *¡Hola! ¡Cuánto tiempo! ¿Qué es de tu vida?* Terve! Pitkästä aikaa! Mitä sinulle kuuluu?

dar tiempo al tiempo antaa ajan kulua *En estas circunstancias hay que darle tiempo al tiempo.* Näissä olosuhteissa täytyy antaa ajan kulua.

dar tiempo al tiempo antaa ajan tehdä tehtävänsä *Si el niño se rebela, lo mejor es dar un paso atrás y darle tiempo al tiempo.* Jos lapsi niskoittelee, on hyvä ottaa pari askelta taaksepäin ja antaa ajan tehdä tehtävänsä.

dar [le] tiempo olla aikaa *Si me da tiempo, te ayudo a pintar la habitación.* Jos minulla on aikaa, autan sinua huoneen maalaamisessa. *No me dio tiempo a despedirme de ti.* Minulla ei ollut aikaa hyvästellä sinua.

desandar el tiempo kääntää aikaa taaksepäin *Los dirigentes rusos tienen tendencia a desandar el tiempo.* Venäjän johtajilla on taipumus kääntää aikaa taaksepäin.

desde tiempos inmemorables ammoisista ajoista *Los campesinos de Jærenin han construido muros de piedra desde tiempos inmemorables.* Ammoisista ajoista lähtien ovat Jærenin talonpojat rakentaneet kiviaitoja.

de todos los tiempos kaikkien aikojen *Superman es uno de los héroes de cómic más famosos de todos los tiempos.* Superman on eräs kaikkien aikojen kuuluisimpia sarjakuvasankareita.

de un tiempo a esta parte viime aikoina *De un tiempo a esta parte los telediarios están llenos de noticias de guerras.* Viime aikoina uutislähetykset ovat tulvineet sotauutisia. *De un tiempo a esta parte no come bien.* Hän ei ole syönyt kunnolla viime aikoina.

echárse [le] **el tiempo encima** aika rientää *Date prisa porque se nos está echando el tiempo encima.* Pidä kiirettä, koska aikaa rientää.

en mucho tiempo herran aikoihin *Los mensajes no han sido borrados en mucho tiempo.* Viestejä ei ole poistettu herran aikoihin.

en sus buenos tiempos nuoruudessa *En sus buenos tiempos mi madre fue una bailarina muy famosa.* Nuoruudessaan äitini oli hyvin kuuluisa tanssija.

en tiempos aikoinaan *Aquí hubo en tiempos una hermosa iglesia.* Tässä oli aikoinaan kaunis kirkko.

en tiempos de Maricastaña vuonna miekka ja kypärä *En tiempos de Maricastaña el problema se solucionó así.* Joskus vuonna miekka ja kypärä homma ratkaistiin niin.

faltar [le] **tiempo para** rientää, kiiruhtaa *En cuanto supo que en la tienda vendían fresas, le faltó tiempo para ir a comprarlas.* Heti saatuaan tietää, että kaupassa oli myynnissä mansikoita, hän riensi ostamaan niitä.

haber visto mejores tiempos olla nähnyt parhaat päivänsä *La lavadora ha visto mejores tiempos.* Pyykinpesukone on nähnyt parhaat päivänsä.

hacer buen/mal tiempo olla hyvä/ huono sää *¿Qué tiempo hace? – Hace mal tiempo.* Millainen sää on? – Huono. *La primavera pasada hizo buen tiempo.* Viime keväänä oli hyvä sää.

hacer tiempo kuluttaa aikaa *Hicimos tiempo dándonos un paseo hasta la salida del tren.* Kulutimme aikaa kävelemällä junan lähtöön saakka. *Me voy al bar a hacer tiempo mientras estás de compras.* Menen baariin kuluttamaan aikaa, kun sinä olet ostoksilla.

hace tiempo que on kauan *Hace tiempo que no veo a Álvaro.* En olen nähnyt Àlvaroa pitkään aikaan.

hace (ya) tiempo aikoja sitten *La reforma tendría que haberse hecho hace ya tiempo.* Uudistus olisi pitänyt tehdä aikoja sitten.

hubo un tiempo cuando yhteen aikaan *Hubo un tiempo cuando también en mi país se consechaban los cereales en abril.* Yhteen aikaan maassani myös korjattiin viljasato huhtikuussa.

llevar tiempo viedä aikaa *La formación de gobierno puede llevar tiempo.* Hallituksen kokoaminen voi viedä aikaa.

matar el tiempo tappaa aikaa *Está jubilado y no encuentra manera de matar el tiempo.* Hän on eläkkeellä eikä keksi, miten tappaisi aikaa.

no pasar el tiempo por ei huomata ajan kulumista *Por ti no pasa el tiempo, ¡qué bien estás!* Sinussa ei huomaa ajan kulumista. Kylläpä olet hyvässä kunnossa!

para pasar el tiempo aikansa kuluksi *Para pasar el tiempo Niina hace vídeos para TikTok.* Niina tekee aikansa kuluksi TikTok-videoita.

perder el tiempo tuhlata/haaskata aikaa *Siento que estoy perdiendo el tiempo en la universidad y que debería ir a una escuela profesional.* Tunnen, että tuhlaan aikaa yliopistossa ja että minun pitäisi mennä johonkin ammattikouluun.

por aquellos tiempos siihen aikaan *Por aquellos tiempos vivía todavía en Tampere.* Siihen aikaan asuin vielä Tampereella.

si no, al tiempo aika näyttää *Yo sé que tengo razón, y si no, al tiempo.* Tiedän olevani oikeassa, ja aika näyttää sen.

tiempo de perros koiranilma *Entonces hacía un verdadero tiempo de perros.* Silloin oli oikea koiranilma.

tiempos difíciles kovat ajat *Nos vienen tiempos difíciles si se cumplen los planes del gobierno.* Nyt tuleekin kovat ajat, jos hallituksen suunnitelmat toteutuu.

Cada cosa a su tiempo, y los nabos en Adviento. Aika aikaansa kutakin, sanoi pässi kun päätä leikattiin.

El tiempo corre. Aika rientää.

El tiempo es oro. Aika on rahaa.

El tiempo pasa volando. Aika kuulu siivillä.

El tiempo todo lo cura. Aika parantaa haavat. / Aika on paras lääke.

En tiempos de guerra, cualquier agujero es trinchera. Kyllä hätä keinot keksi.

ks. myös: ser una **pérdida** de tiempo; ser sólo una **cuestión** de tiempo

● **tienta**

a tientas haparoiden, hapuillen *La bombilla del pasillo se había fundido, así que fuimos a tientas hasta la cocina.* Käytävän lamppu oli palanut, joten menimme pimeässä haparoiden keittiöön. *Cuando se comienza un trabajo de investigación uno se siente andando a tientas por un campo más o menos conocido.* Kun aloittaa tutkimustyön, tuntuu kuin hapuilisi enemmän tai vähemmän tuntemattomalla alueella.

● **tiento**

andarse/irse con tiento olla varovainen *Yo sólo te digo que te andes con tiento y no creas todo lo que te dicen.* Pyydän vain sinua olemaan varovainen ja olemaan uskomatta kaikkea, mitä sinulle sanotaan.

dar [le] un tiento ottaa ryyppy *Tengo aquí una botella de ginebra, ¿quieres darle un tiento?* Tässä on ginipullo. Haluatko ottaa ryypyn?

● **tierra**

bajo tierra maan alla *La casa tiene cuatro plantas, pero dos no se ven porque están bajo tierra.* Talossa on neljä kerrosta, mutta kahta ei näy, koska ne ovat maan alla.

besar la tierra que pisa suudella maata jalkojen alla *Besa la tierra que pisa su mujer.* Hän suutelee maata vaimonsa jalkojen alla.

dar en tierra con tuhota, pilata, tehdä tyhjäksi *Las previsiones de lluvias para el fin de semana dieron en tierra con su idea de irse de vacaciones.* Viikonlopuksi ennustettu sade pilasi hänen aikomuksensa lähteä lomalle.

dar tierra haudata *Antonio murió ayer y mañana le darán tierra.* Antonio kuoli eilen, ja hänet haudataan huomenna.

de la tierra paikallinen *En esta tienda sólo se venden productos de la tierra.* Tässä kaupassa myydään vain paikallisia tuotteita.

de tierra adentro sisämaa *Aunque se encuentra en la costa, Lumila es una ciudad de tierra adentro tanto por su urbanismo como por sus costumbres.* Vaikka Lumila on rannikolla, se on sisämaan kaupunki niin kaupunkisuunnittelun kuin tapojensakin takia.

echar por tierra tuhota, hävittää, murskata *El nombramiento del nuevo director echa por tierra las esperanzas de cambio que algunos albergaban.* Uuden johtajan nimitys murskaa muutoshaaveet, joita jotkut elättelivät.

echar [le] tierra haudata *Es mejor que les eches tierra a esos problemas pasados y pienses sólo en el futuro.* Sinun on parempi haudata ne menneet ongelmat ja ajatella vain tulevaisuutta.

en toda tierra de garbanzos kaikkialla *En Finlandia, como en toda tierra de garbanzos, las mujeres ganan menos que los hombres.* Suomessa, kuten kaikkialla muuallakin, naiset ansaitsevat miehiä vähemmän.

poner tierra de por medio lähteä tiehensä *Cuando vio que empezaban a pelearse, puso tierra de por medio.* Nähdessään heidän rupeavan riitelemään hän lähti tiehensä.

socavar la tierra bajo los pies kaivaa maata jalkojen alta *Al parado hay que ayudarle, no socavarle la tierra bajo los pies.* Työtöntä pitää tukea, ei kaivaa maata jalkojen alta.

tierra, trágame kunpa maa nielisi minut, voisinpa vaipua maanrakoon *Estaba tomando el sol en una playa nudista cuando pasó el director. Tierra, trágame, pensé yo al verle.* Olin ottamassa aurinkoa nudistirannalla, kun johtaja kulki ohi. Kunpa maa nielisi minut, ajattelin hänet nähdessäni.

tomar tierra laskeutua *La avioneta tuvo que tomar tierra en un campo.* Pienkoneen piti laskeutua pellolle.

Cuando pases por la tierra de los tuertos, cierra un ojo. Maassa maan tavalla.

ks. myös: con los **pies** en la tierra; **cuerpo** a tierra; mover **cielo** y tierra; **rodilla** en tierra

• tieso
dejar tieso tappaa *O me da la cartera y las joyas, o le dejo tieso ahora mismo.* Joko annatte lompakon ja korut tai tapan Teidät heti.

quedarse tieso kuolla siihen paikkaan *Tuvo un ataque cardíaco y se quedó tieso.* Hän sai sydänkohtauksen ja kuoli siihen paikkaan.

todo tieso *ark* aivan suoraan *Siga todo tieso y gire a la izquierda en la segunda travesía.* Menkää aivan suoraan ja kääntykää vasemmalle toista poikkikatua pitkin.

• tiesto
mear fuera del tiesto *alat* panna, puhua omiaan *El partido no quiere más emigrantes y el presidente ha meado fuera del tiesto diciendo que necesitamos más emigrantes* Puolue ei halua enempää maahanmuuttajia, ja puheenjohtaja puhui omiaan sanomalla, että heitä tarvitaan lisää. *Todos diciendo que sí, que sí, y vas tú y meas fuera del tiesto y dices que no lo queremos.* Kaikki sanoivat

kyllä, kyllä, ja sitten sinä menet panemaan omiasi ja sanot, ettemme halua sitä.

• tigre
oler a tigre haista pistävälle *Abre la ventana porque esta aula huele a tigre.* Avaa ikkuna, koska tässä luokassa haisee pistävälle.

como un tigre enjaulado kuin häkkiin suljettu eläin *Recorría la habitación de punta a punta como un tigre enjaulado.* Hän kulki huoneen päästä toiseen kuin häkkiin suljettu eläin.

• tijera
meter la tijera leikata *Si ahora ganas menos que antes, tienes que meter la tijera a los gastos.* Jos ansaitset nyt vähemmän kuin ennen, sinun täytyy leikata menojasi.

• tila
que [le] den tila *ark* haistaa kukkanen *De acuerdo, tú no quieres colaborar, ¿verdad? ¡Pues que te den tila!* Sinä et siis halua tehdä yhteistyötä, vai mitä? No, haista sitten kukkanen!

• tilín
hacer [le] tilín miellyttää, viehättyä *¿Lo notas si le haces tilín a un hombre?* Huomaatko, jos joku mies on viehättynyt sinusta?

• tinta
correr tinta kirjoittaa paljon *Sobre las negociaciones de paz ha corrido mucha tinta.* Rauhanneuvotteluista on kirjoitettu todella paljon.

medias tintas puolittainen *Mira, María, o somos novios o nada; no quiero medias tintas.* Kuulehan, Maria, joko seurustelemme tai sitten emme, mutta en halua mitään puolittaista.

saber de buena tinta saada tietää luotettavasta lähteestä *He podido saber de buena tinta que la nueva ley no entrará en* *vigor hasta el 2010.* Olen saanut tietää luotettavasta lähteestä, että uusi laki astuu voimaan vasta 2010.

ks. myös: correr **ríos** de tinta

• **tintero**

dejarse en el tintero jättää mainitsematta, sanomatta *Ha corrido mucha tinta sobre el tema, pero los articulistas se dejan lo importante en el tintero.* Aiheesta on kirjoitettu tosi paljon, mutta toimittajilta se tärkeä jää mainitsematta.

• **tío**

no hay tu tía olla mahdotonta *Le he dicho mil veces que apague las luces, pero no hay tu tía.* Olen tuhat kertaa käskenyt häntä sammuttamaan valot, mutta mikään ei auta.

que [V subj.] [pos.] **tía** äitis… *Me ha pedido que vaya al cine con ella y le he dicho que la acompañe su tía.* Hän pyysi minua elokuviin ja sanoin, että äitis menköön sun kanssa. *¿Me dejas 100 euros? –Que te los deje tu tía.* Lainaatko 100 euroa? – Äitis lainatkoon sulle.

tío bueno *alat* herkkupeppu *Oye, tío bueno, ¿quieres bailar?* Kuule, herkkupeppu, lähdetkö tanssimaan?

¡tu tía! *ark* jestas *¡Tu tía! ¡Vaya coche te has comprado!* Jestas! Oletpas sinä ostanut melkoisen auton!

Ya vendrá el tío Paco con la rebaja. Kyllä vielä hymy hyytyy.

• **tipo**

aguantar el tipo pysyä kylmän rauhallisena *El sargento le insultaba y le gritaba, pero él aguantó el tipo.* Kersantti loukkasi ja huusi, mutta hän pysyi kylmän rauhallisena. *Tengo que cambiar de coche; son muchos años los que lleva éste aguantando el tipo.* Minun täytyy vaihtaa autoa. Tämä auto on pysynyt kasassa minulla jo monta vuotta.

de todo tipo y condición kaikkea maan ja taivaan väliltä *Personas que son de todo tipo y condición.* Ihmisiä, jotka ovat kaikkea maan ja taivaan väliltä.

jugarse el tipo vaarantaa henkensä *Cuando vio que el niño no sabía nadar, se tiró al mar jugándose el tipo porque ella tampoco nadaba muy bien.* Nähdessään, että lapsi ei osannut uida, hän hyppäsi mereen vaarantaen henkensä, koska hänkään ei ollut kovin hyvä uimari.

• **tira**

en tiras suikaleina *En la ensalada me gusta poner zanahorias en tiras.* Minä haluan laittaa porkkanan salaattiin suikaleina. *Para hacer esa receta la carne hay que cortarla en tiras.* Tässä reseptissä liha pitää leikata suikaleiksi.

hacer tiras repiä kappaleiksi *Cogió el certificado de divorcio y lo hizo tiras.* Hän otti avioerotodistuksen ja repi sen kappaleiksi.

la tira vaikka kuinka paljon *¿Cuántos libros de arte tienes? –La tira.* Kuinka monta taidekirjaa sinulla on? – Vaikka kuinka monta.

• **tirada**

de una tirada yhtä kyytiä *Hicimos el viaje de Hamburgo a Roma de una tirada.* Teimme matkan Hampurista Roomaan yhtä kyytiä.

• **tirado**

dejar tirado pettää *Que no pida ahora ayuda. Me dejó tirado una vez y una vez basta.* Älköön pyytäkö apua minulta nyt. Hän petti minut kerran, ja se riittää. *Nunca le perdonaré que me dejase tirado por otro más joven.* En koskaan anna hänelle anteeksi, että petti minua nuoremman kanssa.

estar tirado 1 olla hyvin halpa *Cómpratelo; está tirado.* Osta se. Se on tosi halpa. **2** olla hyvin helppo *Cambiarle la batería al móvil está tirado.* Akun vaihtaminen kännykkään on lasten leikkiä.

• **tirar**

a todo tirar korkeintaan *A todo tirar, ganará unos 2000 euros al mes.* Hän ansainnee korkeintaan noin 2 000 euroa kuukaudessa.

que tira para atrás luotaantyöntävä *Tras la reunión, en la sala había un olor que tiraba para atrás.* Kokouksen jälkeen salissa oli luotaantyöntävä haju.

tirando largo korkeintaan *No creo que su noviazgo dure mucho. Tirando largo, dos meses.* En usko hänen kihlauksensa kestävän kauan. Kaksi kuukautta korkeintaan.

tirar a dar ampua kovilla *Cuando quería decirte algo molesto, no se andaba con rodeos, tiraba a dar.* Kun hän halusi sanoa sinulle jotakin ikävää, hän ei kierrellyt vaan ampui kovilla.

tirarse *alat* vetäistä *Me dijo Pepe que se había tirado a la rubia del bar.* Pepe kertoi minulle vetäisseensä sitä blondia baarista. *¿No te lo habrás tirado, ¿verdad? ¡Dime que no!* Et kai sinä ole käynyt vetäisemässä sitä, mitä? Sano, ettet ole!

tira y afloja soutaminen ja huopaaminen *Al final lo compré, pero después de un tira y afloja de 2 horas.* Ostin sen lopulta, kahden tunnin soutamisen ja huopaamisen jälkeen.

Aquí, tirando. Ei tässä kurjuutta kummempaa. Siinähän se.

ks. myös: **ir** tirando**, tirar** por la **borda**

• **tiro**

a tiro ulottuvilla, saatavilla *Ese puesto de trabajo lo tienes a tiro, ¿por qué no lo solicitas?* Sinulla on mahdollisuuksia saada se työpaikka. Miksi et hae sitä? *Las últimas dimisiones por escándalos le han puesto a tiro el cargo de ministro.* Ministerin paikka on hänen ulottuvillaan äskeisten skandaalien vuoksi tapahtuneiden eroamisten vuoksi.

a tiro de piedra kivenheiton päässä *La tienda me cae a tiro de piedra.* Kauppa on meiltä kivenheiton päässä. *Podemos ir a mi casa andando porque vivo a tiro de piedra.* Voimme mennä meille kävellen, koska asun kivenheiton päässä.

a tiros ampumalla *Alguien había matado a tiros al pobre perro.* Joku oli tappanut koiraparan ampumalla.

caer/sentar como un tiro ei sopia/ käydä jklle, ei pukea jkta *Sus palabras me sentaron como un tiro.* Hänen sanansa sattuivat minuun pahasti. *Esa camisa te sienta como un tiro.* Tuo paita ei sovi sinulle yhtään. *El pescado me sienta como un tiro.* Kala saa minut voimaan pahoin.

ir de tiros largos hienoissa vaatteissa *Es una fiesta familiar, no hace falta que vayas de tiros largos.* Se on perhejuhla, ei sinne tarvitse mennä hienoissa vaatteissa.

ni a tiros ei mitenkään, millään *No consigo ni a tiros que los niños estén callados en la clase.* En onnistu mitenkään saamaan lapsia hiljaiseksi luokassa.

pegar [le] [num.] **tiro** ampua kuula kalloon *Durante la guerra le pegó dos tiros a más de uno.* Sodassa hän ampui useammalle kuulan kalloon.

Salir [le] **el tiro por la culata** Pilkka sattuu/ osuu omaan nilkkaan.

ks. myös: matar dos **pájaros** de un tiro, Mucha **pólvora** y pocos tiros

• **tirón**

dar [le] **un tirón de orejas** lukea madonluvut *Le voy a dar un tirón de orejas a ese chico en cuanto lo vea.* Luen sille pojalle madonluvut, heti kun näen sen.

de un tirón yhdellä kertaa, yhteen menoon *Abrió de un tirón la puerta.* Hän tempaisi oven kerralla auki. *No podemos hacer el viaje de un tirón. Haremos noche en algún hotel de carretera.* Emme voi tehdä matkaa yhteen menoon. Yövymme jossakin hotellissa matkan varrella.

• títere

no dejar títere con cabeza tuhota täysin *Es un crítico musical muy duro; en sus artículos no deja títere con cabeza* Hän on hyvin jyrkkä musiikkikriitikko. Hän teilaa kaiken artikkeleissaan. *Unos gamberros borrachos entraron en el jardín y no dejaron títere con cabeza.* Eräät huligaanit menivät puutarhaan ja tuhosivat sen täysin.

• toalla

arrojar/tirar la toalla heittää pyyhe kehään *Todavía quedan muchos partidos para que termine el campeonato y no vamos a arrojar la toalla ahora.* Vielä on jäljellä monta ottelua, ennen kuin mestaruuskisat päättyvät, joten ei heitetä nyt pyyhettä kehään.

• tocante

en lo tocante a mitä tulee *En lo tocante a lo de ayer, creo que actuamos correctamente.* Mitä eiliseen tulee, luulen meidän toimineen oikein.

• tocar

tocar [le] *1* olla vuoro *¿A quién le toca? – A mí.* Kenellä on nyt vuoro? – Minulla. *2* voittaa *A mí nunca me toca aunque siempre juego a la lotería.* En koskaan voita, vaikka lottoan aina.

• tocateja

pagar a tocateja maksaa käteisellä *Tuvimos que pagar los muebles a tocateja porque la tienda no aceptaba tarjetas.* Meidän piti maksaa huonekalut käteisellä, koska kauppa ei hyväksynyt kortteja.

• todo

a todo [inf.] kaikin voimin *Llegó a todo correr.* Hän tuli juosten täyttä häkää. *Los niños soplaban a todo soplar para apagar las velas del pastel de cumpleaños.* Lapset puhalsivat kaikin voimin saadakseen syntymäpäiväkakun kynttilät sammuksiin.

ante todo ennen muuta *Ante todo, piensa en terminar la carrera.* Ennen muuta hän aikoo saada tutkintonsa valmiiksi.

así y todo siitä huolimatta, kuitenkin *Es guapo, simpático y rico; así y todo no me interesa.* Hän on komea, mukava ja rikas, mutta siitä huolimatta en ole kiinnostunut hänestä.

con todo siitä huolimatta, kuitenkin *Estaba muy nervioso. Con todo, se durmió rápidamente.* Hän oli hyvin hermostunut. Hän nukahti kuitenkin nopeasti.

darlo todo antaa kaikkensa *Lo más imporante es darlo todo.* Tärkeintä on antaa kaikkensa.

del todo kokonaan, täysin *No sé si es del todo cierto lo que te han dicho.* En tiedä, onko aivan totta se, mitä sinulle on kerrottu. *Me parece del todo correcto que te den el premio a ti.* Minusta on täysin oikein, että sinä saat sen palkinnon. *Su alegría no era del todo sincera.* Hänen ilonsa ei ollut täysin vilpitöntä.

después de todo loppujen lopuksi *La herencia debería ser tuya; después de todo, eres su único familiar.* Sinun pitäisi saada se perintö. Sinä olet loppujen lopuksi hänen ainoa sukulaisensa.

de todo kaikkea *Hay pájaros que comen de todo.* On lintuja, jotka syövät kaikkea. *En esta tienda hay de todo, y se vende de todo.* Tässä kaupassa on kaikkea ja myydään kaikkea.

el todo koko *El todo Roma se había dado cita en el palacio presidencial para homenajear al presidente saliente.* Koko Rooma oli tullut presidentinlinnaan osoittamaan kunnioitusta eroavalle presidentille.

estar en todo huolehtia kaikesta *Yo no puedo estar en todo, tienes que encargarte tú de algo.* En voi huolehtia kaikesta, vaan sinunkin pitää tehdä jotakin.

jugarse el todo por el todo panna kaikki peliin, panna kaikki yhden kortin varaan *Me jugué el todo por el todo para conseguir el contrato con el mayor fabricante de papel de Finlandia.*Panin kaiken yhden kortin varaan saadakseni sopimuksen Suomen parhaan paperinvalmistajan kanssa.

por encima de todo ennen kaikkea *Creo que, por encima de todo, deberías terminar la carrera.* Luulen, että ennen kaikkea sinun pitäisi suorittaa tutkintosi loppuun.

serlo todo olla kaikki *El dinero no lo es todo. Lo importante es la felicidad.* Raha ei merkitse kaikkea. Tärkeää on onni. *El trabajo lo era todo para ella.* Työ oli hänelle kaikki.

sobre todo ennen kaikkea, ennen muuta *Cuando hace mucho calor en verano uno debe acordarse, sobre todo, de beber mucha agua.* Kun kesällä on hyvin kuuma, täytyy muistaa ennen kaikkea juoda paljon vettä.

todo [subst.] kokonaan *Soy toda oídos.* Olen pelkkänä korvana. *Le estreché la mano derecha, toda hueso y piel, entre las mías.* Puristin hänen oikeaa kättään, joka oli aivan luuta ja nahkaa.

y todo ja kaikkea *En el patio de mi vecina hay piscina y todo.* Naapurini pihalla on uima-allas ja kaikkea.

ks. myös: todo **cuanto**

• **tomado**
estar tomado olla räkä poskella *Lo echaron del bar porque estaba tomado.* Hänet heitettiin baarista koska hän oli aivan räkä poskella.

• **tomar**
lo tomas o lo dejas ota tai jätä *El coche lo vendo por 30 000 euros y no voy a bajar el precio. O lo tomas o lo dejas.* Myyn auton 30 000 eurolla enkä laske hintaa. Ota tai jätä.

tomarla con ottaa hampaisiin *El jefe la ha tomado conmigo y todos los trabajos de poca importancia me los da a mí.* Johtaja on ottanut minut hampaisiinsa ja antaa kaikki vähäpätöiset työt minulle.

toma y daca köydenveto *En la universidad se está librando un toma y daca entre la enseñanza y la investigación.* Yliopistossa on meneillään köydenveto opetuksen ja tutkimuksen välillä.

¡Toma ya! Siitäs sait!

• **tomate**
como un tomate (*myös* rojo como un tomate) punainen kuin rapu *Cuando el profesor le preguntó su nombre a la nueva estudiante se puso roja como un tomate.* Kun opettaja kysyi uudelta opiskelijalta nimeä, tämä meni punaiseksi kuin rapu.

haber tomate olla hämminkiä, mätää *La repartición de beneficios de este año no me parece correcta.* Voitonjako tänä vuonna ei ole minusta oikein tehty. Siinä on minusta jotakin mätää.

ponerse como un tomate repiä pelihousunsa *Rusia se puso como un tomate y se mojó el pañal.* Venäjä repi pelihousunsa ja kasteli vaippansa.

• **tomo**
de tomo y lomo merkittävä, tärkeä *Es un catedrático de tomo y lomo.* Hän on tärkeä professori.

• **ton**
a qué ton mistä syystä, minkä takia *¿No se lo has dicho? –¿A qué ton iba a decírselo?* Etkö sanonut sitä hänelle? – Minkä takia olisin sanonut?

sin ton ni son ilman mitään syytä *No me gusta que siempre te enfades sin ton ni son.* En pidä siitä, että suutut aina syyttä suotta.

• **tono**

a tono 1 yhteen sopiva *Llevaba un collar de perlas negras a tono con el vestido de gala.* Hänellä oli mustat helmet, jotka sopivat yhteen iltapuvun kanssa. **2** vauhtiin *Es un poco tímido, pero con dos copas enseguida se pone a tono.* Hän on vähän ujo, mutta parin lasillisen jälkeen pääsee kyllä heti vauhtiin.

fuera de tono epäasiallinen, asiaton *Me parece que tu respuesta de "a ti qué te importa" a la abuelita que te preguntaba por tu salud, está fuera de tono.* Minusta oli epäasiallista, kun vastasit mummollesi "mitä se sinulle kuuluu" hänen kysyessään vointiasi.

subido de tono karkea, törkeä *De acuerdo, era un poco subido de tono el chiste.* Myönnetään, että vitsi oli hieman törkeä.

subir el tono muuttua karkeammaksi *Según se acaloraba la discusión, iba subiendo el tono de las palabras hasta llegar a los insultos.* Väittelyn kiihtyessä sanat muuttuivat karkeammiksi ja lopulta loukkauksiksi.

ks. myös: **salida** de tono

• tonto

a lo tonto 1 turhaan *He comprado un televisor nuevo. –Pues te has gastado el dinero a lo tonto porque tu madre nos ha regalado uno igual.* Ostin uuden television. – No, tuhlasit turhaan rahaa, koska äitisi lahjoitti meille samanlaisen. **2** kuin vahingossa *Malmstedt se hizo escritor un poco a lo tonto.* Malmstedtista tuli kirjailija vähän kuin vahingossa

a tontas y a locas miten sattuu *Este trabajo te lo tienes que tomar en serio, no lo puedes hacer a tontas y a locas.* Sinun täytyy suhtautua tähän työhön vakavasti, et voi tehdä sitä, miten sattuu.

hacer el tonto hölmöillä *No hagas la tonta, por favor.* Älä viitsi hölmöillä.

hacerse el tonto leikkiä tyhmää *No te hagas el tonto porque sé que me has entendido perfectamente.* Älä leiki tyhmää, koska tiedän, että ymmärsit minut aivan oikein. *Se hace el tonto cuando no quiere ayudar.* Hän leikkii tyhmää, silloin kun ei halua auttaa.

tonto de capirote/ del bote/ del haba/ del higo *ark* (*myös* tonto del culo *alat*) torvi, törppö, nuija *Tu hermano es tonto del haba. Me ha pedido que le pague las vacaciones.* Veljesi on nuija. Hän pyysi minua maksamaan lomansa.

ks. myös: más tonto que **Abundio**

• tope

a tope 1 täysillä, äärimmillään *La sala estaba a tope.* Sali oli ääriään myöten täynnä. *Trabaja a tope porque quiere causar buena impresión.* Hän tekee töitä minkä kerkeää, koska haluaa tehdä hyvän vaikutuksen. **2** tikissä *Si quieres estar en plena forma, toma clases de crossfit. Funciona a pedir de boca.* Jos haluat olla tikissä, mene crossfit-tunnille. Toimii kuin tauti.

hasta los topes ääriään myöten *El coche iba cargado hasta los topes.* Auto oli lastattu ääriään myöten.

• topo

ciego como un topo (*myös* más ciego que un topo) umpisokea *Está más ciego que un topo, pero en su casa se defiende.* Hän on umpisokea mutta pärjää kotona.

• toque

dar los últimos toques antaa viimeinen silaus *El retrato está casi listo. Mañana le daré los últimos toques.* Muotokuva on melkein valmis. Huomenna annan sille viimeisen silauksen.

dar un toque de atención antaa huomautus *Tuvieron que darle un toque de atención porque siempre llegaba tarde al trabajo.* Hänelle piti antaa huomautus, koska hän myöhästyi aina töistä.

el toque femenino naisen käsi *La decoración de la sala tenía un toque femenino.* Huoneen sisustuksessa näkyi naisen käsi.

• **torera**

saltar a la torera hypätä sivuttain *Saltó a la torera por encima de la valla.* Hän hyppäsi aidan yli sivuttain.

saltarse a la torera hypätä yli *No es correcto saltarse a la torera las tradiciones.* Ei ole oikein sivuuttaa perinteitä. *Creo que podemos saltarnos a la torera los puntos dos y tres.* Luulen, että voimme hypätä kohtien kaksi ja kolme yli.

• **torna**

cambiar las tornas muuttaa suuntaa *Ahora somos pobres, pero algún día cambiarán las tornas.* Olemme nyt köyhiä, mutta joku päivä tilanne on toinen.

• **tornillo**

apretar [le] **los tornillos** hiillostaa *Si no trabaja lo suficiente, tienes que apretarle los tornillos* Jos hän ei tee tarpeeksi töitä, sinun täytyy hiillostaa häntä.

faltar [le] **un tornillo** (*myös* tener un tornillo suelto) olla ruuvi löysällä *No puedes ir con minifalda si estamos a 20 bajo cero. A ti te falta un tornillo.* Et voi mennä ulos minihameessa 20 asteen pakkasella. Sinulla on kyllä joku ruuvi löysällä.

• **torno**

en torno a tienoilla, paikkeilla *Ganará en torno a los veinte mil euros anuales.* Hän ansaitsee siinä 20 000 euron paikkeilla vuodessa.

• **toro**

coger al toro por los cuernos tarttua härkää sarvista *Si queremos solucionar el problema, tenemos que coger al toro por los cuernos.* Jos haluamme ratkaista ongelman, meidän täytyy tarttua härkää sarvista. *Cuando hay malentendidos, lo mejor es coger al toro por los cuernos y tratar el tema con los concernidos.* Kun tulee väärinkäsityksiä, parasta on tarttua härkää sarvista ja puhua asianomaisten kanssa.

fuerte como un toro vahva kuin härkä *Desde que hace deporte está fuerte como un toro.* Alettuaan urheilla hänestä on tullut vahva kuin härkä.

Es fácil ver los toros desde la barrera. Kun merellä vahinko sattuu, niin kaikki ovat maalla viisaita.

• **torreón**

como un torreón hongankolistaja, hujoppi *¿Has visto lo alto que está Ramiro? –Sí, está como un torreón.* Oletko nähnyt, miten pitkä Ramiro on? Joo, varsinainen hongankolistaja.

• **torta**

dar [le] **una torta** lyödä korville *Mi novia me dio una torta.* Tyttöystäväni löi minua korville.

darse una torta → darse un tortazo

ni torta ei yhtään mitään *No he entendido ni torta de lo que ha dicho.* En ymmärtänyt yhtään mitään siitä, mitä hän sanoi.

no tener ni media torta ei olla vastusta *Contigo no quiero pelearme porque no tienes ni media torta y sería una pelea desigual.* En halua tapella sinun kanssasi, koska sinussa ei ole vastusta, ja se olisi epätasainen tappelu.

ks. myös: a falta de **pan**, buenas son tortas

• **tortazo**

dar [le] **un tortazo** antaa jklle ympäri korvia *La madre de dio un tortazo y eso le provocó un gran trauma.* Äiti antoi ympäri korvia ja siitähän jäi syvä trauma.

darse un tortazo törmätä *Iba conduciendo a 120 por hora y se dio un tortazo contra un* *árbol.* Hän ajoi 120 km tunnissa ja törmäsi puuhun.

● **tortilla**
hacerse tortilla mennä liiskaksi *Se nos cayó el ordenador al suelo y se hizo tortilla.* Tietokonesi putosi lattialle ja meni liiskaksi.
No se puede hacer una tortilla sin tomper los huevos. Munakasta ei voi tehdä rikkomatta munia.

ks. myös: dar la **vuelta** a la tortilla

● **tortuga**
como una tortuga (*myös* más lento que una tortuga) etanan vauhtia, hidas kuin etana *No llegaremos a tiempo porque vas como una tortuga.* Emme ole perillä ajoissa, koska sinä kuljet etanan vauhtia.
ks. myös: a **paso** de tortuga

● **toser**
no hay quien tosa kukaan ei pärjää *No hay quien tosa a esa chica en temas de informática.* Kukaan ei pärjää tuolle tytölle tietotekniikka-asioissa.

● **tostada**
olerse la tostada haistaa palaneen käryä *Cuando vio que su padre entraba enfadado, se olió la tostada y se fue corriendo a su cuarto.* Nähdessään isänsä tulevan sisään vihaisena, hän haistoi palaneen käryä ja juoksi huoneeseensa.

● **tostón**
dar el tostón häiritä *¡Deja de dar el tostón! Ya te he dicho mil veces que te estés quieta.* Lopeta se häiriköinti. Olen käskenyt sinua tuhat kertaa olemaan hiljaa. *Déjame en paz, no me des el tostón.* Jätä minut rauhaa, äläkä rassaa minua.

● **total**
en total yhteensä *En total, seremos unos 100 en el congreso.* Meitä on kongressissa yhteensä noin 100. *Los tres libros (más de 1200 páginas en total) ofrecen una completa visión de la gramática española.* Kolme kirjaa (yli 1 200 sivua yhteensä) antavat täydellisen kuvan espanjan kieliopista.
total, que lyhyesti sanottuna *Ha llamado dando mil excusas. Total, que no va a venir hoy.* Hän soitti selitellen ummet ja lammet. Lyhyesti sanottuna hän ei tule tänään.

● **trabajo**
costar trabajo vaatia paljon työtä *Me costó mucho trabajo encontrar una niñera.* Minulta vaati paljon työtä löytää lastenhoitaja.
tomarse el trabajo de nähdä vaivaa *Antes de devolverle al profesor el trabajo de proseminario deberías tomarte el trabajo de revisar el texto.* Ennen kuin palautat proseminaarityösi opettajalle, sinun täytyy nähdä vaivaa ja tarkistaa teksti.
El trabajo compartido es el más llevadero. Yhteistyö on voimaa.

● **traer**
traéserla floja *alat* olla yks vitun hailee *Lo que ella piense me la trae floja.* Mulle on yks vitun hailee, mitä hän ajattelee.
traérselas tosi vaikeaa *Si ya es difícil hablar bien español, escribirlo bien se las trae.* Jos on vaikeaa puhua hyvin espanjaa, kirjoittaminen se vasta vaikeaa onkin.

●
abrir al tráfico avata liikenteelle *Mañana abrirán al tráfico la nueva carretera.* Uusi tie avataan huomenna liikenteelle.

● **tragar**
a la trágala pakolla, väkisin *El nuevo sistema salarial no ha sido negociado, sino a la*

trágala. Uusi palkkausjärjestelmä ei ole neuvoteltu, vaan se on pakon sanelema.

no hay quien se [lo] trague kukaan ei niele, ei uppoa kehenkään *Ese cuento de que nos van a subir el sueldo no hay quien se lo trague.* Tuota tarinaa palkankorotuksista ei niele kukaan.

• **trago**

de un trago yhdellä kulauksella *Tenía mucha sed y se bebió la botella de un trago.* Hänellä oli kova jano, joten hän joi pullon yhdellä kulauksella.

echar un trago ottaa paukut *Vámonos al bar a echar un trago.* Mennään baariin ottamaan paukut.

ser un mal trago olla katkera pala nieltäväksi *La derrota fue un mal trago.* Tappio oli katkera pala nieltäväksi.

• **traidor**

el que avisa no es traidor olla varoitettu *Esto no quiero volver a verlo aquí. ¿Vale? El que avisa no es traidor.* En halua nähdä tätä täällä enää. Onko selvä? Sinua on varoitettu.

• **traje**

ponerse el traje de pino muuttaa tammiyksiöön *A la empresa le falta poco para ponerse el traje de pino.* Nyt yhtiö on lähellä muuttaa tammiyksiöön.

• **trajeado**

ir trajeada olla kovat kaulassa *Mi padre siempre iba trajeado.* Isällä oli aina kovat kaulassa.

• **trámite**

de puro trámite pelkkä muodollisuus/ selvää kauraa *Los besos que se dan al saludarse las desconocidas son de puro trámite.* Tuntemattomille annettavat tervehdyssuukot ovat pelkkä muodollisuus. *Se habría pensado*

que el caso era cuestión de puro trámite. Tapauksen olisi siis luullut olevan selvää kauraa.

• **trampa**

caer en la trampa mennä halpaan *Como no conocía los mercados, caí en la trampa.* Kun en tuntenut markkinoita, menin halpaan.

caer en su propia trampa langeta omaan kuoppaansa *Él deja que Satanás caiga en su propia trampa.* Hän salli Saatanan langeta omaan kuoppaansa.

hacerse trampas al solitario huijata itseään *Diariamente el ser humano se hace trampas al solitario de muchas pequeñas maneras.* Ihminen huijaa itseään lukuisilla pienillä tavoilla joka päivä.

sin trampa ni cartón rehdisti *Quiero hablar contigo sobre este tema sin trampa ni cartón.* Haluan puhua kanssasi tästä asiasta rehdisti.

• **tranca**

a trancas y barrancas työllä ja tuskalla *A trancas y barrancas consiguió terminar el bachillerato.* Hän sai käytyä lukion työllä ja tuskalla.

hasta las trancas tupaten täysi *El coche iba cargado hasta las trancas.* Auto oli lastattu tupaten täyteen.

• **trance**

a todo trance kaiken uhalla *Quería llegar la primera a todo trance.* Hän halusi tulla ensimmäisenä kaiken uhalla.

estar/hallarse en trance de olla tulossa *Una de sus hijas se hallaba en trance de ser madre.* Yhdestä hänen tyttäristään oli tulossa äiti.

• **tranvía**

el último tranvía viimeinen mahdollisuus *Tienes 40 años y no te ofrecerán trabajos como éste, es el último tranvía.* Olet 40, ja sinulle ei jatkossa tarjota tällaisia töitä, tämä on viimeinen mahdollisuus.

• **trapo**

a todo trapo täysillä *Cuando hace mucho calor, los sistemas de refrigeración del país funcionan a todo trapo y puede haber problemas de suministro eléctrico.* Kun on hyvin kuuma, maan jäähdytysjärjestelmät toimivat täysillä, ja voi tulla virrantoimitusongelmia.

entrar al trapo pillastua *Hay tener cuidado con Luis porque entra al trapo fácilmente y se pone a discutir por cualquier cosa.* Luisia pitää varoa, koska hän pillastuu helposti ja alkaa riidellä mistä tahansa. *Déjale que diga lo que quiera; no entres al trapo.* Anna hänen sanoa, mitä haluaa. Älä sinä pillastu.

lavar los trapos sucios pestä likapyykki *De eso hablaremos cuando estemos en casa, no quiero lavar los trapos sucios en público.* Puhumme siitä sitten kotona. En halua pestä likapyykkiä julkisuudessa.

poner como un trapo haukkua pystyyn *Jobs puso como un trapo a los desarrolladores de sofrware.* Jobs haukkui pystyyn software-kehittäjät.

tratar como a un trapo kohdella kuin koiraa *En público, todo eran palabras dulces y cariñosas, pero en casa la trataba como a un trapo.* Julkisuudessa kaikki oli yhtä lepertelyä, mutta kotona hän kohteli naista kuin koiraa.

• **trasero**

lamer [le] el trasero *alat* nuolla persettä *Por mucho que le lamas el trasero al jefe no te va a aumentar el salario.* Vaikka kuinka nuolet pomon persettä, se ei nosta sun palkkaasi.

• **trasluz**

al trasluz valoa vasten *Mirado al trasluz se observaba la imagen de una cabeza humana en el billete de banco.* Valoa vasten katsottuna setelissä näkyi ihmisen pää.

• **trasquilado**

salir trasquilado saada nenälleen *Pero ahora sí que ha salido trasquilado.* Mutta kyllä hän nyt sai nenälleen.

• **traste**

dar al traste con tehdä tyhjäksi, pilata *La llegada de una visita inesperada dio al traste con su intención de pasar una tarde tranquila.* Yllätysvieraan tulo teki tyhjäksi hänen aikomuksensa viettää rauhallinen ilta.

irse al traste mennä nurin, kaatua *Con el ingreso en la UE muchas empresas medianas se fueron al traste por no ser competitivas.* EU:hun liittymisen myötä monet keskisuuret yritykset kaatuivat, koska eivät olleet kilpailukykyisiä.

• **trasto**

tirarse los trastos a la cabeza rähistä, riidellä, toirailla *Parece que son muy felices, pero en casa se tiran los trastos a la cabeza.* He näyttävät hyvin onnellisilta mutta kotona rähisevät.

• **trato**

¡Trato hecho! Kiinni veti!

• **través**

a través de kautta, läpi *A través de un pasillo oscuro, llegaron a una puerta.* Pimeän käytävän läpi he tulivat ovelle. *A través de los cristales, vi que una anciana nos observaba desde el interior.* Ikkunan läpi näin, että sisältä iäkäs nainen katseli meitä.

***ks. myös:* campo** a través

• **traza**

por las trazas ulkonäöstä päätellen *Por las trazas que lleva, no creo que haya dormido*

esta noche en casa. Ulkonäöstä päätellen hän ei varmaankaan ole ollut viime yönä kotona.
tener/llevar trazas de [inf.] vaikuttaa, näyttää *Las negociaciones de paz llevan trazas de no acabar nunca.* Rauhanneuvottelut eivät näytä päättyvän koskaan.

• trece

estar/mantenerse/seguir en sus trece pysyä kannassaan *Tus argumentos no me convencen, así que sigo en mis trece.* Sinun perustelusi eivät ole vakuuttavia, joten pysyn kannassani. *Le pedí que me dejase entrar aunque habían cerrado, pero el vendedor se mantuvo en sus trece.* Pyysin päästä sisään, vaikka kauppa oli kiinni, mutta myyjä pysyi tiukkana.

• tregua

dar tregua antaa hetken rauha *Tengo dos bebés gemelos de un año que no me dan tregua.* Minulla on vuoden vanhat kaksoset, jotka eivät anna hetken rauhaa.
sin tregua tauotta *Iba de un lado al otro del parque fotografiando sin tregua todas las flores que encontraba.* Hän kulki puiston laidasta laitaan valokuvaten uupumatta kaikki näkemänsä kukat.

• tremenda

a/por la tremenda väkipakolla *Si quieres cambiar algunas cosas en la oficina, no lo puedes hacer a la tremenda, sino negociándolo con los compañeros.* Jos haluat muuttaa jotakin työpaikalla, et voi tehdä sitä väkipakolla vaan sinun pitää neuvotella työtovereiden kanssa.
tomárselo a la tremenda ottaa raskaasti *Su marido sólo le dijo que no la soportaba, pero ella se lo tomó a la tremenda y se fue de casa para no volver.* Hänen miehensä sanoi vain, ettei kestänyt häntä, mutta hän otti sen raskaasti ja lähti kotoa iäksi.

• tren

a todo tren täysillä *Cuando hace mucho calor, los sistemas de refrigeración del país funcionan a todo tren y puede haber problemas de suministro eléctrico.* Kun on hyvin kuuma, maan jäähdytysjärjestelmät toimivat täysillä, ja voi tulla virrantoimitusongelmia.
estar como un tren *alat* olla oikea namupala *Ese tío está como un tren; me lo podría comer vivo.* Tuo kaveri on oikea namupala; voisin syödä sen elävältä.
poner [le] **como un tren** *alat* kiihottaa *Me pone como un tren que me muerdan la oreja.* Minua kiihottaa, jos minua purraan korvasta.

• tres

de tres al cuarto kehno, huono *No confiaba en él porque era un mecánico de tres al cuatro.* En luottanut häneen, koska hän oli kehno mekaanikko.
ni a la de tres ei sitten millään, mitenkään *Tengo que limpiar la casa y no consigo ni a la de tres poner en marcha el aspirador.* Minun pitää siivota, mutta en sitten millään saa imuria käyntiin.
tocar [le] **las tres de la tarde** *ark* vinoilla *No le toques las tres de la tarde porque se enfada fácilmente.* Älä vinoile sille, koska se suuttuu helposti.
ks. myös: cada **dos** por tres

• trigo

ser trigo limpio olla puhtaat jauhot pussissa *Ese joven se ha hecho millonario en un año; no creo yo que él sea trigo limpio.* Tuosta nuoresta miehestä tuli miljonääri vuodessa; en usko, että hänellä on puhtaat jauhot pussissa.
No le llames trigo hasta que esté en el silo. Ei pidä nuolaista ennen kuin tipahtaa.

• **trillado**

estar trillado moneen kertaan puitu *El cambio climático es un tema muy interesante, pero está muy trillado, ¿por qué no hablamos de otra cosa?* Ilmastonmuutos on hyvin mielenkiintoinen aihe, mutta moneen kertaan puitu. Miksi emme puhuisi jostakin muusta?

• **trinar**

estar que trina olla raivoissaan *No sé lo que le habrás hecho, pero Mario está que trina contigo.* En tiedä, mitä lienet tehnyt Mariolle, mutta hän on raivoissaan sinulle.

• **tripa**

echar las tripas *ark* **1** heittää laatat *Estuvo bebiendo toda la tarde y al llegar a casa echó las tripas.* Hän oli ryypännyt koko illan, ja päästyään kotiin heitti laatat. **2** repiä kaikki irti *Si quieres terminar el trabajo antes del fin de semana, tendrás que echar las tripas.* Jos haluat saada työn valmiiksi ennen viikonloppua, sinun täytyy repiä itsestäsi kaikki irti.

hacer de tripas corazón purra hammasta *La idea de pasar un fin de semana con los padres de su novia no le interesaba, pero haciendo de tripas corazón, aceptó acompañarla.* Ajatus viettää viikonloppu tyttöystävänsä vanhempien kanssa ei kiinnostanut häntä, mutta hammasta purren hän lähti tytön mukaan.

¿qué tripa se [le] ha roto? mikä riivaa *¿Por qué tienes esa expresión? ¿Qué tripa se te ha roto?* Miksi olet tuon näköinen? Mikä sinua riivaa?

rascarse la tripa vetää lonkkaa *Está de vacaciones y se pasa el día rascándose la tripa.* Hän on lomalla ja viettää päivänsä lonkkaa vetämällä.

• **tris**

estar en un tris olla tekemäisillään, olla vähällä *He estado en un tris de irme, pero me he quedado a esperarte unos minutos más. ¡Por suerte!* Olin lähdössä mutta jäin odottamaan sinua vielä vähäksi aikaa. Onneksi! *Estuvo en un tris de ser atropellado por un coche.* Hän oli vähällä jäädä auton alle. *Entramos por la puerta trasera, pero estuvimos en un tris de que nos descubrieran.* Menimme sisään takaovesta mutta olimme vähällä tulla nähdyiksi.

• **triunfo**

costar un triunfo tuottaa vaikeuksia *Se me habrá estropeado la vista porque me cuesta un triunfo leer la letra pequeña.* Näköni on varmaan heikentynyt, koska minulle tuottaa vaikeuksia lukea pientä tekstiä.

• **trizas**

hacerse trizas mennä pirstaleiksi *El florero de vidrio se cayó al suelo y se hizo trizas.* Maljakko putosi lattialle ja meni pirstaleiksi.

hecho trizas aivan poikki *Cuando llego a casa después del día de trabajo, estoy hecho trizas.* Kun tulen kotiin työpäivän jälkeen, olen aivan poikki.

troche a troche y moche miten sattuu, umpimähkään *Cuando lo conocí, gastaba dinero a troche y moche.* Kun tutustuin häneen, hän tuhlasi rahaa molemmilla käsillä. *¡Oiga! Vaya con más cuidado. No puede ir dando codazos a troche y moche, como si la acera fuera solamente suya.* Kulkekaahan kuulkaa varovaisemmin. Ette voi kävellä tuuppimalla joka suuntaan, ikään kuin jalkakäytävä olisi yksin Teidän käytössänne. *Para evitar emisiones de CO2 se están construyendo centrales nucleares a troche y moche.* Hiilidioksidipäästöjen välttämiseksi rakennetaan atomivoimaloita vähän joka paikkaan.

• **trola**
meter una trola syöttää pajunköyttä *No le creas, no hace más que meter trolas.* Älä usko, mitä hän sanoo, hän syöttää pajunköyttä minkä ehtii.

• **trompicón**
a trompicones kömpelösti *Estaba mareado, pero conseguí llegar a trompicones hasta el teléfono y llamar a una ambulancia.* Voin pahoin mutta onnistuin kompuroimaan puhelimeen ja soittamaan ambulanssin. *Hablaba a trompicones.* Hän puhui kangerrellen.

• **tronco**
dormir como un tronco nukkua kuin tukki *Por las mañanas no hay forma de despertarlo porque duerme como un tronco.* Aamuisin häntä ei saa millään hereille, koska hän nukkuu kuin tukki.

• **trote**
al trote ravaten *Los caballos iban al trote por la pista de carreras.* Hevoset ravasivat kilparadalla. *Al verse descubiertos, los ladrones huyeron al trote* Huomattuaan paljastuneensa rosvot pakenivat täyttä vauhtia.
para todo trote jokapäiväinen *Tengo esta cámara para cuando quiero sacar fotos especiales, y esta otra, para todo trote.* Tämä kamera on erityisten valokuvien ottamista varten ja tämä toinen on jokapäiväiseen käyttöön.
estar para esos/muchos trotes kestää paljon, mitä vaan *No sé si puede hacer un viaje tan largo, no está su salud para muchos trotes.* En tiedä, voiko hän tehdä niin pitkän matkan, sillä hänen terveytensä ei kestä paljoa.

• **troya**

allí fue Troya siitä se sota syttyi *Cuando vio que el hijo le había destrozado el coche allí fue Troya.* Kun hän näki, että poika oli särkenyt auton, siitä se sota syttyi.

• **truco**
coger [le] el truco päästä jyvälle *Esta máquina no es difícil de utilizar cuando le coges el truco.* Tätä konetta ei ole vaikeaa käyttää, kun pääsee siitä jyvälle.
truco del almendruco kikka kolmonen *Truco del almendruco con el que evitarás la multa de aparcamiento.* Kikka kolmonen, jolla vältyt parkkisakoilta.

• **tú**
de tú a tú tuttavallisesti *Con él se puede hablar de tú a tú, aunque sea el jefe.* Hänen kanssaan voi puhua tuttavallisesti, vaikka hän onkin johtaja.
tratar de tú 1 sinutella *Puedes tratarme de tú.* Voit sinutella minua. **2** olla sinut *La gramática no es difícil, pero puede llevar un tiempo antes de poder tratarla de tú.* Kielioppi ei ole vaikeaa, mutta voi viedä aikaa, ennen kuin olet sinut sen kanssa.

• **tubo**
por un tubo ihan himona *En la escuela tengo amigos por un tubo.* Minulla on koulussa ihan himona ystäviä.

• **tuerca**
apretar la tuerca panna ahtaalle *Si te dice que sólo puede pagarte 1000, apriétale la tuerca y sácale 500 euros más.* Jos hän sanoo pystyvänsä maksamaan vain 1 000 euroa, pane hänet ahtaalle ja ota 500 lisää.

• **tuétano**
hasta los tuétanos (*myös* hasta el tuétano) sormenpäitään myöten *Es finlandés hasta los*

tuétanos. Hän on suomalainen sormenpäitään myöten.

• **tula**
lijarse la tula hakata lapaseen *Tuve que lijarme la tula porque la mujer tenía la regla.* Oli pakko hakata lapaseen, kun muijalla oli puolukkapäivät.

• **tumba**
a tumba abierta päätä pahkaa *Nos lanzamos a tumba abierta, montaña abajo, sin pensar en los peligros.* Syöksyimme päätä pahkaa vuorenrinnettä alas ajattelematta vaaraa.
cavar su propia tumba kaivaa omaa hautaansa *Todos pensaban que con la guerra de Iraq Bush cavaría su propia tumba.* Kaikki ajattelivat, että Irakin sodalla Bush kaivaisi omaa hautaansa.
llevarse a la tumba viedä mukanaan hautaan *Se llevó a la tumba el nombre del padre de su hija.* Hän vei mukanaan hautaan tyttärensä isän nimen.
revolverse en la tumba kääntyä haudassaan *Si los socialistas del siglo pasado leyesen el programa político de los actuales, se revolverían en la tumba.* Jos 1900-luvun sosialistit lukisivat nykyisten poliittisen ohjelman, he kääntyisivät haudassaan.
ser como una tumba vaieta kuin muuri *Puedes contármelo con toda tranquilidad, soy como una tumba.* Voit kertoa sen minulle aivan rauhassa, minä vaikenen kuin muuri.
Ya habrá tiempo de descansar en la tumba. Kyllä haudassa aikaa maata on.
ks. myös: con un **pie** en la tumba

• **tumbar**
estar que tumba olla tyrmäävä *¿Has visto lo guapo que es ese chico? –Sí, está que tumba.* Oletko nähnyt, miten komea se poika on? – Kyllä, hän on tyrmäävä.

• **tumbo**
dar tumbos hoippua *Se golpeó con la puerta con tanta fuerza que fue dando tumbos hasta la pared opuesta.* Hän törmäsi oveen niin suurella voimalla, että meni hoippuen vastakkaiseen seinään asti. *Salió dando tumbos del bar.* Hän tuli baarista ulos hoiperrellen.

• **túnel**
oscuro como un túnel (*myös* más oscuro que un túnel) säkkipimeä *Aquel lugar estaba como un túnel; no se veía nada.* Siinä paikassa oli pimeää kuin säkissä, ei nähnyt mitään.

• **tuntún**
al (buen) tuntún umpimähkään *Piensa primero cuál te conviene, no elijas al buen tuntún.* Ajattele ensin, mikä sinulle sopii, älä valitse umpimähkään.

• **tupé**
estar hasta el tupé olla kurkkua myöten täynnä *Estamos hasta el tupé de sus bromas.* Olemme kurkkua myöten täynnä hänen temppujaan.

• **turco**
estar más perdido que turco en la neblina olla pihalla kuin lumiukko *María no tiene ni idea de lo que estamos haciendo, está más perdida que turco en la neblina.* Marialla ei ole mitään käryä mitä teemme, hän on pihalla kuin lumiukko.

• **tururú**
estar tururú olla tärähtänyt *No le hagas caso, no sabe ni lo que dice; está un poco tururú.* Älä välitä hänestä, hän ei edes tiedä mitä puhuu, hän on hieman tärähtänyt.

• **tute**

dar un tute ottaa kaikki irti *Este año hemos recorrido más de veinte mil kilómetros. – ¡Vaya un tute que le has dado al coche!* Tänä vuonna olemme ajaneet yli 20 000 kilometriä. – Oletpa sinä rääkännyt autoa!

UUUUU

• **último**
a la última viimeisimmän muodin mukainen *Es muy elegante, siempre va a la última.* Hän on hyvin tyylikäs, aina pukeutunut viimeisen muodin mukaisesti.

a últimos de lopulla *Ahora no puedo pagarte, lo haré a últimos de mes.* En voi maksaa sinulle nyt. Maksan kuun lopulla.

estar en las últimas vetää viimeisiään *Mi amiga está en las últimas.* Ystäväni vetää viimeisiään.

por último lopuksi *Por último, recordaros que mañana volveremos a reunirnos.* Lopuksi muistakaa, että kokoonnumme taas huomenna.

• **ultranza**
a ultranza keinolla, hinnalla millä hyvänsä *Se obstina en mantener a ultranza vivos los sueños de su juventud.* Hän pitää kaikin tavoin kiinni nuoruutensa haaveista.

• **ultratumba**
de ultratumba haudantakainen, tuonpuoleinen *De pronto, en el sótano oscuro se oyó una voz de ultratumba.* Äkkiä pimeässä kellarissa kuului haudantakainen ääni.

• **unión**
en unión de yhdessä, kanssa *Los gastos de este mes, en unión de las deudas contraídas,* suponen una cantidad superior a los diez mil euros. Tämän kuukauden menot otetun velan kanssa tekevät yli 10 000 euroa.

La unión hace la fuerza. Yhteistyö on voimaa.

• **unísono**
al unísono yhteen ääneen *"Sí", contestaron al unísono.* He vastasivat yhteen ääneen "kyllä".

• **uno**
una, dos y tres (*myös* a la una, a las dos y a las tres; a la de una, a la de dos y a la de tres) yksi kaksi kolme nyt, än yy tee nyt *Una, dos y tres, ¡levantad!* Yksi, kaksi, kolme, ylös!

a una yhtä aikaa *Levantaremos la tapa de hierro del pozo todos a una.* Nostetaan kaivon rautakantta kaikki yhtä aikaa.

de uno en uno yksitellen *Revisa los exámenes de uno en uno.* Hän tarkastaa tentit yksitellen. *Tienes que regar las plantas de una en una.* Sinun täytyy kastella kasvit yksitellen.

estar hechos el uno para el otro olla kuin luodut toisilleen *Se llevan muy bien. –Sí, están hechos el uno para el otro.* He tulevat toimeen keskenään erittäin hyvin. – Kyllä, he ovat kuin luodut toisilleen.

más de uno yksi ja/sun toinen *Más de uno habría preferido otra solución.* Yksi sun toinen olisivat halunneet toisenlaisen ratkaisun.

más solo que la una ypöyksin *Toda la familia se fue de vacaciones y me quedé en casa más sola que la una.* Koko perhe lähti lomalle, ja jäin ypöyksin kotiin.

no dar/acertar una mennä pieleen *Hoy todo me sale mal; no doy una.* Kaikki epäonnistuu minulta tänään, menee täysin pieleen.

una de dos jompikumpi *Una de dos, o te callas, o te marchas.* Jompikumpi, joko olet hiljaa tai lähdet tiehesi.

uno a uno yksitellen *Me daba las monedas una a una.* Hän antoi minulle kolikot yksitellen.

uno de tantos (*myös* uno del montón) tavallinen pulliainen *No tiene una función especial; es uno de tantos.* Ei hänellä ole mitään erityistä virkaa, hän on ihan tavallinen pulliainen.

uno detrás de otro peräjälkeen *Venían todos, uno detrás de otro.* Kaikki tulivat peräjälkeen.

uno más yksi muiden joukossa *Aunque era negro, en el colegio sus compañeros le consideraban uno más.* Vaikka hän oli musta, koulussa hän oli tovereilleen yksi muiden joukossa. *Ha sido un incendio terrible, uno más de los muchos que tenemos cada año.* Se oli kauhea tulipalo, yksi niistä monista, joita meillä on vuosittain.

uno por uno yksitellen *No puedo responderos a todos uno por uno.* En voi vastata teille kaikille erikseen. *Observaba cómo se iban encendiendo, una por una, las ventanas del edificio.* Hän katseli kuinka valot syttyivät yksi toisensa perään rakennuksen ikkunoihin.

un [subst.] **sí y otro no/también** joka toinen/joka *Tiene que tomarse las pastillas un día sí y otro no.* Teidän täytyy ottaa tabletit joka toinen päivä. *Como le gustaba la comida de mi madre, venía a comer a casa un domingo sí y otro también.* Koska hän piti äitini ruoista, hän tuli meille syömään joka sunnuntai.

uno tras otro yksi toisensa perään *A aquella labor nunca se acostumbraba, por más que tuviera que hacerla un año tras otro.* Hän ei tottunut koskaan siihen työhön, vaikka hänen piti tehdä sitä vuosi toisensa perään.

• **uña**

afilarse las uñas hioa kynsiään *Mañana tendré una cita con mi exmarido para repartirnos los bienes, así que voy afilándome las uñas.* Tapaan huomenna entisen mieheni jakaaksemme omaisuutemme, joten hionpahan kynsiäni.

a uña de caballo täyttä laukkaa, kovalla kiireellä *Las cosas hechas a uña de caballo no suelen salir bien.* Hosumalla asiat eivät yleensä onnistu.

comerse las uñas pureskella kynsiään *Se come las uñas cuando se pone nervioso.* Hän pureskelee kynsiään hermostuessaan.

con las uñas hädin tuskin *Con las uñas consiguió hacerse oír.* Hän sai hädin tuskin äänensä kuuluville.

dejarse las uñas raataa kynnet verillä *La tarea no fue fácil y nos dejamos las uñas haciéndola.* Tehtävä ei ollut helppo, ja meidän piti raataa kynnet verillä.

estar de uñas olla vihainen *Se le olvidó felicitarle a su novia por su cumpleaños y ahora ésta está de uñas.* Hän unohti onnitella tyttöystäväänsä syntymäpäivänä, ja nyt tämä on vihainen.

ponerse de uñas suuttua *No te preocupes, ella se pone de uñas por cualquier cosa.* Älä välitä, hän suuttuu mistä tahansa asiasta.

ser uña y carne (*myös am* ser uña y mugre) olla kuin paita ja peppu *En la escuela Luisa y yo éramos uña y carne; ahora casi no nos vemos.* Koulussa Luisa ja minä olimme kuin paita ja peppu, ja nyt tuskin näemme toisiamme.

• **ursulina**

como una ursulina hyvin häveliäästi *Es muy modosa y siempre va tapada como una ursulina.* Hän on erittäin kaino ja pukeutuu aina hyvin häveliäästi.

• **usanza**

a la usanza mukaisesti *Iban vestido a la usanza de los años 60.* He pukeutuivat 60-luvun tyyliin.

• **usar**

de usar y tirar kertakäyttöinen *Encendió la vela con un mechero de usar y tirar.* Hän sytytti kynttilän kertakäyttösytyttimellä.

• **uso**
en buen uso hyvässä kunnossa *La bici todavía está en buen uso.* Pyörä on vielä hyvässä kunnossa.
en pleno uso de sus facultades mentales y físicas täysissä ruumiin ja sielun voimissa *Orpo dice encontrarse en pleno uso de sus facultades mentales y físicas.* Orpo vakuuttaa olevansa täysissä ruumiin ja sielun voimissa.
hacer uso de la palabra käyttää puheenvuoro *Tras el saludo de la rectora, hizo uso de la palabra el director gerente.* Rehtorin tervehdyksen jälkeen toimitusjohtaja käytti puheenvuoron.

• **usted**
tratar de usted teititellä *Siempre he tratado de usted a mis tíos.* Olen aina teititellyt tätejäni ja setiäni.

• **uva**
con mala uva pahantahtoisesti *Esta carta está escrita con muy mala uva.* Tämä kirje on kirjoitettu pahantahtoisesti.
dar [le] las uvas mennä pitkä aika *Acelera ya, que te van a dar las uvas.* Pistäpäs vauhtia, muuten tähän menee koko päivä.
de uvas a peras ani harvoin *No suele beber vino, pero de uvas a peras se toma un vasito de tinto.* Hän ei yleensä juo viiniä, mitä nyt joskus ani harvoin nauttii lasillisen punaviiniä. *¿Viene mucho a veros? –¡Qué va! De uvas a peras.* Käykö hän usein teillä? – Vielä mitä! Ani harvoin.
estar a por uvas olla kebabkioskilla *Especialmente Nurmio estaba a por uvas.* Varsinkin Nurmio oli ihan kebabkioskilla.
estar de mala uva olla huonolla tuulella *Aquel día estaba de bastante mala uva, por eso te*

hablé en ese tono. Olin sinä päivänä huonolla tuulella ja siksi puhuin sinulle siihen sävyyn.
tener mala uva olla pahansuopa
Tiene muy mala uva, no te fíes de ella. Hän on erittäin pahansuopa, älä luota häneen. *Los perros con dueño tonto suelen tener mala uva.* Ilkeillä koirilla on tavallisesti typerä omistaja.
Las uvas de mi vecino saben mejor que las de mi racimo. Ruoho on vihreämpää aidan toisella puolella.
Las uvas están verdes, dijo la zorra. Happamia, sanoi kettu pihlajanmarjoista.

VVVVV

• **vaca**
como una vaca (*myös* más gordo que una vaca) lihava kuin tynnyri *Si sigues comiendo tanto, te pondrás como una vaca.* Jos syöt jatkuvasti noin paljon, olet kohta lihava kuin tynnyri.
como una vaca en brazos / más que una vaca en brazos maanvaiva *¡Qué pesado es Antonio! – Sí, más que una vaca en brazos.* Kylläpä tuo Antonio on rasittava! Kyllä, todellinen maanvaiva.
de vacas flacas laihat vuodet *Dice el jefe que no puede subirme el sueldo porque éstos son años de vacas flacas.* Johtaja sanoo, ettei voi nostaa palkkaani, koska eletään laihoja vuosia.
de vacas gordas lihavat vuodet *En tiempos de vacas gordas es mejor ahorrar, para cuando cambie la situación.* Lihavien vuosien aikana

382

kannattaa säästää tilanteen muuttumisen varalta.

• **vacío**
al vacío ilmaton *Si lo empaquetas al vacío, se mantendrá más tiempo.* Jos tyhjiöpakkaat sen, se säilyy kauemmin.
dejar un vacío jättää aukko *El divorcio fue doloroso y dejó un vacío en nuestras vidas.* Eroaminen oli tuskallista, ja se jätti aukon elämäämme.
de vacío tyhjänä *Puedo traerte lo que quieras del viaje porque volveré de vacío.* Voin tuoda matkaltani sinulle, mitä haluat, koska palaan ilman muita tuomisia.
hacer [le] el vacío kohdella kuin ilmaa *Aunque sea antipático, no me parece correcto que sus colegas le hagan el vacío.* Vaikka hän on vastenmielinen, minusta ei ole oikein, että hänen työtoverinsa kohtelevat häntä kuin ilmaa.

• **vago**
ks. myös: más vago que la **chaqueta** de un guardia

• **vaina**
saber de qué va la vaina tietää mistä puhutaan, on kyse *Si no sabes de qué va la vaina, no te metas en la conversación.* Älä puutu keskusteluun, ellet tiedä, mistä puhutaan.

• **valer**
el que vale, vale joku osaa *¿Has visto lo bien que pinta? —Sí, el que vale, vale.* Oletko nähnyt, miten hyvin hän maalaa? − Kyllä, jotkut ne osaavat.
hacerse valer saada arvostusta *Si no te haces valer, nunca te respetarán.* Jos et hanki itsellesi arvostusta, sinua ei kunnioiteta koskaan.
no hay [subst.] que valga/valgan

arvoton, merkityksetön *Tienes que ayudarle a tu abuela y no hay excusas que valgan.* Sinun täytyy auttaa isoäitiäsi, eikä mitään selityksiä. *Nada, no hay pero que valga; lo haces y punto.* Ei mitään muttia. Sinä teet sen ja piste.
más vale que on parempi, kannattaa *Más vale que se lo digas antes de casarte.* On parempi, kun kerrot sen hänelle, ennen kuin menet naimisiin.
más [le] vale [pron.]olisi parempi *Más te vale irte ahora.* Sinun olisi parempi mennä nyt.
¿vale? vale sopiiko, käykö, onko selvä − sopii, käy, selvä *¿Vale así? − Sí, sí, vale.* Sopiiko näin? − Kyllä, sopiihan se. *Espérame aquí. − Vale.* Odota minua tässä. − Selvä.
valer para olla jksk *Yo no valgo para médico, mamá, yo quiero ser bailarín.* Minusta ei ole lääkäriksi, äiti. Haluan tanssijaksi.
valerse por [pron. tón.] **mismo** pärjätä itsekseen *No necesito tu ayuda, me valgo por mí mismo.* En tarvitse apuasi, pärjään itsekseni.
valer lo que pesa (*myös* valer su peso en oro) olla painonsa arvoinen kultaa *Las reformas que me has hecho en mi casa son perfectas, vales lo que pesas.* Kotonani tekemäsi remontti onnistui täydellisesti. Olet painosi arvoinen kultaa.
válgame Dios herra varjelkoon *¡Válgame Dios! ¿De dónde vienes con esas pintas?* Herra varjelkoon! Mistä sinä tulet tuonnäköisenä?
ya vale nyt riittää *Ya vale, mañana puedes darme más masajes.* Nyt riittää. Voit hieroa minua lisää huomenna.
y vale sillä selvä *Para que funcione, sólo tienes que pulsar ese botón, y vale.* Jotta pesukone toimisi, sinun täytyy vain painaa tätä nappia ja sillä selvä.
Más vale tarde que nunca. Parempi myöhään kuin ei milloinkaan.
ks. myös: valer la **pena**; servir/ valer lo mismo para un **roto** que para un descosido; ¡válgame **Dios**/ el cielo!

• **valor**
armarse de valor rohkaista mielensä *Erkki se armó de valor y se compró un perro.* Erkki rohkaisi mielensä ja hankki koira.
por valor de arvosta *Los países de la UE exportan anualmente armas por valor de muchos millones de euros.* EU-maat vievät vuosittain aseita useiden miljoonien eurojen arvosta.
ks. myös: El **miedo** es la madre del valor.

• **válvula**
válvula de escape henkireikä *El fútbol es su válvula de escape.* Jalkapallo on hänen henkireikänsä.

• **vano**
en vano turhaan *En vano intenté tranquilizarla.* Yritin turhaan rauhoittaa häntä.
no en vano ei turhaan, syystä *¿Ya lo has terminado? –No en vano me llaman El Cohete.* Joko teit sen loppuun? – Ei minua turhaan kutsuta Raketiksi.

• **vara**
como una vara (*myös* más tieso que una vara) kuin seipään niellyt *Era muy tímido y en la reunión se encontraba como una vara.* Hän oli hyvin ujo, ja kokouksessa hän oli jäykkänä kuin seipään niellyt.
irse de varas ➝ irse de vareta
temblar como una vara verde vapista kuin haavanlehti *Temblaba como una vara verde.* Hän vapisi kuin haavanlehti.
vara de medir mittapuu *Las cosas no tienen un valor fijo; depende de la vara de medir que utilices.* Asioilla ei ole tiettyä arvoa, vaan kaikki riippuu, mitä mittapuuta käyttää.
ks. myös: meterse en **camisa** de once varas.

• **vareta**

irse de vareta *alat* tulla paskat housuun *Parece un tío muy seguro, pero se iría de vareta si tuviese que hablar en público.* Hän vaikuttaa hyvin itsevarmalta tyypiltä mutta hänellä tulisi paskat housuun, jos hänen pitäisi puhua yleisön edessä.

• **vargas**
averígüelo, Vargas mene ja tiedä *Dijo que llegaría a las 12, pero averígüelo Vargas.* Hän sanoi tulevansa klo 12, mutta mene ja tiedä.

• **variación**
En la variación está el gusto. Vaihtelu virkistää.

• **variar**
para variar vaihteeksi, vaihtelun vuoksi *Hoy no voy a comer carne, para variar.* Tänään en syö lihaa, vaihtelun vuoksi. *He visto a Luis borracho en la calle. –Para variar.* Näin Luisin kännissä kadulla. – Ai, vaihteeksi.

• **varón**
conocer varón saada miestä *La monja pasó toda su vida en el convento y nunca conoció varón.* Nunna vietti koko elämänsä luostarissa eikä koskaan saanut miestä.

• **vasallaje**
rendir vasallaje olla alamainen, alainen *Tuvo que partir hacia el castillo del Duque a quien su padre rendía vasallaje.* Hänen täytyi lähteä herttuan linnaan, herttuan, jonka alamainen hänen isänsä oli.

• **vaso**
ahogarse en un vaso de agua tehdä kärpäsestä härkänen *Te han pedido un breve discurso, no una tesis doctoral. Es que tú te ahogas en un vaso de agua.* Sinulta pyydettiin lyhyttä puhetta, ei väitöskirjaa. Sinä teet nyt kärpäsestä härkäsen.

ks. myös: tempestad en un vaso de agua

• **veda**
abrir/levantar la veda saada lupa *El Estado no quiere más funcionarios y mientras no levanten la veda, no tendremos el nuevo profesor que necesitamos.* Valtio ei halua enempää virkamiehiä, ja niin kauan kuin ei anneta lupaa, emme saa tarvitsemaamme opettajaa. *Hoy han abierto la veda del cangrejo, así que mañana iremos a pescar al río.* Tänään alkoi ravustuskausi, joten huomenna lähdemme pyydystämään niitä joelle.

• **vejez**
a la vejez viruelas liian myöhään *Te he traído el aceite que me pediste esta mañana. —A la vejez, viruelas; lo habría necesitado para el almuerzo.* Toin sinulle öljyn, jota pyysit tänä aamuna. – Liian myöhään. Olisin tarvinnut sitä lounasta varten.

• **1 vela**
en vela valveilla *He pasado la noche en vela; no he dormido nada.* Olin koko yön valveilla. En ole nukkunut yhtään.

• **2 vela**
(estar) a dos velas olla matti kukkarossa *Luis se gastó toda la pasta en la fiesta y lleva ya una semana a dos velas.* Luis tuhlasi kaikki rahat juhliin, ja hänellä on ollut matti kukkarossa kaksi viikkoa.
no dar [le] **vela en este entierro** (*myös* no tener vela en este entierro) ei olla osaa eikä arpaa *Nadie te ha dado vela en este entierro, así que guárdate tus opiniones y consejos.* Sinulla ei ole tässä mitään osaa eikä arpaa, joten pidä omana tietonasi mielipiteesi ja neuvosi.
poner una vela a Dios y otra al diablo istua kahdella tuolilla *O vas al cumpleaños de la esposa de tu padre, o a la fiesta de tu madre; no puedes poner una vela a Dios y otra al Diablo.* Joko menet isäsi uuden vaimon syntymäpäiville tai äitisi juhliin, mutta ei voi istua kahdella tuolilla.
quedarse a dos velas vetää vesiperä *Pero esta vez la estrella noruega se 33quedó a dos velas.* Mutta tällä kertaa norjalaistähti veti vesiperän.

• **3 vela**
a toda vela minkä kintuista pääsee *Es mejor dejar el bus y largarse a toda vela.* On parasta jättää bussi ja pötkiä pakoon minkä kintuista pääsee.
avanzar a toda vela edetä täysin purjein *Ahora podemos avanzar a toda velaa.* Nyt voidaan edetä täysin purjein.
recoger velas luovuttaa *Cuando vieron que su idea no prosperaba, recogieron velas.* Nähdessään, ettei heidän ideansa saanut kannatusta, he luovuttivat.
ks. myös: que cada **palo** aguante su vela

• **velo**
correr/echar un tupido velo vaieta *Los intelectuales finlandeses han echado un tupido velo sobre la época de Kekkonen.* Suomalainen älymystö on vaiennut Kekkosen ajasta.

• **velocidad**
a toda velocidad täyttä vauhtia *Huyó a toda velocidad.* Hän pakeni täyttä vauhtia.
confundir la velocidad con el tocino mennä puurot ja vellit sekaisin *Estamos hablando de un préstamo, así que no confundas la velocidad con el tocino y te pongas a hablar de regalos.* Puhumme lainasta. Sinulla menee nyt puurot ja vellit sekaisin, kun puhut lahjoituksesta.
qué tendrá que ver la velocidad con el tocino ei pidä sekoittaa asioita *A la vecina de abajo le*

ayudas a limpiar la casa y a mí no. – ¡Qué tendrá que ver la velocidad con el tocino! Ella tiene 87 años, y tú, 17. Alakerran rouvaa autat siivoamisessa mutta et minua. Älä sekoita asioita. Hän on 87-vuotias ja sinä 17.

• **vena**
dar [le] **la vena** saada päähänsä *Es un poco rara, cuando le da la vena d33e no hablar, puede pasarse meses sin hacerlo.* Hän on hieman outo, ja kun hän saa päähänsä olla puhumatta, hän voi olla niin kuukausia. **llevar en las venas** olla verta *Lo de artista lo lleva en las venas.* Hänessä on taiteilijan verta.

• **vencido**
darse por vencido luovuttaa, kääntää kuppi nurin *Sigue intentando encontrar la solución al problema, no te des por vencido todavía.* Jatka ratkaisun etsimistä ongelmaan, älä vielä kääntä kuppi nurin.

• **venda**
caérse [le] **la venda de los ojos** avautua silmät *Se le cayó la venda de los ojos después de casada.* Hänen silmänsä avautuivat naimisiinmenon jälkeen.
ponerse la venda antes de la herida huolehtia etukäteen *Todavía no sabemos lo que pasará, no te pongas la venda antes de la herida.* Emme tiedä vielä, mitä tapahtuu. Älä huolehdi etukäteen.
con una venda en los ojos huppu silmillä *En el parlamento estamos tomando decisiones con una venda en los ojos.* Olemme eduskunnassa tekemässä päätöstä huppu silmillä.

• **vender**
vender caro myydä kalliista *Sabía que moriría porque estaba solo ante 10 enemigos, pero decidió que vendería cara su muerte.* Hän tiesi kuolevansa, koska oli yksin kymmenen

vihollisen edessä, mutta päätti, ettei ihan halvalla möisi nahkaansa.
venderse caro olla harvassa *Hacía mucho que no me encontraba esta seta en el bosque. –Sí, se venden caras.* En ollut aikoihin löytänyt tätä sientä metsästä. – Niitähän onkin harvassa.
ks. myös: venderse como **churros**

• **veneno**
como el veneno (myös **más que el veneno**) tosi ilkeä, häijy *No me fío de él; es malo como el veneno.* En luota häneen. Hän on tosi häijy.

• **venganza**
La venganza es dulce. Kosto on suloinen.

• **venir**
¿a qué viene? mistä johtuu, mistä moinen *¿A qué viene esa forma de hablarme?* Mistä moinen tapa puhua minulle? *Pero María, ¿a qué viene tanta prisa?* Mutta Maria, mistä moinen kiire?
no me vengas con älä tule esittämään *Dijiste que me lo regalarías a mí; no me vengas ahora con excusas.* Sanoit lahjoittavasi sen minulle. Älä nyt tule selittelemään.
que viene ensi, seuraava, tuleva *Iremos a verte el mes que viene.* Tulemme käymään luonasi ensi kuussa.
sin venir a qué syyttä *De pronto se puso a gritarme sin venir a qué.* Äkkiä hän alkoi huutaa minulle aivan syyttä.
venga a [inf.] tehdä jatkuvasti *Llevaba todo el día venga a trabajar.* Koko päivän hän teki vain töitä. *Habían pedido silencio y tú venga a hablar.* Oli pyydetty hiljaisuutta, ja sinä vain jatkoit puhumista. *Acaban de comprarle la bici y el niño está venga a dar vueltas.* Lapselle ostettiin juuri pyörä, ja nyt hän vain ajelee sillä koko ajan.
venga ya 1 no niin *Venga ya; termina de una vez. ¿No ves que tenemos prisa?* No niin, lopetahan heti. Etkö näe, että meillä on kiire?

2 vielä mitä *¡Venga ya! Eso no te lo crees ni tú.* Vielä mitä! Tuota et usko itsekään.

venga y venga (*myös* venga que venga) jatkaa tekemistä *Yo le pedí que se callase, pero ella venga que venga.* Pyysin häntä olemaan hiljaa, mutta hän jatkoi puhumista.

venir a [inf.] suunnilleen *Los dos libros vienen a decir lo mismo, pero de diferente manera.* Noissa kahdessa kirjassa puhutaan suunnilleen samasta asiasta, mutta eri tavalla. *Vendrá a ganar unos 1000 euros al mes.* Hän ansainnee noin 1 000 euroa kuukaudessa.

venir a menos huonontua *Antes esta ciudad era un gran centro industrial, pero ha venido a menos.* Ennen tämä kaupunki oli suuri teollisuuskeskus, mutta se on mennyt alaspäin.

venir bien/mal sopia hyvin/huonosti *Me viene muy bien darme un paseo antes de acostarme.* Minulle sopii oikein hyvin pieni kävelylenkki ennen nukkumaanmenoa. *Hoy me viene mal. ¿Qué te parece si cenamos juntos mañana?* Tämä päivä sopii minulle huonosti. Kävisikö, jos illastaisimme

venirse abajo romahtaa, luhistua, kaatua *La torre se vino abajo en dos segundos.* Torni romahti parissa sekunnissa. *Después de haber apilado todas las cajas, se me vinieron abajo.* Kasattuani kaikki laatikot päällekkäin, ne romahtivat kasaan. *En el 2000 muchas multinacionales se vinieron abajo porque eran gigantes con pies de barro.* Vuonna 2000 monet monikansalliset yritykset kaatuivat, koska ne oli hiekalle rakennettu.

ks. myös: venir [le] **ancho**; venir [le] como **agua** de/en mayo; venir **ganas** de; venir de **perillas**/ perlas

• **venta**

en venta myynnissä *Su casa está en venta y no puede alquilártela.* Hänen talonsa on myynnissä eikä hän voi vuokrata sitä sinulle.

a la venta myyntiin *El libro saldrá a la venta el próximo lunes.* Kirja tulee myyntiin ensi maanantaina.

• **ventana**

tirar por la ventana heittää mäkeen *El viejo iMac, ¿actualizarlo o tirarlo por la ventana?* Vanha iMac, päivittääkö vai heittää mäkeen?

• **ventura**

a la buena ventura umpimähkään *Se fue de viaje a la buena ventura, sin destino ni maletas.* Hän lähti matkalle umpimähkään, ilman päämäärää ja ilman matkatavaroita.

por ventura sattumalta *¿Por ventura sabría usted indicarme la catedral de Uspenski?* Osaisitteko sattumalta sanoa, missä on Uspenskin katedraali?

• **ver**

a lo que se ve ilmeisesti, nähtävästi *En su época no existían los ordenadores que, a lo que se ve, son los que causan estrés.* Hänen aikanaan ei ollut tietokoneita, jotka ilmeisesti aiheuttavat stressiä. *Todos tenemos fecha de caducidad, y algunos, a lo que se ve, muy corta.* Kaikki me kuolemme joskus ja jotkut nähtävästi hyvin nuorena.

a mi ver nähdäkseni *A mi ver, esto es tan inútil como tratar de contar las estrellas del cielo.* Nähdäkseni tämä on niin hyödytöntä kuin olla voi.

aquí/ahí/allí donde [lo] **ver** uskoa pois *Ahí donde la ves, Marisa es astronauta.* Usko pois. Marisa on astronautti. *Aquí donde usted me ve, soy catedrático de universidad.* Uskokaa pois. Olen yliopiston professori.

aquí/ahí/allí [lo] **ver** siinä nyt näet *Se fracturó la pierna hace tres meses, y ahí lo ves, corriendo el* maratón. Häneltä meni jalka poikki 3 kuukautta sitten, ja siinä nyt näet, hän osallistuu maratonille.

a ver 1 katsotaan *A ver ¿A qué hora llegaste ayer?* Katsotaanpas nyt. Mihin aikaan tulit eilen? **2** tietenkin! *Me dijo Luis que está muy cansado. – ¡A ver!, volvió a casa a las 5 de la mañana.* Luis sanoi minulle olevansa hyvin väsynyt. – Tietenkin! Hänhän tuli kotiin aamuviideltä. **3** -ko, -kö *Estaba calculando a ver cuánto le correspondía a cada uno.* Hän laskeskeli, kuinka paljon kullekin kuuluu.

a ver cuándo milloinkahan *A ver cuándo piensas ayudarme.* Milloinkahan mahdat auttaa minua?

a ver si toivottavasti *A ver si llueve pronto.* Toivottavasti sataa pian.

a ver si no vai mitä, eikö niin *El pastel te lo has comido tú; a ver si no.* Sinä söit kakun, vai mitä?

como si lo estuviera viendo 1 ilmiselvästi *Recuerdo, como si lo estuviera viendo, que la escuela de mi pueblo estaba al lado de la iglesia.* Muistan ilmiselvästi, että kotikylässäni koulu oli kirkon vieressä. **2** taatusti, aivan varmasti *Van a abrir un restaurante maltés en el centro. Durará dos meses. Como si lo estuviera viendo.* Keskustaan avataan maltalainen ravintola. Kahden kuukauden kuluttua se on aivan varmasti jo suljettu. *Vendrá a jugar y se le habrá olvidado la raqueta. Como si lo estuviera viendo.* Hän tulee pelaamaan, ja on luultavasti unohtanut ottaa mailan mukaan. Lyön siitä vaikka vetoa.

de buen ver hyvännäköinen *Es un chico de muy buen ver y muy educado.* Hän on erittäin hyvännäköinen ja sivistynyt poika. *Si te arreglas un poco, estarás de muy buen ver.* Jos hieman laitat itseäsi, olet todella hyvännäköinen.

en un visto y no visto silmänräpäyksessä *Le serví un gran plato de paella y en un visto y no visto ya se lo había comido.* Tarjosin hänelle suuren lautasellisen paellaa, ja hetkessä hän oli jo syönyt sen.

estar muy visto olla vanha juttu *Busca otros argumentos porque esos están muy vistos.* Keksi muita perusteluja, koska nuo on jo kuultu.

estar por ver olla epävarma *Lo de que van a subirnos el sueldo está por ver.* Palkankorotuksemme on epävarma.

haber que ver jäädä nähtäväksi *Lo de que él puede hacerlo, habría que verlo.* Kykeneekö hän tekemään sen, jää nähtäväksi.

habráse visto kylläpäs on *¡Pídele perdón ahora mismo a tu tío! ¡Habráse visto el niño!* Pyydä heti anteeksi sedältäsi. Kylläpäs on melkoinen kakara! *Se ha comido todo el pastel. ¡Habráse visto la descarada!* Hän söi koko kakun. Kylläpäs on otsaa!

hay que ver jopas, kylläpäs, onpas *Hay que ver con qué ilusión espera la llegada de Papá Noel.* Kylläpäs hän odottaa hartaasti joulupukin tuloa.

ni verlo ei todellakaan *¿Te gusta el pescado? –Ni verlo.* Pidätkö kalasta? – En todellakaan.

no poder ver ei sietää silmissään *Es una persona insoportable, no puedo verlo.* Hän on sietämätön ihminen. En siedä häntä silmissäni.

no veas et voi kuvitellakaan *¡No veas la guerra que me da este niño cada vez que quiere que le compre algo!* Et voi kuvitellakaan sitä rähinää, minkä tämä lapsi nostaa joka kerran, kun haluaa minun ostavan hänelle jotakin.

por lo que veo ilmeisesti, nähtävästi *Por lo que veo, ya habéis comido todos.* Ilmeisesti olette kaikki jo syöneet.

por lo visto ilmeisesti, nähtävästi, näköjään *Por lo visto, ellos no sabían nada del asunto.* Ilmeisesti he eivät tienneet mitään asiasta.

que no veo hyvin voimakas, kauhea, kova *Tengo un hambre que no veo.* Minulla on niin kova nälkä, että näköä haittaa.

quedarse a verlas venir jäädä nuolemaan näppejään *Yo pensé que me darían algo, pero me quedé a verlas venir.* Luulin heidän antavan minulle jotakin mutta jäin nuolemaan näppejäni.

se ve que nähtävästi *Se ve que ya había muerto cuando lo encontró la policía.* Nähtävästi hän oli jo kuollut poliisin löytäessä hänet.

tener algo/ no tener nada que ver con/en olla jotakin tekemistä / ei olla mitään tekemistä *¿Tiene usted algo que ver con la universidad?* Onko Teillä jotakin tekemistä yliopiston kanssa? *Yo no tengo nada que ver con esa mujer.* Minulla ei ole mitään tekemistä sen naisen kanssa. *¿Has tenido algo que ver en el nombramiento de Guillermo como jefe?* Oliko sinulla jotakin tekemistä Guillermon johtajaksi nimittämisen kanssa? *Yo no he tenido nada que ver en el despido tu amigo.* Minulla ei ollut mitään tekemistä ystäväsi erottamisen kanssa.

tú verás (*myös* usted verá; vosotros veréis) itsepähän tietää, omapahan on asia *Si estuviese en tu lugar, no le diría nada, pero, tú verás.* Sinuna en sanoisi hänelle mitään, mutta itsepähän tiedät. *Puede dejar aquí las maletas o llevarlas a la habitación; usted verá.* Voitte jättää matkalaukut tähän tai viedä ne huoneeseenne, itsepähän tiedätte. *Vosotros veréis. Yo no puedo deciros lo que tenéis que hacer.* Omapahan on asianne. Minä en voi sanoa, mitä teidän pitää tehdä.

vamos a ver katsotaan *Vamos a ver quién llega antes a casa.* Katsotaan, kuka tulee ennemmin kotiin.

ver de [inf.] yrittää *Veremos de comprarte el libro que nos pides, pero no te lo garantizamos.* Yritämme ostaa sinulle pyytämäsi kirjan mutta emme takaa mitään.

¡ver para creer! uskomatonta *Luis no ha tocado hoy el postre. ¡Ver para creer!* Luis ei ole koskenutkaan tänään jälkiruokaan. Uskomatonta!

ver [le] **venir** tietää mitä tuleman pitää *Yo ya le veía venir, así que le interrumpí y le dije que* no necesitaba pedirme permiso si quería salir con mi hija. Tiesin jo mitä tuleman pitää, joten keskeytin hänet ja sanoin, ettei tarvinnut pyytää minulta lupaa seurustelemiseen tyttäreni kanssa.

verá usted / verás katsokaas / katsos *¿Por qué no vinisteis a la cena de despedida? – Verá usted; nosotros no solemos salir por las noches.* Miksi ette tulleet jäähyväisillallisille? – Katsokaas, kun me emme yleensä käy iltaisin ulkona. *Me contó Pedro que os fuisteis sin esperarle. – Verás; la verdad es que después de una hora no había venido y decidimos irnos sin él.* Pedro kertoi minulle teidän lähteneen odottamatta häntä. – Katsos, kun asia on niin, että kun häntä ei ollut kuulunut tuntiin, päätimme lähteä ilman häntä.

[ya] verás como saat nähdä *Ya verás como llega tarde otra vez; no hay manera de que sea puntual.* Saat nähdä, kuinka hän taas myöhästyy. Hän ei millään pysty olemaan säntillinen. *Claro que podemos ir a la inauguración, pero verás como no nos dejan entrar.* Tietenkin voimme mennä avajaisiin, mutta saat nähdä, ettei meitä päästetä sisään.

ya se verá aika näyttää *Ya se verá si tenía razón.* Aika näyttää, oliko hän oikeassa.

[ya] veremos katsotaan, saa nyt nähdä *Cuando llegue el momento, ya veremos.* Kunhan aika joutuu, katsotaan. *Ya veremos si realmente es tan excelente la máquina.* Saa nyt nähdä, onko se todella niin erinomainen kone.

verlo para creerlo uskomaton *Eso hay que verlo para creerlo.* Se on uskomaton juttu.

verse [+ adj./part.] joutua *Me fui porque no quería verme envuelto en asuntos que no me interesan.* Lähdin pois, koska en halunnut joutua mukaan asioihin, jotka eivät kiinnosta minua. *Ella no aceptó las condiciones, más bien se vio obligada a hacerlo.* Hän ei hyväksynyt ehtoja, vaan pikemminkin hänen oli pakko tehdä niin.

vérselas con olla silmätysten, kohdata *Tengo que vérmelas hoy con los obreros porque no acepto cómo me han hecho las reformas.* Minun täytyy päästä silmätysten työmiesten kanssa, koska en hyväksy sitä, miten he tekivät remontin. *Si vuelves a molestarle a tu hermanito, te las verás conmigo.* Jos vielä kiusaat pikkuveljeäsi, joudut tekemisiin kanssani. *A los niños hay que enseñarles a vérselas con sus propios miedos.* Lapsia täytyy opettaa kohtaamaan omat pelkonsa.

vérselas y deseárselas olla suuria vaikeuksia *Me las vi y me las deseé para terminar la tesis doctoral.* Minulla oli suuria vaikeuksia tehdä väitöskirja loppuun. *No creas que para mí pintar es fácil, con frecuencia me las veo y me las deseo para hacer una pintura aceptable.* Älä luule, että maalaaminen on minulle helppoa. Kunnon maalauksen tekeminen ottaa usein koville.

ya verás saatpa nähdä, sano minun sanoneen *Seguro que antes de las 10 no llega; ya verás.* Hän ei varmasti tule ennen kymmentä, saatpa nähdä.

¡Hay que ver cómo eres! Voi sinun kanssasi!

Si te he visto, no me acuerdo. Hyvä työ ei aina saa kiitosta.

ks. myös: donde fueres, haz como vieres (**ir**)

• **vera**

a la vera vieressä, reunassa *Se quedó a la vera del camino.* Hän jäi tien varteen.

• **veras**

de veras todella, ihan totta *De veras, ya lo he limpiado todo. —¿De veras?* Minä olen todellakin jo siivonnut kaiken. – Ihanko totta? *Le agradezco de veras que me haya echado una mano.* Kiitän Teitä todellakin, kun autoitte minua.

• **verdad**

a decir verdad totta puhuen, toden sanoakseni *A decir verdad, no me gusta lo que acabas de hacer.* Totta puhuen, en pidä siitä, mitä juuri teit.

con la verdad por delante rehellisesti, avoimesti *Cuando uno solicita un trabajo, hay que ir siempre con la verdad por delante.* Kun haetaan työpaikkaa, täytyy aina toimia rehellisesti.

decir cuatro verdades sanoa suorat sanat *Le diré cuatro verdades en cuanto le ponga la vista encima.* Sanon hänelle suorat sanat, heti kun näen hänet.

de verdad todella *La quiero de verdad.* Rakastan häntä todella.

decir [le] **las verdades** sanoa pari valittua sanaa *Me gustaría decirle las verdades a mi ex.* Tekisi mieli sanoa pari valittua sanaa exälle.

en verdad tosiasiassa *Nunca entendió los motivos de la separación. En verdad, tuvieron que pasar muchos años antes de aceptar que estaba separado.* Hän ei koskaan ymmärtänyt eron syitä. Tosiasiassa piti kulua monta vuotta, ennen kuin hän hyväksyi eron.

la verdad es que asia on niin, että *La verdad es que no puedo acompañarte al cine porque espero visita.* Asia on niin, että en voi lähteä elokuviin kanssasi, koska odotan vieraita.

la verdad sea dicha totta puhuakseen *Por mucho que lo intento, la verdad sea dicha, no consigo recordar cómo se llama usted.* Vaikka kuinka yritän, niin, totta puhuakseni, en pysty muistamaan nimeänne.

¿verdad? (*myös* ¿no es verdad?) eikö totta, eikö niin, vai kuinka *Es muy fácil aprender español, ¿verdad?* Espanjaa on helppo oppia, eikö niin? *Y a mí me prometiste la mitad, ¿no es verdad?* Lupasit minulle puolet, eikö totta?

una verdad como un puño (*myös* verdades como puños) julma totuus *Lo que acabas de decir es una verdad como un puño.* Se, mitä sanoit äsken, on julma totuus. *No se trata de* *palabras vacías, sino de verdades como puños.* Se ei ole tyhjänpäiväistä puhetta, vaan julma totuus.

Es una verdad como un templo. Se on kirkossa kulutettu juttu.

La verdad está en la boca de los niños. Lapsen suusta kuulee totuuden.

Más vale una amarga verdad que una dulce mentira. Parempi karvas totuus kuin makea valhe.

ks. myös: en **honor** de la verdad

• **verde**

estar verde olla kokematon, vihreä *Todavía no puede ser director, está muy verde.* Hänestä ei ole vielä johtajaksi, hän on hyvin kokematon.

poner [le] **verde** haukkua pataluhaksi, maanrakoon *Mi hermano mayor me puso verde cuando supo que le había cogido el coche sin su permiso.* Saatuaan tietää minun ottaneen auton ilman lupaa vanhempi veljeni haukkui minut pataluhaksi.

ponerse verde saada kyllikseen *Cuando trabajaba en la pastelería, me ponía verde de pasteles de chocolate.* Ollessani töissä konditoriassa sain kyllikseni suklaaleivoksista.

• **vereda**

meter en vereda panna kuriin *Tienes que meter en vereda a tu hija si no quieres tener problemas con ella más tarde.* Sinun täytyy panna tyttäresi kuriin, ellet halua vaikeuksia hänen kanssaan myöhemmin.

• **vergüenza**

dar [le] **vergüenza** hävettää *Me da vergüenza salir vestido así.* Minua hävettää mennä ulos näin pukeutuneena.

morirse de vergüenza hävetä silmät päästään *Las personas que representan a Finlandia deberían morirse de de vergüenza por esas*

cosas. Suomea edustavat ihmiset saisi hävetä silmät päästään tuollaisesta.

ks. myös: caérse [le] la **cara** de vergüenza

• **vértigo**

de vértigo huimaava *Las cifras del presupuesto militar estadounidense son de vértigo.* Yhdysvaltojen puolustusvoimien budjetin luvut ovat huimaavia.

dar [le] **vértigo** huimata *Sólo mirar la torre ya le daba vértigo.* Pelkästään tornin katsominen huimasi häntä.

• **vestidura**

rasgarse las vestiduras ilmaista näennäistä tai liiallista paheksuntaa *Muchos políticos se rasgan las vestiduras cuando hablan del cambio climático, pero no hacen nada para remediarlo.* Monet poliitikot muka osoittavat paheksuntaa, kun puhutaan ilmastonmuutoksesta, mutta eivät tee mitään asian korjaamiseksi. *Los partidos cristianos se han rasgado las vestiduras ante la nueva ley de matrimonios.* Kristilliset puolueet ovat niin sanotusti ilmaisseet paheksuntansa uutta avioliittolakia kohtaan.

• **vestir**

el mismo que viste y calza omassa persoonassa *¿Es usted Antonio? —El mismo que viste y calza.* Oletteko Antonio? – Kyllä, ihan omassa persoonassani.

Vísteme despacio que tengo prisa. Kiiruhda hitaasti.

ks. myös: quedarse para vestir **santos**

• **vez**

a la vez yhtäaikaa, samalla, samanaikaisesti *Llegaron los dos a la vez* Molemmat tulivat yhtäaikaa. *El desarrollo es a la vez causa y efecto del bienestar social.* Kehitys on samalla sosiaalisen hyvinvoinnin syy ja seuraus.

a la vez que samalla *Miré el reloj a la vez que cerraba la puerta.* Katsoin kelloa samalla kun laitoin ovea lukkoon.

alguna que otra vez silloin tällöin, joskus *Muy raramente, alguna que otra vez vino a vernos.* Hyvin harvoin, ihan joskus, hän tulee käymään meillä.

alguna vez joskus, koskaan *¿Has estado alguna vez en Moscú?* Oletko koskaan käynyt Moskovassa? *Podríamos ir a cenar juntos alguna vez.* Voisimme joskus syödä illallista yhdessä.

a su vez vuorostaan *Las manzanas las partimos en dos y éstas a su vez también en dos.* Laitoimme omenat kahtia ja puolikkaat vuorostaan myös kahtia.

a veces joskus *A veces me dan ganas de dejarlo todo e irme a vivir al campo.* Joskus minun tekee mieli jättää kaikki ja muuttaa maalle.

a veces así, a veces asao kuinka kulloinkin *¿Cómo preparas la gallina? – A veces así, a veces asao.* Miten kypsennät kanan? -Kuinka kulloinkin.

a veces uno, a veces otro kuka kulloinkin *A las reuniones ha asistido a veces uno, a veces otro.* Kokouksissa on käynyt kuka kulloinkin.

cada vez más yhä *Antonio está cada vez más guapo.* Antonio on entistä komeampi. *Cada vez me gusta más eso de que me traigas el desayuno a la cama.* Minusta on aina vaan mukavampaa, kun tuot minulle aamiaisen sänkyyn.

cada vez que aina kun *Cada vez que llueve, tiene goteras.* Aina kun sataa, hänen kattonsa vuotaa.

de una vez kerralla, lopultakin *Se comió toda la tableta de chocolate de una vez.* Hän söi koko suklaalevyn kerralla. *Decídete de una vez.* Päätä lopultakin. *¿Me puedes decir de una vez lo que quieres?* Voitko lopultakin sanoa, mitä haluat? *¡Callaos de una vez!* Olkaa nyt hiljaa!

de una vez para siempre lopullisesti *Si se va, que se vaya de una vez para siempre.* Jos hän lähtee, lähteköön lopullisesti.

de una vez por todas lopultakin *Eso nos permitirá saber, de una vez por todas, cual fue el motivo de su enfado.* Saamme tietää lopultakin, mikä oli syy hänen suuttumiseensa. *Vamos a ver si de una vez por todas aprendes a ir en bicicleta.* Katsotaanpa, opitko lopultakin ajamaan pyörällä.

de vez en cuando silloin tällöin, aika ajoin, toisinaan *De vez en cuando la miraba, pero sin que ella se diese cuenta.* Katsoin häntä silloin tällöin hänen huomaamattaan. *De vez en cuando hacíamos una parada para comer algo.* Pysähdyimme silloin tällöin syömään jotakin. *Las máquinas tienen una pila que se debe ambiar de vez en cuando.* Koneissa on patteri, joka pitää vaihtaa aika ajoin.

en vez de sijasta *Cogió la revista en vez del libro.* Hän otti aikakauslehden kirjan sijasta. *En vez de ir en coche, prefiero ir andando.* Auton sijasta kuljen mieluummin jalan. *En vez de solucionar los problemas, prefiere dejarlos en el aire.* Ongelmien ratkaisemisen sijaan hän mieluummin jättää ne roikkumaan ilmaan. *érase una vez* (myös *había una vez*) olipa kerran *Érase una vez una reina que tenía un hijo muy hermoso.* Olipa kerran kuningatar, jolla oli hyvin komea poika.

había una vez olipa kerran *Había una vez un rey que no quería ser rey.* Olipa kerran kuningas, joka ei halunnut olla kuningas.

hacer las veces de toimia jnak *Como el director está ausente, el secretario hace las veces de director.* Koska johtaja on poissa, sihteeri toimii johtajana. *El sofá le hacía las veces de cama.* Sohva toimi hänellä sänkynä.

la mitad de las veces lähes aina *De vez en cuando hace ella la comida, pero la mitad de las veces se le quema.* Hän laittaa joskus ruokaa, mutta lähes aina ruoka palaa pohjaan.

las más de las veces useimmiten *Cuando en las escuelas se enseña "educación sexual", las más de las veces el contenido se refiere únicamente a la procreación.* Kun koulussa annetaan seksuaalivalistusta, useimmiten sen sisältönä on suvunjatkaminen.

más de una vez monen monta kertaa *He leído más de una vez ese libro.* Luin monen monta kertaa tuon kirjan.

otra vez será joskus toiste sitten *Si no puede venir mañana, otra vez será.* Ellei hän voi tulla huomenna, niin joskus toiste sitten.

por una vez kerrankin *Hazme el favor de portarte bien por una vez.* Ole kiltti ja käyttäydy kerrankin kunnolla.

sin pensarlo dos veces (*myös* no pensárselo dos veces) ajattelematta kahta kertaa, hetkeäkään epäröimättä *Notó que el bebé se ahogaba y sin pensarlo dos veces lo cogió por los pies para que expulsase lo que se le había atragantado.* Hän huomasi vauvan olevan tukehtumaisillaan ja kahta kertaa ajattelematta tarttui tätä jaloista saadakseen irti sen, mikä oli mennyt väärään kurkkuun. *Le ofrecieron un puesto en Argentina, no se lo pensó dos veces y allí se fue.* Kun hänelle tarjottiin työtä Argentiinassa, hän ei ajatellut kahta kertaa vaan lähti oitis matkaan.

tal vez ehkä *Tal vez haya leído ese libro.* Ehkä olette lukenut tämän kirjan.

una vez tehtyään jtk *Una vez hubo salido del agua, se tumbó sobre la arena.* Noustuaan vedestä hän kaatui hiekalle. *Una vez nombrado catedrático, empezó un importante proyecto de investigación.* Saatuaan nimityksen professoriksi hän aloitti merkittävän tutkimusprojektin. *Una vez dichas estas palabras, salió del dormitorio dando un portazo.* Sanottuaan nämä sanat hän lähti makuuhuoneesta ovet paukkuen. *Una vez en la calle, lo primero que hizo fue irse a una hamburguesería.* Päästyään ulos hän meni ensimmäiseksi hampurilaisravintolaan.

una vez que 1 kun *Una vez que los estudiantes han realizado el nivel B, pueden pasar al C.* Kun opiskelijat ovat suoriutuneet tasosta B, he voivat siirtyä tasolle C. *Una vez que uno se acostumbra, la sauna puede ser interesante.* Sauna voi olla mielenkiintoinen asia, kun siihen on tottunut. *Una vez que tengáis confianza en mí, podremos trabajar mejor juntos.* Kun luotatte minuun, voimme työskennellä paremmin yhdessä. **2** kerran kun *Una vez que yo estaba tomando el sol en la playa, me encontré un reloj.* Kerran kun olin ottamassa aurinkoa rannalla, löysin kellon.

una y mil veces tuhat kertaa *Le he repetido una y mil veces que apague las luces al salir, pero él no me hace caso.* Olen sanonut hänelle tuhat kertaa, että sammuttaa valot lähtiessään, mutta eipä mene perille.

una y otra vez (*myös* una vez y otra) kerran jos toisenkin *Lo hemos intentado una y otra vez, pero no conseguimos ningún resultado.* Olemme yrittäneet kerran jos toisenkin, mutta emme pääse mihinkään tulokseen.

Para todo hay una primera vez. Kerta se on ensimmäinenkin.

ks. myös: por **enésima** vez

• vía

de vía estrecha kapea-alainen, fakki-idiotti *Es un escritor de vía estrecha.* Hän on kapea-alainen kirjailija. *No quiero ser un escritor de vía estrecha, dice Westö, y por eso prefiere no hablar sólo de sus libros.* En halua olla fakki-idiotti kirjailija, sanoo Westö, ja niinpä hän mieluummin puhuu muusta kuin kirjoistaan.

dar vía libre antaa vapaat kädet *Le han dado vía libre para que realice el proyecto como mejor considere.* Hänelle annettiin vapaat kädet toteuttaa projekti parhaaksi katsomallaan tavalla.

en vía muerta umpikujassa *El proyecto está en vía muerta porque no disponemos de* *fondos.* Projekti on umpikujassa, koska meillä ei ole varoja.

en vías de käynnissä, menossa *Los esposos están en vías de reconciliación, pero siguen separados.* Pariskunta on tekemässä sovintoa, mutta ovat vielä erossa. *El gobierno socialista ha condonado toda la deuda que con España tenían algunos países en vías de desarrollo.* Sosialistihallitus on antanut anteeksi koko velan, jonka Espanja oli myöntänyt joillekin kehitysmaille.

irse/mandar a cagar a la vía *alat* mennä huitsin nevadaan *Por mí, mi marido puede irse a cagar a la vía.* Puolestani mieheni voi mennä huitsin nevada.

● **vía crucis**
hacer el vía crucis tehdä kapakkakierros *El primer año, los estudiantes hacen el vía crucis de la calle principal.* Ensimmäisen vuoden opiskelijat tekevät kapakkakierroksen pääkadulla.

● **viajar**
Viajando se aprende. Matkailu avartaa.

● **viaje**
para ese viaje no necesitar alforjas ei tulla hullua hurskaammaksi *He conseguido que me suba el sueldo un 0,5 %. –Bien, pero para ese viaje no necesitas alforjas.* Onnistuin saamaan 0,5 %:n palkankorotuksen. – Hyvä, mutta et tule siitä hullua hurskaammaksi.

tirar [le] un viaje hyökätä kimppuun *El ladrón sacó la navaja y al director del banco le tiró un viaje que por suerte no lo mató.* Ryöstäjä otti esiin veitsen ja hyökkäsi pankinjohtajan kimppuun mutta

● **vicaría**
pasar por vicaría käydä papin puheilla, saada papin aamen *Quería vivir con él, pero sin*

pasar por vicaría. Halusin elää hänen kanssaan, mutta ilman papin aamenta.

● vicio
quejarse de vicio marista turhaan *Te quejas de vicio; tendrías que ver el trabajo que tenemos los demás.* Mariset turhaan. Sinun pitäisi nähdä, kuinka paljon työtä meillä muilla on.

venir [le] de vicio tehdä terää *Me vendría de vicio un café.* Kahvi tekisi minulle terää.

ks. myös: la **ignorancia**/ociosidad es la madre de todos los vicios

● víctima
hacerse la víctima näytellä marttyyria *No te hagas la víctima, si no te ha saludado es porque no te ha visto.* Älä näyttele marttyyria. Hän ei tervehtinyt, koska hän ei vain huomannut sinua.

● victoria
cantar victoria kuuluttaa voittoa *No cantes victoria antes de que haya terminado el campeonato.* Älä kuuluta voittoa, ennen kuin kilpailu on päättynyt.

● vida
así es la vida (*myös* la vida es así) sellaista elämä on *He sabido que ayer murió tu tío. –Así es la vida.* Kuulin setäsi kuolleen eilen. – Sellaista se elämä on.

a vida o muerte henkensä kaupalla *Mi padre tuvo un accidente y le tuvieron que hacer una operación cerebral a vida o muerte.* Isälleni sattui onnettomuus, ja hänelle piti tehdä hengenvaarallinen aivoleikkaus. *Luchaban a vida o muerte.* He taistelivat henkensä kaupalla.

buscarse la vida hankkia elanto *Cuando mi abuelo se quedó huérfano, tuvo que buscarse la vida aunque sólo tenía 14 años.* Kun isoisäni jäi orvoksi, hän joutui hankkimaan elantonsa, vaikka oli vasta 14-vuotias.

cobrar vida herätä henkiin *En sus libros cobran vida tanto personajes históricos como de ficción.* Hänen kirjoissaan heräävät henkiin sekä historialliset että kuvitteelliset henkilöt.

como la vida misma kuin elävästä elämästä *Esta serie televisiva es real como la vida misma.* Tämä televisiosarja on kuin elävästä elämästä.

complicarse la vida tehdä vaikeaksi *No te compliques la vida buscándole un regalo especial; envíale una postal y listos.* Älä tee asioita vaikeiksi etsimällä jotakin erityistä lahjaa; lähetä hänelle kortti ja sillä selvä.

costar [le] la vida maksaa henki *Su nacimiento le había costado la vida a su madre.* Hänen syntymänsä maksoi hänen äitinsä hengen.

dar media vida por antaa mitä tahansa *Daría media vida por volver a verla.* Antaisin mitä tahansa nähdäkseni hänet uudelleen.

darse/pegarse la gran vida elää leveästi *Desde que le nombraron jefe, se da la gran vida.* Johtajaksi nimittämisen jälkeen hän on elänyt leveästi.

dar vida herättää henkiin *Lo importante eran los recuerdos, unos recuerdos que dieron vida a todos los sentimientos hasta entonces adormecidos.* Muistot olivat tärkeitä, muistot, jotka herättivät henkiin kaikki siihen asti uinuneet tunteet.

de por vida eliniäksi, loppuiäksi *Fue condenada de por vida a residir fuera de las fronteras de su tierra.* Hänet tuomittiin eliniäksi asumaan maasta karkoitettuna. *El trauma que le produjo el accidente la dejó muda de por vida.* Onnettomuudessa aiheutuneen vamman vuoksi hän menetti puhekykynsä loppuiäksi.

de toda la vida koko iän *Lo conozco de toda la vida.* Olen tuntenut hänet koko ikäni.

dejarse la vida en raataa itsensä hengiltä *Se ha dejado la vida en la fábrica.* Hän raatoi itsensä hengiltä tehtaassa.

encantado de la vida kaikki hyvin *No hace falta que me llevéis; ahora cojo un taxi y encantado de la vida.* Ei tarvitse viedä minua. Hyppään nyt taksiin ja kaikki hyvin. *¿Cómo te encuentras? –Encantado de la vida.* Kuinka voit? – Elämä hymyilee minulle.

en la vida ei kuuna kullan valkeana *No sé si veré a toda esa gente en la vida.* En tiedä, näenkö kaikkia niitä tyyppejä enää kuuna kullan valkeana.

en vida eläessä *Mi padre en vida se dedicaba a las tareas del campo.* Isäni omistautui eläessään maatöille.

en toda [pos.] vida (myös en [pos.] **vida**) eläessään *En mi vida había visto tanto dinero.* En ole eläessäni nähnyt niin paljon rahaa. *En toda su vida no ha hecho otra cosa que trabajar.* Hän ei ole eläessään tehnyt muuta kuin töitä. *Me parece que no ha leído un libro en su vida.* Minusta tuntuu, ettei hän ole eläessään lukenut yhtään kirjaa.

ganarse la vida ansaita elantonsa *Se ganaba la vida dando clases de música* Hän ansaitsi elantonsa antamalla soittotunteja. *Cada cual se gana la vida como puede.* Jokainen ansaitsee elantonsa miten parhaiten taitaa.

hacer [le] la vida imposible piinata, kiusata *Abandonó el trabajo porque el jefe le hacía la vida imposible.* Hän lähti työpaikastaan, koska johtaja piinasi häntä.

hacer [le] la vida de cuadritos *am* kiusata, tehdä hankalaksi *En la telenovela, el padre se dedica a hacerle la vida de cuadritos a la mujer de su hijo porque la odia.* Saippuasarjassa isä hankaloittaa kaikin tavoin poikansa vaimon elämää, koska vihaa häntä.

mala vida 1 huono elämä *La mala vida que llevas se te ve en la cara.* Viettämäsi huono elämä näkyy kasvoistasi. **2** itsensä myyminen *Cuando salió de su país, no sabía que le* *obligarían a dedicarse a la mala vida.* Lähdettyään kotimaastaan hän ei tiennyt joutuvansa myymään itseään.

no me cuentes tu vida älä jaarittele, höpötä *¿No ves que estoy leyendo? No me cuentes tu vida, porfa.* Etkö näe, että luen? Ole kiltti, äläkä höpötä siinä.

pasar a mejor vida siirtyä autuaammille metsästysmaille *Su abuelo había pasado a mejor vida el año anterior.* Hänen isoisänsä siirtyi edellisenä vuonna autuaammille metsästysmaille.

pasarse la vida koko ajan *Se pasa la vida diciendo que le encanta la ópera, pero nunca va.* Hän hokee koko ajan, että rakastaa oopperaa, mutta ei koskaan käy siellä.

¿qué es de tu vida? mitä kuuluu ¡Antonio! *¿Qué es de tu vida? –Bien, ¿y tú?* Antonio, mitä kuuluu? – Hyvää. Entä sinulle?

salir con vida selvitä hengissä *Salió con vida del accidente.* Selvisi hengissä onnettomuudesta.

vender cara su vida myydä nahkansa kalliista *Sabía que moriría porque estaba sólo ante 10 enemigos, pero decidió que vendería cara su vida.* Hän tiesi kuolevansa, koska oli yksin kymmenen vihollisen edessä, mutta hän päätti, ettei ihan halvalla möisi nahkaansa.

Mientras hay vida, hay esperanza. Niin kauan kuin on elämää, on toivoa.

ks. myös: dar **señales** de vida; en la **flor** de la vida

• **vidrio**
pagar los vidrios rotos maksaa viulut *Cada vez que hay un problema, el que paga los vidrios rotos soy yo.* Joka kerran, kun tulee ongelmia, minä saan maksaa viulut.

• **viejo**
viejo verde vanha pukki *Ese viejo verde que vive ahí al lado está intentando ligar con las* jovencitas. Se naapurissa asuva vanha pukki yrittää iskeä nuoria naisia.

• **viento**
desaparecer como el que se llevó el viento kadota kuin maan nielemänä *Un avión de viajeros desapareció como el que se llevó el viento.* Matkustajakone katosi kuin maan nielemänä.

decir/pregonar/proclamar a los cuatro vientos kuuluttaa kaikille, toitottaa julki *Es un secreto que te digo a ti y que no quiero que pregones a los cuatro vientos.* Kerron tämän salaisuuden sinulle, enkä halua sinun kuuluttavan sitä kaikille.

beber los vientos por olla pihkassa *De joven bebía los vientos por ella, pero con el tiempo se me pasó el enamoramiento.* Olin nuorena pihkassa häneen, mutta aikaa myöten se rakastuminen meni ohi.

contra viento y marea kaikista vaikeuksista huolimatta *Tuvo muchos problemas durante los estudios, pero consiguió licenciarse contra viento y marea.* Hänellä oli opiskeluaikana paljon ongelmia, mutta hän valmistui kuitenkin maisteriksi kaikista vaikeuksista huolimatta.

de ciento en viento ani harvoin *En en centro de la ciudad se pueden ver auroras boreales de ciento en viento.* Revontulia näkee ani harvoin kaupungin keskustassa.

decir/pregonar/ proclamar a los cuatro vientos kuuluttaa kaikille, toitottaa julki *Es un secreto que te digo a ti y que no quiero que pregones a los cuatro vientos.* Kerron tämän salaisuuden sinulle, enkä halua sinun kuuluttavan sitä kaikille.

ir/mandar a tomar viento painua sinne missä pippuri kasvaa *Si no quiere ayudarnos, que no nos ayude y que se vaya a tomar viento.* Jos hän ei halua auttaa meitä, olkoon auttamatta ja painukoon sinne missä pippuri kasvaa.

irse/largarse/marcharse con viento fresco lähteä nostelemaan *En cuanto hubo comido, se largó con viento fresco.* Heti syötyään hän lähti nostelemaan.

ir viento en popa olla myötätuulessa, sujua kuin rasvattu, käydä kuin siima *Los primeros meses sus estudios iban viento en popa, hasta que conoció a esa chica.* Hänen opintojensa ensimmäiset kuukaudet olivat myötätuulessa, kunnes hän tutustui siihen tyttöön.

libre como el viento vapaa kuin taivaan lintu *Soy libre como el viento, o así me lo parece.* Olen vapaa kuin taivaan lintu, tai ainakin siltä tuntuu.

más rápido que el viento nopea kuin salama *Este es un servicio más rápido que el viento.* Tämä on salaman nopea palvelu.

Quien siembra vientos recoge tempestades. Joka tuuleen kylvää, se myrskyn niittää.

ks. myös: de **ciento** en viento

• **vientre**
hacer de vientre ulostaa *Mi niño se encuentra mal, doctor —¿Ha hecho de vientre hoy?* Tohtori, lapseni ei voi hyvin. – Onko hän ulostanut tänään?

• **vigor**
en vigor voimassa *Esta ley está ya en vigor.* Tämä laki on jo voimassa.

entrar en vigor tulla voimaan *El embargo americano a Cuba entró en vigor hace ya años.* Amerikan kauppasaarto Kuubaa kohtaan tuli voimaan jo vuosia sitten.

• **Villadiego**
tomar las de Villadiego lähteä käpälämäkeen *El ladrón vio que se acercaba la policía y tomó las de Villadiego.* Rosvo näki poliisin tulevan ja lähti käpälämäkeen.

• **vilo**

en vilo 1 ilmassa, ilmaan *La cogí por debajo de los brazos y la levanté en vilo.* Tartuin häntä kainaloiden alta ja nostin ilmaan. **2** jännityksessä *No me tengas en vilo y cuéntame lo que ha pasado.* Älä pidä minua jännityksessä vaan kerro, mitä tapahtui. *Es una brillante novela que mantiene al lector en vilo hasta el final.* Se on loistava romaani, joka pitää lukijan jännityksessä loppuun asti.

• **vino**
subírse [le] **el vino a la cabeza** nousta viina päähän *No bebo más porque se me sube fácilmente el vino a la cabeza.* En juo enempää, koska viina nousee minulle helposti päähän.

tener buen vino olla hyvä viinapää *Nuestro profesor tiene muy buen vino. No le he visto borracho en ninguna fiesta.* Opettajallamme on hyvä viinapää; en ole nähnyt häntä kännissä yksissäkään juhlissa.

Al que no fuma ni bebe vino, el diablo lo lleva por otro camino. Paheiden summa on vakio.

• **viña**
De la viña del vecino sabe mejor el racimo. Ruoho on vihreämpää aidan toisella puolella.
De todo hay en la viña del Señor. Meitä on moneksi.

• **violencia**
violencia de género perheväkivalta *La nueva ley para proteger a la mujer castigará la violencia de género con varios años de prisión.* Uusi naista suojeleva laki rankaisee perheväkivallasta usean vuoden vankilatuomiolla.

• **virtud**
en virtud de nojalla, avulla *En virtud del poder en blanco que le has dado, tu abogado puede hacer lo que quiera con tus bienes.* Asianajajallesi antaman avoimen valtakirjan

nojalla hän voi tehdä omaisuudellesi mitä haluaa.

virulé a la virulé *ark* huonossa kunnossa *Ha venido al trabajo con un ojo a la virulé.* Hän tuli töihin silmä mustana. *Llevas la corbata a la virulé. Póntela bien.* Solmiosi on miten sattuu. Laita se kunnolla. *Tengo el brazo a la virulé, no puedo trabajar.* Minulla on käsi revähtänyt, en voi tehdä töitä.

• **vis**

vis a vis kasvotusten *Quiero hablar contigo de nuestro proyecto vis a vis, no por teléfono.* Haluan puhua projektistamme kanssasi kasvotusten, en puhelimessa.

• **visita**

de visita vierailulla *Está de visita en casa de unos familiares.* Hän on käymässä eräiden sukulaisten luona.

hacer [le] una visita vierailla *Lleva muchos días enfermo y aún no le he hecho una visita.* Hän on ollut monta päivää sairaana, enkä ole vielä käynyt hänen luonaan.

• **viso**

tener visos näyttää *La situación en Iraq tiene visos de estar empeorando.* Tilanne Irakissa

• **víspera**

en vísperas de aattona *En vísperas de sus vacaciones tuvo un accidente.* Lomien alla hänelle sattui onnettomuus.

• **vista**

a la vista näkyvillä *Dejó las medicinas bien a la vista para que no se olvidase de tomarlas.* Hän jätti lääkkeet hyvin näkyville, jotta ei unohda ottaa niitä.

a la vista de näkyvillä *Ayer discutí con mi marido en el restaurante a la vista de todos.* Eilen riitelin ravintolassa mieheni kanssa kaikkien nähden.

a primera vista ensi näkemältä *A primera vista parecía un gato, pero era un perro pequeño.* Ensi näkemältä se vaikutti kissalta mutta olikin pieni koira. *Nunca pensé que existiese el amor a primera vista hasta que la vi a ella.* En koskaan uskonut rakkauteen ensisilmäyksellä, ennen kuin näin hänet.

a simple vista paljain silmin *En teoría y con un poco de suerte se puede ver a simple vista.* Teoriassa ja tuurilla sen voi nähdä paljain silmin.

a vista de pájaro lintuperspektiivistä *La península, a vista de pájaro, parece la piel un toro extendida.* Lintuperspektiivistä niemimaa näyttää levitetyltä härän nahalta.

conocer de vista tuntea ulkonäöltä *No es amigo mío, sólo lo conozco de vista.* Hän ei ole ystäväni, tunnen hänet vain ulkonäöltä.

corto de vista likinäköinen *Ella es un poco corta de vista, por eso lleva gafas.* Hän on hieman likinäköinen, ja hänellä on sen vuoksi silmälasit.

en vista de huomioon ottaen, koska *En vista del uso incorrecto que se le da, la escuela ha decidido limitar el acceso a la red fuera del horario lectivo.* Koska tapahtuu väärinkäytöksiä, koulu on päättänyt rajoittaa verkkoon pääsyä oppituntien ulkopuolella. *En vista de que no conseguía tranquilizar al bebé, se lo pasó a su marido.* Koska hän ei saanut vauvaa rauhoittumaan, hän antoi hänet miehelleen.

hacer la vista gorda katsoa läpi sormien *Cometió algunos errores en el examen, pero como sabía que había trabajado mucho, hice la vista gorda y lo pasó.* Hän teki joitakin virheitä tentissä, mutta tietäen hänen tehneen kovasti töitä katsoin läpi sormien, ja hän pääsi läpi.

hasta donde la vista alcanza niin kauas kuin silmä kantaa *Hay una larga fila de coches hasta donde la vista alcanza.* Autoja on pitkä rivi niin kauas kuin silmä kantaa.

hasta la vista nähdään, näkemisiin *Adiós. ¡Hasta la vista!* Näkemiin. Näkemisiin!

no perder de vista pitää silmällä *¿Qué cosas no se deben perder de vista en 2024?* Mitä pitää silmällä vuonna 2024?

perder de vista kadottaa näkyvistä *No pierdas de vista al niño mientras entro en la tienda!* Älä päästä lasta näkyvistä, sillä aikaa kun käyn kaupassa.

poner la vista encima saada näköpiiriinsä *Le diré cuatro verdades en cuanto le ponga la vista encima.* Sanon hänelle suorat sanat, heti kun saan hänet näköpiiriini.

saltar a la vista olla ilmiselvää *Salta a la vista que no han entendido lo que les has dicho.* On ilmiselvää, etteivät he ymmärtäneet, mitä sanoit heille.

tener vista de lince olla terävä näkö *Es frustrante ir por setas con Marisa porque tiene vista de lince y las encuentra todas ella.* On turhauttavaa mennä sieneen Marisan kanssa, koska hänellä on terävä näkö ja hän löytää kaikki sienet.

• **vistazo**

echar un vistazo vilkaista *Se acercó a la ventana para echar un vistazo a la calle.* Hän meni ikkunaan vilkaistakseen ulos.

• **visto**

está visto que on ilmeistä *Está visto que aquí no soy persona grata.* On ilmeistä, etten ole täällä toivottu henkilö.

dar el visto bueno hyväksyä, näyttää vihreä valoa *Puedes presentarle tu idea a la profesora, pero no creo que te de el visto bueno.* Voit esittää ajatuksesi opettajalle, mutta en usko hänen hyväksyvän sitä.

por lo visto nähtävästi, ilmeisesti *Por lo visto usted es de los que nunca llegan tarde.* Nähtävästi olette niitä, jotka eivät koskaan myöhästy. *Por lo visto él es alérgico a los frutos secos, por eso acaban de llevárselo al*

hospital. Hän on ilmeisesti allerginen pähkinöille, minkä vuoksi hänet juuri vietiin sairaalaan

• **vivir**

no dejar vivir piinata *Los celos no me dejan vivir.* Mustasukkaisuus piinaa minua. *Si los problemas que tienes no te dejan vivir, soluciónalos u olvídate de ellos.* Jos ongelmasi piinaavat sinua, ratkaise ne tai unohda ne.

vivir a lo grande elää leveästi *Viven a lo grande. ¿Les habrá tocado la lotería?* He elävät leveästi. Ovatkohan voittaneet lotossa?

¡vivir para ver! jo on aikoihin eletty *Han abierto una discoteca pegando a la catedral. — ¡Vivir para ver!* Aivan kirkon viereen on avattu disko. — Jo on aikoihin eletty!

• **vivo**

a lo vivo puuduttamatta *El dentista me sacó la muela a lo vivo.* Hammaslääkäri poisti minulta hampaan puuduttamatta.

en vivo elävä *Me gustaría ver a los Rolling Stones en vivo algún día.* Haluaisin jonakin päivänä nähdä Rolling Stonesit elävänä.

vivito y coleando täysissä sielun ja ruumiin voimissa *Decían que había muerto, y ayer me lo encontré en un bar vivito y coleando.* Hänen sanottiin kuolleen, ja eilen tapasin hänet eräässä baarissa täysissä sielun ja ruumiin voimissa.

ks. myös: más vivo que una **ardilla**; en **carne** viva; vivito y **coleando**

• **volandas**

en volandas 1 ilmassa *No es necesario que me lleves en volandas. Todavía me valgo solo.* Ei sinun tarvitse kantaa minua. Selviän vielä omin avuin. **2** lentäen *Vino en volandas en cuanto le llamé.* Hän tuli kuin lentäen, heti kun soitin hänelle.

• **voleo**

a/al voleo 1 ilmaan *En la cabalgata los reyes tiraban caramelos a voleo.* Loppiaiskulkueessa itämaan tietäjät heittelivät karkkia. *2* umpimähkään *La herencia no la puedes repartir al voleo.* Perintöä ei voi jakaa mielivaltaisesti. *Como no sabía nada, hice el examen al voleo.* Koska hän ei tiennyt mitään, hän teki tentin ihan umpimähkään.

• **volumen**
poner/ponerse a todo volumen kääntää nupit kaakkoon *Ahora es el momento de ponerse a todo volumen y disfrutar de la vida estudiantil.* Nyt on aika kääntää nupit kaakkoon ja nauttia opiskelijaelämästä.

• **voluntad**
a voluntad mielin määrin *Mañana daré una fiesta y todos podrán comer y beber a voluntad.* Huomenna pidän juhlat ja kaikki voivat syödä ja juoda mielin määrin.
a su voluntad tahtonsa mukaan *Ella es muy independiente, hay que dejarla a su voluntad.* Hän on hyvin itsenäinen, hänen täytyy antaa toimia mielensä mukaan. *No se puede trabajar con él porque siempre tiene que hacerlo todo a su voluntad.* Hänen kanssaan ei voi työskennellä, koska kaikki pitää tehdä aina hänen mielensä mukaan.
buena voluntad hyvä tahto *No se puede decir, ni con la mejor voluntad, que aquella novela mereciese un premio.* Ei voinut parhaallakaan tahdolla sanoa, että tuo romaani ansaitsisi palkinnon.
contra su voluntad vasten tahtoa *Fue ingresado en la residencia contra su voluntad.* Hänet vietiin hoitolaan vasten tahtoaan.
hacer su voluntad tehdä kuten jku haluaa *Se hará su voluntad, no se preocupe, señora.* Tehdään kuten haluatte. Älkää olko huolissanne, hyvä rouva.

por voluntad propia omasta tahdosta *Aceptó casarse por voluntad propia, no porque lo obligase el padre de la novia.* Hän suostui menemään naimisiin omasta tahdostaan, ei siksi, että morsiamen isä pakotti.

• **volver**
volver a [inf.] tehdä uudelleen *Volvió a llenarse el plato porque la comida era muy buena.* Hän täytti lautasensa uudelleen, koska ruoka oli erittäin hyvää. *Se levantó para estirar un poco las piernas y luego volvió a sentarse.* Hän nousi ylös oikoakseen vähän jalkojaan ja meni sitten takaisin istumaan. *No vuelvas a cogerme el coche sin mi permiso o tendremos problemas.* Älä ota enää autoani luvatta tai tulee vaikeuksia.
volver en sí palata tajuihinsa *Cuando volvió en sí, miró a su alrededor y preguntó donde se encontraba.* Palattuaan tajuihinsa, hän katsoi ympärilleen ja kysyi, missä hän oli.
volverse atrás perääntyä *No puedes volverte atrás; ahora todos esperan que cumplas con tu palabra.* Et voi peräääntyä; kaikki odottavat nyt sinun pitävän sanasi.

• **voto**
voto de confianza luottamuslause *El Parlamento le ha dado un voto de confianza al Gobierno.* Eduskunta antoi luottamuslauseen hallitukselle.

• **voz**
a media voz puoliääneen, hiljaa *No queríamos molestar a los que dormían y por eso cantábamos a media voz.* Emme halunneet häiritä nukkuvia ja siksi lauloimme hiljaa.
a viva voz ääneen, suullisesti *En vez de enviarle una postal, felicítale el cumpleaños a viva voz.* Sen sijaan, että lähettäisit hänelle kortin, kerro syntymäpäiväonnittelut suullisesti.

a voces kovalla äänellä *Desde el patio se oía a una madre que a grandes voces llamaba a su hijo* Pihalta kuului, kun eräs äiti kutsui hyvin kovalla äänellä lastaan. *Es un secreto a voces.* Se on julkinen salaisuus.

a voz en cuello/grito täyttä kurkkua *Los hinchas cantaban a voz en cuello el himno del equipo.* Kannattajat lauloivat täyttä kurkkua joukkueen tunnuslaulua. *Tuve que repetirlo a voz en grito porque no me oían.* Minun täytyi toistaa se huutamalla täyttä kurkkua, koska he eivät kuulleet minua.

de viva voz ääneen, suullisesti *Si estás enamorado de ella, díselo de viva voz y no por carta.* Jos olet rakastunut häneen, sano se ääneen, älä kirjeitse.

dar la voz de alarma tehdä hälytys *El bosque está ardiendo; hay que dar la voz de alarma a los bomberos.* Metsä palaa; täytyy hälyttää palokunta.

dar voces huutaa *No sé lo que le pasa hoy a mamá, lleva toda la mañana dando voces.* En tiedä, mikä äitiä vaivaa tänään, hän on huutanut koko aamun. *No le molestes porque está de los nervios y puede ponerse a dar voces.* Älä häiritse häntä, koska hän on hermostunut ja voi alkaa huutamaan.

en voz alta/baja ääneen/hiljaa *No tengo aquí las gafas, ¿puedes leerme la carta en voz alta?* Minulla ei ole silmälaseja tässä, voitko lukea kirjeen minulle ääneen? *Está diciendo siempre que le nombrarán jefe a él, pero eso es soñar en voz alta.* Hän puhuu aina, että hänet nimitetään johtajaksi, mutta se on vain uneksimista ääneen. *Estamos en una iglesia, así que habla en voz baja.* Olemme kirkossa, joten puhu hiljaa. *Pregúntale en voz baja si ya podemos irnos.* Kysy häneltä hiljaa, voimmeko jo lähteä.

hablar con voz gangosa puhua nenäänsä *Los de Helsinki hablan con voz gangosa.* Helsinkiläiset puhuu nenäänsä.

levantar/alzarle [le] **la voz** korottaa ääntä *¿Quién te has creído que eres para levantarme la voz?* Mikä sinä olet korottamaan minulle ääntäsi?

llevar la voz cantante heiluttaa tahtipuikkoa *¡Por supuesto que lo haremos! – dijo María, que siempre llevaba la voz cantante en todo.* Tietenkin me teemme niin, sanoi Maria, joka heilutti tahtipuikkoa kaikessa.

llevar la voz de mando pitää jöötä *Papá es el que lleva la voz de mando en casa.* Isä on se joka pitää jöötä kotona.

• **vuelco**

dar [le] **un vuelco el corazón** kouraista sydäntä *El corazón le dio un vuelco cuando supo que su mujer había tenido un accidente.* Hänen sydäntään kouraisi, kun hän sai tietää vaimonsa joutuneen onnettomuuteen.

• **vuelo**

al vuelo lennosta *Cogió la pelota al vuelo.* Hän otti pallon kiinni lennosta.

cogerlas al vuelo ymmärtää puolesta sanasta *Algunos estudiantes comprenden los problemas de gramática al vuelo, no necesitan que les des muchas explicaciones.* Jotkut opiskelijat ymmärtävät kieliopilliset ongelmat puolesta sanasta, eikä heille tarvitse antaa monia selityksiä.

de altos vuelos korkeatasoinen *Es una ciudad pequeña, pero tienen un teatro de altos vuelos.* Se on pieni kaupunki, mutta siellä on korkeatasoinen teatteri.

No oírse (ni) **el vuelo de una mosca** Olla hiljaa kuin huopatossutehtaassa.

• **vuelta**

a la vuelta paluumatkalla *A comer nos pararemos a la vuelta, ahora tenemos prisa y no podemos pararnos.* Pysähdymme syömään paluumatkalla, nyt meillä on kiire, emmekä voi pysähtyä.

a la vuelta de la esquina kulman takana, lähellä *Han puesto un kiosco a la vuelta de la esquina.* Ihan tuohon kulman taakse on avattu kioski. *Las vacaciones veraniegas están a la vuelta de la esquina.* Kesäloma on jo ovella.

andar a vueltas olla jatkuvasti mielessä *Hace ya varios años que ando a vueltas con el corazón y los médicos no encuentran nada.* Olen ollut huolestunut sydämestäni jo vuosia, ja lääkärit eivät löydä mitään vikaa. *Mario anda a vueltas con un problema, pero no encuentra una solución.* Mariolla pyörii eräs ongelma päässä, mutta hän ei löydä ratkaisua.

a vuelta de correo paluupostissa *Yo las cartas las respondo siempre a vuelta de correo.* Vastaan kirjeisiin aina paluupostissa.

dar [le] cien vueltas olla sata kertaa parempi *Antonio le da cien vueltas a María, pero ésta ha sido la elegida.* Antonio on sata kertaa parempi kuin Maria, mutta Maria valittiin.

dar [le] cuarenta mil vueltas hakata mennen tullen *Es refrescante y les da cuarenta mil vueltas a las limonadas de la tienda.* Se on raikasta ja hakkaa mennen tullen kaupan limut.

dar [le] la vuelta a la tortilla kääntää kaikki parhain päin *Dios tiene la fuerza de darle la vuelta a la tortilla.* Jumalalla on voima kääntää kaikki parhain päin.

darle vueltas pyöritellä *Deja de darle vueltas porque no encontrarás una solución.* Lakkaa vatvomasta, koska et löydä siihen ratkaisua.

dar una vuelta käydä kävelyllä *¿A dónde vas? —Voy a dar una vuelta. Ahora mismo vuelvo.* Minne menet? – Käyn kävelyllä, mutta tulen heti takaisin.

dar [le] vueltas la cabeza pyöriä päässä *Si te da vueltas la cabeza, es mejor que te sientes un momento.* Jos päässäsi pyörii, on parempi, kun istut hetkeksi.

estar de vuelta ei kiinnosta *Antes me emocionaban los deportes y los coches, pero ahora ya estoy de vuelta de esas cosas.* Ennen olin innostunut urheilusta ja autoista, mutta nyt sellainen ei jaksa kiinnostaa minua.

no tener vuelta de hoja olla selvää, kiistämätöntä *Lo que ha pasado es eso y no tiene vuelta de hoja.* Niin tapahtui, eikä se muuksi muutu.

poner de vuelta y media haukkua lyttyyn *Un crítico ha puesto de vuelta y media a Schjerfbeck.* Joku kriitikko on haukkunut lyttyyn Schjerfbeckin.

vuelta a [inf.] jatkaa jkn tekemistä *Le dije que no, pero él, vuelta a insistir.* Sanoin hänelle "ei", mutta hän vain jatkoi inttämistä.

vuelta a [in.] jatkaa jkn tekemistä *Le dije que no, pero él, vuelta a insistir.* Sanoin hänelle "ei", mutta hän vain jatkoi inttämistä.

YYYYYY

• ya

desde ya nyt heti *Tienes que hablar con ella desde ya, sin esperar un momento más.* Sinun täytyy puhua hänen kanssaan nyt heti odottamatta enää hetkeäkään.

ya mismo nyt heti *Queremos ir a casa ya mismo.* Haluamme mennä kotiin nyt heti.

pero ya välittömästi *Quiero terminar este trabajo, pero ya.* Haluan sada tämän työn päätökseen välittömästi.

que ya ya melkoinen, aikamoinen *Cuando se apagó la luz, le entró un miedo que ya ya.* Kun valot sammuivat, hän pelästyi melkoisesti. *Ese tenista tiene un saque que ya ya.* Tuolla tenniksenpelaajalla on aikamoinen syöttö.

ya que kun kerran *Ya que estamos en Castilla, podríamos comer algo típico castellano.* Kun kerran olemme Kastiliassa, voisimme syödä jotakin tyypillistä kastilialaista. *Podrías*

llevárselo tú ya que tienes coche. Sinä voisit viedä sen, kun kerran sinulla on auto.
ya ..., ya ... joko... tai *Ya vengas, ya te vayas, a mí me da lo mismo.* Joko tulet tai menet, se on minulle samantekevää.
¡ya, ya! joo joo, joopa joo *Y tu padre te ha dicho que puedes coger su "Ferrari" cuando quieras. ¡Ya, ya!* Ja isäsihän se sanoi sinulle, että voit ottaa hänen Ferrarinsa, milloin haluat. Joopa joo! *ks. myös:* ya lo **creo**/creer

• **yo**
yo de ti sinuna *Yo de ti no haría caso.* Sinuna en välittäisi siitä.
yo que tú sinun sijassasi *Yo que tú iría a la oficina un día.* Sinun sijassasi menisin toimistoon jonakin päivänä.

• **yugular**
saltar [le] **a la yugular** käydä kurkkuun kiinni *La mujer se había enfadado tanto que a punto estuvo de saltarle a la yugular.* Nainen oli suuttunut niin, että oli ollut käydä kurkkuun kiinni.

ZZZZZZZ

• **zaga**
a la zaga jäljessä, jälkeen *Luisa se quedó a la zaga porque no podía seguirles el ritmo a los otros.* Luisa jäi jälkeen, koska ei pysynyt muiden tahdissa. *Finlandia le va a la zaga a Italia en el consumo de pasta.* Suomi jää jälkeen Italiasta pastan kulutuksessa.

• **Zamora**

No se ganó/tomó Zamora en una hora. Ei Roomaakaan rakennettu päivässä.

• **zancada**
a grandes zancadas pitkin harppauksin *Se acercó a grandes zancadas hasta donde estábamos nosotros.* Hän tuli luoksemme pitkin harppauksin.

• **zancadilla**
echar la zancadilla kampata, kampittaa *Se hizo un rasguño en la rodilla porque un compañero le puso la zancadilla.* Hän sai naarmun polveensa, koska eräs kaveri kamppasi hän. *Los políticos suelen echarse zancadillas mutuamente.* Poliitikoilla on tapana laittaa kapuloita toistensa rattaisiin.

• **zapatero**
Zapatero, a tus zapatos. Suutari pysyköön lestissään.

• **zapato**
estar en [pos.] **zapatos** olla [pos.] housuissaan *No quisiera estar en sus zapatos, pero ¡ella se lo ha buscado!* Enpä haluaisi olla hänen housuissaan, mutta itsepä on soppansa keittänyt!

• **zigzag**
en zigzag mutkitellen, siksakkia *Corría en zigzag por el bosque para confundir a sus perseguidores.* Hän juoksi metsässä mutkitellen eksyttääkseen takaa-ajajansa.

• **zipizape**
armarse un zipizape nousta/syntyä rähinä *Con la huelga de los transportes públicos se armó tal zipizape en Barcelona que tuvo que intervenir la policía.* Julkisen liikenteen lakon

takia syntyi Barcelonassa sellainen rähinä, että poliisin piti puuttua asiaan.

• zombi
como un zombi kuin puulla päähän lyöty *A la mañana siguiente de la fiesta, más de uno vino al trabajo como un zombi.* Juhlien jälkeisenä aamuna yksi jos toinenkin tuli töihin kuin puulla päähän lyötynä.

• zorro
zorro viejo vanha kettu *No le engañarás, es zorro viejo.* Et pysty huiputtamaan häntä, hän on sellainen vanha kettu.
Sería como poner a la zorra a guardar el gallinero. Se olisi samaa kuin panna kissa makkaran vahdiksi.

• zumbar
irse/pasar/salir zumbando lähteä viivana *En cuando notó que el guardia de seguridad lo observaba salió, zumbando.* Heti huomattuaan turvamiehen katselevan hän lähti viivana.

• zurcir
que [le] zurzan *ark* haistaa home *Yo os he preparado una fiesta y ahora me decís que no podéis venir. ¡Que os zurzan!* Olen järjestänyt teille juhlat, ja nyt sanotte, ettette voi tulla. Haistakaa home!